幼儿园养成教育课程

大 班

主　编　王　菁　管　玮
副主编　袁　静　肖　辉
编　者　周　洁　徐　莎　刘　慧
　　　　葛锦林　薛　梅　孟　蕊
　　　　林艳军

中国海洋大学出版社
·青岛·

图书在版编目（CIP）数据

幼儿园养成教育课程．大班／王菁，管玮主编；周洁等编写．—青岛：中国海洋大学出版社，2019.3

ISBN 978-7-5670-2071-9

Ⅰ．①幼…　Ⅱ．①王…②管…③周…　Ⅲ．①养成教育－学前教育－教学参考资料　Ⅳ．①G611

中国版本图书馆 CIP 数据核字（2019）第 027798 号

出版发行	中国海洋大学出版社		
社　　址	青岛市香港东路 23 号	邮政编码	266071
出 版 人	杨立敏		
网　　址	http://pub.ouc.edu.cn		
电子邮箱	369839221@qq.com		
订购电话	0532-82032573（传真）		
责任编辑	韩玉堂	电　话	0532-85902349
印　　制	青岛国彩印刷股份有限公司		
版　　次	2019 年 9 月第 1 版		
印　　次	2019 年 9 月第 1 次印刷		
成品尺寸	200 mm × 285 mm		
总 印 张	95		
总 字 数	2500 千		
印　　数	1—1000		
总 定 价	369.00 元（全 3 册）		

发现印装质量问题，请致电0532-58700168，由印刷厂负责调换。

课程指导思想

养成是指培养而使之形成，一般意义上指养成习惯。我国古代教育家孔子曾说："少成若天性，习惯如自然。"养成良好的习惯，对幼儿的一生有着极其重要的意义。养成教育在不同的年龄段有不同的内容、方法和途径。青岛市市南区江苏路幼儿园（以下简称我园）基于幼儿期独特的心理发展特点和学习规律，秉承《幼儿园教育指导纲要》（以下简称《纲要》）、《3～6岁儿童学习与发展指南》（以下简称《指南》）精神，依据叶圣陶、孙云晓、皮亚杰、维果斯基等国内外教育专家的教育理论，落实全国教育大会、《教育现代化2035》要求，同时借鉴相关领域研究的教育经验，在不断的实践和总结中，构建了《幼儿园养成教育课程》，将养成教育融入幼儿的一日生活之中，融入教师的教学理念之中，融入家长的养育行动之中，自然无痕是我们追求的教育境界，快乐成长是幼儿生活的真实写照。

我园课程历经十几年的研究，课程文本历经5个版本，课程理念在不断深化，课程实施在不断完善，特别是本轮课程修订，我们结合前期的课程实践经验，对照国内外相关研究，对课程理念部分进行了深入的思考，对课程的价值、原则、目标等进行了重新的梳理、提升和创新，将习近平新时代中国特色社会主义思想、高瞻课程等的理论理念融入课程中，形成并全园认同的养成教育价值取向，即：养成教育是儿童能力的重要生长点。《幼儿园养成教育课程》将养成教育落实于课程中，养成一系列基本的做人、做事和学习的良好习惯，让良好习惯积累、泛化、整合、升华，必将为儿童的全面和可持续发展奠定坚实的基础。

在课程理念的指引下，我们将课程主题进行了新一轮的园本化设置，把前期幼儿园课程研究的优秀原创主题——传统文化课程主题、海洋教育主题、爱悦读主题等纳入课程中，凸显园本课程的特色；对每个主题的主题价值、主题目标进行了深入的挖掘，让养成教育的核心目标与主题价值深度融合；对课程中的每一个活动方案进行了精修，创造性地设立了主题下的"好习惯体验日"专项半日活动，让养成教育的实施途径更加丰富，使方案设计更加科学、优质、园本。

课程构建和实施的不断深入研究，使课程建设有了质的飞跃，使教师队伍的专业水平得到了提高，培养造就了一批又一批优质发展的幼儿，让幼儿园的办园质量得到了全面提升。

课程理念

一、主动发展观

以儿童为中心构建课程，将激发幼儿对学习的好奇和渴望作为课程构建的关键。立足于幼儿的兴趣和经验，通过主题的设置、内容的选择、适宜的环境，吸引幼儿主动参与学习，让幼儿自主探索、互相交往、解决问题。引领教师成为观察者，记录幼儿活动中的表现、提出的问题、形成的技能和遇到的困惑，为幼儿搭建支架，使幼儿主动学习。

二、生活实践观

生活实践的观点是马克思主义认识论的首要和基本观点。儿童真实的生活过程决定并推动着儿童的发展，儿童的成长与发展蕴藏于儿童的实际生活过程之中。在幼儿参与生活实践活动的过程中，他们探索、发现、习得，就能把这些经验印在内心最深处，形成行为习惯。因此，我们的课程要将丰富的生活实践活动融入课程中，让幼儿在生活中体验，在生活中养成良好的习惯。

三、整体发展观

幼儿的发展是一个整体，五大领域忽视任何一个领域，都会对儿童的发展造成不良影响。所以课程内容的选择要保证全面性，在广不在深，既注重情感体验和经验的积累，使幼儿全面发展，又强调养成教育的整体性和全面性，避免出现重生活习惯、轻良好品质的现象，为幼儿一生的发展奠定良好的习惯基础。

四、慢教育观

法国哲学家卢梭曾说："大自然希望儿童在成人以前就要像儿童的样子。如果我们打乱了这个秩序，就会造成一些早熟的果实，既不丰满也不甜美，而且很快就会腐烂。"孩子良好行为习惯的养成以及健全人格的培养是有一定规律可循的，也是需要时间的，倘若忽略了这些，教育的本质也就异化了。因此，我们的课程崇尚"慢教育"，让老师和孩子们在快乐的一日生活中慢下来，等待孩子在自己的时间段，用自己的方式绽放。

五、可持续发展观

一方面，课程的构建、内容的选择要推动幼儿的可持续发展，培养能适应未来社会的人才，也就是"培养什么人、怎样培养人、为谁培养人"的问题。另一方面，可持续发展概念的引入，要求我们突破"墨守成规，故步自封"的旧观念，不断更新教育观念和教育方式，投入到幼儿园课程的改革与发展之中，在可持续发展战略的指导下，以长远的目光来看待和解决幼儿园课程所面临的各种危机、挑战和自身发展中的各种瓶颈，将幼儿园课程构建的过程，当作是一个科学的，动态的，变化的过程，加快幼儿园课程的自我更新、自我完善，在传承中不断创新，促进课程、幼儿、幼儿园的可持续发展。

课程理论依据

一、习近平新时代中国特色社会主义教育思想

习近平总书记在全国教育大会中提出"立德树人，培养时代特色鲜明的社会主义接班人"的要求。我园的课程全面贯彻党的教育方针，解决好培养什么人、怎样培养人、为谁培养人这个根本问题。2017 年全国教育工作会议指出，坚持以立德树人为根本任务。同时指出，养成教育是培养学生良好习惯的教育，是践行党的教育方针的重要举措。党的十九大报告指出，文化是一个国家、一个民族的灵魂，没有高度的文化自信，就没有中华民族伟大复兴。我们的课程紧紧围绕国家教育目标，凸显课程鲜明的时代特色。

二、孔子的教育思想

我国伟大教育家孔子说："少成若天性，习惯如自然。"小的时候养成的习惯会像人的天性一样自然、坚固，甚至说就变成自己的天性了。以至于以后所取得的成功，创造的奇迹，很多方面都是小时候形成的习惯所支撑的。

三、陈鹤琴的活教育理论

陈鹤琴的活教育思想，其教育目的就是做人，做中国人，做现代中国人。大自然，大社会，都是活教材，他的"活教育"的方法就是"做中教，做中学，做中求进步"。陈鹤琴先生所言：首先是培养文明修养，让孩子在幼儿期养成良好的行为习惯，即"做人"。其次是文化认同，即对民族文化产生亲切感，形成归属感，让孩子确立"我是中国人"的观念，为培养"现代中国人"奠定基础。

四、高瞻课程理论

高瞻课程认为，学习是幼儿主动参与的过程，提倡为幼儿创设主动学习的环境，提供发展适宜性的学习活动，认为"学习是循序渐进的，是不断发展的"。儿童在有目的、有创造性地追随自己兴趣的过程中，可以发展出内在的兴趣、好奇心、智谋以及独立和责任等品质，心理学家称之为个性倾向。个性倾向是"一种持久的思维习惯以及回应经验的典型方式"（Katz 和 McClellan，1997）。培养这些思维习惯对幼儿的未来学习具有重要意义，会让儿童终身受益。

五、瑞吉欧的教育理论

瑞吉欧的教育提倡走进幼儿心灵，关注读懂幼儿的"一百种语言"，以幼儿的思维、儿童的立场来看待幼儿的活动和发展，让幼儿充分表现其潜能。"互动合作"是瑞吉欧教育取向的一个重要理念，包括教师和学习者的相互沟通，关怀和控制的不断循环，以及教育活动相互引导的过程。儿童的学习不是独立建构的，而是在诸多条件下，主要是在与家长和教师、同伴的相互作用过程中建构的，是在特定的文化背景中建构知识、情感和人格。它存在于发展和学习之间；存在于环境和儿童之间；发生在不同的符号语言之间；发生在思想和行为之间；发生在个人与人际之间（这是最重要的一方面）。

在这一理论指导下，我们的课程倡导，尊重每个孩子的独立性，他们既有自主权，又要有合作精神。既要具有独立动手的能力，又要有与其他孩子合作的意识；倡导幼儿在生活中协商、妥协、接受、共享；倡导儿童之间的相互理解、认同、支持，特别是在学习团队内部发生冲突时要学会应对心理压力和挑战。

课程编写原则

一、时代性原则

"教师不生活在未来,幼儿就会生活在过去"。在社会大变革、教育大改革的今天,园本课程的构建和实施必须根据幼儿、社会乃至整个世界的未来和发展来思考,让课程具有鲜明的时代性,并根据时代的发展与时俱进,形成具有园本特色的课程体系和园所文化。

二、发展性原则

课程建设的出发点和归宿是促进幼儿的发展。教师应以发展的眼光看待每一位幼儿,了解每个幼儿的优势、特点和发展需要,因人施教,激发儿童自主参与、自主探索、自由表达,让儿童成为课程的主人、学习的主人,促进每个幼儿在不同水平上得到充分的发展。

三、生活性原则

幼儿园课程应来源于幼儿的生活,遵循儿童的生活逻辑。在构建、设计、组织、实施课程时,要与幼儿的日常生活、幼儿的感性经验联系起来,既要选择幼儿感兴趣和有趣的内容,又要有助于扩展幼儿的经验和认识,紧扣儿童良好习惯培养要求,以正确的行为习惯观念引导儿童开展习惯养成的实践活动,使幼儿在一日生活中获得身体、认知、情感、社会性等方面和谐发展。

四、整合性原则

儿童对外界的反应是"整个的",儿童的发展也是整个的,外界环境的作用也是以整体的方式对儿童产生影响的,所以为儿童设计、实施的课程也必须是整个的、互相联系的。课程的整合性原则包括课程目标的整合、课程内容的整合、课程资源的整合、课程实施形式和过程的整合。将课程和幼儿的发展作为一个完整的系统,综合化地整合课程的各要素实施教育,才能保证儿童身心整体健全和谐的发展。

五、生成性原则

"生成"与"预设"不是截然分割的两个部分,而是"你中有我""我中有你"。把握两者之间的关系,应关注幼儿及时生成的内容,并给予适度的回应,善于将幼儿一日生活中自发生成的、具有发展价值的、有共同兴趣的热点与预设活动的内容有机结合,及时调整课程的预设,加强两者的相互渗透,使每一个幼儿获得和谐的发展。教师在实施生成主题的过程中不断进行调整和完善,并在下一轮的课程调整中,将优秀适宜的主题纳入课程,不断补充课程新鲜的血液,让课程充满活力。

课程使用说明

一、把握核心理念，科学严谨实施课程

教师在实施课程时，应结合纲领性文件进行课程的通读学习，深入理解和把握课程的核心要素。每主题实施前，应进行主题集备，把握主题核心价值和实施途径。在实施过程中，应在《纲要》《指南》的引领下，科学严谨地开展各类活动，保证主题实施的质量。

二、把握班本特点，创造性地实施课程

在实施中，教师应根据本班幼儿的发展需要，顺应幼儿的兴趣点，在原有课程的基础上，可以对课程方案进行班本化的调整，对教材进行创造性地改编，同时加强对教育活动、游戏活动等的设计研究，不断更新活动设计，让课程的品质进一步提升。

三、注重反思评价，不断更新优质内容

本课程中构建了相对完整的评价体系，目的在于鼓励教师加强对课程的反思、对幼儿行为的观察和解读、对幼儿发展的评价。这些评价的过程和结果对于课程的发展和教师的成长非常重要。教师在实施课程的过程中，应加强对评价的研究，形成有价值的评价资料，为课程后续的可持续发展提供资源。

四、抓住教育契机，鼓励生成课程主题

为了保持课程的活力，我们鼓励教师根据幼儿的兴趣和家长、社会资源，生成新的活动和主题，将STEAM教育理念（集科学、技术、工程、艺术、数学于一体的综合教育）融入课程实施中开展深度学习。如果教师需要调整方案使用新的生成主题，须提前向课程管理小组提出申请，经审核后方可实施。

课程评价

一、课程评价的指导思想

课程评价是以目标为标准，在课程实施中对课程要素以及实施效果进行有效评估，以了解课程的适宜性、有效性，为修正、完善课程乃至推广课程提供科学依据，从而提高教育质量。本课程的评价全面贯彻《幼儿园教育指导纲要》和《3～6岁儿童学习与发展指南》的精神，通过观察幼儿真实的生活和游戏情境，解读幼儿的行为表现和发展变化，注重评价过程，以此来帮助教师进一步诊断课程的构建和实施，促进幼儿的全面发展。

二、课程评价的原则

1. 课程评价原则：发展性原则、目标性原则、养成性原则、诊断性原则

发展性原则：以发展的眼光看待课程，在对教师评价、幼儿评价、环境评价、教材评价的同时，关注幼儿的个体差异，关注幼儿社会情感、态度、价值观的发展。通过评价促进课程的发展、幼儿发展，提升教师专业水平，提高幼儿园教育质量。

目标性原则：对课程的评价要本着正确的指导思想和评价标准，评价指标应与《幼儿园教育指导纲要》《3～6岁儿童学习与发展指南》等相关文件的精神和原则相一致，通过正确的目标导向，以评价促进课程的不断发展。

养成性原则：我园养成教育课程有专项的养成教育年龄目标、主题目标、活动目标，也有养成教育的专项评价，目的就是促进课程目标的落地，让养成教育的成果更加凸显。

诊断性原则：课程评价具有诊断、调整、选择、推广课程的作用，课程评价应对课程内容、活动方案、组织、实施等进行诊断指导，看它们是否符合课程目标精神，审视课程组织、实施、评价在方法与价值取向上是否相互一致。对课程的价值进行判断的主体不能限于幼儿园几个人或一个部门。上级主管部门、幼儿园教师、办公室人员、家长、幼儿、社区人员都是幼儿园评价的主体，评价过程应当是各方共同参与、相互支持与合作的过程。

2. 幼儿评价原则：发展性原则、全面性原则

幼儿园课程评价的最终目的是要促进幼儿的全面和谐发展，因此，在涉及幼儿的学习情况水平的课程评价时应特别注意：第一，要全面了解幼儿的发展状况，防止片面性，尤其要避免只重知识掌握，忽略情感、社会性和实际能力的倾向；第二，应承认和尊重幼儿的个体差异，让幼儿看到自己的优点和进步，增强自信心；第三，要注意多渠道、多方面地收集资料，客观地加以分析；第四，评价要在日常活动与教育教学过程中，采用自然的方法进行，使幼儿感到自然；第五，除了用作课程设计和课程改进之外，要慎用评价结果。与家长沟通时应考虑怎样才能有利于共同促进幼儿的发展，特别注意不要伤害到家长的教育热情和对孩子的信心。

三、课程评价的方法

1. 评价方法立体

我园的课程评价方法具有立体性的特点。评价方案中设计了以管理者、教师、家长、幼儿等不同评价主体的评价方式，鼓励教师采用观察、谈话、幼儿表征、作品分析、常态教育评价、白描相册等方法，全面进行课程评价和幼儿发展评价。

2. 评价量表多元

评价方案设计了富有园本特色的六类评价量表，分别是：① 教师反思类评价量表——引

领教师对课程实施做全面深入地冷静思考和总结，从而努力提升教学实践的合理性；② 幼儿作品分析类评价量表——引领教师通过解读幼儿的美术作品，分析幼儿对世界的认识和对主题的经验；③ 幼儿游戏观察记录表——包括幼儿园常见的七类游戏区域，教师在组织游戏活动中，对幼儿游戏行为的观察、解读和评价；④ 养成教育专项评价表——将养成教育的关键经验和年龄目标融入评价标准中，对幼儿的养成情况进行专项评价；⑤ 家长评价表——此类评价表为家长使用，家长是课程实施的重要资源和重要合作伙伴，引导家长对课程主题、特色主题楼层联动区域游戏、日常观察等方面对幼儿的发展进行评价，既促进了家长对课程的理解，又能与家长达成教育共识，家园共育促进幼儿全面发展；⑥ 幼儿自评互评表——此类评价表为幼儿使用，幼儿是课程的主人，引领幼儿对自己和同伴的发展进行评价，可以帮助幼儿进一步形成自我意识，形成自主自信的良好品质。

四、课程评价的组织与实施

1. 课程的评价由园长、园长助理、教研组长、教师、家长、幼儿共同完成。

2. 通过培训教师和家长，认真学习评价标准、方法和量表，为评价做好准备。

3. 采取自然观察法、情景观察法、谈话法、问卷调查法、常态教育评价法等，对课程实施质量以及幼儿发展情况进行评价。

4. 在评价过程中和评价之后，根据幼儿现场表现和发展水平，对照评价标准写出评价意见及反馈意见。

5. 根据评价情况，全面分析课程和幼儿的发展状况，找出切入点，调整课程内容和教育方法，从而促进课程和幼儿的全面协调发展。

养成教育课程基本框架

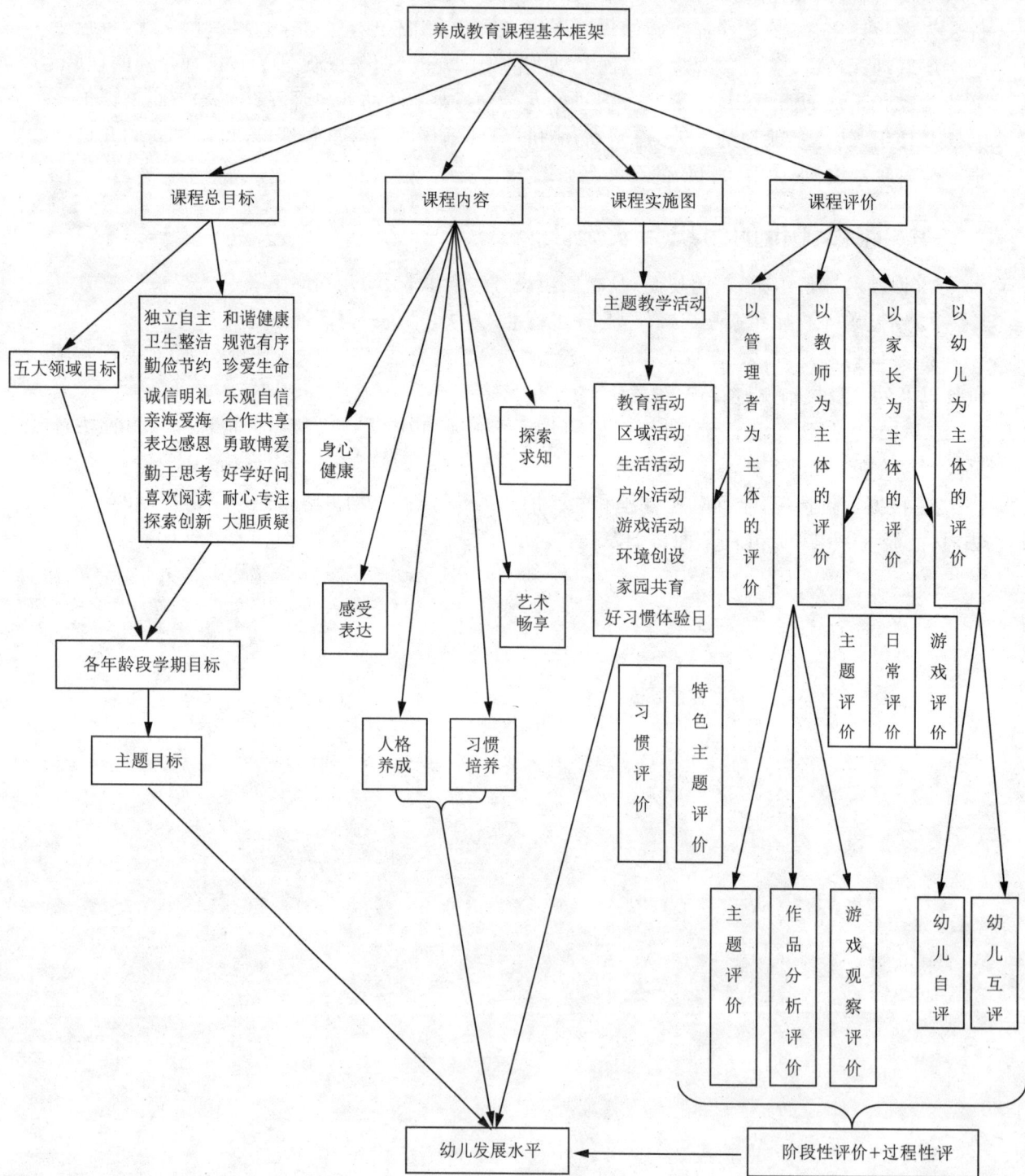

养成教育课程基本框架

课程总目标　课程内容　课程实施图　课程评价

五大领域目标

独立自主　和谐健康
卫生整洁　规范有序
勤俭节约　珍爱生命
诚信明礼　乐观自信
亲海爱海　合作共享
表达感恩　勇敢博爱
勤于思考　好学好问
喜欢阅读　耐心专注
探索创新　大胆质疑

身心健康　探索求知

感受表达　艺术畅享

各年龄段学期目标

主题目标

人格养成　习惯培养

主题教学活动

教育活动
区域活动
生活活动
户外活动
游戏活动
环境创设
家园共育
好习惯体验日

以管理者为主体的评价　以教师为主体的评价　以家长为主体的评价　以幼儿为主体的评价

主题评价　日常评价　游戏评价

习惯评价　特色主题评价

主题评价　作品分析评价　游戏观察评价　幼儿自评　幼儿互评

幼儿发展水平　←　阶段性评价+过程性评

养成教育目标体系

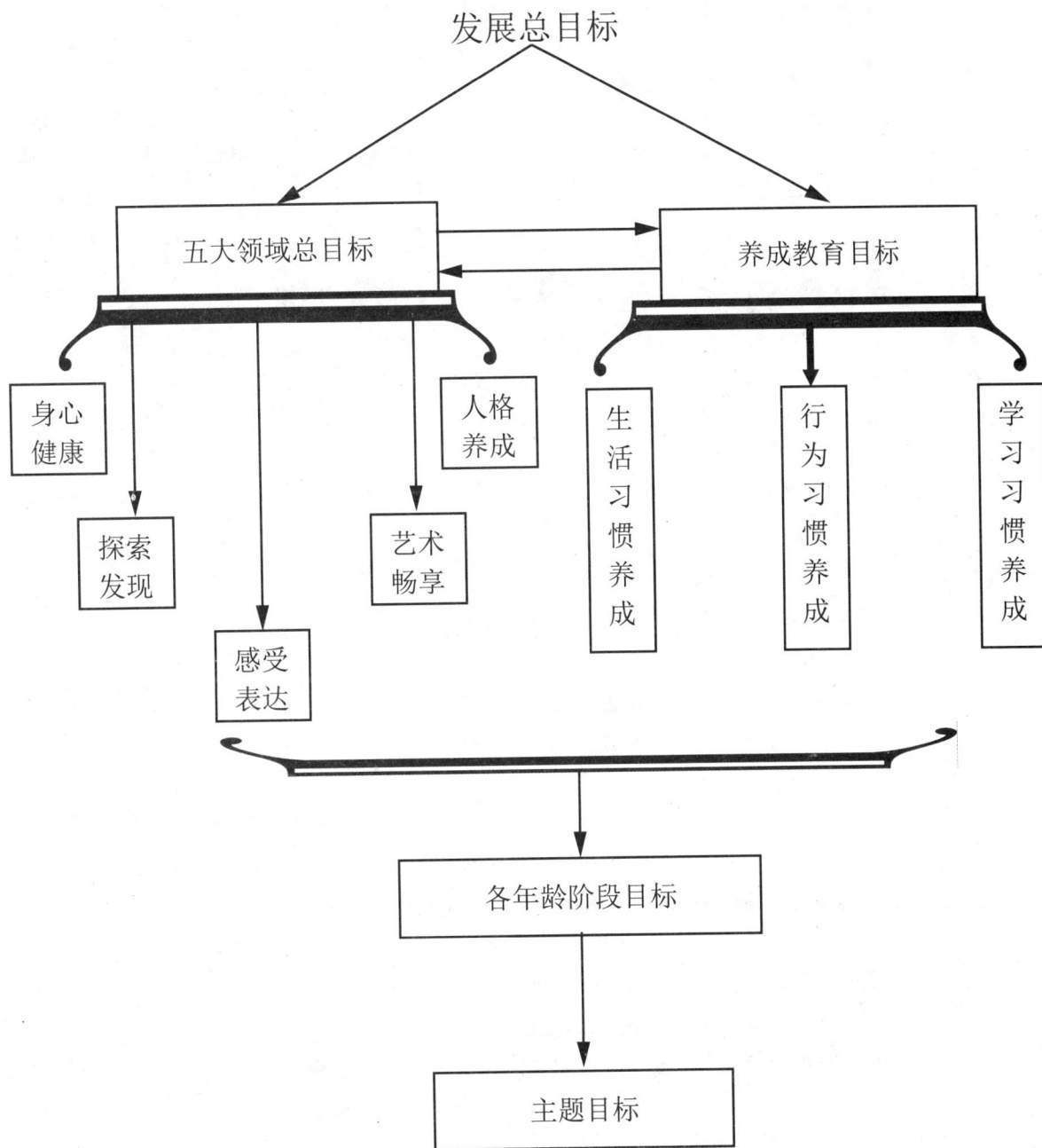

发展总目标

五大领域总目标 ⇄ 养成教育目标

身心健康

探索发现

感受表达

艺术畅享

人格养成

生活习惯养成

行为习惯养成

学习习惯养成

各年龄阶段目标

主题目标

养成教育核心素养目标

一、养成教育总目标——习惯成自然

少成若天性，习惯如自然。 ——孔子

《幼儿园养成教育课程》追求养成教育的自然与无痕，将养成教育的核心经验和养成目标，贯穿于幼儿一日生活的方方面面，融入各种游戏中，让课程与生活、与游戏实现一体化。通过环境、游戏与生活，建立幼儿习惯养成的快乐"原体验"，久而久之，"习惯成自然"，达到所谓"无律"的阶段。

二、养成教育核心素养——三大习惯、十八个要素

- 生活习惯：独立自主、和谐健康、卫生整洁、规范有序、勤俭节约、珍爱生命。
- 行为习惯：诚信明礼、乐观自信、亲海爱海、合作共享、表达感恩、勇敢博爱。
- 学习习惯：勤于思考、好学好问、喜欢阅读、耐心专注、探索创新、大胆质疑。

三、幼儿习惯养成 20 条关键经验

- 生活习惯：

1. 具备自我服务能力，养成自我服务意识。

2. 保持有规律的生活，养成良好的卫生、饮食、作息习惯。

3. 敢于挑战，具有一定的耐力、力量和适应力，养成锻炼的习惯。

4. 树立安全意识，具备基本的自我保护能力。

5. 愿意从事力所能及的劳动，具有勤俭节约的优良品质。

6. 珍爱生命，自尊、自信。

- 行为习惯：

1. 遵守基本的社会行为规范，诚实守信，有责任心。

2. 乐于参加各项活动，遇到困难不怕挫折，有自信心。

3. 亲近、热爱海洋，树立海洋环保意识。

4. 关心尊重他人，愿意与人交往、分享、合作。

5. 有爱心，对关心、帮助自己的人有感恩之情。

6. 接纳和喜欢中国传统文化，感受其中的真善美。

7. 爱祖国、爱家乡，尊敬国旗和国徽，为自己是中国人、青岛人感到自豪。

- 学习习惯：

1. 爱动脑筋，好奇好问，对参与的活动表现出兴趣与热情。

2. 认真倾听，大胆回答问题。

3. 爱护图书，养成良好的阅读习惯。

4. 集中注意力完成任务与活动，养成制定计划并按计划行动的良好习惯。

5. 建立时间观念，做事不拖沓。

6. 积极主动，认真专注，有耐心不怕困难，勇于探索和尝试。

7. 大胆想象与创造，喜欢尝试多种途径解决问题。

《幼儿园养成教育课程》学年养成目标

	目标		
	小班	中班	大班
生活习惯	1. 在成人帮助下能穿脱衣服和鞋袜。 2. 能将玩具和图书放回原处。 3. 不用脏手揉眼睛，连续看电视不超过 15 分钟。 4. 主动如厕，在成人提醒下饭前便后洗手。 5. 在成人引导下，不偏食，不挑食，喜欢吃水果、蔬菜等新鲜食品。 6. 愿意饮用白开水，不贪喝饮料。 7. 喜欢参加体育活动，在成人的鼓励下坚持参加体育活动，不怕累，能徒步行走 1 千米左右，不让爸爸妈妈抱。 8. 能在较冷或较热的环境中活动。 9. 在成人提醒下，不吃陌生人的东西，不跟陌生人走，不做危险的事。 10. 知道在公共场合走失能向警察或有关人员说出家长的姓名和电话等信息。 11. 情绪较稳定，很少因一点小事而哭闹不止。 12. 换新环境时情绪能较稳定，睡眠、饮食不受影响。 13. 有比较强烈的情绪反应时，能在成人的安抚下逐渐平静。	1. 能自己穿脱衣服和鞋袜，会系纽扣、拉拉链，会叠衣服。 2. 学会整理自己的物品，物品用完后知道放回原处。 3. 知道保护眼睛，不在光线过强或过暗的地方看书，连续看电视等不超过 20 分钟。 4. 每天早晚刷牙，养成饭后漱口的好习惯。 5. 不偏食，不挑食，不暴饮暴食，喜欢吃水果、蔬菜等新鲜食品。 6. 尝试使用筷子吃饭，吃东西时细嚼慢咽。 7. 积极参加体育活动，能坚持背包徒步行走 1.5 千米左右，具有一定的耐力和力量。 8. 能在较冷或较热的环境中连续活动半小时左右。 9. 运动时注意躲闪和避让，主动躲避危险。 10. 在公共场合不远离成人的视线单独活动。 11. 认识常见的安全标志，能遵守安全规则。 12. 了解 110、119、120 等特殊电话的用途，知道这些电话不能随便拨打。 13. 经常保持愉快的情绪，不高兴时能较快缓解。 14. 愿意把自己的情绪告诉亲近的人，一起分享快乐或求得安慰。	1. 能根据天气冷热增减衣服，会自己系鞋带。 2. 能按类别整理好自己的物品。 3. 主动保护眼睛，不在光线过强或过暗的地方看书。连续看电视等不超过 30 分钟。 4. 知道保护牙齿，坚持每天早晚主动刷牙。 5. 会使用筷子吃饭，吃东西时细嚼慢咽。 6. 养成锻炼的习惯，能主动参加体育锻炼，精力充沛，能背包徒步走 1.5 千米以上，具有一定的耐力和力量。 7. 能在较冷或较热的环境中连续活动半小时以上。 8. 运动时注意安全，不给他人造成危险。 9. 未经大人允许不给陌生人开门。 10. 能自觉遵守基本的安全规则和交通规则。 11. 知道一些基本的防火、防震的知识，在逃生演练中能有秩序地逃生。 12. 经常保持愉快的情绪，知道引起自己某种情绪的原因，并努力缓解。 13. 表达情绪的方式比较适度，不乱发脾气，能随着活动的需要转换情绪和注意力。

	目标		
	小班	中班	大班
行为习惯	1. 愿意和同伴一起游戏、不争抢、独占玩具，愿意将好玩的玩具与同伴分享；愿意与熟悉的大人沟通，能听从劝解。 2. 长辈讲话时能认真倾听，身边的人生病或不开心时能表示同情，不打扰别人。 3. 知道不能随便拿别人的东西，能在成人提醒下收放玩具。 4. 在成人提醒下能遵守游戏和公共场所的规则，爱护玩具和物品。 5. 能感受到家庭生活的温暖，爱爸爸妈妈，亲近与信赖长辈。 6. 喜欢上幼儿园，对群体活动有兴趣，愿意和小朋友一起玩游戏。 7. 喜欢海洋动物，愿意和海洋动物交朋友。愿意了解海洋动物以及它们有趣的故事。 8. 在成人帮助下，愿意参加青岛海洋文化节日、赶海拾贝等活动，萌发我是青岛人的自豪感和幸福感。 9. 尊敬国旗国徽，奏国歌、升国旗时能自动站好，初步萌发热爱国旗国徽、热爱祖国的情感。	1. 喜欢并能运用交换玩具、轮流分享玩具等方法与同伴一起游戏，有经常一起玩的小伙伴；愿意接受意见和建议，不欺负弱小。 2. 会用礼貌的方式向长辈表达自己的要求和想法；能注意他人的情绪，有体贴的表现，能表达自己的关心。 3. 尝试在小组合作游戏活动中提出自己的想法，敢于尝试有一定难度的活动和任务。 4. 感受规则的意义，并能基本遵守规则，有初步的节约意识。 5. 愿意并主动参加群体活动，愿意与家长一起参加社区的一些群体活动。 6. 尊敬长辈，对养育自己的人产生感激之情。 7. 喜欢自己的幼儿园和班级，感受集体带来的幸福感。 8. 懂得爱护幼儿园环境，不乱涂、乱画，节约幼儿园资源。 9. 喜欢家乡青岛，感受家乡风光的美。为家乡的发展变化感到自豪。 10. 喜欢参加传统节日活动：春节、元宵节、端午节、中秋节等，体验节日活动的快乐。 11. 喜欢和家人一起外出旅游，感受祖国的风光美。	1. 有好朋友，并喜欢主动结交新朋友，能与同伴分工合作进行游戏，遇到问题会协商；不欺负别人同时也会保护自己。 2. 能有礼貌地与人交往，能关注他人的情绪和需要，能用语言和行动珍惜他人的劳动成果。 3. 能在合作游戏中主动发起活动或在活动中主动出主意、想办法，能大胆表达自己的想法和见解。 4. 做错了事情敢于承认，不说谎；能认真负责地完成自己所接受的任务。 5. 理解规则的意义，能与同伴协商、制定游戏规则；爱惜物品，能主动爱护环境、节约资源。 6. 在群体活动中积极、快乐，对小学生活好奇和向往。 7. 愿意和爸爸、妈妈做一些力所能及的家务劳动，有家庭责任感。 8. 体会父母养育自己所付出的辛劳，尊敬并热爱自己的亲人。 9. 愿意为集体做力所能及的事情，为集体取得的成绩感到高兴。 10. 有自己的好朋友，也喜欢结交新朋友，有问题愿意向别人请教。 11. 感受海边建筑蕴含的历史文化，萌发热爱青岛的情感。 12. 树立"小公民"意识，爱护青岛环境，热爱大海，保护海洋资源。 13. 珍惜现在的美好生活，体验作为中国儿童的幸福。 14. 对中国四大发明、国画、国粹感兴趣，感受中国文化的博大精深，树立民族自豪感。
学习习惯	1. 愿意与成人一起阅读图书，喜欢跟读有韵律的儿歌、童谣；爱护图书，不乱撕、乱扔。 2. 与别人讲话时眼睛看着对方，说话自然，声音大小适中，喜欢使用礼貌用语。 3. 与别人讲话时注意倾听并能与熟悉人大方打招呼、交流，愿意表达自己的想法。 4. 喜欢用涂涂画画的方式表达自己的理解。 5. 喜欢接触大自然，对周围的很多事物和现象感兴趣。 6. 对常见的动植物感兴趣，愿意用多种感官去探索事物，经常问各种问题。 7. 在成人指导下，对生活中的数感兴趣，愿意尝试与探究。 8. 喜欢大自然和生活中美好的景物与事物，愿意欣赏与感受音乐、舞蹈、戏剧、绘画等不同艺术形式的作品。 9. 喜欢自哼自唱简短的小歌曲，愿意随音乐做动作表现自己的心情。 10. 喜欢涂涂画画、粘粘贴贴，对自己的作品萌发自豪感。	1. 喜欢阅读喜欢的图书，在大人提醒下看书时愿意保持安静，不影响他人。 2. 别人与自己讲话时能回应，主动使用礼貌用语，不说脏话、粗话，并根据场合调节自己说话的音量。 3. 愿意用图画和符号表达自己的愿望和想法，在成人提醒下，写写画画时保持正确的姿势。 4. 喜欢接触新事物，感知季节的变化，愿意爱护植物、动物，并将自己的发现与同伴分享。 5. 愿意观察身边的事物，喜欢大胆猜测，并用简单的符号进行记录。 6. 喜欢操作，对环境中各种数字的含义有进一步探究的兴趣。 7. 喜欢感受、发现和欣赏自然环境和人文景观中美好的事物，能够专心观看自己喜欢的文艺演出或艺术品。 8. 能用自然的声音、适中的音量演唱歌曲，喜欢用各种道具进行表现，并愿意与同伴进行合作。 9. 喜欢用绘画、捏泥、手工制作等方式表现自己的所见所想。	1. 能专注地阅读图书，对图书和生活情景中的文字符号感兴趣，愿意把自己听过的故事与他人分享。 2. 别人讲话时能积极主动地回应，懂得轮流讲话，别人说话不随意打断，并根据谈话对象和需要调整自己的说话语气。 3. 注意倾听老师与他人的讲话，不随意打断别人，敢在众人面前表达自己的想法。 4. 愿意用图画和符号表征事物和故事，保持正确的书写姿势。 5. 喜欢探究季节的变化，知道尊重和珍爱生命，保护环境。 6. 喜欢观察，对自己感兴趣的事情总是刨根问底。 7. 体验用数学解决生活中困难的乐趣，也愿意尝试运用数学解决生活中遇见的难题。 8. 乐于收集关于美的事物，愿意和别人分享、交流喜爱的艺术作品和美感体验。 9. 积极参加各类艺术活动，愿意用自己旋律、节奏、简单的舞蹈动作表达自己的情绪。 10. 大胆表现，自主尝试运用多种工具、材料和手法进行美术创作，积极参与环境的创设，体验运用自己的作品美化生活的快乐。

《幼儿园养成教育课程》学年领域目标（大班）

类别	总目标	上半学期目标	下半学期目标
健康	1. 具有健康的体态，安定愉快的情绪。精力充沛地坚持参加各种体育活动，动作协调、灵活，具有对环境气候的适应能力，体验创造性地进行体育活动的乐趣。 2. 具有良好的生活与卫生习惯及基本的生活自理能力。注意保持仪表整洁，能与同伴保持环境清洁，会动手整理自己的生活场所，养成良好文明的进餐、睡眠、盥洗等生活卫生习惯。 3. 具备基本的安全知识和自我保护能力。了解身体主要器官及自身生长的需要。并初步掌握自我保健的有关常识和简单方法。对食物的营养有初步的认识，具有初步的自我控制食欲的意识，学习沉着地处理日常生活中可能出现的紧急情况。	1. 天气变化时较少感冒，能适应车、船等交通工具造成的轻微颠簸。喜欢参加体育活动，能根据天气变化增减衣服，基本能够适应环境气候的变化。 2. 能连续行进拍球，会跳绳并动作较协调地攀、爬、跑、跳、平衡走。 3. 学习民间游戏的玩法与规则，掌握双脚跳跃、助跑跨跳、奔跑躲闪等游戏技能，并能在游戏中树立坚强勇敢、不怕困难的品质。 4. 愿意整理自己的生活场所与物品，注意保持衣服的干净整洁。养成每天按时睡觉和起床的习惯。吃东西时细嚼慢咽，主动饮用白开水，不贪喝饮料。 5. 初步了解身体器官及生长的需要，简单了解自我保健的简单方法及常见食物的营养，知道适当控制饮食。 6. 未经大人允许不给陌生人开门。会简单处理"烧伤、烫伤、破伤"，具有初步的自我保护意识。	1. 对环境气候的适应能力较强，能在较热或较冷的户外环境中连续活动半小时以上，精力充沛。 2. 能连续跳绳并动作灵活地攀、爬、跑、跳以及在斜坡、荡桥和有一定间隔的物体上较平稳地行走，能单手将沙包向前投掷5米左右、单脚连续向前跳8米左右。体验创造性地开展体育活动的乐趣。 3. 能主动整理自己的物品，保持衣物整洁。会正确使用筷子，养成良好的排泄、盥洗等习惯。 4. 知道身体器官生长的需要，掌握常见的自我保健常识和方法，具有控制饮食的意识，学习沉着处理紧急情况的方法。 5. 能自觉遵守基本的安全规则和交通规则。知道一些基本的防灾知识。会拨打急救电话，知道简单的自救方法，具有一定的自我保护意识。
社会	1. 能文明大方地与人交往，以积极恰当的方式参与或发起活动。能说真话，尊重别人的意愿，比较自觉地控制自己的情绪和行为。喜欢并适应群体生活，能与同伴友好相处。学习解决活动中同伴间的纠纷，并学会评价自己和他人，愿意学习同伴的优点，与同伴建立起友好的关系。 2. 关心尊重他人。了解社会机构及成员的劳动与人们生活的关系。尊重、热爱劳动者，感激父母、老师为自己付出的劳动。能主动从事力所能及的劳动并运用较恰当的方式帮助和安慰老人、残疾人和有困难的人。 3. 具有自尊、自信、自主的表现以及初步的归属感，能完成简单的任务，有一定的责任心，懂得爱惜公物，养成爱惜劳动成果的习惯。逐步形成集体荣誉感。 4. 遵守基本的行为规范。懂得各种规则的重要性，在学习、生活中遵守必需的行为规范，并能够提醒他人。	1. 有自己的好朋友，也喜欢结交新朋友。有问题愿意向别人请教。活动时能与同伴分工合作，遇到困难能一起克服。知道别人的想法有时和自己不一样，能倾听和接受别人的意见，不能接受时会说明理由。 2. 接纳、尊重与自己的生活方式或习惯不同的人。知道应尊重别人的意见，具有初步的控制自己行为和情绪及正确应对出现纠纷的意识。 3. 愿意为集体做事，为集体的成绩感到高兴。能感受到家乡的发展变化并为此感到高兴。 4. 理解规则的意义，能与同伴协商制定游戏和活动规则。 5. 喜欢参加徒步参观活动，能与同伴合作分工制定亲子实践活动计划，尝试用符号进行记录，愿意把自己的发现与同伴分享。	1. 有高兴的或有趣的事愿意与大家分享。能主动发起活动或在活动中出主意、想办法。 2. 自觉地控制自己的情绪、行为，与同伴发生冲突时能自己协商解决。愿意学习别人的优点，会正确地评价自己和别人。 3. 尊重为大家提供服务的人，珍惜他们的劳动成果。感激父母、老师付出的劳动，能用恰当的方式帮助安慰老（残疾）人。 4. 对小学生活有好奇和向往。知道自己的民族，知道中国是一个多民族的大家庭，各民族之间要互相尊重，团结友爱。知道国家一些重大成就，爱祖国，为自己是中国人感到自豪。 5. 能遵守规则及规范并提醒他人，能认真负责地完成自己所接受的任务，爱护身边的环境，注意节约资源。 6. 能跟随老师、家长有序参观图书馆、图书展等，遵守参观规则，安静阅读；喜欢阅读图书，乐意向同伴介绍自己喜欢的图书。

续　表

类别	总目标	上半学期目标	下半学期目标
语言	1. 能专注地听别人讲话，并迅速掌握别人讲话的主要内容，有良好的倾听与文明的语言习惯。 2. 愿意讲话并能清楚连贯地用自己的语言将所见所闻所做所思的事情表达出来，体验语言的美好。 3. 具有书面表达的愿望和初步技能。关注、理解日常生活中常见的符号、标志、文字所表达的意思，尝试用图像、符号等形式进行表达并有创意。 4. 喜欢听故事，看图书，具有初步的阅读理解能力。能依据提供的线索尽情想象，并创造性地表达。	1. 在集体中能注意听老师或其他人讲话，有良好的倾听习惯。别人讲话时能积极主动地回应。能根据谈话对象和需要，调整说话的语气。 2. 能结合情境理解一些表示因果、假设等相对复杂的句子。对语言感兴趣。听不懂或有疑问时能主动提问。 3. 能专注地阅读图书。喜欢与他人一起谈论图书和故事的有关内容。 4. 对图书和生活情境中的文字符号感兴趣，知道文字表示一定的意义。有用图像、符号表达的意识。 5. 理解中国传统文学的主要含义，能有韵律、有节奏地朗诵古诗，感受传统文学所表现的意境美和韵律美。	1. 懂得按次序轮流讲话，不随意打断别人。能依据所处情境使用恰当的语言。如在别人难过时会用恰当的语言表示安慰。 2. 能有序、连贯、清楚地讲述一件事情。讲述时能使用常见的形容词、同义词等，语言比较生动。能清楚连贯地将自己的所见所闻进行表达，体验语言的美好。 3. 愿意用图画和符号表现事物或故事。 4. 会正确书写自己的名字。写画时姿势正确。
科学	1. 亲近自然，喜欢探究。对自然物和自然现象的变化发展过程感兴趣，喜欢探索自然界的奥妙，并愿意与同伴相互交流，分享各自的发现，具有初步的探究能力。 2. 在探究中认识周围事物和现象。学习用多种方法进行探索、实验，萌发对科学的兴趣。 3. 初步形成数、量、形、时空等概念，能从不同角度运用观察、比较、分类、排序、测量、推理等简单的方法，思考解决问题，初步感知生活中数学的有用和有趣。 4. 喜欢参与重大节日和家乡特有的节日庆祝活动，了解家乡的发展变化，知道我国著名的景观、设施和悠久的历史文化，萌发爱祖国的情感。 5. 了解我国主要少数民族和世界有关国家有趣的风俗和文化。 6. 通过电视等多种途径学习收集感兴趣的信息，不断扩大探索的视野。	1. 对自己感兴趣的问题总是刨根问底。能经常动手动脑寻找问题的答案。有探索的意识，并愿意与同伴交流。 2. 在成人的帮助下能制定简单的调查计划并执行。能用数字、图画、图表或其他符号记录。 3. 能探索并发现常见的物理现象产生的条件或影响因素，如影子、沉浮等。 4. 能发现事物简单的排列规律，并尝试创造新的排列规律。能借助实际情境和操作（如合并或拿取）理解"加"和"减"的实际意义。 5. 认识几种少数民族，了解其有趣的风俗和文化。	1. 喜欢探索，能通过观察、比较与分析，发现并描述不同种类物体的特征或某个事物前后的变化。能用一定的方法验证自己的猜测。 2. 感知并了解季节变化的周期性，知道变化的顺序。初步了解人们的生活与自然环境的密切关系，知道尊重和珍惜生命，保护环境。 3. 能发现生活中许多问题都可以用数学的方法来解决，体验解决问题的乐趣。 4. 辨别自己的左右。能通过实物操作或其他方法进行 10 以内的加减运算。能用简单的记录表、统计图等表示简单的数量关系。 5. 对收集信息感兴趣，能用多种方法、多种途径去收集信息。
艺术	1. 喜欢自然界与生活中美的事物。能从多方面发现、感知周围生活中的美，并能理解美的多样性和丰富性。 2. 真切自然地表达对音乐、舞蹈作品的感受，并从中获取各种艺术和非艺术的经验，大胆使用各种绘画工具和材料，运用不同的技法，表现自己独特的思想，体验创造的快乐。具有初步的艺术表现与创造能力。 3. 喜欢欣赏多种多样的艺术形式和作品。能创造性地运用一切可利用的物品、材料开展游戏，并积极运用语言、动作、表情等自然地表现所理解的事物和扮演的角色。	1. 乐于收集美的物品或向别人介绍所发现的美的事物。 2. 能用表情、动作、语言等方式表达自己对艺术欣赏的理解。 3. 能用基本准确的节奏和音调唱歌。能用律动或简单的舞蹈动作表现自己的情绪或自然界的情景。 4. 知道京剧是中国的国粹，萌发对国粹艺术的探究兴趣。能运用说、唱、表演、绘画等方式大胆表达自己对京剧艺术的理解。 5. 能用自己制作的美术作品布置环境、美化生活。	1. 乐于模仿自然界和生活环境中有特点的声音，并产生相应的联想。愿意和别人分享、交流自己喜爱的艺术作品和美感体验。 2. 积极参与艺术活动，能用多种工具、材料或不同的表现手法表达自己的感受和想象。 3. 能自编自演故事，并为表演选择和搭配简单的服饰、道具或布景。 4. 能积极参与班级环境创设。

目录

上学期

主题一　宝贝成长季

主题二 寻踪海边建筑的足迹

主题三 童眼观秋天

主题四　身边的科学

主题五　琴棋书画

主题六　冬天大搜索

下学期

主题一 爱在我身边

主题二　船儿奥秘多

主题三　春天来到了

主题四　我是小书迷

主题五　欢乐的日子

主题六　我要上小学了

评价汇总

主题一　宝贝成长季

活动区活动

1. 我们的教学楼
2. 好朋友们一起玩
3. 自画像
4. 鸭妈妈找蛋
5. 熊和石头人
6. 本周推荐图书
7. 清洁列车

教育活动

1. 好习惯体验日：遇到困难时
2. 我是大班儿童
3. 复习 10 以内数的形成
4. 不再麻烦好妈妈
5. 名字大变身

户外体育活动

1. 做新操
2. 蜈蚣竞走

第 1 周　宝贝升班啦

宝贝成长季

教育活动

1. 泡泡变成包
2. 文明小乘客
3. 10 以内的相邻数
4. 熊和石头人
5. 我的自画像

教育活动

1. 其实我很喜欢你
2. 小伙伴，你真棒
3. 10 以内的单双数
4. 请你和我跳个舞
5. 和好朋友在一起

第 2 周　宝贝守规则

第 3 周　宝贝朋友多

户外体育活动

1. 做新操
2. 狮王和小动物

活动区活动

1. 幼儿园里真漂亮
2. 我是小小服务员
3. 纸盘制作：我的老师
4. 认识新邻居
5. 梦想艺术家
6. 看图说话
7. 牙齿小百科

活动区活动

1. 我喜欢的幼儿园
2. 星级服务员
3. 自制相框
4. 送小鸡上学
5. 我是斗牛士
6. 9 只小猪旅行记
7. 我是小牙医

户外体育活动

1. 运西瓜
2. 贴膏药

主题价值

对于大班幼儿来说，发现自己的变化，知道自己长大了，有助于增强自信心，能更好地帮助幼儿认识自己和周围的同伴、环境。本主题结合大班幼儿的年龄特点和实际需要设置了"我上大班了""守规则讲文明""我的朋友多"3个次主题，从不同的角度引导幼儿探索自己身上发生的种种变化，体验自己在幼儿园中角色的转变，鼓励幼儿以积极的方式和态度结识、接纳朋友，培养幼儿成为关爱他人、讲文明、守规则的孩子。

主题活动中通过多形式的室内外及家园活动，引领幼儿与小班弟弟妹妹、与老师和同伴、与家长互动等，逐步培养幼儿独立生活的能力，帮助幼儿不断发展社会适应能力，增强幼儿的自我意识、责任意识、规则意识，满足幼儿渴望成长、成就自我的需要。

主题目标

★ 愿意做一些力所能及的事，掌握穿脱、整理衣服的基本方法。

1. 喜欢参加体育活动，学会做新操，会听口令有节奏地走，能与同伴大胆尝试探索球的不同玩法，遵守游戏规则，体验与同伴合作游戏的快乐。

2. 知道乘车、乘坐电梯、扶梯时必要的规则和基本礼仪，尝试自我调节、控制自己的情绪和行为，能主动与同伴互动，共同制定并自觉遵守班级游戏和活动规则。

3. 理解诗歌、故事的内容，学习排图讲述，能清楚、流畅、完整地朗诵诗歌并有条理地叙述自己的排图故事。

4. 学习掌握10以内的相邻数，了解生活中的各种规则，知道这些规则的含义及重要性，愿意分享交流自己的发现和对规则的认识并将收集到的信息按要求分类。

5. 感受歌曲的旋律变化，唱准休止符和附点音符的音值，学习侧踏步、吸跳步等舞步，能随音乐有节奏地进行舞蹈和游戏。学习人物画，能大胆运用色彩、形象与夸张的绘画方法凸显人物的主要特征和活动场景，体验我长大的自豪感。

区域活动安排

区域名称	活动名称	活动准备	活动指导建议
结构区	我们的幼儿园	大型木头积木、雪花片等插塑玩具及彩带、纸筒等辅助材料。	1. 我们的教学楼： ● 运用四板四柱、组合连接等方法搭建出幼儿园的主体大楼。 ● 指导幼儿使用大型积木，进行教学楼楼梯的搭建，掌握下大上小的搭建技能。 2. 幼儿园里真漂亮： ● 运用辅助材料拼摆搭建假山、花坛等幼儿园环境，体现幼儿园的整体美。 ● 指导幼儿使用雪花片等插塑玩具运用十字拼插法、围拢拼插的方法，拼插幼儿园的大树、花园。 3. 我喜欢的幼儿园： ● 能运用雪花片、积塑等材料，结合自己的想象设计拼插自己喜欢的幼儿园。 ● 教师带领幼儿参观幼儿园，帮助幼儿分析幼儿园教学楼的形状，然后请幼儿在区角游戏时进行回忆与借鉴搭建，自己心目中的幼儿园。 ★ 知道玩具要分类整理，不乱扔玩具。
社会区	餐厅	自制各种自助餐的食物	1. 自助餐开业了： ● 创设自助餐开业的情景，能明确角色职责，尝试发放宣传广告，招揽顾客。 ● 引导幼儿相互分工，厨师们一起动手制作自助餐厅所需要的食物(如寿司、烤肉)，其他人员开始绘制宣传图册，在游戏开始时进行宣传。 2. 海底捞自助餐： ● 学做文明小顾客，学会文明取餐不浪费，有轻声交流的良好习惯。 ● 引导幼儿增加海鲜类自助餐食物，在进餐时服务员要时刻提醒幼儿拿多少吃多少，按量取餐，点餐时要用文明礼貌用语。 3. 香格里拉一品堂自助餐： ● 能根据教师提供的半成品材料创造性地进行自助食物的制作，会以物代物地开展游戏。 ● 鼓励幼儿根据顾客的需求现场进行加工制作食物。 ★ 自觉使用礼貌用语，进行餐厅的交流。
美工区	自画像	各种纸板、橡皮泥、透明胶、水粉颜料等	● 能用水粉颜料及橡皮泥等多种绘画形式来表现自画像。 ● 指导幼儿进行制作，并尝试通过不同的色彩、角度表现不同的人物性格和主要特征。 ★ 能将各种绘画用具分类整理取放。
美工区	纸盘制作：我的老师	提供纸条若干、铅笔、颜料、白胶、水彩笔、纸盘等	● 体验新的作画方式，并能抓住人物的主要特征进行作画。 ● 指导幼儿在纸盘上表现老师的画像，并运用铅笔、卷纸制作老师的不同发型。 ★ 指导幼儿正确使用白胶，粘贴画面整洁。
美工区	自制玩具：相框	手工纸、折纸步骤图等	● 愿意自己动手制作相框，并大胆进行创意装饰。 ● 指导幼儿边观察步骤图边自制相框，能将折好的正方形框架进行装饰添画。 ★ 会正确整理美工学具，保持桌面整洁。
益智区	鸭妈妈找蛋	贴有数字的鸭子、贴有点数的蛋、记分牌	● 幼儿能根据鸭子身上的数字找相应的蛋，复习10以内的数。 ● 引导幼儿先看鸭子身上的数字是几，再找到对应数量的蛋。可运用记分牌开展竞赛游戏，看一看谁找得对又快。 ★ 能按规则游戏，不将题卡弄乱。
益智区	认识新邻居	各种贴有数字的小动物卡片、居民楼3栋	● 幼儿能操作数卡，按规则开展游戏，巩固学习10以内的相邻数。 ● 引导幼儿开展游戏"认识新邻居"：两名幼儿游戏，一名幼儿选择任意一个数字贴在楼房内，另一名幼儿快速找到该数字的相邻数。 ★ 爱惜学具，轻拿轻放。

区域名称	活动名称	活动准备	活动指导建议
益智区	送小鸡上学	写有10以内单双数的城堡、贴有数字的小鸡	● 幼儿能根据小鸡身上的数字快速分辨单双数并按单数或双数分别送到相应标志的城堡内。 ● 引导幼儿开展游戏"送小鸡上学"：任选一只小鸡并根据其身上的数字分别送到标有单数或双数的城堡内。同伴间相互检查，加深对于单双数的感知。 ★ 能安静思考，不轻易放弃游戏。
音乐区	熊与石头人	熊头饰、律动音乐等	● 幼儿能根据音乐旋律的变化，随音乐按规则游戏。 ● 引导幼儿相互协商分配角色，选择对应的游戏头饰开展游戏，当听到熊来的音乐时，小动物们不能动，动的人就被熊抓住了。 ★ 能与同伴协商角色内容。
	小小斗牛士	舞曲《西班牙斗牛士》音乐	1. 梦想艺术家： ● 倾听音乐，能大胆想象音乐中表现的内容并自由选择道具布置场景，自主表现。 ● 请幼儿倾听音乐，猜猜音乐表现的是什么内容，然后再选择头饰（选择牛、斗牛士），听听音乐中什么时候小牛钻红布。 2. 我是斗牛士： ● 感受音乐的旋律与节奏，能大胆创编斗牛士的动作。 ● 引导幼儿自主选择斗牛士与牛的角色，根据音乐创编斗牛的动作与情景，与同伴一起舞蹈。 ★ 能与同伴协商扮演的角色，游戏中体验与同伴合作的快乐。
语言区	本周推荐图书	提供有关好朋友故事的书籍若干	● 会一页一页翻书，看懂图片内容，能有选择地为大家进行推荐。 ● 请幼儿看墙上的图片提示，会一页一页翻书，并选择本周推荐的图书进行阅读，选择自己喜欢的一段故事与同伴分享。
	看图说话	不同的小动物、生活场所、活动内容等卡片若干。	● 能仿照语句格式创编对话，并尝试连贯表达。 ● 指导幼儿按照"动物——场所——活动"三部分选择相应图片，按照"什么样的小动物？在什么地方？在干什么？"的模式进行完整讲述。（如健壮的骏马在美丽的大草原上奔跑……）
	桌面游戏：9只小猪旅行记	故事的各种指偶	● 熟练掌握故事，能借助手偶复述故事中的人物对话。 ● 指导幼儿操作手偶，模仿故事中的角色语气创造性地讲述故事。 ★ 提醒幼儿遵守游戏的语言规则，不随意打断别人讲话。
生活区	我的牙齿棒棒的	牙齿模型、牙刷、牙膏，与牙齿相关图书、换牙顺序图	1. 清洁列车： ● 学会自己整理、清洁活动场所，感受自己在清洁卫生方面的进步。 ● 引导幼儿根据教具的提示进行清洁练习，游戏后将所有材料整理干净、摆放整齐。 2. 牙齿小百科： ● 阅读与牙齿有关的书籍，了解刷牙的基本方法与顺序及换牙卫生常识。 ● 在活动区中提供与牙齿有关的书籍和刷牙齿步骤图，引导幼儿看图示模拟刷牙，了解有关保护牙齿的常识，能够养成早晚刷牙的好习惯。 3. 我是小牙医： ● 能借助自己带来的牙刷、牙膏、牙杯，按照刷牙步骤进行正确刷牙。 ● 引导幼儿先用磨具练习，再自己来刷牙，感受刷牙的步骤并用小镜子检查自己和同伴牙齿刷的是否干净。 ★ 值日生能在洗手过程中监督和帮助小朋友掌握与练习。

（●为核心目标指导，★为养成目标指导）

户外活动安排

活动名称	活动目标	活动准备	活动指导建议
狮王和小动物	1. 练习直线追逐跑和躲闪跑,熟练掌握直线追逐跑、躲闪跑的动作。 2. 能够听指令、看信号做出迅速、正确的反应并找准自己家的方向。 3. 勇敢、大胆、积极地参与体育活动,体会直线追逐跑、躲闪跑的乐趣。	狮王头饰1个,小羊、小兔、小猫、小猴的头饰(与幼儿人数相同),呼啦圈4个,轻松的背景音乐	● 狮子站在路中间,两边是小动物的家,当听到游戏开始时,两边场地的幼儿交换位置,跑到对面的家,大狮子在动物奔跑时开始抓。 ● 动物在躲避的时候被抓到就只能到场地外面休息,教师随时提醒幼儿迅速、正确地做出反应,找准自己家的方向。 ★ 游戏过程中注意安全,勇敢、大胆地游戏。
蜈蚣竞走	1. 练习协调地蹲着走的技能,掌握下蹲走的动作要领,锻炼腿部和股部力量。 2. 能步调一致地学蜈蚣走,在有趣的竞赛中提高团结协作的能力。 3. 喜欢参加竞走游戏,体验与同伴合作获得成功的快乐。	在每个幼儿的左脚上贴一朵小花,画有起点线和终点线的宽敞的场地,背景音乐	● 幼儿几人一组,面向同一方向站成一队,膝盖弯曲呈半蹲状,后面的幼儿依次用双手扶住前面幼儿的腰蹲步走,脚步要统一。 ● 当听到开始口令时,全组人员出发,每队最后一只小蜈蚣到达终点,且没有断开的队伍获胜。 ● 鼓励幼儿坚持完成游戏,遵守游戏规则,不怕困难,坚持到底。
贴膏药	1. 能快速追逐跑,锻炼幼儿敏锐的反应能力。 2. 喜欢与同伴游戏,体验民间体育游戏的快乐。	宽敞的活动场地上画一直径约5米的圆圈,圈外分6等份画出放射线状	● 一名幼儿做膏药,在圈中逃跑,另一名幼儿去追,逃跑的幼儿可随意选择一列纵队贴在队首不动为安全,该队的最后一名幼儿则变为膏药,迅速到圈中逃跑,同样可随意选择一列纵队贴在队首,依次类推,直到抓住膏药。 ● 抓住膏药为胜,抓到膏药后,逃与追的幼儿相互交换角色,游戏继续。 ★ 活动时注意安全,遵守游戏规则,有团队意识。

(● 为核心目标指导,★ 为养成目标指导)

第1周 宝贝升班啦

环境创设

1. 创设墙饰"我能做好""老师我爱你"的专栏。

2. 创设"习惯评比栏",让幼儿随时了解自己在习惯方面的进步。

3. 创设"值日生栏",让幼儿体验为他人服务的快乐。

4. 创设"暑期见闻多"的展示栏,请小朋友将自己在暑假期间外出游玩的照片带来,并进行讲述。

生活活动

1. 设立"清洁列车",引导幼儿自己整理、清洁活动场所,感受自己在清洁卫生方面的进步。

2. 请值日生在盥洗、如厕时,督促其他小朋友保持良好的文明习惯。

3. 安全教育:会动的楼梯。重点指导幼儿自觉遵守乘坐电梯的规则。

家长与社区教育

1. 请家长帮助搜集"暑期见闻多"的照片、报纸资料,和孩子学习讲解资料上的内容,拓宽幼儿的思维视野,同时也方便幼儿晨间和好朋友交流。

2. 请家长和孩子一起准备亲子制作需要的材料,并搜集关于孩子在家帮父母做事情的图片和资料。

3. 请家长每晚听孩子讲讲与好朋友在幼儿园发生的事,说说自己的心理感受,引导幼儿开心上幼儿园,尽快适应大班新生活。

4. 请家长和幼儿在家中练习一些简单的自我服务技能,如:叠被子、系扣子等,提高孩子自我服务的技能,锻炼幼儿小肌肉群发展。提醒值日生当天要早来幼儿园,提高幼儿任务意识。

教学活动

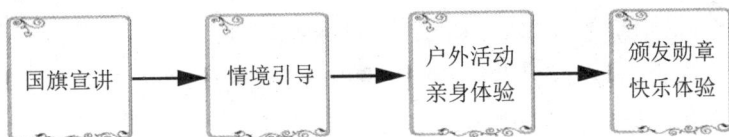

活动一 好习惯体验日——遇到困难时

【活动解读】

日常生活中,幼儿会遇到或大或小的困难。由于性格不同,他们在面临困难时的表现也各有差异:有的不知所措、哭闹、必须要成年人去帮助;有的则主动想办法解决,不怕苦、不怕难、做事有耐心,有毅力。此次的半日活动,旨在通过情景引导、亲身体验、颁发勋章等环节,让幼儿能够在探究的过程中自己寻找解决困难的方法,知道要冷静面对困难,并努力使自己成为勇敢、自信、求上进的人。

【活动流程】

```
国旗宣讲  →  情境引导  →  户外活动   →  颁发勋章
                          亲身体验      快乐体验
```

【活动目标】

1. 知道遇到事情不要慌,要积极寻找解决困难的方法。

2. 能用较为流畅的语言表达自己的见解。

3. 体验解决困难后的快乐。

【活动建议】

1. 国旗下宣讲"遇到困难时"

(1)教师宣讲:在平时的生活中我们都会遇到大大小小不同的困难,只要我们不慌张,大胆冷静地思考,就一定会想出解决的方法。

(2)幼儿宣讲:遇到困难时不要哭,尝试想办法解决。如果解决不了可以寻求同伴、老师、家长的帮助。

(3)家长宣讲:孩子遇到困难时,作为家长要先不着急帮忙,相信孩子并给孩子成长的空间,及时给予鼓励和支持。

2. 情境引导,探究解决问题的方法。

(1)教师出示不同的困难场景,引导幼儿帮助他们想办法解决。

场景一:小朋友摔倒了

场景二:找不到自己的物品时

场景三:不会画画时

(2)请幼儿开动脑筋想办法。

提问:遇到这些困难时,你会怎么办?有哪些解决问题的好办法?

3. 户外活动,亲身体验。

(1)教师在户外创设《海军训练营》的障碍游戏场景,幼儿分组尝试突破障碍闯难关。

(2)分享交流:"我是如何闯过难关、通过障碍的?""闯过难关后有何感受?"

(3)小结:在我们成长的过程中总会遇到各种各样的困难,不要怕、不要慌,要有信心积极寻找解决困难的方法。

4. 颁发勇敢勋章,体验成长快乐。

（1）教师为参与活动的幼儿颁发勇敢勋章。

（2）集体拍照留念。

活动二　语言——诗歌《我是大班儿童》

【教材分析】

诗歌《我是大班儿童》以叙事的形式将具体事例融入其中。诗歌分为三段:"我升大班了""我帮弟弟妹妹""我光荣,我分享"。层层递进,朗朗上口。大班孩子大多是独生子女没有兄弟姐妹,他们渴望友谊。成为大班儿童,帮助中小班弟弟妹妹会让他们产生做哥哥姐姐的自豪感。活动中,通过图片演示和角色模拟等形式让幼儿在情境中体验诗歌所表达的情感,更加激发幼儿"我是大班儿童"的自豪感。

【活动目标】

1. 理解诗歌内容,能完整朗诵,丰富词汇"光荣"。

2. 能有感情地朗诵诗歌并与同伴分角色模拟再现帮助弟弟妹妹的情景。

3. 愿意帮助弟弟妹妹,体验我是大班儿童的自豪感。

【活动重点】

理解诗歌内容,能完整朗诵。

【活动难点】

能有感情地朗诵诗歌并与同伴分角色模拟再现帮助弟弟妹妹的情景。

【活动准备】

1. （经验）大带小的照片,餐前交流:小班、中班时,大班哥哥姐姐都帮我做过什么。

2. （物质）诗歌课件,幼儿学习材料《我长大了》2～3页。

【活动过程】

1. 谈话"我是大班儿童了",激发幼儿学习的兴趣。

提问:我们是大班儿童了,你能为中小班的小朋友做些什么?

2. 播放课件,难点前置,感知理解诗歌第二段。

（1）出示课件,结合内容请幼儿初步理解诗歌内容。

提问:在图片中你看到了什么?

大哥哥大姐姐是怎样帮助中小班的弟弟妹妹的?

（2）教师朗诵诗歌第二段,帮助幼儿感知理解"大哥哥大姐姐是怎样帮助中小班的弟弟妹妹的"。

3. 学习诗歌,进一步感知理解诗歌内容。

（1）教师完整朗诵诗歌,幼儿初步感知诗歌内容。

提问:诗歌的名字叫什么?

大班小朋友是怎样帮助中小班的弟弟妹妹的?

（2）情景模拟诗歌第二段,引导幼儿学习朗诵诗歌第二段。

（3）教师再次完整朗诵诗歌,加深对诗歌的感知。

讨论:"光荣"是什么意思?

为什么诗歌最后一句说:"看!这是多么光荣!"

（4）幼儿和教师一起朗诵诗歌最后一段。

（5）出示课件,幼儿和老师一起完整朗诵诗歌《我是大班儿童》。

（6）幼儿完整朗诵诗歌。

4. 活动延伸:

开展"大带小"和"区域混龄联动游戏"活动,让幼儿与中小班的小朋友一起游戏,进一步体验"我是大班儿童"的自豪感。

【附教材】

我是大班儿童

开学了,我快快活活走向可爱的幼儿园。

去年,我还是中班的儿童。现在,我升到了大班,中班、小班的小朋友,就是我的弟弟妹妹。

小弟弟,鞋带开了吗?来,我帮你系上!小妹妹,跌疼了吗?来,我扶你起来!

有一个新来的小弟弟,妈妈上班时间已到,他不放妈妈走,又是哭,又是闹。

我给他讲了一个故事,他乖乖地听着,还咯咯地笑。

从现在起,我就是大班的儿童。

我帮助中班、小班的弟弟、妹妹,看!这是多么光荣!

〔选自:青岛出版社 2019 年版《幼儿素质发展课程教师用书》大班（上）〕

活动三 数学——复习 10 以内数的形成

【教材分析】

激发兴趣、构建初步的数概念是幼儿园数学教育的重要内容。其中数的形成是大班幼儿构建数概念的关键,是幼儿今后学习相邻数、单双数、数的组成等的基础,起承上启下的作用。

对于 10 以内数的形成,孩子们在中班已经有了一定的学习与认知,本次活动旨在重新回顾并加深幼儿对于数的形成的学习,巩固理解 1～10 的数列中"多 1 和少 1"的关系,通过游戏法、引导观察法、情境法、直观演示法等教学方法,提升幼儿对于 10 以内数的形成的感知,萌发幼儿对于数的学习兴趣,让幼儿乐在其中。

【活动目标】

1. 巩固学习 10 以内数的形成,知道 × 添上 1 是 ×,× 里面有 × 个 1。

2. 能正确比较两组物体间多 1 少 1、一样多的关系,并用语言清楚描述。

3. 乐于参加游戏活动,提高幼儿对数学活动的兴趣和解决实际问题的能力。

【活动重点】

巩固学习 10 以内数的形成,知道 × 添上 1 是 ×,× 里面有 × 个 1。

【活动难点】

能正确比较两组物体间多 1 少 1,一样多的关系,并用语言清楚描述。

【活动准备】

1. （经验）已经学习过 10 以内的数的形成,已了解数与数之间多 1 少 1 的关系,对数的认识已经具备了初步的了解和生活经验。

2. （物质）课件"小矮人去探险"、铃铛、夹子、数字卡片、幼儿操作材料。

【活动过程】

1. 以游戏引出活动,初步复习数的形成。

(1)听铃声夹夹子:铃声开始,往身上夹夹子,铃声停就停,数一数夹了几个夹子,并说出总数。

(2)听铃声举数卡:往身上夹夹子,铃声停,数出夹子总数,并举出相应的数卡。

(3)听指令夹夹子:幼儿根据铃声的次数来动手夹比铃声多1个或少1的夹子,并能说出铃声的次数和夹子的数量。

2. 演示课件,创设游戏情景"小矮人去探险",引导幼儿巩固学习10以内数的形成。

(1)第一个关卡:小矮人去森林里探险。

(出示:7个小矮人,7个蘑菇)

提问:图片上有几个矮人?几个蘑菇?小矮人和蘑菇,哪个多?哪个少?还是一样多?(点数后出示相应数字)

小结:通过以上问题的回答及画面提示,让知道7添1是8,8去1是7,8比7多1,7比8少1。

(2)第二个关卡:小矮人摘果子,幼儿操作实物进一步感知数的形成和实际意义。

(出示:果树)

玩法:先请幼儿根据苹果树上的果子拿取相应数量的红色学具,在桌子上摆成一横排,并摆放相应的数字卡片;

然后再根据橘子树上的果子拿取相应数量的黄色学具,放在红色学具的下面一一对应,并摆放相应的数字卡片。

提问:苹果和橘子一样多吗?哪个多?哪个少?还是一样多?

苹果和橘子,谁比谁多几个?谁比谁少几个?怎样才能把它们变成一样多?

(3)第三个关卡:操作学具,让幼儿在操作的基础上能清晰地进行表述。

(出示:10个小矮人和9个宝箱)

提问:图片上有几个小矮人?几个宝箱?哪个多?哪个少?还是一样多?(点数后出示相应数字)

怎样才能让矮人和宝箱一样多?(幼儿操作,并清楚地用语言表达。)

小结:帮助幼儿进一步感知9添1是10,10去1是9,10比9多1,9比10少1。

3. 活动延伸

(1)请小朋友找一找教室里、家里都有什么东西可以用数字来进行表示。

(2)益智区投放相应的活动材料,幼儿进一步游戏、巩固。

活动四 音乐—歌曲《不再麻烦好妈妈》

【教材分析】

歌曲《不再麻烦好妈妈》是一首节奏欢快、旋律朗朗上口的歌曲。歌词通过描述幼儿自己会做力所能及的事情不再麻烦妈妈,表达自己理解妈妈、爱妈妈的情感,贴近幼儿的生活,易于幼儿理解。大班幼儿在情感表达方面还是比较欠缺,结合这一特点,本活动将能用不同情感和声音演唱歌曲定为本活动的难点,将休止符、附点的节奏掌握定为本活动的重点,以谈话的形式将幼儿已有经验与歌词结合,便于幼儿记忆理解。

【活动目标】

1. 理解歌词内容,掌握歌曲的旋律,唱准歌曲中休止符和附点的节奏。

2. 能用欢快和舒缓、不同情感和声音演唱歌曲,并根据歌词创编自己喜欢的动作。

3. 喜欢参加歌唱活动,在歌声中体谅妈妈的不易,萌发对妈妈的情感和自豪感。

【活动重点】

掌握歌曲的旋律,唱准歌曲中休止符和附点的节奏。

【活动难点】

能用不同情感和声音演唱歌曲

【活动准备】

1.(物质)歌曲图谱、"妈妈下班回家"图片、伴奏

2.(环境)幼儿坐半圆

【活动过程】

1. 简单谈话,激发幼儿兴趣。

(1)出示图片,引入歌曲。

提问:看,图片上都有谁？妈妈今天下班好累,你想为她做些什么？

(2)教师根据幼儿所说出示图片。

2. 幼儿倾听歌曲,并结合图片学唱歌曲。

(1)教师完整清唱歌曲。

提问:歌曲中的小朋友都为妈妈做了哪些事情？

(2)教师根据幼儿所说,出示相应图片并以歌词小结。

(3)幼儿听旋律,结合图片跟随老师完整朗诵歌词。

(4)教师再次随伴奏完整演唱歌曲,加深幼儿对于歌曲的印象。

3. 运用情景的方式解决休止符和附点节奏,引导幼儿用不同声音表现歌曲。

(1)解决休止符节奏：

提问:5 3　0 1｜:你能用快乐的声音来叫妈妈吗？

(2)解决附点节奏：

提问:4 . 3｜2 0｜:想让妈妈多休息一下吗？

(3)用不同声音表现歌曲,帮助幼儿进一步理解记忆歌词。

提问:你对自己的事情都会做有怎样的感觉？用什么样的声音表示？

最后表达对妈妈的爱是怎样的感觉？用什么声音表示？

(4)请幼儿完整演唱歌曲,教师及时指导。

(5)鼓励幼儿结合歌词加上自己喜欢的动作完整表演唱。

4. 情感延续。

(1)给歌曲起名字。

(2)讨论:妈妈回家很辛苦,你还能为她做些什么？

(3)小结并鼓励幼儿回家把学到的歌曲唱给妈妈听,知道妈妈很辛苦,多帮妈妈做力所能及的事情。

【附教材】

不再麻烦好妈妈

颂今 千红 词
颂今 曲

1=C 2/4

天真地

5 | 5̲ 6̲ | 5̲ 3̲ 0̲ 1̲ | 4 · 3̲ | 2 0 | 5 5̲ i̲ |

妈 妈　妈 妈　你 歇 会儿 吧，　自 己 的

5̲ 3̲ 0̲ 1̲ | 4 · 3̲ | 2 0 | 3̲ 4̲ 3̲ 2̲ | 1̲ 1̲ |

事儿 我 会 做 了。　自 己 穿 衣 服 呀，

3̲ 4̲ 3̲ 2̲ | 1̲ 1̲ | 3̲ 2̲ 3̲ 4̲ | 5̲ 3̲ 2̲ 4̲ |

自 己 穿 鞋 袜 呀，　自 己 叠 被 子 呀，　自 己 梳 头

5 5̲ | i̲ - | 5 - | 4̲ 3̲ 2̲ | 6 - |

发 呀，　不 　再 　麻 烦 你 呀，

5̲ 4̲ 0̲ 3̲ | 2̲ 3̲ | 1 - | 1̲ 0̲ ‖

亲 爱 的 好 妈 妈。

活动五　美术——绘画：名字大变身

【教材分析】

每个孩子的名字都蕴含着父母对其美好的祝愿或特殊的纪念意义。绘画《名字大变身》即运用绘画的形式对名字中的汉字或者汉字的某一部分可添、可替、可变形，展开丰富的联想与创作。大班幼儿前期已有会写自己名字的经验基础，本次活动中，旨在通过引导幼儿了解、讲述自己名字的寓意的同时，发现自己名字的特点，在引导幼儿借助自己名字的特征进行添画、替换、变形等方式，鼓励、激发幼儿大胆想象，把名字变成各种独具特色的有趣的造型，培养幼儿的创造力，激发幼儿对汉字的兴趣。

【活动目标】

1. 了解自己名字的寓意，学习汉字变身的多种方式。

2. 能根据自己名字大胆想象并通过添画、替换、变形等把名字变成各种有趣的造型。

3. 感受家人对自己的美好祝愿，激发幼儿对汉字的兴趣。

【活动重点】

了解自己名字的寓意，学习汉字变身的多种方式。

【活动难点】

能通过添画、替换、变形等把名字变成各种有趣的造型。

【活动准备】

1.（经验）会写自己的名字，了解自己名字的寓意。

2.（物质）彩纸、水彩笔、线描笔、油画棒，在家写好的"大名字"。

【活动过程】

1. 讲述自己名字的寓意，感受家人对其的美好祝愿。

提问：你的名字是怎么来的？这个字代表什么意思？

小结：每个小朋友的名字都蕴含着父母对你的美好祝愿或者有着特殊的意义。

2. 通过"我是小侦探"的游戏，让幼儿分小组自主探索汉字变身的方式。

（1）创设"我是小侦探"的游戏情景，让幼儿自主探索：添画、替换、变形的汉字变身的方式。

提问:你发现了什么?你猜出它是什么字了吗?这是用什么方式变身的呢?

小结:汉字的变身方式有:添画、替换、变形。

(2)"我的名字"大变身,通过分析自己名字的特点,引导幼儿展开联想。

提问:你想把名字怎么变?还可以怎么变?

小结:可以用一种图形替换汉字,也可以把某一部分进行夸张变形或者添画,让它变得形象又有趣。

3. 幼儿自主选取工具,并根据自己名字的特点,展开大胆的联想。

提问:你想用哪种工具来进行名字大变身呢?你认为在名字大变身的时候应该注意什么?

小结:注意构图饱满,先勾边后涂色,细致装饰。

幼儿随音乐创作,教师巡回指导

4. "名字博览会",将幼儿作品贴到展板上,引导幼儿互相欣赏。

提问:你觉着哪幅作品最有创意?你猜出它是什么字了吗?

你最喜欢哪个名字?为什么?它是用哪种变身方式?

你最想给哪个名字提个小建议,让它变得更有创意?

小结:小朋友的想象力太丰富了,大家的创意让我们的名字都变得特别有趣而独特。

5. 活动延伸。

那名字还可以怎么变呢?鼓励幼儿在美工区继续展开想象,大胆创作。

【附教材】

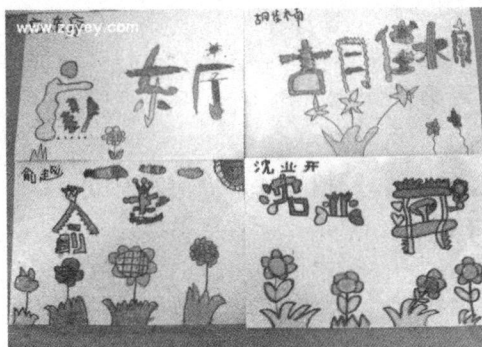

体育活动

我和老师来做操

【教材分析】

早操活动是幼儿园在早晨开展的以基本体操为主要内容的一种体育组织形式,早操活动有助于增强幼儿体质,促进幼儿身心健康,发展幼儿动作协调和合作能力,幼儿通过排队、变换队形、律动和基本动作完成整个早操活动。

大班幼儿是从中班刚刚升入,队形变换对他们来说有过一定的经验,但在上下肢动作的协调上还有待提高和锻炼。为此,本活动将学习头部、脚和上下肢协调运动作为活动重点,运用示范法、语言提示法、模仿法等多种直观的教学方法,帮助幼儿感知、学习操节动作,锻炼幼儿上下肢的协调性。

【活动目标】

1. 学习早操1～4节,掌握各操节的动作要领。

2. 尝试随音乐有节奏地做动作,能上下肢、脚及头部协调进行,动作准确有力。

3. 喜欢做早操,体验和同伴一起做早操的快乐。

【活动重点】

学习操1～4节,掌握各操节的动作要领。

【活动难点】

听口令,随音乐上下肢、脚及头部协调进行,动作准确有力。

【活动准备】

1. (物质)早操音乐

2. (经验)提前欣赏大班早操的动作视频,对大班早操有初步的感知。

【活动过程】

1. 创设情境,随音乐进行队形、队列练习。

(1)创设"小小解放军"情境,听教师口令进行队形、队列练习。

提问:解放军走队的时候姿势是怎样的? 你们能像他们那样有精神吗?

幼儿听教师口令,做原地踏步走、齐步走的动作。

(2)教师和幼儿一起随音乐进行队形、队列练习。

2. 教师讲解示范,幼儿学习早操1～4节,掌握各操节的动作要领。

(1)教师示范讲解第一节:踏步运动,幼儿学习第1节。

(2)教师和幼儿一起练习。

教师提要求:动作有力,标准,手臂交叉,双手上下拍打,拍手时口令清晰有劲。

重点指导幼儿踏步时腿抬高,并在最后拍拍手。

(3)配乐进行第1节的练习,幼儿互相观摩学习。

(4)教师讲解示范,幼儿学习第2节。

3. 各节名称及动作要点。

第二节:伸展运动

重点指导幼儿挽花、捏拢放开和脚跟踮脚时有节奏进行。

第三节:头部运动

重点指导幼儿在第四拍时将脚迈出并左右摆头,左右踏步后脚跟点地,并左右耸肩。

第四节:胸部运动

重点指导幼儿向前侧方弓步,收回后学小猫动作半蹲,并发出"喵"的声音。

4. 听从教师口令和手势的指挥,将1～4节完整练习2～3遍。

教师请做得好的幼儿进行示范,其他幼儿跟学。

5. 播放音乐,随音乐完整有节奏地做1～4节。

6. 玩游戏"小孩小孩真爱玩"放松整理。

游戏时提醒幼儿注意安全,防止碰撞。

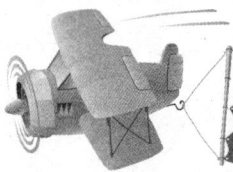

第2周 宝贝守规则

环境创设

1. 开辟"守规则 讲文明"主题墙,设置"我们发现的规则"专栏,展示幼儿根据已有生活经验寻找的生活中应遵守的规则图片。

2. 展示幼儿运用符号、绘画等表征方式制作"守规则 讲文明——爱心小提示"标志或宣传牌,带领幼儿将标志、宣传牌张贴到相应区域,提醒大家共同守规则、讲文明。

生活活动

1. 在日常生活中提醒幼儿关注幼儿园、班级中的规则提示,鼓励幼儿自觉遵守规则并主动提醒他人。

2. 在进餐活动中关注幼儿使用筷子的情况,引导幼儿掌握正确使用筷子的方法,提醒幼儿文明用餐,餐后自己整理餐盘、桌面。

家长与社区教育

1. 通过"家长园地"或"班级博客"进行宣传,让家长了解本主题开展的相关家园活动的内容及所要达到的教有目标,提醒家长积极配合,共促幼儿发展。

2. 让家长了解幼儿升入大班后的作息时间安排,鼓励幼儿按时到园、不迟到、不早退、不无故请假,帮助幼儿养成良好的作息习惯,请家长做遵守规则、遵守时间或约定的表率,如早上按时送幼儿入园。

3. 请家长在带领幼儿外出时(乘车、乘电梯、驾车、逛商场、逛公园等),有意识地引导幼儿遵守公共规则。请家长自觉遵守交通规则并向幼儿介绍守规则的重要性。

4. 请家长与幼儿一起制定家庭生活中的规则并共同遵守,提醒家长与幼儿一起下棋、玩扑克牌、做游戏时,也应制定规则并共同遵守。

5. 请家长为幼儿创造短时间独自在家的机会,不随便给陌生人开门,培养幼儿的独立性和勇敢品质。

教学活动

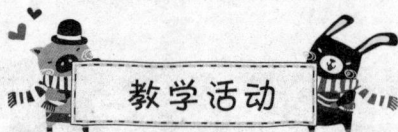

活动一 语言——看图讲述：泡泡变成包

【教材分析】

排图讲述《泡泡变成包》共4幅图片，描绘了男孩边吹泡泡边走路，走到池塘里、撞翻阿姨的菜篮子、额头上鼓起一个包等一系列情景，塑造了走路不专心的小男孩的形象。情节有趣、画面生动，符合幼儿的年龄特点和实际情况。活动中，引导幼儿仔细观察图片，运用观察法、分享交流、自由讲述等方法引导幼儿大胆想象，并根据自己的想法完整连贯地讲述图片内容，同时鼓励幼儿为图片创编不同的故事情节，通过观察、分析、排图、讲述，发展想象力、创造力和语言表达能力。

【活动目标】

1. 学会观察图片，能结合已有经验看懂图片内容。丰富词汇：东张西望。

2. 尝试分析、推理"泡泡变成包"的过程，能根据自己的理解为图片排序并用较完整、连贯的语言创造性地讲述图片中人物的动作和心理活动。

3. 懂得外出活动时、走路时要专心，有自我保护的意识。

【活动重点】

观察图片，能结合已有经验看懂图片内容并丰富词汇：东张西望。

【活动难点】

根据自己的理解给图片排序并用较完整、连贯的语言创造性地讲述图片中人物的动作和心理活动。

【活动准备】

1. （物质）自制图片4幅（详见教案后的附图），新市编"幼儿学习材料"——《我长大了》。

2. （环境）幼儿坐半圆。

【活动过程】

1. 以游戏"找泡泡"导入活动，激发幼儿兴趣。

出示图2（只露出额头上的包，其他部分遮住），提问：这是什么？

幼儿猜想后揭开谜底，引导幼儿讲述图片内容。

2. 出示4幅图片，引导幼儿仔细观察，尝试分析、推理"泡泡变成包"的过程。

（1）提问：这个泡泡分别出现在哪几幅图片中？小男孩吹泡泡时发生了什么事情？

（2）重点引导幼儿观察图2，鼓励幼儿进行讲述。

提问：这幅图也有"泡泡"，这个泡泡是什么？泡泡怎么会变成包呢？

3. 提出讲述故事的要求，引导幼儿用较完整、连贯的语言创造性地讲述图片中人物的动作和心理活动。

（1）结合新市编幼儿用书《我长大了》第8页，引导幼儿以泡泡为线索进行观察，学习给图片排序。

提问：想一想小男孩吹泡泡时都发生了哪些事情？四幅图片应怎样排列顺序？为什么？

小结并帮助幼儿了解讲故事的几个要素：名称、时间、地点、人物、发生的事情。

（2）自主讲述：鼓励幼儿仔细观察图片的细节，自主排序图片并尝试讲述故事的情节及内容。

　　教师巡回指导并鼓励幼儿加入对话,拓展讲述内容,例如:图中的小鸟会说些什么? 其他角色会说些什么?

　　4. 请个别幼儿按照自己排列的顺序进行讲述。

　　提问:你喜欢同伴的讲述吗? 为什么? 你觉着他哪里讲得好? 怎样讲就更好了?

　　5. 教师排图并完整讲述。丰富词汇:东张西望。

　　讨论:为什么泡泡会变成包? 怎样做泡泡就不会变成包?

　　小结并帮助幼儿提高自我保护意识。

【附教材】

泡泡变成包

第一幅

(　　　)

第二幅

(　　　)

第三幅

(　　　)

第四幅

(　　　)

活动二　社会——文明小乘客

【教材分析】

　　大班幼儿大多已有乘坐公交车的经历,对于如何乘坐公交车已有了简单的了解。"文明小乘客"旨在让幼儿更好地了解要排队上下车,上车需打卡或投币,前门上车后门下车,在车上不能跑闹及大声喧哗,要给有需要的人让座等乘车礼仪和规范,增强文明乘车的意识。活动中,创设了"小弟弟乘车"的活动情境,通过讨论、判断等形式加深幼儿对于乘车礼仪的感知,在此基础上组织幼儿模拟"我们乘车秋游去"的情境,让幼儿在游戏中体验文明乘车的乐趣,从而激发孩子们在生活中争做文明小乘客的意识和行为。

【活动目标】

　　1. 知道乘车时要排队上下车,需打卡或投币,前门上车后门下车,在车上不能跑闹及大声喧哗,要给有需要的人让座等乘车规则和礼仪。

　　2. 能对各种乘车行为进行正确的判断,并清楚地说出理由。

3. 喜欢参与讨论活动,体验遵守乘车规则、文明乘车的乐趣,萌发助人为乐的自豪感。

【活动重点】

知道乘车时要排队上下车,需打卡或投币,前门上车后门下车,在车上不能跑闹及大声喧哗,要给有需要的人让座等乘车规则和礼仪。

【活动难点】

能对各种乘车行为进行正确的判断,并能说出理由。

【活动准备】

1.（经验）有乘坐公交车或其他公共交通工具的经历和体验。

2.（物质）布置乘车环境,乘车用品,图片课件（幼儿乘车礼仪以及各个场景的图片）,人物头饰。

3.（环境）幼儿坐半圆。

【活动过程】

1. 简单谈话,引导幼儿回顾乘车经历。

提问:"你们坐过公交车吗?""怎样乘坐公交车?""乘坐公交车应注意些什么?"

2. 创设"小弟弟乘车"情境,加深幼儿对于文明乘车礼仪与规则的感知。

（1）情境一"排队上车":引导幼儿知道乘车时要有序上下车。

出示图片（许多人在挤一辆公交车）

提问:"上车的人很多,我们怎么办呢? 为什么?"

"从哪里上车? 从哪里下车?"

小结:乘车时要排队上车,前门上车后门下车,做一名文明的小乘客。

（2）情境二"上车买票":引导幼儿知道乘车要自觉投币或打卡。

出示图片（公交车打卡机与钱箱）

提问:"上车后需要做什么呢?""在哪打卡? 投币?"

（3）情境三"行驶中的安全":引导幼儿知道在公交车行驶中要注意安全,学会保护自己。

出示图片（行驶中将头、胳膊伸出窗外;在车厢中乱跑）

提问:"他们在干什么? 这样做对吗? 为什么?"

小结:在公交车行驶中要注意安全,不能把头、胳膊、身体伸出窗外,不在车厢中乱跑打闹,学会保护自己。

（4）情境四"让座":引导幼儿知道要给有需要的乘客让座。

出示图片（给小弟弟让座）

提问:"车上人太多没有座位,小弟弟站不稳,怎么办呢?"

"还有哪些需要我们让座的人呢? 我们应该怎样做?"

3. 情境游戏"我们乘车郊游去",幼儿模拟体验学做文明小乘客。

（1）创设乘车环境,教师带领幼儿一起把座椅摆成车厢的样子。

（2）师幼共同游戏"我们乘车郊游去",模拟"乘车"的情景:排队上车、上车买票、让座等。

（3）小结并及时评价幼儿模拟乘车情况,鼓励幼儿做文明小乘客。

4. 延伸活动

自制公交车、打卡机,幼儿进一步游戏。

【附教材】

我是文明小乘客

在路边等车

给爷爷让座

保持安静

前门上 后门下 ㉑

小朋友，还可以怎样做文明的乘客？

活动三　数学——10以内的相邻数

【教材分析】

相邻数是指从小到大依次排列的自然数列中，一个数前面和后面相互邻近的两个数就是该数的相邻数。中班幼儿对相邻数的认识已经有了一定的基础，在认识5的相邻数时，幼儿已基本能够理解相邻数的概念，并能找出5以内各数的相邻数，但对于相邻两数间多1和少1的数量关系较难理解。因此在本活动中我将把此作为难点，通过启发谈话，创设情境及情趣化、有趣化的游戏，使幼儿参与到活动中来，以帮助小动物找邻居为主线，让幼儿自主寻找数学的相邻数，理解相邻数的关系，将抽象的数概念在具体的事物中感知、理解，让幼儿在游戏中获得知识。

【活动目标】

1. 学习10以内的相邻数，能正确找出10以内各数的相邻数。

2. 感知并能清楚完整地说出相邻两数之间多1少1的数量关系。

3. 乐于参加游戏活动，体验数学活动的乐趣。

【活动重点】

学习10以内的相邻数，能正确找出10以内各数的相邻数。

【活动难点】

感知并能说出相邻两数之间多1少1的数量关系。

【活动准备】

1.（经验）已经学习过5以内的相邻数，有初步的数与数之间的逻辑关系。

2.（物质）1～10的数字卡片若干，房子图5张，1～10数字点卡。

【活动过程】

1. 创设情境，引起幼儿学习兴趣。

（1）我的百变魔术：引出搬新家的小动物。

（2）帮小动物找邻居。

提问：看一看小动物和谁是邻居？你喜欢的小动物房子的门牌号是多少？

（3）小结：邻居就是紧挨着他两边的小动物。

2. 复习 5 以内各数的相邻数，理解相邻数之间的关系。

提问：1、2、3、4、5 的数列中，2（3、4）的邻居各是几和几？为什么？

小结：帮助幼儿进一步理解一个数的相邻数就是比它多 1 和少 1 的两个数。

3. 运用演示板，学习 10 以内的相邻数，了解相邻数多 1 少 1 的关系。

（1）运用情景故事，帮助幼儿学习 10 以内数的相邻数。

（2）运用帮数字宝宝找家的游戏情景，请幼儿说说 6～10 的相邻数。

（3）引导幼儿观察点卡，发现相邻数之间多 1 少 1 的关系。

提问："为什么 6 的邻居是 5 和 7？"（7 的邻居是 6 和 8？ 8 的邻居是 7 和 9？ 9 的邻居是 8 和 10？）

（4）教师和幼儿一起操作点卡比较、验证。

小结：一个数的相邻数有 2 个，一个比它少 1，一个比它多 1。

4. 幼儿操作活动，进一步巩固相邻数的知识。

（1）游戏《住房子》：老师与幼儿每人带一张照片。每桌 5 个房子，幼儿自选一个房子，将照片放在窗户里，看一看和谁是邻居。

（2）游戏《找朋友》：

玩法：每位幼儿一个数字卡（1～10 的数字卡），当老师说"找找找朋友，找到我的好朋友，我是数字 7，我的相邻数是几和几？"拿数字 6 和 8 的小朋友就赶快速出来。

（3）组织游戏，引导幼儿完整讲述（游戏可反复进行）

5. 活动延伸：益智区投放相应的活动材料，幼儿进一步游戏、巩固。

日常生活中，有意识地开展"找朋友"游戏，激发幼儿对于相邻数的探究兴趣。

活动四　音乐——音乐游戏《熊和石头人》

【教材分析】

《熊和石头人》是一个非常经典的音乐游戏，歌曲诙谐幽默，游戏生动有趣，深受幼儿喜爱。当唱完最后一句歌词"大家可别乱跑"的"跑"字时"熊"转身，小动物们要立刻变成"石头人"，保持固定的姿势不能动，这既是游戏的规则又是游戏的重点。为此，活动中通过教师示范、情节讨论、实践巩固、相互评价等形式帮助幼儿了解游戏玩法，掌握游戏规则；同时，设计加入创编"熊"试探"石头人"的不同方法以及小动物们为了躲避"熊"而变成不同造型"石头人"的有趣情节，激发幼儿参与活动的兴趣，体验合作游戏的乐趣。

【活动目标】

1. 感受歌曲欢快活泼与缓慢沉稳交替的旋律特点，能边演唱边按规则游戏。

2. 尝试创编"熊"试探"石头人"的不同方法以及"石头人"的不同静止造型。

3. 遵守游戏规则，体验合作游戏的快乐。

【活动重点】

感受歌曲欢快活泼与缓慢沉稳交替的旋律特点，能边演唱边按规则游戏。

【活动难点】

尝试创编"熊"试探"石头人"的不同方法以及"石头人"的不同静止造型。

【活动准备】

1. (物质)头饰、课件、音乐《熊和石头人》。

2. (环境)幼儿坐半圆。

3. (经验)学唱歌曲《熊和石头人》、2名教师提前练习音乐游戏《熊和石头人》。

【活动过程】

1. 播放音乐《熊和石头人》,与幼儿一起回顾歌曲。

(1)提问:这首歌曲叫什么名字?歌曲中都有谁?它们在干什么?

(2)幼儿随伴奏完整演唱歌曲《熊和石头人》,加深对歌曲的感知。

2. 创设游戏情境,引导幼儿了解游戏玩法、掌握游戏规则。

(1)2名教师示范音乐游戏《熊和石头人》。

提问:游戏中,开始时小动物在干什么?什么时候熊转身?熊转身时,小动物又是怎样做的?

小结:当唱完最后一句歌词"大家可别乱跑"的"跑"字时"熊"转身,小动物们立刻变成"石头人",一动不动就不会被熊吃掉,反之则被熊吃掉,停止游戏。

(2)教师扮演"熊",幼儿扮演"小动物",共同练习"熊转身后小动物变成石头人",帮助幼儿掌握规则。

(3)创设游戏情境,师幼共同游戏《熊和石头人》,加深幼儿对于游戏玩法与规则的感知。

3. 游戏拓展,激发幼儿进一步游戏的兴趣。

(1)创设"熊"试探、检查石头人的情境,拓展游戏内容。

提问:"熊"可以用什么方法试探"石头人"?

小结:可利用做鬼脸儿、挠痒痒等办法试探"石头人"。

(2)创编不同造型的"石头人"动作,增强游戏趣味性。

提问:石头人都可做哪些动作?哪些动作既有趣又能保证"石头人"的静止时间?【鼓励幼儿自由创编】

(3)增加小熊人数,拓展游戏难度。

4. 活动延伸:音乐区或户外活动时,幼儿进一步游戏。

【附教材】

熊和石头人

汪爱丽　词曲

1=C 2/4

mf

| 3 6 | 5 3 | 1 - | 3 6 | 5 3 | 1 - | 2 | 3 | 4 6 | 5 3 |
小鸟　喳喳　叫,　小兔　蹦蹦　跳,　今　天　树林　里面

| 2 6 | 5 - | 6 6 | 6 5 | 3 - | 2 2 | 1 2 | 3 | - |
真热　闹。　我们　小朋　友,　也往　树林　走,

| 2 3 | 2 3 | 2 6 | 5 4 | 3 2 | 1 - | 1 | 1 | 1 | 3 |
采上　几朵　鲜花再把　舞来　跳。　要　是　大　熊

| 2 1 | 2 - | 6 6 5 | 2 0 3 0 | 1 0 ||
走过　来。　大家可　别　乱　跑。

活动五　美术——手工制作:我的自画像

【教材分析】

手工制作"我的自画像",是运用橡皮泥与多种辅助材料组合设计、拼摆再现人物主要面

部特征的综合泥塑粘贴活动。每个孩子的五官、发型、脸型、肤色等各不相同,孩子对于自己的样貌既熟悉又感到有趣。本活动旨在通过引导幼儿学会细心观察自己的五官等特点,以橡皮泥为底,运用自己喜欢的多种辅助材料将"自己"制作出来。幼儿在中班时已经初步感知了不同表情五官发生的变化,因此我创造性地使用了本教材,加入了"看一看、拆一拆、试一试"的游戏环节,让幼儿根据自己的能力自主探索,再将大家一起搜集的毛根、钢丝球、扣子、牙刷等各种丰富的辅助材料,树枝、树叶、松果、果核等自然材料与棉签、刻刀、剪刀等工具进行大胆想象并运用到自己的"自画像"的创作中,拓展幼儿的创作经验,激发孩子的无限想象。

【活动目标】

1. 了解自己五官、脸型、发型等特征,并能用自己喜欢的形式表现出来。

2. 通过自主探究的方式主动发现总结:叠压、粘贴、抠挖、组合等创作方法。

3. 使幼儿乐于参与美术活动,感受生活与艺术的乐趣,能用欣赏的眼光评价自己和同伴的作品。

【活动重点】

了解自己五官、脸型、发型等特征,并能用自己喜欢的形式表现出来。

【活动难点】

通过自主探究的方式主动发现总结:叠压、粘贴、抠挖、组合等创作方法。

【活动准备】

1. (物质)PPT课件(带有人物头像,引导幼儿观察头像上的五官),教师自制的画像探究作品(每组一幅);毛根、钢丝球、扣子、牙刷等各种丰富的辅助材料;树枝、树叶、松果、果核等自然材料与棉签、刻刀、剪刀等工具;橡皮泥;自己照片一张。

2. (经验)初步感知了不同表情五官发生的变化,搜集多种辅助材料与自然物。

【活动过程】

1. 播放课件导入情景:引导幼儿观察肖像中五官、脸型、发型等特点,激发幼儿参与活动的兴趣。

(1)观看名人肖像照片,并用漫画作品进行对比,突出特点。

提问:他们都长得一样吗?哪里不一样?你觉得谁的样貌最有特点?哪里特别?

小结:每个人的五官、脸型、发型等都各不相同,都有自己的特点。

(2)情景进一步深入:幼儿结合带来的自己的照片,看看、说说自己的样貌特点。

提问:你的样貌最有特点的部分是哪里?你认为哪位小朋友的特点最鲜明,让你一眼就能看出他是谁?

2. 小组观察、探究多种方式的泥塑粘贴作品。

(1)讨论:小朋友都可以用什么来创作一张自己的自画像?还可以用什么?

(2)每个小组的桌子上都有一个肖像作品,幼儿自主研究。

提问:它都用了什么材料?最吸引你的部分是哪里?知道怎么做的吗?谁能来帮助他?

你学到了哪些新方法?桌子上的辅助材料都可以当作什么?还可以做什么?

小结:自画像的方式都有:水彩笔画、水粉画、线描画、泥贴画、撕贴画、废旧材料粘画等,还可以将多种辅助材料进行叠压、粘贴、抠挖、组合等创作方法。

3. 幼儿自主选择材料,在舒缓的音乐中大胆创作贝壳粘贴画。

讨论:创作时要注意什么?

4. 作品展示、师生交流评价。

(1)将幼儿作品摆放展橱上,在直观的呈现中,让幼儿互相欣赏、交流展示。

（2）作品评价

提问：谁来介绍一下自己的自画像？你都用了哪些新学到的方法？

你觉得哪幅作品最吸引你？你能猜出他是谁吗？知道他都运用了哪些方法和材料吗？

你想给哪幅作品提个小建议，使它变得更美？

5. 活动延伸

在美工区投放更多种类的工具与辅助材料，可以继续将自己的自画像创作丰富，也可以选择在其他媒材上进行粘贴，例如：葫芦粘贴、瓶子粘贴等，并将作品悬挂在美工区装饰教室的特色区域。

体育活动

我和老师来做操（二）

【教材分析】

幼儿在前期1～4节的学习中，基本掌握了头、脚和上下肢体协调的动作，并能做到随音乐有节奏地进行，动作到位有力，所以在1～4节的基础上，我们继续学习5～9节的操节动作，将体侧、转身、下蹲、俯背、跳跃等动作作为学习重点，将1～9节连贯随音乐有节奏地做出作为活动难点，并在学习指导的过程中运用多种直观的教学方法，如示范法、语言提示法、模仿法等教学方法进行解决，并将口令加入操节当中，随音乐做到动作到位且与节奏相吻合。

【活动目标】

1. 学习操5～9节，掌握操节动作要领。

2. 尝试随音乐有节奏地将1～9节连贯完整地进行，动作准确有力，口令响亮。

3. 对广播体操有兴趣，锻炼肢体协调性。

【活动重点】

听教师口令，将5～9节动作连贯、协调、完整做到位。

【活动难点】

随音乐整齐到位地做出1～9节。

【活动准备】

1.（物质）音乐。

2.（环境）幼儿站成四队。

【活动过程】

1. 创设情境，随音乐进行队形队列练习。

（1）创设"小小解放军"情境，听教师口令进行队形队列练习。

幼儿听教师口令，做原地踏步走、齐步走的动作。

（2）教师和幼儿一起随音乐进行队形队列练习。

2. 播放音乐，幼儿复习早操1～4节，规范操节动作。

随音乐完整规范到位做1～4节。

教师提要求：动作规范到位，有力，口号响亮。

3. 教师讲解示范,幼儿学习早操 5～9 节,掌握各操节动作要领。

（1）教师示范讲解第 5 节:体侧运动,幼儿学习第 5 节。

教师提要求:动作有力,标准,手臂伸直,口号清晰响亮。

重点指导幼儿在伸臂的同时将脚迈出,体侧时手臂伸直加入口号。

（2）配乐进行第 5 节的练习,幼儿互相观摩学习。

4. 分析每节操节的重点指导。

（1）第 6 节——体转运动:重点指导幼儿做"开枪"动作的同时将脚迈出,随音乐有节奏地做转身、回头的动作。

（2）第 7 节——俯背运动:重点指导幼儿将背部弯曲时腿伸直,手掐腰腿抬高,下蹲时抱住双腿。

（3）第 8 节——跳跃运动:重点指导幼儿在后踢时五指张开手臂里外交替进行。

（4）第 9 节——整理运动:重点指导幼儿将眼睛和头跟随手臂上下左右的方向移动。

5. 听从教师口令和手势的指挥,将 5～9 节完整练习 2 遍。

6. 播放音乐,随音乐完整有节奏地做 5～9 节。

7. 随教师口令,幼儿尝试将 1～9 节连贯完整地练习。

8. 玩游戏,放松整理。

游戏时提醒幼儿注意安全,防止碰撞。

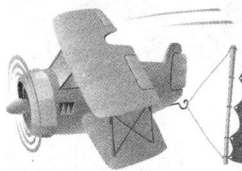

第3周 宝贝朋友多

环境创设

1. 创设"小伙伴快和好""拉拉手说句悄悄话"主题墙板块,引导幼儿将交往中易发生的问题和解决的办法画成卡通画或者连环画等,张贴到板块中。

2. 布置"好朋友的生日"墙饰,将幼儿的自画像根据生日月份贴在自制的年历中,请幼儿在年历中用自己喜欢的符号进行标注。

3. 创设"好朋友活动计划"展示板,张贴幼儿与同伴共同制订的活动计划。

生活活动

1. 引导幼儿打电话或用其他方式关心生病的小朋友。

2. 请幼儿带图书、玩具等到园和同伴分享。

3. 在生活中引导幼儿与同伴互相帮助,如扣纽扣、整理衣服等。

4. 日常生活中注意观察幼儿在交往中的态度和交往方式,利用幼儿交往的实例,及时引导幼儿讨论,找出多种解决方式,丰富幼儿交往经验。

家长与社区教育

1. 提醒家长每天进行亲子沟通。家长可询问幼儿:你的好朋友是谁? 你为什么喜欢他? 当幼儿交友受挫时,帮助其分析影响情绪的原因,并寻找适宜的方法。

2. 请家长帮助幼儿给没来园的同伴打电话表示关心。

3. 引导家长多带幼儿同社区里的小朋友一起玩耍,帮助幼儿在与同伴的交往中学习交往的方法和技能,体验朋友在一起的快乐。

教学活动

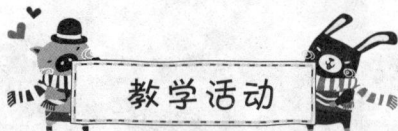

活动一 语言——故事《其实我很喜欢你》

【教材分析】

《其实我很喜欢你》是一个叙事性故事，以小熊想与小狐狸成为朋友为线索，主要讲述了小熊为吸引小狐狸的注意做了一系列事与愿违的事情，最终小熊达成所愿的故事。故事情节生动、温馨，内容易于理解，既符合大班幼儿的年龄特点，又符合幼儿的现实需要。本次活动，运用分段讲述的方法推动故事情节层层递进，引导幼儿感受理解小熊的心理变化，帮助幼儿深刻理解故事的内涵和教育意义，丰富幼儿与同伴交往的经验，使幼儿体会到乐于交往、会交往、与同伴友好相处的美好情感。

【活动目标】

1. 了解故事的主要内容，初步理解故事中小熊和小狐狸的不同心理感受。

2. 能用表情、动作、语气等模仿主要角色对话，大胆表演小熊和小狐狸的不同心理感受。

3. 愿意向同伴表达自己的真实感受，知道与同伴交往时要敢于把自己的想法告诉对方。

【活动重点】

了解故事的主要内容，初步理解故事中小熊和小狐狸的不同心理感受，知道与同伴交往时要敢于把自己的想法告诉对方。

【活动难点】

能用表情、动作、语气等模仿主要角色对话，大胆表演小熊和小狐狸的不同心理感受。

【活动准备】

1.（物质）《幼儿素质发展课程·多媒体教学资源包》课件4、幼儿学习材料——《我长大了》、《幼儿素质发展课程·语言》CD。

2.（环境）幼儿坐半圆

【活动过程】

1. 以"交朋友"为主题，引发幼儿听故事的兴趣。

提问：想和别人交朋友时你会怎样做？

2. 分段讲述故事，引导幼儿初步理解故事内容。

（1）讲述故事第1～7自然段，通过角色体验、同伴交流等方法，引导幼儿感受为什么小熊交不到朋友。

提问：小熊为了吸引小狐狸的注意，做了哪三件事？它们成为朋友了吗？为什么？

（2）讲述故事第8～14自然段，启发幼儿理解小熊是如何交到朋友的。

提问：小熊想用什么办法和小狐狸交朋友？你觉得小熊邀请小狐狸吹喇叭、荡秋千、捉鱼，小狐狸会喜欢吗？为什么？故事中小熊是怎样写信的？为什么要"端端正正"地写？

（3）讲述故事第15～17自然段，引导幼儿感受交到朋友的快乐、甜蜜。

提问：小熊和小狐狸成为朋友了吗？它们想了什么、说了什么？

3. 播放课件，引导幼儿进一步理解小熊和小狐狸成为朋友的过程，体验交朋友成功的愉悦。

（1）完整播放课件，引导幼儿欣赏故事。

（2）提问：小熊用哪种方法成功地和小狐狸交上了朋友？为什么这句话会使他们成为朋友？

（3）引导幼儿迁移小熊交朋友的表达方式，进一步体验小熊和小狐狸成为朋友的美好情感。请幼儿与同伴说说自己的心里话。

4. 活动延伸

请幼儿自主阅读《我长大了》第22～25页的故事《其实我很喜欢你》，进一步感受、理解故事内容。

【附教材】

其实我很喜欢你

小熊家对面搬来了狐狸一家。那只小狐狸长的真好看，不知道为什么，小熊老是想做一件事情，让她注意到自己。

小狐狸坐在窗前弹钢琴，小熊觉得很好听，赶紧也拿出小喇叭，"呜哇呜哇"吹个不停。可是，小狐狸好像不太高兴，她"啪"地关上了窗户。是觉得喇叭声太吵了吗？小熊嘀咕了一句。

小狐狸在草坪上荡秋千，荡得老高老高。"我也能爬得很高！"小熊赶紧爬上老枣树——哈哈，真的比小狐狸还高呢！哎呀，小熊的裤子被一根大大的树枝给勾住了，"哧啦——"小熊穿上了开裆裤，小狐狸笑得直不起腰。小熊赶紧滑下树，灰溜溜地往家跑，边跑边嘀咕"有什么好笑的？真讨厌！"

小狐狸在河边照镜子。小熊看见了，赶紧跑到河里去捉鱼。哇，一条好大的鱼！小熊用力抓住它，往小狐狸那边扔。可惜鱼溜走了，一块烂泥却正好溅到了小狐狸的新裙子上。

"哇哇哇……"小狐狸哭得好伤心。小熊呆住了，一句话也说不上来。

闯祸了，小熊好几天没敢出门。等他再去找小狐狸的时候，妈妈却告诉他，狐狸一家已经搬走了，要很久才能回来。

小熊孤零零地东转转西转转，觉得好没意思。

回到家，小熊拿出纸和笔，想给小狐狸写信。写点什么好呢？小熊问妈妈。妈妈说"心里想什么，就写什么呗。"

小熊就写："等你回来了，我们一起吹喇叭，好吗？"哎呀，不行，小狐狸好像不爱听喇叭声。

小熊又写道："等你回来，我们一起爬树、荡秋千。"哎呀，也不行，可不能再在小狐狸面前出洋相啦！

小熊又写道："等你回来，我们一起下河捉鱼。"哎呀，更不行，小狐狸那么爱干净。小熊咬着铅笔头，想啊想啊，想了半天，他笑了。

他在信纸上端端正正地写到："其实，我很喜欢你。"这正是他想告诉小狐狸的心里话呀！他把这封信高高兴兴地塞进小狐狸家的门缝里。

这一天，小熊正躺在床上吹喇叭，忽然听见小狐狸的声音，他一骨碌爬起来。"小熊，你看，这是我送给你的礼物！"小狐狸的手里捧着一个大大的海螺。"礼物？"小熊觉得自己像在做梦，"你送礼物给我吗？""是啊，"小狐狸乐呵呵地说，"因为我们是朋友呀！"

"你听，你听——"小狐狸把海螺贴近小熊的耳边。哇，小熊听到了海浪扑打礁石的声音，听到了海鸥扇动翅膀的声音，还有一个好听的声音在轻轻地告诉他："其实，我也很喜欢你！"

〔选自：青岛出版社2019年版《幼儿素质发展课程教师用书》大班（上）〕

活动二　社会——小伙伴，你真棒

【教材分析】

大班幼儿正处于社会性发展的关键时期，渴望与同伴交往，喜欢交朋友。对同伴的认可是幼儿交往的催化剂，只有认同同伴、觉得同伴很棒，才能更好地进行同伴交往。本活动设置了"他们本领大"、"我的本领大"、游戏"找朋友"等环节，鼓励幼儿大胆介绍自己的本领，帮助幼儿了解同伴的外貌特征、本领、优点，认同同伴很棒，愿意向同伴学习，愿意与同伴交朋友，体验交朋友的乐趣。

【活动目标】

1. 进一步了解同伴，知道每个小朋友都有本领和优点，都是与众不同的。

2. 能说出同伴的外貌特点，敢在集体面前大胆展示自己的本领。

3. 喜欢自己的朋友，愿意学习同伴的优点。

【活动重点】

了解同伴，知道每个小朋友都有本领和优点，都是与众不同的。

【活动难点】

能说出同伴的外貌特点，敢在集体面前大胆展示自己的本领。

【活动准备】

1. （物质）收集幼儿的照片制作"照片大搜索"课件，歌曲《爸爸去哪儿》、供幼儿展示本领的道具，如快板、跳绳、乐器、音乐等。

2. （经验）幼儿提前阅读幼儿学习材料——《我长大了》，将好朋友的优点用照片或图画的形式表现出来。

【活动过程】

1. 播放歌曲《爸爸去哪儿》，引发幼儿对角色的讨论，使幼儿知道每个人都有自己的优点和本领。

（1）组织幼儿讨论《爸爸去哪儿》里的5个小朋友的性格特点，引导幼儿了解勇敢、谦让、有爱心、乐于助人都是优点。

（2）组织幼儿讨论节目中爸爸们的本领。提问：这几位爸爸中你最喜欢谁？为什么？

小结：这些爸爸有的是跳水冠军、有的是赛车手，还有导演、演员、模特，他们有不同的本领，所以大家喜欢他们。

2. 鼓励幼儿展示本领，加深对同伴的了解。

（1）播放自制的课件"照片大搜索"，画面静止时，请幼儿说说照片上同伴的外貌特征。

（2）请幼儿介绍自己的本领并进行展示，引导其他幼儿向同伴学习。

提问：你最想向哪个小朋友学习？想学习他的什么本领？为什么？

3. 请幼儿介绍自己的好朋友，进一步了解同伴的优点。

（1）小组交流《我长大了》第30页的内容，引导幼儿利用图画、照片等介绍自己的好朋友的优点，如有礼貌、有爱心、乐于助人、懂谦让、会合作等。

（2）鼓励幼儿向同伴学习：每个小朋友都是与众不同的，有各自的本领和优点，多学习好朋友的优点，自己的本领也会越来越大，大家也会更加喜欢你。

4. 请幼儿和好朋友"说句悄悄话"，表达对同伴的喜爱之情。

（1）引导幼儿思考：你想向好朋友说些什么？你想怎样夸奖好朋友？你有什么好的建议提供给好朋友？

（2）播放轻柔的音乐,请幼儿与好朋友说悄悄话,送给好朋友爱的拥抱,表达对好朋友的爱。

活动三　数学——10以内的单双数

【教材分析】

认识10以内的单双数是大班幼儿数学学习的一个重要内容。本次教学活动借助具体的事物和直接的操作活动,引导幼儿理解单双数的概念及其在生活中的应用,促进幼儿抽象逻辑思维能力的发展。活动中设置多个游戏环节,引导幼儿在游戏中学习单双数,了解单数与双数的区别,感知单双数在生活中的运用,激发幼儿对数学活动的兴趣,促进幼儿逻辑思维能力以及联系生活实际的应用能力的提高。

【活动目标】

1. 理解10以内单数、双数的含义,知道2个2个地数,正好数完的数是双数,数完后还剩1个的数是单数。

2. 能发现生活中的单双数并在游戏中快速区分单双数,提高逻辑思维能力,发展思维的灵活性。

3. 能愉快地参加游戏活动,萌发对数学的兴趣。

【活动重点】

知道2个2个地数,正好数完的数是双数,数完后还剩1个的数是单数。

【活动难点】

能发现生活中的单双数并在游戏中快速区分单双数。

【活动准备】

1.（物质）1～10的物品卡片及数字卡片若干,珠子或雪花片若干,摸箱、小筐若干,《幼儿素质发展课程·多媒体教学资源包》课件

2. 幼儿学习材料——《我长大了》。

【活动过程】

1. 组织幼儿玩“摸珠”游戏,引导幼儿初步感知单双数的含义。

（1）请幼儿每人从摸箱中抓一把珠子,然后2个2个地将手中的珠子放进小筐中。

（2）引导幼儿仔细点数自己抓到的珠子,用数字卡表示珠子的数量。

提问:你抓了几个珠子?你的珠子能2个2个地正好放进小筐中吗?

小结:2个2个地数,数完还剩1个的数是单数,如1、3、5、7、9;2个2个地数,正好数完的数是双数,如2、4、6、8、10。

（3）引导幼儿将这些数字按照从小到大的规律排序并观察、讨论:10以内的单双数各有几个?它们的排列有什么规律?

（4）请幼儿阅读《我长大了》第5～6页,巩固练习单双数的区分

2. 通过游戏“跟着朋友走走”,引导幼儿快速区别单双数,感受和好朋友一起游戏的快乐。

（1）交代玩法、要求:教师和幼儿共同说“跟着朋友走走,跟着朋友走走”,说完,教师随意说出一个数,幼儿判断是单数还是双数,如果是单数,大家站着不动,如果是双数,两个幼儿抱在一起。

（2）可让幼儿说数字,反复进行游戏,速度由慢到快。

3. 播放课件，引导幼儿感知生活中单双数的作用。

（1）引导幼儿说说身边的单双数。

（2）请幼儿结合《我长大了》第6页，找找身体上的单双数。

（3）播放课件：雾霾严重时，为了减轻汽车尾气污染，根据汽车号尾数的单、双来限制车辆上路行驶；街道两边的门牌号码是按单数、双数排列的；电影院的座位是按单号、双号排列的。

4. 请幼儿手拿数字卡片，寻找身边的单双数并按照单双数站队。

5. 带领幼儿寻找幼儿园中的单双数。

活动四　音乐——舞蹈《请你和我跳个舞》

【教材分析】

音乐《请你和我跳个舞》旋律活泼、节奏明快，歌词有反复的特点，易记、好懂。邀请舞的舞蹈动作则与歌词紧密结合，整个舞蹈表现了幼儿与同伴携手共舞的欢乐场景。

这是幼儿首次接触邀请舞，在邀请和被邀请的动作上、舞伴交换的方法上可能会有困难。因此，活动中运用视频帮助幼儿获得跳邀请舞的相关经验，创设"舞会"的情境，通过手环帮助幼儿感知动作的方向，通过歌唱与动作的配合、眼神和表情的相互交流以及舞伴的交换，体验与同伴一起歌唱、舞蹈的乐趣。

【活动目标】

1. 了解邀请舞的基本特点，掌握侧踮步、吸跳步等舞步，学会在音乐间奏处自由找到舞伴共同舞蹈。

2. 能根据歌词内容创编手、脚的动作并与同伴动作一致地跳邀请舞。

3. 体验邀请同伴，与同伴共舞的快乐。

【活动重点】

掌握侧踮步、吸跳步等舞步，学会在音乐间奏处自由找到舞伴共同舞蹈

【活动难点】

根据歌词内容创编手、脚的动作并与同伴动作一致地跳邀请舞。

【活动准备】

1. （经验）幼儿初步学唱歌曲《请你和我跳个舞》。

2. （物质）每人一个手环，《邀请舞》视频，《幼儿素质发展课程·音乐》CD。

【活动过程】

1. 播放音乐《请你和我跳个舞》，带领幼儿复习演唱歌曲。

请幼儿演唱歌曲《请你和我跳个舞》，交流对歌曲的感受，引导幼儿体验音乐欢快的旋律。

2. 引导幼儿根据歌词内容创编舞蹈的基本动作。

（1）播放歌曲《请你和我跳个舞》，引导幼儿根据歌词内容自主创编舞蹈动作。

提问：这个舞蹈几个人跳？可以做哪些动作？哪个动作是反复的？反复了几次？

（2）总结幼儿的创编情况，引导幼儿说说哪些部分比较难跳，师幼共同想办法解决。

（3）请幼儿随音乐自由结伴跳邀请舞。

3. 播放《邀请舞》视频，引导幼儿进一步感知邀请舞的动作、队形等变化，尝试与同伴完整地跳邀请舞。

（1）请幼儿观看《邀请舞》视频，学习视频中的邀请动作，鼓励幼儿用自己喜欢的动作进

行邀请。

提问:舞会上男士是如何邀请女士的?女士是用什么动作接受邀请的?你喜欢视频中的哪个动作?

重点指导幼儿学会用侧踵步、吸跳步等简单舞步邀请同伴。

(2)请幼儿学习视频中的舞蹈动作,随音乐自由练习,引导幼儿与同伴协商怎样跳能让两个人的动作一致。

(3)请幼儿再次欣赏《邀请舞》视频,尝试跳双圈舞,探索交换舞伴的方法。

提问:视频中的舞者是如何交换舞伴的?可以用什么方法交换位置和舞伴?

4. 组织舞会,请幼儿集体跳邀请舞。

请幼儿随音乐完整表现邀请舞,结合幼儿舞蹈动作、交换舞伴等情况进行评价,引导幼儿体验与同伴共同舞蹈的快乐。

【附教材】

请你和我跳个舞

（德国民歌）

陈 寒 译词
陆凡兰 配歌

1=F 2/4

```
5·6 5 4 | 3 2 1 | 2·3 2 1 | 7 6 5 | 3 1 5 | 4 2 6
请 你 和 我  跳个舞,  你 的 双手  拉着我。 伸左脚, 伸右脚,
请 你 和 我  跳个舞,  你 的 双手  拉着我。 伸左脚, 伸右脚,
```

```
7·6 5 4 | 3 2 1 | 5 1 3 1 | 5 5 5 | 5 1 3 1 | 6 6 6
转 个 圈儿  站站好。 你 的  脚要  踏踏踏, 你的手要 拍拍拍。
转 个 圈儿  站站好。 你 的  头要  点点点, 再用手指 弹弹弹。
```

```
4 2 7 | 5 3 1 | 7·6 5 4 | 3 2 1 ‖
伸左 脚,  伸右脚。 转个 圈儿  站站 好。
伸左 脚,  伸右脚。 转个 圈儿  站站 好。
```

准备:女孩围成圆圈,正步位旁按手位准备;男孩在圆心,双手抹腰准备。

前奏:女孩正步位旁按手位左右点头;男孩双手抹腰左右点头选择舞伴。

1~4小节:男孩吸跳步或跑跳步跳到舞伴面前;女孩1~2小节胸前左右拍手,

3~4小节双手向前平伸并打开,表示接受舞者邀请。

5~6小节:男孩、女孩共舞,左脚侧踵步,收回;右脚侧踵步,收回。

7~8小节:男孩、女孩手拉手小碎步转圈,交换位置。

9~12小节:男孩、女孩共舞,右脚侧踵步,收回,踏地3下;左脚侧踵步,收回,拍手3下。

13~16小节:女孩左脚侧踵步,收回;右脚侧踵步,收回;小碎步自转一圈,挥手与舞伴道别。

活动五 美术——命题画:和好朋友在一起

【教材分析】

"和好朋友在一起"是命题画活动,以幼儿生活中与好朋友快乐相处的点点滴滴为主线,引导幼儿画一画自己与好朋友,表现出外貌特征及两人之间发生的有趣或感动的、难忘的事情。

大班幼儿的绘画以线条造型为主,已初步掌握画人物的方法,所画人物基本正确,组成部分较完整,但比例、结构稍欠合理。本次活动重点引导幼儿关注人物的比例关系,画出好朋友

在五官、表情、服装等方面的细节特点。活动中采用场景再现的方法，唤起幼儿对与同作一起生活、游戏的美好回忆，引导幼儿在绘画的过程中进一步感受友谊的美好。

【活动目标】

1. 能画出自己与好朋友的细节特征及动态并表现人物的比例关系和空间关系。

2. 能表现自己和好朋友之间最有趣或最令自己感动、喜欢、难忘的情景，画面布局合理。

3. 感受朋友在一起的美好，喜欢和好朋友建立长久的友谊。

【活动重点】

能画出自己与好朋友的细节特征及动态并表现人物的比例关系和空间关系。

【活动难点】

能表现自己和好朋友之间最有趣或最令自己感动、喜欢、难忘的情景

【活动准备】

（物质）水彩纸、记号笔、油画棒等，幼儿学习材料——《我长大了》，幼儿学习材料——美术用纸第4页，音乐《找朋友》。

【活动过程】

1. 播放音乐，导入活动。

请幼儿伴随音乐《找朋友》，找到自己的好朋友坐在一起。

2. 玩猜猜、画画好朋友的游戏，帮助幼儿掌握好朋友的画法。

（1）教师进行示范，边说好朋友的特征边绘画，表现出好朋友的细节特征，请幼儿猜猜老师的好朋友是谁。

（2）引导幼儿观察并说出自己好朋友的细节特征。

3. 指导幼儿绘画和好朋友在一起的情景，引导幼儿感受朋友在一起的美好。

（1）引导幼儿阅读《我长大了》第26页，说说图中好朋友在一起的甜蜜时刻，回忆自己和好朋友在一起的情景。

提问：图中的好朋友在哪里？在干什么？好朋友分别在画面的什么位置？

（2）幼儿在美术用纸上自由创作绘画作品"和好朋友在一起"。

要求：绘画自己与好朋友之间发生的难忘的事情，画出自己和好朋友所在的地点及发生的事情，画面布局合理。

幼儿作画，教师巡回指导，帮助幼儿在作品中记录自己想要对好朋友说的话。

4. 引导幼儿分享、交流作品，互送祝福。表达彼此的心愿。

（1）将幼儿作品集中进行展示，引导幼儿欣赏、交流，说说好朋友有哪些甜蜜时刻，启发幼儿围绕作品主题、人物动态、画面布局进行评价。

（2）请幼儿找到好朋友互送作品，表达自己内心的情感，体会好朋友在一起的幸福和感动。

【附图片】

体育活动

运西瓜

【教材分析】

玩球是孩子们喜欢的体育项目,特别是对于刚升入大班的孩子来说,拍球技能已经基本能够掌握,对球的多种玩法也能够根据自己的已有经验进行创造性的探索和尝试。活动中采用游戏导入、自主探索、合作创设"运西瓜回家"的游戏情景贯穿始终,添加单人探索运球和双人探索运球的环节,鼓励幼儿大胆尝试、与同伴合作游戏、共同协商玩球的方法,并在活动中提醒幼儿遵守游戏规则,与同伴相互合作,树立幼儿合作游戏的意识,体验与同伴游戏的快乐,从而解决本次活动的重难点,完成活动目标。

【活动目标】

1. 练习拍球、滚球以及跑、跳等动作,提高动作的敏捷性、协调性。

2. 学习与同伴合作用身体运球,尝试挑战不同的运球方法。

3. 体会遵守规则、合作游戏的快乐。

【活动重点】

练习拍球、滚球以及跑、跳等动作。

【活动难点】

与同伴合作用身体运球,尝试不同的玩球方法。

【活动准备】

1. (物质)皮球、呼啦圈 6 个(摆成"石头路"),拱门 4 个(摆成"山洞")、小椅子 4 把(摆成障碍物),球筐 4 个。

2. (环境)宽阔场地。

【活动过程】

1. 热身活动,通过游戏"我是快乐的小瓜童"带领幼儿进行热身,重点指导幼儿做好抱球快速跑、跨跳、横跨步等动作。

(1)指导幼儿双手抱西瓜(皮球)围圈跑,模拟过小河(跨跳)、过独木桥(横跨步)等。

(2)请幼儿听语言提示,根据指令快速做出反应,进行上肢、下肢等动作练习。

2. 创设"运西瓜回家"的游戏情境,引导幼儿探索单人运球、双人运球的多种方法。

(1)介绍游戏的路线、玩法、规则。

讲解游戏玩法与规则:弯腰钻过"山洞",跨跳踩着石头过"河"。横跨步快跑过"障碍"。

(2)引导幼儿自主探索单人运"西瓜"的方法。

根据人数将幼儿平均分成 4 组进行运西瓜比赛,鼓励幼儿用自己喜欢的方式将"西瓜"运回"家",提示幼儿遵守规则。

提问:刚才你是用什么方法运"西瓜"的?还可以用什么方法安全、快速地将"西瓜"运回"家"?

3. 幼儿合作游戏,体会与同伴共同探索、合作"运西瓜"的快乐。

(1)提出合作运"西瓜"的玩法与规则,引导幼儿自主探索玩法。

玩法：幼儿两人一组，合作将"西瓜"运到"家"中的筐内，手不能扶"西瓜"。

规则：如果运输过程中出现用手扶"西瓜"和中途掉"西瓜"的现象，需要回到起点重新开始。速度最快的组获胜。

提问：谁有什么好方法可以又快又安全地合作运"西瓜"？

（2）再次组织游戏，引导幼儿尝试不同的双人运"西瓜"的方法，提示幼儿寻求最好、最快的方法。在固定时间内运"西瓜"最多的组获胜。

4. 设置"切西瓜"游戏情境，带领幼儿进行放松活动。

请幼儿用手做刀，以同伴的身体为西瓜，做切一切、揉一揉、搅一搅等动作，相互放松身体的肌肉。

主题二　寻踪海边建筑的足迹

活动区活动

1. 跨海大桥
2. 建筑摄影展
3. 手偶游戏
4. 我来学制作
5. 海边建筑旅行棋
6. 有趣的衣服操

教学活动

1. 好习惯体验日：环保小卫士
2. 小小测量师
3. 写生我的幼儿园
4. 我认识的老建筑
5. 走近老建筑

户外体育活动

1. 跳房子
2. 小乌龟爬爬爬

第 1 周　古堡初发现

教学活动

1. 请来看看我们美丽的村庄
2. 统计我喜欢的青岛老建筑
3. 寻踪最美海边建筑
4. 爱在青岛
5. 创意手绘

寻踪海边建筑的足迹

教学活动

1. 数高楼
2. 参观小青岛
3. 海上建筑本领大
4. 数灯塔
5. 制作灯塔

第 2 周　寻踪最美海边建筑

第 3 周　海上建筑本领大

户外体育活动

1. 运沙袋
2. 勇敢者的游戏

户外体育活动

1. 有趣的木桩
2. 穿越隧道

活动区活动

1. 美丽的回澜阁
2. 小小皮影戏
3. 有趣的建筑拼图
4. 泥工小艺人
5. 遵守规则
6. 穿衣小能手

活动区活动

1. 信号山、花石楼
2. 外拍一日游
3. 海底小剧场
4. 未来的海边建筑
5. 迷路的小动物
6. 技能大比拼

主题价值

青岛的建筑有一百年的历史，红色瓷砖的德国建筑群揭示了这座城市的年代悠久。八大关的欧式建筑，造型别致，红顶石墙，精巧玲珑，各具风韵；宗教建筑别具韵味，市区的天主教堂、崂山的道观庙院，其建筑造型迥异，气氛庄严肃穆、空灵圣洁；栈桥回澜阁，二层八角凉亭，亭子由彩色琉璃瓦覆盖，有"一窗一景，一景一画"之说。海洋课程主题《寻踪海边建筑的足迹》，结合孩子们的兴趣、青岛历史文化和建筑特色，预设了"古堡初发现""寻踪最美海边建筑""海上建筑本领大"三个子主题，让孩子们走进海边建筑，亲身感受建筑的结构、造型、颜色、功能等特点，通过各种游戏和艺术形式，再现自己对海边建筑的感受、理解，引发孩子对于海边建筑的探究兴趣；通过丰富的亲子参观活动，让幼儿在活动中感受海边建筑蕴含的历史文化，萌发热爱青岛的情感。

主题目标

感受海边建筑蕴含的历史文化，萌发热爱青岛的情感。

1. 尝试单双脚连续行进跳格子房，探索梯子立放、平放、侧放时的不同玩法，能在梯子上攀爬、钻、跳等，掌握手脚交替向上攀爬的动作，发展幼儿的力量、平衡和协调能力。

2. 喜欢参加徒步参观活动，能与同伴合作分工制定亲子实践活动计划，尝试用符号进行记录，愿意把自己的发现与同伴分享。

3. 能运用不同的语气有感情地朗诵诗歌，会用连贯完整的语言讲述自己所认识海边建筑的名称及其喜欢的原因。

4. 能有序参观幼儿园，尝试使用不同的测量工具进行简单的测量、记录，能用自己喜欢的方法统计最喜欢的青岛老建筑。

5. 尝试将美丽的青岛建筑创编到歌曲中，能用自己喜欢的方式绘画再现幼儿园的外形特点。搜集并创造性地运用多种废旧材料，制作、再现青岛海边建筑的主要外形特征。

区域活动安排

区域名称	活动名称	活动准备	活动指导建议
结构区	海边建筑	投放海边建筑的图片、雪花片、梅花积木、木质积木、薯片桶等	1. 跨海大桥： ● 幼儿能运用多种方法搭建立体跨海大桥。 ● 指导幼儿选用梅花积木、木质积木、薯片桶等材料运用楼上楼、四板四柱、平铺、穿插等立体搭建方法再现跨海大桥。 2. 回澜阁： ● 能运用雪花片，形象再现回澜阁的主要外形特征。 ● 指导幼儿运用方体插、整体插、一字插等拼插方法,组合拼插回澜阁。 3. 信号山、花石楼： ● 能运用碳烧积木搭建立体信号山、花石楼,形象逼真,突出其主要特征。 ● 指导幼儿尝试运用去角、垒高、逐层递减或递增的方法使用碳烧积木、卡扣搭建"信号山和花石楼"。 ★ 提醒幼儿垒高搭建时注意合作、相互协商、避免碰撞。
角色区	摄影棚	和爸爸妈妈一起拍摄青岛建筑的照片、讲解员工作牌、建筑背景图、照相机、儿童服饰等	1. 建筑摄影展： ● 能自主装扮、创设摄影展,并主动与同伴交流。 ● 指导幼儿将和爸爸妈妈一起拍摄的青岛建筑照片布置在摄影展区,鼓励"讲解员"向大家介绍拍摄的建筑名称、建筑特点或功能等。 2. 开心摄影棚： ● 了解角色的工作职责,能与同伴合作开展摄影游戏。 ● 指导幼儿模仿化妆师和摄影师的工作,角色间能自己交流,感受游戏的快乐。 3. 外拍一日游： ● 能自主装扮、模仿化妆师和摄影师的工作,指导顾客摆出各种拍照动作造型。 ● 鼓励幼儿将青岛建筑的背景照片布置到适宜的场地,指导摄影师带顾客选取不同建筑的背景进行拍照。 ★ 懂得爱护玩具,能用替代物进行游戏,游戏结束时会分类收拾玩具。
表演区	海底小动物历险记	玩偶、旧纸箱与白色幕布制作的戏台、台灯、故事中各个角色的纸影、海底动物的服装、道具、背景	1. 手偶游戏： ● 熟练掌握角色对话,能运用手偶与同伴合作讲述故事。 ● 指导幼儿布置手偶表演台,操作手偶玩具,分角色模仿角色的语气、对话等再现故事内容。 2. 小小皮影戏： ● 发现光和影随时间的变化,初步了解影子形成的原因。 ● 指导幼儿边讲述故事边操作皮影,感受皮影戏特殊的艺术风格。 3. 海底小剧场： ● 能与同伴分角色运用肢体动作、声音等合作表演故事。 ● 指导幼儿利用道具布置表演场地、自主穿戴表演服装、模仿角色的动作、语气等进行故事表演。 ★ 萌发保护海洋生物和海洋环境的意识,做文明的海边人。
美工区	小制作"海边建筑"	海边建筑的图片、报纸、橡皮泥、纸筒、玉米粒、冰糕棍、剪刀、大小不同的纸盒、彩色卡纸	● 尝试看流程图学习海边建筑的小制作。 ● 指导幼儿结合自己喜欢的海边建筑图片(小青岛、信号山、海上皇宫)运用不同的材料,进行组合制作,再现海边建筑的主要特征。 ★ 能和小伙伴合作完成作品,体验合作的快乐。
美工区	泥塑"海边建筑"	黄泥、冰糕棍、美工刀等	● 能运用泥巴大胆想象,设计并做出各种形态的海边建筑。 ● 指导幼儿使用橡皮泥运用团圆、搓条、压扁等方法平面或立体组合再现老建筑的主要外形特征。 ★ 乐意在探索过程中努力思考,勇敢克服困难。
	未来的海边建筑	海边建筑的图片、各种废旧材料、报纸、橡皮泥、剪刀、大小不同的纸盒、彩色卡纸。	● 能运用自己喜欢的美术形式设计、制作自己心中"未来的海边建筑"。 ● 指导幼儿争当"城市设计师",根据自己的想法选择材料进行创作制作。 ★ 大胆表现,自主尝试多种工具、材料和手法进行美术创作,积极参与环境的创设,体验运用自己作品美化生活的快乐。

区域名称	活动名称	活动准备	活动指导建议
益智区	海边建筑旅行棋	棋谱、筛子、棋子	● 了解海边的主要建筑,能两人一组合作下棋。 ● 指导幼儿熟悉游戏规则,看清棋谱上的图案标志,按规则开展游戏。 ★ 能与同伴分工合作进行游戏,遇到问题会协商;不欺负别人同时也会保护自己。
	有趣的建筑拼图	建筑拼图和完整图片、活动前积累相关的建筑认知经验	● 能结合建筑图片原图进行拼图游戏。 ● 指导幼儿仔细观察原图,结合原图选择适宜的分步图进行拼图游戏。 ★ 游戏过程中,能不受其他事物的影响,专注地玩游戏。
	迷路的小动物	动物卡片4张,迷路图4幅,铅笔若干	● 观察图片,结合迷路图快速排并完整讲述。 ● 指导幼儿采取多种形式进行游戏,如两人一组看谁完成得又快又准确。 ★ 鼓励幼儿在遇到困难时能向同伴或老师讨教,不半途放弃,坚持完成任务。
生活区	自理小能手	幼儿衣服若干件、叠衣服儿歌及图片	1. 有趣的衣服操: ● 学习衣服操,能有序叠放衣服。 ● 指导幼儿根据衣服操,练习叠衣服的技能,鼓励幼儿间开展"叠衣服比赛"。 2. 穿衣小能手: ● 学习并掌握穿脱衣服的方法。 ● 指导幼儿根据示意图练习快速穿脱衣服的要领。 3. 技能大比拼: ● 熟练掌握穿衣、叠衣的方法,动作迅速。 ● 鼓励幼儿间相互学习,积极参与穿衣服叠衣服比赛。 ★ 学会自己的事情自己做,有一定的自理能力。

（●为核心目标指导,★为养成目标指导）

户外活动安排

活动名称	活动目标	活动准备	活动指导建议
"小乌龟爬爬"	1. 能动作协调地手膝着地爬,掌握其动作要领。 2. 能根据绳子的高度选择适宜的方式快速爬过障碍,发展幼儿的动作灵活性。 3. 能大胆、勇敢地参加运动,不畏困难。	绳子若干	● 幼儿模仿小乌龟,练习掌握不同爬的动作,提供离地高度不等的绳子障碍,引导幼儿试爬。 ● 行进过程中出现动作不规范的情况应及时纠正调整。 ★ 游戏时,鼓励幼儿同伴间相互帮助、相互督促,坚持到底,尝试不同快速爬过障碍的方法。
"勇敢者的游戏"	1. 练习走、跑、跳、爬、滚等技能,提高机体的协调性、平衡性。 2. 在绑住双脚的情况下,敢于运用自己身体各个部位来探索不同的移动动作。 3. 体验同伴合作、协商游戏的快乐,培养幼儿做事情坚持到底的信念。	长、短布条若干	● 利用身体的各个部位,比如头、手、肩膀、腰、臀部、膝盖等来移动身体。小组比赛,请幼儿站在同一起跑线上,用你喜欢的方法移动,到达终点,看看谁的方法最好。 ● 参加"勇敢者的游戏"过关的时候要过草地,爬过铁丝网的时候身体不能碰到,再过小河到达终点。 ★ 游戏时,鼓励幼儿同伴间相互学习,坚持到底,尝试不同的方法到达终点。
"穿越隧道"	1. 发展跑、钻等技能,增强下肢力量,发展身体协调性,灵敏协调地钻过"隧道"。 2. 学习高低搭建的方法,发展创造力。 3. 与同伴搭隧道,体验团队合作游戏的乐趣。	音乐,平坦的场地	● 幼儿分为若干小组,在背景音乐下,穿越各种"隧道",如橡皮筋、轮胎、拱形门等,各种高度不同,需要想办法尽量团着身子穿越。 ● 隧道内幼儿必须等前面的人搭好隧道才能钻出。 ★ 理解规则的意义,能与同伴协商、制定游戏规则。

(●为核心目标指导,★为养成目标指导)

户外联动搭建活动安排

区域名称	活动名称	活动准备	指导策略
搭建区	花石楼	踏板、彩色积塑、中长搭建积木、卡扣积木、纸砖、橙色木板、红色大塑料盆1个、方形小桌子1个	● 幼儿能使用踏板运用去角搭建的方式搭建主体楼。 ● 指导幼儿能根据花石楼的整体构造进行分组搭建，合理利用不同的材料表现出每一个楼体的特征。 ★ 提醒幼儿垒高搭建时注意合作，相互协商、避免碰撞。 ★ 在完成自己任务的基础上，能帮助其他同伴完成搭建。
	信号山	报纸、奶箱、白胶、丙烯颜料、垃圾桶、轮胎、泡沫板、踏板、大号塑料筐、翻翻乐泡沫盒子、大型塑料拼插玩具、木板积木等	● 能创造性地运用多种材料组合搭建信号山。 ● 指导幼儿创造性地使用踏板、塑料桶等材料，运用垒高和间隔的方法搭建信号山的塔身部分，层次分明，保持牢固性。 ★ 提醒幼儿小心摆放红球避免将其他物品碰掉，游戏结束时能分类整理玩具。
	跨海大桥	大型木头积木、垃圾桶、奶粉桶、警示柱、警示链、s钩等	● 能分工合作协商，搭建突显桥跨海大桥的主要特征。 ● 指导幼儿能合理利用搭建材料，搭建出高低起伏不同的桥面，注意桥面的交叉和衔接。 ★ 提醒幼儿搭建时注意自己和同伴的安全，小心挤手，小心砸伤、碰伤。
	栈桥	大小雪花片、薯片桶、圆柱形原木积木、雪花积木、方木墩、长板等	● 能用双层十字连接的拼插方法拼插回澜阁的八面墙体，并创造性地运用园内适宜的材料搭建栈桥长廊。 ● 鼓励幼儿大胆尝试八角飞檐的拼插方法，与同伴合作将八角飞檐与八面墙体组合，丰富再现栈桥。 ★ 提醒幼儿小心摆放路灯、座椅，避免将其他物品碰掉。
	小青岛	大型炭烧积木、轮胎、木板、灯塔模型、纸箱等	● 能根据搭建步骤图搭建小青岛并突显其主要外形特点。 ● 指导幼儿尝试运用去角、垒高并逐层递减的方法使用碳烧积木卡扣搭建"塔形"。 ★ 提醒幼儿搭建高处积木时注意安全。
	海上皇宫	海上皇宫主体建筑3个、捆扎带、方形木墩、平衡木、半圆拱门2个、中长搭建积木、卡扣积木、三角形积木、路障、链条、纸砖、橙色木板、小地垫	● 能创造性地运用多种材料合作搭建海上皇宫。 ● 指导幼儿尝试运用平衡木、方形木墩搭建出稳固的堤坝底座，在做窗户时注意先里后外，及时根据整体调节每个窗户的高低。 ★ 搭建时能够相互协商、分工合作，动脑解决游戏中出现的问题。
美工区	绿化园林局	KT板、大白纸、水粉颜料、水粉笔、橡皮泥、树叶子等	● 幼儿能用水粉在KT板上画树叶，装饰大树。 ● 指导幼儿运用橡皮泥、油画棒、水粉等多种美术材料、多种绘制方式装饰搭建背景，丰富搭建内容。 ★ 提醒水粉画幼儿及时换水，换色时能先把笔涮干净再蘸取另一种颜色，避免混色，保持场地整洁。
	造船厂	水粉笔、画纸、颜料、油画棒、砂纸、刮画纸、刮画笔等	● 能创造性地运用多种材料装饰、制作大船。 ● 指导大胆选用纸箱、纸盒、丝带等材料，运用绘画、粘贴、撕贴等自己喜欢的表现形式来美化大船。 ★ 提醒要互相协作，一起合作完成任务。
	汽车加工厂	各种大小形状的纸盒、双面胶、纸盘、纸筒、各种大小的瓶盖、废旧材料等	● 能用各种大小不同的纸盒、纸筒、纸盘来制作出各种各样的汽车。 ● 指导幼儿先将纸盒底部运用双面胶张贴，再用大胶带在外部加固，使其更牢固。 ★ 提醒幼儿不要将杂物乱扔，游戏结束后自主整理，收拾场地。

（●为核心目标指导，★为养成目标指导）

"寻踪最美海边建筑的足迹"主题

户外联动搭建游戏设计方案

（户外操场）

一、主题名称

寻踪最美海边建筑的足迹

二、户外主题搭建目标

1. 学习品字形垒高，能根据搭建步骤图，按一定规律进行垒高搭建。

2. 能够两人合作搬抬大型积木，拼插时能够相互协商，分工合作，搭建完毕后能将剩余材料归类放好。

3. 能将搭建材料合理利用，使用交叉、衔接、递减递增垒高、分颜色、分层次等方法，根据不同建筑的特点分组搭建。

4. 能用各种大小不同的纸盒、纸筒、纸盘等辅助材料来制作出各种各样的汽车、船和绿树。

5. 能声音响亮地使用礼貌用语进行导游介绍，并提醒游客注意文明参观。

三、户外游戏区域设计

（一）搭建海上皇宫

材料投放：

海上皇宫主体建筑 3 个、捆扎带、方形木墩、平衡木、半圆拱门 2 个、中长搭建积木、卡扣积木、三角形积木、路障、链条、纸砖、橙色木板、小地垫。

搭建建议：

1. 海上皇宫主体建筑：

（1）请家长在家中和孩子们一起制作圆环，并根据自己想要呈现的颜色自主选择金色或者银色即时贴包上颜色。

（2）教师准备好三个大小不同的立体半圆，让孩子们将圆环用捆扎带固定在上面，并将家长从家中带来的灯罩与半圆体连接，形成最稳固的建筑主体。

2. 海上皇宫堤坝：

（1）先用方形木墩和平衡木做好地基，在地基前半段用半圆形的拱门垫起来，形成三角形。

（2）用小卡扣和中班相连接，做出窗户的地基。

（3）打好地基后，开始做窗户，并用地垫做玻璃。在堤坝前面用三角形木板和卡扣交替垒高，与堤坝整体持平。

（4）整体找平，在过于低的地方垫上卡扣。在此基础上放上橙色木板，并垒上纸砖。

（5）放上警示柱，保护游客安全。放上海上皇宫主体，完成作品。

（二）搭建栈桥：

1. 材料投放：

大小雪花片、海绵垫子、小椅子、木板、链条等。

2. 搭建建议：

（1）栈桥主体：采用雪花片拼插。共八个面，分两层拼插，中间用四个圆柱积木支撑圆板，在圆板上放置第二层。由于雪花片容易散，在多次探索之后，采用双层拼插加固。房顶用黄色雪花片拼插，橙色雪花片分体式装饰棱角。

（2）长廊：用小椅子加海绵垫子搭建长廊，用雪花片拼插路灯，用链条进行装饰。

（三）搭建跨海大桥

1. 材料投放：

大型木头积木、垃圾桶、奶粉桶、奶箱、警示柱、警示链、s钩。

2. 搭建建议：

（1）主桥体：采用大型木头拼插桥面，用垃圾桶、奶粉桶垒高作为桥墩，将桥面架高，并将垃圾桶、奶粉桶以高矮不同的规律将桥面架出不同高矮，并在最高点将桥面分支，另一端连接栈桥。桥面搭建完成后，再将警示柱放于桥面两侧作为大桥护栏，并用警示链、s钩进行连接，最后将斜拉桥部分（奶箱粘贴呈拱形）架于桥面最高点两端，并用警示链将桥面和弓形门相连接。

（2）次桥体：分支出去的桥面搭建和护栏与主桥体类同。

（四）搭建信号山

1. 材料投放：

报纸、奶箱、白胶、丙烯颜料、垃圾桶、轮胎、泡沫板、踏板、大号塑料筐、翻翻乐泡沫盒子、大型塑料拼插玩具、木板积木。

2. 搭建建议：

（1）红球体：将牛奶盒子粘起来作为红球的内部支撑物，然后运用报纸和白胶一层一层地在奶盒子外形上黏糊，将有棱有角的地方填充报纸，直至将其糊成球体。

（2）按照信号山上三个红球的大小先后制作出三个不同大小的报纸球体，然后运用红色丙烯颜料将报纸均匀涂成大红色。

（3）大号红球塔身：将两个大号的塑料玩具框倒扣在地面上，在塑料筐上面用踏板运用错空垒高搭建的方法搭出塔身，这个塔身是所有塔身里面最高的一个。

（3）中号红球塔身：将轮胎用垒高的方式搭建起来，中号球的塔身是最矮的。

（4）小号红球塔身：将垃圾桶运用垒高的方式搭建，要比大号红球的塔身矮，但要比中号红球的塔身高。

（5）大门：运用翻翻乐泡沫盒子垒高搭出门柱，用木板积木搭在顶上形成一个大门。

（6）围栏：运用大型塑料积木围拢搭建，将信号山整个围起来，最后添加大树等背景道具进行再装饰。

（五）搭建花石楼

1. 材料投放：

踏板、彩色积塑、中长搭建积木、卡扣积木、纸砖、橙色木板、红色大塑料盆1个、方形小桌子1个、红色尖房顶一个、花石楼搭建示意图。

2. 搭建建议：

幼儿将花石楼整体分成了6个小楼，分组与同伴合作搭建。

（1）一号主体：运用踏板通过围拢进行去角搭建。共6个面,分6层进行搭建,幼儿第一次进行搭建的时候选用彩色积塑当房顶但发现不太形象后最终第六层用纸砖搭建出城堡样子的房顶,中间用彩色积塑进行装饰窗户,搭建时注意每层踏板的方向变化。

（2）二号、三号主体：用中号木板与卡扣连接,组成墙体,用橙色长板封顶,再用卡扣做房檐、彩色积塑做柱子、灰色纸砖做楼梯。

（3）四号主体：运用踏板通过围拢以及去角围拢的方法搭建出主体,注意踏板方向的变化。屋顶用橙色长板封顶并用红色澡盆和纸砖组合构建房顶。

（4）五号主体：用中号木板以及卡扣相连接组合墙体,用橙色长板封顶并用彩色积塑做顶。

（5）六号主体：以桌子做底,然后将卡扣运用去角围拢的方式搭建楼体,最后用橙色长板封顶并安上绿色房顶。

（六）搭建小青岛

1. 材料投放：

灯塔模型、轮胎、木板、大型积木等。

2. 搭建建议：

（1）小青岛底座：以桌子做地基,四个固定的轮胎做底,然后运用卡扣以去角搭建的方法依次递减,形成"塔形"：第一层五个卡扣,第二层搭建开始切脚垒高,大约三层,三层以上数量减为四个卡扣,依旧切脚垒高大约三层,以此类推到合适高度。

（2）小青岛灯塔塔身：顶端用院子里的灯塔模具来完善。

（3）小青岛的装饰：灯塔搭完后,用大积木、垃圾桶、纸箱子、树叶以及幼儿绘制的山、树的背景板等进行装饰,使"小青岛"更加逼真。

四、搭建游戏指导建议

1. 搭建前期的计划。

（1）在搭建前,要与孩子们讨论、观察、分析所搭建的建筑是由什么基本图形组成,以及可使用的材料是什么,让孩子在搭建时更有目的性、计划性。

（2）和幼儿一起商讨制定搭建步骤计划,为顺利、合理地搭建做好前期准备

2. 活动材料的提供。

（1）第一阶段：提供现有的大型炭烧积木、雪花片、积塑、木板、轮胎、彩色砖盒、安全帽、桌子、椅子等。

（2）第二阶段：根据幼儿初期搭建的实际需要,由幼儿讨论决定需要的辅助材料,教师请家长一起帮助收集,如发动家长共同收集的大纸箱、奶箱子、薯片桶、啤酒桶、奶粉桶、泥塑工具等。

（3）第三阶段：搭建完框架后的装饰环节,经过孩子们的商讨,提供卡纸、泡沫板、水彩笔、胶带、落叶、链条、鹅卵石等材料。

（4）第四阶段：创设园林局、造船厂、汽车公司,制作汽车、绿树、背景装饰板等辅助材料,丰富搭建活动的游戏性。

3. 教师指导策略。

（1）鼓励、引导与提升：活动中,注重鼓励幼儿自主探索建筑的搭建方法,并在过程中及时组织幼儿交流讨论搭建心得,帮助幼儿不断总结并提升新的搭建经验。

（2）真观察、真发现：细致观察幼儿在搭建过程中的表现，不干预幼儿活动，尊重幼儿的意见，鼓励幼儿自己动脑思考，解决搭建过程中出现的问题。

（3）做幼儿活动支持者：针对幼儿提出的问题给予启发性、建设性的建议，并对幼儿提出的合理性要求予以支持，如提供辅助材料等。

4. 幼儿活动习惯的培养。

（1）提示幼儿搬运搭建材料时轻拿轻放，大型材料要和同伴合作搬运。

（2）搭建时注意避免碰撞，小心自己和同伴的手，学会提醒同伴注意安全。

（3）搭建高处材料时，注意脚下安全，必要时提醒幼儿请老师帮忙。

（4）提醒幼儿摆放拼插作品时注意避让，避免踩坏、碰坏其他作品。

（5）提供抹布和整理筐等，提醒幼儿随时将剩余材料和垃圾收拾整理好。

（6）游戏结束时，提醒幼儿将搭建材料分类整理、放回原位。

第1周　古堡初发现

环境创设

1. 师幼共同创建海洋环境，引导幼儿运用已掌握的技能，合作协商布置教室。

2. 在主题墙饰中创设"我认识的老建筑""我的幼儿园"版块，尝试用图文的方式进行表征。

3. 开辟"我是小小测量师"专栏，提供测量的工具、辅助材料和记录表。幼儿将测量的结果用图画、符号等形式呈现。

生活活动

1. 指导幼儿就餐时一口饭、一口菜搭配着吃。餐后有序整理餐具，收拾食物残渣，做到饭后擦嘴漱口。

2. 掌握叠衣服的方法，午睡时指导幼儿脱下外套，叠整齐后放在指定的位置。

3. 能文明参观，自觉爱护老建筑。

4. 安全教育：指导幼儿户外搭建时小心取放材料，避免磕碰。

家长与社区教育

1. 和幼儿一起用不同方式测量家庭住宅的层高。

2. 收集有关幼儿园建筑历史的资料。

3. 提醒家长关注幼儿园的环境变化，利用接送幼儿的时间，鼓励幼儿当向导，带领家长参观并介绍幼儿园的环境。

4. 初步了解有关青岛殖民史和法式建筑特点方面的知识。

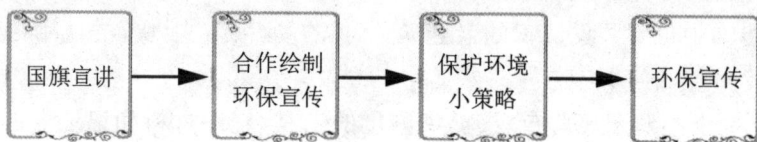

活动一 好习惯体验日——环保小卫士

【活动解读】

经过前期的各项活动，幼儿已初步了解了环境保护的简单常识，具有一定的环保行为习惯，对环境污染也有了较深入的认识，环保意识不断增强。本次活动旨在为幼儿创造亲身实践的机会，从自身做起，通过小组合作制作环保宣传画，开展环保宣传等活动，强化自身环保行为，增强保护环境的责任感。

【活动流程】

国旗宣讲 → 合作绘制环保宣传 → 保护环境小策略 → 环保宣传

【活动目标】

1. 知道保护环境人人有责，每个人都应该为保护环境尽自己的一分力量。
2. 了解保护环境的意义及保护策略，逐步养成自觉保护周围环境的习惯。
3. 培养幼儿的环保意识。

【活动建议】

1. 国旗下宣讲"环保小卫士"

（1）教师宣讲：现在人们的生活水平在不断提高，科技在不断发展，但环境污染问题却日趋严重。保护环境，人人有责。我们小朋友应从身边的小事做起，爱护我们的环境。

（2）幼儿宣讲：我们应该少用一次性筷子和饭盒，保护树木也减少白色污染。垃圾不能乱扔，要分类扔进垃圾箱，保护环境，从我做起。

（3）家长宣讲：家长要以身作则，不乱扔垃圾、垃圾分类、减少使用一次性物品等。多和孩子一起参加公益宣传活动，让孩子了解更多的相关知识，从小提高环保意识。

2. 合作绘制环保宣传画

（1）幼儿分组围绕"如何保护我们的环境"，合作绘制环保宣传画。

（2）布置环保图片展：教师和幼儿一起把画贴在班里的墙上。

（3）交流分享"我们的环保宣传画"。

3. 环境保护小策略。

（1）交流分享："如何保护我们的环境？""保护环境都有哪些好方法？"

（2）小结：保护环境是大家的共同责任，不仅自己要做到，还要提醒周围的人，共同保护我们的环境。

4. 环保宣传：保护环境从我做起，人人有责。

（1）园内宣传：向弟弟妹妹做环保宣传。

（2）去社区进行宣传，发放宣传画。

活动二 数学——小小测量师

【教材分析】

"小小测量师"是综合利用和发挥幼儿园环境中的因素及其潜在的教育功能,搜集多种测量材料,引导幼儿用不同测量工具,探究不同的测量方法,激发幼儿展开探索的活动兴趣。根据本班幼儿实际情况,我将活动的重难点拟定为:尝试用不同的测量物测量高度,感知多种测量方法,探索发现正确的测量方法,并能进行简单记录。活动中我将通过三次尝试活动,引导幼儿逐步掌握测量的正确方法:第一次测量,尝试用不同测量工具测量;第二次测量,尝试选取适合测量的工具测量,分析测量结果不同的原因;第三次测量,尝试使用正确的测量方法进行测量。一环扣一环,让幼儿自主地去深入测量,激发幼儿不断探究的兴趣。

【活动目标】

1. 尝试用不同的测量物进行高度测量,学习正确的测量方法。

2. 能大胆尝试,自主探索、发现不同的测量方法,并进行简单记录。

3. 喜欢测量,体验运用测量探究生活场所的快乐。

【活动重点】

尝试用不同的测量物进行高度测量,学习正确的测量方法。

【活动难点】

能大胆尝试,自主探索、发现不同的测量方法,并能进行简单记录。

【活动准备】

1. (经验)有测量物体的游戏经验,知道测量时可以借助哪些工具。

2. (物质)活动前幼儿分组准备材料,绳子、尺子等一切孩子们可以想到的测量工具。

【活动建议】

1. 谈话引出课题,引起幼儿测量兴趣。

提问:我们的幼儿园和家里的房间高度有什么不同? 我们的教室究竟有多高呢?

用什么方法可以测量一下幼儿园房间的高度呢?

2. 第一次测量,幼儿分组自由探索测量房间高度的方法。

(1)幼儿分组用自己准备的测量工具自由测量。

(2)幼儿分享交流自己的测量方法及测量中遇到的困难。

提问:房间太高,够不到顶,你是怎样测量的? 怎样能用简单的方法准确地测量高度呢?

(3)确定适合测量房间的工具。

提问:使用绳子等材料测量后,怎么才能知道具体的高度呢?

小结:用尺子量出来。用带刻度的尺子测量,统一度量。

3. 第二次测量,自由选择工具,学习记录测量结果。

(1)指导幼儿第二次测量,并将测量结果记录下来。

(2)幼儿交流测量结果,讨论分析测量结果不同的原因。

提问:为什么大家测量的结果不同?

(3)请不同测量结果的幼儿演示测量方法,引导幼儿发现问题,掌握正确的测量方法。

小结:测量物体需要首尾相连,从物体的最顶端开始测量,测量时用手暂时记录长度,下次测量需要紧挨着上次最后端开始测量。

4. 第三次测量。幼儿运用正确的方法再次进行尝试,并记录测量结果。

【活动延伸】

回家后和爸爸妈妈一起测量家里房间的高度并做好记录

【附测量记录表】

幼儿园楼层测量记录

测量工具	测量结果

幼儿自备的测量工具	

活动三 美术——写生:我的幼儿园

【教材分析】

青岛不仅是一座海滨城市,还是一座具有悠久文化底蕴的古城,除了"海洋"特色,那一座座百年古建筑更是美不胜收,作为"海洋主题"下的活动,海滨建筑也是非常值得探究的。我们的幼儿园就是一座百年法式别墅,我们非常有幸能够和它朝夕相处。本活动,以幼儿最熟悉的幼儿园为切入点,让幼儿走进院子里用最直观的方式去观察、发现幼儿园建筑的特点,让幼儿知道建筑是从下往上"建",学会用"拼一拼"的游戏方式归纳幼儿园整体外形结构,在整体外形的基础上再"建"楼层,从而引导幼儿解决了画建筑的重难点。

【活动目标】

1. 知道建筑是从下往上"建",并学会用"拼一拼"的游戏方式归纳幼儿园的整体外形结构。

2. 能用自己喜欢的方式丰富、模仿添加幼儿园的细节装饰,并运用色彩形象地表现幼儿园的外形特点。

3. 激发幼儿热爱幼儿园。热爱写生建筑的情感。

【活动重点】

知道建筑是从下往上"建",并学会用"拼一拼"的游戏方式归纳幼儿园的整体外形结构。

【活动难点】

能用自己喜欢的方式丰富、模仿添加幼儿园的细节装饰,并运用色彩形象地表现幼儿园的外形特点。

【活动准备】

1.(经验)了解幼儿园的历史、结构,以及多种美术创作的经验。

2.(物质)画板、画纸、卡纸、砂纸、水粉绘画工具、水彩笔、线描笔、油画棒、胶水。

【活动建议】

1. 游戏导入,激发幼儿对建筑的兴趣。

玩拼图建筑的游戏,让幼儿初步知道建筑的"分组"结构。

提问:你都看到了哪些形状?你都可以拼出什么样子的建筑?还可以怎样拼?

小结:原来建筑都是由一些基本形状组合出来的。

2. 探究幼儿园外形结构特点,学会用"拼一拼"的组合方式来画幼儿园。

(1)探究幼儿园外形结构特点。

提问:你发现幼儿园的外形可以分几部分?怎么分?你觉得幼儿园最有特点的是哪里?像什么?

小结:幼儿园纵分三部分,横分的话,中间部分是三层,两边部分是两层。幼儿园最有特色的部分有中间部分的楼顶像城堡、像帽子,楼的颜色像火红的太阳,还有白色丝带一样的隔断把每一层都间隔开,左边墙上有彩色轮胎……

(2)拼一拼我的幼儿园。

提问:你都可以用哪些形状来拼出幼儿园?还缺少什么?再添加什么就更像幼儿园了?

小结:用笔先画中间长方形或者用长方形的卡纸直接摆到纸的中间,两边分别是两个矮长方形,再用帽子顶扣在中间楼顶上。楼体拼好后,再根据幼儿园的特点,添加楼层分割线、门窗、柱子、轮胎等装饰。根据幼儿园的颜色开始均匀涂色。

3. 幼儿选择自己喜欢的方式自主创作写生"幼儿园"，教师巡回指导。

提问：使用材料时应注意什么？

小结：垃圾放回垃圾筐，安全意识要牢记。颜色不要涂在纸外面，均匀整齐不露白。线条流畅不停顿(水彩笔要先用深色画，油画棒要浅色起稿，涂完颜色后再用深色勾边)。画完后将工具分类放回。

4. 作品展评，激发幼儿热爱幼儿园、喜爱写生建筑的情感。

（1）写生完的幼儿先将作品展在院子墙边，互相欣赏、互相评价。

（2）集体评价。

提问：哪幅幼儿园最像？哪里像？你最喜欢哪幅作品？为什么喜欢？你想给哪幅作品提个小建议，使它变得更美？

小结：要画得像，就要去发现这座建筑的特点是哪些？轮廓要鲜明，颜色要接近，细节装饰很关键。今天每位小画家的作品都很有进步，把幼儿园画得不仅像，而且美。区角游戏中，小朋友可以继续用丰富的材料和方式去创作其他青岛老建筑。

【附图片】

活动四　语言——谈话：我认识的老建筑

【教材分析】

在幼儿园周边有许许多多有名的老建筑，如：老市政府、天主教堂、栈桥等都是孩子们熟悉和感兴趣的，本活动，旨在通过谈话分享自己所认识的老建筑，讲述自己所认识老建筑的名称、构造和特点等，拓展幼儿对于更多老建筑的了解。活动中采用了"经验前置法"即请孩子们提前查资料、搜图片、照片、听爸爸妈妈讲述老建筑的故事并与爸爸妈妈一起走进老建筑等，对老建筑有自己的认识；"图片演示法"即展示具有青岛特点的典型老建筑图片，丰富幼儿对于老建筑的感知，同时组织幼儿开展"分享交流活动"，鼓励幼儿大胆自信、尝试用完整连贯的语言和同伴分享自己认识的老建筑的名称以及自己喜欢的原因，从而激发幼儿对于老建筑不断探究的兴趣。

【活动目标】

1. 学会用连贯完整的语言讲述自己所认识老建筑的名称极其喜欢的原因。

2. 能结合所喜欢建筑的外形特征、建构特点等进行较形象、完整的讲述，思路清晰。

3. 乐意参加谈话活动，体验与同伴分享交流的快乐，激发幼儿对老建筑的探究兴趣。

【活动重点】

学会用连贯完整的语言讲述自己所认识老建筑的名称及对其喜欢的原因。

【活动难点】

能结合所喜欢建筑的外形特征、建构特点等进行较形象、完整讲述,思路清晰。

【活动准备】

1.（物质）图片。

2.（经验）幼儿前期对自己喜欢的老建筑有所认识和了解。

【活动建议】

1. 谈话导入,激发幼儿活动兴趣。

提问:"你们都认识哪些老建筑?你最喜欢哪座老建筑?为什么?"（幼儿个别讲述）

2. 幼儿与同伴分享交流,教师巡回倾听,鼓励幼儿大胆讲述分享交流自己的经验。

3. 出示图片,教师示范完整讲述,帮助幼儿学会用完整连贯的语言,形象讲述。

（1）结合图片（天主教堂）教师示范完整讲述,幼儿倾听。

讲述范例:老师最喜欢的老建筑是天主教堂:拱形的窗户、连体的建筑、高高的楼体、花岗岩的外墙,有两个一模一样又相互对称的尖房顶,在房顶的最顶端分别有两个对称的十字架,外观很漂亮,所以我特别喜欢这个老建筑。

提问:我最喜欢的是哪个老建筑?我是怎样介绍天主教堂的?通过我的介绍你知道我为什么喜欢它吗?

教师小结:帮助幼儿了解并围绕自己喜欢的老建筑的名称、外形特征、主要结构等方面进行清楚讲述。

（2）出示孩子们喜欢的老建筑图片,幼儿完整连贯的讲述。

引导幼儿在讲述过程中结合建筑的外形特征、建构特点或内部结构等多方面进行完整连贯的讲述。

（3）教师小结,表扬幼儿的大胆完整讲述,鼓励幼儿进一步探究青岛的老建筑。

【活动延伸】

1. 美工区:运用绘画、手工制作的形式,创作早先"我喜欢的老建筑"。

2. 搭建区:投放各种搭建材料和辅助材料,指导幼儿根据老建筑的外观特点进行创意搭建,再现老建筑。

活动五 社会——亲子社会实践活动"走近老建筑"

【教材分析】

青岛有着百年的历史和多元的城市文化,整个城市有着不同时期、不同风格的老建筑。在前期的活动中,通过观察与讨论,孩子们发现幼儿园建筑和我们平时住的房子有很大的不同,大大激发了孩子们想要了解和寻找更多老建筑的兴趣。结合"寻踪海边建筑的足迹"这一主题,我们根据地域特点及周边社区资源,创设了"走近老建筑"的亲子社会实践活动,通过对老建筑的探访、新老建筑的对比等,让幼儿了解不同建筑的特征,感受家乡日新月异的变化,拓展幼儿对于青岛老建筑的已有经验,为幼儿不断地探究提供支持。

【活动目标】

1. 简单了解青岛的历史,观察、发现老建筑与新建筑的不同特点。

2. 用符号表征的方式记录自己的发现,并能用清楚的语言与同伴分享交流。

3. 感受城市中具有代表性的老建筑的风貌,萌发爱家乡的情感。

【活动重点】

了解青岛的历史,观察、发现老建筑与新建筑的不同特点。

【活动难点】

用符号表征的方式记录自己的发现,并能用清楚的语言与同伴分享交流。

【活动准备】

1.（物质）调查表、笔、水壶。

2.（经验）收集老建筑的有关历史资料,从老一辈那里了解一些历史等。

发动家长帮助幼儿收集相关信息,如图片、故事和传说等,让幼儿对家乡以及老建筑建立初步的了解。

【活动建议】

1. 活动前谈话,激发幼儿的活动兴趣。

提问:今天我们要去哪里?要做什么?在你印象中老建筑是什么样的?

提出活动要求:看一看。

2. 提出要求,帮助幼儿了解参观的内容和目的。

具体参观要求:参观的老建筑叫什么名字?它和你印象中的老建筑一样吗?老建筑与新建筑有何不同?

3. 请幼儿随老师和家长走进老建筑,探寻老建筑的奥秘,并将自己的发现用符号表征的方式记录下来。

4. 交流分享"参观老建筑的发现",拓展幼儿对于老建筑的感知。

（1）提问:你发现了哪些老建筑的秘密?你是怎样表征记录你的发现的?

（2）请幼儿以小组为单位与同伴相互分享各自的发现。

（3）请每组家长代表给孩子讲述有关老建筑的小故事。

【活动延伸】

将孩子们的作品带回幼儿园,放到阅读区的《城市大发现》中,让孩子们继续讨论。

【附观察记录表】

我观察的建筑	老建筑的样子	新建筑的样子	它们不同的地方

续　表

我观察的建筑	老建筑的样子	新建筑的样子	它们不同的地方

体育活动

跳房子

【教材分析】

"跳房子"是一个广为流传的经典民间游戏,重点练习单双脚连续行进跳的技能,玩法有趣,材料简单,既不受场地的限制还蕴含了很多有关数、形等方面的知识,可谓百玩不厌。大班幼儿虽对体育活动中的单脚、双脚跳的技能基本掌握,但在单双脚连续行进跳上,还需要有一定的练习和加强。本活动,通过自主探索、分享交流、尝试练习等组织策略,引导幼儿不断地与活动材料、同伴及老师进行着积极有效的互动,锻炼幼儿的腿部力量,帮助孩子掌握单双脚连续行进跳的动作技能,体验民间游戏的快乐,激发幼儿对民间游戏的探究兴趣。

【活动目标】

1. 知道游戏玩法,学习并掌握正确的跳房子方法。

2. 能连续单双脚行进跳,发展幼儿的腿部力量以及平衡能力。

3. 喜欢民间游戏,体验民间游戏的快乐。

【活动重点】

知道游戏玩法,学习并掌握正确的跳房子方法。

【活动难点】

能连续单双脚行进跳,发展幼儿的腿部力量以及平衡能力。

【活动准备】

1.(经验)幼儿事先已掌握单脚、双脚跳的技能。

2.(物质)呼啦圈(呼啦圈设计的格子房)、音乐、数字 1～9,沙包。

【活动建议】

1. 热身运动,幼儿随音乐模仿小动物做腿部的动作练习。

(1)教师带领幼儿随音乐模仿小动物练习单脚跳、双脚跳、前后跳、左右跳、向上跳等跳跃动作。

(2)请幼儿示范单脚跳、双脚跳、前后跳、左右跳、向上跳等跳跃动作,幼儿集体再次练习。

2. 出示呼啦圈,幼儿自主探索游戏玩法。

(1)提问:圈有哪些不同的玩法?如果一个圈就是一个小房子,我们可以怎样摆放?怎样玩呢?

（2）幼儿分组，自主尝试圈的组合玩法。

3. 教师示范讲解"跳房子"的游戏玩法及规则，幼儿分组游戏。

（1）教师示范跳房子方法，帮助幼儿了解游戏"跳房子"的玩法与规则。

玩法：站在起跳处，将沙包丢进数字"1"的格子里，丢进去就可以开始跳了，有沙包的格子不跳。先单脚（另一只脚弯起）跳进数字"2"的格子，然后依格子数一直跳进数字"9"，再依次跳回至数字"2"的格子时，弯身捡起数字"1"格子内的沙包，游戏继续。

规则：沙包一定要丢进格子里才有起跳资格。一个房子单脚跳，两个房子双脚跳。单脚跳时，另一只脚不能着地，连续跳时不踩边缘线；按数字顺序投掷沙包，没有按九宫格顺序或是投到了线外，都视为犯规。

（2）幼儿分组自主练习"跳房子"，教师观察并及时纠正幼儿"跳房子"的动作，提醒幼儿按规则游戏。

4. 幼儿每人一个圈做房子，随音乐在房子里做放松动作（捶背、洗脸、刷牙、睡觉）。

【活动延伸】

提供纸棒、泡沫拼版、彩带等游戏材料，鼓励幼儿尝试运用不同材料拼摆、设计各种"跳房子"的场景，拓展幼儿的游戏内容。

【附场地布置】

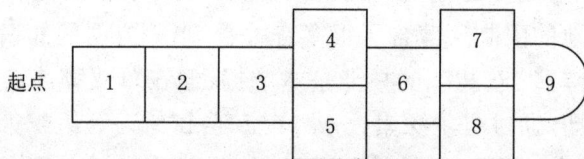

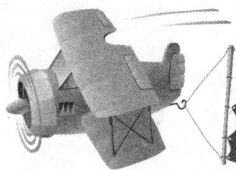

第 2 周　寻踪最美海边建筑

环境创设 ▶

1. 主题墙"寻踪最美海边建筑",将幼儿的表征作品或和爸爸妈妈一起拍的建筑照片布置在墙饰上,供幼儿欣赏并自主交流,引导幼儿向大家介绍拍摄的建筑名称、建筑特点或功能等。

2. 创设"亲子参观栈桥活动"展板,设置两个板块:一是"我和爸爸妈妈参观栈桥"以照片或图画形式记录活动情景。二是"我发现的秘密"以图文、符号等形式展示自己寻找发现栈桥的主要结构与特征,用简单的符号记录对回澜阁和桥身的观察发现并与同伴分享。

生活活动 ▶

1. 每天保证充足的饮水量,能做到随时渴了随时喝,并且根据自己的身体状况调整喝水量。

2. 文明进餐,进餐过程保持桌面整洁。

3. 在一日生活中,提醒幼儿和身边的同伴友好相处,互相谦让,并注意帮助有困难的同伴。

4. 安全教育:户外搭建时小心取放材料,避免磕碰。

家长与社区教育 ▶

1. 和幼儿一起探访海边建筑,初步了解最美海边建筑的建筑特点。

2. 收集有关海边建筑历史的资料,给孩子们讲述有关老建筑的故事,丰富幼儿对于老建筑的感知。

3. 和孩子一起收集有关海边建筑的图片和制作材料,丰富幼儿的园内活动。

教学活动

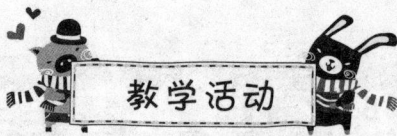

活动一　音乐——仿编歌曲：请来看看我们美丽的村庄

【教材分析】

《请来看看我们的村庄》是一首西班牙歌曲。歌曲既有间奏的呼应，又穿插着动物的模拟叫声，最后八小节的衬词让歌曲更加欢快、紧凑。原歌曲分为四段，除在9～15小节小动物的角色有所变化外，其余部分旋律、歌词完全一样。为此，我将内容做了调整，仅学习演唱一段歌曲，并在完整学唱歌曲的基础上进行仿编。活动中，一共创设了两次仿编歌曲的情境：第一次仿编——引导幼儿尝试联系青岛美丽的建筑，改编歌曲的第一句；第二次仿编——引导幼儿讨论还有哪些小动物也在欢迎客人？改编歌曲的第三和第四句。由一处改编拓展为多处改编，让幼儿在"情景模拟""自主尝试""角色扮演""交流分享"中体验仿编的快乐，激发幼儿仿编歌曲的兴趣。

【活动目标】

1. 唱准衬词"奥巴哥拉巴"，并能用欢快、优美的声音完整演唱歌曲。

2. 尝试将美丽的青岛建筑、不同的小动物创编到歌曲中并能有节奏地模仿小动物的叫声进行演唱。

3. 体验仿编的快乐，激发幼儿仿编歌曲的兴趣。

【活动重点】

唱准衬词"奥巴哥拉巴"，并能用欢快、优美的声音完整演唱歌曲。

【活动难点】

尝试将美丽的青岛建筑、不同的小动物创编到歌曲中并能有节奏地模仿小动物的叫声进行演唱。

【活动准备】

1.（物质）《请来看看我们的村庄》音乐、自制与歌曲内容相符的图片。

2.（环境）幼儿坐半圆。

【活动建议】

1. 播放音乐《请来看看我们的村庄》，创设请小朋友去村庄玩的情境，引发幼儿的学习兴趣。

提问：歌曲里有哪些可爱的小动物呢？

请幼儿模仿小动物的叫声。

2. 引导幼儿完整欣赏歌曲，结合图片熟悉歌曲旋律和歌词内容。

（1）教师清唱，引导幼儿观察图片，理解记忆歌词。

提问：歌曲中都唱了些什么？

（2）请幼儿再次欣赏歌曲，尝试学唱"奥巴哥拉巴"衬词部分。

提问：从歌声中你听出小动物们的心情是怎样的？

小结：引导幼儿体会小动物们邀请大家来做客时的快乐心情，感受歌曲的欢快活泼。

（3）教师分句弹奏歌曲旋律，幼儿学唱歌曲。

教师及时评价，引导幼儿唱准附点音符，掌握歌曲节奏。

3. 仿编歌曲，拓展歌曲内容，激发幼儿仿编歌曲的兴趣。

（1）第一次仿编：引导幼儿将歌曲的第一句以美丽的青岛建筑来进行仿编，提高歌曲的丰富性。

例如："请来看看我们美丽的栈桥"，启发幼儿用歌声表现愉快、自豪的情绪。

教师结合幼儿的讲述展示相应建筑图片，支持幼儿的仿编。

（2）第二次仿编：引导幼儿将歌曲第三句以不同的小动物及其叫声进行仿编，提高歌曲的趣味性。

例如："听！小猫在欢迎你！喵喵！听小羊也欢迎你！咩咩！"

教师结合幼儿的讲述展示相应动物图片，加深幼儿对于仿编歌曲的记忆。

4. 创设"小舞台"，幼儿完整演唱仿编歌曲《请来看看我们美丽的村庄》。

（1）幼儿分组演唱仿编歌曲，加深幼儿对于仿编歌曲的记忆以及节奏的掌握。

（2）幼儿完整演唱歌曲，教师及时评价，引导幼儿体验仿编歌曲的快乐。

【附教材】

请来看看我们的村庄

活动二 数学——统计我最喜欢的青岛老建筑

【教材分析】

统计在我们的生活中无处不在。统计学是通过收集数据和分析数据，让貌似复杂的数据能够开口说话从而对我们提供依据。本活动结合孩子们前期对于青岛老建筑的感知，运用统计的形式评选、记录"最受欢迎的青岛老建筑"。活动中，通过运用小粘贴、点数、表格等方式鼓励幼儿大胆操作，并在操作中发现问题、讨论问题、解决问题，学习正确的统计方法，尝试记录统计评选结果，由高到低，清晰再现对于青岛老建筑的喜欢程度，从而体验统计为我们的生活带来的帮助。

【活动目标】

1. 学习统计，能运用正确的统计方法记录青岛老建筑的评选结果。

2. 能运用自己喜欢的方式分工合作、统计记录，并将统计结果按得票高低进行排序。

3. 感受统计给我们生活带来的帮助。

【活动重点】

学习统计，能运用正确的统计方法记录青岛老建筑的评选结果。

【活动难点】

能运用自己喜欢的方式分工合作、统计记录，并将统计结果按得票高低进行排序。

【活动准备】

1.（经验）课前收集周边老建筑照片、认识并了解青岛的老建筑。

2.（物质）小粘贴、统计表格、水彩笔。

【活动建议】

1. 创设老建筑照片展，引起幼儿投票兴趣。

提问：这么多的老建筑照片，哪个是你最喜欢的？怎样知道哪个建筑喜欢的人最多呢？你有什么好方法呢？

2. 用小粘贴的方法进行统计，直观地体会统计。

（1）小朋友们用投票的形式，每人5个小粘贴，给你最喜欢的老建筑投票。

投票方法与规则：先把所有照片都仔细看一遍，选出自己最喜欢的5个建筑，每人每张照片只能贴一个小粘贴。

（2）幼儿根据自己的喜爱进行投票，选出自己最喜欢的老建筑。

提问：哪个建筑是最受欢迎的？你是怎么知道的？

小结：我们可以通过看小粘贴的多少来说明老建筑受欢迎程度，粘贴越多说明越受欢迎。

3. 分组统计投票总数，并将结果记录在表格中。

（1）分组点数每一个老建筑得到的小粘贴数量，并将最终结果记录在表格中。

（2）选取得票最多的前5张照片，并按照得票数的多少，由高到低进行排序。

提问：哪个老建筑是最受欢迎的？你是怎么知道的？

4. 感受统计给生活带来的帮助。

提问：统计还可应用到生活中的什么地方？如：伙房每天需要统计小朋友的人数，以便准确地准备餐食。

小结：统计在生活中处处都有，给我们的生活带来了方便。

【活动延伸】

请幼儿统计教室或幼儿园的其他一些东西，用学到的方式记录下来。

【附统计表格】

统计我最喜欢的老建筑

活动三 音乐——亲子实践活动:寻踪最美海边建筑——栈桥

【教材分析】

栈桥是青岛的象征,是青岛独具特色的海边建筑。孩子们喜欢栈桥也去过栈桥,但对于栈桥的了解还较为粗浅。"回澜阁分几层?每一层各是怎样的?有几扇窗?几个角?几根红柱?""桥身上有几个下海口?几个台阶?路灯的造型是怎样的?"等。亲子实践活动"寻踪最美海边建筑",旨在利用幼儿园便利的地理位置,通过让家长与孩子一起走进栈桥,对栈桥进行实地探访,带着问题近距离地观察栈桥、认识栈桥,细致了解栈桥主要构造与特征,加强幼儿对于栈桥的探究兴趣,为幼儿多种形式的创作再现提供支持。

【活动目标】

1. 初步了解栈桥的历史作用,细致观察,寻找并发现栈桥的主要结构与特征。

2. 能用简单的符号记录对回澜阁和桥身的观察发现并与同伴分享。

3. 感受栈桥的建筑美,萌发爱家乡的情感。

【活动重点】

初步了解栈桥的历史作用,细致观察,寻找并发现栈桥的主要结构与特征。

【活动难点】

能用简单的符号记录对回澜阁和桥身的观察发现并与同伴分享。

【活动准备】

表征表、笔、水壶。

【活动建议】

1. 谈话引出,已有经验回顾,激发幼儿活动兴趣。

提问:"今天我们要做什么?""你去过栈桥吗?""栈桥是什么样子的?"

2. 设疑,引导幼儿有目的地细致观察栈桥。

提问:"栈桥由哪几部分组成?"

"桥身两边有什么? 一共有几个灯柱? 几个下海口?"

"回澜阁的外形像什么? 是什么颜色的? 亭角上有什么?""有几个角? 有几层? 几扇窗户? 几根大柱子?"

3. 幼儿与家长有目的地自由参观栈桥,细致观察桥身与回澜阁的主要构造与特征并及时记录。

4. 分享交流:我的参观发现。

（1）幼儿以小组为单位结合各自的观察记录表,分享交流各自的发现。

（2）教师小结:栈桥分为桥身和回澜阁两部分。桥身两边一共有 25 个灯柱,10 个下桥口。回澜阁是一座中国民族传统风格的双层飞檐八角亭阁,阁顶覆以黄色琉璃瓦,主体是红色的,四周有 24 根圆形亭柱,共有 27 扇窗户。栈桥是青岛最早的军事专用人工码头建筑,现在是青岛的重要标志性建筑物和著名风景游览点。

栈桥全长 440 米,宽 8 米。桥南端防波堤,堤内建有民族形式的两层八角楼,名"回澜阁"。"飞阁回澜"被誉为"青岛十景"之一。

【活动延伸】

青岛海边有很多奇特的建筑,请小朋友回家与爸爸妈妈一起收集资料带到幼儿园里跟小伙伴进一步分享。

活动四 语言——散文诗《爱在青岛》

【教材分析】

散文诗《爱在青岛》,语言优美、押韵,内容通俗易懂、朗朗上口,诗歌将青岛是帆的故乡,红瓦绿树,碧海蓝天的美景用优美的语句描述出来,给人以美的感受。为了更好地帮助幼儿感知、理解诗歌所表达的语言美、韵律美和意境美,活动前,我们组织了亲子活动:走进青岛有名的建筑和景点,观察这些景点的外形和特点,了解有关青岛的美丽风景和历史风韵,丰富幼儿的已有感知;活动中,运用图片演示法,将青岛的美景拍成照片,让幼儿在欣赏青岛美景的同时巩固对散文诗的学习,加深幼儿对诗歌的理解,从而激发幼儿爱青岛和作为一名青岛人的自豪感。

【活动目标】

1. 学习朗诵诗歌,理解诗歌内容,丰富词语:乘风破浪。

2. 感受诗歌的美,能有感情地完整朗诵诗歌。

3. 萌发对青岛的爱以及作为青岛人的自豪感。

【活动重点】

学习朗诵诗歌,理解诗歌内容,丰富词语:乘风破浪。

【活动难点】

感受诗歌的美,能有感情地完整朗诵诗歌。

【活动准备】

1.（物质）青岛美景的照片、课件 PPT。

2.（经验）参观过青岛的著名景点并有一定的了解。

【活动建议】

1. 谈话导入，引导幼儿说一说对青岛的认识，激发幼儿活动兴趣。

提问："小朋友们，你们喜欢青岛吗？喜欢青岛的哪些地方？那里是怎样的？"

2. 出示青岛美景的照片，幼儿边欣赏照片边学习诗歌。

（1）播放课件，完整欣赏诗歌内容。

提问："诗歌是怎样介绍青岛的？那里是怎样的？"

（2）出示诗歌图片，分段学习朗诵诗歌。

提问："这是哪里？诗歌中是怎样说的？""什么是乘风破浪？"

教师运用诗歌中的语句小结幼儿的讲述，加深幼儿对诗歌的学习，丰富词汇：乘风破浪。

（3）幼儿分段朗诵诗歌。

3. 再次完整欣赏诗歌，幼儿有感情地完整朗诵诗歌。

（1）教师再次完整朗诵诗歌。

（2）幼儿和老师一起完整朗诵诗歌。

（3）播放背景音乐，幼儿完整朗诵诗歌。

（4）请幼儿分组完整表演散文诗。

【附教材】

爱在青岛

青岛，帆的故乡，

五彩的风帆鼓满智慧的力量。

看乘风破浪，听蓝色交响，

大海已敞开宽阔的胸膛。

青岛，帆的故乡，

红瓦唱音符，绿树奏乐章。

金色的沙滩涌动银色的畅想，

这就是我的青岛。

爱在青岛，未来正升起灿烂的希望。

活动五　美术——创意手绘

【教材分析】

手绘与我们的现代生活密不可分，建筑、服装、插画、动漫……手绘的形式多种多样。以不同的作画载体来进行创作，对孩子们来说充满了新奇与挑战。"寻踪海边建筑的足迹"主题中，孩子们对于经典的几座老建筑的特征已有了一定的了解和感知。为更好地激发幼儿的创作兴趣与欲望，本活动将通过作品欣赏引导幼儿学习尝试一种新颖的绘画技巧——点彩法，并打破原有的在纸上作画的表现形式，让幼儿在自己搜集的 T 恤、布鞋、雨鞋、帽子等生活媒材上作画，手绘作品还可以穿戴、使用起来，为他们的创造提供新的启发，充分感受艺术美化生活的乐趣。

【活动目标】

1. 学会用点彩法表现青岛老建筑。

2. 能根据青岛老建筑的外观特点在自己所带的生活媒材上进行合理布局、大胆创作。

3. 感受艺术美化生活的乐趣,激发幼儿喜爱青岛老建筑的情感。

【活动重点】

学会用点彩法表现青岛老建筑。

【活动难点】

能根据青岛老建筑的外观特点在自己所带的生活媒材上进行合理布局、大胆创作。

【活动准备】

1.（物质）多媒体课件、丙烯颜料及生活媒材（白 T 恤、布鞋、雨鞋等）、自己喜爱的青岛老建筑的图片。

2.（经验）初步了解青岛海滨老建筑的历史,知道它们的外观特征;有使用水粉、丙烯绘画的经验。

【活动建议】

1. 游戏"我说你猜",进一步巩固几座较有特点的老建筑的外观特征。

（1）提问:两头尖尖像火箭——是青岛的什么建筑?

中间三层,两边两层,火红火红像城堡——是青岛的什么建筑?

满身石头,像城墙——是青岛的什么建筑?

（2）小结:两头尖尖像火箭的是天主教堂,像城堡的是我们的幼儿园,像城墙的是花石楼……

2. 自主探索,小组观察点彩画法的建筑图片,引导幼儿探索点彩画法的绘画技巧。

（1）提问:你们发现了什么?你知道它是怎么画出来的?

（2）小结:这些建筑都是用水粉或丙烯颜料画的,先用浅色画出轮廓,再用笔蘸取需要的颜料密密麻麻地点上颜料,这种画法叫作点彩法。

3. 创意绘制——运用点彩法仿画青岛老建筑。

（1）展示媒材,探究"如何画"。

提问:你要把老建筑画哪里?怎么画?步骤是怎样的?应该注意什么?

步骤:先起稿老建筑的外形——用点彩画法点上色彩——细致装饰。

4. 幼儿创作,教师巡回指导。

5. 展评,激发幼儿喜爱建筑、喜爱创作的情感。

（1）幼儿陆续将作品摆放在四周,并互相欣赏与评价。

（2）集体评价,进一步拓展幼儿手绘作品美的感受。

提问:你能看出这是哪座建筑吗?你喜欢哪幅作品?为什么?

你感觉谁的点彩法运用得最好?你想给哪幅作品提个小建议,使它变得更美?

小结:小朋友的画都独具特色,只有抓住建筑的特点才能画得像。

【附作品】

普罗旺斯的记忆
Memory of Provence

设计者：Scott
产品编号：AP4-SE21

体育活动

运沙袋

【教材分析】

《指南》中明确提出："幼儿应具有一定的力量及耐力。"大班幼儿动作的协调性、灵活性有很大的发展，但力量和耐力及挑战性有待进一步提高。"推小车"作为一项传统体育游戏，深受幼儿喜爱。本活动以"运沙袋"为主线，组织幼儿开展"推小车"的游戏，锻炼幼儿胳膊、腿和脚部的力量，发展幼儿掌握平衡的能力。活动中，鼓励幼儿自主选择相应重量的沙袋，培养其挑战自我的精神，引导幼儿在竞赛中感受与同伴共同游戏的乐趣，激发幼儿参加体育活动的兴趣。

【活动目标】

1. 知道游戏玩法与规则，能较熟练地掌握推小车的方法与动作要领。

2. 能根据自己的能力选择不同重量的沙袋并保持小车的平衡。

3. 培养其挑战自我的精神，体验与同伴一起游戏的乐趣。

【活动重点】

能较熟练地掌握推小车的方法和动作要领。

【活动难点】

根据自己的能力选择不同重量的沙袋能保持小车的平衡。

【活动准备】

1. 小推车 4 辆，不同重量的沙袋（0.5 千克、1 千克、1.5 千克等），数字卡片，小椅子 4 把。

2. 场地准备：在平地上放置小椅子。

【活动建议】

1. 带领幼儿随音乐做走、跑、活动手腕、脚腕等动作，进行热身活动。

2. 鼓励幼儿探索、学习，掌握推小车的动作要领。

（1）示范讲解动作要领：手握一根小竹子，推着小车向前行，慢慢走，慢慢推，小车稳稳向前进。

（2）请幼儿分组练习，在推的过程中重点探索手握住小车的什么位置才能推动小车，并且保持平衡、直线前行。

（3）针对幼儿出现的问题及时进行指导，鼓励幼儿在反复尝试中解决问题。

3. 在掌握好重心和平衡的前提下，组织幼儿进行"运沙袋"竞赛游戏。

（1）示范讲解游戏玩法：幼儿分四队，先根据自己的能力选择沙袋，再点数沙袋的数量并找出相应的数字卡片插到小车上，将小车推到终点，卸下沙袋，将小车推回到起点，下一位幼儿继续，最先完成队获胜。

（2）组织竞赛游戏"运沙袋"，教师及时评价，指导幼儿按规则开展游戏。

4. 伴随音乐，带领幼儿拍拍胳膊、敲敲腿，两人一组相互拉手进行放松活动。

第 3 周　海上建筑本领大

环境创设

1. 创设"海上建筑本领大"主题墙,张贴搜集到相关图片资料等,引导幼儿了解现在的海上建筑的外形和功能,理解它们与人们生活的关系。

2. 创设"未来的海上建筑"展板,引导幼儿创意绘画未来的海上建筑,如未来的海上工厂、未来的海底隧道、未来的海底影院等,激发幼儿大胆发挥想象力,将想法用画笔表现,并能向大家介绍自己的作品。

3. 和幼儿一起搜集一次性纸杯、瓶盖、贝壳等废旧材料,引导幼儿利用身边的废旧材料制作有趣灯塔。

生活活动

1. 离园前引导幼儿自己收拾整理自己的储物柜,感受自己在清洁卫生方面的进步。

2. 有序收放物品,玩完后主动将玩具放回原位。

3. 安全教育:上下楼梯时能够相互避让,不打闹推搡。

家长与社区教育

1. 请家长和幼儿一起搜集海上建筑的特殊本领,并将自己搜集的图片和内容与同伴分享。

2. 请家长帮忙搜集可以用作装饰的材料,并与幼儿共同搜集秋天的落叶来丰富户外搭建材料。

3. 请家长在家中与幼儿共同尝试搭建自己喜欢的楼房,体验亲子搭建的乐趣。

教学活动

活动一　歌表演——数高楼

【教材分析】

歌曲《数高楼》旋律欢快活泼,歌词生动有趣,以说唱的形式,形象地描绘出数高楼的情景。本次活动从幼儿已有的生活经验出发,为幼儿搭建一个表现自我的舞台,运用不同的身体动作表现"哩哩哩、恰恰恰";通过同伴合作,创造性地表现念白部分数楼房的情景,提高幼儿对歌曲的理解和表现力,让幼儿在与同伴合作演唱中感受歌曲的旋律美,充分调动幼儿的学习欲望和兴趣。

【活动目标】

1. 能唱准歌曲中休止符和念白部分的节奏并完整演唱歌曲。

2. 能根据乐曲旋律尝试用不同的身体动作表现"哩哩哩、恰恰恰"及念白部分,形象再现数高楼的情景。

3. 体验与同伴合作演唱、游戏的乐趣。

【活动准备】

课件、背景音乐。

【活动重点】

能唱准歌曲中休止符和念白部分的节奏并完整演唱歌曲。

【活动难点】

能根据乐曲旋律尝试用不同的身体动作表现"哩哩哩、恰恰恰"及念白部分,形象再现数高楼的情景。

【活动建议】

1. 出示课件——引出数高楼的念白部分。

提问:这座楼给你什么感觉?数一数一共有几层?

2. 教师以念白小结,引导幼儿朗诵念白。

(1)教师示范朗诵念白。

(2)幼儿结合念白和同伴合作,两人一组运用肢体动作表现念白。

3. 学唱歌曲,理解歌词内容。

(1)教师清唱歌曲第一遍。

提问:歌曲的名字叫什么?歌曲中都唱了些什么?

(2)教师再次完整清唱歌曲,幼儿进一步感知。

提问:歌曲中是怎样数高楼的?

幼儿自由讲述,教师以歌词小结。

(3)随伴奏分句有节奏地朗诵歌词,引导幼儿唱准休止符和念白的节奏。

(4)幼儿完整演唱歌曲,教师及时评价并纠正幼儿在演唱中存在的问题。

4. 表演唱,鼓励幼儿加上自己喜欢的动作,体验与同伴合作表演唱的快乐。

(1)幼儿欣赏两名教师合作表演歌曲《数高楼》,给幼儿以引发。

（2）幼儿两人一组自主创编歌表演动作。

（3）同伴分享,并邀请个别幼儿展示创编的动作。

（4）幼儿两人一组跟随音乐完整表演歌曲。

【附教材】

数 高 楼

蒋红 词
汪玲 曲

1 = E 2/4

哩哩 哩, 小弟 弟, 恰恰 恰, 别淘气, 我来 教你 数高楼, 哩哩 哩哩 恰恰 恰

哩哩 哩哩 恰 恰恰 恰! 一层 楼 两层 楼 三层 四层 五层 楼,

层层 叠叠 是高 楼。哩哩 哩, 恰恰 恰, 哩哩 哩, 恰恰 恰, 层层 叠叠

是高 楼, 哩哩 哩哩 恰恰 恰, 哩哩 哩哩 恰恰恰 恰, 恰恰 恰!

活动二 社会——参观小·青岛

【教材分析】

青岛是一座美丽的海滨城市,有很多的海上建筑,而小青岛就是一处青岛标志性的海边建筑:白色的灯塔树立在海岛中,指引着船只在海上航行。作为生活在海边的孩子们虽然在平日的生活中接触到许多海边的建筑,但并不细致、全面。本次活动,就是让幼儿在家长的带领下,近距离走进小青岛、细致感知小青岛,并在亲自参观与寻访中更加直观地去了解小青岛的特征及功能,从而进一步激发幼儿对于海边建筑本领的探究兴趣。

【活动目标】

1. 简单了解小青岛的历史故事,知道小青岛的主要作用。

2. 观察、发现小青岛灯塔的外形特征及功能并运用适宜的符号进行表征记录。

3. 感受青岛建筑的多样性,激发幼儿对于海上建筑的探究兴趣。

【活动重点】

简单了解小青岛的历史故事,知道小青岛的主要作用。

【活动难点】

观察、发现小青岛灯塔的外形特征及功能并运用适宜的符号进行表征记录。

【活动准备】

1.（经验）收集小青岛的资料,如图片、故事、功能等,让幼儿对小青岛有初步的认识。

2.（物质）表征表、笔、水壶。

【活动建议】

1. 简单谈话。请幼儿明白活动内容,激发幼儿兴趣。

提问:"今天我们要参观哪里?""为什么叫小青岛?"

小结：小青岛，因为形状如同一把古琴，故又有"琴岛"之称。在岛的一边有长长的海堤与陆地相接，被当地居民称为"小青岛"。

2. 幼儿与家长自由参观小青岛，观察小青岛的地理环境与建筑特点。

提出参观的要求：

（1）跟随自己的家长，注意安全。

（2）仔细观察小青岛的建筑特点、坐落的位置以及本领。

（3）有疑惑及时与家长沟通，及时解决，丰富幼儿的感知体验。

（4）幼儿与家长一起参观小青岛并将自己的发现运用符号进行表征。

3. 幼儿根据表征记录，分享交流"我观察到的小青岛"。

提问："小青岛的灯塔是什么样子的？有几部分组成？上面都有什么呢？""你还发现了哪些有关小青岛的秘密？"

小结：小青岛最显眼的景致是最高处矗立的一座洁白的锥形灯塔，这是海上过往船只进出胶州湾的重要航标。塔高 12 米，灯高 28 米，灯塔塔身八角形，通体用白色大理石构筑，分上下两层，塔顶部装有水晶棱镜镶成的反射镜，并以牛眼形旋转式造镜电力发光。射程 12 海里，是船舶进出胶州湾、青岛湾的重要助航标志，为来往船只导航。每当夜幕低垂，灯影波光形成青岛一景——"琴屿飘灯"。

【活动延伸】

收集并向幼儿介绍有关小青岛的琴女传说，激发幼儿对于小青岛以及其他海上建筑的探究兴趣。

【附观察记录表】

参观对象	它的外形样子	它的组成部分	它的作用

活动三　科学——海上建筑本领大

【教材分析】

海上建筑在我们身边随处可见，很容易激发幼儿的探索欲望。活动前，我们请家长带孩子们实地探究和观察了海上比较有特点的几种建筑（如跨海大桥、小青岛等），搜集了有关这些海上建筑本领的信息，对于海上建筑有了初步的感知与了解。本活动，旨在培养幼儿的观察分析能力，知道海上建筑的各种本领及建筑与人类之间的关系，激发孩子对海上建筑的探究兴趣。活动中，通过观察分析、同伴交流、自主阅读、完整欣赏等方法拓展幼儿对于海上建筑本领大的感知，激发幼儿保护、爱护海上建筑的情感。

【活动目标】

1. 知道几种海上建筑的基本构造,理解建筑与人们生活的关系。

2. 能清楚、完整地讲述所了解的海上建筑的本领。

3. 感受海上建筑的本领大,激发幼儿保护海上建筑的情感。

【活动重点】

知道几种海上建筑的基本构造,理解建筑与人们生活的关系。

【活动难点】

能清楚、完整地讲述所了解的海上建筑的本领。

【活动准备】

1. (物质)幼儿人手一份有关一种(跨海大桥、小青岛等)海上建筑本领的图文资料,视频(各种各样的海上建筑、跨海大桥),图片(小青岛、跨海大桥)。

2. (环境)幼儿坐半圆。

【活动建议】

1. 出示"小青岛"图片,激发幼儿探究兴趣。

提问:图片上的建筑是哪里? 它有哪些部分组成的? 这个海上建筑有什么本领?

重点指导幼儿围绕小青岛的外形、构造和它的本领进行交流讲述。

2. 交流讨论:我知道的海上建筑的本领。

(1)讨论:除了小青岛,你还知道我们青岛有哪些海上建筑? 它们有哪些本领?

(2)请个别幼儿说一说自己搜集的海上建筑的本领,指导幼儿完整讲述。

(3)请幼儿互换自己手中准备的有关海上建筑的图文资料,自主阅读。

3. 出示跨海大桥的图片,引导幼儿进一步感知、了解不同海上建筑的本领。

提问:这是哪里? 它是什么样子的? 它有什么本领?

4. 完整欣赏视频,了解海上建筑(跨海大桥、小青岛)的本领。

提问:它们的本领各是什么? 它们为我们人类的生活带来了哪些便利?

5. 欣赏视频"各种各样的海上建筑",拓展幼儿对于海上建筑本领的感知。

提问:这些海上建筑有什么本领? 它们为我们的生活带来了哪些便利?

【活动延伸】

请爸爸妈妈带领幼儿进一步搜集有关国内外海上建筑的图书和资料,了解其本领。

【附信息收集表】

海上建筑	它的外形样子	它的本领	带给我们的便利

活动四 数学——数灯塔：学习 2 的组成

【教材分析】

数学在幼儿的生活中无处不在。学习 2 的组成，旨在让幼儿初步理解整体与部分之间的关系，为学习加减法打下基础。活动中，为了帮助幼儿理解并掌握 2 的分合方法，知道组成中整体和部分的关系，并能用分合号记录操作结果，采用了情景教学法、直观演示法、操作法、游戏法等教学方法，让幼儿在具体的情景中学习 2 的组成，体验探索的成功和学习的快乐。

【活动目标】

1. 理解并掌握 2 的组成，能说出 2 可以分成 1 和 1，1 和 1 合起来是 2，并学习在田字格上正确书写数字 1、2。

2. 认识分合号，理解组成中整体和部分的关系，能用分合号记录操作结果。

3. 培养幼儿养成正确坐姿和握笔姿势。

【活动重点】

理解并掌握 2 的组成，能说出 2 可以分成 1 和 1，1 和 1 合起来是 2，并学习在田字格上正确书写数字 1、2。

【活动难点】

认识分合号，理解组成中整体和部分的关系，并能用分合号记录操作结果。

【活动准备】

（物质）教具：数字 1、2 及分合号、背景图（灯塔和圆点图）黑板；学具：幼儿人手一套操作材料，铅笔、本子。

【活动建议】

1. 游戏"我们都是好朋友"，引起幼儿活动兴趣。

2. 引导幼儿学习 2 的组成。

（1）教师演示、讲解分合的过程，初步感知、理解分合的意义。

提问：老师这儿有 2 个灯塔，要把它分别安装在 2 个小岛上，可以怎样分？【个别幼儿演示并进行集体验证】

小结：两个灯塔可以分成一个灯塔和一个灯塔，一个灯塔和一个灯塔合起来是两个灯塔。

（2）认识分合号，理解含义，引导幼儿用分合式记录。

提问：我们怎样才能把这件事记下来呢？【出示分合号，引导幼儿认识分合号】

（3）教师边讲解边记录灯塔的分合方法，帮助幼儿进一步理解分合号的含义。

提问：分合号什么时候表示分？什么时候表示合？如何用数字和分合号记录灯塔的分合方法？

小结：2 可以分成 1 和 1，1 和 1 合起来是 2。

3. 幼儿操作学具，进一步感知 2 的分合方法。

（1）幼儿每人拿取 2 个操作学具，自主操作、记录，感知 2 的分合方法。

（2）展示幼儿的记录单，交流分享有关 2 的分合发现。

提问："你拿了几个什么学具？ 2 有几种分合方法？ 2 可以分成几和几？ 几和几合起来是 2？"

（3）教师小结，加深幼儿对于 2 的组成的学习。

4. 学习在田字格上的正确书写 1、2。

（1）分别出示数字1、2,请幼儿观赏。

提问:数字1、2分别像什么?

（2）教师示范讲解数字1、2在田字格上的正确写法。

（3）请个别幼儿到黑板前书写,针对出现的问题,进一步讲解说明。

（4）幼儿进行练习,教师巡回指导。注意纠正书写姿势,有针对性地提醒幼儿书写时出现的问题,及时鼓励表扬幼儿,引起幼儿的书写兴趣。

活动五 美术——制作灯塔

【教材分析】

结合海洋课程"寻踪海边建筑的足迹"主题,我们带领幼儿"走进"青岛著名的海边老建筑,其中小青岛的灯塔尤其受到孩子的喜爱。活动中,我以"海尔兄弟海上遇险"这个故事导入,激发幼儿的思考与兴趣,对灯塔产生敬佩、喜爱之情。在此情感主线下,引导幼儿学习利用身边的废旧物来创作自己心目中伟大而有趣的灯塔,培养幼儿乐于动手动脑利用废旧材料美化生活的情感,激发幼儿对海边建筑的兴趣。

【活动目标】

1. 学习用一次性纸杯、牙签等废旧物品组合制作灯塔。

2. 能创意使用身边的辅助材料,制作独具特色的灯塔。

3. 培养幼儿乐于动手动脑利用废旧材料美化生活的情感,激发幼儿对海边建筑的兴趣。

【活动重点】

学习用一次性纸杯、牙签等废旧物品组合制作灯塔。

【活动难点】

能创意使用身边的辅助材料,制作独具特色的灯塔。

【活动准备】

1. (经验)幼儿和家长课前收集有关灯塔的资料,了解灯塔的结构与常识。

2. (物质)幼儿搜集到的一次性纸杯,牙签、瓶盖、棉线、贝壳等废旧材料,以及颜料、胶带、剪刀等工具若干;幼儿搜集灯塔的模型若干,课件小青岛图片,视频《海尔兄弟海上航行遇险》。

【活动建议】

1. 故事情景导入,引起幼儿对灯塔的兴趣。

（1）播放视频,讲述海尔兄弟海上航行遇险的故事,引入灯塔主题。

（2）提问:在夜晚茫茫大海中,处处都有礁石,船儿是怎样找到方向避免危险的?

灯塔都由哪几部分组成? 有什么作用呢?

（3）小结:灯塔是由塔身和灯具组成的,灯塔是一种固定的航标,用以引导船舶航行或指示危险区。现代大型灯塔结构体内有良好的生活、通信设施,可供管理人员居住,但也有重要的灯塔无人看守。根据不同需要,设置不同颜色的灯光及不同类型的定光或闪光。

2. 播放课件探索灯塔的结构,引导幼儿大胆想象如何利用废旧物品组合制作灯塔。

（1）分组探究灯塔模型的结构特点。

提问:塔身的形状是怎样的?最能体现灯塔特点的部位是哪里?你觉得哪个灯塔的装饰最吸引你? 为什么?

（2）小结:塔身是下面粗上面细的锥形,灯具上面有个很特别的帽子,上面还有围栏和小梯子,还有渔网、贝壳和救生圈……

（3）探索发现废旧物品,大胆讨论与想象如何利用废旧物品组合制作灯塔。

提问:我们带来了哪些废旧材料?哪些可以做塔身?

哪些材料可以做灯具帽子?火柴棍可以做什么?棉绳可以做什么?

你想利用哪些材料做一个什么样子的灯塔?

小结:一次性纸杯就是下粗上细,可以做塔身,饮料瓶底可以做塔顶……

3. 创意使用身边的辅助材料,制作独具特色的灯塔。

讨论:制作灯塔的步骤是怎样的?制作时应该注意什么?

小结:先做塔身,再做塔顶,最后进行装饰添加,在制作过程中应注意使用剪刀等工具时的安全。

幼儿创作:教师巡视指导,对于教室里的废旧物品启发联想。

4. 展出作品,相互欣赏,体验成功的喜悦。

（1）先制作完灯塔的小朋友与同伴互相欣赏交流。

（2）引导幼儿欣赏作品,评价作品,激发幼儿再创作的兴趣。

提问:你最喜欢哪个灯塔?为什么?你觉得哪个灯塔最有创意?它是怎么做的?

你想给哪个灯塔提个小建议,使它变得更美?

【活动延伸】

幼儿在区角中尝试运用其他材料制作灯塔,尽情创作。

【附图片】

  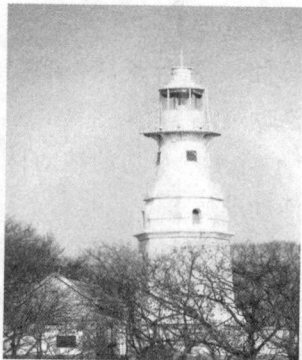

体育活动

有趣的木桩

【教材分析】

粗细、高矮不同的木桩,在幼儿眼中是有趣的玩具。"有趣的木桩"旨在让幼儿通过探索、尝试有关木桩的多种玩法,发展幼儿的动作技能,培养幼儿大胆挑战、勇敢尝试的优秀品质。活动中,以"神通广大的孙悟空"为主线,通过跳木桩、滚木桩、背木桩等创造性玩法,激发幼儿对木桩游戏的兴趣;通过木桩上行走,锻炼幼儿身体协调、平衡、目测距离等能力;通过让幼儿按照意愿自主摆放木桩并行走,增强幼儿对步伐幅度、方向的预测能力。大班幼儿喜欢挑战自我,教师可逐步提高游戏的难度和强度,满足幼儿的挑战欲,让幼儿在游戏中获得发展。

【活动目标】

1. 练习双脚交替在直线形、"S"形木桩上行走并保持身体平衡。

2. 能根据木桩摆放的距离、形状,创造性地玩木桩。

3. 敢于在高矮不同的木桩上行走,体验木桩游戏的快乐。

【活动重点】

练习双脚交替在直线形、"S"形木桩上走并保持身体平衡。

【活动难点】

能根据木桩摆放的距离、形状,创造性地玩木桩。

【活动准备】

1. 粗细、高矮不同的木桩若干(可用易拉罐替代)。

2. 场地布置直线形和"s"形木桩各两组。

3. 幼儿提前观看走梅花桩的武术视频。

【活动建议】

1. 创设"孙悟空变变变"的游戏情境,带领幼儿进行热身活动,激发幼儿兴趣。

教师扮孙悟空,变出木桩,引导幼儿模仿猴子绕着木桩走一走、跑一跑,做准备活动,重点活动脚部和腰腿肌肉。

2. 组织游戏"孙悟空72变",把幼儿"变"成不同小动物,引导幼儿探索木桩的不同玩法。

玩法:教师扮孙悟空,把幼儿"变"成兔子、小猴、小马、小乌龟等,按意愿调整木桩间的距离,摆出不同的形状,模仿小动物以跳、走、跑、爬等不同方式通过。例如:"变"成公鸡单脚站在木桩上、"变"成小鹿单脚或双脚连续跳过木桩、"变"成小猫滚木桩、"变"成乌龟背木桩爬等。

3. 组织游戏"腾云驾雾",练习双脚交替平衡走木桩并掌握动作要领。

(1)幼儿自主探究"腾云驾雾",尝试双脚交替走木桩。

要求:不能掉下木桩,尽快通过。

(2)同伴相互学习,总结双脚交替走木桩的动作要领。

请个别能力强的幼儿示范双脚交替走木桩的动作,其他幼儿观察。

引导幼儿总结双脚交替走木桩的动作要领:双臂侧平举,上身直立,眼看正前方,抬腿要低,快速通过。

鼓励幼儿多次练习,引导幼儿感受双臂平伸踩在木桩中心位置更稳当,目视前方走得快。

4. 组织游戏"有趣的木桩"。

(1)第1遍游戏:熟悉游戏规则,巩固双脚交替走直线形木桩的动作。

游戏玩法与规则:幼儿分4队,每队第1名幼儿听到教师口令后出发,走过木桩后,从两侧跑回起点,从木桩上跌落者要返回起点重新开始。

幼儿玩游戏,教师着重观察幼儿保持平衡的情况。

(2)第2遍游戏:调整"S"形木桩摆放的位置和距离,请幼儿尝试连续走过"S"形木桩。

提问:小路弯弯,怎样走又快又稳?

教师着重观察幼儿重心位置转移的情况。

(3)第3遍游戏:走直线形和"S"形混合木桩,激发幼儿的挑战欲望。

教师着重引导幼儿在保持平衡的前提下加快速度。

5. 创设跟着孙悟空"空中飞行"的情境,引导幼儿放松身体和情绪。

引导幼儿绕着木桩创造性地表现小猴在天上走、飞、抖动身体等放松动作,着重放松腿部肌肉。

主题三 童眼观秋天

主题网

活动区活动

1. 公园的花
2. 编麻花
3. 菊花朵朵开
4. 不一样的树叶
5. 秋天多么美
6. 我眼中的秋天

教学活动

1. 好习惯体验日：文明在身边
2. 美丽的秋天
3. 3 的组成及书写
4. 秋天多么美
5. 美丽的菊花

户外体育活动

1. 田鼠偷瓜
2. 矮人比赛

第 1 周 感受秋之美

教学活动

1. 谜语
2. 种子的旅行
3. 3 的加法
4. 拔根芦柴花
5. 种子镶嵌画

童眼观秋天

教学活动

1. 想吃苹果的鼠小弟
2. 玉米的一生
3. 3 的减法
4. 葡萄熟了
5. 葡萄丰收

第 2 周 发现秋之趣

第 3 周 体验秋之乐

户外体育活动

1. 小马运粮
2. 卷白菜心

活动区活动

1. 公园的大树
2. 我为同伴编辫子
3. 树叶创意画
4. 种子找家
5. 拔根芦柴花
6. 秋天丰收忙

活动区活动

1. 秋天的公园
2. 美丽的编织品
3. 大丰收
4. 我来分分看
5. 摘果子
6. 想吃苹果的鼠小弟

户外体育活动

1. 黑猫警长看粮仓
2. 好玩的沙袋

主题价值

秋天是丰富而多彩的季节。花草树木在悄悄地发生着变化，人们忙着收获自己的劳动果实，尽享丰收的快乐。在这个美好的季节里，幼儿外出秋游、参与劳动收获……丰富的活动引发了幼儿浓厚的探究兴趣。

《指南》指出："引导幼儿了解季节的变化，了解人们的生活与自然环境的密切关系；支持幼儿在接触自然、生活事物和现象中积累有益的直接经验和感性认识"。

本主题设置了"多彩的秋景""奇妙的种子""丰收真快乐"3个子主题。主题中，教师应引导幼儿关注大自然和周围事物，让幼儿在观察、探索中发现秋天植物、气候等环境的变化，从而了解秋天的主要特征，探寻变化中的秘密，感受季节变化与人们生活的关系。同时引导幼儿尝试运用多种手段表达自己对秋天的认识，在发现、交流、分享中感受秋天的美，激发幼儿热爱大自然的情感。

主题目标

★ 知道一日活动流程，能有序开展活动，做事不拖沓，珍惜时间。

1. 掌握钻、躲闪、行进跳、助跑跨跳等技能，发展幼儿的躲避、跳跃和上下肢协调运动的能力；运动时注意安全，不给他人造成危险，养成锻炼的习惯。

2. 知道秋季是一个丰收的季节，能结合自己的生活经验，与同伴共同制定秋游计划，分享交流对秋游的感受，提高同伴间相互合作的能力。

3. 学会分析、概括描述农作物的主要特征；能有感情地朗诵诗歌，并尝试运用合作绘画的形式再现仿编诗歌，感受秋天丰收的美好。

4. 了解种子的传播途径，激发探索种子奥秘的兴趣，能够创造性地记录种子生长过程，大胆表达自己对季节的感受并能进行简单分类，会书写和掌握数字的基本运算，体验丰收的喜悦心情。

5. 掌握垫步、S形穿插等动作要领，表现出葡萄丰收的景象，并能有节奏地进行乐器演奏，体验农民丰收后喜悦的心情；运用毛笔的中锋与侧锋发挥想象，组合拼贴出秋天的农作物，并能适当添画。

区域活动安排

区域名称	活动名称	活动准备	活动指导过程
结构区	秋天的公园	大型积木若干,纸杯、奶粉桶、易拉罐等搭建辅助材料,雪花片、梅花胶粒、树枝、树叶、公园全景的放大照片	1. 公园的花: ● 能运用竖向、转向连接等方法拼插不同造型的花朵。 ● 指导幼儿运用雪花片、梅花胶粒等玩具设计拼插大小、形状、造型不同的花朵,掌握组合拼插的技能。 2. 公园的大树: ● 运用方形插、一字插相结合的方法设计、拼搭不同造型的公园大树。 ● 指导幼儿运用雪花片、梅花胶粒等拼插玩具与易拉罐、树枝、树叶等辅助材料相结合,设计出不同高矮、粗细,不同造型的大树。 3. 秋天的公园: ● 能运用垒高、交叉、旋转等方法搭建出秋天的公园。 ● 指导幼儿使用大型积木和辅助材料等玩具拼插搭建花、大树等景观并将搭建作品自主组合,再现出自己心中最美的秋天公园。 ★ 提醒幼儿玩完玩具要按名称分类收放玩具,摆放整齐。
生活区	美丽的麻花编织	皱纹纸、各种颜色丝带、橡皮筋、彩色线绳、棉质彩带、麻花辫步骤图等	1. 编麻花: ● 能看步骤图自主选择不同材料设计不同风格的麻花。 ● 指导幼儿将皱纹纸搓成条、丝带交叉等辅助材料进行三股交叉编织出麻花。 2. 我为同伴辫辫子: ● 愿意为同伴服务,喜欢动手为同伴设计麻花辫。 ● 指导幼儿用三股交叉编织的方法为同伴设计漂亮的麻花辫。 3. 美丽的编织品: ● 喜欢编织活动,能将多种编织方法相结合,设计出不同的编织品。 ● 引导幼儿在编织时尝试运用三股交叉、交替穿插、打结等编织法相结合,组合成一副完美的编织品。 ★ 指导幼儿将区域环境收拾整理干净,物品放回原处。
美工区	菊花朵朵开	木棍、皱纹纸、剪刀、蛋糕盘、菊花范例	● 能用剪、贴、卷等方法制作成立体菊花。 ● 指导幼儿先运用木棍卷皱纹纸的形式制作菊花瓣;再将皱纹菊花瓣从里到外、由短到长组合粘贴在蛋糕盘上,表现不同层次的花瓣;最后将制作好的菊花投放到搭建区,共同表现"秋天的公园"。 ★ 指导幼儿活动结束后将物品收放整齐,桌面干净整洁。
	树叶创意画	提供树叶、剪刀、胶贴	● 能大胆想象,运用树叶制作创意拼贴画。 ● 指导幼儿结合树叶形状、大小的不同,通过剪、贴等多种组合形式,设计出不同的树叶创意画。 ★ 指导幼儿使用剪刀时注意安全,不要剪到手,不要将剪刀尖指向别人。
	大丰收	宣纸、毛笔、墨汁以及绿色、紫色等颜料	● 能运用水墨画表现秋天,掌握正确的运笔方法。 ● 指导幼儿大胆构图,运用侧锋、中锋,浓墨、淡墨表现大丰收的景象。 ★ 指导幼儿轻蘸墨、轻落笔,保持画面整洁。
益智区	不一样的树叶	师幼收集的各种树叶(包括常绿树和落叶树)、小筐子2个(分别用图书或文字标明常绿树、落叶树)	● 比较发现常绿树叶和落叶树叶的不同,能按常绿树叶和落叶树叶进行分类。 ● 指导幼儿认真观察不同的树叶,根据常绿树叶和落叶树叶的不同特点,将常绿树叶和落叶树叶分别放在相应的小筐中。 ★ 指导幼儿保持游戏区域整洁,活动结束后将物品物归原处。
	种子找家	有种子的果实或植物、种子的图片、幼儿学习材料《秋天多美好》	● 能根据种子的外形特征找到相应的果实或植物。 ● 指导幼儿阅读《秋天多美好》第25页,观察图中的果实或植物,将果实或植物与相应的种子连起来。 ★ 指导幼儿安静游戏,爱惜图书。

区域名称	活动名称	活动准备	活动指导过程
益智区	我来分分看	颜色、形状、大小不同的树叶，品种、大小、颜色不同的水果，筐子若干个，幼儿学习材料《秋天多美好》——操作材料4	● 观察、分析各种物品，利用物品的特征进行二次分类或根据物品的多种特征进行分类。 ● 引导幼儿逐步尝试按物品的特征进行多层次、多角度分类。 ★ 指导幼儿向同伴主动介绍自己的分类方法，同伴间相互学习。
音乐区	秋天多么美	《秋天多么美》音乐、图片、图谱、绸带、纱巾、头花等道具若干，打击乐器若干	● 能正确掌握附点音符及强弱音的演唱技巧，运用歌表演、乐器演奏等多种形式再现。 ● 启发幼儿根据歌曲自由创编动作，分角色装扮演唱歌曲，也可用乐器敲打歌曲节拍，表现歌曲优美、喜悦的情感。 ★ 指导幼儿与同伴分工合作，快乐游戏。
	拔根芦柴花	各种乐器、乐器图片、图谱、音乐	● 会看图谱，能创造性地运用各种乐器与同伴合作，看指挥有节奏地演奏乐曲。 ● 引导幼儿根据节奏图谱，自主分配乐器合作演奏，鼓励幼儿轮流担任指挥，尝试创编新的节奏型，创造性地表现乐曲。 ★ 鼓励幼儿大胆表现，与同伴协商合作。
	摘果子	音乐、图谱、丰收的果园背景图等	● 能根据图谱随音乐有表情、有节奏地进行舞蹈。 ● 引导幼儿在熟悉音乐的基础上，用表情、动作创造性地创编摘果子的情景，鼓励幼儿大胆表演。 ★ 鼓励幼儿表演时与同伴协商，轮流表演。
语言区	我眼中的秋天	秋天的图片和照片、彩色卡纸、彩笔、剪刀、胶水、幼儿学习材料《秋天多美好》	● 能用连贯的语言、优美的词汇描述海报中呈现的秋天。 ● 引导幼儿将搜集到的秋天的图片或照片进行剪切、分类、组合，制作成海报，与同伴分享交流"我眼中的秋天"。 ★ 指导幼儿活动结束后将物品收放整理，大胆交流分享。
	秋天丰收忙	关于秋天丰收景象的图片、照片、彩色卡纸、彩笔、剪刀、胶水等辅助材料	● 能运用连贯的语言、优美的词汇描述海报中呈现的秋天丰收的景象。 ● 指导幼儿运用画笔、剪刀等辅助材料制作秋天的海报并和同伴一起分享讲述。 ★ 提醒幼儿注意倾听他人的讲话，不随意打断别人，敢于表达自己的想法。
	想吃苹果的鼠小弟	《想吃苹果的鼠小弟》图书或图片，幼儿学习材料《秋天多美好》	● 幼儿能自主讲述图片内容，创编有趣的故事。 ● 引导幼儿单独或与同伴一起观察、阅读图书，鼓励幼儿对故事进行创编，通过绘画等方式表现新编故事内容并投放到阅读区中，供幼儿与同伴分享。 ★ 指导幼儿专注阅读图书，愿意把自己听过的故事与他人分享。

（●为核心目标指导，★为养成目标指导）

户外活动安排

活动名称	活动目标	活动准备	活动指导过程
矮人比赛	按要求蹲着走,不急躁,坚持完成游戏	5米长的场地,小沙盘若干,小红旗若干	● 每队第一名幼儿全蹲着向前走,到终点时,拿起一面小红旗插在沙盘上,站起来跑回本队,拍第二个人的手,回到队尾,第二个人继续蹲着出发,依此类推,先做完的队伍为胜。 ● 引导幼儿模仿矮人坚持蹲步走,有序开展游戏。 ★ 游戏中听老师的要求,养成倾听的好习惯。
卷白菜心	能平稳地走螺旋形,卷到最后保持队形不乱,共享合作游戏的快乐	白菜的头饰	● 每组幼儿手拉手成一排,排头带上白菜头饰带领本组幼儿一向中心方向卷着走,一边说:"卷呀卷呀,卷白菜呀,卷成一颗大白菜!"幼儿团团相裹,团团相转,站在最后的一个人用力裹住,以卷得快、卷得好的组为胜。 ● 引导幼儿卷白菜时,注意跟紧前面小朋友以免队伍混乱。 ★ 游戏中能保护同伴,保护自己。
好玩的沙袋	创造性地用不同的方法玩沙袋,锻炼投掷、跳跃、抛接、平衡的综合能力	沙包若干,小筐2个	● 每人用双脚夹住沙袋在起跑线后站好。听到老师说"开始",每组第一个幼儿出发,双膝并拢夹住沙袋向前跳,跳过地上画的3个圈,再头顶沙袋走过小路,站在投掷线上用肩上挥臂的方法将沙袋投进地上的小筐中,再原路返回拍下一个幼儿的手。 ● 引导幼儿夹紧沙包,如果中途掉落必须重新夹好再游戏。 ★ 游戏中提醒幼儿遵守游戏规则,与同伴合作游戏。

（●为核心目标指导,★为养成目标指导）

环境创设

1. 引导幼儿共同讨论和创设"秋天多美好"主题环境,收集展示有关秋天的景色的图片、照片及幼儿创造的美术作品。

2. 搭建"观赏台",展示和分享幼儿利用树枝和树叶制作"我眼中的秋天"的作品。

3. 为每位幼儿建立秋季观察记录本,存放在便于幼儿取放的地方,引导记录对秋景的观察和感受。

生活活动

1. 散步时引导幼儿观察幼儿园及周围环境中植物的变化,引导幼儿主动和同伴分享。

2. 进餐时,教师或幼儿介绍秋季的水果、蔬菜的营养,鼓励幼儿不挑食,使幼儿喜欢吃果蔬。

3. 外出游玩时,要求幼儿自觉遵守秩序和规则,注意自我保护和行为文明。

家长与社区教育

1. 请家长带幼儿到公园或野外观察秋天的特征,搜集关于秋天的图书、图片等资料,收集落叶,制成标本或进行树叶拼贴。

2. 组织秋游等亲子活动,请家长带幼儿走到户外感受环境的变化,活动前同幼儿共同制订秋游计划。例如:去哪里?乘什么样的交通工具?带些什么去干什么?几个人去?怎样分工合作?

3. 组织亲子海报展活动,引导家长和幼儿共同制作海报"多彩的秋天",将亲子秋游活动所见、所闻、所感、所想表达出来,进行展示。

教学活动

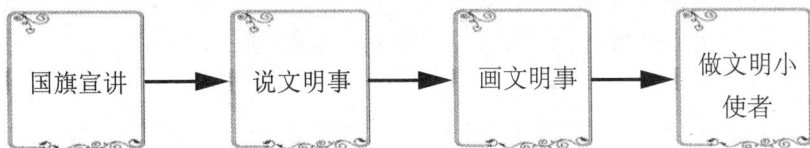

活动一　好习惯体验日——文明在身边

【活动解读】

"孩子成功教育从好习惯培养开始。"爱护花草树木、不乱扔垃圾、不随地吐痰、尊老爱幼、学会感恩等文明行为都应从小培养。本活动通过国旗宣讲、说文明事、画文明事、宣传文明行为等形式让幼儿知道哪些行为是文明的,哪些行为是不文明的,应如何做一个文明人等,树立文明意识,养成文明习惯,体验做文明宝宝的快乐。

【活动流程】

```
国旗宣讲 → 说文明事 → 画文明事 → 做文明小使者
```

【活动目标】

1. 知道从现在开始,从小事做起,从身边事做起,做讲文明、懂礼貌、懂得感恩的好宝宝。

2. 了解开展文明在我身边活动的意义,能正确分辨文明与不文明行为。

3. 教育幼儿从小养成讲文明的好习惯。

【活动建议】

1. 国旗宣讲"文明在我身边"

(1)全园师生举行"文明在我身边"启动仪式。

(2)幼儿(主持人)向全园师生宣讲"文明在我身边"的意义。

2. 说文明事

(1)自主交流:说一说、找一找文明在哪里。

(2)大讨论:我们应告别哪些不文明行为。

(3)征集金点子:我们应如何做一个文明人。

3. 画文明事

(1)幼儿绘画宣传画"文明在身边"。

(2)布置"文明在身边"绘画展。

4. 做文明小使者。

(1)园内宣传:向弟弟妹妹、爸爸妈妈宣传,文明行为应从自身做起,从小事做起,争做讲文明、懂礼貌、懂得感恩的好宝宝。

(2)社区宣传:向社区居民、路人发放"文明宣传画报",宣讲"文明在身边"的意义。

活动二　语言——散文诗《美丽的秋天》

【教材分析】

秋天在幼儿的眼中是多彩的、生动的:蓝蓝的天空、蝴蝶般飞舞的树叶、盛开的菊花、硕果累累的果园和丰收的田野。散文诗《美丽的秋天》意境优美,从花园、果园、田野的角度,运用大量的色彩描写、比喻和拟人等手法,展现了秋天独有的美丽。大班幼儿能有感情地朗诵诗歌,但对较长篇幅的散文诗朗诵有一定难度。活动中,通过创设情境、重点诗句的学习、朗诵表演等层层递进的方法,鼓励幼儿有感情地朗诵诗歌、表现诗歌,进一步激发幼儿对秋天的喜爱之情。

【活动目标】

1. 理解散文诗内容,欣赏并学习诗歌中优美、生动的语句。丰富词汇:格外、千姿百态、黄澄澄。

2. 能有感情地完整朗诵诗歌,尝试用动作表现诗歌中“秋天多么美”的情境。

3. 感受散文诗的优美意境,进一步萌发对秋天的喜爱之情。

【活动重点】

理解散文诗内容,欣赏并学习诗歌中优美、生动的语句。丰富词汇:格外、千姿百态、黄澄澄。

【活动难点】

能有感情地完整朗诵诗歌,尝试用动作表现诗歌中“秋天多么美”的情境。

【活动准备】

1.(物质)课件、背景音乐、幼儿学习材料《秋天多美好》。

2.(环境)幼儿坐半圆。

【活动过程】

1. 播放秋天的课件,感受秋天景物的美。

提问:这是什么季节?你从哪里发现的?你觉着秋天美吗?哪里美?

2. 教师配乐朗诵诗歌,引导幼儿初步理解诗歌内容,感受诗歌的优美。

提问:诗歌的名字是什么?诗歌里说了秋天的哪些美景?

3. 出示图片,分段欣赏诗歌,进一步理解诗歌内容,学习词语:千姿百态、格外、飘落、黄澄澄。

(1)提问:秋天的天是什么样子的?蓝天、白云、树叶有什么变化?

为什么说秋天的花园分外好看?花园里都有什么样的菊花?

为什么说秋天的果园分外好看?诗歌中是怎样描述苹果和柿子的?

为什么说秋天的田野分外好看?秋天的田野是怎样的?

(2)小结并引导幼儿分句学习朗诵诗歌,以动作帮助幼儿记忆与感知诗歌表达的情境,理解“千姿百态、格外、飘落、黄澄澄”的意思。

4. 请幼儿完整朗诵诗歌,尝试用动作大胆表现诗歌的优美。

(1)教师再次完整朗诵诗歌,加深幼儿的印象。

(2)幼儿看图完整朗诵诗歌,重点掌握诗歌词句的准确。

(3)分组朗诵,引发幼儿感受诗歌的意境美。

提问:怎样朗诵才能更好地表现出秋天的美?

（4）配上舒缓的音乐,鼓励幼儿大胆表演诗歌。

5. 请幼儿自主阅读《秋天多美好》,延续到区角活动中。

【附教材】

美丽的秋天

秋天多么美丽!蓝天格外高,白云格外白。树上的叶子变红了,变黄了,秋风吹过,叶子从枝头上飘落下来,像一只只蝴蝶在空中飞舞。秋天的花园分外好看:菊花向着太阳开放,金黄、艳红、玉白、淡紫……千姿百态,发出阵阵的清香。秋天的果园分外好看:圆圆的苹果笑红了脸,黄澄澄的柿子像一个个小灯笼挂满了枝头。秋天的田野分外好看:稻田一片金黄,棉田一片雪白,到处是丰收的景象。啊!秋天多么美丽!

活动三 数学——3 的组成及书写

【教材分析】

数的组成是加减法运算的基础,本次活动是在幼儿已经接触和学习了 2 的分合、组成的基础上,学习 3 的组成。活动遵循幼儿的学习特点,创设"分食物"的活动情境,帮助幼儿在游戏中探索发现,使幼儿在游戏中学习理解数字 3 的组成及 3 的分合式的意义,学习掌握 3 的正确书写。活动中,教师充分利用自然和实际生活中的问题,引导幼儿通过观察、比较、操作等方法,感知 3 的组成中的互换规律,提升幼儿分析问题、解决问题的能力。

【活动目标】

1. 学习 3 的组成,知道 3 的两种分合方法,认读并学习正确书写数字 3。

2. 能用较为清楚的语言表达分与合的过程,操作、发现 3 的组成中的互换规律。

3. 养成良好的握笔方法和书写姿势,并会整理自己的操作材料。

【活动重点】

知道 3 的两种分合方法,认读并学习正确书写数字 3。

【活动难点】

能用较为清楚的语言表达分与合的过程,操作、发现 3 的组成中的互换规律。

【活动准备】

1.(物质)记录卡、小猫头饰、操作学具、课件、音乐、四线方格本。

2.(环境)幼儿围桌坐。

【活动过程】

1. 教师扮演小猫角色导入活动,激发兴趣。

2. 游戏:分食物,引导幼儿初步学习 3 的组成。

（1）教师介绍游戏。今天小猫要邀请它的好朋友们小兔、小猴到家里来做客,还为它们准备了许多好吃的,它想把这些好吃的分别放在 2 个盘子里,可以怎样分?

（2）出示记录卡,幼儿自主学习 3 的分成。

提问:有些什么好吃的?每一种好吃的各有几个?那怎样把数量是 3 的食物分成两份呢?

（3）用数字把每次的分法记在下面的表格里。幼儿操作,教师指导。

小结:3 可以分成 1 和 2,1 和 2 合起来是 3。

3. 游戏:过魔洞,复习巩固 3 的组成。

（1）介绍游戏玩法：出示标有数字 3 的魔洞，幼儿每人任选一个数字，和同伴的数字合起来是 3 方能通过魔洞。

（2）组织游戏，及时评价。

提问：你和小伙伴通过魔洞了吗？你和同伴的数字分别是几？合起来是几？

（3）出示 3 的分合式，引导幼儿进一步比较、感知 3 的 2 组分合式间的异同。

提问：3 的 2 组分合式有何相同和不同的地方？

小结：1 和 2、2 和 1，虽然位置互换，但合起来都是 3。

4. 学习 3 在田字格上的正确书写。

（1）教师讲解示范数字 3 的正确写法：起笔、运笔、落笔方向。重点注意上下像钩子的部分要饱满。

（2）请个别幼儿到黑板前书写，针对出现的问题，进一步讲解说明。

（3）幼儿进行练习，教师巡回指导。注意纠正书写姿势，有针对性地提醒幼儿书写时出现的问题，及时鼓励表扬幼儿，引起幼儿的书写兴趣。

【附教材】

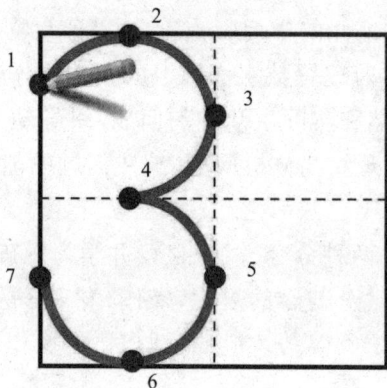

活动四　音乐——歌曲《秋天多么美》

【教材分析】

歌曲《秋天多么美》旋律优美、内容生动。歌曲前半部分运用拟人的手法表现棉桃、稻花、高粱成熟的喜人景象；后半部分通过简单重复的歌词和跳跃的旋律表达人们收获的喜悦。此歌曲有三段歌词，大班幼儿能完整演唱并能唱准附点音符的节奏型是有一定难度的，这就要求幼儿对歌词有很高的记忆力，活动中，利用图片帮助幼儿熟悉和记忆歌词，能有效降低附点音符、跳音、强弱音的演唱难度，让幼儿在演唱的过程中感受秋收的喜悦心情。

【活动目标】

1. 理解歌曲内容，学习用优美、欢快的声音演唱棉桃、稻花、高粱成熟时的丰收景象。

2. 能唱准附点音符，用跳音、强弱音表现出歌曲的旋律变化。

3. 体验秋天丰收的喜悦心情。

【活动重点】

理解歌曲内容，学习用优美、欢快的声音演唱棉桃、稻花、高粱成熟时的丰收景象。

【活动难点】

能唱准附点音符，用跳音、强弱音表现出歌曲的旋律变化。

【活动准备】

1. (物质)课件、背景音乐。

2. (环境)幼儿坐半圆。

3. (经验)活动前请家长帮助幼儿通过多种方式认识秋季的农作物。

【活动过程】

1. 发音练习，引导幼儿用歌唱的形式来表达对秋天的喜爱。

以歌曲后半部分"来……来来——秋天多么美"作为发音练习，引导幼儿学习演唱。教师通过指挥暗示，引导幼儿唱出旋律的强、弱，以及弱音部分的跳音感觉。

2. 引导幼儿欣赏完整的歌曲，结合图片熟悉歌曲旋律和歌词内容。

(1)教师清唱，幼儿欣赏歌曲第1遍。

提问：歌曲有几段？是几拍子的？歌曲里提到了哪些农作物？

(2)出示图片，教师伴随旋律演唱，幼儿欣赏歌曲第2遍。

提问：歌曲中把农作物比喻成什么？它们都在做什么？

(3)教师弹奏歌曲主旋律，请幼儿按歌曲节奏有感情地朗诵歌词。

3. 幼儿完整演唱歌曲，感受歌曲的优美、欢快。

(1)教师分句弹奏歌曲旋律，幼儿自主尝试按句填唱歌词。

(2)针对幼儿的学唱，教师随即示范，引导幼儿模仿演唱。

针对歌曲的难点——附点音符，可以通过多次倾听旋律、手拍节奏的方法帮助幼儿正确掌握附点音符的唱法。

(3)教师弹奏完整的歌曲，幼儿跟唱，尝试演唱完整的歌曲。

4. 运用头饰激发幼儿演唱兴趣，用声音、表情、动作表现丰收的喜悦。

(1)幼儿自选头饰扮演歌曲中的"棉桃""稻花""高粱"，教师引导幼儿进入角色，唱出丰收的喜悦心情。

(2)创设"小舞台"，幼儿分组演唱。

【附教材】

秋天多么美

曾泉星　词
卫燕玲　曲

活动五 美术——写生：美丽的菊花

【教材分析】

秋天的菊花五颜六色、千姿百态。菊花的花瓣有的像勺子；有的像太阳的光芒；有的像细长的柳叶……幼儿对菊花的外形特征有所观察，但不够细致。活动中引导幼儿通过观察、比较不同菊花的明显特点，激发幼儿临摹写生的欲望，鼓励幼儿运用长短不同的卷曲线和弧线表现菊花侧面、正面等不同的形态，使幼儿充分感受形态各异的菊花的美丽。

【活动目标】

1. 欣赏各种菊花，画出菊花的花、茎、叶等外形特征。

2. 能细致观察，运用长短不同的卷曲线和弧线表现菊花侧面、正面等不同的形态。

3. 感受菊花花瓣的造型美，萌发对大自然的喜爱之情。

【活动重点】

欣赏各种菊花，画出菊花的花、茎、叶等外形特征。

【活动难点】

能细致观察，运用长短不同的卷曲线和弧线表现菊花侧面、正面等不同的形态。

【活动准备】

1. （物质）课件、背景音乐、棉签、颜料，幼儿学习材料——美术用纸第8页。

2. （环境）幼儿围桌坐。

3. （经验）有条件的家长可带孩子到公园观看菊花展，丰富幼儿相关经验。

【活动过程】

1. 通过视频和照片展示各种各样的菊花供幼儿观察欣赏，引发幼儿对于菊花的探究兴趣。

提问：菊花在什么季节开放？你见过什么样的菊花？

2. 提供几盆颜色与造型各有特点的菊花，引导幼儿细致观察菊花的整体形态。

自主交流：你喜欢哪一盆菊花？它长得什么样子？

细致观察：菊花有哪几部分组成？菊花的茎、叶、花各是什么样子的？像什么？

引导幼儿重点观察、描述不同菊花花瓣的造型。例如：有的卷卷的，有的像勺子，有的像太阳的光芒，有的像细长的柳叶等。

3. 请幼儿自由选择一盆喜欢的菊花，仔细观察并认真绘画。

鼓励幼儿仔细观察自己的菊花，画出不同的花瓣，表现出自己看到的菊花的特征。

教师重点指导幼儿用棉签蘸少许颜色，在枝叶的顶端从下往上画花瓣，并保持桌面、画面的干净。

4. 创设"菊花展"，请幼儿展示、交流作品，互相欣赏。

鼓励幼儿在活动区中继续进行不同菊花的写生绘画。

【附教材】

体育活动

田鼠偷瓜

【教材分析】

"田鼠偷瓜"是一项体育活动。在健康领域明确强调培养幼儿对体育活动的兴趣是幼儿园体育的重要目标,并用幼儿感兴趣的方式发展基本动作。大班幼儿活泼好动,各种动作的发展日趋完善,钻爬能力增强了很多,钻爬的高度、宽度和连续钻的持久性有了明显的提高。但是他们身体的控制能力还比较薄弱,在屈膝钻时会手脚着地爬,身体蜷缩不充分,钻"洞"时经常会碰到障碍物的现象。为此,本次活动加入"椅子"这一媒介,通过对椅子的探索引导幼儿发现钻的方法,并加入游戏"田鼠偷瓜",以扮演田鼠的活动形式来激发幼儿的兴趣,吸引幼儿热情参与活动,以锻炼幼儿的钻爬能力,从而有效地锻炼幼儿协调能力和身体控制能力。

【活动目标】

1. 练习正面屈膝钻的动作,提高幼儿身体的控制力。

2. 能有意识地控制身体,保持身体蜷缩状态钻过山洞。

3. 体验活动的惊险与快乐。

【活动重点】

探索正面屈膝钻的动作。

【活动难点】

能有意识地控制身体,保持身体蜷缩状态钻过山洞。

【活动准备】

1. 材料准备:皮球若干,猫头鹰头饰一个,田鼠胸饰若干,椅子人手一把。

2. 场地准备:人手一把椅子,皮球若干,皮筋若干。

3. 知识经验准备:幼儿认识田鼠,对田鼠的外形特征和生活习惯有大概的了解。

【活动过程】

1. 热身活动:椅子总动员,幼儿跟随教师做点头,抬头,往右转,往左转,往前伸,伸一伸,往下蹲,蹲一蹲。绕一圈,跳一跳。(对头部、腰部、腿部进行热身运动。)

2. 出示橡皮筋和椅子,引导幼儿利用橡皮筋使椅子找到好朋友。

教师讲解并引导幼儿自主探索,幼儿两两合作将皮筋粘在椅子上围成大圈,形成不同高度的障碍线。

3. 教师鼓励幼儿自主探索"钻"的方法,教师巡回观察。

(1)引导幼儿探索不同高度"钻"的方法。教师启发鼓励幼儿自主探索钻的方法。

(2)幼儿集中讲述自己通过障碍的方法。

4. 教师引导幼儿对动作进行比较对比,即正面屈膝钻,自然地引出动作重点。

(1)将障碍线放置 70 厘米高。

提问:这个山洞,用哪个方法通过较好?

刚才,这几个小朋友跟我们介绍他们穿过山洞的方法,真好!那你们觉得哪种钻的方法不容易碰到山洞的石壁呀?那让我们一起来试一试。

（2）幼儿自由尝试钻过山洞，教师提示动作要领：身体和头都要弯下去，不要碰到山洞的石壁。

（3）教师逐步降低山洞的高度，直至50厘米，引导幼儿不断压低自己的身体去钻。

（4）观察幼儿掌握的程度，并进行相应指导。

教师观看幼儿动作是否到位，提醒幼儿注意钻的姿势，及时纠正做错动作的幼儿，再次给予示范。

5. 游戏"田鼠偷瓜"，教师讲解游戏规则和玩法。

（1）玩法：请一名幼儿扮演猫头鹰，蹲在瓜地周围假装睡觉。其他幼儿扮田鼠，一边钻进瓜地抱起一个西瓜慢慢钻出去，放到仓库里。猫头鹰听到铃铛声音就醒来抓田鼠，站起来的田鼠就要被抓；蹲下来的田鼠就可以继续往外钻。被抓住的田鼠成为仓库保管员，运出果实的田鼠可以继续跑回游戏，直至果实运完。

（2）请个别幼儿来尝试游戏一次。

（3）集体分角色进行游戏。

游戏前，提醒幼儿注意安全，防止碰撞，同时关注孩子们的体力状态，适当调节孩子的活动量。

6. 整理放松运动：朋友真好。

放松你的头，揉揉揉；放松你的手臂，捏捏捏；放松你的腿，抖抖抖；放松你的腰，敲敲敲。

【附场地布置图】

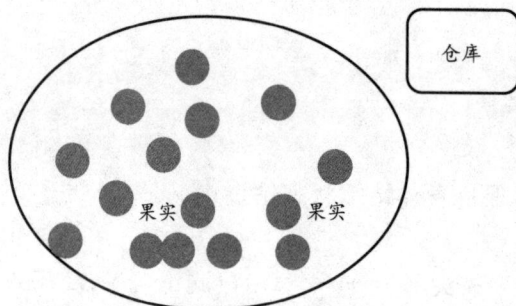

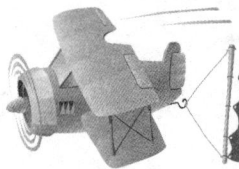

第 2 周　发现秋之趣

环境创设▶

1. 与幼儿共同收集种子，布置"种子乐园"主题墙饰。

2. 组织幼儿种植一些适合秋天生长的植物，提醒幼儿悉心照顾并做好观察创设记录。

3. 用幼儿作品布置"种子镶嵌画"展览会，供幼儿交流、评价。

生活活动▶

1. 在寻找、采集种子后，提醒幼儿立即洗手，养成良好的卫生习惯。

2. 引导幼儿多吃种子食品，知道种子是人们食物的主要来源，没有了种子活动人类就难以生存。

3. 请食堂制作豆浆供幼儿品尝，帮助幼儿初步了解豆浆的营养。

家长与社区教育▶

1. 请家长带幼儿去大自然共同寻找、收集种子，丰富班级自然角和种植区。

2. 请家长帮助幼儿了解种子的生长季节、生长周期等相关知识，为主题探究活动的开展做好准备。

3. 建议家长在家尝试让幼儿做一些力所能及的事，如剥蚕豆、剥黄豆等。

4. 请家长带幼儿在家中制作种子食品（豆类），与幼儿交流种子食品的味道及营养。

教学活动

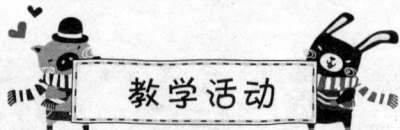

活动一 语言——谜语

【教材分析】

谜语多为歌谣的形式，有韵律，易读、易记，适合大班幼儿学习。大班幼儿抽象思维已经萌芽，具有一定的理解能力，对谜语有着强烈的猜测欲望。本次活动的 4 则农作物谜语，表达简洁概括，适宜幼儿学习。幼儿在积极分析理解谜面的基础上，不仅了解了农作物的外形特征，还掌握了猜谜的方法，体验到猜谜游戏的乐趣。

【活动目标】

1. 认识并能说出常见农作物的外形特征。

2. 了解猜谜语的方法，学会分析、概括谜面内容，猜出谜底。

3. 在猜谜、编谜的游戏中体验成功的喜悦。

【活动重点】

认识并能说出常见农作物的外形特征。

【活动难点】

了解猜谜语的方法，学着分析、概括谜面内容，猜出谜底。

【活动准备】

1.（物质）课件、幼儿学习材料《秋天多美好》。

2.（环境）请幼儿坐半圆。

【活动过程】

1. 引导幼儿结合已有经验说出自己了解的农作物的名称及其外形特征。

提问：秋天都有哪些农作物丰收了？它们长得什么样子？

2. 指导幼儿根据谜面猜农作物，了解谜面、谜底的含义。

（1）教师说出"核桃"的谜语，引导幼儿猜谜并讲述理由。

提问：为什么是核桃呢？你从哪里知道的？

（2）结合《秋天多美好》第 28～29 页，引导幼儿分析、了解谜面、谜底的含义。

小结：谜语是由谜面和谜底组成的，像儿歌一样的那段话就是谜面，根据谜面猜出的答案就是谜底。

3. 教师说出"高粱"的谜语，请幼儿根据谜面猜谜底，引导幼儿发现谜语的特点。

提问：这是什么？为什么是高粱？

小结：谜语就是根据物品的外形、用途等主要特征，用短小、整齐、押韵的句子像说顺口溜、念儿歌一样说出来，但不能直接说出物品的名称。

4. 鼓励幼儿自己创编谜语。

（1）集体创编：出示花生的图片，请幼儿讲述它的特征然后回答，将所有意见集中，集体创编谜面。

（2）分组创编：每组任选 1～2 张图片合作编谜面，让其他幼儿猜谜底。

（3）幼儿展示自己创编的谜语，其他幼儿猜谜并进行评价。

5. 请幼儿和家长一起阅读《秋天多美好》第28~29页,在家长的引导下画出谜底。

【附教材】

(一)	(二)	(三)	(四)
壳儿硬,壳儿脆,	身体足有丈二高,	一物生得真奇怪,	麻屋子,红帐子,
四个姐妹隔床睡,	瘦长身节不长毛,	腰里长出胡子来,	里面睡着白胖子。
从小到大背靠背,	下身穿条绿绸裤,	拔掉胡子剥开看,	
盖着一床疙瘩被。	头戴珍珠红绒帽。	露出牙齿一排排。	(花生)
(核桃)	(高粱)	(玉米)	

活动二 科学——种子的旅行

【教材分析】

种子的传播是生活中常见的自然现象,风传播、动物皮毛传播等传播方式令幼儿感到好奇。他们有时会捡起路边的蒲公英吹一吹,有时会追着飞舞的柳絮奔跑。为满足幼儿的探究兴趣,丰富幼儿关于种子传播的知识,特设计本次活动。活动中,通过启发讨论、课件演示,引导幼儿直观形象地感知种子传播的过程及方式。

【活动目标】

1. 了解种子的传播有风力传播、动物传播、水力传播和弹射传播等途径,并能进行简单分类。

2. 尝试探究种子不同传播途径与种子本身特点及其生长环境的关系,能与伙伴讨论解决问题并大胆说出自己的发现。

3. 激发幼儿探索植物种子奥秘的兴趣,感受大自然的神奇。

【活动重点】

了解种子的传播有风力传播、动物传播、水力传播和弹射传播等途径,并能进行简单分类。

【活动难点】

尝试探究种子不同传播途径与种子本身特点及其生长环境的关系,能与伙伴讨论解决问题并大胆说出自己的发现。

【活动准备】

1. (物质)视频课件《种子的旅行》《弹射的力量》;课件《丰收的秋天》等;收集各种常见种子,布置"种子展览会";幼儿操作材料:小组操作材料"种子的传播途径";常见的种子花生、大豆、栗子、玉米等若干。

2. (经验)提前请家长与幼儿交流,了解有关种子传播方式的知识。

【活动过程】

1. 播放课件《丰收的秋天》,启发幼儿思考种子的作用。

提问:今年大丰收了,如果明年还想收获,要怎么办?

小结:种子具有繁衍的本领。

2. 布置"种子展览会",引导幼儿认识不同的种子及其特征。

(1)请幼儿运用看、摸、闻等方法观察花生、瓜子、大豆、栗子、玉米等几种生活中常见的种子,引导幼儿说出种子的名称,外形等特征。

提问:这些分别是什么种子?它们有什么相似的地方,又有哪些不同呢?

（2）帮助幼儿了解种子的用途。

提问：这些种子有什么用途？

小结：种子不仅可以繁衍，有的种子本身就是果实，具有丰富的营养，可以食用。

（3）创设情境"老师被苍耳刺到"，引发幼儿探究种子不同传播途径的兴趣。

3. 播放课件《种子的旅行记》，引导幼儿了解种子的传播途径。

（1）观看视频，了解种子传播的四种途径。

要求：看看视频里都有哪些种子？它们都是通过什么方式进行传播的？

（2）幼儿讨论分享。

提问：你最感兴趣的是哪种传播方式？为什么它要用这种方式进行传播呢？

小结：种子的传播有动物传播、风力传播、水传播和弹射传播四种方式，它们不同的传播方式与种子本身的特点和生长环境有关系。

4. 课件出示"博士叔叔"为幼儿出题：请幼儿根据图片上的种子猜测判断它们是通过哪种方式传播的，巩固幼儿对种子不同传播方式的认识。

（1）以小组为单位，根据种子特点与传播途径的联系，猜想分类。

（2）展示各组分类结果，并进行集体交流分享。

（3）播放视频《弹射的力量》，验证幼儿分歧。

5. 课件出示"帝王花"图片，引发幼儿对种子其他传播方式的探究兴趣。

提问：帝王花的种子成熟了却不急于出来，有的时候甚至要等上几年，它是在等待什么呢？其实它是在等待一场大火，这又是为什么呢？

还有哪些种子有着不同的传播秘密呢？让我们回家和爸爸妈妈继续搜集种子传播的秘密，下周回来和你们的老师小朋友一起分享吧！

活动三　数学——3 的加法

【教材分析】

大班的抽象逻辑思维能力已开始萌芽，他们已经掌握了 3 的组成，并且能够根据要求正确操作学具。本活动通过创设"草地上来了不同的小动物"的情境，利用动画的形式直观地向幼儿呈现加法的含义。同时，引导幼儿在观察、操作、思考、表达的过程中体会加法的计算过程。

【活动目标】

1. 学习 3 的加法运算，知道"＋""＝"这 2 个符号的含义。

2. 比较、发现加法算式中的互换规律，能根据算式正确编出 3 的加法应用题。

3. 乐于思考与操作，感受加法学习的乐趣并学习整理学具。

【活动重点】

学习 3 的加法运算，知道"＋""＝"这 2 个符号的含义。

【活动难点】

能列出 3 的加法算式，理解加法算式的含义。

【活动准备】

1.（物质）课件，3 加法算式中的"＋""＝"及其他数字符号，铃鼓 1 个，红、黄双面圆点卡片 3 张，1～3 的数字卡片（数量与幼儿人数相同）。

2.（环境）幼儿围桌坐。

【活动过程】

1. 游戏操作，复习3的组成。

（1）游戏一"扣碗"：每人3个操作学具，用手任意挡住1个（2个），看一看还剩几个。

（2）游戏二"边操作边回答"：听指令如"3可以分成1和几？"幼儿边操作学具边回答"3可以分成1和2，1和2合起来就是3"。

2. 引导幼儿观察图1，巩固学习1＋1＝2。

（1）复习2的加法，启发幼儿用一句话讲清图1中所说的事并在图片下方用相应的数字表示。

提问：草地上先来了几只小松鼠？又来了几只小松鼠？现在一共有几只小松鼠？

（引导幼儿观察并说出："草地上有1只小松鼠，又来了1只小松鼠，现在一共有2只小松鼠。"）

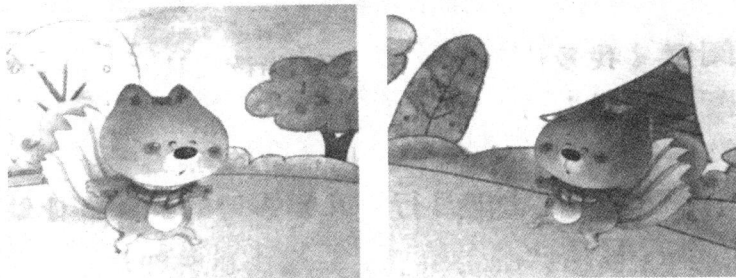

图1

（2）出示"＋"和"＝"这两个运算符号，让幼儿知道"＋"是合起来的意思。

提问：1＋1＝2中的两个1分别表示什么？2表示什么？"＋"和"＝"表示什么？

小结："＋"放在1和1中间，表示1和1合起来的意思。"＝"表示它两边的数一样多。1＋1＝2读作1加1等于2。

3. 引导幼儿观察图2，学习1＋2＝3。

（1）请幼儿用一句话讲述图片的某个内容并用算式表示出来。

提问：草地上先来了几只小鸟？又来了几只小鸟？现在一共有几只小鸟？

（引导幼儿说出："树上有1只小鸟，又飞来了2只小鸟，现在树上一共3只小鸟。"）

图2

（2）提问：算式1＋2＝3中，"1、2、3"以及"＋、＝"分别表示什么？

（3）小结："又来了"是"增加"的意思，求两个数合起来一共是多少时用加法计算。

4. 引导幼儿观察图3，自己根据图示列算式，学习2＋1＝3。

图 3

5. 游戏：我编题，你列式，引导幼儿学习根据算式编应用题。

（1）教师编题：如"草地上先来了一只小兔子，又来了 2 只小兔子，草地上一共有几只小兔子？"

提问：一共有几只小兔子？请你列出算式来（幼儿操作数卡列算式）。

编加法应用题应注意些什么？谁还能根据算式 1 + 2 = 3 编出和老师不一样的应用题？

（2）幼儿 2 人一组，相互编题列算式。

6. 比较观察 1 + 2 = 3 和 2 + 1 = 3 之间的异同。

提问：这两个算式有何相同和不同的地方？

小结：两数相加，交换位置，得数不变。

7. 操作练习，巩固对 3 的加法的学习。

（1）听音摆算式：教师拍铃鼓，幼儿根据铃鼓的响数摆算式。

（2）翻卡片说算式：幼儿将 3 个红黄双面圆点卡片按一种颜色摆成一排，逐一翻转，观察颜色并说出加法算式。

利用圆点卡片，引导幼儿翻卡片说算式。

活动四　音乐——打击乐《拔根芦苇花》

【教材分析】

《拔根芦柴花》是一首江苏民歌，乐曲分为 3 个乐段，A、C 乐段多以八分音符为主，而 B 段运用了十六分音符给人以跳跃的感觉。乐曲旋律优美、节奏明确，具有活泼欢快的情感色彩。活动中，教师首先引导幼儿充分欣赏感受音乐特点，鼓励幼儿使用身体动作创造性地表现乐曲节奏，然后在图谱的帮助下根据节奏和音色自主配乐器，合作演奏，充分表现乐曲的欢快、热情，感受合作演奏的快乐，表达丰收的喜悦。

【活动目标】

1. 欣赏苏北民歌《拔根芦柴花》，听音乐有节奏地演奏乐器。

2. 能根据音乐创编身体动作，尝试自主配乐器，合作演奏。

3. 感受苏北民歌欢快、热情以及农民丰收后喜悦的心情，体验乐器演奏的快乐。

【活动重点】

欣赏苏北民歌《拔根芦柴花》，听音乐，有节奏地演奏乐器。

【活动难点】

能根据音乐创编身体动作，尝试自主配乐器，合作演奏。

【活动准备】

1.（物质）课件、背景音乐、教师自制节奏图谱、打击乐器若干。

2.（环境）幼儿分三大组坐。

【活动过程】

1. 完整欣赏音乐,教师引导幼儿初步感受乐曲欢快、热情的情感。

提问:乐曲的名字叫什么?这首乐曲给你一种什么样的感觉?

小结:《拔根芦柴花》是一首江苏扬州的地方民歌,原是稻农在水田劳动时,为了解除疲劳、自我调节唱的歌,属"秧田歌"。

2. 启发幼儿创编有节奏的身体动作,尝试用动作表达自己的感受。

（1）幼儿根据对音乐的理解创编相应的身体节奏动作。

第1段:你觉得人们在干什么?你能用动作表演一下吗?

第2段:第2段音乐有什么变化?（欢快）人们在干什么?请你用动作表现一下吧。

第3段:第3段音乐又有什么变化?人们在干什么?请你再用动作表现一下吧!

（2）出示节奏图谱,请幼儿边听音乐边用动作表达自己对乐曲的理解。

（3）幼儿分组练习身体节奏动作,为合作演奏打好基础。

3. 请幼儿根据音乐性质和节奏特点进行配器,练习齐奏和轮奏。

（1）出示乐器,幼儿自主选择乐器。

提问:你觉得每一段音乐应该用什么乐器来表现?为什么?

（当出现不同意见时）我们来听听,哪种乐器更加合适?

（2）幼儿选择相应乐器练习齐奏、看老师指挥轮奏。

（3）提示幼儿注意力度的变化(× ×̲×̲):

第1拍要稍强,第2拍要稍弱一些;第11~16小节演奏时要稍弱并有一些跳跃。

4. 请幼儿交换乐器,尝试用不同乐器演奏,鼓励幼儿尝试自主指挥演奏,体验成功的喜悦。

【附教材】

拔根芦苇花

活动五 美术——制作:豆子镶嵌画

【教材分析】

种子是一种很好的活动材料。在益智区里,幼儿用种子练习分类;在生活区里幼儿用种子练习筷子夹豆的技能……大小、颜色、种类不同的种子能更好地满足幼儿想象和创作的兴趣。本次活动引导幼儿根据种子外形和颜色特点，大胆搭配粘贴表现出具体的形象，不仅能锻炼幼儿动手操作的能力，而且有助于培养幼儿的耐心、细心和专心，从而体验成功制作镶嵌画的快乐。

【活动目标】

1. 尝试用瓜子、芝麻、花生等进行种子贴画，做出具体内容。

2. 能根据种子外形和颜色的特点自主搭配，表现出具体形象。

3. 体验豆子制作的乐趣，培养耐心、细心的性格。

【活动重点】

尝试用瓜子、芝麻、花生等进行种子贴画。

【活动难点】

能根据种子外形和颜色的特点自主搭配，表现出具体形象。

【活动准备】

1. （物质）课件、背景音乐、瓜子、芝麻、花生等幼儿认识的种子每组1份，卡纸幼儿人手1张，胶水勾线笔、棉签、抹布等，种子镶嵌画范画1幅。

2. （环境）幼儿围桌坐。

【活动过程】

1. 出示范画，引导幼儿观察，引起活动兴趣。

提问：这幅图上面是什么？和咱们平时看到的有什么不一样？画上用到了哪些种子？

2. 引导幼儿观察，与幼儿共同讨论作画方法。

提问：具体怎样来做这个种子粘贴画呢？应注意些什么？

小结种子作画的方法与步骤：先用勾线笔画好轮廓（提示幼儿要比平时画得大一点，这样种子才能贴上去），然后用棉签均匀地涂上胶水，再放上要贴的种子（提示幼儿可以先贴外面的轮廓，再填满里面），最后用手轻轻按一按。

3. 请幼儿尝试用种子创作镶嵌画。

（1）提出作画要求：画图时要画得大一点，胶水要涂得适量、均匀，保持画面干净卫生。

（2）幼儿创作，教师巡回指导，发现问题直接指导。

4. 展示幼儿作品，引导幼儿相互评价同伴的种子镶嵌画。

（1）请幼儿欣赏同伴的作品。

（2）自评与互评相结合。请幼儿介绍自己看到的印象最深的东西。

例如：构图大小是否合理，画面是否干净，是否能用不同的种子表现出具体的形象特征。

【附教材】

体育活动

小马运粮

【教材分析】

大班幼儿对故事《小马过河》很熟悉,也愿意去尝试学习小马不怕困难的精神。游戏"小马过河",是在原有跳、爬、钻的动作基础上加入了助跑跨跳的动作技能,这对于大班而言还是很有挑战性的。为此,活动中,以"小马运粮"为游戏主线,通过运用示范、比赛、自主尝试等方法,引导幼儿掌握助跑跨跳的基本技能。同时,利用团队比赛的形式激发幼儿参与活动的积极性,使活动更具挑战性,从而培养幼儿勇敢、坚强的品质。

【活动目标】

1. 学习掌握助跑跨跳的动作要领,能跨跳不少于 50 cm 的平行线。

2. 培养幼儿的空间感觉和调节步幅的能力。

3. 体验小马的勇敢、坚强,懂得只有不怕困难才会取得成功。

【活动重难点】

学习助跑动作,并能跨跳不少于 50 cm 的平行线。

【活动准备】

1. (物质)小沙袋(数量与幼儿人数相等)、小竹篮或塑料筐 2 个。

2. (环境)场地布置见【场地布置图】。

3. (经验)了解故事《小马过河》。

【活动过程】

1. 创设"马妈妈带领小马练本领"的游戏情境,带领幼儿做热身活动。

2. 请幼儿尝试模仿小马过河的动作,学习助跑跨跳的动作。

提问:小马是用什么动作过河的呢?

教师重点指导幼儿学习正确的助跑跨跳方法:起跳有力,身体腾空,两腿跨越。

3. 介绍场地和游戏规则,引导幼儿进行练习。

(1)教师介绍并示范游戏玩法和规则。

玩法:幼儿扮小马,分成人数相等的两队(或 4 队),站在起跑线后。教师发出运粮信号,各队第一个幼儿向前助跑跨跳过小河,再继续向前跑,拿起一个沙袋原路返回,跨过小河后把小沙袋放在小竹篮里,站到队尾。

规则:当第一个幼儿把沙袋放入小竹篮后,第二个幼儿才能向前跑。各队幼儿序贯进行,直至全队的幼儿都完成一次运输为止,以运粮快的队为胜。游戏重新开始时,可把小沙袋送回原处。

(2)幼儿开始依次练习,熟悉游戏玩法。教师注意观察,指导个别幼儿跨跳动作。

(3)组织竞赛游戏,教师提醒幼儿遵守游戏规则。

4. 放松活动:以马妈妈表扬小马完成任务的形式,教师和幼儿、幼儿与幼儿之间互相抱抱,拍拍后背等进行放松。

【场地布置图】

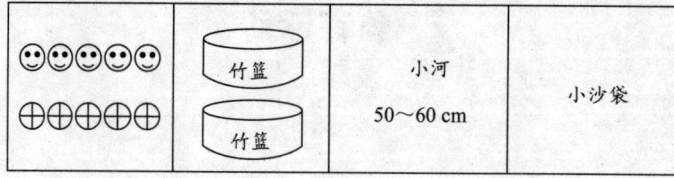

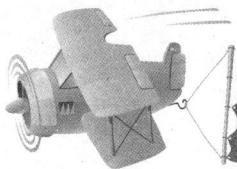

第 3 周　体验秋之乐

环境创设

1. 引导幼儿共同讨论、创设"秋天果实多"主题环境并设计主题墙内容,学会向教师和家长寻求帮助。

2. 随机将幼儿制作的果蔬作品布置在环境中,让幼儿感受动手制作的成就感。

3. 建立、完善小小气象台,引导幼儿记录天气情况。丰富气象台内容,如增设穿衣过程等内容。

生活活动

1. 利用午餐、加餐时间,组织幼儿轮流在餐前介绍午餐、加餐的菜名、水果名及各自的营养,引导幼儿进一步认识、了解秋天的时令蔬菜、水果。

2. 散步时,引导幼儿观察秋天树木花草的变化,指导幼儿通过捡拾树叶活动感受秋天的自然特征。

3. 引导幼儿在生活中观察、感受秋天天气的变化,及时做好天气记录,学习根据天气变化及时增减衣服。

家长与社区教育

1. 请家长带幼儿一起参加果园采摘活动,搜集秋天时令水果实物及卡片。

2. 请家长带幼儿一起去农贸市场买菜,引导幼儿了解、认识秋天时令果蔬。

3. 有条件的家长可以带幼儿到农村感受农忙,观察秋天的自然景象,带幼儿到蔬菜大棚参观,感受现代农业带给农村的变化。

4. 请家长给幼儿提供帮厨的机会,让幼儿学习剥花生、搓玉米。

教学活动

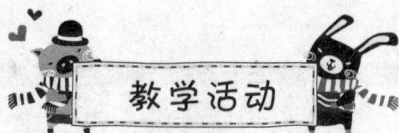

活动一 语言——故事《想吃苹果的鼠小弟》

【教材分析】

《想吃苹果的鼠小弟》语言诙谐幽默,书中主人公鼠小弟模仿其他动物摘苹果的情节滑稽有趣,幼儿非常喜欢。活动中将图片根据情节发展组合并依次出示,根据图片内容设计重点提问:谁来了？它是怎样摘到苹果的？鼠小弟是怎么想、怎么做的？启发幼儿观察图片、大胆想象,提醒幼儿细致观察图片中鼠小弟的手臂、尾巴等细节,鼓励幼儿讲出鼠小弟的动作表现和心理活动,从而感受鼠小弟的执着和滑稽,懂得各有所长和合作分享的重要性。

【活动目标】

1. 学习细致观察、理解图片,明白用自己的特长来解决问题的道理。

2. 乐于想象并能创造性地讲述"鼠小弟模仿其他动物摘苹果"的有趣过程。

3. 分析鼠小弟的心理活动,感受鼠小弟模仿别人的滑稽,懂得合作分享的重要性。

【活动重点】

学习细致观察、理解图片,明白用自己的特长来解决问题的道理。

【活动难点】

能创造性地讲述"鼠小弟模仿其他动物摘苹果"的有趣过程。

【活动准备】

可参考《秋天多美好》第12～14页自制12幅图片,幼儿学习材料《秋天多美好》。

【活动过程】

1. 请幼儿观察只有苹果树和鼠小弟的图片,感知苹果树的高大和鼠小弟的矮小,引发活动兴趣。

提问:图片上的鼠小弟想干什么？你觉得鼠小弟怎样才能吃到苹果？

2. 请幼儿依次观察、讲述图片。

（1）出示图1、图2,启发幼儿讲出鼠小弟奋力扇动双手摘苹果的动作。

提问:谁来了？它是怎样摘到苹果的？鼠小弟是怎么想、怎么做的？

（2）出示图3、图4,感受鼠小弟的心理变化,讲出鼠小弟害怕的感觉。

提问:小猴子是怎样摘到苹果的？鼠小弟又是怎么想、怎么做的？小老鼠的尾巴为什么会抖起来？

（3）出示图5、图6,启发幼儿用适当的语言描述鼠小弟奋力向上跳的动作。

提问:谁来了？它是怎样摘到苹果的？鼠小弟是怎么想、怎么做的？

（4）出示图7、图8,引导幼儿感受并用有趣的语言描述鼠小弟猛力撞树后的感觉。

提问:这两幅图片上发生了什么事情？结果怎样？

（5）引导幼儿进一步感受鼠小弟动作的滑稽、有趣以及迫切想吃苹果的心情,理解用自己的特长来解决问题的道理。

提问:为什么大家都能吃到苹果而鼠小弟吃不到？它该怎么办？

（6）请幼儿自主观察、讲述图9～图12,大胆设想海狮和鼠小弟合作摘苹果的方法,感受合作的力量。

提问:谁来了? 它们在商量什么? 他们想到了什么办法摘到了苹果?

3. 结合《秋天多美好》第12～14页,幼儿练习完整讲述故事并为故事起名字。请个别幼儿完整讲述,进行展示。

【附教材】

想吃苹果的鼠小弟

高高的树上结满了红苹果,鼠小弟很想吃。看到别的动物一个个使出自己的本领摘走苹果,它美慕地想:"要是像鸟儿一样能飞,像猴子一样会爬树,像……该有多好啊!"它学着袋鼠的样子跳,可跳不高;学着犀牛的样子去撞树,结果碰了个鼻青脸肿。为了吃到树上的苹果,鼠小弟模仿了小鸟、猴子、袋鼠和犀牛的方法,结果每次都失败。最后,在海狮的帮助下,鼠小弟摘到了苹果,和海狮一起快乐地分享果实。

〔参见南海出版社 2007 年 8 月 1 日版《想吃苹果的鼠小弟》

[日]中江嘉男文

[日]上野纪子图

赵静、文纪子译〕

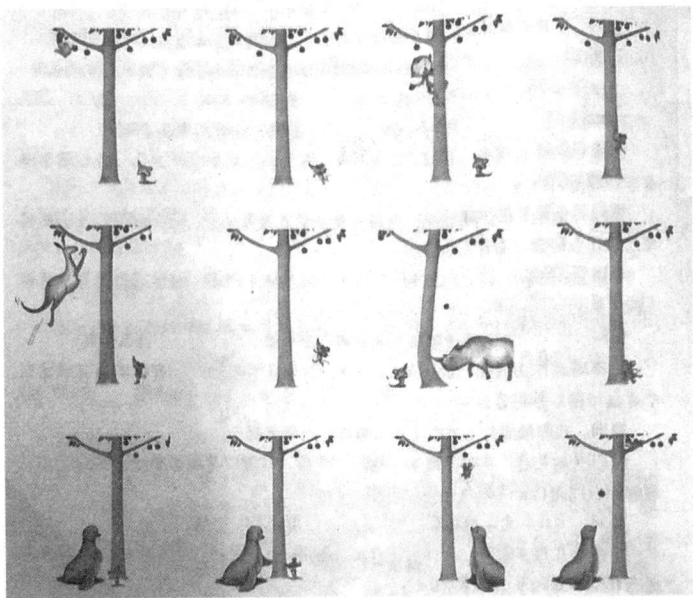

活动二 科学——玉米的一生

【教材分析】

玉米是秋天收获的农作物之一,是一种重要的粮食作物。日常生活中,幼儿可以通过在种植园地种植玉米,了解玉米的生长过程,也可通过吃煮玉米、烤玉米,了解玉米的外形特征,品尝玉米的味道。活动借助视频,通过记录表征玉米生长时期所需的条件,引导幼儿认识玉米完整的生长过程,体会农民伯伯种植玉米的辛苦。还通过摸一摸、看一看、剥一剥的方法,发现玉米的特点,并通过品尝玉米食品感受劳动和收获的快乐。

【活动目标】

1. 初步了解玉米生长的过程,知道玉米是一种健康食品。

2. 能给玉米的生长时期排序,尝试用符号的形式表征玉米的生长过程。

3. 喜欢吃玉米做成的食物,感受农民种植玉米的辛苦。

【活动重点】

初步了解玉米生长的过程,知道玉米是一种健康食品。

【活动难点】

能给玉米的生长时期排序,尝试用符号的形式表征玉米的生长过程。

【活动准备】

1.（物质）活动课件、视频、图片,玉米生长时期的表格 3 个、幼儿表征表格 18 份,玉米 18 个、玉米粒若干、沙拉酱。

2.（经验）幼儿吃过玉米,对玉米有一定的了解。

【活动过程】

1. 猜谜语,引发幼儿对活动的兴趣。

谜语:一物生得真奇怪,腰里长出胡子来,拔掉胡子剥开看,露出牙齿一排排。

2. 多通道感官探索,了解玉米的特征。

（1）提出探索的要求,幼儿自主探索,发现玉米的特征。

提问:请你们看一看、摸一摸、闻一闻、剥一剥你们手中的玉米,和你旁边的小朋友互相交流一下你发现的玉米特征吧!

（2）幼儿分组探索交流,教师巡回指导。

提问:你发现了什么? 玉米的外衣是什么样子的? 玉米粒呢?

（3）幼儿分享交流,教师小结。

小结:玉米有淡绿色的外皮,一层一层剥开后就会看到它排列整齐的果实,这也是它的种子,在玉米的尖尖的头顶上还有深褐色的胡须。

3. 出示玉米生长时期的图片,观察、交流玉米的生长过程。

（1）幼儿分组讨论玉米生长的 4 个时期的顺序。

提问:刚刚我们看到的玉米是成熟的玉米,那你们知道它是怎样长大的?

（2）出示玉米 4 个生长时期的图片,幼儿分组观察图片尝试排序。

提问:请你们给它们排排队吧?

（3）幼儿交流分享本组讨论结果。

（4）播放视频,教师整理提升幼儿经验。

小结:玉米长成需要 4 个时期,首先需要播种玉米种子,然后种子发出嫩芽,接着慢慢长高,最后结出玉米。

4. 播放视频,了解玉米生长的 4 个时期都需要怎样的照顾,并将自己的想法创造性地记录在表格中。

提问:农民伯伯是怎样照顾玉米宝宝的? 让我们也来照顾一下自己的玉米宝宝吧!

小结:玉米宝宝生长的每个时期都需要我们精心的照顾,除了要浇水施肥,还要给它们除草、除虫,它们还需要暖洋洋的阳光照射,才能长成我们可爱饱满的玉米宝宝! 在小朋友们的照顾下,小玉米宝宝都长大成熟了,秋天到了,我们丰收啦!

5. 出示课件,了解玉米的用途。

（1）出示课件,幼儿自由分享已有经验。

提问:玉米全身都是宝,你知道玉米可以干什么吗?

小结:玉米除了可以食用,玉米的皮还可以用来编制垫子和包包,玉米的胡须还是一种中药,可以治疗高血压呢!玉米真是全身都是宝!

(2)出示各种玉米做成的食物的图片,引发幼儿尝试制作的兴趣。

提问:有这么多玉米制作的食物,你们想不想尝尝啊?那我们就一起来动手制作玉米沙拉吧!

活动三 数学——3的减法

【教材分析】

大班幼儿已初步形成数的概念,幼儿在加减运算中思维已逐步具有抽象性。本活动是在幼儿学习了3的组成和3的加法基础上进行的。通过创设"小动物飞走了"的情境,运用教具演示,将减法运用到现实生活中,帮助幼儿理解减法算式的含义,理解"-"号是去掉、拿走的意思,通过实物操作,巩固对3的减法学习。

【活动目标】

1. 理解减法算式的含义,会列出3的减法算式。

2. 能准确地理解图意,具有逻辑思维和流畅的语言表达能力。

3. 积极地思考与操作,养成自觉整理学具的好习惯。

【活动重点】

理解减法算式的含义,会列出3的减法算式。

【活动难点】

能准确地理解图意,具有逻辑思维和流畅的语言表达能力。

【活动准备】

1. (物质)教师自制课件、雪花片、幼儿学具。

2. (环境)幼儿围桌坐。

【活动过程】

1. 出示图片(图1),引导幼儿观察,学习 $3-1=2$,$3-2=1$。

(1)复习2的减法,引导幼儿用一句话讲述图片内容,并在图片下面用相应数字表示。

提问:草地上一共有几只小松鼠?跑走了几只?还剩几只?

(引导幼儿说出:草地上有2只小松鼠,跑走了1只小松鼠,还剩下1只小松鼠,$2-1=1$。)

图1

小结:"-"是去掉、拿走的意思。"$2-1=1$",读作2减1等于1。

(启发幼儿用数的组成知识来回答:因为2可以分成1和1,从2中去掉1,还剩下1,所以 $2-1=1$。)

2. 出示图片(图2),引导幼儿观察,学习 $3-1=2$。

（1）引导幼儿看图示用一句话讲述图片内容，并用算式表示出来。

提问：花丛中一共有几只蝴蝶？先飞走了几只？还剩几只？

引导幼儿说出：花丛中有 3 只蝴蝶，飞走了 1 只蝴蝶，花丛中还剩下 2 只蝴蝶，3 - 1 = 2。

图 2

请幼儿说出算式所表示的图意，重点掌握"飞走了"是"减少""去掉"的意思，用"-"表示。

3. 出示图片（图 3），引导幼儿观察，尝试根据图片自己编题、列算式 3 - 2 = 1。

图 3

提问：谁能根据图片编题并列出算式？

小结：帮助幼儿进一步理解"越来越少用减法。"

幼儿操作练习，巩固对 3 的减法的学习。

（1）请幼儿看图摆算式，说说算式所表达的意思。

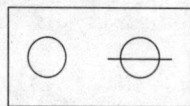　　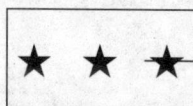　　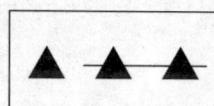

2-1=1　　　　　　3-1=2　　　　　　3-2=1

（2）请幼儿操作雪花片摆算式，将 3 个雪花片排成一排，逐一拿 1 个或 2 个摆出减法算式后相互交流，讲出各符号的意义，理解减法的含义。

（3）请幼儿根据教师编的口头应用题，摆出 3 的减法算式，并说出算式中各数表示的意义。

5. 活动结束，请幼儿整理、收拾好自己的学习用具。

活动四 美术——水墨画:葡萄熟了

【教材分析】

葡萄是秋季的时令水果,味道酸甜,外形晶莹可爱。中国独有的水墨画可以很好地表现出葡萄的神韵。根据大班幼儿绘画水平的特点,运用毛笔进行水墨画活动的经验还不足,本次活动引导幼儿观察实物和欣赏范画,自主探究发现葡萄叶、藤蔓、葡萄的外形特点和毛笔中锋、侧锋的联系,了解运笔方式和绘画步骤,鼓励幼儿大胆运笔绘画,体验画水墨画的快乐和成功感。

【活动目标】

1. 了解葡萄、葡萄叶及藤蔓的外形特征,学习用毛笔画葡萄的步骤方法。

2. 能较好地运用毛笔的侧锋画出叶片、葡萄,用毛笔的中锋画出藤蔓、叶脉葡萄蒂。

3. 学会欣赏水墨画,体验画水墨画的乐趣。

【活动重点】

了解葡萄、葡萄叶及藤蔓的外形特征,学习用毛笔画葡萄的步骤方法。

【活动难点】

能较好地运用毛笔的侧锋画出叶片、葡萄,用毛笔的中锋画出藤蔓、叶脉葡萄蒂。

【活动准备】

1.(物质)课件、背景音乐、墨汁,花青和曙红调和的紫色颜料,毛毡,宣纸,毛笔,调色盘,笔筒。

2.(环境)幼儿围桌坐。

3.(经验)掌握正确的握毛笔姿势,会调和浓墨、淡墨及用花青和红调和成葡萄颜色。

【活动过程】

1. 出示实物葡萄,引导幼儿观察葡萄的外形特征。

提问:

(1)整串葡萄看上去是什么形状的?

(2)一粒粒的葡萄是什么形状的?

(3)又是怎样排列的?

2. 出示范画,引导幼儿探究绘画方法步骤。

(1)引导幼儿仔细观察画面上的葡萄、葡萄叶、藤蔓,猜想一下它们是用什么部位(笔尖、笔肚、笔根)画出来的。

(2)引导幼儿讨论画面上用了哪些色彩?教师讲解演示葡萄色彩的调和方法。

(3)结合《秋天多美好》第24页,与幼儿一起梳理绘画步骤。

第1步:用毛笔调和淡墨,侧锋左右两笔画叶片,在画好的叶片半干时用毛锋画叶脉(叶筋)。

第2步:用毛笔调和花青和红,侧锋左右两笔画葡萄,在画好的葡萄半干时浓墨,用中锋点葡萄蒂。

第3步:用毛笔调和浓墨,中锋画藤蔓。

3. 播放舒缓的音乐,幼儿作画提示幼儿绘画时注意以下问题:

(1)涮笔时,避免水溅到外面。(幼儿画时,教师可以说歌谣,帮助幼儿掌握正确握笔方法。)

(2)注意蘸墨多少要适宜,绘画的葡萄粒大小要均匀。

4. 展示幼儿作品，引导幼儿互赏、互评。

（1）插放音乐，组织幼儿将自己的作品贴到黑板上，创设"葡萄园"情境，组织幼儿互赏、互评，与幼儿一起从作品的色彩、外形及整体布局3个方面进行评价。

（2）鼓励幼儿想象还有哪些水果可以用画葡萄的方法绘画，如荔枝、山楂等。

【附教材】

涮笔歌

小毛笔，洗个澡，

上上下下轻轻跳，

多余的水要挡掉。

活动五　舞蹈——葡萄丰收

【教材分析】

《娃哈哈》是一首具有浓郁民族风格的维吾尔族舞曲。它选用了幼儿熟悉的活泼欢快的旋律，以轻巧柔美的垫步和手腕转动动作表现了维吾尔族人民葡萄丰收的喜悦之情。活动中，通过欣赏视频《葡萄丰收》，教师动作引领、创设摘的游戏情境等，鼓励幼儿学会"S"形穿插的队形变化，大胆创编摘葡萄时姿态，体验与同伴一起跳维吾尔族舞蹈的快乐。

【活动目标】

1. 学跳集体舞，进一步巩固垫步和手腕转动的动作。

2. 学习"S"形穿插的队形变化，表现维吾尔族舞蹈的挺拔姿态。

3. 体验与同伴一起跳维吾尔族舞蹈的快乐，萌发对少数民族的热爱之情。

【活动重点】

学跳集体舞，进一步巩固垫步和手腕转动的动作。

【活动难点】

学习"S"形穿插的队形变化，表现维吾尔族舞蹈的挺拔姿态。

【活动准备】

1.（物质）课件、背景音乐。

2.（环境）幼儿坐半圆。

3.（经验）垫步、手腕花，理解双圈集体舞的基本方位。

【活动过程】

1. 创设情境，复习垫步，引出主题。

（1）创设"乘坐火车去新疆旅游"的情境，幼儿围圈，教师哼唱，复习垫步。

提问：你看看老师是怎么表现要出发的动作呢？

（2）幼儿观察老师示范的动作：双手扦腰做垫步。

（3）教师邀请做得好的幼儿进行示范。

（4）可结合儿歌巩固手腕花动作（儿歌附后）。

2. 学习"S"形穿插的队形变化，大胆探索摘葡萄的动作。

（1）学习单圈变双圈的队形。前奏：双手扦腰，右脚垫步准备。

幼儿结伴，面对面站成双圈（男孩在内圈，女孩在外圈）。

（2）教师讲解动作要领并示范。

（3）女孩面向圈外，探索摘葡萄的动作。男孩面向圈里，手拉手伸高搭成葡萄架。

（4）幼儿随音乐分段练习"S"形穿插的队形变化。

（5）幼儿用动作、表情完整表现葡萄丰收的景象。

3. 请幼儿听音乐逐段表现动作。

4. 幼儿更换舞伴，体验与新舞伴共舞的快乐。

（1）尝试更换新舞伴，随音乐《娃哈哈》集体练习舞蹈1～2遍。

（2）男孩、女孩交换角色。

【附动作】

[1]～[8]小节：右脚垫步，双臂前平举，手腕转动8下。

[5]～[6]小节：男孩转身面向圈里手拉手上举，女孩拍手4下。

[9]～[24]小节：女孩双手扶腰走步，从男孩高举的手臂下钻入里圈，停下后，右手上举摘葡萄，放在左手"篮子"里，再向前方走步钻出（钻到外圈，动作向上）。女孩侧身从舞伴高举的手下方钻入，然后按圈上方向顺序钻出钻入。

重复[1]～[8]小节乐曲，男孩垫步转身，双手蒙脸、打开，反复做动作，女孩原地做动作。

【附儿歌】

摘葡萄

左边的葡萄大又大，

右边的葡萄甜又甜，

旁边的葡萄多又多，

上边的葡萄数不清。

娃哈哈，娃哈哈，

新疆的葡萄亚克西。

【附教材】

葡萄丰收

（哇哈哈）

维吾尔族民歌

石夫 记谱编词

$1=F$ $\frac{2}{4}$

体育活动

黑猫警长看粮仓

【教材分析】

故事《黑猫警长》是孩子们熟悉和感兴趣的,其中黑猫警长的机智勇敢更是孩子们学习的榜样。游戏《黑猫警长看粮仓》以黑猫警长为主线,引导幼儿在练习钻爬与躲闪追逐跑的同时,促进幼儿腿部力量及动作的灵敏性、协调性。活动中,运用自主探索法和示范讲解法,鼓励幼儿充分学习与练习,掌握钻和躲闪跑的技能,培养幼儿坚强、勇敢、不怕苦难的意志品质和乐观、合作的态度,激发幼儿主动学习的兴趣。

【活动目标】

1. 学习钻的动作,按游戏规则迅速躲闪及快速跑。

2. 能灵活地钻与躲闪,有一定的灵敏性和协调性。

3. 体验和同伴共同游戏的快乐,学会保护自己。

【活动重点】

能灵活地钻与躲闪,有一定的灵敏性和协调性。

【活动难点】

学习钻的动作,按游戏规则迅速躲闪及快速跑。

【活动准备】

1.（物质）轻松的背景音乐、皮筋围成的围栏、黑猫警长的头饰 3 个、沙包数个。

2.（环境）宽阔的场地。

3.（经验）丰富幼儿对粮食的认知。

【活动过程】

1. 创设游戏情境,引发幼儿活动兴趣,为钻、躲闪跑做动作准备。

（1）教师介绍游戏角色"鼠妈妈"和"鼠宝宝",带领幼儿随音乐做健身活动。

（2）带领幼儿做热身操,练习走、变换方向跑、躲闪跑、钻山洞等动作。

2. 玩游戏"黑猫警长看粮仓",学习钻的动作,按游戏规则迅速躲闪及快速跑。

（1）带领"鼠宝宝"借粮并侦察"黑猫警长"的"粮仓",探索钻的动作,掌握钻的要领。

提问:你是怎么去侦察黑猫警长粮仓里有没有粮食的?

（2）请个别幼儿示范,组织幼儿练习几种不同的钻的动作。

（3）引导幼儿总结钻得快的方法并反复进行练习,初步掌握钻的动作要领。

3. 创设"黑猫警长看粮仓"的游戏情境,提醒幼儿遵守游戏规则。

（1）玩法:用皮筋借助立杆围成一个圆圈做粮仓。"粮仓"内散放若干粮袋(沙包)。选2～3名幼儿扮黑猫警长,戴头饰在"粮仓"内走动巡逻;选6～8名幼儿扮老鼠,在圆圈外准备。游戏开始时,扮老鼠的幼儿伺机从"老鼠洞口"钻进"粮仓"去拿粮袋,偷到后放回家中。"黑猫警长"立即去捕捉偷粮的"老鼠"。哪个"黑猫警长"捕鼠最多?为其佩带红绶带。游戏换人后重新开始。

（2）幼儿练习游戏,提示幼儿遵守游戏规则并注意安全。

第 1 遍游戏:围栏高度不变,练习钻和躲闪动作。

第 2 遍游戏:降低围栏高度,增加游戏难度,重点引导幼儿掌握侧面钻、弯腰、移重心、快速跑的动作要领。

第 3 遍游戏:增加"黑猫警长"的数量,提高速度,遵守游戏规则,进一步体验和同伴共同游戏的快乐。

4. 以"小老鼠吃饱了要休息"的情节进行放松活动,放松胳膊、腹部、大小腿、后背等部位。

主题四　身边的科学

活动区活动

1. 科学设计馆
2. 有趣的回声
3. 空气娃娃
4. 什么东西不见了
5. 我们一起读
6. 棋类游戏
7. 万能的工具箱

教育活动

1. 好习惯体验日：剥核桃
2. 小水滴旅行记
3. 学习 4 的组成及书写
4. 山谷回音真好听
5. 彩色陀螺

户外体育活动

1. 磁性人
2. 夹沙包比赛

第 1 周　小实验大发现

教育活动

1. 小猴的出租车
2. 地铁开来了
3. 火车呜呜呜
4. 学习 4 的加法
5. 我设计的交通工具

身边的科学

教育活动

1. 说说有趣的广告
2. 我的手机朋友
3. 学习 4 的减法
4. 表情歌
5. 我设计的邮票

第 2 周　现代交通本领大

第 3 周　信息传递方法多

户外体育活动

1. 轮胎真好玩
2. 小袋鼠跳跳

活动区活动

1. 科学搭建馆
2. 歌声转转转
3. 有趣的陀螺
4. 灯泡亮起来
5. 小小创作家
6. 月亮变变变
7. 螺丝用处大

活动区活动

1. 城市美容馆
2. 风车转起来
3. 汽车设计师
4. 风车转转
5. 小小预言家
6. 天文台
7. 机械工程师

户外体育活动

1. 好玩的报纸
2. 矮人比赛

主题价值

大班幼儿对生活中有趣的科学现象、现代化的科学技术充满好奇。他们不满足于观察表面现象，更喜欢动手去玩一玩、试一试。"身边的科学"主题设置"小实验真有趣""交通工具真方便""信息传递方法多"3个次主题，从不同的角度引导幼儿，在实际操作中探究科学现象的秘密、了解科学技术的神奇，从而养成良好的科学探究精神。

主题活动中，"小实验真有趣"引导幼儿运用多种途径获取有关科学现象的秘密，解答幼儿一连串的"为什么"，满足幼儿的求知欲；"交通工具真方便"呈现了种类繁多、形态各异的交通工具及其特征与用途，使幼儿切实感知现代化的交通工具给人们的生活带来的便利；"信息传递方法多"引发幼儿对周围世界强烈的认知欲望，使幼儿通过自主有序地探索生活中的有趣信息，感受信息与生活的密切关系，体验与同伴合作和分享的快乐。

主题目标

★ 在日常生活中能主动使用礼貌用语，当妨碍别人或给别人带来不便时会说"对不起"，当别人赔礼道歉时，会说"没关系"。

1. 探索感知影子、转动等现象的秘密。喜欢提问，尝试通过猜想、操作、验证的途径获取相关的知识经验，将自己的新发现用符号记录，乐于与同伴分享，对事情有浓厚的好奇和探索的欲望。

2. 通过广播、电视、网络、图书、报纸等多种途径收集感兴趣的信息，了解常见交通工具的主要特征、用途，在观察、探究、实践中感受交通工具给人们的生活带来的便利，感受信息与生活的密切关系，体验信息传递的丰富与快捷。

3. 用多种纸质材料制作体育运动器械，能听懂指令按规则进行游戏，能根据不同的难度要求，想出合适的办法完成任务，具有善于克服困难和合作的精神。

4. 理解故事内容，了解水循环变化的过程，根据故事情节续编故事，懂得水与人们生活的关系，懂得动脑筋、热心帮助别人大家都能获得快乐的道理。

5. 能用自然的声音演唱歌曲，唱出"原声"和"回声"的强弱变化，能用动作表现出音乐中的不同情感。利用废旧材料创造性地制作出彩色陀螺及各种交通工具，体验创作的乐趣。

区域活动安排

区域名称	活动名称	活动准备	活动指导建议
结构区	科技大厦	1. 包装好的奶盒、鞋盒、薯片筒、矿泉水瓶、饮料瓶,大小不一的积木若干、图纸、彩笔。 2. 将科技大楼等的图片贴于结构区墙面上。	1. 科学设计馆: ● 能与同伴一起绘制搭建图纸,并用积木搭建设计馆的楼体。 ● 引导幼儿相互协商,运用大型木质积木进行垒高、穿插等搭建方法搭建长方体楼型,并与同伴一起设计、绘制搭建图纸。 2. 科学搭建馆: ● 幼儿能根据想象运用大型积木搭建科技楼所,体现科技大楼外观的独特性。 ● 请结构区的幼儿相互讨论科学馆的外观,先画出来,主要突出新奇的特点,再运用辅助材料搭建特殊的顶端。 3. 城市美容馆: ● 能运用各种辅助材料进行外围的装饰,并大胆介绍自己的搭建作品,与同伴分享自己的创意。 ● 请幼儿扮演城市美容师的角色,运用辅助材料来装饰自己搭建的大楼,例如花园、喷泉等。 ★ 爱惜学具,轻拿轻放,物归原处。
音乐区	有趣的回声	《山谷回音真好听》等不同性质的音乐	● 幼儿能根据"原声"和"回声"的强弱变化,随音乐创编动作自主表演。 ● 引导幼儿进一步了解山谷回声现象,懂得回声传达时要懂礼貌的真谛。 ★ 做文明观众,自觉能遵守游戏规则。
	大风车转转转	风车、服装、背景板	歌声转转转: ● 幼儿能完整演唱歌曲《风车转转转》并进行动作表演。 ● 在活动区中添加歌曲图谱,引导幼儿边唱边加上表演的动作。 风车转起来: ● 能大胆运用风车道具,丰富歌唱表演。 ● 引导幼儿与美工区互动,将制作好的风车带到表演区,布置表演场地,丰富表演道具装扮表演。
美工区	空气娃娃	保鲜袋、线绳、彩纸、皱纹纸、树叶、双面胶、透明胶带、彩笔等	● 能想出多种装空气的办法,利用各种材料制作空气娃娃,发展动手能力。 ● 鼓励幼儿想出各种办法将保鲜袋装足气,合作扎紧袋口,设计绘制"空气娃娃"或"空气动物"。 ★ 指导幼儿正确使用白胶,粘贴画面整洁。知道玩具要分类整理。
	有趣的陀螺	彩纸、卡纸、剪刀、胶水、双面胶、透明胶、水彩笔、竹签、火柴棒	● 学习制作多彩的陀螺,感受转动中的色彩变化。 ● 引导幼儿尝试用不同的材料制作陀螺、装饰陀螺,观察发现"陀螺旋转"时的变化。 ★ 指导幼儿正确使用胶水,粘贴画面整洁。
	汽车设计师	卡纸、油画棒、马克笔、剪刀	● 能用油画棒在汽车身体上绘制自己喜欢的图案。 ● 指导幼儿先用马克笔画出自己设计的汽车外形,再用油画棒进行大胆装饰,最后用剪刀沿边缘剪下,创设"汽车展台"。 ★ 注意画面整洁,合理构图,画画前铺桌布。
科学区	什么东西不见了	奶粉、橙汁粉、白糖、油等,水,小勺,记录表,幼儿学习材料《身边的科学》	● 能实验、观察、发现溶解的秘密并进行记录。 ● 指导幼儿用小勺将奶粉、白糖等材料分别倒入水中,进行搅拌,发现溶解的秘密并将观察到的结果记录在《身边的科学》第1页。 ★ 能按规则游戏,不将实验材料弄乱。

续 表

区域名称	活动名称	活动准备	活动指导建议
科学区	灯泡亮起来	导电材料（螺丝、硬币、回形针、铁勺、剪刀、钥匙）与非导电材料（有机玻璃片、塑料尺、木块、毛线），记录表、水彩笔。电池、电线、小灯泡，幼儿学习材料《身边的科学》。	● 幼儿能运用电线和电池等材料合作探索让灯泡亮起来的方法。 ● 引导幼儿运用各种材料大胆探索哪些材料导电？哪些材料不导电？提醒幼儿将探索发现的结果用自己喜欢的方式记录下来，将探究结果与同伴分享。 ★ 游戏后能将玩具收放规整。
	风车转转	各种造型、材质的风车、笔、记录纸	● 幼儿自主探究各种材质的风车，感知风和转动的关系。 ● 在活动区中投放材料，请幼儿参考范例制作各种不同造型的风车，在相同环境的作用下记录风车旋转的速度。 ★ 能安静地思考，不轻易放弃游戏。
语言区	水滴去哪了	提供关于水的三态变化的书籍、故事图片、手偶	我们一起读： ● 能仔细观察、阅读有关水的流动、蒸发、结冰的图书，了解其相关知识。 ● 在活动区中提供关于水的变化的故事书、自制书，引导幼儿自由阅读，并大胆分享自己的发现。 小小创作家： ● 尝试根据自己对故事的理解制作绘本，加深对故事以及科学道理的认知。 ● 指导幼儿合作制作《小水滴去旅行》的绘本，引导幼儿主动交流水滴旅行的过程。 小小预言家： ● 幼儿能结合自己的理解说出雨形成的过程。 ● 引导幼儿操作故事中角色的手偶、图片，模仿下雨的过程，根据绘本讲述雨滴形成的过程。 ★ 学会整理图书，并能把书摆放整齐。
益智区	棋类游戏	骰子、自制"水滴旅行"棋	● 知道"水滴旅行"棋的玩法，能按规则开展游戏。 ● 引导幼儿在下棋过程中加深对水滴旅行的了解。鼓励幼儿自己制定游戏规则。（如下雨啦——下雨了，小动物要赶回家，遇到大风快进3格，遇到乌云快进1格等。） ★ 同伴间能积极讨论，分享自己的想法和做法。
	神奇的月亮	月亮各种时期的图片、幼儿互动墙饰、时间记录表	月亮变变变： ● 知道月亮会随着不同的时期外形发生变化。 ● 提供月亮变化图片，引导幼儿观察每个时期月亮不同的外形特征，开展游戏"月亮变变变"，相互交流各自的发现。 天文台： ● 能将自己搜集到的相关月亮的内容以绘画的形式进行表征，与同伴分享。 ★ 注重观察月亮外形，有耐心，养成良好的记录习惯。
生活区	小木匠	工具箱、螺丝刀、木板、各种工具、玩具汽车、螺母玩具	1. 万能的工具箱： ● 探索工具箱中的工具，了解每种用具的名称及基本使用方法。 2. 螺丝用处大： ● 学习使用螺丝、螺丝帽、螺丝刀、扳手等。 ● 提供几种不同形状、大小的板块，引导幼儿用螺丝或其他工具组合制作。 3. 机械工程师： ● 学习使用工具进行安装、拆卸并注意安全。 ● 提供玩具汽车、螺母玩具等，引导幼儿选用螺丝刀、扳手等工具进行安装、拆卸。 ★ 请幼儿在操作过程中注意保护自己与同伴，谨防受伤。

（●为核心目标指导，★为养成目标指导）

户外活动安排

活动名称	活动目标	活动准备	活动指导建议
夹沙包比赛	1. 学会连续做双脚夹包跳起前掷的动作。 2. 乐于探索夹沙包的方法，感受游戏的乐趣。 3. 体验小组合作竞赛获得的成功感。	沙包每人1个、椅子、积木、垫子等	● 幼儿分四队，每队排头双脚夹包行进跳至终点再拿着沙包跑回起点并将沙包交给下一位幼儿，依次进行。 ● 行进跳的过程中，如果沙包掉了要马上再夹上才能游戏。哪队最先完成哪队获胜。 ★ 游戏后用沙包当小锤，拍打下肢，进行腿部放松，学会保护自己。
小袋鼠跳跳跳	1. 学习双脚行进跳跃的技能，并能根据鼓声快慢做出相应反应。 2. 尝试与同伴合作进行双脚行进跳跃，发展幼儿动作协调性。 3. 发展幼儿初步的合作能力，感受与同伴合作游戏的快乐。	袋鼠头饰，鼓一个，各种动物标志4～5个挂在场地四周	● 创设情境"袋鼠妈妈带宝宝"，请一名幼儿扮演袋鼠妈妈站在前，另一名幼儿扮演宝宝，练习双人跳跃行进。 ● 幼儿根据鼓声快慢的不同，做出相应的反应。 ★ 活动中指导幼儿掌握正确的跳跃动作，提醒幼儿注意安全，与同伴相互配合。
矮人钻山洞	1. 学习蹲走的动作，尝试两人花样蹲走的技能。 2. 提高幼儿腿部肌肉以及平衡能力。 3. 体验与同伴间合作的快乐，树立团队合作和竞争意识。	彩带、山洞、牌子、音乐、障碍	● 山洞四个，幼儿分四队各站成一竖排。听到哨音后，每队排头蹲走至相应山洞，钻过后绕过障碍，再跑回到起点与同伴击掌，下一个小朋友出发，依次进行直到全部完成。 ● 游戏过程中幼儿需要一直蹲走过山洞并绕过障碍后方可跑回，最先完成队获胜。 ★ 活动中鼓励幼儿学会与同伴合作游戏，遵守游戏规则，与同伴协商完成。

（●为核心目标指导，★为养成目标指导）

第1周　小·实验大发现

环境创设▶

1. 创设"生活中的小秘密"墙饰,将幼儿在生活中发现的有关电、转动、溶解弹性的现象用图片或者简单的图画展示出来。

2. 设置欣赏台,将幼儿制作的陀螺、充气娃娃等作品进行展示和分享。

3. 创设"小问号"墙饰,引导幼儿主动提出问题,共同查找资料,尝试进行解答。

4. 在户外的树枝或石柱上悬挂"丝带",引导幼儿感受空气流动形成风的现象。

生活活动▶

1. 感受体验:闭上嘴巴,捏紧鼻子,憋气,坚持一会儿,感受缺少空气的不适,从而使幼儿了解午睡时不要用被子蒙住头,不要趴着睡,要保持呼吸顺畅。

2. 开展"生活小贴士"一日活动,引导幼儿探索身体哪里会转动,了解保护活动关节的简单常识。

3. 在生活中寻找各种有趣的科学现象,了解这些现象在生活中的广泛运用。

4. 创设温馨、整洁的盥洗室环境,开展"香香的盥洗室"活动。组织幼儿讨论"怎样赶走厕所里难闻的气味",引导幼儿养成不在便池外小便、随便随冲的文明如厕习惯。

家长与社区教育▶

1. 带领幼儿到社区、广场等地寻找空气,感受空气的无所不在。如充气蹦蹦床、飘动的彩旗、树叶等。

2. 在日常生活中注意引导幼儿观察与转动、弹性有关的物品、玩具;在家中家园和幼儿一起玩滚动身体的游戏,感受亲子游戏的快乐。

3. 和幼儿共同搜集关于净化空气等的资料,选择能够净化空气的植物在家中种植。

4. 请家长协助幼儿搜集有关电、转动、溶解、弹性的各种书箱、影音资料,帮助幼儿更好地探索、发现其中的秘密;在家里制作简单的弹性、转动、电动玩具。

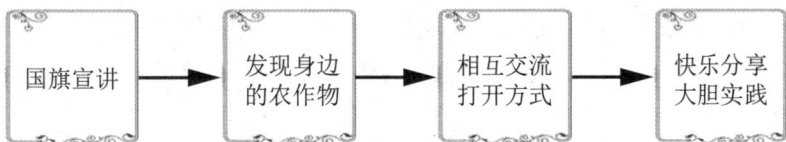

【活动解读】

秋天已经来到了,农场里面的农作物也开始陆续丰收了,孩子们可以品尝来自大自然的恩物。随着科学技术越来越发达,在开这些坚果的时候也是越来越省力。所以我们借助这个半日活动,让孩子来寻找身边可以开坚果的工具,通过自己动手来品尝自己的劳动成果。在不断娴熟的基础上尝试完整开核桃,对精细化动作和细心、耐心提了更高的要求。

【活动流程】

国旗宣讲 → 发现身边的农作物 → 相互交流打开方式 → 快乐分享大胆实践

【活动目标】

1. 引导幼儿学习用恰当的语言与同伴交流、描述探究的过程。

2. 鼓励幼儿勇于探究工具的不同的打开方法,尝试使用工具砸开核桃,完成取出果仁。

3. 感受身边科学工具给生活带来的方便,体验自食其力的自豪感。

【活动建议】

1. 国旗下宣讲"剥核桃"。

(1)教师宣讲:秋天到了,果园、农场到处都是丰收的景象。秋天多吃当季的水果、农作物对身体特别好。我们可以自食其力,一起寻找打开核桃的好方法,将自己的劳动成果与他人分享,让大家一起感受丰收的喜悦。

(2)幼儿宣讲:我们可以来找找生活中打开核桃的方法,如用钳子、锤子等等。然后和爸爸妈妈一起寻找专业的工具,把果仁取出来分给好朋友吃。

(3)家长宣讲:我们可以带着孩子一起找一些简单的工具,一起探究它们不同的吃法,让孩子们感受劳动带来的快乐与成就感。

2. 教师出示秋天丰收的图片。

(1)感知秋天是丰收的季节。

提问:秋天到了,哪些坚果丰收了?

他们都是什么味道?他们都怎么吃?

(2)知道多吃水果和坚果给身体带来的好处。

3. 幼儿探究如何打开核桃。

(1)幼儿探究在运用生活中的场景解决问题。(如钳子、锤子等等)

(2)尝试运用专业工具剥开核桃。

(3)尝试用工具打开一个完整的核桃。

4. 同伴相互体验快乐。

(1)请幼儿分享自己打开完整核桃的好方法。(总结:力度要轻,找准位置。)

（2）相互品尝劳动果实。

（3）探讨更多的吃法。

活动二　语言——故事《小·水滴旅行记》

【教材分析】

故事《小水滴旅行记》采用拟人的手法讲述了小水滴由"水→水蒸气→云→雨→雪花→水"的快乐旅行经历，将水的三种形态变化自然有趣地融入故事情节中。本活动以故事为载体，运用生动的多媒体课件，以实验操作等方式引导幼儿进一步感知、了解水的三态变化，懂得水与人们生活的关系，从而激发幼儿珍惜水资源的情感。

【活动目标】

1. 理解故事内容，了解水循环变化的过程，丰富词汇"暖烘烘""三五成群""缩成一团""难以忍受"。

2. 能根据水的循环过程，用简单的符号记录和表现水的不同形态。

3. 懂得水与人们生活的关系，乐于发现生活中有关水的变化的有趣现象。

【活动重点】

理解故事内容，丰富词汇"暖烘烘""三五成群""缩成一团""难以忍受"。

【活动难点】

能用简单的符号记录和表现水的不同形态。

【活动准备】

1.《幼儿素质发展课程多媒体教学资源包》课件11，《幼儿素质发展课程·语言》CD。

2. 电磁炉1个，水1瓶，记录纸（用反复对折的方法将纸平分成6格），水彩笔。

【活动过程】

1. 出示小水滴的手偶，激发幼儿听故事的兴趣。

2. 教师讲述故事，帮助幼儿理解故事内容。

（1）欣赏第1遍故事，结合课件了解水的变化过程。

提问：小水滴到哪里去了？引导幼儿根据故事内容简单了解水的变化。

（2）欣赏第2遍故事，引导幼儿用简单的符号、标志记录"水→水蒸气→云→雨→雪花→水"的循环过程。

提问：小水滴发生了哪些变化？为什么会有这样的变化？

（3）出示汉字卡片，帮助幼儿理解故事中的词语，用新学词语和幼儿一起总结水循环变化的过程：暖烘烘→水蒸气→三五成群→云冷得缩成一团→雨→冷得难以忍受→雪、光和热→小水滴。

（4）结合生活经验，了解水的作用。

提问：水对我们的生活有哪些帮助？除了人需要水，还有什么也需要水？

3. 教师操作实验，帮助幼儿进一步感知水遇热后的变化。

（1）点燃电磁炉，把水加热，引导幼儿发现水变成水蒸气的现象。

提问：你发现了什么？（引导幼儿发现水遇热会变成水蒸气。）

（2）将冷锅盖放置于水蒸气上方，引导幼儿观察水蒸气变成小水珠的现象。

提问：锅盖上发生了什么变化？为什么？（引导幼儿了解水蒸气变成小水珠。）

（3）回忆生活中关于水的变化的有趣现象。

提问:生活中你在哪里见到过这种现象?如:水烧开时,水壶上方会有水蒸气;把湿衣服拿到太阳底下晒,水蒸气蒸发后衣服就会变干等。

(4)组织幼儿讨论,交流生活经验。

提问:什么时候水会变成冰?如:冬天地上的水会变成冰,冬天窗户上会有冰花等等。

【附教材】

小水滴旅行记

我的家在大海,那里有珊瑚、水草、鱼虾和各种奇妙的动物。一天,我在海面向四周张望,一群大雁飞来向我和我的小伙伴招手:"小水滴,快上来跟我们旅行去!"我说:"我没有翅膀,飞不上去呀。"大雁说:"太阳公公会给你帮忙的。"说完就匆匆飞远了。

第二天,太阳刚刚露头,我们就求他帮忙带我们去旅行!太阳公公点头答应了,不一会儿就放射出万道金光,照得我们暖烘烘的,睁不开眼睛。忽然,我们的身体变轻,慢慢地离开了大海!我们本来以为自己长了翅膀,后来发现是变成"水蒸气",飞到了空中。我们继续向上飞去,很快就离开了大海,下面是一片一望无际的大地。

飞着飞着,我们越来越冷,只好三五成群地抱在一起这样又变回"小水滴"。风爷爷带着我们在空中来回飘舞,人们给我们取名叫"云",不再叫"小水滴"。我们更冷了,也累得飞不动了,很想到大地上玩一玩,休息休息。风爷爷像猜透了我们的心思,"呜呜"地吹了起来,我的小伙伴有的冷得缩成一团,来不及告别就落了下去。地上的人这时慌忙地奔躲,大喊着:"下雨了!下雨了!"

冷风越刮越紧,我们冷得难以忍受。忽然,一个小伙伴高呼:"我们变成小雪花了!"果然,大伙儿都穿上了六角裙,随风往大地上飘去,飘到山顶、大地……大家旅行久了,有点累,于是停了下来,都安静地睡在那里。

我们想家了,要求太阳公公送我们回家。太阳公公说:"好!天气暖了,我这就带你们回家去。"说着,太阳公公就放出了光和热,又把我们变成小水滴!我们都挤着从山上往下跑。奇怪!在我们离开的地方,山变得青翠,小草更加茁壮。

大伙儿从山顶、大地跑进江、河,然后闯进水库。虽然水库没有大海那样宽阔,但是回到水库倒像是回到了自己的家,那里的"水"都在热烈地欢迎我们。有一天,水库的闸门被打开,我们又告别了水库里的伙伴们,沿着江河回到了美丽的大海。我们完成了一次欢乐的旅行。

活动三 科学——有趣的影子

【教材分析】

影子是一种有趣的物理现象,它时大时小、时隐时现的变化易引起幼儿强烈的好奇心,对影子的形成及其位置、成像大小和与光之间的关系,需要多途径引导幼儿进行探究。为此在活动中借助图片,创设启发性的问题情境,引发幼儿讨论:为什么白天小姑娘躲在妈妈的身后,影子就不见了?为什么小猫的影子比小姑娘的影子大?不断出现的疑问与实验相结合,能更好地调动幼儿的参与性,引起幼儿产生继续探究、操作的愿望。

【活动目标】

1. 感知影子现象,初步了解影子的形成。

2. 大胆探索、发现影子的变化及其与光的关系,能用简单的符号记录并交流实验结果。

3. 感受活动的乐趣,产生继续探究影子的兴趣。

【活动重点】

感知影子现象，初步了解影子的形成。

【活动难点】

能用简单的符号记录并交流实验结果。

【活动准备】

1. 活动前带幼儿观察影子，玩"踩影子"等游戏。

2. 可参考《身边的科学》自备4幅图片，幼儿学习材料·操作材料⑤，记录表。

【活动过程】

1. 猜谜、谈话导入活动，引发幼儿兴趣。

（1）谜语：有个好朋友，天天跟我走；有时走在前，有时走在后。我和它说话，就是不开口。

（2）提问：影子是什么样的？你还见过谁的影子？

2. 结合图片，设置问题情境，初步了解影子的形成。

（1）出示图片1，引出情境主题。

教师讲述图片内容：小姑娘有一个影子朋友，她的影子朋友总是和她形影不离。可是，最近她遇到了一件烦心的事。

（2）出示图片2，引发幼儿讨论。

教师结合图片提问：为什么晚上关了灯以后，白天小姑娘躲在妈妈身后时的影子就不见了？

小结：有光的地方物体才有影子；没有光的地方物体就没有影子。

3. 通过讨论和操作，探究影子的位置和光的方向有何关系。

（1）结合图片3，激发幼儿的探究兴趣。

提问：为什么小姑娘的影子有时跑到这儿，有时跑到那儿？

（2）教师出示操作材料⑤，讲解操作要求及记录方法。

（3）请幼儿合作进行自主探索，从不同方向照物体，记录影子出现的位置。

（4）请幼儿展示记录表，交流实验结果。

小结：影子总是出现在光的反方向。

4. 继续合作探究，感知影子成像大小的原因。

（1）观察图片4，引发幼儿讨论。

提问：为什么小猫的影子比小姑娘的影子大？

（2）介绍操作材料，鼓励幼儿两两合作实验，实验后进行交流。

小结：当物体距离光近的时候，影子就变大；当物体距离光远的时候，影子就变小。

活动四　数学——学习4的组成及书写

【教材分析】

大班幼儿在学习2、3的组成的基础上，对分合符号及组成的含义有了初步的了解，开始尝试用数学方法解决生活中的问题，如给小朋友分点心、整理收纳玩具材料等。4的组成学习是幼儿学习数的组成的关键点，因为在4的3种分合式中不仅体现数的互换规律，还体现着数的互补规律。因此，活动中通过创设幼儿喜爱的游戏情境，鼓励幼儿在操作、比较、观察中尝试探索发现4的不同分合方法以及所蕴含的互补与互换规律，让幼儿在游戏情境中感知分合的乐趣，进一步理解组成的含义。

【活动目标】

1. 学习4的组成，知道4有3种分合方法，尝试正确书写4。

2. 探索发现并初步理解 4 的组成中的互补与互换关系,能运用分合方式帮助小猴子分礼物。

3. 在游戏情境中感知分合的乐趣。

【活动重点】

学习 4 的组成,知道 4 有 3 种分合方法,尝试正确书写 4。

【活动难点】

探索发现并初步理解 4 的组成中的互补与互换关系,能运用分合方式帮助小猴子分礼物。

【活动准备】

1. 幼儿有探索、学习"3 的组成"的经验。

2. 记录纸和笔幼儿每人 1 套,呼啦圈 10 个左右,四线方格本等。

3. 教师自制与活动内容相符的课件,幼儿学习材料《身边的科学》,幼儿学习材料·操作材料⑥。

【活动过程】

1. 师幼共同玩游戏"碰一碰",复习"3 的组成"。

(1)教师伸出手指和幼儿玩"碰一碰"游戏。提问:"小朋友,我问你,我的 1 指碰几指?"幼儿根据 3 的组成伸出相应数量的手指与教师游戏。

(2)操作学具,师幼共同复习 3 的分合式,巩固幼儿对"3 的组成"的学习。

2. 创设"小猴过生日"的游戏情境,引导幼儿自由探索"4 的组成"。

(1)提问:小猴准备了 4 个桃子,要把它们分在两个盘子里,可以怎样分?

(2)引导幼儿从水果筐里取 4 个桃子进行操作,用分合式记录自己的操作结果。

3. 请幼儿分享探索结果,进一步理解"4 的组成"。

(1)鼓励幼儿展示并说出 4 的 3 种分合方法。(分合号的写法:从一点出发,向左下方、右下方各画一条短线,长度相同。)

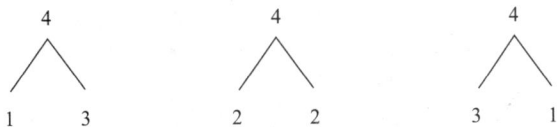

$$
\begin{array}{ccc}
4 & 4 & 4 \\
\diagup \diagdown & \diagup \diagdown & \diagup \diagdown \\
1 \quad 3 & 2 \quad 2 & 3 \quad 1
\end{array}
$$

(2)师幼共同整理 4 的 3 种分合式,引导幼儿观察、比较分合式互补、互换的规律。帮助幼儿进一步理解互补关系:一个数分成两个数,其中的一个数逐次增加 1,另一个数则逐次减少 1,每次分成的两个数合起来都是原数。

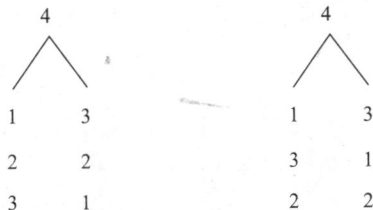

$$
\begin{array}{cc}
4 & 4 \\
\diagup \diagdown & \diagup \diagdown \\
1 \quad 3 & 1 \quad 3 \\
2 \quad 2 & 3 \quad 1 \\
3 \quad 1 & 2 \quad 2
\end{array}
$$

4. 玩"小猴过生日"的游戏,进一步巩固"4 的组成"。

(1)结合课件,出示小兔、小熊,请幼儿帮助小猴将数量是 4 的香蕉、糖果、气球分别送给其他两个好朋友,说出自己的不同分合方法。

(2)出示呼啦圈,引导幼儿和小猴一起玩游戏。幼儿 4 人一组,每组两个呼啦圈。幼儿听到小猴喊"开始"的口令后,立刻跳到呼啦圈中,根据每个圈里的人数完整说出 4 的分合式:4 可以分成几和几,几和几合起来是 4。

5. 教师示范,引导幼儿正确书写 4。

（1）幼儿观察数字 4 的外形特征。

（2）幼儿观察 4 的书写示范。

（3）教师指导幼儿书写,注意正确的握笔姿势。

6. 活动延伸

结合《身边的科学》第 23 页及操作材料⑥,引导幼儿进一步操作, 巩固对"4 的组成"的理解。

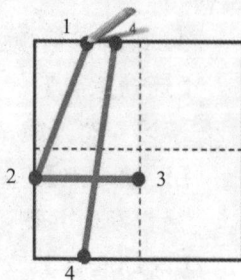

活动四　音乐——歌曲《山谷回音真好听》

【教材分析】

《山谷回音真好听》是一首 2/4 拍歌曲,曲调优美动听,歌词简单易懂,通过乐句的重复生动呈现了山谷回声的有趣现象。本次活动通过声音的对比表现"原声"和"回声"的强弱变化, 通过接唱、合唱、创编山谷回声等方式熟练演唱歌曲,进一步了解回声现象,体验表现山谷回声的乐趣。

【活动目标】

1. 了解山谷回声现象,学习接唱的演唱方法。

2. 能用自然的声音演唱歌曲,唱出"原声"和"回声"的强弱变化。

3. 体验表现山谷回声的乐趣。

【活动重点】

学习接唱这种形式的演唱方法。

【活动难点】

能用自然的声音演唱,唱出"原声"和"回声"的强弱变化。

【活动准备】

1. 课前引导幼儿了解山谷有回声的自然现象。

2. 《幼儿素质发展课程·音乐》CD。

【活动过程】

1. 带领幼儿开展练声活动。

提问:你在哪里听过回声？原声与回声有什么不同？

2. 难点前置,与幼儿玩"山谷回声"游戏。

玩法:用"小朋友你好！"或"××你好！"的问好方式,帮助幼儿在情境中感受"原声"和 "回声"的不同,"原声"声音强,"回声"声音弱,为演唱歌曲做好铺垫。

3. 请幼儿欣赏歌曲《山谷回音真好听》,感受歌曲的旋律。

（1）播放音频,幼儿倾听歌曲,初步感知音乐的旋律。

提问:你听到了什么？为什么说"美丽山谷真稀奇"？

（2）幼儿完整倾听歌曲,教师引导幼儿感受歌曲的优美及声音强弱变化。

提问:听到这首音乐,你想做什么动作？

鼓励幼儿随音乐做肢体动作,如拍手、拍腿来感应歌曲。

（3）幼儿再次完整听音乐,理解歌词内容。

提问:歌曲里唱了什么?

4. 学唱歌曲《山谷回音真好听》。

(1)带领幼儿用"啦"字哼唱歌曲的旋律。

(2)用钢琴弹奏音乐旋律,指导幼儿有节奏地念歌词。

(3)在熟悉歌曲的基础上,指导幼儿学习用接唱的方法来演唱歌曲的弱唱部分,也可利用不同的形式合作演唱。例如,歌词部分全体幼儿一起演唱,回声部分请一半幼儿与另一半幼儿对唱。

(4)教师鼓励幼儿通过接唱、合唱等方式学唱歌曲,可根据幼儿的演唱情况请幼儿加入动作表演,进一步了解回声现象。

【附教材】

山谷回音真好听

1=C 2/4

汪爱丽 词曲

活动五 美术——手工制作:彩色陀螺

【教材分析】

美工活动"彩色陀螺"利用废旧材料,制作出幼儿喜爱的一种玩具。彩色陀螺转动起来时,颜色混合在一起变出新的颜色,更能激发幼儿的游戏兴趣。其制作方法简单,色彩搭配多样,便于幼儿操作,只需要将纸片、中心轴、花衣裳进行组合,把火柴棒插在圆心位置,即可完成。因此,幼儿通过自主制作、玩转彩色陀螺等活动,感知、发现陀螺转动时色彩和图案的奇妙变幻,体验自制玩具的快乐。

【活动目标】

1. 探索、发现火柴棒插在圆片的圆心陀螺才能平衡转动的原理。

2. 能设计、制作不同图案的陀螺并发现陀螺转动时色彩和图案的奇妙变幻。

3. 喜欢动手制作彩色陀螺,体验将陀螺转动起来的成功感。

【活动重点】

探索、发现陀螺制作时将火柴棒插入圆片中心,陀螺才能转动的原理。

【活动难点】

能设计、制作不同图案的陀螺。

【活动准备】

1. 教师制作的彩色陀螺,幼儿常见的陀螺玩具若干。

2. 圆形纸片（找好圆心）、废旧光盘、火柴棒、大头针、牙签、剪刀、彩色蜡笔、水彩笔、铅笔、尺子、双面胶、不干胶纸等。

【活动过程】

1. 请幼儿欣赏各种陀螺，探究陀螺转动的方法，激发幼儿制作彩色陀螺的兴趣。

（1）请幼儿自由欣赏，找自己喜欢的陀螺玩一玩。

（2）提问：你是用什么方法让陀螺转起来的？你还发现了什么有趣的现象？

小结：有的陀螺是用手转的，有的陀螺是用鞭子抽的，还有的陀螺是用发射器的；彩色陀螺转动时图案和颜色有新变化。

2. 教师出示制作好的陀螺，引导幼儿发现彩色陀螺的组成及制作方法。

提问：彩色陀螺由哪几部分组成？怎样才能变成彩色陀螺？中心轴插在圆形纸片的什么位置？为什么？

小结：陀螺由纸片、中心轴、花衣裳组成，把火柴棒插在圆心位置可以让陀螺在转动时保持平衡。

3. 鼓励幼儿自己设计、制作"我的陀螺"。

（1）提问：你想用什么材料来制作陀螺？色彩和图案是怎样的？

（2）幼儿交流自己设计、制作陀螺的想法。

（3）鼓励幼儿根据自己的意愿选择材料进行制作，把遇到的困难和自己的解决方法记在心里，制作完成后和同伴分享。

4. 组织幼儿开展"彩色陀螺旋转比赛"。

（1）幼儿互相介绍自己的陀螺名称及制作步骤。

（2）组织幼儿玩一玩，比一比谁的陀螺转的时间长。

【附教材】

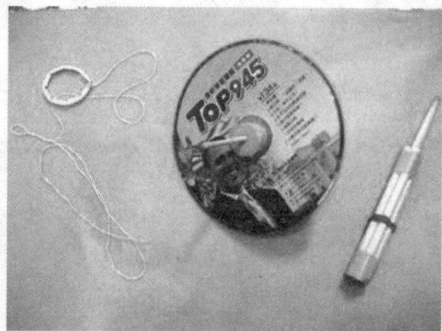 

体育活动

磁性人

【教材分析】

大班幼儿对磁铁吸附这一科学现象有着浓厚的兴趣。游戏《磁性人》就是将科学领域的内容有机融合在运动游戏中，让孩子们在游戏中，体验、感知磁铁吸附的作用。活动中，运用模仿、游戏导入、角色扮演等方法引导幼儿练习在短时间内保持姿势不变进行正面、倒退和侧面移动作,提高身体控制力和协调能力。

【活动目标】

1. 能在短时间内保持身体姿势不变,并能保持原有姿势迅速向前、向后、向侧移动。

2. 能听懂指令按规则进行不同方向的移动,提高身体控制力和协调能力。

3. 体验"磁性人"被从不同方向的磁力吸附的乐趣。

【活动重点】

能在短时间内保持姿势不变,在原有姿势上迅速向前、向后、向侧方移动。

【活动难点】

能听懂指令按规则进行不同方向的移动。

【活动准备】

幼儿观察了解磁铁的吸附作用,幼儿理解简单的哨音指令。

【活动过程】

1. 进行热身活动,将向前、向后、向侧方移动的方式融入其中。

(1)幼儿围圆,做上肢、下肢、全身的动作,听哨音变化快速反应。

(2)听哨音变化快速反应进行正走、倒走、侧走的动作练习。

2. 游戏"木头人"导入,感知木头人和磁性人身体的不同。

(1)教师引导幼儿模仿"木头人"的样子,引起活动兴趣。

提问:"请你们变成木头人,看看哪个木头人最结实?"

(2)教师引导幼儿想象模仿"磁性人"的样子。

提问:"磁性人是什么样的呀?"

教师小结:磁性人的身体也有不同的造型,开始时也要一动不动,但因为他们是铁做的,所以因有磁性被吸走的时候既要保持原来的动作和姿势不能改变又要随着磁铁移动的方向进行移动。

3. 教师扮演磁铁,用哨音引导幼儿听指令做动作移动。

(1)教师用哨音引导幼儿做磁性人的动作。

(2)教师站到圆心扮演大磁铁,引导幼儿听指令移动。

提醒幼儿移动时保持动作姿势不变,提高身体控制能力。

4. 教师介绍游戏玩法和规则,幼儿按规则进行游戏。

玩法:教师扮演磁铁,幼儿四散站好,听指令变换不同方向移动,做到又稳又快。

规则:幼儿在变换方向移动时,身体方向不变,姿势不变。

5. 变化游戏的不同玩法,增加游戏乐趣。

(1)打乱方向游戏,提高幼儿反应能力。

教师扮演大磁铁,在幼儿中间,幼儿根据教师所在的方向进行移动。

重点引导幼儿听指令根据教师不同方向做出反应。

(2)请一名幼儿扮演大磁铁,进行游戏,引导幼儿模仿不同的样子,增加游戏乐趣。

鼓励幼儿做出与同伴不同的动作,对动作不一样的幼儿提出表扬。

6. 幼儿模仿面条人的样子做放松活动。

提问:"面条人是什么样子的?……软软的。"引导幼儿运用全身、上、下肢进行放松活动。

【附场地布置图】

磁铁

第2周 现代交通本领大

环境创设

1. 布置"汽车城",展览幼儿收集的各种车类玩具。

2. 布置"船的世界"专栏,粘贴、展示收集的船的图片、资料和模型。

3. 布置"什么会飞"墙饰,张贴会飞的动物、飞机、火箭等图片,帮助幼儿积累飞行的经验。

4. 布置"超级飞机展览会",鼓励幼儿尝试折叠、装饰不同种类的纸飞机,将自己最满意的飞机展示在此处并为飞机取名字。

生活活动

1. 利用散步时间,引导幼儿观察马路上的各种汽车及其标志。

2. 参观"汽车城",培养幼儿对不同类型汽车的兴趣;引导幼儿玩各种车辆玩具,熟悉车辆的名称和简单的用途。

3. 在户外布置纸飞机比武场地,如在两棵树间系上绳子,悬挂气球、小玩具等物品,请幼儿在同一起点投掷纸飞机。

家长与社区教育

1. 请家长利用休息日,带幼儿乘坐交通工具外出或参观车展,丰富幼儿对常见交通工具的了解。

2. 家长和幼儿共同收集、整理有关陆地交通工具、海上交通工具以及交通标志的图片、模型、图书等。

3. 请家长来园接送幼儿时选择多种方式,引导幼儿感知不同出行方式给生活带来的便捷。

教学活动

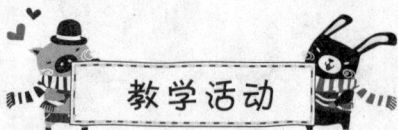

活动一　语言——故事《小猴的出租车》

【教材分析】

《小猴的出租车》是一个富有想象力的童话故事。故事主要讲述的是一只乐于助人、善于动脑的小猴改装了自己的出租车，利用出租车的特殊功能，帮助了体胖的小熊、瘦小易滚的蛋宝宝安全舒适地到达目的地的事情。活动中，通过引导幼儿走进故事情境，和小猴一起想办法解决问题，鼓励幼儿展开合理想象，续编故事情节，从而体验帮助别人和被别人帮助的快乐。

【活动目标】

1. 理解故事内容，学习用连贯的语言说出小猴帮助小熊和蛋宝宝乘车的方法。

2. 能根据不同动物的特点大胆想象，续编小猴子帮助它们的故事情节。

3. 懂得动脑筋、热心帮助别人大家都能获得快乐的道理。

【活动重点】

理解故事内容，学习用连贯的语言说出小猴帮助小熊和蛋宝宝乘车的方法。

【活动难点】

能根据不同动物的特点大胆想象，续编小猴子帮助它们的故事情节。

【活动准备】

1. 小鱼、长颈鹿的图片。

2. 幼儿学习材料《身边的科学》《幼儿素质发展课程·多媒体教学资源包》课件 13。

【活动过程】

1. 结合课件，组织幼儿谈话，请幼儿回忆已有经验。

（1）出示出租车的图片，引导幼儿观察。

提问：这是什么车？它和其他汽车有什么不同？

（2）引导幼儿讨论：你坐过出租车吗？乘车时有什么感受？

2. 请幼儿分段欣赏故事，引导幼儿猜想小猴帮助小动物乘车的办法。

（1）请幼儿欣赏故事的前两段，猜想帮助小熊的方法。

提问：小熊为什么不上小猴的出租车？你如果是小猴，会怎样帮助小熊？

（2）请幼儿欣赏故事的第 3 段，了解小猴对小熊的帮助。

提问：小猴是怎样解决这个困难的？小熊坐了小猴的出租车感觉怎么样？

（3）请幼儿欣赏故事的第 4 段，猜想帮助蛋宝宝的方法。

提问：蛋宝宝为什么不敢坐小猴的出租车？你如果是小猴，会想什么办法呢？

（4）请幼儿欣赏故事的最后部分，理解小猴对蛋宝宝的关心和帮助。

提问：小猴是怎样帮助蛋宝宝的？蛋宝宝坐小猴的出租车感觉怎么样？

3. 结合课件，请幼儿完整欣赏故事，引导幼儿感受：帮助别人和被别人帮助都是快乐的。

引导幼儿讨论：小动物得到小猴的帮助，心情会怎样？它们是怎么说的，怎么做的？大家都喜欢坐小猴的出租车，小猴的心情是怎样的？

4. 结合课件，引导幼儿续编故事。

（1）出示小鱼、长颈鹿等动物的图片,引导幼儿讨论。提问:这些小动物也想乘坐小猴的出租车,它们会遇到什么困难? 小猴又会怎样帮助它们? 引导幼儿根据这些小动物的形象特征展开合理想象,续编故事。

（2）引导幼儿自主选择动物形象续编故事。

【附教材】

小猴的出租车

小猴新买的出租车经过一番改造,终于上路了。

嘀嘀——小猴看见小熊站在路边左右张望,便问:"小熊,请上我的车吧。"小熊朝车厢里打量了一下,摇摇头说:"我长得胖,肚子又大。你的座位太小,我还是等一辆'胖胖车'吧!"

小猴说:"别急,包你满意!"说着,小猴一摁按钮,座位就自动往后移空出很大一块地方。小熊坐上去,腿能伸直了,觉得舒服极了! 它点了点头说:"我很满意! 我很满意!"

送完小熊,小猴的车拐过一个路口。突然,它看到蛋宝宝在路边伤心地流泪。小猴关心地问:"蛋宝宝,你为什么哭呀?"蛋宝宝边哭边说:"我迷路了。"小猴说:"我送你回家。"蛋宝宝一听,吓得直摇头:"我——我怕——我怕从座位上滚下来。"

小猴说:"别担心,包你满意。"说着,小猴一摁按钮,"嘭"的一声一个圆垫子从座位里弹了出来,蛋宝宝坐在上面既舒服又安全,高兴地拍起了手。

小猴的名气越来越大,森林里的小动物都想来坐一坐小猴的出租车。小朋友们,你们也想坐一坐吗?

活动二　社会——地铁开来了

【教材分析】

地铁是先进的地下交通工具,它具有覆盖范围广、运输量大、准时高效、环保的优点,对于缓解城市交通压力具有重要的作用。对于青岛的孩子来说,地铁的修建和随着更多线路的开通,他们充满了好奇和探究的欲望,那么该如何乘坐地铁? 应该注意什么事项呢? 青岛都开通了哪些地铁,它们又有什么不同呢? 本次活动中,我通过引导幼儿乘坐地铁去"书城"看地铁展览会的情境,引导幼儿感受地铁的快捷方便、梳理乘坐地铁的流程,在"乘坐地铁"的体验中,通过看指示牌、听广播学会乘坐地铁和换乘,通过视频知道乘坐地铁需要注意的事情等等,使幼儿在已有经验的基础上丰富乘坐地铁的知识,感受乘坐地铁的方便和科技带给人们生活的便利。

【活动目标】

了解地铁的外部特征、功能及优点,知道乘坐地铁的基本流程。

能用简单符号表征自己乘坐地铁的经验和注意事项,并愿意大胆地进行交流分享。

感受地铁为人们生活提供的便利,萌发安全乘车、绿色出行的意识。

【活动重点】

了解地铁的外部特征、功能及优点,知道乘坐地铁的基本流程。

【活动难点】

能用简单符号表征自己乘坐地铁的经验和注意事项,并愿意大胆地进行交流分享。

【活动准备】

1. 课件,视频"认识地铁""乘坐地铁的流程""车厢内的标志""11号、1号列车展"。

2. 乘车流程排序的表格和图片三组。

3. 自制列车车厢、闸机、安检仪、站点引导牌。

4. 幼儿乘坐地铁的经验。

【活动过程】

1. 创设去"书城"看地铁展览会的情境，了解地铁的优势。

（1）引导幼儿讨论不同交通工具的特点，并通过"高德地图"提示，对比地铁的优点。

提问：去书城看展览会，我们可以选择那些交通工具？最方便快捷的是什么交通工具？

（2）播放视频"认识地铁"，了解地铁覆盖广、运输量大、高效准时、环保的优点。

2. 幼儿分组讨论乘坐地铁的流程，用符号表征自己乘坐地铁的经验和注意事项。

（1）引导幼儿看照片，了解乘坐地铁7个流程都有什么。

提问：乘坐地铁有哪些流程？哪个是第一步？哪个是最后一步？

（2）幼儿分三组讨论，为7个流程排序，并用符号表征自己乘坐地铁的经验和注意事项。

（3）集体分享幼儿乘坐地铁的流程及注意事项。

3. 创设情境"乘坐地铁去书城"，体验乘坐地铁的流程，知道如何换乘，并了解车厢内的规则和注意事项。

（1）幼儿随教师一起乘坐地铁，学会看指示牌找到乘坐的方向，根据广播提示有序上下车。

（2）分享交流自己知道的车厢内的标志和乘车文明规则。

提问：爱心座椅是给谁坐的？你还知道哪些标志？代表什么意义？

（3）创设情境观看地铁电视宣传片"车厢内的标志"，引导幼儿相对全面地了解车厢规则和文明。

4. "五四广场"下车，引导幼儿体验换乘。

（1）根据广播提示有序下车，并根据提示换乘2号线。

（2）创设情境"临时停车"，引导幼儿知道如何处理突发状况。

提问：发生什么状况了？应该怎么办？

（3）根据提示在"燕儿岛路站"有序下车。

5. 到"书城"参观地铁展览会，了解青岛地铁11号线、1号线，引发幼儿继续了解地铁的兴趣。

（1）提问：11号线和1号线有什么特点？

小结：11号线是可以从地下穿到地上的地铁轻轨；1号线是全国首条最深海底隧道和最长地铁过海隧道。

（2）引导幼儿去观看"世界上最美地铁"展台，结束活动。

活动三　科学——火车呜呜呜

【教材分析】

《指南》中指出：幼儿科学探究的内容应符合幼儿的年龄特点，并贴近幼儿的实际生活经验；引导幼儿了解科技产品与人们的密切关系。火车是一种非常便利的交通工具，随着科技的不断发展，动车、地铁更为人们的出行提供了更大的方便。大班幼儿有过乘坐火车的生活经历，他们对火车充满好奇，希望通过自己的探究有所发现和获得新经验。本活动从幼儿兴趣入手，通过创设游戏情境，调动幼儿的已有经验，发现火车票和列车时刻表上的信息；运用观察和小组讨论的方式，了解火车的特征和作用；尊重幼儿直观形象的思维特点，利用多媒体课件，直观感知火车的发展和不同种类,拓展了幼儿对火车的认知,感受火车给人们生活带来的便捷。

【活动目标】

1. 了解火车的特征和作用,知道火车是一种应用广泛的交通工具。

2. 能细心观察火车票和列车时刻表上的信息,积极表达自己的发现。

3. 感受火车为人们出行带来的方便。

【活动重点】

了解火车的特征和作用,知道火车是一种应用广泛的交通工具。

【活动难点】

能细心观察火车票和列车时刻表上的信息,积极表达自己的发现。

【活动准备】

教师自制课件(关于地铁、交通意外的图片),幼儿学习材料《身边的科学》。

【活动过程】

1. 游戏"火车呜呜呜",激发幼儿学习兴趣。

游戏:我的火车就要开,开去哪里?

小结:我们坐着火车可以去很多地方,火车给我们的出行带来了好多方便,是人们生活中重要的交通工具。

2. 创设"坐火车去旅行"游戏情境,引导幼儿学习发现火车票和列车时刻表上的信息。

(1)出示售票大厅和"列车时刻表",引导幼儿学习看时刻表上的信息。

提问:看看这是什么? 列车时刻表上有什么?

小结:我们发现列车时刻表上有车次、始发站、终点站、乘车时间、到达时间,我们可以根据列车时刻表上的信息准确乘车。

(2)游戏"我的火车票",引导幼儿了解火车票上的信息。

提问:我们的火车票是哪一趟车次? 上面还有什么?

小结:我们乘坐火车的时候要注意看准车次、发车时间、车厢和座位号。

(3)游戏"上火车"。引导幼儿按照火车票的信息上车入座。

小结:坐火车时要按照车厢号和座位号对号入座。

3. 播放课件,引导幼儿重点探究了解火车的特征和作用。

(1)提供"乘客须知",引导幼儿了解火车的特征和作用。

幼儿相互合作,仔细观察,自由讨论:《乘客须知》上都有什么?

(2)幼儿交流讲述自己的发现。

提问:乘客须知上有什么,它们(他们)有什么作用?

小结:我们发现火车一般是由车头、车轮和一节节的车厢组成的,车厢里有很多座位,各种功能间,为我们乘客提供了很多方便。

4. 播放视频"火车的世界",引导幼儿了解火车的发展和种类。

(1)幼儿自由讲述不同种类的火车。

提问:小朋友,今天我们乘坐的是动车,你还知道哪些不同种类的火车?

(2)播放视频"火车的世界",引导幼儿了解火车的发明和种类。

提问:你发现了什么样的火车? 是谁发明的?

小结:原来火车有不同的种类,有载客的火车,还有运货的火车。现在的火车有特快列车、动车、高铁,还有磁悬浮列车,速度越来越快。火车也应用到城市交通中,有轻轨和地铁,青岛的地铁马上就要开通更多路线了。火车给我们的生活带来了这么多便利,我们就把这次快乐的火车之旅讲给更多的人听听吧！

活动四　数学——学习4的加法

【教材分析】

大班幼儿对数的理解和应用越来越广泛，能发现生活中许多问题都可以用数学的方法来解决。通过学习2、3的加减运算，幼儿对"＋""－""＝"有了初步的认知，简单了解了"加""减"的含义，喜欢在加减运算中挑战自我。本次活动在幼儿已理解"4的组成"的基础上，通过创设"送信"的游戏情境，引导幼儿在玩玩、说说、摆摆中探索4的加法，进一步理解加法的含义并在生活中应用。

【活动目标】

1. 学习4的加法，进一步理解加法的含义。

2. 能根据算式正确编出4的加法应用题并熟练进行4的加法运算。

3. 体验加法运算在"送信"游戏中的快乐应用。

【活动重点】

学习4的加法，进一步理解加法的含义。

【活动难点】

能根据算式正确编出4的加法应用题并熟练进行4的加法运算。

【活动准备】

1. 幼儿对"送信"游戏有一定的经验。

2. 与活动内容相符的自制课件，幼儿学习材料《身边的科学》，幼儿学习材料·操作材料⑥。

【活动过程】

1. 出示森林邮递员"小猴子"导入活动，激发幼儿活动兴趣。

提问：这是谁？它在做些什么？

2. 创设"小猴子送信"的游戏情境，引导幼儿学习4的加法并理解加法的含义。

（1）创设"邮递员小猴给小熊送信"的游戏情境，引导幼儿学习2＋2＝4。

分别出示大信件2封、小信件2封并提问：邮递员送来几封信？你是怎样知道的？

引导幼儿探索加法算式2＋2＝4，说出"2""4""＋""＝"各自代表的意思。

（2）创设"邮递员小猴给小兔送包裹"的游戏情境，引导幼儿学习1＋3＝4。

分别出示大包裹1个、小包裹3个并提问：邮递员送来几个包裹？你是怎样知道的？

引导幼儿探索加法算式1＋3＝4，说出"1""3""4""＋""＝"各自代表的意思。

（3）创设"邮递员小猴给小鹿送包裹"的游戏情境，引导幼儿学习3＋1＝4。

分别出示大包裹3个、小包裹1个，引导幼儿探索学习1＋3＝4，说出"1""3""4""＋""＝"各自代表的意思。

提问：1＋3＝4和3＋1＝4有什么相同和不同的地方？

（4）游戏"有一说一"，引导幼儿比较感知"加法算式中的互换规律"。

玩法：教师任意说出一道加法算式，幼儿结合加法交换规律说出得数相同的另一道加法算式。

3. 操作学习，引导幼儿创编应用题，巩固4的加法运算。

（1）看图编题：出示花园里鲜花朵朵、蝴蝶飞舞的课件图片，幼儿与同伴两人一组根据图片相互编出 4 的加法应用题。

（2）集体游戏"我来编题你列式"：教师结合课件编出 4 的加法应用题，请幼儿根据编题操作数卡列算式。

（3）个别游戏"我来编题你列式"：请个别幼儿结合生活经验自主编出 4 的加法应用题，任请一同伴回答并说出算式。

【活动延伸】

请幼儿阅读《身边的科学》第 31～32 页，进一步巩固对 4 的加法运算的理解。

活动五 美术——绘画：笔宝宝出来玩

【教材分析】

交通工具在幼儿身边随处可见，对于交通工具的外形、内部结构、主要功能与特性等更是让孩子们津津乐道。大班幼儿具有丰富的想象力，在积累了更多交通工具的新经验后，设计制作外形、功能奇特的交通工具的欲望更易被激发。因此活动中，通过图片欣赏、讨论交流、想象创作，鼓励幼儿大胆设计各种交通工具，并能将自己设计的交通工具与同伴分享，丰富更多的设计经验，激发幼儿对未来交通工具的探究。

【活动目标】

1. 能仔细观察各种交通工具的外形特征，了解其主要的结构特征。

2. 能大胆设计外形、功能奇特的交通工具。

3. 愿意与同伴分享自己设计的交通工具，体验创作的乐趣。

【活动重点】

观察各种交通工具的外形特征，了解其主要的结构特征。

【活动难点】

能大胆设计外形、功能奇特的交通工具。

【活动准备】

1. 幼儿对交通工具有初步的了解。

2 图画纸、水彩笔，教师自制课件，各种交通工具的图片、幼儿学习材料《美术用纸》第 10 页。

【活动过程】

1. 结合图片进行谈话，引导幼儿进一步了解各种交通工具。

（1）提问：你喜欢哪种交通工具？它是什么样子的？

（2）结合课件，引导幼儿进一步观察交通工具的外形特征。

2. 鼓励幼儿想象、设计外形、功能奇特的交通工具。

（1）提问：如果你是设计师，你想设计什么样的交通工具？它的外形是什么样子的？它有什么奇特的本领？

（2）幼儿自主与同伴交流自己的创意。

（3）请个别幼儿讲述自己的设想，教师小结并鼓励幼儿围绕自己喜欢的交通工具的外形、本领等大胆想象。

3. 幼儿创作，教师观察指导。

（1）引导幼儿绘画、设计外形、功能奇特的交通工具，画面突显交通工具的主要特征与本领。

（2）提醒幼儿注意画面的合理布局，可添加其他相关内容，丰富对于所设计的交通工具的再现。

4. 引导幼儿分享、交流，体验创作的乐趣。

组织幼儿欣赏作品展，鼓励幼儿向同伴、老师介绍自己设计的交通工具。

提问：你设计的交通工具有什么奇特的地方？它有什么作用？你想用这种交通工具为谁服务？

体育活动

轮胎真好玩

【教材分析】

轮胎是幼儿在日常生活中常见、经济、具有多种教育价值的户外体育活动材料。大班幼儿喜欢玩轮胎，对于有一定难度的体育活动和有挑战性的任务非常感兴趣。本活动通过自由探索、相互交流，合作玩轮胎、小组比赛等方式让幼儿在实践中探索轮胎的玩法，拓展幼儿玩轮胎的方法，激发幼儿对于轮胎的探究兴趣。

【活动目标】

1. 在轮胎游戏中发展走、跑、跳、滚、平衡、钻爬等动作及技能。

2. 主动探究并积极尝试轮胎的多种玩法，发展想象力、创造力。

3. 体验合作游戏的快乐。

【活动重点】

在轮胎游戏中发展走、跑、跳、滚、平衡、钻爬等动作及技能。

【活动难点】

主动探究并积极尝试轮胎的多种玩法，发展想象力、创造力。

【活动准备】

放松音乐、轮胎若干。

【活动过程】

组织幼儿玩热身游戏"小汽车开来了"，引发幼儿活动兴趣。

（1）幼儿自由滚轮胎玩"小汽车开来了"游戏。

（2）教师指导幼儿把握好轮胎前进的方向，双手用力往前滚动。

2. 幼儿自由玩轮胎，探索轮胎的多种玩法，鼓励幼儿互相交流与别人不同的有创意的玩法。

提问：刚才你们都想到了什么玩轮胎的好办法？（个别回答并示范）

3. 交流体验轮胎的各种新玩法。引导幼儿之间相互合作，传授经验，提高幼儿的运动能力。

请幼儿示范自己发明的轮胎的玩法，对有新意的玩法加以表扬，并请其他孩子跟学。

（1）过小桥：将轮胎排成一排，幼儿从上面走过去。（锻炼幼儿走及平衡的能力）

（2）跨障碍：将轮胎排成一排，幼儿排好队跳过去。（锻炼幼儿跳的能力）

（3）推小车：幼儿将轮胎从起点推到指定地点。（锻炼幼儿手脚的灵活性）

（4）钻山洞：两个幼儿一左一右扶住轮胎，其他幼儿从轮胎中间钻过去。（培养幼儿钻爬的能力）

4. 玩游戏巩固轮胎的多种玩法，通过推、搬、钻爬、垒高等动作锻炼幼儿肢体力量和身体协调性。

（1）分组合作进行夺冠接力赛。搭建出的桥要有平衡、有钻爬、有垒高等组合。

（2）幼儿分成两个小组比赛，每组为自己建一条小路，快速并顺利通过便获胜。

（3）为对方建一条路，要能难倒对方使自己快速并顺利通过的便获胜。

5. 放松活动。

请幼儿坐在轮胎上，听指令拍打身体各个部位，进行放松活动。

【附场地布置图】

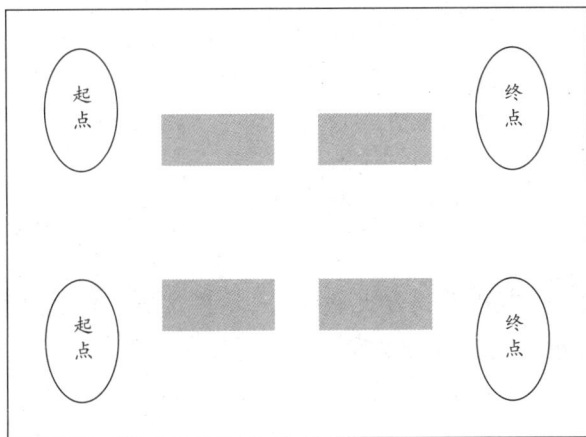

第3周 信息传递方法多

环境创设▶

1. 创设"报上说了什么事"的新闻播报区,引导幼儿分享、交流;布置"我来说新闻"的墙面,分为"我说的新闻"和"我的剪报"两部分,张贴幼儿搜集的新闻和制作的剪报。

2. 创设"天气预报栏",请值日生当气象员,每天进行天气播报。将收集的现代化通信工具的图片或模型布置成展区,供幼儿观察、交流。

4. 将幼儿设计的邮票、明信片布置成"我的小设计"展览会,鼓励幼儿大胆创设介绍自己的作品。

5. 布置"我喜欢的广告专栏",请幼儿收集、张贴喜欢的广告并进行分类,如食品广告、日用品广告等,也可将幼儿创作的广告张贴在专栏中分享。

生活活动▶

1. 日常生活中引导幼儿大胆与同伴交流通过报纸、电视、网络等多种途径获取的信息。

2. 培养幼儿良好的坐姿,引导幼儿在读书、看电视时注意保护眼睛,注意用眼卫生,每次看电视不超过30分钟。

3. 鼓励幼儿带着自制的剪报给中班和小班的弟弟、妹妹说新闻。

家长与社区教育▶

1. 请家长在生活中引导幼儿欣赏优质的广告。

2. 请家长提醒幼儿保护眼睛,合理使用电子产品,注意用眼卫生。

3. 建议家长坚持和幼儿一起读书、看报、听新闻,搜集幼儿感兴趣的信息,帮助幼儿养成读书、看报的好习惯。

教学活动

活动一 语言——谈话：说说有趣的广告

【教材分析】

电视上、马路边、商场里，甚至孩子们乘坐的公交车上，有着各种各样的广告，广告以生动形象的画面、动听的音乐以及富有创意的情节和广告语吸引了幼儿的好奇心，丰富着幼儿的情感。大班幼儿对于广告较为熟悉，基本了解广告的意思，也常常在平时的游戏中自己表演广告、学说广告词等。本活动从人们耳熟能详的广告入手，引导幼儿看广告、说广告、创编广告，感知广告独特的价值及其与人们生活的密切关系，通过公益广告的宣传传递真善美。

【活动目标】

1. 了解不同广告的特点、形式及用途，学说广告语。
2. 能积极表达自己的所见所想，尝试表演和创编广告。
3. 体验各种新奇广告带来的不同感受。

【活动重点】

了解不同广告的特点、形式及用途，学说广告语。

【活动难点】

能积极表达自己的所见所想，尝试表演和创编广告。

【活动准备】

1. 在生活中寻找自己感兴趣的广告。
2. 教师自制课件（关于青岛啤酒节的不同形式的广告，公益广告宣传片）。
3. 幼儿学习材料《身边的科学》。

【活动过程】

1. 引导幼儿交流自己感兴趣的广告，回顾已有经验。

（1）提问：你找到的是什么广告？你在哪里找到的？

（2）结合《身边的科学》第24～25页，组织幼儿观察、了解不同的广告形式。

2. 请幼儿欣赏青岛啤酒节广告，知道广告可以有多种表现方式。

提问：啤酒节都用了哪些广告形式？啤酒节为什么要做那么多的广告？

小结：广告有很多表现方法，有平面广告（报纸、传单、杂志）、户外广告、影音广告（电视、网络）等。这些广告都是为了引起大家的注意，让大家关注广告中的物品或者事情。

3. 组织幼儿进行集体交流与分享，拓展谈话内容。

提问：你还在哪些地方见到或听到广告？你听过最有趣或印象最深的广告是怎样的？广告会给人留下什么印象和感受？

重点指导幼儿展示、交流富有特色的广告语，帮助幼儿积累和丰富相关经验。

4. 组织幼儿观赏公益广告宣传片，帮助幼儿理解其意义。

提问：广告中讲述了一件什么事？为什么要做这样的广告？

你还知道哪些公益广告？

小结：关于戒烟、环保、爱护公物、奉献爱心、关心残疾人等主题的公益广告倡导人们要做有爱心、有责任心的人。

4. 小组游戏,创编广告语。

（1）以小组为单位,幼儿自主选择玩具、生活用品等,引导幼儿根据物品的外形特征、质地、用途特性等创编广告。

（2）小组展示:鼓励幼儿尝试将创编的广告,采用直接介绍、说广告词、表演等形式与同伴交流分享。

活动二　社会——我的手机朋友

【教材分析】

手机像我们的朋友,为我们提供多种多样的服务,我们用它打电话、发信息、购物等等。手机不仅方便了亲朋好友之间进行情感联络,更丰富了人们的娱乐生活,给生活带来很多便利。但是,对手机过度依赖,成为"手机人",就会影响正常的工作和生活。本次活动通过绘本阅读、生活现象讲述、《我的手机公约》的制定,引导幼儿知道手机对幼儿的视力发育、身体健康等方面有危害,要合理使用,鼓励幼儿及时提醒身边的大人,让手机成为我们有益的朋友。

【活动目标】

1. 知道手机等电子产品给我们的生活带来便捷,了解正确使用手机的方法。

2. 能与同伴制定《我的手机公约》,提醒自己和家人合理使用手机等电子产品。

3. 关注与家人、同伴之间面对面的情感交流,减少对手机的依赖。

【活动重点】

知道手机等电子产品给我们的生活带来便捷,了解正确使用手机的方法。

【活动难点】

能与同伴制定《我的手机公约》,提醒自己和家人合理使用手机等电子产品。

【活动准备】

1. 幼儿有使用手机等电子产品的经验。

2. 教师自制课件(家长忙着玩手机忽略孩子的照片,生活中随处可见的"手机人"现象的视频,过度使用手机等电子产品对身体带来伤害的内容)。

3. 实物投影仪,记录纸、笔等。

【活动过程】

1. 现场操作电子产品,引导幼儿感受手机等电子产品给生活带来的便利。

（1）幼儿操作自己的电子产品。

提问:你带来的是什么?可以用来做哪些事情?

（2）请幼儿利用实物投影仪与同伴分享、交流。

提问:"你会用里面的哪些功能?这些功能给我们的生活带来哪些便利?你还知道哪些功能?"

小结:手机等电子产品给我们的生活带来许多便利与快乐,成为我们的朋友。

2. 结合课件,帮助幼儿理解"手机人"的含义,懂得不应依赖手机。

（1）组织幼儿观看课件。提问:宝宝怎么了?为什么会伤心?

小结:手机抢走了他的家人,他很孤单和失落。

（2）组织幼儿观看"手机人"的视频。

引导幼儿交流:你身边有这样的"手机人"吗?你喜欢这样冷冰冰的生活吗?为什么?

（3）在交流中达成共识：人与人之间需要互相关爱,需要交流与沟通。

（4）师幼相互交流。

提问：过度使用手机还会带来哪些危害？

小结：过度使用手机对小朋友的视力发育、身体健康、生命安全等方面都有危害,我们要合理使用手机,保护好自己和家人的健康。

3. 指导幼儿制定《我的手机公约》,鼓励幼儿共同遵守,合理使用手机。

（1）组织幼儿讨论、交流。

提问：有什么办法能让我们既享受到手机带来的便利,又减少手机对我们的伤害与控制？

（2）归纳、整理幼儿记录的内容,形成《我的手机公约》,鼓励幼儿按照公约内容共同遵守。

4. 结合《我的手机公约》,引导幼儿与家人、朋友共同遵守。

（1）组织幼儿讨论、交流。

提问：如何让家人和你一样合理使用手机？

（2）鼓励幼儿熟记公约,影响、带动身边的人合理使用手机。

小结：合理使用手机,可以让我们在享受快乐的同时减少它给我们带来的伤害,这样手机才能成为我们真正的好朋友。

活动三 数学——学习4的减法

【教材分析】

建构初步的数概念,并学习用简单的数学方法解决生活和游戏中某些简单的问题是幼儿园数学的核心目标。学习4的减法是在幼儿已理解4的组成和4以内数的加法基础上进行的,活动中通过创设"送信"的游戏情境,引导幼儿在玩玩、说说、摆摆中探索4的减法,学习运用简明的语言讲述减法算式中所表述的意思,体验"还剩"的含义。

【活动目标】

1. 学习4的减法,知道减法算式中数字和符号的具体含义,理解减法算式中减号后面数字越小、等号后面数字越大的关系。

2. 熟练进行4的减法算式,进一步理解"还剩、走了……"的实际意义,能运用正确的词汇表达图意。

3. 体验用数学解决生活和游戏中问题的乐趣。

【活动重点】

学习4的减法,理解减法算式所表述的数量关系。

【活动准备】

教师自制课件、幼儿操作材料人手一份。

【活动过程】

1. 游戏、操作,复习"4的组成"。

（1）组织游戏"碰一碰",复习4的组成。

提问："小朋友,我问你,我的1指碰几指？"幼儿根据4的组成伸出相应数量的手指与教师游戏。

（2）边操作边回答,幼儿听指令操作学具复习4的分合式,巩固幼儿对组成的理解。

2. 结合"小动物收信"的游戏情境,引导幼儿学习4的减法并理解减法的含义。

（1）创设"熊爸、熊妈拆信"的游戏情境,引导幼儿了解 $4-2=2$。

提问：小熊家收到了几封信？拆开了几封信？还剩几封信没拆？

引导幼儿探索减法算式 $4-2=2$，说出"4""2""–""="各表示什么意思。

（2）创设"小鹿拆包裹"的游戏情境，引导幼儿了解 $4-1=3$。

提问：小鹿家收到了几个包裹？拆开了几个包裹？还有几个没拆？

引导幼儿探索减法算式 $4-1=3$，说出"4""1""3""–""="各表示什么意思

（3）创设"小鸽子收明信片"的游戏情境，引导幼儿了解 $4-3=1$。

提问：小鸽子收到几张明信片？已经打开了几张明信片？还有几张没打开？

引导幼儿探索减法算式 $4-3=1$，说出"4""3""1""–""="各表示什么意思。

（4）出示算式 $4-1=3$，$4-2=2$，$4-3=1$，引导幼儿观察感知"减法算式中减号后面数字越小、等号后面数字越大"的关系。

3. 结合操作材料⑥，引导幼儿进一步学习4的减法运算。

（1）引导幼儿摆出4的减法算式。

提问：你能用4的组合式摆出4的减法算式吗？

（2）游戏《我编题你列式》，引导幼儿与同伴相互游戏，练习根据算式编出相应的减法应用题。

【活动延伸】

请幼儿阅读《身边的科学》第31～32页，进一步巩固对4的加减运算的理解。

活动四　音乐——歌曲《表情歌》

【教材分析】

《表情歌》是一首欢快、活泼的儿童歌曲。歌词中用拍手、轻轻哭的典型动作，表现了高兴和难过两种不同的心情，鲜明而形象，易于幼儿理解。歌曲曲调流畅，歌词规整，节奏明快，易于幼儿创造性地进行表达。《表情歌》两段歌词分别表达了不同的心情，教师在弹奏乐曲时，可调整速度、力度及指法以体现乐曲情感。活动中，教师可通过变脸游戏，初步引导幼儿用表情、动作表达情感，建立情感与动作间的联系；用情感带入等方法，引导幼儿带着情感体验来歌唱；通过氛围营造、情绪调动、语言启发，鼓励幼儿通过声音、表情、动作表现歌曲情感；同时，可加入仿编环节，增加幼儿生活中常见的情感，如生气、着急、烦恼等，通过大吼、跺脚、皱眉等典型动作及动作节奏的变化来表现不同的情感，提高幼儿对歌曲的演唱兴趣，增强幼儿对情感及典型动作的关注和表现，提高幼儿对自己和他人情感的辨识能力。

【活动目标】

1. 学唱歌曲，理解歌词，感受歌曲欢快、活泼的情感。
2. 能用自然的声音完整演唱歌曲并根据生活经验仿编歌词。
3. 乐意用声音、表情、动作表现不同的情感。

【活动重点】

学唱歌曲，感受歌曲欢快、活泼的情感。

【活动难点】

能用自然的声音完整演唱歌曲并根据生活经验仿编歌词。

【活动准备】

《表情歌》音乐、课件。

【活动过程】

1. 玩"变脸"游戏,激发幼儿活动兴趣。

组织幼儿玩"变脸"游戏,引导幼儿通过表情、动作等表达高兴、难过、生气等情绪变化。

2. 请幼儿欣赏乐曲《表情歌》,感受乐曲欢快活泼的情感和明快的节奏特点。

鼓励幼儿随音乐旋律与节奏,用身体动作自由表现不同情感,初步感受情感与节奏的关系。

3. 教师完整清唱歌曲,引导幼儿初步理解歌词内容。

提问:歌词里面都唱了什么?

小结并启发幼儿说出歌词内容,同伴间相互学习。

4. 指导幼儿分段学唱歌曲,尝试表现歌词中的情感。

(1)分段学唱,引导幼儿分析、理解歌词,唱准曲调并用适宜的声调分段演唱歌曲。

提问:什么时候你会高兴(难过)? 歌曲中高兴(难过)的时候是怎样做的?

(2)幼儿完整演唱歌曲,鼓励幼儿随音乐节奏边唱边做出相应的动作(哈哈笑、轻轻哭)。

5. 尝试仿编、续编歌曲,激发幼儿演唱歌曲的兴趣。

(1)引导幼儿结合其他不同的情感、动作等进行仿编。

提问:除了高兴、难过,还有哪些不同的情感? 表情、动作又是怎样的?

重点启发幼儿仿编、续编歌曲,如增加生气、着急、烦恼、惊讶等情感表现。

(2)幼儿完整演唱歌曲。(集体、小组)

【附教材】

表情歌

1=C $\frac{2}{4}$

张友珊 词
汪 玲 曲

1 6 6	1 6 6	1 6 6 4	5 6	×× ×	5 3 3 1	2 3

我 高 兴,我 高 兴,我 就 拍 拍 手。 (拍手) 我 就 拍 拍 手。
我 难 过,我 难 过,我 就 轻 轻 哭。 (轻哭) 我 就 轻 轻 哭。

| ×× × | 1 | 3 4 | 5 | 4 | 3 2 | 1 | ×× × | ×× × ‖
|---|

(拍手) 看 大 家 一 起 拍 拍 手。(拍手) (拍手)。
(轻哭) 看 大 家 一 起 轻 轻 哭。(轻哭) (轻哭)。

活动五 美术——绘画:我设计的邮票

【教材分析】

邮票,方寸之间包罗万象,体现了一个国家或地区的历史文化、自然风貌等特色,不仅具有邮政价值,还具有收藏价值。大班幼儿具有一定的设计能力,能理解邮票上的图画内容,也能根据自己的理解将自己想画的内容表现出来。活动中,通过图片观察、自主表达,引导幼儿欣赏各种邮票,了解邮票的特征及用途,感知邮票带来的丰富多彩的信息;通过大胆设计、分享表述,拓展幼儿对于设计、装饰邮票的感知经验,鼓励幼儿尝试用明快的色彩大胆设计自己喜欢的邮票,激发幼儿了解邮票知识的兴趣。

【活动目标】

1. 知道邮票上有面值、图案等内容,初步了解邮票的用途。

2. 能根据邮票的特点尝试用明快的色彩大胆设计邮票。

3. 对邮票产生兴趣,萌发喜爱之情。

【活动重点】

知道邮票上有面值、图案等内容,初步了解邮票的用途。

【活动难点】

能根据邮票的特点尝试用明快的色彩大胆设计邮票。

【活动准备】

1. 请家长和幼儿一起搜集邮票及有关邮票的资料。

2. 彩笔、油画棒、胶水、花边剪刀等。

3. 幼儿学习材料《身边的科学》,幼儿学习材料·美术用纸第 11 页。

【活动过程】

1. 创设情境"一封少了邮票的信",使幼儿了解邮票的用途。

提问:为什么邮局的叔叔说这封信寄不出去?信封上为什么要贴邮票?邮票有什么用途?

小结:邮票由国家邮政机关发行,除了用于寄信,还是宣传自己国家的一种方式,具有收藏价值。

2. 引导幼儿欣赏邮票,了解邮票的特点。

（1）幼儿介绍自己带来的邮票。

提问:你带来的邮票是什么样子的?上面有什么?

（2）结合《身边的科学》第 30 页,帮助幼儿进一步了解邮票的特点。

提问:邮票有什么相同和不同之处?

小结:邮票上都有铭记、图案、面值、志号,有的邮票有齿孔有的没有,有的邮票有水印有的没有。邮票具有多样性,有普通邮票、纪念邮票、特种邮票等。

3. 师幼讨论,鼓励幼儿设计内容各异的邮票。

（1）鼓励幼儿设计邮票。

提问:如果你是邮票设计师,你想设计怎样的邮票?绘制什么样的图案?什么样的色彩?

（2）幼儿相互交流自己设想的邮票图案内容。

4. 请幼儿设计、制作邮票。

（1）师幼讨论,制作邮票时应注意的问题,如安全使用剪刀、将邮票内容填写完整等。

（2）幼儿设计邮票,教师指导。

（3）用幼儿制作的邮票布置"我设计的邮票"展览会,引导幼儿欣赏、交流。

体育活动

好玩的报纸

【教材分析】

报纸对于孩子而言随处可见、非常熟悉。报纸不仅可以阅读,还可以利用它开展各种有趣的游戏。本活动以报纸为媒介,通过自主探究、小组合作、共同游戏等形式,引导幼儿进一步感知报纸的有趣。活动中,充分挖掘报纸的活动价值,开展走、爬、投掷等多种游戏活动,实现活动中的"一物多玩",提高幼儿的创造思维及动作协调与平衡能力。

【活动目标】

1. 能运用报纸练习平衡走、爬、投掷等动作,掌握动作要领。

2. 能自己或与同伴合作探索报纸的不同玩法并运用报纸大胆游戏。

3. 主动参与游戏,体验利用报纸的多变造型进行游戏的乐趣。

【活动重点】

能运用报纸练习平衡走、爬、投掷等动作,掌握动作要领。

【活动难点】

能自己或与同伴合作探索出报纸的不同玩法并运用报纸大胆游戏。

【活动准备】

报纸若干、筐子、舒缓的音乐。

【活动过程】

1. 玩游戏"报纸船",带领幼儿做准备活动。

引导幼儿每人一张报纸,模拟踏板操,随音乐进行上肢、下肢等热身活动。

2. 玩游戏"报纸真好玩",引导幼儿利用报纸的特性探索不同的玩法。

(1)幼儿自由玩报纸,探索并交流各自的玩法,如搭桥过河、跨小河、夹纸棒走、背纸团走、纸球入门等。

(2)幼儿与同伴合作玩报纸,探究并相互交流玩法,如斗牛、背靠背夹报纸走、两人头顶报纸走等。

3. 玩游戏"报纸变变变",引导幼儿练习平衡走、爬、投掷的动作技能。

(1)介绍游戏玩法,引起幼儿兴趣。

教师示范讲解游戏玩法:幼儿分为4队,每个幼儿两张报纸,用报纸交替向前搭成桥,脚踩在报纸上前进至红色标志线,将报纸背在背上向前爬至绿色标志线,再将报纸团成球投到小筐里,完成后迅速从两侧跑回起点。

(2)幼儿鱼贯练习,熟悉玩法。

(3)增加游戏难度,如以接力竞赛的形式进行游戏,巩固平衡走、爬、投掷等动作技能,提高身体动作的协调性。

4. 把报纸当作瑜伽垫,伴随舒缓的音乐,带领幼儿做适合幼儿年龄特点的瑜伽动作进行放松。

主题五 琴棋书画

活动区活动

1. 天后宫古木
2. 我是小演员
3. 梨园小舍
4. 泥塑
5. 象棋
6. 学习系鞋带

教学活动

1. 好习惯体验日：
   国旗、国歌和国徽
2. 有趣的汉字
3. 梅花
4. 熊猫
5. 一个师傅仨徒弟

户外体育活动

1. 跳皮筋
2. 两人三足

第 1 周 妙笔生花——书画

教学活动

1. 5 的加法
2. 象棋的由来
3. 楚河汉界——象棋的故事
4. 象棋的游戏
5. 中国棋礼仪

琴棋书画

教学活动

1. 多彩的京剧
2. 三岔口
3. 龟兔赛跑
4. 欣赏京剧脸谱
5. 5 的减法

第 2 周 棋高一筹——棋

第 3 周 余音绕梁——琴

户外体育活动

1. 小鲤鱼跳龙门
2. 丢手绢

户外体育活动

1. 打猫尾
2. 跳竹竿

活动区活动

1. 天后宫戏楼
2. 我是文明小观众
3. 梦回西游
4. 剪纸
5. 围棋
6. 我给娃娃系鞋带

活动区活动

1. 民俗文化街
2. 我是售票员
3. 诗词大会
4. 自制面具
5. 活字印刷
6. 我给自己系鞋带

主题价值

中国的传统文化源远流长，博大精深，让幼儿从小接受传统文化的启蒙教育，既可以规范他们的日常生活行为，学习礼貌和礼仪，学做知书达理、有教养、孝敬父母、讲道德的孩子，还能培养幼儿的民族自豪感和热爱祖国的情怀。结合幼儿园《养成教育课程》，开展了"中华传统文化——琴、棋、书、画"的主题活动，本主题设置了"妙笔生花——书画""棋高一筹——棋""余音绕梁——琴"3个子主题。活动中，我们将中国的国粹京剧引入其中，通过欣赏京剧和制作脸谱等活动，萌发幼儿对国粹艺术的探究兴趣，并尝试进行京剧的表演；将民间游戏跳竹竿、跳皮筋、打猫尾等融入主题活动中，通过掌握各项游戏技能，培养幼儿在游戏中坚强勇敢、不怕困难的品质；通过学习传统绘画水墨画，掌握中锋、侧锋，以及调试浓墨淡墨的技法；通过了解对汉字的起源和象棋的文化背景，知道汉字和象棋是中华民族的文化瑰宝，并能遵守其中的规则，养成良好的礼仪习惯，感受中国传统文化的无穷魅力，树立民族自豪感。

主题目标

★ 能主动地与客人打招呼，会使用礼貌用语，懂得尊老爱幼、文明礼让的传统美德，并愿意与同伴分享自己的发现，认真倾听。

1. 了解汉字的起源和象棋的文化背景，知道汉字、象棋是中华民族的文化瑰宝，并能遵守观棋不语、坐姿端正、互相礼让等良好的礼仪习惯。

2. 学习民间游戏的玩法与规则，掌握双脚跳跃、助跑跨跳、奔跑躲闪等游戏技能，并能在游戏中树立坚强勇敢、不怕困难的品质。

3. 理解中国传统文学的主要含义，能有韵律、有节奏地朗诵古诗，感受传统文学所表现的意境美和韵律美，知道故事中人物角色的关系，感受京剧不一样的文学魅力。

4. 知道京剧是中国的国粹，萌发对国粹艺术的探究兴趣，并在游戏环境中感受数学活动的乐趣。

5. 感受中国传统画的绘画方式，并能描述图案和装饰方法，尝试用夸张的表情和体态动作表现歌曲内容。

区域活动安排

区域名称	活动名称	活动准备	活动指导建议
结构区	天后宫	大型积木若干,纸杯、奶粉桶、易拉罐、自制纸筒砖瓦、纸砖等搭建辅助材料,雪花片、梅花胶粒、编织小物件、天后宫实景图片	1. 天后宫古木: ● 能运用方形插、一字插等方法与易拉罐等辅助材料相结合,设计并创造性地拼插搭建天后宫的古木。 ● 指导幼儿运用雪花片、梅花胶粒等拼插玩具拼插出不同造型的古木。 2. 天后宫戏楼: ● 能将大型积木运用围拢、垒高、穿插等方法创造性地搭建台面和台柱,并能与奶粉桶、易拉罐、纸杯等辅助材料组合进行戏楼的搭建。 ● 指导幼儿在搭建时注意台面、台柱的结合,使戏楼稳固。 3. 民俗文化街: ● 能运用围拢、垒高等方法进行搭建,并与辅助材料相结合组合设计出天后宫里的民俗文化街特点。 ● 指导幼儿用大型积木、纸砖等材料搭建文化街的房屋,用自制纸筒砖瓦搭建屋顶,并利用编织小物件进行装饰。 ★ 提醒幼儿玩完玩具后分类整理,物归原处,能与同伴协商合作游戏。
社会区	西游大剧场	《西游记 —— 三打白骨精》《西游记 —— 猴王巧治病》《西游记 —— 天竺收玉兔》所有演员的服装、道具、背景音乐、售票处、观众席、检票处、自制门票	1. 我是小演员: ● 愿意表演,能结合《西游记》剧本内容进行分角色表演。 ● 指导幼儿随音乐上场、谢幕,并大胆自信地进行分角色表演,注意表演时的表情、动作和语调。 2. 我是文明小观众: ● 能遵守剧场秩序和规则,知道如何做一名文明的小观众。 ● 指导幼儿在演出前按照规定场所(观众席)有序就座,听从会场工作人员的安排,并文明观看。 3. 我是售票员: ● 能有秩序地买票入场,知道售票员的职责。 ● 指导幼儿在观看演出前到售票处买票,由检票员检票进场。 ★ 提醒幼儿在观看表演时能够遵守会场秩序,遵守会场规则,文明观看。
表演区	梨园小舍	京剧服饰墙面设计、幼儿自制表演服装、自制表演头饰、自制京剧脸谱、扇子、手绢、奶粉桶(红色、蓝色)、花架子、背景音乐、表演乐器	● 能与同伴相互协商演出的顺序、演出的位置、演出队形,随音乐自主创编动作进行表演。 ● 指导幼儿根据音乐播放的内容变化京剧服饰与道具。 ★ 同伴间遇到矛盾会互相协商解决,学会谦让,合作游戏。
表演区	梦回西游	《西游记 —— 三打白骨精》《西游记 —— 猴王巧治病》《西游记 —— 天竺收玉兔》所有演员的服装、道具、背景音乐	● 根据剧本内容能够分角色进行表演,表演时注意表情、语言、角色对话,富有感情地表演。 ● 指导幼儿根据剧情需要,演员按角色的出场顺序出场,并加入背景音乐,使表演完整。 ★ 同伴间相互合作、协商,演出结束后能将道具、服装整理好,物归原处。
表演区	诗词大会	背景音乐、播放器、古诗词图片	● 能大胆地朗读古诗,尝试用动作表演古诗。通过古诗配画、赏画吟诗的形式把幼儿带入诗情画意的境界。 ● 指导幼儿用动作、表情有感情地朗读、表演古诗,注意朗读时的语调和语气。 ★ 能主动积极地参与活动,感受古诗的韵律感。

区域名称	活动名称	活动准备	活动指导建议
美工区	泥塑	黄泥、泥工板、作品欣赏图片、辅助材料（豆子、螺丝钉、勺子、瓶盖）等	● 能运用团圆、搓条、压扁等方法,配合辅助材料丰富作品,捏出自己喜欢的物品形象。 ● 指导幼儿用豆子、螺丝钉等辅助材料装饰人物的眼睛,用勺子装饰人物的四肢,用瓶盖装饰人物的服装等,鼓励幼儿创造性地运用各种辅助材料进行装饰。 ★ 制作过程中注意桌面、衣服干净,穿上围裙进行制作。
美工区	剪纸	各种各样的石头、画笔、颜料、辅助材料、剪纸图示等	● 了解中国剪纸对称的特点,会用衬底的方法看剪纸图示进行剪纸活动,让自己的剪纸手工作品变得更美观。 ● 鼓励幼儿利用辅助材料、石头等与剪纸作品相结合,使作品更加完美。 ★ 能安静地进行剪纸创作,不打扰别人,保持桌面整洁。
美工区	自制面具	画笔、颜料、空白面具（师徒四人）、抹布	● 知道西游人物的面部特点,能用画笔蘸取相应的颜色进行面具的装饰。 ● 指导幼儿根据西游记中的人物角色用毛笔蘸颜料进行面具涂色,并将涂好色的面具用于表演区演员使用。 ★ 保持衣物、桌面干净整洁,物品使用完后整理放好。
益智区	象棋	象棋材料、游戏玩法提示板、游戏规则提示卡片	● 遵守下棋的规则,运用简单的象棋知识来初步学下象棋。 ● 指导幼儿在下棋时要保护好自己的帅和将不被对方吃掉,遵守马走日、象走田等规则有序下棋。 ★ 体会规则的意义,并学习遵守。
益智区	围棋	围棋材料、游戏玩法提示板、游戏规则提示卡片	● 知道围棋的棋子分为黑白两种,能遵守围棋的基本规则,运用简单的围棋知识来初步学下围棋。 ● 指导幼儿对弈时想办法将对方的棋子围住,使对方无法填子行进,最终获得胜利。 ★ 能与同伴协商合作游戏,遵守游戏规则。
益智区	活字印刷	陶泥或者硬橡皮泥、牙签、颜料、刷子、白板纸	● 掌握印章的制作方法,能按自己的意愿进行排列并印刷。 ● 指导幼儿把陶泥或橡皮泥捏成常见印章的形状,用牙签在上面写上想印的字的反字,用刷子蘸颜料刷上自己喜欢的颜色印在白板纸上。 ★ 在印刷过程中能够静下心来,有耐心地进行。
生活区	系鞋带	鞋子模型,实物鞋子,系鞋带步骤图,穿鞋的布娃娃,各种丝带、绳	1. 学习系鞋带: ● 会看步骤图并掌握系鞋带的方法。 ● 指导幼儿尝试将鞋上的绳或丝带用交叉打结的方法系出蝴蝶结。 2. 我给娃娃系鞋带: ● 学会为娃娃穿鞋系鞋带,并能系成蝴蝶结。 ● 指导幼儿有耐心地为娃娃穿鞋系鞋带,体验为他人服务的成功感。 3. 我给自己系鞋带: ● 能够自己穿上鞋子后运用交叉、打结等方法系鞋带,并能系成蝴蝶结。 ● 鼓励幼儿自己穿鞋、系鞋带,体验成功的快乐。 ★ 鼓励幼儿做事有耐心,遇到困难能自己解决。

（●为核心目标指导,★为养成目标指导）

户外活动安排

活动名称	活动目标	活动准备	活动指导建议
二人三足	1. 学习游戏"二人三足"，并尝试用与同伴按节奏同步前进的方法，探索多人共同游戏。 2. 通过游戏，发展幼儿的下肢力量，提高幼儿动作的协调性与平衡性。 3. 积极参与游戏活动，体验与同伴合作、竞争的愉悦。	布条、彩色即时贴、小椅子、沙包若干	● 了解游戏名称及要求。要求：两两结合，用布条绑住两人中间的两条腿，在膝盖以下、脚踝以上的位置，松紧要适度，变成"二人三足"。两个人的步子要一样大，还要保持同一节奏，明确什么时候出绑在一起的腿，这样才能走得平稳。 ● 比赛过程中若布条脱落或松开需要在原地重新绑牢再继续比赛，不能将绑好的腿抬起，单脚跳向终点。 ★ 尝试加快速度，教师观察指导，提醒幼儿注意安全。
丢手绢	1. 学习游戏的玩法及规则。 2. 能遵守规则玩游戏。 3. 通过活动幼儿学会游戏，感受游戏的乐趣。体验相互追逐的快乐。	会唱《丢手绢》歌，不同颜色的手绢2条	● 当唱到"轻轻地放在小朋友的后面"时，拿手绢的幼儿就把手绢悄悄地丢在另一个幼儿的身后，然后继续围着圈跑。当唱到"快点快点捉住他"时，捡到手绢的幼儿马上去追刚才那个丢手绢的幼儿，并围着圈追。 ● 只准捡到手绢的幼儿起来追，其他的幼儿坐在位子上。不疯闹，跑时不离开圈，幼儿要自己围着自己的圈跑。 ★ 遵守游戏规则，帮助还未理解游戏玩法的幼儿一起完成游戏。
跳竹竿	1. 初步学习跳竹竿的基本方法。 2. 能和同伴合作进行游戏，并能协商分工进行。 3. 体验合作游戏的快乐。	竹竿若干	● 幼儿两人一组，手拿竹竿面对面蹲下。用"分分、合合"的节奏敲打竹竿。跳竹竿者应在竹竿分开时双脚或单脚落地，不等竹竿合拢又迅速跃起。 ● 跳竹竿者不能踩着竿，也不能被竿夹住。 ★ 遵守游戏规则，鼓励幼儿合作进行，互相协商。

（●为核心目标指导，★为养成目标指导）

楼层联动区域游戏活动安排

区域名称	活动名称	活动准备	活动指导建议
楼层区域游戏	棋类空间	下棋桌、棋谱提示板、棋礼仪提示板、象棋、围棋、跳棋等	● 能看懂棋谱，选择自己喜欢的棋类并会摆棋和走棋，能进行简单的对弈。 ● 指导幼儿对弈时遵守游戏规则，观棋不语。 ★ 在游戏中培养幼儿良好的棋礼仪，如：做一个文明的下棋者和观棋者、爱护棋具、同伴间相互礼让、谦虚待人、棋具掉落地上立刻捡起、游戏结束后规范收拾棋具、摆好桌椅等。
	梦西游	《西游记——三打白骨精》所有演员的服装、《西游记——猴王巧治病》所有演员的服装、《西游记——天竺收玉兔》所有演员的服装	● 指导幼儿能结合剧本内容进行表演，能将台词背过，表演时注意表情和语气。 ● 指导幼儿观看演出时先到售票处买票，在由检票人员检票后入场就坐。 ★ 提醒幼儿表演结束后，将场地收拾干净并能将穿过的服装和用过的道具摆放回原位。
	画西游	绘画专用纸、黑色勾边笔、水彩笔、炫彩棒、西游故事图书	● 能将西游故事绘画出来，注意画面中要突出的主人翁。 ● 指导幼儿在西游故事的基础上自己加以想象和创造，进行故事创编并进行绘画。 ★ 提醒幼儿绘画结束后将纸笔放回原位，注意用炫彩棒时不要摸得到处都是。

区域名称	活动名称	活动准备	活动指导建议
楼层区域游戏	话西游	西游故事图书、西游故事指偶	● 能将西游故事进行创编，合作制作《假如我是孙悟空》系列自制图书。 ● 指导幼儿运用指偶大胆讲述西游故事，注意讲述使用的语气语调和表情。 ★ 提醒幼儿爱护图书和指偶玩具。
	梨园小舍	京剧服饰墙面设计、幼儿自制表演服装、自制表演头饰、自制京剧脸谱、扇子、手绢、奶粉桶(红色、蓝色)、花架子、背景音乐、表演乐器	● 能与同伴相互协商演出的顺序、演出的位置、演出队形，随音乐自主创编动作进行表演。 ● 指导幼儿根据音乐播放的内容变化京剧服饰与道具。 ★ 同伴间遇到矛盾会互相协商解决，学会谦让，合作游戏。
	民间手工坊	陶泥、橡皮泥、泥塑工具、剪纸、彩色折纸、彩色卡纸、花布、马勺、葫芦、剪刀、白胶水、彩笔、丙烯颜料、宣纸、水墨画颜料、毛笔、各种辅助材料、自然物	● 学会看懂折纸示意图，剪出自己喜欢的花纹，能使用辅助材料丰富作品，使自己的作品更加美观。 ● 鼓励幼儿探索与尝试，改变泥块原有的特性，运用多种辅助材料进行剪、折、裁、拼、包、揉、贴、衬底等方法创作戏曲人物、民间面具和手工花瓶。 ★ 制作过程中注意桌面、衣服干净，穿上围裙进行制作。
	京剧服装加工厂	各种装饰材料(彩色毛球、亮片、扭扭棒等)、水彩笔、炫彩棒、白胶、卡纸、京剧服装、冰糕棍、画好的梅花扇面	● 了解京剧服饰以及各种配饰的装饰特点。能用画、贴、折等多种形式，结合不同的材料装饰制作京剧服饰。 ● 鼓励幼儿发挥想象，创造性地设计装饰自己喜欢的京剧服饰。 ★ 同伴之间相互合作、协商装饰京剧服饰。

（●为核心目标指导，★为养成目标指导）

第1周　妙笔生花——书画

环境创设

1. 主题板：创设"妙笔生花——书画"主题墙饰，让幼儿感受文字的演变，以及大师作品的精髓，增添"向大师致敬"板块，将幼儿的作品展示在墙面上，与大师作品互动，丰富主题板。

2. 班级环境：围绕主题"中国传统文化——琴棋书画"进行主题环境创设，用蜡染布、绘画京剧人物形象、制作团扇等材料丰富班级环境，初步让幼儿感受传统文化的环境氛围。

3. 初步创建班级特色活动区域：

（1）大一班"梨园小舍"。

（2）大二班"民间手工艺坊"。

（3）大三班"梦回西游"。

每班根据自己班级特色以及班级幼儿特点，添加区域活动内容与材料。

生活活动

1. 知道饭前便后要洗手，洗手时挽袖子，及时关好水龙头，不玩水。

2. 帮助幼儿掌握筷子的正确使用方法，并及时指导。

3. 爱惜班级制作的服装道具，游戏时互相谦让不争抢。

4. 安全教育：培养幼儿的自我保护意识，不玩、不接近危险物品，不做危险的事，了解一些简单的安全常识和自救方法。

家长与社区教育

1. 请家长帮助搜集"汉字的演变"手抄报，拓宽幼儿对于汉字演变的感知，为讨论活动做好准备。

2. 邀请课委会家长进园，一起商量本主题的相关亲子活动内容，策划家长进课堂相关内容。

3. 请家长在家与幼儿一起制作京剧服装，并根据游戏的喜好进行简单的装饰，画上花纹。

4. 根据自己班级特色活动内容，配合教师收集相关材料。

教学活动

活动一　好习惯体验日——国旗、国歌和国徽

【活动解读】

五星红旗是中华人民共和国的国旗,它是祖国的标志和象征。每个星期一的早晨,幼儿园都要进行升旗仪式。由于幼儿年龄的特点,他们虽然见过国旗和国徽,也听过国歌,但对实际意义不宜理解。为了更好地对幼儿进行爱国主义教育,使幼儿从小萌发爱祖国的美好情感,活动中通过国旗宣讲、我是小小升旗手、童画祖国等形式,让幼儿在听、看、唱、想、说中,激发幼儿对祖国热爱的情感。

【活动流程】

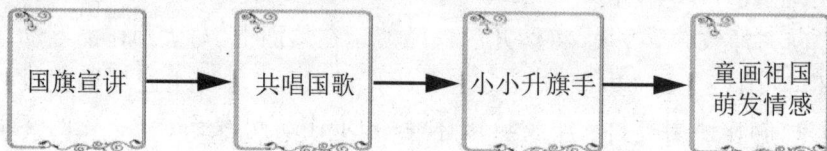

国旗宣讲 → 共唱国歌 → 小小升旗手 → 童画祖国萌发情感

【活动目标】

1. 会唱国歌,认识中国的国旗、国徽,知道中国的国旗是五星红旗。

2. 初步了解国旗、国徽的颜色、图案所代表的含义,知道尊敬国旗、国歌、国徽是热爱祖国的表现。

3. 激发幼儿热爱祖国的情感。

【活动建议】

1. 国旗下宣讲"国旗国歌和国徽"。

(1)教师宣讲:小朋友,国旗代表中华人民共和国。红色意味着革命的胜利,五颗星星表示全国人民的大团结,一颗大星星代表中国共产党,四颗小星星代表全国各族人民,国旗也叫五星红旗。

(2)幼儿宣讲:尊敬国旗、国歌、国徽是热爱祖国的表现。无论什么时候,升国旗、奏国歌时必须停下手中的活动,向国旗行注目礼,严肃地听国歌,直至国旗升起,国歌演奏完毕。

(3)家长宣讲:国徽上的麦穗代表人民,齿轮代表工人,天安门就表示我们的民族精神。五颗星星就表示中国共产党领导下的全国各族人民大团结。10月1日是祖国母亲的生日。

2. 共唱国歌。

(1)幼儿完整欣赏《国歌》。

(2)幼儿随音乐学唱《国歌》。

3. 小小升旗手。

(1)升旗礼仪:四人持旗,两个人护旗。参加升旗的人都要行注目礼。

(2)播放国歌,升旗手升旗,师幼共唱国歌,立正站好,向国旗行注目礼。

(3)小结:国旗、国徽、国歌是我们国家的象征标志,我们祖国的美丽和伟大,让我们大声喊出,喊出我们的心声:我爱祖国!祖国万岁!祖国在我心中!

4. 童画祖国,萌发情感。

（1）幼儿自主绘画国旗、国徽、天安门等,用绘画表达自己对祖国的热爱。

（2）请幼儿说说画中情景。

（3）小结:每个小朋友都是祖国的小主人,我们要热爱祖国,关心祖国,我们为自己是中国人而感到自豪!

活动二 科学——有趣的汉字

【教材分析】

汉字是中国文化的瑰宝,它在我们生活中随处可见。随着大班幼儿求知欲的增长,他们也开始逐渐认识一些常见的、简单的汉字,如大、小、日、月、水等,并对汉字产生了浓厚的兴趣。本活动从汉字的起源及象形文字等问题入手,通过民间小故事《仓颉造字》,使幼儿了解汉字的起源及作用;通过游戏"看图猜字",让幼儿与同伴以交流学习的形式,进一步引发他们对汉字的学习兴趣。

【活动目标】

1. 了解汉字的起源,知道汉字是中国人发明的文字。

2. 尝试根据图画、象形字寻找相对应的汉字,并能进行认读。

3. 关注周围环境中的汉字,产生对汉字的兴趣。

【活动重点】

关注周围环境中的汉字,产生对汉字的兴趣。

【活动难点】

尝试根据图画、象形字寻找相对应的汉字,并能进行认读。

【活动准备】

1. （经验）幼儿对汉字的兴趣和识字的情况。

2. （物质）挂图、课件、"日、月、山、石"象形字字卡人手一份。

【活动过程】

1. 出示汉字和象形字的图片,激发幼儿探索兴趣。

（1）出示汉字图片,观察图片上的汉字。

提问:"我们一起看看图片上的文字一样吗? 有谁知道这些字是哪些国家的文字?"

（2）请个别认识字的小朋友找出图片中的汉字,一起读一读。

小结:汉字是中国人发明和使用的文字,中国的汉字又叫方块字,已经有四五千年的历史了,有了汉字,就可以让我们很方便地交流,知道更多的东西,中国人很了不起。

出示象形字图片,观察象形字和汉字的不同。

提问:"它们是什么样子的?""这些字跟我们现在的汉字一样吗? 它们有什么不一样的地方?"

（3）小结:这些字是古代人用来记录用的,像图画一样。

2. 讲述故事《仓颉造字》,帮助幼儿了解汉字的由来与作用。

（1）播放课件《仓颉造字》,帮助幼儿理解故事内容。

提问:"仓颉是怎样造字的? 他是怎样想到用图画符号表示事物的?"

"汉字给人们带来了哪些方便?"

（2）小结:古代人用刻木、结绳来记录事情,用豆粒等物品来计数,但是绳结打开很不方便。最早的文字叫象形字,是从各种具体形象的图画中演变过来的。

3. 创设游戏,引导幼儿探索认读象形文字和现代文字,激发幼儿对汉字的兴趣。

（1）游戏"看图猜字",认识古代的汉字。

提问:"今天我们来和汉字做游戏,让我们一起来看看这些图案像什么字?"

（2）出示象形字"日、月、山、石",引导幼儿观察。

提问:"你认识它吗? 感觉它像什么?"

（3）猜一猜,认一认,对比观察现代汉字和象形字。

小结:原来古代的人把山的样子画了下来,用这个符号表示山字,人们一看就懂了,因为它很像一幅图画。

（4）幼儿操作"有趣的汉字"操作学具,与同伴之间相互提问,巩固对象形字的认识。

3. 交流分享,教师总结。

（1）请幼儿说一说生活中自己认识的汉字,教师书写。

（2）教师小结:汉字是记录汉语的文字,它已有 6000 年左右的历史。它是世界上使用人口最多的语言,是世界上最古老的文字之一。现代汉字的字体是经甲骨文、金文、小篆、隶书演变而来的。我们的生活、社会的发展等等都依靠文字得以保存至今。作为记录、保存、传播知识的工具——文字,对人类文明的进步,推动社会的进步和发展,做出了不可估量的贡献。

【附教材】

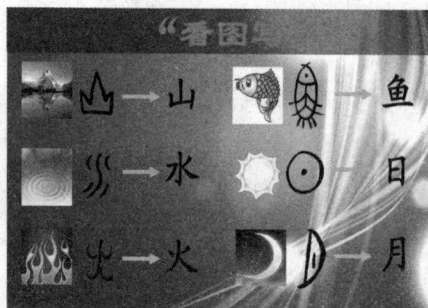

活动三 语言——古诗《梅花》

【教材分析】

《梅花》是一首五言律诗,作者是北宋诗人王安石。这首诗从神态、颜色、香味三个方面描写了梅花的特点:墙壁角落里的几枝梅树,冒着严寒独自开出了雪白的花来,远远看上去就知道那不是雪,因为有淡淡的花香飘了过来。此诗意境悠远,为咏梅之佳作。大班幼儿的语言结构敏感性有了明显的发展,本活动引导幼儿通过欣赏与朗诵,感受古诗的语言节奏和韵律,体会古诗所表现的意境美和梅花高洁、坚强的品格。

【活动目标】

1. 初步理解故事的主要含义和梅花的特点,知道"凌寒独自开"的寓意。

2. 能按照古诗的韵律、节奏有感情地朗诵。

3. 感受故事所表现的意境美和梅花高洁、坚强的品格。

【活动重点】

初步理解故事的主要含义和梅花的特点,知道"凌寒独自开"的寓意。

【活动难点】

能按照古诗的韵律、节奏有感情地朗诵。

【活动准备】

1.（物质）课件《梅花》、古筝曲《渔舟唱晚》、幼儿学习材料《拥抱冬天》。

2.（环境）幼儿坐半圆。

【活动过程】

1. 结合课件，引导幼儿初步感受古诗的意境，了解古诗的作者。

（1）观看课件，引导幼儿讨论画面内容。

提问："冬天的梅花是什么样子？你看了这幅图有什么感觉？"

（2）根据图画内容，简单介绍古诗的名称、作者。

小结：这首古诗的名字是《梅花》，作者是北宋诗人王安石。

2. 幼儿倾听古诗，感受古诗特有的韵律，了解古诗的主要含义。

（1）教师有感情地朗诵古诗，引导幼儿感受古诗特有的韵律和节奏。

（2）组织幼儿交流、讨论，了解古诗的主要含义。

提问：严寒中盛开的梅花是什么颜色的？你是从哪句知道的？哪句古诗突出了梅花"凌寒独自开"的特点？怎样理解这句诗的意思呢？

结合幼儿的回答讲解古诗的意思，帮助幼儿理解古诗的意境，例如：在很冷很冷的天气里，几枝梅花在墙角里坚强地挺立着，远远看去就知道那不是雪，因为有淡淡花香飘了过来。

3. 鼓励幼儿尝试按节奏和韵律有感情的朗诵古诗，感受古诗的韵律美。

（1）幼儿随教师一起看图朗诵古诗，引导幼儿注意朗诵的韵律、节奏。

（2）引导幼儿再次尝试朗诵，运用表情、动作等大胆表现古诗所表达的感情。

（3）组织幼儿通过个人、小组、集体、配乐等形式进行朗诵表演，体会故事的意境。

（4）组织"小诗人朗诵会"，鼓励幼儿大胆朗诵古诗。

4. 交流讨论，引导幼儿感受梅花高洁、坚强的品格。

请幼儿围绕"你认为梅花是一种怎样的花？为什么？"进行讨论交流，感受梅花高洁、坚强的品格。

【附古诗】

梅花

【北宋】王安石

墙角数枝梅，凌寒独自开。

遥知不是雪，为有暗香来。

活动四 美术——水墨画：熊猫

【教材分析】

熊猫是我国的国宝。它拥有胖乎乎的体型，毛茸茸的身体，还有着可爱的表情，深受小朋友们的喜欢。大班幼儿在之前没有水墨画的技能经验，所以在初次接触水墨画作品对孩子们来说有一定的难度。本次活动旨在通过水墨画的学习，让幼儿学会正确掌握毛笔的握笔姿势，引导幼儿尝试学习用中锋、侧锋，以及调试浓墨、淡墨的技法表现熊猫的基本形态，感受中国画的独特绘画方式，通过欣赏名人作品，鼓励幼儿不断尝试创作，运用儿歌的形式帮助幼儿掌握画熊猫的基本方法，激发幼儿对水墨画的绘画兴趣，萌发对传统文化的喜爱。同时，也教育幼儿知道熊猫是国家重点保护动物,懂得爱护和保护熊猫。

【活动目标】

1. 知道熊猫是我国的国宝。

2. 会正确握笔,通过自主探究,尝试根据绘画作品运用中锋、侧锋、浓墨和淡墨进行表现熊猫的基本形态。

3. 感受中国传统水墨画的独特绘画方式,体验成功带来的自豪感,萌发对传统文化的喜爱。

【活动重点】

知道熊猫是我国的国宝,会正确握笔,尝试用中锋、侧锋、浓墨和淡墨进行表现熊猫的基本形态。

【活动难点】

尝试根据绘画作品会调试浓墨和淡墨,并对熊猫作品进行添画。

【活动准备】

1. （物质)课件、宣纸、墨汁、毛笔、笔筒、调色盘、报纸、纸巾。

2. （环境)幼儿围桌坐,一组4人。

3. （经验)前期活动过程已经了解中锋、侧锋,浓墨和淡墨。

【活动过程】

1. 教师出示熊猫课件,创设参观熊猫馆游戏情境。

提问:小朋友们看,是谁来了?

今天熊猫妮妮要邀请咱们大一班的小朋友去参观熊猫馆,介绍它的朋友们给大家认识,你想去吗?

2. 播放录像,引导幼儿观察熊猫动态,引导幼儿了解中国传统文化。

提问:"小熊猫宝宝可爱吗?它们都在干吗?"

"熊猫宝宝非常可爱,不仅仅咱小朋友喜欢,有一位名叫吴作人的画家爷爷也很喜欢熊猫宝宝,还给他们画了画像呢,咱们一起看看!"

"老爷爷绘画熊猫的方式和我们平时一样吗?是用什么画的?"

小结:熊猫是我们中国的国宝,今天大家看到的是用我们中国传统的艺术表现形式水墨画来画的,通过水与墨的融合,在宣纸上进行晕染,把熊猫黑白相间的颜色,胖乎乎、圆滚滚的体态表现得淋漓尽致。

3. 通过观察名人作品,请幼儿看作品进行尝试,请幼儿发现绘画时的问题。

(1)提问:"你喜欢那只熊猫宝宝?"

"老爷爷把他喜欢的熊猫画了下来,那咱们也一起来画画吧,送给熊猫宝宝做礼物。"

(2)教师提要求:注意握笔姿势,保持桌面干净。

(3)教师巡回指导幼儿作画。

(4)请幼儿说说自己绘画有不明白的地方,幼儿相互之间解决。

提问:"你和老爷爷的熊猫一样吗?哪里不一样?"

"在刚才的绘画过程中,你遇到了哪些问题?"

"谁来帮他解决?"

(5)请幼儿来示范,总结方法,并尝试第二次创作。

提问:"为什么要用侧锋来画这个地方?画中哪里还用了侧锋?用的是什么墨色?画身体用了什么方法?为什么是淡墨?"

小结:大面积涂色要用侧锋。用浓墨是要突出熊猫身上黑色的地方,用淡墨表示身体是白色的地方。

教师将看到的问题进行总结、提升,并用幼儿总结出来的方法编儿歌画熊猫范画。

(6)请幼儿尝试第三次创作,并进行场景添画。

要求:墨色、方法、构图,并进行添画,教师巡回指导。

4. 作品评价,请幼儿通过讲故事的方式介绍自己的作品,相互评价,并以送礼物的游戏情境结束游戏。

(1)教师请幼儿讲讲自己作品中熊猫在做什么。

(2)相互说说最喜欢的作品好在哪里?还有哪些可稍做调整?

(3)教师根据幼儿作品提升经验,并教育幼儿知道保护和爱护熊猫。

(4)以送礼物的游戏情境结束游戏。

【附教材】

活动五 音乐——歌表演《一个师傅仨徒弟》

【教材分析】

《西游记》是我国四大名著之一,深受幼儿的喜爱。《一个师傅仨徒弟》是动画版《西游记》的片尾曲,节奏活泼,旋律明快,歌词朗朗上口,让幼儿百唱不厌。该歌曲为两段结构,第1段描绘了师徒四人翻山越岭、艰苦跋涉的情景;第2段主要刻画了西天取经道路上危机四伏、困难重重的境况。为满足幼儿在游戏中学习的需要,本次活动创设了跟随唐僧师徒4人西天取经的游戏情境,以"火眼金睛识妖怪""孙悟空考智慧""护送唐僧师徒取经"为线索,引领幼儿感受唐僧师徒西天取经时的艰辛,学习演唱跨小节的切分节奏,尝试用夸张的表情和体态动作表现歌曲内容。

【活动目标】

1. 欣赏歌曲的歌词和旋律,唱准跨小节的切分节奏:×× ×× × ×× |×× ×× ×× × |。

2. 能用洪亮的声音演唱歌曲,尝试用夸张的表情和体态动作表现歌曲内容。

3. 感受师徒4人取经路途的艰辛,体验他们战胜困难时的机智与勇气。

【活动重点】

能用洪亮的声音演唱歌曲,尝试用夸张的表情和体态动作表现歌曲内容。

【活动难点】

欣赏歌曲的歌词和旋律,唱准跨小节的切分节奏:×× ×× × ×× |×× ××

×× × |。

【活动准备】

1.（物质）教学课件、唐僧头饰 1 个,孙悟空、猪八戒、沙僧头饰若干。

2.（环境）幼儿坐半圆。

【活动过程】

1. 创设游戏情境"西天取经探险",指导幼儿进行发声练习。

（1）播放展示师徒 4 人取经的课件,用游戏的方式带领幼儿"西天取经探险"。

（2）将"都挡不住火眼金睛如意棒"一句的旋律前置,用语气词"啦～"进行发声练习,教师大声唱,幼儿小声唱。

（3）教师小声唱,幼儿大声唱,教师用肢体语言动作帮助幼儿唱准节奏。

2. 借助课件,教师完整演唱歌曲,幼儿欣赏、感受歌曲内容,学习歌词。

（1）教师完整范唱第 1 遍,幼儿欣赏、感受歌曲内容。

提问:歌曲里唱了什么?你知道这首歌的名字吗?

（2）玩"孙悟空考智慧"游戏,引导幼儿学习歌曲前半部分的歌词。

提问:白龙马驮着谁?后面跟着谁?他们要去干什么?他们走了多远?

（3）请幼儿跟随音乐完整唱出前半部分歌词。

3. 创设玩"火眼金睛识妖怪"游戏情景,理解 4 字歌词并唱准跨小节切分节奏。

（1）出示第 5～9 句歌词的图片,帮助幼儿感知理解 4 字歌词。

提问:他们取经的路上遇到了什么困难?

请用火眼金睛辨认一下这两位美女是好人还是坏人?你是如何看出来的?

请问"陷阱""诡计"是什么意思?

（2）教师范唱:教师边做悟空抓妖怪时握拳的动作边示范演唱 4 字歌词。

（3）幼儿演唱:请幼儿一起"抓妖怪",用握拳的动作表示,提醒幼儿唱准跨小节的切分节奏。

4. 玩游戏"护送唐僧师徒取经",请幼儿完整演唱歌曲,尝试用夸张的表情与体态动作表现歌曲内容。

（1）第 1 遍:完整演唱,根据幼儿演唱时的表现,重点指导幼儿练习演唱过程中不清楚的地方。

（2）第 2 遍:清楚演唱。重点指导幼儿演唱时吐字清晰,有感情演唱。

（3）第 3 遍:用夸张的表情、动作完整演唱。分析歌曲前后两部分中人物应有的不同的情感,引导幼儿自己唱一唱,演一演。提示幼儿用轻快的声音表现唐僧师徒出发时信心满满的愉快心情,用有力的声音和动作表现徒弟们抓妖怪时的勇敢。

（4）第 4 遍:自选角色表演唱。教师扮演唐僧带领幼儿玩游戏,用夸张的表情、体态、动作表演唱歌曲两遍。

【附歌谱】

动画《西游记》片尾曲

$1=E \frac{4}{4}$

（吸引力合唱组演唱）

一个师傅仨徒弟

黄蜀青 词

杜新春 和弦

3 3 6 0 | 1 6 5 6 0 | 6 1 1 1 1 1 6 | 1 2 3 3. 2 |

白龙马 蹄朝 西， 驮着唐三藏跟着 仨徒弟，

白龙马 脖铃儿 急， 颠簸唐玄奘 小跑 仨徒 弟，

3 5 6 1 | 6 6 5 3 0 | 2 2 2 3 5 7 | 6 - - - |

西天取经 上大 路， 一走就是 几万 里。

西天取经 不容易， 容易干不成大业 里。

6 6 6 6 3 5 5 | 5 5 5 3 6 5 5 | 4 4 4 4 4 1 1 | 1 1 2 1 2 3 3 |

什么妖魔鬼怪什 么美女 画皮 什么刀山火海什 么陷阱 诡计

什么魔法狠毒自 有招数 神奇 八十一难拦路七 十二变 制敌

6 6 6 6 3 5 5 | 5 5 5 3 6 5 5 | 6 6 6 6 1 6 5 | 5 5 5 5 3 5 5 |

什么妖魔鬼怪什 么美女 画皮 什么刀山火海什 么陷阱 诡计

什么魔法狠毒自 有招数 神奇 八十一难拦路七 十二变 制敌

2 2 1 2 3 2 1 2 2 | 3 2 3 5 5 - | 1 2 3 5 5 0 7 | 6 - - - |

都挡不住火眼金睛 如 意棒 护送师傅朝 西 去

师徒四个斩妖除魔 同心合力

1 2 3 5 5 7 5 6 | 6 - - - | 6 - - 0 ‖

邪恶打不过正 义。

体育活动

跳皮筋

【教材分析】

跳皮筋是我国传统的民间体育游戏,把皮筋游戏和民间童谣巧妙地结合在一起,既生动有趣又满足了幼儿活泼好动的特点。跳皮筋对于第一次接触此项体育活动的大班幼儿而言具有一定的挑战性。活动中,创造条件让幼儿通过自由探索,结合儿歌边念边跳,运用尝试法、游戏法、儿歌法等,培养幼儿的探索精神和合作能力,发展幼儿动作的协调性,以达到四肢与大脑相协调的目的。

【活动目标】

1. 学习掌握跳皮筋的方法,能边朗诵儿歌边跳皮筋。

2. 尝试双脚并拢,用踩、勾、越的方法跳皮筋并按规则开展游戏。

3. 对民间体育游戏感兴趣,体验合作游戏的快乐。

【活动重点】

学习掌握跳皮筋的方法,能边朗诵儿歌边跳皮筋。

【活动难点】

尝试双脚并拢，用踩、勾、越的方法跳皮筋。

【活动准备】

1.（物质）皮筋 6 根。

2.（经验）幼儿提前学习朗诵跳皮筋的儿歌。

【活动过程】

1. 教师带领幼儿听音乐做热身运动。

教师带领幼儿做上肢运动、下蹲运动、体侧运动、体转运动、腹背运动、跳跃运动、放松整理。

2. 出示皮筋，幼儿初步学会跳皮筋的方法。

（1）每五个人拿一根皮筋，找一块空地尝试探索跳皮筋的基本方法。

提问："皮筋可以怎么玩呢？""你们刚才是怎样玩的？"（请幼儿说说自己的玩法，并示范）

教师重点讲解"两绷三跳"的方法：即两人用腿绷住皮筋，其余三人在皮筋上跳，皮筋不要拉得太紧，也不要拉得太松。

（2）小组探究，幼儿尝试在皮筋上用勾、踩、越的方法跳，练习跳皮筋的方法。

提问：我们用刚才学习的方法跳皮筋，想一想在皮筋上可以怎样跳？

（3）幼儿五人一组再次分散探索，教师巡回观察。

（4）请个别幼儿示范自己的探索方法。

提问："你们刚才发现了什么玩法？"

教师边示范边小结：可以踩在皮筋上，可以越过皮筋，可以勾住皮筋跳过去。

3. 结合儿歌运用踩、勾、越的方法跳皮筋。

（1）教师示范，请幼儿一边念儿歌教师一边跳皮筋。

小孩小孩真爱玩（双脚踩在第一道皮筋上再跳到第二道皮筋上），

弯弯腿，跳小河（跳下皮筋，再跃过两道皮筋跳到对面去）；

蹦一蹦，跳土坡（同第一个动作）；

跨一跨，过山冈（同第二个动作）；

勾一勾，不要放（双脚勾住一道皮筋，跳跃，把这根皮筋带到另一根皮筋外面）。

（2）请个别幼儿试一试。

（3）幼儿分组边念儿歌边跳皮筋，教师巡回指导。

指导幼儿再念儿歌时要与动作相统一，帮助幼儿记忆跳法。

（4）教师与幼儿讨论游戏规则，进一步掌握跳皮筋的方法。

规则：顺利完成全部动作获胜，可将皮筋的高度往上升一拳再次游戏，增加游戏挑战性；如果没有完成全部动作则输，等其余的人全部完成后，输了的幼儿替换绷皮筋的幼儿。

4. 幼儿游戏，教师重点提醒幼儿遵守游戏规则。

教师小结幼儿游戏情况，表扬能够克服困难、有团队精神的幼儿。

5. 幼儿自由结伴，互相轻捶腿部，放松下肢肌肉。

【附场地安排图】

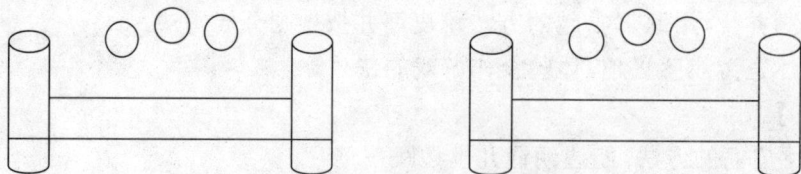

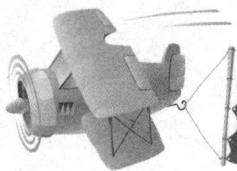

第 2 周 棋高一筹——棋

环境创设 ▶

1. 主题板：创设"棋高一筹——棋"子主题墙饰，让幼儿了解象棋的由来和象棋中发生的历史故事。创设"下棋礼仪之我见"板块，让幼儿知道中国是礼仪之邦，做事情都要讲礼貌、守规矩。

2. 班级环境：继续围绕主题"中国传统文化——琴棋书画"进行主题环境的创设，制作折扇装饰品，请幼儿用水墨画的方式绘画扇面，装饰教室。制作西游记面具，丰富表演区内容。制作民间画布来当桌布，继续渲染传统氛围。

3. 继续创建班级特色活动区域。

（1）大一班"梨园小舍"：请幼儿继续用水墨画的方式进行创作，并制作团扇，将制作的好的扇子放到表演区，为表演《卖水》京剧片段增添道具。

（2）大二班"民间手工艺坊"：幼儿共同制作民间花色的桌布，墙体四周用花布进行装饰。

（3）大三班"梦回西游"：添加表演区的表演头饰与服装，自己制作西游记面具，为后面的表演活动打下基础。

生活活动 ▶

1. 通过过度环节聊一聊自己知道的中国传统文化，说一说中国象棋的玩法与礼仪。

2. 安静看书，了解京剧绘本《宇宙锋》《西厢记》的内容和人物特点，并愿意与同伴分享。

3. 加强洗手环节的指导，知道保护自己，在加餐后、午餐后、离园前涂护手霜。

4. 安全教育：消防逃生演习，教育幼儿知道发生火灾时该怎么样安全自救。

家长与社区教育 ▶

1. 请家长和孩子一起搜集象棋的玩法与礼仪手抄报，能让孩子知道下棋也要守规矩。

2. 在家与孩子学习简单的象棋知识，能简单地掌握基本走法。

3. 家长进课堂活动：邀请有下象棋经验的爷爷为孩子们讲解象棋的玩法与基本礼仪。

4. 继续根据自己班级特色活动内容，配合教师收集相关材料。

教学活动

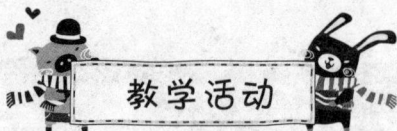

活动一 社会——象棋的由来

【教材分析】

中国象棋是中华民族的文化瑰宝,它源远流长,趣味浓厚,象走田、马走日……基本规则简明易懂,千百年来长盛不衰。中国象棋是模拟的古代战争、直线战争、陆地战争和平面战争。在中国古代,象棋被列为士大夫们的修身之艺。大班幼儿对于象棋还是比较陌生的,对象棋的了解并不多,但是他们有着很强的求知欲和表现欲,活动中运用课件演示——讲述象棋的有关起源与传说,视听结合——充分调动幼儿的感官,从而激发幼儿对于象棋的探究兴趣。

【活动目标】

1. 了解象棋的由来,知道象棋是中华民族的文化瑰宝。

2. 能说出象棋中"将""帅"分别代表的人物,以及红色、黑色棋子代表的军队。

3. 感受象棋的娱乐性,萌发学习象棋的情感。

【活动重点】

了解象棋的由来,知道象棋是中华民族的文化瑰宝。

【活动难点】

能说出象棋中"将""帅"分别代表的人物,以及红色、黑色棋子代表的军队。

【活动准备】

1.（经验）与爸爸妈妈一起搜集有关象棋的由来的资料。

2.（物质）象棋、课件。

3.（环境）幼儿围桌坐。

【活动过程】

1. 出示象棋,激发幼儿探究兴趣。

（1）提问:"你们认识这个棋吗?它叫什么名字?"

小结:中国象棋是一种古老的棋类游戏,大约有两千年的历史。中国象棋是中华文明非物质文化经典产物,是中华民族的文化瑰宝。

（2）观察象棋的棋子与棋盘。

提问:"中国象棋的棋子是什么样的?有几种颜色?"

"中国象棋的棋盘是什么样子的?为什么要分成两个区域呢?"

小结:中国象棋的棋子有红色和黑色两种棋子,分别代表两位古代人物,棋盘分为两部分是模拟的古代战争、直线战争、陆地战争和平面战争。

2. 讲述象棋由来的起源与传说,帮助幼儿了解象棋的由来。

（1）播放课件,了解象棋中"将""帅"的不同含义。

提问:"象棋起源于什么时候呢?"

"象棋中的'将''帅'分别代表哪两位将军?"

"红色的棋子代表谁的军队?黑色的棋子代表谁的军队?"

（2）教师根据幼儿讲述总结红、黑棋子的不同含义。

小结:象棋棋子分红、黑两种颜色,帅方为红色,将方为黑色,俗称"红帅黑将"。在象棋最早形成的时候,人们一般把红帅代表刘邦,黑将代表项羽,即红方代表刘邦的军队,黑色代表项羽的军队。汉高祖刘邦自称赤帝之子,代表红色。项羽则喜欢黑色,他的乌骓马和盔甲都是黑的。

3. 交流分享,引导幼儿与同伴相互交流自己搜集的资料,激发幼儿对象棋的兴趣。

（1）请幼儿说一说生活中自己搜集有关象棋的起源和传说。

（2）小结:中国象棋是起源于中国的一种棋戏,属于二人对抗性游戏的一种,中国象棋有着很多的起源与传说,还有很多的古诗词中也有对象棋的描述,可见象棋在中国有着悠长的历史,下象棋可以让我们锻炼分析能力,丰富文化生活,深受广大群众的喜爱。

活动二 语言、社会——楚河汉界:象棋的故事

【教材分析】

　　幼儿对象棋的由来已知晓,同时在了解象棋由来的活动中幼儿的学习兴趣很高,并对象棋中楚河汉界形成的原因及发生的历史背景产生了浓厚的兴趣,所以,根据幼儿的兴趣点,创设了本次活动。活动中,通过对象棋故事"楚河汉界"的讲解,让幼儿了解"楚河汉界"形成的历史背景。通过谈话、视频等形式让幼儿知道楚河汉界故事中的主要历史人物,并能尝试将故事中的主要内容讲述出来,了解中国象棋是模拟历史上"楚汉相争"的故事而设计的娱乐工具,运用简单的象棋规则和礼仪学习下象棋,并由此对中国象棋产生兴趣。

【活动目标】

1. 了解象棋故事,知道楚河汉界中主要人物的名字和故事内容。

2. 尝试运用简单的象棋规则和礼仪来学习下象棋,并将故事主要内容讲述出来。

3. 对中国象棋产生兴趣,体验象棋对弈的快乐。

【活动重点】

　　了解象棋故事,知道楚河汉界中主要人物的名字和故事内容。

【活动难点】

　　尝试运用简单的象棋规则和礼仪来学习下象棋,并将故事主要内容讲述出来。

【活动准备】

1.（物质）课件《象棋的故事》、中国象棋（两人一套）。

2.（环境）幼儿坐半圆。

【活动过程】

1. 谈话导入,引导幼儿讲述自己知道的象棋故事。

　　提问:"小朋友们,你们都下过象棋吗？那你们知道象棋的故事吗？谁愿意与小朋友们分享一下你知道的象棋故事？"

2. 课件演示,引导幼儿感知了解象棋故事《楚河汉界》。

（1）运用课件视频,引导幼儿初步感知、欣赏故事。

　　提问:"故事的名字叫什么？故事里有谁？楚河汉界在哪了？"

（2）结合课件,教师再次完整讲述象棋故事《楚河汉界》,加深幼儿对于故事的感知。

　　提问:"楚河汉界讲了一个什么事情？它源于什么战争？是谁和谁之间的战争？"

3. 摆棋盘进一步了解故事,感知中国象棋的博大精深。

（1）引导幼儿两人一组来摆棋盘及棋子,了解象棋。

提问："象棋中的楚河、汉界在哪里？棋子是什么颜色？将和帅棋子都在哪里？它们各代表象棋中的什么人物。"

（2）引导幼儿正确摆放棋子。

4. 将象棋投放到棋类区中,区角游戏时,幼儿可自主进行象棋对弈。

【附故事】

楚河汉界的历史由来

公元前204年楚军包围了荥阳,刘邦感到形势危急,向项羽求和。项羽听从谋士范增的计策,拒绝汉军的讲和要求,并决定乘胜追击。刘邦势单兵弱,但是非常善于用计谋之人。他接受谋士陈平建议,对楚军实行反间计,设法离间项羽和范增的关系。项羽虽有勇却无谋,不知是刘邦的计策,果然对范增生疑,并把他驱逐出军营。范增蒙受不白之冤,含恨离开,途中病死。从此,项羽失去了"智多星",贻误战机。

当时楚军锐气正旺,对荥阳加紧了围攻,形势对汉军非常不利。相貌酷似刘邦的大将纪信为解汉王危机,也为了汉军的生存,决定牺牲自己,建议刘邦逃走。刘邦在陈平的劝说下,深被纪信之举所感动,于是让纪信穿上汉王服、乘汉王车、扮汉王出荥阳东门诈降,自己则趁机从西门出逃至成皋。项羽发现上当后即焚了纪信,攻破成皋。刘邦又迅速从成皋逃出,北渡黄河,军至修武,得到韩信的援助,势力又壮大起来。他接受以往教训,决定采取深沟高垒和项羽作持久战,以消耗楚军兵力。同时,又派兵袭楚烧其粮草。

同年秋天,项羽率兵东进开封、商丘一带作战,留部将曹咎守成皋,并再三嘱咐无论如何不要与汉军交锋。汉军得知情报后,多次到城下叫阵谩骂,曹咎不忍羞辱,怒而率部出城,欲渡过汜水与汉军作战。当船至河中时被汉军突袭而败,曹咎后悔不迭,自知无颜见项羽遂自杀身亡。刘邦复取成皋,屯兵广武,取敖仓之粮而用。

项羽闻知成皋失守,急回师广武,刘邦闭城不出。楚军粮食缺乏,不利久战。为了迫使刘邦投降,项羽据城东把俘虏来的刘邦的父亲拉至广武山(今霸王城)上,隔涧要挟刘邦说:"你若不及早投降,我就把你父亲下锅煮死。"刘邦故作镇静地说:"当初咱二人共同反秦,在怀王面前誓盟结为弟兄,我的父亲就是你的父亲。如果你要煮咱们的父亲,别忘了给我一碗肉汤。"听后项羽更加恼怒,决定杀掉刘太公。这时,项伯劝项羽道:"杀太公不是时候,也对楚军不利。"项从其言,太公幸存。

此后不久,刘邦兵分两路,一路仍在荥阳同项羽相持,一面派大将韩信抄楚军后路,占领河北、山东一带。从此汉军有了更为巩固的后方,关中的萧何更是源源不断地运来兵员、粮饷。而此时项羽则补给困难,危机四伏,形势发生了逆转,楚军渐弱,汉军日盛。公元前202年秋,楚军粮尽,无奈之下与汉军讲和,双方约定以鸿沟为界"中分天下",以西为汉,以东为楚。这即历史上著名的"楚汉相争,鸿沟为界"故事的由来。

活动三 科学——象棋的游戏

【教材分析】

象棋是一种高雅有趣的游戏活动,有利于激发孩子们参与活动的欲望;象棋具有竞技性,有助于激发孩子们的竞争力;象棋具有娱乐性,有助于孩子们集体意识的形成;象棋具有创造性,有助于孩子们创造性思维的培养。象棋是我们中华民族文化的体现,也是我们祖先智慧的结晶。在本次活动中通过有象棋经验的家长为孩子们介绍象棋的玩法以及象棋的规则、礼仪,把中华民族这些传统文化继承和发扬下去,陶冶情操,增长智慧,领略中华博大精深的民族传统,成为具有民族自信的中国人。

【活动目标】

1. 认识棋盘和棋子,学习将棋子摆放在正确位置。

2. 能根据顺口溜中的棋子走法,尝试与同伴进行对弈游戏,知道马走日、象飞田、炮走直线等走法,遵守象棋规则。

3. 培养幼儿注意力,产生对象棋活动的兴趣。

【活动重点】

认识棋盘和棋子,学习将棋子摆放在正确位置。

【活动难点】

能根据顺口溜中的棋子走法,尝试与同伴进行对弈游戏,知道马走日、象飞田、炮走直线等走法。

【活动准备】

1. (经验)搜集有关象棋玩法的资料,如:象棋走棋时的顺口溜、下棋时的规则等。

2. (物质)象棋实物(幼儿两人一套)、课件。

【活动过程】

1. 简单谈话,激发幼儿兴趣。

(1)提问:"你了解象棋吗? 它是什么样子的?"

(2)教师引导幼儿回顾之前上课内容,设疑激发幼儿兴趣。

提问:"你们知道怎样下象棋吗? 象棋棋子都有哪几个? 分别应该怎样来走呢?"

2. 出示课件,家长为幼儿介绍象棋的基本知识,引导幼儿了解象棋的棋子、棋盘以及象棋棋子的布局。

(1)出示课件,观察象棋的棋子。

提问:"象棋的棋子有几种颜色? 分别代表的是谁?""象棋中每个棋子上的字都是什么?"

小结:象棋的棋子分为红色和黑色两种颜色,分别代表刘邦和项羽,棋子共有三十二个,分为红、黑两组,每组共十六个,各分七种,其名称和数目如下:红棋子:帅一个,车、马、炮、相、仕各两个,兵五个。黑棋子:将一个,车、马、炮、象、士各两个,卒五个。双方棋子除了颜色不一样外,其他功效完全相同。

(2)介绍象棋的摆法,幼儿进行尝试。

提问:"象棋中红方、黑方的棋子分别都应该摆在哪里呢?"

小结:楚河汉界的一边是兵的位置,在第一排,接着第二排就是炮,中间隔着一排,最后一排就是我们的主力了,依次是车、马、象、士、将,红黑棋子摆放方式一样。

幼儿根据图示进行尝试摆放棋子,教师指导。

(3)出示棋盘,了解棋盘的特点。

提问:"象棋的棋盘是什么样子的?"

"横线有几条? 竖线有几条? 中间是什么?"

小结:棋子活动的场所,叫作"棋盘",在长方形的平面上,有九条竖线和十条横线相交组成,共九十个交叉点,棋子就摆在这些交叉点上。中间的空白地带,称为"楚河汉界",整个棋盘就以"楚河汉界"分为相等的两部分;两方将帅坐镇、画有"米"字方格的地方,叫作"九宫"。

3. 结合顺口溜,了解象棋的基本走法以及象棋的礼仪。

(1)教师说顺口溜并解释其中的含义。

提问：顺口溜里都是怎样说的？你知道意思是什么吗？

小结：象棋中每个棋子的走法都是不一样的，根据顺口溜，我们可以更方便地记住象棋的规则。

4. 幼儿与同伴自主练习，从摆棋到下棋过程中体验象棋的乐趣，遵守下棋规则。

【附顺口溜】

象棋

马走日，象飞田。

炮走直线爱翻山，

车在东西南北赶。

小卒过河把路弯，

小士城内斜线钻。

马儿蹩脚恐前蹄，

大象折鼻看角线。

老将九宫转，

就怕帅对眼。

活动四 社会——中国棋礼仪

【教材分析】

中国是文明之邦，自古以来崇尚礼仪。象棋礼仪不仅是象棋文化板块一项重要的内容，更是中国象棋的一项非常重要的内容。象棋礼仪包括入座、欠身、开赛前握手、正确地按钟、优雅地走棋子、复盘、观棋不语、爱护棋局等。本活动通过视频播放、小组讨论交流、制定规则礼仪、分享交流等形式引导幼儿了解中国象棋礼仪，培养幼儿良好的行为规范和文明礼仪，引导幼儿懂礼貌，做文明人，行文明事。

【活动目标】

1. 初步了解中国象棋的下棋礼仪，感受象棋文化的博大精深。

2. 能按照下棋礼仪开展游戏，观棋不语、坐姿端正、互相礼让、爱护棋具等。

3. 培养幼儿对象棋活动的兴趣，做懂礼貌、守礼仪的文明人。

【活动重点】

了解中国象棋的下棋礼仪。

【活动难点】

能按照下棋礼仪开展游戏，观棋不语、坐姿端正、互相礼让、爱护棋具等。

【活动准备】

1.（物质）中国象棋礼仪的视频、大棋盘、每桌一副中国象棋。

2.（经验）幼儿已初步了解中国象棋的玩法。

【活动过程】

1. 播放中国象棋礼仪的视频，了解中国象棋的下棋礼仪。

提问：视频中你发现了哪些象棋礼仪？谁能来表演一下？

小结：中国象棋礼仪包括入座、欠身、开赛前握手、正确地按钟、优雅地走棋子、复盘、观棋不语、爱护棋局、坐姿端正、互相礼让、爱护棋具等。

2. 讨论交流，制定班级的象棋规则。

（1）组织幼儿交流班级象棋区的下棋规则。

提问：我们的班级象棋区应有哪些下棋的规则？应注意哪些下棋礼仪？

（2）幼儿分组绘制班级象棋规则与礼仪图。

（3）小组交流，分享完善班级象棋规则与礼仪图。

小结：鼓励幼儿养成观棋不语、坐姿端正、互相礼让、爱护棋具、爱护棋局不悔棋等良好的行棋习惯。

3. 幼儿游戏"我们来下棋"，进一步遵守象棋的下棋规则与礼仪。

（1）四人一组，两人下棋，两人观看，然后交替游戏，教师巡回指导。

提醒幼儿遵守下棋规则，友好下棋。

（2）交流分享"小伙伴的下棋礼仪"。

提问：你觉得谁在下棋的时候最懂礼仪？他是怎么做的？

你想给谁提一个小建议，让他的礼仪更加规范？

你认为还有哪些礼仪或者规则需要在下棋的时候遵守？

小结：棋虽小道，品德最尊！中国是文明之邦，自古以来崇尚礼仪，我们下棋时也应讲文明、懂礼貌，做个"德艺双馨"的棋手。摸子走子；落子无悔；胜不骄，败不馁；习棋先习品；学员要遵师重道、爱护棋具，同学间相互礼让，谦虚待人，以棋会友。

【附：象棋礼仪】

1. 下棋坐姿要端正，与初相识的对手对弈时应礼貌握手。

2. 下棋过程中不能敲棋、玩棋子棋盒等东西及东张西望，也不能催促对方，更不能说话贬损对手。棋具掉地上应立刻捡起，结束后收拾棋具，摆好桌椅。

3. 遵守棋规，摸子走子、落子无悔；若要摆正棋子，要在摸子前跟对方说"摆棋"。

4. 看棋时不能说话，更不能给别人支招，做到观棋不语，做一个文明的下棋者和观棋者。

活动五　数学——5 的加法

【教材分析】

通过对 2～4 加减的学习，幼儿对数的加、减的含义已有基本的感知，对加减中互换、互补的规律有了更多的经验。本活动的开展以幼儿已有经验为基础，遵循幼儿的学习特点，通过游戏"摇摇乐"，引导幼儿自主观察、发现探索，进一步理解 5 的组成，感受数的分合的过程，理解数的组成的意义，进而学习 5 的加法运算。活动中，抓住幼儿爱玩的心里，以游戏"快问快答""找错误""涂色"等形式来引导幼儿巩固学习 5 的正确的加法运算，既在玩中学到了知识，又满足了孩子的快乐。通过丰富多彩的情境和数学问题，激发幼儿的学习兴趣，并从中发现问题，解决问题。

【活动目标】

1. 知道 5 的加法算式可以表示关于 5 的数量变化，进一步理解加法的实际意义。

2. 尝试根据 5 的组成推理出 5 的加法算式，会看图说出 5 的加法运算，口头编出应用题，并拼摆算式。

3. 初步体会生活中许多事情可用加减法计算，感受用数学解决生活问题的乐趣。

【活动重点】

知道 5 的加法算式可以表示关于 5 的数量变化，进一步理解加法的实际意义。

【活动难点】

尝试根据5的组成推理出5的加法算式,会看图说出5的加法运算,口头编出应用题,并拼摆算式。

【活动准备】

1.（经验)幼儿已经掌握5的组成。

2.（物质)课件、幼儿操作学具人手一份、5的分合空白表格若干。

【活动过程】

1. 游戏"摇摇乐",复习5的组成。

（1）请幼儿摇一摇自己的小筒,看看小豆子位置的变化,巩固5的组成并进行记录。

（2）幼儿游戏并记录,教师巡回指导。

指导幼儿记录时边分边记录,避免记录时混淆。

（3）教师和幼儿一起总结5的4种分合方法,进一步加深对于5的组成的学习。

2. 出示课件,请幼儿观察画面中数的关系,梳理出5的加法算式。

（1）出示小青蛙图片,提问:小朋友看这是谁啊? 来了几只青蛙啊?（幼儿看图回答)又来了几只青蛙? 一共有几只青蛙啊?

（2）引导幼儿描述并摆出算式,并引导幼儿发现:将加号两边的数互换位置,总数不变。例:1＋4＝5,4＋1＝5。

（3）出示蜜蜂图片,提问:这是谁啊? 来了几只蜜蜂啊?（幼儿看图回答)又来了几只蜜蜂? 一共有几只蜜蜂啊?

（4）引导幼儿描述并摆出算式,鼓励幼儿结合自己摆出的算式运用加法互换规律推理出另一道加法算式,例:2＋3＝5,3＋2＝5。

3. 开展分组小游戏,引导幼儿熟练掌握5的加法。

第一组:快问快答。幼儿轮流当擂主,擂主说出3＋2,其他幼儿抢答3＋2＝5。谁抢答成功,谁作为新擂主来出题。

第二组:找错误。请幼儿从图卡中找到一处错误,画哭脸符号并改正。例如:2＋3＝4改为2＋3＝5。

第三组:涂色。根据算式,给相应的图案涂色。例如:看到3＋2＝5,就可以涂3个红色,2个黄色。

4. 鼓励幼儿根据5的加法算式,用自己感兴趣的事物创编应用题。

例如:根据2＋3＝5,编出:我们班有2个球,小班给了3个球,我们班一共有几个球?

引导幼儿创编主题新颖的应用题,发展幼儿求异创新的能力。

体育活动

小·鲤鱼跳龙门

【教材分析】

《小鲤鱼跳龙门》是一个孩子们很熟悉的经典传统故事。在情感方面,孩子们对里面的小鲤鱼角色很崇拜,佩服小鲤鱼的勇敢和坚强,他们也想象小鲤鱼那样做一个勇敢坚强的小朋友;在技能方面,跳跃对于大班幼儿来说不难,但双脚跳跃一定的高度以及助跑跨跳还是有一定的挑战性,为此活动中通过自主尝试、分享交流、同伴学习的方法使幼儿掌握助跑跨跳的技能,发展幼儿的弹跳力。让幼儿在游戏中体验小鲤鱼跳过龙门的快乐心情,树立坚强勇敢的品质。

【活动目标】

1. 学习掌握双脚跳跃和助跑跨跳的动作技能。

2. 自主尝试游戏玩法,能双脚跳过一定的高度,发展幼儿的下肢弹跳力。

3. 树立幼儿坚强勇敢、不怕困难的品质,体验游戏的快乐。

【活动重点】

学习双脚跳跃和助跑跨跳的技能。

【活动难点】

尝试双脚跳跃一定高度。

【活动准备】

1. (物质)鲤鱼头饰、呼啦圈、跨栏、录音机。

2. (环境)宽阔场地。

【活动过程】

1. 教师带幼儿随音乐进行热身运动。

全体幼儿当小鲤鱼,教师当鲤鱼妈妈,带领幼儿练习双脚向上跳、行进跳等下肢运动。

2. 原地摆放呼啦圈,请幼儿分组讨论并尝试这些器械的玩法。

提问:场地上有摆放好的呼啦圈,你们想怎样玩呢?

(1)幼儿分组自主尝试。

(2)请一到两组幼儿示范自己组的器械玩法。

3. 幼儿练习、掌握双脚跳龙门的动作。

(1)提出要求:小鲤鱼们需要双脚跳过龙门(呼啦圈)。

(2)幼儿自主练习,教师观察并请动作正确的幼儿示范,同伴跟学。

4. 教师示范,幼儿练习助跑跨跳的动作。

(1)教师出示跨栏,幼儿尝试练习。

提问:这个跨栏要怎样跳过去呢?小鲤鱼们你们有什么好的办法吗?和你的同伴们去试一试吧。

(2)幼儿结伴尝试练习,并请个别幼儿展示自己组的尝试结果。教师重点指导幼儿练习时注意安全。

(3)教师示范助跑跨跳的技能,幼儿练习。

5. 幼儿游戏,尝试双脚跳和助跑跨跳过一定高度。

(1)玩法:幼儿扮演小鲤鱼跟在老师后面做小鲤鱼游水动作,边游边说儿歌:"鲤鱼,鲤鱼,水里游,摇摇尾巴点点头,游来游去真高兴,我们都是好朋友。""鲤鱼妈妈"说:"钻到河底找一找。"幼儿弯腰做找食的样子。"妈妈"又说:"伸出头来瞧一瞧。"幼儿踮起脚做向上游的动作。"妈妈"说:"龙门到了,跳过去!"幼儿跑到跨栏设置的龙门前,依次双脚跳跃和跨跳过去。然后,幼儿自由做小鲤鱼游水动作。

(2)教师重点指导幼儿遵守规则,不能绕行,动作准确。

(3)教师根据幼儿掌握情况随机调整跨栏的高度。

6. 放松整理听音乐，自由放松。

教师带领幼儿做小鱼游放松整理。

【附教材】

　　　龙门　　　　　龙门　　　　　龙门　　　　　龙门　　　　　龙门

第 3 周 余音绕梁——琴

环境创设

1. 主题板：创设"余音绕梁——琴"子主题墙饰，让幼儿了解京剧的五大行当及其表演特点。创设京剧乐器板块，知道京剧的特殊乐器。

2. 班级环境：继续围绕主题"中国传统文化——琴棋书画"进行主题环境的创设，请幼儿用彩笔和纸浆面具来画脸谱，丰富幼儿表演道具和班级环境。

3. 继续创建班级特色活动区域。

（1）大一班"梨园小舍"：请幼儿继续用水墨画的方式进行创作，添加我的墨宝板块，将幼儿的水墨画作品专门进行展示。

（2）大二班"民间手工艺坊"：添加剪纸活动板块，通过剪、刻、画等方式展示中国民间手工。

（3）大三班"梦回西游"：添加泥塑区，手工制作西游记里面的卡通人物，与社会区相结合。

生活活动

1. 活动前能根据天气的变化及时增减衣物，出汗时不要立刻脱衣服。

2. 和同伴一起阅读京剧绘本《三岔口》《盗御马》，了解绘本内容和人物特点，为表演活动打下基础。

3. 吃饭细嚼慢咽，注意进餐礼仪，不挑食。

4. 加强喝水环节的指导，监督值日生做好督促工作。

家长与社区教育

1. 请家长和孩子一起搜集京剧小常识手抄报，能让孩子了解简单的京剧文化。

2. 在家与孩子学习《卖水》《说唱脸谱》的片段，并能穿上京剧衣服自信地进行表演。

3. 本周请家长和孩子们共同参与亲子活动，写福字，唱京剧，剪窗花，送福字，送窗花，体验新年的到来。

教学活动

活动一　科学——多彩的京剧

【教材分析】

京剧是我国传统艺术宝库中的一颗明珠，被誉为中国的"国粹"。幼儿对京剧的接触不多，但对京剧独特的演唱风格和京剧中演员的舞台表演有着很强的好奇心。本活动我们选择那些浅显易懂、旋律简单、形象鲜明的京剧选段，通过听、看、唱、演、绘等环节带幼儿走近京剧艺术，帮助幼儿了解京剧人物、唱腔、舞台表演等特点，培养幼儿对京剧艺术的兴趣，进一步激发幼儿对中国传统文化的喜爱。

【活动目标】

1. 初步了解京剧艺术，感知京剧人物、行当、动作、唱腔等特点，知道京剧是中国的国粹。

2. 能运用说、唱、表演、绘画等方式大胆表达自己对京剧艺术的理解。

3. 萌发对京剧艺术的探究兴趣。

【活动重点】

初步了解京剧艺术，感知京剧人物、行当、动作、唱腔等特点，知道京剧是中国的国粹。

【活动难点】

能运用说、唱、表演、绘画等方式大胆表达自己对京剧艺术的理解。

【活动准备】

1.（经验）请家长引导幼儿了解有关京剧的知识，收集京剧脸谱、京剧饰品及有关京剧脸谱的图片，丰富幼儿的已有经验。

2.（物质）课件"生旦净丑"；用具图片：脸谱用纸、油画棒、水彩笔、水粉颜料、棉棒、黑色纸张等；"生旦净丑"角色的京剧表演视频选段。

【活动过程】

1. 请幼儿欣赏京剧，感受京剧的特点，初步了解京剧艺术。

（1）教师播放《说唱脸谱》音乐，请幼儿初步感受歌曲，激发幼儿的兴趣。

提问：你听到歌曲里面唱的是什么吗？

这首歌与平时的歌有什么不同？

（2）播放京剧片段，指导幼儿从京剧人物的脸谱、服饰、动作、唱腔等方面自由表达对京剧的感受。

提问：你觉得京剧有趣吗？哪里有趣？

京剧里面的人物跟我们有什么不同？

小结：京剧是我国独有的一种戏曲，起源于北京，有 200 多年的历史，是我中国的骄傲。

2. 播放课件，了解四大京剧行当：生、旦、净、丑，进一步感受京剧艺术的魅力。

（1）观察课件，帮助幼儿了解京剧中的行当。

提问：京剧表演中有那么多人，男女老少，美丑正邪，他们被分成了 4 个行当，你知道是什么吗？

小结：在京剧中扮演男性人物为生，扮演女性人物为旦，绘有脸谱的为净，演小丑式滑稽人物为丑。这就是京剧中的四大行当:生、旦、净、丑。

(2)播放课件,将幼儿分组成四大行当,边欣赏录像边引导幼儿模仿京剧中比较有代表性的动作,如亮相、甩袖等,让幼儿在模仿的过程中感受京剧的魅力。

3. 认识京剧脸谱,了解脸谱的特征,激发幼儿想要创作的欲望。

(1)观察图片,帮助幼儿了解京剧脸谱的特征。

提问:脸谱上有什么?脸谱上的图案设计有什么规律?脸谱额头的图案各有不同,你知道它代表什么意思吗?

脸谱上的五官与我们的有何不同?脸上的块面是如何分的?为什么要这样分?

小结:京剧脸谱以鼻子为中心色彩、图案都是左右对称的,每个脸谱上都有眼睛、嘴巴、鼻子、眉毛。脸谱上许多鲜艳的颜色,整个脸部分为左右及下颌三部分,俗称"三片瓦",额头的图案代表着人物的性格特点。

(2)出示用具图片,让幼儿了解制作脸谱的工具和材料。

提问:怎样合理地使用这些材料绘制京剧脸谱?

教师示范讲解绘制方法:先以鼻子为中心用水彩笔勾线,画出脸谱图案的轮廓线;小块的地方用油画棒涂色,大块的地方用水粉着色;如果脸谱需要装饰胡子,可以用黑色纸进行剪贴。

4. 活动延伸,延续活动到区角,简单介绍区角新添置的材料。

(1)教师介绍区角中添加的有关脸谱的新玩具。

(2)在区角活动中教师重点指导幼儿制作,并与幼儿共同分享、观摩同伴的作品。

【附生旦净末丑知识】

生行是扮演男性角色的一种行当,其中包括老生:主要扮演帝王及儒雅文弱的中老年人;小生:主要扮演年青英俊的男性角色;武生:主要扮演的是勇猛战将或是绿林英雄;红生:专指勾红色脸谱的老生;娃娃生:剧中的儿童角色等几大类。除去红生和勾脸(即在脸上画有脸谱)的武生以外,一般的生行都是素脸的,即扮相都是比较洁净俊美的。

旦行是扮演各种不同年龄,不同性格、不同身份的女性角色。旦行分为:青衣(正旦):端庄娴雅的女子;花旦:天真活泼的少女或性格泼辣的少妇;武旦:扮演勇武的女性人物,特别是打出手;刀马旦:擅长武艺的青壮年妇女,不用打出手;老旦:老年妇女;彩旦:滑稽诙谐的喜剧性人物;花衫:熔青衣、花旦、武旦、刀马旦于一炉的全才演员等称为花衫。

净行俗称花脸,又叫花面。一般都是扮演男性角色。净行可分为正净(大花脸):地位较高,举止稳重的忠臣良将。副净(二花脸):俗称架子花脸,大多扮演性格粗豪莽撞的人物。武净(武花脸):以武打为主的角色。

末行简称"末"。该行当多为中年以上的男性。实际末行专司引戏职能,如打头出场者,反其意而称为"末"的。

丑行又叫小花脸、三花脸。包括文丑:伶俐风趣或阴险狡黠的角色。武丑:精明干练而风趣幽默的豪杰义士。

活动二　语言——戏曲故事《三岔口》

【教材分析】

京剧是我们中国的国粹，而京剧《三岔口》更是家喻户晓、脍炙人口。《三岔口》主要讲述了焦赞的三个好友为了救他，在三岔口的客栈中因不知对方是谁发生误会而相互打斗，最后发现是自己人，惹得大家哄堂大笑的故事情节，场面十分精彩。故事《三岔口》趣味性强，易于幼儿的感知理解。本活动，结合绘本《三岔口》，以形象的图片和简洁的语言帮助幼儿了解《三岔口》到底讲述了一件什么事，然后再通过视频欣赏京剧《三岔口》，给幼儿以更加形象直观的感知，让幼儿在欣赏与表达中感受京剧不一样的魅力。

【活动目标】

1. 学习故事《三岔口》，知道故事中主要人物角色以及人物关系。

2. 理解故事内容，能较清楚地概括讲述故事的主要内容。

3. 感受京剧不一样的魅力，产生对中国传统文化的兴趣。

【活动重点】

学习故事《三岔口》，知道故事中主要人物角色以及人物关系。

【活动难点】

理解故事内容能用自己的话完整讲述故事的主要内容。

【活动准备】

1. （物质）课件图片《三岔口》、绘本故事《三岔口》、视频京剧《三岔口》。

2. （环境）幼儿坐半圆。

【活动过程】

1. 出示绘本《三岔口》封面图片，幼儿观察，激发幼儿学习兴趣。

提问：他们是什么打扮？表情和动作是怎样的？你觉得他们之间发生了什么事？

2. 演示课件，教师完整讲述绘本故事。

提问：故事的名字叫什么？故事中都有谁？主要讲了一件什么事？

3. 教师再次完整讲述故事，加深幼儿的感知理解。

提问：故事中他们四人为什么会打起来？有什么好方法能避免这样的误会呢？

4. 播放课件，幼儿自主讲述故事。

（1）幼儿之间互相讲述绘本故事《三岔口》。

（2）邀请个别幼儿讲述故事《三岔口》的主要内容。

5. 欣赏京剧视频《三岔口》，丰富幼儿对于京剧故事《三岔口》的感知。

【附故事】

〔选自：新疆青少年出版社 2014 年版《三岔口》

海飞　缪惟　编写

刘向伟　图〕

活动三　音乐—京歌《龟兔赛跑》

【教材分析】

《龟兔赛跑》是孩子们耳熟能详、喜闻乐见的故事。京歌《龟兔赛跑》以京味十足的唱腔、叙事性的歌词表现着故事情节，生动有趣，别有一番风味。活动中，采用了"肢体表演""情景模拟"等形式引导幼儿学习演唱歌曲，享受表演带来的快乐，感受京歌的唱腔美并从中懂得骄傲必败的道理。

【活动目标】

1. 感受和体验京歌中的京腔特点，掌握衬词的唱法，学习用短促、有力的方法演唱京歌《龟兔赛跑》。

2. 尝试根据歌词自主创编身体动作并随着音乐形象和情感有节奏地表演京歌《龟兔赛跑》。

3. 享受表演带来的快乐，懂得骄傲必败的道理。

【活动重点】

感受和体验京歌中的京腔特点，学习用短促、有力的方法演唱京歌《龟兔赛跑》。

【活动难点】

尝试根据歌词自主创编身体动作并随着音乐形象和情感有节奏地表演京歌"龟兔赛跑"。

【活动准备】

1.（经验）幼儿前期已听过《龟兔赛跑》的故事。

2.（物质）课件、歌曲图谱、小乌龟和小兔子头饰。

3.（环境）幼儿坐半圆。

【活动过程】

1. 演示课件，回忆故事，引出京歌《龟兔赛跑》。

提问：故事《龟兔赛跑》主要讲了件什么事情？

教师小结并引出京歌《龟兔赛跑》。

2. 学唱京歌《龟兔赛跑》，引导幼儿理解歌词，初步感受歌曲。

（1）教师完整清唱歌曲第一遍。

提问：歌曲中都唱了些什么？

（2）教师根据幼儿的讲述出示相应图片并以歌词小结，帮助幼儿理解歌词。

（3）教师结合图片完整清唱歌曲第二遍，引导幼儿学习衬词的唱法。

提问：歌曲中有没有让你觉得有趣的地方？你能唱一唱吗？这些衬词都出现在歌曲的什么地方？

（4）教师根据幼儿所说，在有衬词的地方贴上标志，师幼练习"接衬词"。

（5）结合图片，幼儿和老师一起随伴奏完整演唱歌曲。

3. 感受歌曲京剧特点，并尝试表演，加上自己喜欢的动作。

（1）交流分享，感知京歌的特点。

提问：你觉得这首歌和平时唱的一样吗？哪里不一样？

小结：这是一首京味歌曲，用了京剧的唱腔和伴奏来演唱。

（2）再次欣赏教师的完整演唱，进一步感受歌曲的京味。

（3）请幼儿用京剧的腔调完整演唱歌曲《龟兔赛跑》。

（4）引导幼儿为歌曲创编动作。

提问：根据每一句的歌词你们可以用什么动作来表现呢？

引导幼儿分句为歌曲自主创编动作。

（5）请幼儿随音乐边做动作边演唱。

4. 交流分享，帮助幼儿懂得骄傲必败的道理。

提问：乌龟和兔子一起比赛，公平吗？兔子为什么会输掉比赛？你觉得下一次比赛兔子还会输吗？

5. 延伸活动。

在以后的活动中，可以引导幼儿续编故事情节，提炼歌词演唱、表演。

【附教材】

京歌

龟兔赛跑

幼儿 创 编词
周维松 改编曲

活动四 美术——绘画《京剧脸谱》

【教材分析】

京剧是孩子们不常听到和见到的,但它作为中国的国粹艺术是孩子们应该了解和熟知的。前期孩子们通过对京剧曲调的欣赏和演唱,对京剧行当的了解之后,孩子们对京剧人物的妆容又产生了浓厚的兴趣。京剧人物的妆容是复杂和艳丽的,有黑、白、红、黄、金等颜色,对于大班幼儿来说,他们还是第一次接触京剧人脸的绘画,京剧脸谱既要色彩鲜艳夸张又要图案对称,与平时绘画人脸的画法大不一样,这对于大班幼儿绘画技能的要求上有一定的挑战性,所以,在进行本次活动的过程中,通过欣赏、交流、讨论、观察等方式让幼儿清晰地观察出京剧脸谱的色彩、图案等的特点,抓住脸谱的主要特点,自主创作不一样的脸谱,从而培养幼儿对戏曲的热爱,进一步对传统文化的喜爱。

【活动目标】

1. 学习用鲜艳的色彩和夸张、对称的图案设计京剧脸谱。

2. 初步了解京剧文化,知道京剧是中国特有的艺术。

3. 培养幼儿对戏曲的兴趣,激发幼儿对传统文化的喜爱。

【活动重难点】

学习用鲜艳的色彩和夸张、对称的图案设计京剧脸谱。

【活动准备】

1. (物质)京剧片段、油画棒、垫板、空白脸谱人手一份

2. (经验)前期已有对京剧人物的了解。

【活动过程】

1. 欣赏京剧片段,激发幼儿的活动兴趣。

请幼儿欣赏京剧唱段,观察片段中都有什么。

提问:请你说一说在片段里,你看到了什么,听到了什么?

幼儿交流后,教师小结。

小结:这是一段京剧唱段,京剧是中国特有的戏剧艺术,在世界上很有影响,人们提到京剧就会想到中国。京剧演员脸上都涂着鲜艳漂亮的油彩,不同的脸谱代表不同的人物。

2. 观察脸谱,讨论京剧脸谱的装饰方法。

教师与幼儿观察脸谱进行讨论。

提问:脸谱是由哪些颜色画成的?它的图案都是什么样的?从哪儿开始装饰呢?

请幼儿说一说自己的发现。

小结:京剧脸谱由许多鲜艳的颜色组成,它的图案是对称的,并以鼻子为中心进行装饰。

3. 介绍各种工具和材料。

(1)出示幼儿活动材料:油画棒、空白脸谱。

(2)提醒幼儿在创作过程中注意的问题:涂色均匀、对称。

4. 幼儿创作京剧脸谱,教师巡回指导。

指导幼儿用鲜艳的色彩和夸张、对称的图案设计京剧脸谱。

5. 展示幼儿作品:请幼儿谈谈自己最喜欢哪幅图,说说原因。

【附教材】

活动五 数学——5的减法

【教材分析】

"5的减法"是幼儿学习2～5的分解和组成以及"4以内数的加减运算"的基础上进行的数学活动。大班幼儿的认知、操作和逻辑思维能力在不断提高,但对于数概念容易混淆。基于孩子们的实际情况,尝试把数学与游戏结合起来,通过游戏"碰球"巩固对数字5的组成,并在5的分合的过程中熟练5的加法运算,注重从感知入手,由具体到抽象,由易到难,又通过游戏"扣棋子"巩固学习5的减法运算。通过丰富多彩的数学问题,比较、发现5的减法算式中右边两个数的变化关系,从而激发幼儿的学习兴趣,达到培养幼儿的逻辑思维能力的目的,注重幼儿的情感体验,让幼儿在愉快的情况下不知不觉地学习,体验数学的快乐。

【活动目标】

1. 学习5的减法,理解减法应用题中"减去"与"还剩"的含义。

2. 比较、发现5的减法算式中等号两边数字的变化关系,能根据5的减法算式正确口述5的减法应用题。

3. 体验数学活动的乐趣。

【活动重点】

学习5的减法,理解减法应用题中"减去"与"还剩"的含义。

【活动难点】

比较、发现5的减法算式中等号两边数字的变化关系,能根据5的减法算式正确口述5的减法应用题。

【活动准备】

1.（经验)幼儿已经掌握5的组成。

2.（物质)课件、幼儿操作学具人手一份、5的分合空白表格若干。

【活动过程】

1. 游戏"碰球",复习5的组成。

玩法:幼儿说出的球的数量和老师的球的数量合起来是5个。如:教师说"我的1球碰几球"?幼儿回答"你的1球碰4球,1和4合起来就是5"。

2. 出示课件,请幼儿观察画面中数的关系,学习5的减法。

（1)出示花园图片,引导幼儿观察。

提问:花丛中有几只蝴蝶?飞走了几只蝴蝶?还剩下几只蝴蝶?分别用数字几表示?

（2）教师用算式记录幼儿的讲述 5 − 1 = 4。

（3）进一步引导幼儿理解算式中数字与符号的含义。

提问：算式中 5 表示什么？1 表示什么？4 表示什么？ − 号代表什么？ = 代表什么？

（4）同样的方法依次讲述 5 以内其他减法运算的学习，帮助幼儿理解算式含义。

3. 游戏"扣棋子"，巩固学习 5 的减法。

（1）讲解玩法：两个幼儿一组，一个幼儿负责扣棋子，另一个幼儿负责记录 5 的减法算式。

（2）幼儿操作，教师巡回指导。

提问：你发现了哪些 5 的减法算式？

4. 游戏"你编应用题，我来列算式"，引导幼儿学习根据算式编应用题。

（1）讲解玩法：一名幼儿任选一道减法算式将其编成减法应用题并任意邀请一名幼儿进行解答并列出算式。

（2）教师编题与幼儿一起游戏，加深幼儿对于 5 的减法应用题的学习。

（3）幼儿自主游戏，巩固对于 5 的减法应用题的学习。

5. 活动延伸：区域中投放相应的材料，幼儿进一步游戏巩固。

体育活动

打猫尾

【教材分析】

"打猫尾"是一个民间体育游戏，游戏利用一个沙包将孩子们分成两组，锻炼孩子们躲闪、避让的技能，孩子们在沙包的新玩法中得到乐趣。对于大班幼儿来说，躲闪、避让的技能有了一定的基础和经验，但用沙包瞄准击中奔跑的同伴和在来回奔跑中进行躲闪、避让沙包的技能还需要学习。所以，活动中通过幼儿自主探索，同伴示范，竞赛游戏等方法让幼儿与沙包充分互动，与同伴互动，相互合作、协商，充分给予孩子主动参与活动的机会，调动孩子的积极性，培养幼儿快速躲闪能力、灵敏性以及团结协作和竞争意识，从而更好地完成教学目标。

【活动目标】

1. 知道"打猫尾"的游戏玩法，学习在奔跑中躲闪、避让沙包的技能。

2. 幼儿能快速躲闪沙包，发展幼儿的反应力和动作灵活性。

3. 体验民间游戏的快乐，树立幼儿团结协作的意识。

【活动重点】

知道"打猫尾"的游戏玩法，学习在奔跑中躲闪、避让沙包的技能。

【活动难点】

幼儿能快速躲闪沙包，发展幼儿的反应力和动作灵活性。

【活动准备】

1. （物质）六个沙袋。

2. （环境）宽阔场地。

【活动过程】

1. 与老师一起做准备活动,做好游戏前的准备。

教师带领幼儿随音乐做上肢、下蹲、体侧、体转、腹背、跳跃运动以及向不同方向躲闪的练习等。

2. 出示沙包,幼儿分组探索沙包的不同玩法。

（1）小组探索"好玩的沙包",每组一个沙包,鼓励幼儿与同伴一起尝试沙包的不同玩法。

（2）交流分享"沙包玩法多"。

提问:沙包有哪些玩法？你们是怎么玩的？

（3）请个别幼儿展示沙包投掷、抛接等不同的玩法。

3. 学习游戏《打猫尾》,引导幼儿掌握游戏玩法。

（1）教师示范讲解游戏玩法:请两名幼儿分别站在两边的起点线上,其他幼儿站在中间。当一个幼儿扔沙包时,大家面对着他,迅速跑开躲避他扔过来的沙包。站在对面的小朋友要迅速捡起同伴扔过来的沙包,向中间的小朋友继续扔去,被打中幼儿则停止游戏到场外等待。

（2）幼儿分成6个组自主练习扔沙包、躲沙包的玩法,教师巡回指导。

重点指导:两头幼儿在扔沙包时要看准中间的幼儿,瞄准肩膀以下的位置打,对面接沙包的幼儿要快速捡起沙包扔向中间的幼儿;中间躲闪沙包的幼儿要反应敏捷,避让躲闪,注意安全。

（3）请个别幼儿示范,加深幼儿对于游戏玩法的了解。

（4）教师与幼儿讨论游戏规则,鼓励幼儿按规则游戏。

规则:如果被砸中,就要罚下场,没有被砸中的幼儿继续玩;投掷沙包时要瞄准中间幼儿肩膀以下位置;如果沙包被中间的幼儿接住,则投沙包的和接住沙包的幼儿互换位置。

4. 创设《打猫尾》比赛,提高幼儿遵守比赛规则的意识。

（1）教师讲解比赛规则。

规则:每组轮流上来扔沙包,三分钟后,看看还剩下多少人,哪组人剩下的最多,哪组为胜。

（2）幼儿比赛。教师负责帮助幼儿看时间,提醒幼儿遵守游戏规则。

5. 随音乐做放松活动。幼儿坐下拍打腿部肌肉。

【附教材】

主题六　冬天大搜索

活动区活动
1. 冬季服饰店
2. 雪花飞
3. 冬天的社区
4. 美丽冬装
5. 最美的冬季
6. 好吃的枣馍馍

教学活动
1. 好习惯体验日：城市美容师
2. 冬天
3. 认识球体圆柱体
4. 雪花飞
5. 四季风景

户外体育活动
1. 大步接力
2. 一二三木头人

第 1 周　探, 冬天的秘密

教学活动
1. 小雪花
2. 冬天的动物
3. 认识日历
4. 金蛇狂舞
5. 雪花

冬天大搜索

教学活动
1. 雪孩子
2. 寒风中的人
3. 学习分类
4. 铃儿响叮当
5. 松树

第 2 周　享, 冬天欢乐事

第 3 周　讲, 冬天温暖情

户外体育活动
1. 不怕困难的邮递员
2. 编花篮

活动区活动
1. 暖洋洋火锅店
2. 金蛇狂舞
3. 冰雕
4. 暖心围巾
5. 不怕冷的大衣
6. 学做枣馍馍

活动区活动
1. 新年自助火锅
2. 铃儿响叮当
3. 南极小岛
4. 梅花
5. 冬天的节日
6. 挑面鼻

户外体育活动
1. 冬季趣味运动会
2. 龙头咬龙尾

主题价值

冬天的季节特点鲜明,大地冰封,寒风呼啸,雪花漫天飞舞,蜡梅傲霜而立。大班幼儿对冬天已有较丰富的感知和认识,他们不再仅仅关注冬天里动植物的变化,而是渴望探索更多关于冬天的秘密,向往参与冬天的活动和节庆。"冬天大搜索"这一主题,围绕"探,冬天的秘密""享,冬天欢乐事""讲,冬天温暖情" 3 个次主题展开。从感受冬天的万物变化入手,引导幼儿寻找冬天的奇妙现象,关注寒风中劳动的人们和各种有趣的活动;通过开展采访、观察、制作、表演等活动,引导幼儿大胆探索冬天的秘密,体验主题活动带来的丰富而温暖的情感。在主题活动开展过程中,应调动家长的积极性,共同挖掘与冬天相关的资源,带领幼儿参与冬季运动,在亲子活动中感受冬季生活的多样乐趣。

主题目标

★ 鼓励幼儿专心吃饭,懂得吃"热乎乎"的食物对身体好。小便后,及时将内衣掖进裤子,不把肚脐露在外面。

1. 感知冬季景色、动植物、人们活动的变化,了解动植物的变化与冬季环境的关系,知道一年有四季轮回;认识日历,尝试使用日历。

2. 能专注地阅读与冬天的秘密、节日等有关的图书,了解冬季的自然规律和节日的民俗文化,并愿意与家长、同伴分享交流。

3. 积极参与冬季里的探索实践、体育锻炼和节庆活动,逐渐形成不畏寒冷、积极参与、勇敢向上、团结合作的良好品质。

4. 了解乐曲"ABA"的曲式结构及乐曲欢腾激越的特点;能用打击乐器看演奏图谱准确演奏节奏型。学习用搓、压等技能表现某一季节的典型图案;能自主探索、设计雪花不同的折、剪方法,耐心制作出不同的雪花。

5. 能积极探索冬天自然界的变化,主动表达自己对冬季活动和节日的体验。能用采访、观察、制作、表演、讲述等多种方式创造性地表现对冬季的感受和喜爱。

区域活动安排

区域名称	活动名称	活动准备	活动指导建议
角色区	冬季服饰店	幼儿在美工区自制的"美丽冬装"和"暖心围巾",价目卡、钱币等	● 了解各种冬装类型的主要功能,能将美工区自制的"冬装"分类摆到货架上,与其他区域幼儿进行5元以内的买卖。 ● 指导幼儿对美工区的自制冬装和围巾进行简单分类。引导幼儿根据功能设置标志牌。 ★ 提醒幼儿表演结束后,将场地收拾干净并能将穿过的服装和用过的道具摆放回原位。
	暖洋洋火锅店	海绵纸、不织布等制作的蔬果、鱼、肉等,餐具,炊具	● 幼儿自主设计并共同创设火锅店的情境,模仿火锅店的情节开展游戏。 ● 引导幼儿了解冬天里人们饮食的变化以及服务员和顾客的不同职责,自主协商分配角色,模仿火锅店的买卖情节进行活动。 ★ 指导"顾客"就餐应荤素搭配,不浪费,服务员应礼貌待客并注意餐具卫生。
	新年自助餐厅	制作腊八粥的各种食材,海绵纸、不织布等包饺子和制作蔬果、鱼、肉的材料,拉花、灯笼等装饰餐厅的材料,餐具	● 幼儿自主设计并共同创设新年自助餐厅的情境,模仿自助餐厅的情节开展游戏。 ● 指导幼儿了解角色职责,以物代物或用辅助材料制作美食,开展自助餐厅的游戏。 ★ 游戏中,提醒"顾客"注意遵守有序排队、适量取餐等用餐礼仪。
音乐区	雪花飞	雪花和麦苗的服饰、《幼儿素质发展课程·音乐》CD、自制的歌曲图片	雪花飞 ● 自然演唱歌曲,能用优美的声音抒发对雪花的赞美。 ● 指导幼儿掌握休止符和"咿呀呀得儿喂"的演唱技巧;鼓励幼儿根据对歌曲的理解创造性地搭配服饰,用动作表现雪花纷飞的景象。 ★ 游戏中能和小朋友协商解决出现的问题。
	金蛇狂舞	《金蛇狂舞》的图谱、音乐及道具	● 能自选道具,创造性地表现传统民乐中热烈欢快的景象。 ● 指导幼儿运用红绳子、灯笼等道具结合"扭秧歌"自由表现歌曲的欢乐氛围。 ★ 积极参加各类艺术活动,愿意用熟悉、有节奏、简单的舞蹈动作表达自己的情感。
	铃儿响叮当	《幼儿素质发展课程·音乐》CD演奏图谱及乐器	● 能自选乐器有节奏地演奏乐曲,感受节日欢快的氛围。 ● 指导能力强的幼儿尝试当小指挥,带领同伴按节奏进行合作演奏。 ★ 提醒幼儿集中注意力,根据演奏图谱演奏。
结构区	冬季的社区	大型、小型积木,插塑玩具若干、易拉罐、饮料瓶、干树枝等辅助材料,社区实景图片	● 仔细观察图片,合作搭建冬季社区,突出冬天里建筑的特色。 ● 指导幼儿合理利用不同的材料进行搭建。例如:用大型积木搭建社区建筑,用小型积木或插塑玩具搭建健身器材,用干树枝、饮料瓶等辅助材料进行装饰。 ★ 能在合作游戏中主动发起活动或主动在活动中出主意、想办法,能大胆表达自己的想法和见解。
	冰雕	积木,哈尔滨冰雪节的冰雕图片,冰雕局部放大照片,搭建辅助材料	● 能与同伴协商制订搭建计划,选择适宜的材料进行创造性搭建不同造型的冰雕。 ● 指导幼儿欣赏、观察冰雕图片的基础上进行搭建,鼓励运用辅助材料充分表现出冰雕的细节特征。 ★ 鼓励幼儿自由组建搭建小组,设计搭建图纸并进行合理分工。
	南极小岛	大型、小型积木,插塑玩具若干、易拉罐、饮料瓶等辅助材料,南极小岛实景图片	● 幼儿能搭建或拼插南极小岛,突出其主要特征。 ● 提供南极小岛的图片,指导幼儿根据自己的想象,设计、创造出不同造型的南极小岛。

区域名称	活动名称	活动准备	活动指导建议
美工区	美丽冬装	冬季服饰的图片、大画纸、纸质手提袋、羽毛、纽扣、亮片、不织布	● 能根据顾客需要，运用剪贴、拓印等技能制作冬装。 ● 引导幼儿了解各种材料的基本使用方法和用途，鼓励幼儿根据衣服款式合理选用材料制作再现。 ★ 制作过程中注意桌面整洁，活动结束后能将材料物归原处。
	暖心围巾	粗毛线、地垫、纸巾盒（边缘剪成长城状）	● 能用缠绕和套接的方式将毛线反复勾连在地垫或纸巾盒长城状的边缘，做成简易的围巾。 ● 指导幼儿选用大小不同的地垫，编制粗细不同的围巾，也可以选择不同颜色的毛线进行连接，编制出彩色的围巾。 ★ 鼓励幼儿将织好的围巾和事先准备好的贺卡一起送给需要关心的家人。
	梅花	颜料、毛笔、桌布、小围裙、宣纸	● 幼儿尝试用毛笔中锋和侧锋结合的方法画出树干，用点画的方法画出花瓣。 ● 指导幼儿运用淡墨、浓墨表现树干的纹路；将花瓣画得均匀，尝试添画松树、雪花等周边的景物。 ★ 在活动结束后，会对绘画材料进行分类整理。
语言区	最美的冬季	《冬天的秘密》《认识四季——冬》《最美的四季科普——冬》等经典儿童科普读物，问题收集卡片，图画纸、订书机、笔等	● 能从科普书中了解冬天的秘密，发现冬季的自然规律和各种有趣的知识。 ● 引导幼儿将生活中遇到的关于冬季的问题制作成"小问号"卡，活动时，指导幼儿根据卡片上的问题寻找答案。 ★ 喜欢用涂涂画画的方式表达自己的理解。
	不怕冷的大衣	教师自备故事图片和故事录音，一周运动计划表	● 理解故事内容，能较熟练的讲述故事。 ● 指导幼儿在倾听故事、理解故事内容的基础上复述故事，知道运动是冬天不怕冷的好方法。 ★ 注意倾听老师与他人的讲话，不随意打断别人，敢在众人面前表达自己的想法。
	冬天的节日	投放相关图书，如中国记忆·传统节日绘本《冬至》《腊八节》《灶王节》《米菲在雪中》《腊八的故事》《这就是二十四节气·冬》《小年》《屋檐下的腊八粥》等	● 幼儿能够安静阅读，了解故事的主要情节并简单讲述。 ● 启发幼儿通过观察图书中的图片，了解腊八节风俗、元旦习俗和冬季各个节气的气象变化、农事活动。鼓励幼儿分享、交流。 ★ 能有礼貌地与人交往，能关注他人的情绪和需要。
生活区	学做枣饽饽	邀请班中或当地有经验的一位奶奶来园介绍枣饽饽的做法并提前做几个枣饽饽；已经发酵并切成一块块的小面团；洗净的红枣若干；做好桌面、器具等消毒工作；幼儿学习材料《拥抱冬天》	1. 好吃的枣饽饽。 ● 品尝枣饽饽，了解枣饽饽的制作步骤。 2. 学做枣饽饽。 ● 现场演示难点部分：一起用揉、团、挑等方法做枣饽饽。 3. 挑面鼻。 ● 指导幼儿用右手的拇指和食指对顶挑，挑时有耐心、失败了可以重新做。 ★ 同伴间遇到矛盾会合做游戏，学会谦让。

（●为核心目标指导，★为养成目标指导）

户外活动安排

活动名称	活动目标	活动准备	活动指导建议
一二三，木头人	1. 根据信号做相应动作。 2. 尝试用走、跑、平衡等动作进行游戏，遵守游戏规则。 3. 体验合作游戏的快乐。	提前确定游戏场地	● 由一个幼儿当"司令"，背向其他幼儿。其他幼儿可以在一定范围内自由活动。"司令"喊出"一二三，木头人"，然后转身面向其他幼儿，其他幼儿必须保持当前的姿势不动。 ● 如果其他幼儿的身体没有晃动，则继续进行游戏；若某个幼儿明显晃动则视为犯规，需被替换下来扮演"司令"角色。 ★ 能根据冷暖增减衣服。
编花篮	1. 学习3人合作用腿、脚"编花篮"。 2. 练习单脚跳，发展身体的平衡和协调能力。 3. 不怕寒冷，坚持户外体育锻炼。	数字卡片	● 幼儿3人一组站在一起，每个人都是左脚站在地上，右脚向后抬起，脚底朝上搭在后面小朋友的右腿上。3个幼儿把右脚搭成环形不分开，然后同时用左脚单脚跳跃，边双手拍掌边说儿歌。 ● 4人一组或者5人一组进行游戏；也可以两组幼儿进行游戏比赛，哪组坚持的时间长哪组获胜。 ★ 能在较冷的环境中连续活动半小时以上。
龙头咬龙尾	1. 根据对方的方向变化迅速做出跑或躲闪的动作。 2. 遵守游戏规则，在游戏过程中有初步的自我保护意识。 3. 体验和同伴共同游戏的快乐。	龙头的头饰、龙尾巴若干	● 10个幼儿排成一条龙，排头戴上"龙头"头饰，排尾在腰部塞上一条短绳做"龙尾"，做龙身的幼儿依次抱住前一个幼儿的腰。游戏开始，"龙头"快跑去抓"龙尾"，"龙尾"则要设法躲闪开。 ● "龙头"必须拉下"龙尾"身上的短绳才算取胜。若抓住，则第2个幼儿当"龙头"，继续游戏，以此类推。龙身不能松手，否则要重新抱好后再开始游戏。 ★ 游戏中帮助摔倒的小朋友站起来，会说"对不起""没关系"。

（●为核心目标指导，★为养成目标指导）

第1周 探, 冬天的秘密

环境创设

1. 创设"冬天的秘密"主题墙饰,内容包括:冬天的景色,可以用照片或者幼儿作品来呈现;冬天动植物的变化,可以用幼儿的植物记录本来呈现;人们在冬天的服饰,可以用幼儿服饰实物、手工作品、绘画作品等来呈现。

2. 设置"天气报告栏",值日生轮流报告并记录每天的天气、温度和创设穿衣提示等。

生活活动

1. 鼓励幼儿专心吃饭,懂得吃"热乎乎"的食物对身体好;盥洗时,能主动挽起衣袖,认真洗手,洗后擦护手霜;小便后,及时将内衣掖进裤子,不把肚脐露在外面。

2. 帮助幼儿树立关心自己健康的意识,知道根据天气冷暖及时增减衣服。

3. 鼓励幼儿坚持上幼儿园,坚持户外锻炼,多喝水,预防感冒,树立"天冷我不怕"的勇敢精神,提高身体素质。

4. 引导幼儿在散步时注意观察冬天里植物的变化,及时做好天气记录。

家长与社区教育

1. 请家长帮助幼儿认识并学习使用温度计,引导幼儿每天用温度湿度计查看室内外温度并进行记录。

2. 引导幼儿在外出时有意识地观察交警、清洁工人等在寒风中坚守工作的人们。

3. 帮助幼儿进行取暖用具应用的调查,同时加强幼儿冬季用电安全的教育。

4. 引导幼儿在家种植蒜苗、萝卜等并做好观察记录。

活动一 好习惯体验日——城市美容师

【活动解读】

清洁工人是我们城市的美容师,正是因为有了他们,我们的环境才会这么整洁。本活动通过了解城市美容师的工作、体验尝试美容师的辛苦、评选"爱清洁小明星"等环节,让幼儿了解城市美容师工作的辛苦,进一步了解清洁工人的工作与人们日常生活的关系,知道不能随便乱扔垃圾,不乱吐痰。引导幼儿从自身做起,养成爱清洁、讲卫生的好习惯。

【活动流程】

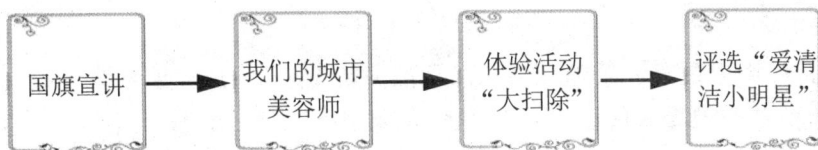

国旗宣讲 → 我们的城市美容师 → 体验活动"大扫除" → 评选"爱清洁小明星"

【活动目标】

1. 了解清洁工人的工作与人们日常生活的关系,知道不能随便乱扔垃圾,不乱吐痰。

2. 懂得尊重清洁工人和他们的劳动成果。

3. 养成爱清洁、讲卫生的好习惯。

【活动建议】

1. 国旗下宣讲"城市美容师"。

(1)教师宣讲:当我们走在干净、宽敞的街道上时,你们有没有想过这舒适、优美环境的创造者呢?冬天当我们下班后、放学后回到家,在温暖的被窝里看电视时,街上除了北风的呼啸声外,就是环卫工人扫地的声音了。他们用一把扫帚扫出了城市的文明;他们用一个簸箕端出了城市的整洁。他们就是可爱的城市美容师。

(2)幼儿宣讲:我们生活的小区、街道等都是清洁工打扫干净的,他们的工作很辛苦。

(3)家长宣讲:家长们要以身作则,从自身做起,不乱扔垃圾,维护好城市环境卫生。多带孩子去亲身体验清洁工人的劳动,让孩子们体验他们工作的辛苦。

2. 感知了解"城市美容师"的工作。

(1)观看PPT课件:城市美容师【清晨的路面整理、清理垃圾广告、清扫积水、疏通下水道】

提问:清洁工人每天都要做哪些事情?

(2)交流分享"城市美容师"的辛苦。

提问:为什么说清洁工人是城市美容师?

他们的工作辛苦吗?为什么?

你想对清洁工人说什么?

小结:当我们还在睡梦中时,清洁工人就开始工作了,清扫路面垃圾,洒水车保持地面湿润,擦拭路标、清理小广告。夏季,他们冒雨清扫积水,清理垃圾和疏通下水道……因为有了他们,我们的环境才会这么整洁。所以说清洁工人是"城市美容师"。

(3)尊重清洁工人,珍惜他们的劳动果实。

讨论：面对清洁工人的辛苦付出，我们应该怎样做？

小结：清洁工人很辛苦，我们应爱护周围环境卫生，不随地乱扔垃圾，不随地吐痰，不乱涂乱画，让我们的城市变得更干净、更美丽。

3. 体验活动"大扫除"。

（1）幼儿以小组为单位确立清扫的教室卫生区域。

（2）讨论制定"清扫计划"。

（3）小组合作，分工清扫区域卫生。

4. 评选"爱清洁小明星"。

（1）相互交流、检查各自区域的卫生清扫。

（2）评选"爱清洁小明星"，教育幼儿在日常活动养成良好的卫生习惯。

活动二　语言——散文诗《冬天》

【教材分析】

冬天在幼儿的眼中是充满乐趣和生机的。散文诗《冬天》形象地刻画了纷飞的雪花、挺拔的松树、芬芳的梅花和堆雪人的孩子们等鲜明景象，描绘了一幅灵动、丰富、有趣的冬之画卷。散文诗语言凝练，意境优美，富有童趣。"大地一片白茫茫，好似穿上银衣裳"一句将冬天的情景做了巧妙的比喻；"狗熊躲在树洞里睡觉，小兔换上厚厚的皮袄"等诗句采用了拟人化的写作手法，易于幼儿理解和接受；对于快乐的孩子们的描写更是形象而生动。本活动通过欣赏、交流朗诵等形式，引导幼儿理解散文诗的内容，感知冬天的主要特征，感受散文诗充满童趣的意境和冬天的美好。

【活动目标】

1. 学习散文诗，理解散文诗所描述的冬天的主要特征。

2. 能根据诗歌内容自编动作，有感情地朗诵诗歌。

3. 感受散文诗充满童趣的意境，知道在冬天要坚持锻炼身体。

【活动重点】

学习散文诗，理解散文诗所描述的冬天的主要特征。

【活动难点】

能根据诗歌内容自编动作，有感情地朗诵诗歌。

【活动准备】

1.《幼儿素质发展课程·多媒体教学资源包》课件25，幼儿学习材料《拥抱冬天》，舒缓、优美的背景音乐。

2. 活动前引导幼儿观察并了解冬天的变化和特征。

【活动建议】

1. 引导幼儿交流、分享对于冬季特征和变化的认识。

请幼儿说一说冬天里天气、动植物的变化以及在冬天里最喜欢做的事情，鼓励幼儿大胆表述自己的想法。

2. 结合课件引导幼儿欣赏散文诗，初步理解诗歌内容，感知冬天的主要特征。

（1）教师有感情地朗诵散文诗，幼儿欣赏诗歌。

提问：诗歌描述了冬天里的哪些景象？

(2)引导幼儿用诗歌中的语言进行描述,加深对冬季特征的认识,理解诗歌内容。

3. 请幼儿有感情地朗诵散文诗,感受诗歌充满童趣的意境。

(1)结合课件,师幼完整朗诵诗歌,感受松和梅坚强、勇敢的品质。

提问:松树为什么依然碧绿健壮?在冬天里,你最喜欢哪种植物?为什么?

(2)请幼儿伴随音乐有感情地朗诵诗歌,用声音、表情、动作等表现诗歌充满童趣的意境。

提问:下雪的时候,小朋友们玩了什么游戏?他们的心情怎么样?

(3)分别采用配乐朗诵、加动作朗诵等方式,引导幼儿表达对诗歌的感受。

(4)请幼儿自主阅读《拥抱冬天》第18～19页,再次感受诗歌充满童趣的意境。

4. 使幼儿知道在冬天要锻炼身体,进一步激发幼儿对冬天的喜爱之情。

(1)提问:雪人对孩子们说了什么?你认为它说得对吗?为什么?

(2)小结:冬天虽然天气寒冷,但小朋友们一定要勤锻炼、多活动,这样才能保持身体健康。

【附教材】

冬天

北风呼呼吹,

雪花轻轻飘。

大地一片白茫茫,

好似穿上银衣裳。

狗熊躲在树洞里睡觉,

小兔换上厚厚的皮袄。

松树,迎着寒风,

依然碧绿健壮;

梅花,在风雪中,

散发出阵阵芳香。

快乐的孩子们,

不怕寒风吹,不怕雪花飘。

滚雪球,雪球越滚越大;

打雪仗,打来打去真热闹;

堆雪人,乌溜溜的眼睛鼻子翘,

仿佛对孩子们说:

来吧,来吧,冬天锻炼身体好。

活动三 数学——认识球体、圆柱体

【教材分析】

球体和圆柱体是幼儿在生活中能经常接触到的几何形体。大班幼儿基本具备区别典型球体和圆柱体的能力,也能够发现生活中与球体和圆柱体形状相似的物体,但对球体与圆柱体的异同并没有清晰的认识。如何使幼儿通过直接体验与感知发现、了解、表达球体与圆柱体的异同是本次活动的重点。教师可引导幼儿从物体滚动方向切入活动,鼓励幼儿大胆探索、仔细甄别并有条理地表达。

【活动目标】

1. 认识球体和圆柱体，初步了解球体和圆柱体的主要特征。

2. 感知发现球体与圆柱体的不同，能发现生活中与球体和圆柱体形状相似的物体。

3 乐意与同伴交流，能清楚地讲述自己的发现。

【活动重点】

认识球体和圆柱体，初步了解球体和圆柱体的主要特征。

【活动难点】

感知发现球体与圆柱体的不同，能发现生活中与球体和圆柱体形状相似的物体。

【活动准备】

1. 玩具每桌 1 筐（乒乓球、皮球、塑料球、玻璃球等球体；瓶子、易拉罐、圆柱状的积木、薯片筒、管子等圆柱体；不能滚动的物体）。

2. 报纸，长方形硬卡纸，不同大小的硬币，橡皮泥若干。

【活动建议】

1. 请幼儿观察桌上的玩具，自由探索、交流，发现可以滚动的物体。

（1）引导幼儿按照能否滚动将玩具进行分类。

要求：把可以滚动的物品放在筐子里。

（2）鼓励幼儿相互交流自己的发现并通过演示进行验证。

（3）引导幼儿将会滚动的物体再按形状分类。

2. 观察圆柱体和球体，尝试概括表达球体和圆柱体的主要特征。

（1）引导幼儿摸一摸，转一转，从各个方向观察圆柱体和球体的异同，尝试用简单的语言进行表述。

（2）引导幼儿向不同的方向滚动球体和圆柱体，发现并说出它们的不同之处。

小结：球体不管从哪个方向看都是圆的，摸起来很圆滑，能向任意方向滚动；圆柱体上下两个面是圆形且一样大，上下一样粗，可以滚动，但方向单一。

（3）鼓励幼儿找出周围环境中的球体和圆柱体，运用其特性进行检验。

提问：生活中，你还见过哪些东西是球体或圆柱体？为什么？

3. 分组操作，尝试用各种材料制作球体、圆柱体。

（1）幼儿根据兴趣自主选择操作材料，分组进行制作活动。

报纸组：引导幼儿用报纸制作球体或圆柱体，鼓励幼儿通过测量、比较等方法进行验证。

卡纸组：提供大小不同的长方形硬卡纸，引导幼儿制作圆柱体。

硬币组：提供各种硬币若干，引导幼儿将其变成圆柱体和球体。例如：把硬币竖起来迅速转动，看看像什么；把相同大小的硬币叠放在一起，看看变成了什么。

橡皮泥组：引导幼儿用橡皮泥做球体和圆柱体，鼓励幼儿采用观察、触摸滚动等多种方法进行验证。

（2）各组操作后，集体交流、分享。

请幼儿将制作好的球体和圆柱体滚一滚、试一试，重点引导幼儿交流怎样利用材料让球体滚得更流畅，让圆柱体上下一样粗。

活动四 音乐——歌曲《雪花飞》

【教材分析】

《雪花飞》是一首优美、欢快、动听、充满活力的歌曲,描述了冬天雪花跟生长之间的关系,既形象又生动地描述了"冬天,麦苗盖上雪花被睡觉,麦苗喝足雪水长得壮""夏末,麦穗成熟大丰收"的景象。歌词较长需幼儿对内容充分了解和多次欣赏。歌曲是2/4拍旋律,教师示范演唱中间的"依呀嘚喂"的歌词与休止符的结合部分时,要突出跳跃感,充分诠释乐曲欢快的情感基调,引导幼儿在反复欣赏、游戏扮演中逐渐了解歌曲内容,感受冬季雪花纷飞的景象。

【活动目标】

1. 理解歌曲内容,感受歌曲优美、欢快的旋律特点。

2. 用自然的声音唱出歌曲优美的曲调,注意休止符的正确唱法,能边唱边做相应的动作。

3. 用歌声表达对雪花的赞美之情,感受冬季的美好。

【活动重点】

理解歌曲内容,感受歌曲优美、欢快的旋律特点。

【活动难点】

用自然的声音唱出歌曲优美的曲调,注意休止符的正确唱法,能边唱边做相应的动作。

【活动准备】

1. 《幼儿素质发展课程·音乐》音乐CD,《幼儿素质发展课程·多媒体教学资源包》课件23,雪花和麦苗图片。

2. 提前帮助幼儿了解下雪给农作物带来的好处。

【活动建议】

1. 请幼儿听音乐做游戏——感受雪花纷纷落下的气氛。

引导幼儿手举漂亮小雪花,在音乐的背景下做出各种优美的动作,感受冬天雪花飘扬的氛围。

2. 请幼儿欣赏课件——学唱歌曲,加深对雪花的热爱。

(1)播放歌曲,请幼儿边看课件,边整体欣赏歌曲第1遍。

提问:人们为什么高兴呀?你看到了什么?听到了什么?

(2)整体欣赏第2遍。

提问:你认为歌曲分为几个部分?为什么?第1段唱了什么?第2、3段又唱了什么?

(3)指导幼儿分段学唱歌曲,注意休止符的处理及"依呀呀得儿喂"的节奏,引导幼儿听歌曲节奏变化的部分。

提问:这里出现了什么音符?

小结:这是休止符,要空拍,唱得短一些。

(4)听音乐,指导幼儿唱好"依呀呀得儿喂"的节奏,幼儿集体演唱歌曲第1段。

(5)听音乐,幼儿整体学唱歌曲。引导幼儿体会小雪花为人间做好事的自豪感和麦苗得到小雪花帮助后温暖舒适的感觉,提示幼儿用动听的声音表现歌曲的优美、欢快。

3. 玩音乐小游戏"雪花飞"——鼓励幼儿加入自编的动作表演歌曲。

(1)游戏玩法:部分(少于半数)幼儿围成大圆圈站好,扮演麦苗;另一部分(超过半数)幼儿站在圆圈中间,扮演雪花。引导幼儿做出雪花和麦苗的相应动作。

(2)第1段:扮麦苗的幼儿手拿麦苗卡片蹲在圆圈上,扮演小雪花的幼儿在圈中自由跑动。

（3）第2段：一片"雪花"飞到一棵"麦苗"旁边，表示给"麦苗盖被"，找不到"麦苗"的"雪花"落在圈中。

（4）第3段："麦苗"在圈上慢慢站起，表示长高、长壮了。

4. 引导幼儿交流、讨论——表达对雪花的感谢和赞美。

（1）小雪花们可真能干，让庄稼喝得饱、睡得暖。有了你们的帮助，来年一定是个丰收年。

（2）你想对小雪花说什么？

【附图谱】

雪 花 飞

金 波 词
潘振声 曲

1=C 2/4
中速

（535 6 | i i 65 | 65 323 | i - ） 5 65 | 3 2 1 0 | 5 65 | 3 2 1 0 |
　　　　　　　　　　　　　　　　　　　　　雪花　飞呀，　　雪花　飞呀，
　　　　　　　　　　　　　　　　　　　　　小麦　苗呀，　　盖上　被呀，
　　　　　　　　　　　　　　　　　　　　　喝饱了　水呀，　长得　美呀，

535 6 | i i 65 | 65 322 | 5 - | 65 322 | 5 0 0 | 5 65 | 3 2 1 0 |
这片紧把　那片追，　依呀　呀得儿　喂！　依呀呀得儿　喂！　　雪花　雪花
暖暖和和　睡一睡，　依呀　呀得儿　喂！　依呀呀得儿　喂！　　春天　雪花
麦苗长高　结大穗，　依呀　呀得儿　喂！　依呀呀得儿　喂！　　农民　叔叔

5 65 | 3 2 1 0 | 535 6 | i i 65 | 65 322 | 1 - | 53 566 | i 0 0 ：|
飞到哪里　去呀，　要给麦苗　去盖被，　依呀呀得儿　喂！　依呀　呀得儿　喂！
化成　水呀，　麦苗喝饱　长得美，　依呀呀得儿　喂！　依呀　呀得儿　喂！
勤劳　动呀，　打下麦子　堆成堆，　依呀呀得儿　喂！　依呀　呀得儿　喂！

活动五　美术——泥工：四季风景

【教材分析】

泥贴画将团、搓、压技能与浮雕的表现形式有机结合，形式比较活泼，操作性强。本次活动依托泥的延展性和丰富的色彩，将四季特征及万物变化的过程表现出来。引导幼儿在充分欣赏、讨论的基础上进行创作，进一步感受四季的多姿多彩，激发幼儿热爱大自然的情感和关注生活的情感。

【活动目标】

1. 学习用搓、压等技能表现某一季节的典型图案。

2. 幼儿分组，根据各自的想法选用与背景颜色有反差的泥，合作完成四季的风景泥贴画。

3. 用泥贴画的形式表现四季的变化和美。

【活动重点】

学习用搓、压等技能表现某一季节的典型图案。

【活动难点】

幼儿分组，根据各自的想法选用与背景颜色有反差的泥，合作完成四季的风景泥贴画。

【活动准备】

1. 橡皮泥或者太空泥、彩色纸盘、幼儿学习材料《拥抱冬天》。

2. 有代表性的四季的图片。

【活动建议】

1. 请幼儿交流搜集到的四季的图片,表达各自的想法和感受。

提问:春夏秋冬,四季轮换,每一个季节都有令人难忘的风景。你最喜欢什么?

2. 请幼儿欣赏四季风景的泥贴画作品,了解各季节里有代表性的图案。

(1)引导幼儿观察作品范例。

提问:你如何看出是哪个季节的?

(2)启发幼儿思考自己想要表现的主题。

提问:你想表现季节的什么特征?

3. 幼儿分组进行泥工制作,提示幼儿综合运用多种技能。

(1)幼儿可以 4 人一组进行制作,小组成员分工,协商确定主题。

(2)请幼儿自主阅读《拥抱冬天》第 11 页,观察操作步骤。

(3)鼓励幼儿综合运用搓条、团圆、压扁、捏合等技能塑造各种植物、动物等形象。

4. 在制作过程中,老师巡回指导,帮助有困难的幼儿完成作品。

5. 分组进行作品展示与分享,感受四季轮换的美。

引导幼儿用优美、连贯的语言描述四季的风景。

体育活动

大步接力

【教材分析】

"跑"是幼儿最喜欢的运动之一,它既可以锻炼幼儿的肢体协调性,又可以锻炼幼儿肌肉的发展,是我们经常去练习的一项体育运动。《大步接力跑》是将跑与传棒相结合,旨在让幼儿通过传棒大步接力跑,提高大步跑的动作技能,树立团队和规则意识,不怕困难、不怕寒冷。活动中采用了情境导入"小小运动员"、同伴示范、相互学习、难度挑战等方法,增强游戏的趣味性,体验团体比赛的成功感。

【活动目标】

1. 掌握大步跑的动作要领,会传棒接力跑。

2. 能坚持连续大步奔跑并按规则游戏。

3. 树立团队意识,不怕困难、不怕寒冷,体验"团体比赛"的成功感。

【活动重点】

掌握大步跑的动作要领,会传棒接力跑。

【活动难点】

能坚持连续大步奔跑并按规则游戏。

【活动准备】

1. 接力棒 4 根、红绸带 4 条、音乐。

2. 场地布置。

【活动建议】

1. 情境导入"小小运动员",指导幼儿进行热身活动,引发幼儿兴趣。

带领幼儿模仿运动员做准备活动,如上肢运动、腰部运动、腿部运动、脚踝运动、跳跃运动等。

2. 通过"运动员参加运动会"活动,引导幼儿学习大步跑的动作。

（1）学习"大步跑"的动作。

请幼儿尝试大步跑和小步跑,概括总结出大步跑的要领。

小结:大步跑的时候,步子要大,上臂的摆动幅度也相应大一些。

幼儿在原地练习上臂大幅摆动的动作,教师巡回指导。

（2）练习"大步跑"。

引导幼儿站在起跑线的位置,然后大步跑至场地的另一边,前一个幼儿到达后,下一个幼儿才可出发。（幼儿练习1～2次。）

请几名幼儿示范大步跑的动作,幼儿间相互学习。

3. 组织游戏"传棒接力跑",引导幼儿综合练习跑、传棒等动作,体验团体夺冠的成功感。

（1）介绍游戏玩法和规则,激发幼儿参与兴趣。

玩法:幼儿分成3～4组,每组6人,每组成员再分成两队,分别站在操场两边的起跑线上。第1个幼儿手里拿着接力棒,最后1个幼儿胳膊上系着红绸带。教师发出指令后,第1个幼儿持棒大步跑向对面的第1个幼儿,对面第1个幼儿接棒后跑向对面的第2个幼儿,直到最后1个幼儿跑完。最先跑完的组获胜。

规则:游戏时,后面的幼儿必须接到前面一个幼儿的接力棒后才能跑,接棒时脚不能超过起跑线。如果掉棒,必须捡起来再继续向前跑。

（2）增加难度进行游戏:增加跑道长度,鼓励幼儿坚持到底。

（3）再次增加难度进行游戏:请幼儿先原地做3个纵跳或者原地转两个圈,然后再奔跑,增强趣味性。

4. 创设"运动员领奖"的情境,引导幼儿根据音乐做动作,感受游戏乐趣。

在颁奖音乐中,引导幼儿模仿接受奖杯、向观众致意、集体欢呼等动作,舒展手臂、腿脚,放松身体各个部位。

【附场地布置图】

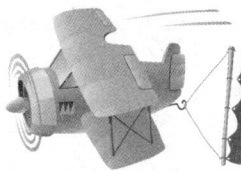

第2周 享,冬天欢乐事

环境创设 ▶

1. 引导幼儿共同讨论、创设"冬天的趣事"主题墙饰,鼓励幼儿用自己的环境方式表现冬天的乐趣。

2. 设置"我眼中的冬天"展区,展示发现人们的生活起居、穿戴打扮变化,幼儿拍摄、制作的照片及泥工作品、拼摆作品。

生活活动 ▶

1. 引导幼儿学习下雪天户外活动时的防滑措施,知道自我保护。

2. 提醒幼儿天冷也要定期洗澡、勤换内衣。

3. 加强对冬季传染病的预防,提醒幼儿根据活动量及时增减衣服,主动饮用适量的白开水,预防感冒。

家长与社区教育 ▶

1. 家长应鼓励幼儿坚持户外锻炼,多带幼儿到阳光下活动,如玩雪、玩冰、跳绳等。

2. 家长和幼儿一起制作冻冰花,引导幼儿了解制作冻冰花需要的温度,体验家园动手制作乐趣。

3. 请家长提醒幼儿持续关注蒜苗、萝卜生长情况并进行记录

4. 请家长和幼儿一起收集关于冰雪现象的信息资料,帮助幼儿了解雪对农作物的好处。

教学活动

活动一 语言——散文诗《小雪花》

【教材分析】

散文诗《小雪花》结构简单、意境优美、易于理解,运用文学特有的比喻、拟人等手法,把雪花比喻成白纱、银瓦、棉花、梨花、棉絮、地毯,将幼儿带进一个无限遐想的天地,激发了幼儿学习和欣赏的热情,让幼儿感受文学作品的韵律美、形式美和意境美。散文诗的想象贴近幼儿的生活,符合他们的认知水平,并且句式较整齐,非常适合大班幼儿学习和仿编。本活动通过优美的课件演示、有感情的诵读以及仿编,引导幼儿感受雪给人们和大地带来的欢乐。

【活动目标】

1. 理解诗歌内容,知道轻盈、光秃秃、耀眼、晶莹等词汇的意思。

2. 能用不同的语调朗诵诗歌,尝试联系生活经验仿编诗歌。

3. 感受诗歌优美的意境,加深对雪的喜爱之情。

【活动重点】

理解诗歌内容,知道轻盈、光秃秃、耀眼、晶莹等词汇的意思。

【活动难点】

能用不同的语调朗诵诗歌,尝试联系生活经验仿编诗歌。

【活动准备】

1 自备小雪花图片,自制课件(根据《拥抱冬天》第6~7页制作),轻音乐,幼儿学习材料《拥抱冬天》。

2. 下雪天带幼儿去户外观察并拍照,或者观看下雪的视频。

【活动建议】

1. 引导幼儿观察小雪花图片、欣赏课件,激发幼儿对诗歌的兴趣。

提问:诗歌里说了些什么？你有什么感受？

2. 请幼儿观看课件,分段欣赏散文诗,体验诗歌的意境美。

(1)播放第1部分。提问:小雪花是怎样落下来的？

(2)播放第2部分。提问:雪花分别落在哪些地方？

播放雪后高山、屋顶、松柏,光秃秃的树枝、麦田、地面景象的课件,引导幼儿跟随小雪花的动画回忆诗歌内容,教师根据幼儿回忆的内容朗诵诗句。

(3)通过经验分享和观看课件,引导幼儿初步理解"美丽的白纱""闪光的银瓦""松软的棉絮"的含义,简单了解比喻和拟人的手法。

3. 请幼儿朗诵散文诗,感受诗歌的韵律和表现手法。

幼儿自主阅读《拥抱冬天》第6~7页并朗诵,重点引导幼儿控制自己的声音,引导幼儿思考:哪里读轻一些？哪里慢一些？哪里需要重一些？哪里需要快一些？

4. 请幼儿发挥想象仿照诗歌进行创编,发展语言表达能力。

(1)提问:如果你是小雪花,你想落在哪里？那里会有什么变化？像什么？

(2)引导幼儿仿照"我落满×××,×××怎么样"的句式自由仿编,教师巡回指导,鼓励幼儿大胆仿编。

（3）请幼儿分享交流仿编的诗歌，教师表扬爱动脑积极发言的幼儿。

5. 播放轻音乐，邀请幼儿随音乐朗诵诗歌（可自由创编动作表演）。

【附教材】

小雪花

我是洁白晶莹的小雪花，我从高高的云层轻盈地飘下。我落满高山，高山披上美丽的白纱。我落满屋顶，屋顶铺上一层闪光的银瓦。我落满松柏，松柏结出许多棉花。我落满光秃秃的树枝，树枝盛开出朵朵梨花。我落满麦田，麦田盖上松软的棉絮。我落满地面，地面铺上洁白的地毯，闪着耀眼的银花花。我是洁白晶莹的小雪花，我从高高的云层飘下。

活动二 科学——冬天的动物

【教材分析】

冬天到了，人们穿上了厚厚的棉衣准备过冬。动物们也有自己的过冬方式，小青蛙躲在自己的洞里呼呼睡大觉，小兔子换上了厚厚的皮毛，大雁飞到了暖和的南方，小松鼠则在自己的家里储存了大量的食物。幼儿对于动物们在冬天的变化充满好奇，他们也愿意关注和思考动物们的这些生活习性与冬季环境的关系。本活动通过讨论讲述、分享交流、操作实践等环节，引导幼儿积极主动地认识常见动物的过冬方式，了解动物的生活习性与生存环境的关系，满足幼儿探究的欲望，激发幼儿关爱动物的美好情感。

【活动目标】

1. 了解动物冬眠、迁徙、换毛、储存食物等几种动物过冬方式，知道动物采用不同的过冬方式是为了适应环境、保护自己。

2. 能大胆交流自己的看法，与同伴协商合作，对动物过冬方式进行简单分类。

3. 萌发探索动物生活习性的兴趣，体验搜集、分享、合作的快乐。

【活动重点】

了解动物冬眠、迁徙、换毛、储存食物等几种动物过冬方式，知道动物采用不同的过冬方式是为了适应环境、保护自己。

【活动难点】

能大胆交流自己的看法，与同伴协商合作，对动物过冬方式进行简单分类。

【活动准备】

有关动物在冬天里生存方式的文字和图片资料，《幼儿素质发展课程·多媒体教学资源包》课件24，动物的图片若干（数量与幼儿人数相同），分类图每组1张，幼儿学习材料《拥抱冬天》。

【活动建议】

1. 引导幼儿交流查阅到的资料，简单介绍动物的过冬方式，使幼儿感受到搜集、分享的快乐。

（1）提问："寒冷的冬天来了，人们穿上了厚厚的棉衣。你知道动物们是怎样过冬的吗？"

（2）引导幼儿利用搜集的图片、图书等资料，采用自由谈话的形式，向大家介绍动物的过冬方式。

2. 出示课件引导幼儿欣赏故事，了解不同动物的过冬方式。

（1）讲述故事，引导幼儿观看课件《冬天的动物》，帮助幼儿理解故事内容。

提问：故事里的动物朋友是怎样过冬的？还有哪些动物的过冬方式和它们一样？它们为什么这么过冬？

鼓励幼儿讲述故事里的动物是怎样过冬的。

（2）结合幼儿回答和课件，引导幼儿进行分析。

提问：狗熊的过冬方式有什么不一样？什么是冬眠？还有什么动物冬眠？换毛的动物有什么共同的特点？还有哪些动物是换毛过冬的？大雁和燕子为什么要迁移到别的地方？

小结：今天我们知道了动物的过冬方式有冬眠、换毛、迁徙、储存食物、留卵过冬、躲在暖和的屋里过冬等。

3. 引导幼儿分组协商合作，将动物图片按过冬方式归类并进行分享、交流，激发幼儿探索动物生活习性的兴趣。

（1）小组协商，将图片分类。

方法：每组幼儿 1 张分类图，组内协商哪一栏贴哪种过冬方式。做好标志后，将动物图片贴到相应的过冬方式栏中。提醒幼儿将故事《动物怎样过冬》中没有提到的过冬方式贴到最后一栏。

（2）展示小组分类图，由小组选派代表进行分享、交流。

方法：每组选派一位代表，说明自己组是怎么分类的，哪些是故事中没有的过冬方式。

教师及时引导、纠错、提升。

4. 引导幼儿讨论、交流，知道动物过冬是为了适应环境、保护自己。

提问：动物们为什么要想这么多办法过冬？

小结：动物采用不同的过冬方式是为了适应环境、保护自己。

【活动延伸】

请幼儿自主阅读《拥抱冬天》第 12～13 页，继续探究动物的过冬方式。

活动三　数学——认识日历

【教材分析】

对于日历，大班幼儿需要结合重大节日及生活经验，在反复观察、验证中熟练掌握。幼儿通过工作日与周末、每个月的节日与四季的变化，感受到时间的一去不复返，进而树立珍惜时间的意识。可以通过建立"班级生日册"的方式，引导幼儿记住自己和他人的生日并学会运用日历。借助重大节日和活动，让幼儿在多次翻阅查找中了解日历的内容和作用，解决生活中的问题并在查阅讨论游戏竞赛、设计制作等活动中逐步了解日历的作用。

【活动目标】

1. 初步认识日历中不同符号的意义，知道一年有 12 个月，一个星期有 7 天及它们的排列顺序。

2. 学习看日历的方法，能迅速找出日历中的具体日期。

3. 通过制作班级生日册，萌发关爱身边人的情感。

【活动重点】

初步认识日历中不同符号的意义，知道一年有 12 个月，一个星期有 7 天及它们的排列顺序。

【活动难点】

学习看日历的方法,能迅速找出日历中的具体日期。

【活动准备】

1. 挂历、台历等多种形式的日历,制作生日册的日历表格 12 张,幼儿每人 1 张自己的小照片,幼儿学习材料《拥抱冬天》。

2. 家长协助幼儿收集各种日历并帮助幼儿记住生日。

【活动建议】

1. 引导幼儿观察、翻阅各种日历,感知日历的多种形式,知道它们的名称和用途。

提问:这是什么? 都有什么样的日历? 日历有什么作用?

小结:有挂历、台历等多种多样的日历。日历的每一页可以看到一天的信息,周历的每一页可以看到一周的日子,月历的每一页可以看到这个月所有的日子,年历可以看到全年所有的日子。

2. 请幼儿观察日历,了解日历的内容,学习看日历的方法。

(1)请幼儿自主翻看日历,了解日历上的内容。

提问:日历上有什么?

(2)引导幼儿发现日历中有不同的数字(阿拉伯数字、大写的数字)、文字、符号、颜色等,了解它们分别表示年份、月份、星期、节假日等。

提问:一年有几个月? 一个星期有几天? 它们是怎样排列的? 昨天、今天、明天各是星期几?

(3)请生日在 1 月份的幼儿介绍自己的生日,引导全体幼儿探索查日历的方法。

指导全班幼儿在日历上帮助查找这位同伴的生日日期,先找月、再找日、最后看是星期几。指导幼儿将《拥抱冬天》第 1 页中的日历填写完整。

3. 开展"看谁找得又对又快"游戏,进一步加深对日历及节日的认识。

(1)引导幼儿回忆自己知道的节日,说出节日的名称、时间、意义等。

例如:元旦、五一劳动节、六一儿童节、十一国庆节等。

(2)引导幼儿分小组在日历中查找出 1 个节日,说出这个节日是星期几。

(3)请幼儿在日历上找出各自生日的日期并说出是星期几。

4. 请幼儿制作班级生日册,学着关爱身边的人。

(1)提供日历表格,按生日月份给幼儿分组。

(2)播放背景音乐《生日歌》,请幼儿在日历上找出自己的生日,贴上自己的照片,说一说自己的生日是几月几日、星期几。引导其他幼儿为这个月过生日的幼儿送上祝福。

(3)引导幼儿讨论"班级生日册"的作用,激发幼儿关心、关爱身边人的情感。

5. 延伸活动:展示制作好的班级生日册,请幼儿找出自己好朋友的生日。

活动四 音乐——欣赏《金蛇狂舞》

【教材分析】

《金蛇狂舞》是一首民族管弦乐曲,由我国著名的人民音乐家聂耳创作。乐曲是"ABA"三段体结构,旋律具有鲜明的节奏特点。第 1 段以明亮上扬的音调呈现出欢乐、昂扬、奔放的情感,节奏铿锵且连绵起伏;第 2 段为中国曲式螺丝结顶的结构,上下句对答呼应,句幅逐层减缩，速度逐渐加快，加之锣、鼓、钹、木鱼等打击乐器的节奏烘托，使情绪逐层高涨。该乐曲具有浓郁的民族风情，情绪欢腾激越，表现出我国传统节日中舞龙耍狮时火热欢腾的情景。大班的幼儿音乐欣赏能力进一步提高，能较准确地感受性质鲜明、结构适中的器乐曲。本活动通过引导幼儿倾听、感受、表现乐曲，理解乐曲所表达的内容，感受乐曲中热烈的气氛，在欣赏中获得美的享受。

【活动目标】

1. 倾听音乐，结合舞狮子、耍龙灯等传统文化活动了解乐曲"ABA"的曲式结构及乐曲欢腾激越的特点。

2. 尝试用自由的即兴动作表演体验 B 段乐曲的对话应答和逐步缩短的乐句结构。

3. 感受乐曲中热烈、喜庆的氛围，萌发对传统民乐的喜爱之情。

【活动重点】

倾听音乐，结合舞狮子、耍龙灯等传统文化活动了解乐曲"ABA"的曲式结构及乐曲欢腾激越的特点。

【活动难点】

尝试用自由的即兴动作表演体验 B 段乐曲的对话应答和逐步缩短的乐句结构。

【活动准备】

1.《幼儿素质发展课程·音乐》CD，教师自备节庆时舞龙、耍狮的视频，彩绸，舞龙舞狮小型表演的道具等。

2. 活动前引导幼儿学习儿歌《闹新春》。

【活动建议】

1. 请幼儿完整欣赏乐曲——感受乐曲欢腾激越的特点。

引导幼儿专心倾听音乐，根据乐曲的节奏和旋律展开想象冬天。

提问：听了这首音乐，你有什么感觉？你想到了什么？

2. 请幼儿再次欣赏乐曲——初步了解乐曲"ABA"的曲式结构，理解乐曲所表达的内容。

欣赏乐曲，教师通过表情、手势，鼓励幼儿用简单的动作表现音乐节奏和旋律变化，感受两段音乐的不同风格。

提问：你认为这段音乐分几部分？

3. 请幼儿分段欣赏乐曲《金蛇狂舞》，尝试运用儿歌和即兴动作表演体验 A 段铿锵欢快、B 段对话应答和逐步缩短的乐句特点。

（1）播放 A 段音乐，引导幼儿交流并进行表现。

提问：想一想，人们可能在干什么？可以用什么动作来表现？

小结：这是一首表现各种喜庆活动的曲子，我们可以用简单的甩绸、十字步跳跃等动作进行表现。

（2）播放 B 段音乐，引导幼儿交流并进行表现。

提问：这段音乐听起来有什么特点？像在干什么？请小朋友们边听音乐边朗诵诗歌《闹新春》吧。

（3）引导幼儿在倾听音乐的基础上尝试将学过的儿歌《闹新春》与 B 段音乐相匹配。

进一步感受 B 段对话应答和乐句缩短的特点。鼓励幼儿念儿歌时辅以拍腿、拍肩等动作来感受节奏变化。

4. 引导幼儿完整地表现乐曲——感受乐曲热烈喜庆的氛围，激发幼儿对传统民乐的喜爱。

引导幼儿结伴协商，想象音乐情节，根据已有经验和兴趣选择表现方式，如舞龙耍狮表演、乐器演奏、自由舞蹈等,进一步感受乐曲的热烈、喜庆,激发幼儿对传统民乐的喜爱之情。

5. 总结延伸。

（1）请幼儿了解歌曲名称与背景。《金蛇狂舞》是一首民族管弦乐曲,由我国著名的人民音乐家聂耳创作。

（2）延伸到班级区角活动中继续游戏。

【附教材】

闹新春

一二三四五六七,七六五四三二一。/正月里来是新春,龙灯耍得快又急。

二三四五,来跳狮子舞;/一二三,来敲锣;/三二一,来打鼓。/敲锣,打鼓。

敲锣,打鼓。/咚咚咚咚锵咚锵,咚锵咚锵咚;/锵锵乙锵乙咚锵,乙锵乙咚锵。

金蛇狂舞

聂耳改编自民间乐曲

1=D 2/4

活动五　美术——折纸：雪花

【教材分析】

雪花剪纸是实用性强、表现力丰富、流行广泛的民间艺术,具有鲜明的本土特色。折剪雪花是《拥抱冬天》主题中的一节美术活动,其中在三角形纸上折出三等份是制作雪花的主要步骤,其次,通过设计花纹,剪花纹,来制作出不同的雪花。对于大班幼儿来说,他们手部肌肉的灵活性逐渐提高,也愿意参与折剪活动,而折剪雪花对于他们来说也具有一定的挑战性,他们更乐于参与这种有挑战性的活动。

通过对本活动内容的分析,我将本次活动的重点定位在学习用三等份的折法,运用折剪的方法制作雪花;难点则定位在能自主探索,设计雪花不同的折、剪方法,耐心制作出不同的雪花。活动中我们打破以往教师讲解示范方法,幼儿跟学的模式,引导幼儿自主探索方法,通过自主观察步骤图,自主探究折剪雪花的方法,自己发现问题、解决问题,在幼儿自主学习的基础上,通过交流讨论、个别演示、同伴学习等方法共同解决折剪中出现的问题,比如:花瓣不一样大、将雪花剪断等,来解决我们本次活动的重难点。活动旨在引导幼儿采用剪纸这种艺术形式,变化雪花的特征,进一步感受雪花的美,激发幼儿对剪纸的热爱。

【活动目标】

1. 学习用三等分的折法,运用折剪的方法制作雪花。（重点）

2. 能自主探索、设计雪花不同的折、剪方法,耐心制作出不同的雪花。（难点）

3. 萌发对民间剪纸的热爱,感受雪花的美。

【活动准备】

(物质)幼儿每人一副雪花折剪步骤图、一副大步骤图,作品背景板、课件《美丽的雪花》、画笔、剪刀、胶水、正方形彩纸若干。

(经验)幼儿有过看图示折纸的经验。

【活动过程】

1. 观看课件《美丽的雪花》,充分感知雪花外形、花纹等方面的特征。

(1)提问:"小朋友,你们见过雪花吗？雪花是什么样子的？"

"它们有什么不同？"

(2)小结:雪花有 6 个花瓣,花瓣上的花纹是不一样的。

2. 出示步骤图,幼儿自主探究交流,学习折剪雪花的方法。

(1)出示步骤图,引导幼儿自主观察。

提问:仔细观察步骤图,哪些步骤能看明白？哪些看不明白？

(2)幼儿根据步骤图初步进行动手探索,教师巡回观察。

提问:你在哪一步遇到了困难？请幼儿说一说。

(3)出示大步骤图,请个别会的幼儿来讲解示范,帮助有困难的幼儿解决问题。

请会折三等份的幼儿重点示范折法,同伴学习。

折法:将大三角形对角折,然后打开,找到底边中心点,以中心点为准将两边分别向上折,调整成三份。

(4)结合幼儿探究,以儿歌的形式帮助幼儿更好地掌握折的方法。

折纸小儿歌:小雪花,飞呀飞,飞到对面亲一亲。左面亲一下,右面亲一下,三面叠起来,用力抱一抱。

(5)幼儿自主尝试剪雪花。

提问:你成功了吗？你遇到了什么困难？怎样剪才能剪不断？

(6)请剪成功的幼儿示范并讲解,同伴观察。

小结:剪雪花时一定要保留连接点,不要全部都剪断。

3. 幼儿再次尝试折剪,探究设计、折剪不同雪花的方法。

(1)幼儿结合课件设计操作,教师巡回指导,帮助能力较弱的幼儿,鼓励幼儿剪出不同花纹的雪花。

(2)请幼儿将碎纸整理到收纳盒中,养成良好的卫生习惯。

4. 师幼共同评析作品,分享成功的喜悦。

请幼儿将作品展示在作品背景板上,互相欣赏评价,体验创作的成功感和雪花的美。

你喜欢哪一片雪花？为什么？

5. 活动延伸:

引导幼儿尝试其他不同折剪雪花的方法。

体育活动

不怕困难的邮递员

【教材分析】

游戏"不怕困难的快递员"重点引导幼儿掌握侧面钻及双脚从高处跳下的动作。大班幼儿已具有钻和跳的经验,但在动作的协调、连贯方面个体差异明显。教师应根据幼儿的能力发展水平,在钻的密度和高度、跳的高度上逐渐加大难度,鼓励幼儿在活动中不怕困难、勇于挑战。

【活动目标】

1. 学习侧面钻及双脚从高处向下跳的动作,掌握动作要领。

2. 能运用侧面钻及双脚从高处向下跳的方法通过障碍,提高动作的灵敏性及协调性。

3. 勇于挑战,体验送快递的成功感。

【活动重点】

学习侧面钻及双脚从高处向下跳的动作,掌握动作要领。

【活动难点】

能运用侧面钻及双脚从高处向下跳的方法通过障碍,提高动作的灵敏性及协调性。

【活动准备】

1. 高、低山洞各 2 组,建议高度为 55～60 cm,可以在两个立杆间连接粗绳或用拱门做山洞。

2. 高台 2 组,建议高度为 45～65 cm,可用桌子或木箱替代。

3. 包裹若干,热身音乐和放松音乐各 1 首。

【活动建议】

1. 带领幼儿进行热身活动,激发幼儿兴趣。

师生共同随音乐做热身活动,主要活动头颈部、上肢、胸部、腰部、腿部和手脚腕,重点活动脚腕和腿部肌肉。教师可以采取模拟滑雪动作等方法重点练习身体重心的左右移动,为侧面钻做铺垫。

2. 通过游戏"练本领",引导幼儿学习侧面钻和双脚从高处向下跳的动作,掌握动作要领。

(1)幼儿自主探究过"高山洞",尝试侧面钻。

要求:从"山洞"下钻过,不碰头,手不能扶地;鼓励幼儿尝试侧面钻并与同伴分享钻的经验。

(2)幼儿相互学习,总结侧面钻的动作要领。

请个别能力强的幼儿示范侧面钻的动作,其他幼儿观察。

教师与幼儿共同总结出侧面钻的动作要领:身体侧对山洞,低头弯腰,屈膝伸腿,移动重心,收腿站稳。

(3)自我挑战,尝试过"矮山洞",巩固练习侧面钻,进一步掌握动作要领。

降低山洞高度,鼓励幼儿大胆尝试,关注幼儿动作是否连贯、准确。

(4)幼儿自主探索从"高台"上跳下来的方法,尝试双脚从高处向下跳。

要求：从高台上向下跳，动作轻，落地稳。

（5）鼓励幼儿尝试双脚从高处向下跳并与同伴分享跳的经验。幼儿相互学习，总结双脚从高处向下跳的动作要领。

3. 创设"不怕困难的邮递员去送信"游戏情节，引导幼儿综合练习侧面钻及双脚从高处向下跳等动作。

（1）教师介绍邮递员送信的路程，如需要走过小桥、走过山路、钻过山洞等。

（2）请幼儿商量活动场地的布置，四组幼儿连贯通过自己设计的路线，练习"送信"。

确定场地商量方案后，请幼儿分组布置场地。如：可以用平衡木或梯子作为小桥，摆上路标或饮料桶作为曲折的山路，用拱形门或大纸箱作为山洞。

（3）四组幼儿进行送信比赛，看谁先把信送完。

（4）教师根据幼儿游戏情况，提醒幼儿遵守游戏规则：如走路时不要把路标碰倒，钻山洞时不要碰到自己的头，一个人送完信回来后另一个人才能出发。

4. 教师和幼儿一起听音乐做放松活动。

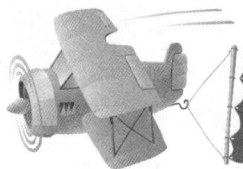

第 3 周　讲,冬天温暖情

环境创设 ▶

1. 引导幼儿共同讨论、创设"冬天的故事"主题墙饰,鼓励幼儿用绘画、符号表征的方式表现冬天的故事。

2. 设置"冬季趣味运动会"展区,展示幼儿拍摄、制作的冬季趣味运动会的照片及泥工作品、拼摆作品。

生活活动 ▶

1. 引导幼儿在日常生活中注意观察周围环境中有哪些迎新年的节日变化,欣赏和感受节日环境的美。

2. 在活动过度环节播放《新年好》《喜洋洋》等与新年有关的喜庆音乐供幼儿欣赏。

3. 提醒幼儿不独自燃放鞭炮,注意自我保护。

家长与社区教育 ▶

1. 请家长帮助幼儿搜集有关冬天的故事、绘本等书籍。

2. 请家长和幼儿一起调查、了解生活中有哪些需要帮助的人,讨论给他们送温暖的方式,带领幼儿参与冬季的捐衣活动和献爱心活动,让幼儿懂得将爱心、温暖献给别人。

3. 请家长带幼儿观察并了解在冰面上和雪地上防滑的方法。

4. 请家长根据幼儿体质,合理调整幼儿的着装,指导幼儿根据天气和活动量及时增减衣物。

教学活动

活动一　语言——故事《雪孩子》

【教材分析】

故事《雪孩子》语言浅显、简洁、生动地讲述了雪孩子奋不顾身从火中救出小白兔，自己却融化成水，经过太阳一晒，又变成天上一朵朵美丽的白云的过程。故事既形象地表现了雪孩子舍己救人的高尚品质，又结合自然现象说明雪遇热融化蒸发形成白云的这一科学道理。在趣味性活动中使幼儿获得真实的情感体验，进而学习雪孩子乐于帮助别人的美德，一方面可以对幼儿进行良好的情感教育，另一方面故事中的科学现象，很好地满足了幼儿的探索需要。

【活动目标】

1. 理解故事内容，初步了解雪遇热融化、蒸发、形成白云的自然常识。

2. 能较清楚完整地讲述故事中的重要情节。

3. 体会雪孩子舍己救人的高尚品质，激发幼儿关爱同伴的情感。

【活动重点】

理解故事内容，能简单讲述故事中的重要情节。

【活动难点】

通过运用多种形式，使幼儿知道雪遇热融化、蒸发、形成白云的自然常识。

【活动准备】

图片、课件。

【活动建议】

1. 出示手偶小兔子引出故事，激发幼儿听故事的兴趣。

2. 教师完整讲述故事，引导幼儿初步理解故事内容。

提问：故事的名字叫什么？故事主要讲了一件什么事？雪孩子去哪里了？

3. 运用课件分段欣赏，进一步引导幼儿理解故事主要情节，并感受雪孩子的内心活动。

（1）幼儿欣赏课件第一段。

提问：兔妈妈为了不使小白兔感到孤独想了一个什么好办法？小白兔的心情是怎样的？

（2）欣赏课件第二段。

提问：堆好雪人，小白兔睡觉的时候发生了一件什么可怕的事情？你认为这时雪孩子的心情是怎样的？

（3）欣赏课件第三段。

提问：着火了，小白兔还在屋里睡觉，这时雪孩子的心情是怎样的？雪孩子是怎样救小白兔的？

（4）欣赏课件第四段。

提问：雪孩子去哪里了？雪是怎样变成云的？

4. 交流分享，进一步拓展幼儿对于故事的感知。

提问：你喜欢雪孩子吗？为什么？如果你的朋友遇到困难，你会怎样做？

小结：雪孩子是一个善良、勇敢、乐于助人的好孩子，我们要学习它的这些优良品质。

【活动延伸】

（1）在科学区投放多种材料，继续引导幼儿探索水的三态变化的科学实验，进一步理解雪遇热融化，蒸发形成白云的科学原理。

（2）课后通过将故事磁带及角色头饰放在表演区，小朋友们可以欣赏和表演故事，进一步感受雪孩子舍己救人的美德。

【附教材】

雪孩子

　　大雪下个不停，雪花把树枝盖得满满的，压得弯弯的，地面上，屋顶上，像铺了一条厚厚的绒被子。中午时候，雪停了。小木屋里，兔妈妈从墙上拿下篮子就往外走，一面对小白兔说："孩子，妈妈去找个大萝卜回来。"兔妈妈的话还没说完，小白兔就一下扯住她的衣服，说："妈妈，我也去，我也去！""不，你不能去。"兔妈妈说，"外面冷，孩子，在家里烤烤火吧。"说着，蹲下身来，往火盆里添了几根干柴，火就旺起来了。"不，我要去，我要去！"小白兔哭起来了，"妈妈，我不愿意独个儿在家嘛！"

　　"别哭，妈妈给你想办法。"兔妈妈抚摸着小白兔的头，看着外面地上厚厚的积雪，忽然高兴地说："妈妈给你堆个雪人，你有了伴，就可以一起玩啦！""好，堆雪人！"小白兔擦擦眼泪笑起来了。兔妈妈放下篮子，挽着小白兔一起走到外面，堆起雪人来。没多久，就堆好一个雪孩子，胖乎乎的，笑眯眯的，可漂亮啦。兔妈妈把雪孩子周围的积雪扫开，让它站在这干干净净的空地上。兔妈妈用嘴呵呵热气，搓搓双手，说："好冷啊！孩子，你回去烤烤火，再来跟雪孩子玩吧。我该走了。"

　　兔妈妈挎着篮子走了，小白兔也回到屋里烤火去啦。火盆边堆着许多干柴，小白兔又往盆里添了好多柴，把火烧得旺旺的。小白兔烤着火，身上暖乎乎的，他打了个呵欠，爬到小木床上去，不一会儿就睡着了。屋子外面，雪孩子眨巴着眼睛，慢慢地动起来了，伸伸胳膊弯弯腿，跳起舞来，一边跳还一边唱歌："真快活，真快活，小白兔呀快快来，跟我一起跳舞又唱歌。一起跳舞又唱歌，身上暖和真快活！"雪孩子正高兴呢，忽然看见小木屋的窗口里，呼呼地冒出烟来，不一会儿，又冒出火花来。不好了，小白兔家的小木屋着火啦！

　　这是怎么回事呢？原来小白兔往火盆里添了许多柴，火越烧越旺，把堆在火盆旁边的干柴也烧着了。可是小白兔睡得很熟，还不知道呢！快救火啊！要不，小白兔会给大火烧死的。雪孩子一下冲到小木屋跟前，推开门一看，屋子里全是烟，火苗呼呼地乱窜，什么也看不清楚。雪孩子在门口才站了一会儿，全身就淌汗了。你们知道，雪孩子最怕热了，可是它一心想着小白兔，就冲进屋子里去了。雪孩子找到了小白兔，把它一把抱在怀里，从屋子里冲出来。这时候，小白兔还睡得迷迷糊糊呢，它睁开眼睛瞧了雪孩子一眼很快又睡着了。树林里的朋友：大象、狗熊、刺猬看见火光，都来救火了，小猴子还开来一辆红颜色的救火车呢。他们很快就把火扑灭了。这时候，兔妈妈也回来了。"孩子，醒醒，醒醒！"兔妈妈把小白兔抱了起来，"家里着了火，你怎么躺在这儿睡觉呀？"小白兔醒来了。他眨眨眼睛，觉得很奇怪："我不是睡在小木床上的吗？怎么躺在这雪地里呀？"哦，它想起来了，是雪孩子抱着它跑出来的。雪孩子呢？雪孩子在哪儿？小白兔从妈妈的怀里跳下来，一边找，一边喊："雪孩子，雪孩子！"雪孩子不见了，雪孩子化成了水。小白兔和妈妈心里难过极了。多好的雪孩子啊，它为了救小白兔，自己化成水了。

　　太阳公公出来了，往地上呵着暖气。雪孩子化的一摊水变成水汽，轻轻地慢慢地往上飘，飘呀，一直飘到天空，变成一朵白云，跟雪孩子一模一样，还笑着向小白兔招手呢。

〔选自：上海教育出版社 2019 年版《雪孩子》

作者：嵇鸿〕

活动二 社会——寒风中的人

【教材分析】

交警、环卫工人、快递员等劳动者,常常出现在幼儿的生活中,并且曾经直接为幼儿的冬日生活提供过服务。随着寒冬的到来,早上赖床的幼儿渐渐增多,户外活动时,好多幼儿也缩手缩脚。为了缓解幼儿在冬季日常生活中怕冷、畏寒的情况,带领幼儿去采访身边在寒风中工作的人们,看看他们真实的劳动场景,了解他们为了让大家有个温暖的冬天而在寒风中坚守工作岗位,辛苦劳动。本活动通过采访、观看视频等方式,引导幼儿萌发对交警、环卫工人、快递员等的尊重之情,培养幼儿不怕寒冷的精神。

【活动目标】

1. 初步尝试采访交警、环卫工人、快递员等在寒风中工作的人们。

2. 初步感知寒风中仍在工作的人的辛苦,能用符号、图画等形式表征记录。

3. 萌发对寒风中工作的人的崇敬之情,懂得尊重他们的劳动。

【活动重点】

尝试采访交警、环卫工人、快递员等在寒风中工作的人们。

【活动难点】

初步感知寒风中仍在工作的人的辛苦,能用符号、图画等形式表征记录。

【活动准备】

1. 警帽,扫帚、簸箕1套,快递包裹,冬日寒风中工作的人的调查表,水彩笔若干盒,幼儿自制的礼物。

2. 邀请一位特殊职业的家长或者社区里的工作人员来班级做客。

【活动建议】

1. 出示道具警帽、扫帚、簸箕和快递包裹,引导幼儿观察,激发幼儿兴趣。

提问:这些是什么呀?什么人才会用到这些东西?

2. 现场采访客人,了解他们的工作内容。

（1）采访主题:在寒冷的冬天,交警（环卫工人、快递员）是怎样工作的?

（2）鼓励幼儿现场采访交警（或者环卫工人、快递员）。

提问:交警叔叔,这么冷的天,你们都在干什么?

风雪刮在身上、打在脸上有什么感觉?你们不怕冷吗?

（3）引导幼儿交流采访的收获,用简单的符号记录在调查表中。

（4）结合幼儿的记录进行分享。

3. 请幼儿观看视频,激发幼儿对寒风中工作的人的崇敬之情。

（1）播放3段视频:交警在风雪中指挥车辆,环卫工人在凌晨清扫街道,快递员在大风中骑着车子送包裹。

（2）请幼儿谈谈自己的想法、感受,了解寒风中工作的人的辛苦和不易。

提问:视频中都有哪些人?他们是干什么工作的?他们在哪个时刻特别让你感动?为什么?

小结:为了大家的安全,为了我们生活的方便,为了让我们的环境更美丽,他们不管多么冷的天气,哪怕是刮风、下雪都在工作,我们要尊重他们的劳动,珍惜他们的劳动成果,爱护环境、不乱扔垃圾,遵守交通规则,不给他们的工作添麻烦。

4. 情感表达：交警叔叔(环卫工人、快递员)，您辛苦了！

请幼儿将自己在区域中制作的礼物送给在寒风中工作的人,用一句话表达自己对他们的尊敬之情。

【活动延伸】

鼓励幼儿继续观察自己身边的人,如邻居、亲戚等,看看还有哪些职业是需要在寒风中工作的。

活动三 数学——学习分类

【教材分析】

大班幼儿综合分析、抽象概括的思维能力较中班有了很大的提升。区域活动中,他们能够观察、发现物品的不同特征,尝试按物品的形状、颜色、大小等特征分类整理物品。本次活动旨在引导幼儿从实际生活入手,尝试按物体的特征进行二次分类或多角度分类,并运用简单的符号调查统计、分析记录自己的操作过程和物品的不同分类方法,培养幼儿认真细心能力、逻辑分析能力及做事有条理等良好品质。

【活动目标】

1. 观察发现物体的不同特征,尝试按物体的特征进行二次分类或多角度分类。

2. 能用简单的图标或数字统计、记录自己的操作过程和物品的不同分类方法。

3. 学会有条理地整理物品,培养完成任务的责任意识。

【活动重点】

观察发现物体的不同特征,尝试按物体的特征进行二次分类或多角度分类。

【活动难点】

能用简单的图标或数字统计、记录自己的操作过程和物品的不同分类方法。

【活动准备】

1. 活动前请幼儿调查统计自己家中的家具并根据家具的外形、功能、颜色等特征用自己的方法分类记录下来。

2. 带隔断的小整理箱每组 2 个,笔及统计表幼儿每人 1 套,实物每组 1 筐(苹果、山楂、梨、柿子等水果,青椒、西红柿、茄子等蔬菜,插塑、棋子、积木等玩具,不锈钢碗、勺、盘子等餐具),建构区散放的木质积木。

【活动建议】

1. 引导幼儿交流调查结果,初步了解简单的分类统计方法。

(1)相互介绍自己家的家具,说出分类记录方法。

提问:你们家有哪些家具?你是如何分类记录的?

(2)展示幼儿有代表性的记录,如:图画记录、图画加数字记录等,丰富幼儿的记录方法。

2. 引导幼儿分组开展分类游戏,尝试按物体的特征进行二次分类。

(1)引导幼儿分小组观察探索,商讨分类方法。

提问:筐子里有什么?这么多的东西可以怎样分?为什么?（水果和蔬菜、玩具和餐具）

(2)在一次分类的基础上,引导幼儿尝试二次分类。

提问:水果和蔬菜、玩具和餐具都是一样的吗?每一个类别内的物品还可怎样分?为什么?

请幼儿利用有分隔的置物盒进行二次分类,分完后交流、讨论,说出自己进行二次分类的理由。

（3）鼓励幼儿用自己的方法记录二次分类的过程和结果,教师进行引导,提升幼儿经验。

3. 引导幼儿收拾整理建构区,学习按照物品的两种特征进行分类。

（1）提出活动任务:建构区的积木乱了,请小朋友们按照积木的形状和大小把它们整理好。

（2）幼儿分组整理,结束后由小组代表交流自己小组的整理情况。

（3）表扬幼儿的分类整理,鼓励幼儿保持所有区域内材料的有序、分类整理。

活动四　音乐——打击乐《铃儿响叮当》

【教材分析】

《铃儿响叮当》是一首脍炙人口的经典儿童歌曲,采用"ABA"三段式结构描绘了一群朝气蓬勃的少年在冬季银白色的雪野里乘着雪橇愉快嬉戏的情景。第一段旋律跌宕起伏,形象地描绘了马儿奔跑、铃儿叮当的音乐形象;第二段曲调逐渐上移,刻画了孩子们随着雪橇冲破风雪、飞奔向前的情景;最后乐段的重复再现,仿佛雪橇已渐渐远去,而充满欢笑的歌声仍在风雪中回荡。曲调活泼、欢畅,节奏轻快,给人以欢快向上的感觉。大班幼儿非常喜欢演奏打击乐,也积累了一定的演奏乐器的经验。由此,本活动中在充分欣赏、熟悉音乐的基础上,通过倾听音乐、用身体动作表现、自主学习看图谱演奏乐器等方式,加深对音乐的感知。同时提醒幼儿注意倾听同伴的乐器演奏,保持演奏时的和谐,体验与同伴共同演奏的快乐。

【活动目标】

1. 感受三段体的音乐结构与活泼、欢快的旋律特点,学习用乐器演奏二分、四分、八分音符的不同节奏型。

2. 能用4种打击乐器看演奏图谱随音乐准确演奏节奏型,保持演奏时的和谐。

3. 体验与同伴合作演奏的乐趣。

【活动重点】

感受三段体的音乐结构与活泼、欢快的旋律特点,学习用乐器演奏二分、四分、八分音符的不同节奏型。

【活动难点】

能用4种打击乐器看演奏图谱准确演奏节奏型,保持合奏时各声部的和谐。

【活动准备】

《幼儿素质发展课程·音乐》CD,演奏图谱,碰铃、三角铁、响板、铃鼓等乐器(保证每个幼儿有一样乐器)。

【活动建议】

1. 欣赏乐曲《铃儿响铃铛》,初步感受乐曲欢快、活泼的特点。

提问:听了乐曲,你的眼前仿佛看到了什么?你的耳边仿佛听到了什么?

2. 引导幼儿再次欣赏,了解乐曲节奏和"ABA"三段体的结构。

提问:这首乐曲是几拍子的?它有几段?每一段给你的感觉是怎样的?哪两段是一样的?

小结:《铃儿响叮当》是一首"ABA"三段式结构的儿童歌曲,第一段旋律跌宕起伏,形象地描绘了马儿奔跑、铃儿叮当的音乐形象;第二段曲调逐渐上移,刻画了孩子们随着雪橇冲破风雪、飞奔向前的情景；最后乐段的重复再现，仿佛雪橇已渐渐远去，而充满欢笑的歌声仍在风雪中回荡。

3. 幼儿分段欣赏，鼓励幼儿尝试用身体动作表现音乐节奏。

（1）分段欣赏音乐，幼儿自由随音乐做动作（拍手、拍肩、转手腕、跺脚），表现音乐节奏。

（2）出示演奏图谱，引导幼儿分段练习节奏型。

提问：第一段的节奏是怎样的？你能试试拍出这个节奏吗？（第二段、第三段方法同上）

（3）幼儿采用集体、分组的形式，分段练习掌握二分、四分、八分音符的节奏型。

4. 引导幼儿尝试用乐器演奏歌曲《铃儿响叮当》。

（1）出示碰铃、三角铁、响板、铃鼓等乐器，引导幼儿逐一欣赏，确立每段乐曲适宜的演奏乐器并运用乐器符号进行标记。

（2）幼儿持乐器随音乐分组练习演奏。

（3）教师当指挥，组织幼儿随音乐完整演奏乐器。

提醒幼儿注意倾听同伴的乐器演奏，保持演奏时的和谐。

（4）幼儿交换乐器再次演奏，感受不同乐器的演奏方法。

（5）请个别幼儿尝试做小指挥再次演奏乐器，进一步体验和同伴一起演奏乐器的快乐。

（6）小结并引导幼儿有序地收拾乐器，结束活动。

【附教材】

铃儿响叮当

```
:5 3 3 2 1    5 -    5 3 2 1    6 -    6 4 3 2    5 5 5 5
年轻的伙伴  们，   精神 多爽  朗，   鞭儿 抽得  啪啪 响啊
```

小铃	× － × －	× － × －
串铃	× × × ×	× × × ×
铃鼓	× － × －	× － × －

D.S

```
:6 5 4 2    1 -
马儿 快快  跑。
```

小铃	× － × －
串铃	× × × ×
铃鼓	

活动五　美术——折纸：松树

【教材分析】

折纸是幼儿非常喜欢的游戏之一。折纸"松树"较为简单，难点在于幼儿能对角、边缘对齐，按照大小排序进行折后拼贴成松树。活动中我打破以往"教师讲解示范，幼儿跟学"的模式，引导幼儿通过自主观察步骤图，自主探究、学习折松树的方法，针对折纸过程中出现的问题通过交流讨论、个别演示、同伴学习等方法共同探寻解决问题的方法，激发幼儿的折纸兴趣，感受冬天松树的美。

【活动目标】

1. 巩固对角折的要领，边角对齐，学习按照大小排序的方式粘贴松树。

2. 能自主观察步骤图，探索发现折纸松树的方法并结合冬天的特征进行添画，丰富画面。

3. 萌发对民间折纸的热爱，培养折纸的良好习惯。

【活动重点】

巩固对角折的要领，边角对齐，学习按照大小排序的方式粘贴松树。

【活动难点】

能自主观察步骤图，探索发现折纸松树的方法并结合冬天的特征进行添画，丰富画面。

【活动准备】

1. （物质）幼儿每组一副折松树步骤图、一副大步骤图，作品背景板、课件《美丽的松树》、绿色彩纸若干、辅助材料若干。

2. （经验）幼儿有过对角折的经验。

【活动建议】

1. 观看课件《美丽冬天》，充分感知松树外形的特征。

提问："小朋友，你们见过松树吗？松树是什么样子的？"

小结：松树尖尖的，一年四季都是绿色的，叶片像细细的针，特别能耐寒，生长在北方寒冷地区。

2. 出示步骤图,巩固对角折的要领,学习按照大小排序的方式粘贴松树,并能自主探索折纸松树的步骤图。

(1)出示步骤图,引导幼儿自主观察。

提问:仔细观察步骤图,哪些步骤能看明白?哪些看不明白?

(2)幼儿根据步骤图,初步进行动手探索,教师巡回观察。

提问:你在哪一步遇到了困难?

(3)出示大步骤图,请个别会的幼儿来讲解示范,帮助有困难的幼儿解决问题。

重点演示对角折齐,边缘对齐,发现松树底端树冠最大,往上逐渐变小的特点。

(4)结合幼儿探究,总结折贴松树的步骤。

小结:折三个不同大小的三角形。按照由小到大排序进行粘贴。

(5)引导幼儿想象用什么添加背景会映衬出冬天里的松树呢?

提问:添加什么会映衬出冬天里的松树?运用什么辅助材料会更像冬天?

小结:用白色和蓝色油画棒添加背景,或者运用白色的棉花或者白色的太空泥等辅助材料粘贴出下雪的场景。

3. 幼儿创作,在有序粘贴的基础上有创意地将作品添加完整,萌发对民间折纸的热爱,培养折纸的良好习惯。

(1)幼儿随音乐进行创作,教师巡回指导,帮助能力较弱的幼儿,鼓励幼儿剪出不同花纹的雪花。

(2)请幼儿将碎纸整理到收纳盒中,养成良好的卫生习惯。

4. 师幼共同评析作品,分享成功的喜悦。

(1)请幼儿将作品展示在作品背景板上,互相欣赏评价,体验创作的成功感以及冬天里松树的美。

主要提问:你喜欢哪副冬天里的松树?为什么?谁想介绍一下自己的作品中好的方法?你想给哪幅作品提一个小建议使它变得更美?

5. 活动延伸:

在区域材料中投放更多折纸的步骤图,让幼儿在区域游戏中自主探索其他折纸方法,让幼儿充分体验折纸的乐趣。

【附教材】

体育活动

冬季趣味运动会

【教材分析】

冬天天气寒冷，部分幼儿缺少参与体育锻炼的勇气，而冬季运动会作为一种特殊的户外体育活动方式，对于幼儿来说既有趣味性又有挑战性。本次活动充分调动幼儿参与的积极性，在师幼共同制订活动计划的基础上，分组准备项目、制作海报和邀请卡、规划场地等。通过参与活动，激发幼儿参与体育活动的兴趣。达到提高动作技能、锻炼身体的目的，以提高幼儿适应环境变化的能力，感受坚持到底和拼搏精神的可贵，培养幼儿不怕困难的品质。

【活动目标】

1. 通过多种形式的活动，练习走、跑、跳、钻、爬等动作。

2. 能按规则游戏并坚持完成运动会的项目，锻炼耐力。

3. 体验运动会，感受亲子游戏、团队项目以及集体合作所带来的快乐和成就感。

【活动重点】

通过多种形式的活动，练习走、跑、跳、钻、爬等动作。

【活动难点】

能按规则游戏并坚持完成运动会的项目，锻炼耐力。

【活动准备】

（经验）请幼儿阅读《拥抱冬天》第20～21页并集体讨论，师幼共同商讨活动计划，如运动会时间、分工、场地划分、比赛项目等；教师和幼儿根据共同制订的计划进行准备，幼儿按照不同能力进行分组。例如：第1组负责制作宣传海报，进行赛前动员；第2组负责设计、制作奖牌和奖状；第3组负责准备活动器械、规划场地以及人员安排；每个幼儿设计制作一张邀请卡，邀请家长参加运动会。

（物质）各游戏比赛活动器械和场地示意图，裁判员记录表，音乐。

【活动建议】

1. 组织运动会开幕式，引导幼儿了解运动会开幕的程序，初步感受运动会的精彩。

（1）组织开幕式的相关活动，如组织运动员入场、升国旗仪式、致开幕词、宣布安全和竞赛要求等。

（2）带领幼儿做准备活动：分组带领幼儿做走、跑、跳、钻、爬等交替动作，进行准备活动。

2. 鼓励幼儿积极参加运动会，遵守规则，坚持完成游戏活动，促进基本动作技能的发展。

（1）按照运动会程序分别进行趣味运动会竞赛性游戏和亲子竞赛性游戏。

（2）活动中，教师抓拍幼儿在游戏中努力冲刺、坚持完成比赛、亲子或同伴相互配合和帮助以及颁奖典礼等瞬间，为分享、交流做准备。

3. 颁奖典礼：为获胜者颁发事先制作的奖牌、奖状等，体验胜利的喜悦。

4. 回顾总结趣味运动会，感受运动员们努力拼搏、坚持到底的精神。

（1）引导幼儿交流运动会过程中难忘的回忆。

提问：运动会期间，你参加了什么项目？你印象最深的是什么事情？

（2）教师出示抓拍的照片，重点引导幼儿欣赏竞赛中努力拼搏、坚持到底的画面。

提问：这是谁？他在做什么？为什么就剩一个人了他还在继续跑？

小结：做事情只要尽力，坚持到底，就算是最后一名也很光荣。

【活动延伸】

1. 请幼儿用绘画的形式表征运动会中最难忘的事情。

2. 用拍摄的照片及海报、奖牌、奖状等布置"冬季趣味运动会"。

下学期

大班

主题一　爱在我身边

活动区活动

1. 热闹的集市
2. 做花灯
3. 闹花灯
4. 红红火火糖球会
5. 压岁钱的传说
6. 溜溜球
7. 整齐的书架

教育活动

1. 好习惯体验日：
   生活中的礼仪
2. 福气糕
3. 闹花灯
4. 花灯挂起来
5. 分灯笼

户外体育活动

1. 走马灯
2. 放鞭炮

第1周　放送新年的爱

教育活动

1. 醒来后的惊喜
2. 爱是什么
3. 不再麻烦好妈妈
4. 画爸爸
5. 6的加减

爱在我身边

教育活动

1. 你别问这是为了什么
2. 看不见的世界
3. 盲女
4. 让座
5. 认识正方体、长方体

第2周　爱要大声说出来

第3周　爱心使者在行动

户外体育活动

1. 小鸟大营救
2. 擦地板

活动区活动

1. 安居小区
2. 花儿送给我爱的人
3. 雨中接妈妈
4. 宝贝收藏屋
5. 相亲相爱一家人
6. 爱心反转棋
7. 图书管理员

活动区活动

1. 爱心家园
2. 爱心公益宣传册
3. 爱心公益演出
4. 贴心美味坊
5. 爱的花瓣
6. 爱的传递
7. 修补图书

户外体育活动

1. 导盲犬小 Q
2. 送爱心

主题价值

　　春节期间，"爱"萦绕在幼儿的身边。丰富的节日文化、深深的节日祝福、浓浓的家庭亲情，无不引发幼儿对"爱"的体验。但是，他们在接受爱、感受爱的同时，也需要对家人、身边的人给予爱的表达与回报。本主题设置了"放送新年的爱""爱要大声说出来""爱心使者在行动"3个次主题，从回顾节日假期、感受浓浓的家庭亲情开始，到了解妈妈的节日、发现家人的爱，再延伸到关心周围的人、关爱弱势群体等，激发幼儿愿意为他人付出劳动、表达关爱的情感。本主题活动，通过丰富的亲子活动、经典的文学作品、多彩的社会实践，引导幼儿进行爱的体验与表达，让幼儿在潜移默化中学会感恩、增强责任意识，能有效促进幼儿良好社会性品质的形成。

主题目标

　　★ 开展"争做文明进餐的好孩子"活动，激励幼儿吃饭时保持安静、不说笑、细嚼慢咽。

　　1. 喜欢参与绕障碍运球、肩上挥臂投准、蒙眼通过锥形帽阵等有趣的体育游戏，发展动作的灵敏性、协调性，提高运动过程中的方位感知力，愿意相信同伴，养成勇敢和互相帮助的良好品质，主动做力所能及的事情。

　　2. 在春节、元宵节等传统节日时会说恰当的祝福语，愿意开心地讲述故事、有感情地朗诵诗歌、合理地猜测故事的发展，能通过这些方式表达自己对他人的爱。

　　3. 了解父母、长辈给予自己的不同形式的爱，心存感恩，体验与亲人相亲相爱的幸福与快乐，在集体面前大胆自信地用语言、行动表达对他人的爱，知道生活中有许多需要帮助的人，了解社会给予这些人的关怀和关注，并初步掌握一些帮助别人的方法，感受义卖、捐助带来的喜悦感与成就感。

　　4. 学习6的组成和加减，能清楚地表述自己的操作过程与发现，感知数的分合的有序和有趣，体验用加减算式解决问题获得的成功感，了解正方体、长方体的特征，喜欢寻找、分辨日常生活中类似正方体、长方体的物体。

　　5. 感受不同漫画的风格，尝试利用手工制作、绘画、歌唱、音乐游戏等艺术形表达对所爱的人的感情，大胆创编节奏和歌词，表现对身边人的感恩和爱。

区域活动安排

区域名称	活动名称	活动准备	活动指导建议
结构区	热闹的集市	集市的图片,图纸、长条木块、薯片筒、纸盒、彩旗等若干,制作好的门店文字(如:好吃的糖球、甜甜的汤圆等)或图文符号硬卡片4～6张	● 根据图片图纸,用多种材料合作进行拼插,能创造性地使用辅助材料。 ● 引导幼儿先设计集市的整体布局,再分工拼插搭各门店。 ★ 指导幼儿游戏结束后将玩具分类摆放。
	安居小区	小区实物图片,搭建作品范例图片,多种废旧材料,正方形地垫,磁力片玩具,福禄贝尔玩具,多种积木、塑料雪花片等	● 能够运用拼插、围拢、垒高等技能搭建现代化小区,为身边的人设计不同功能的建筑。 ● 指导幼儿如何一层一层地把建筑物搭建结实,如何根据建构区的地面合理安排不同功能的建筑。 ★ 提醒幼儿游戏结束后将玩具摆放回原位。
	爱心家园	不同形状的积木,干的花草树木、易拉罐、薯片筒等辅助装饰材料,不同造型的建筑物图片	● 幼儿能够综合运用延伸、叠高、架空、围封、对称等技能搭建爱心家园楼房的基本结构。 ● 指导幼儿观察不同造型的建筑物的图片,分析、讨论楼体结构,共同把作品搭得结实、美观。 ★ 出现争执时能和小伙伴互相协商,友好解决。
美工区	做花灯	大小不一的纸盒花灯,制作步骤图,彩色卡纸,水粉颜料,双面胶,剪刀等工具	● 能够运用画、剪、贴等技能装饰花灯,合作制作不同的花灯 ● 引导幼儿仔细观察步骤图,根据图示进行纸张拼插,制作花灯。鼓励幼儿大胆选择多种废旧材料,制作不同的灯笼。 ★ 制作过程中,提醒幼儿互相合作,用剪刀时注意安全。
	花儿送给我爱的人	彩色卡纸、彩色正方形折纸、皱纹纸、海绵纸等,吸管,彩色线绳,剪刀,双面胶,郁金香、康乃馨、蔷薇等,花的制作步骤示意图和折纸步骤示意图,小篮子、花瓶等	● 能够选择不同的材料,尝试运用折、剪、粘贴等方法,创造性地设计、制作不同形式的美丽的花朵。 ● 引导幼儿根据步骤示意图制作,尝试将不同色彩的花朵搭配拼插在不同的容器里,培养、提升幼儿的审美能力。 ★ 乐于收集关于美的事物,愿意别人分享、交流喜爱的艺术作品和美感体验。
	爱心公益宣传册	不同形式的公益宣传册,幼儿参加公益活动的照片、微信图片、绘画作品等,制作纪念册的材料和美术工具等	● 幼儿能够运用剪、贴、画、折等形式装饰爱心公益宣传册。 ● 引导幼儿欣赏不同风格的宣传册,了解宣传册的特点,鼓励幼儿创造性地设计爱心公益宣传。 ★ 在分享、交流环节主动与同伴谈自己的感受,产生进一步做好事的愿望。
音乐区	闹花灯	音乐《恭喜恭喜》、《闹花灯》的图谱,乐器若干,花灯道具若干,《幼儿素质发展课程·音乐》CD	● 能用多种形式创造性地表现歌曲内容,模仿年的情景,说吉祥喜庆的话,相互拱手致意。感受节日的喜庆氛围。 ● 请幼儿大胆表现孙悟空的不同动作,巩固下滑音"闹"字的唱法,引导幼儿根据音乐节奏敲打乐器,表现歌曲的优美,表达喜悦的情绪。 ★ 有自己的好朋友,也喜欢结交新朋友,有问题愿意向别人请教。
	雨中接妈妈	1. 雨伞、雨鞋等音乐舞台剧的道具。 2. 可用来制造表现歌曲氛围的音效("哗啦啦"的大雨声、"轰隆隆"的雷声"呱嗒呱嗒"的脚步声、"砰"的关门声)的材料。例如:装有豆子的纸盒等乐器。	● 创设"我给妈妈送伞"的情境,幼儿学唱歌曲,运用歌声的连贯和断顿等变化表现歌曲的节奏。 ● 指导幼儿借助配乐、道具编排音乐舞台剧,体会歌曲所表达的意境。 ★ 体会父母养育自己所付出的辛劳,尊敬、热爱自己的家人。

区域名称	活动名称	活动准备	活动指导建议
音乐区	爱心公益演出	多种音乐、乐器，表演用的材料	● 幼儿自主编排"爱心公益"演出节目的内容，大胆在集体面前展示才能。 ● 指导幼儿熟悉所学歌曲和舞蹈的内容，尝试根据自选的音乐创编简单的动作并进行即兴表演。 ★ 提醒幼儿分类有序地取放乐器和表演用的材料。
角色区	红红火火糖球会	师幼共同收集的"糖球会"的图片及相关废旧物品，布置好的"糖球会"区域	● 幼儿分工布置糖球会现场，扮演多种角色，开展有趣的糖球会买卖活动。 ● 结合幼儿学习材料《爱在我身边》第5页，和幼儿一起回忆逛糖球会的场景，讨论需要准备的材料，分工收集、置办物品。 ★ 指导幼儿分配角色，讨论相关情节及注意事项。
角色区	"宝贝"收藏屋	1. 父母收藏的幼儿成长过程中的"宝贝"，如出生时的小手印或小脚印的第一件宝宝装、画的第一幅画、掉的第一颗牙、成长相册、成长录像、成长日记等。 2. 幼儿学习材料《爱在找身边》。	● 了解父母珍藏这些物品的原因，能够大胆交流父母收藏的自己成长过程中纪念品的故事。 ● 指导幼儿将"宝贝"根据成长日期或用途进行分类，为"宝贝"制作介绍牌，邀请"宝贝"的主人现场给大家讲解。 ★ 提醒幼儿分类整理自己的成长纪念品，并学会如何爱护它们。
	贴心美味坊	水果、蔬菜、餐具、送餐车等餐厅玩具，自制的多种外卖简餐，烧烤类材料、果汁饮料、菜单等，自制的婴儿座椅、轮椅、拐杖等	● 幼儿能合理运用半成品和成品材料制作不同的餐点并根据客人需要开展配餐和送外卖服务。 ● 重点指导幼儿遵守所扮演角色的职责，努力做到各司其职、热情待客；提示幼儿灵活运用多种材料制作"果汁""三明治""水果拼盘""风味烧烤""特色面食"等。 ★ 指导幼儿根据游戏发展的需要引导幼儿和其他区域的幼儿互动。例如：服务员热情、有礼貌地为其他区域的同伴配餐，快递员送餐过程注意卫生。
益智区	溜溜球	自制"Y"形圆筒，圆球6个，纸杯2个，笔，记录纸	● 巩固学习6的组成，操作并记录游戏结果。 ● 引导幼儿开展游戏"溜溜球"：即先将"Y"形圆筒倒放，再将6个圆球放入圆筒入口，让圆球自由滚动，从两个出口滚出，分别落入纸杯中，最后将两个纸杯中圆球的数量分别记录在记录纸上。 ★ 鼓励幼儿与同伴友好协商，快乐游戏。
	爱心反转棋	心形棋子64个（双面制作，一面红色，一面绿色），用硬纸板做的8×8的格子棋盘，幼儿学习材料《爱在我身边》	● 熟悉游戏玩法并两人一组按规则玩翻转棋。 ● 指导幼儿翻看《爱在我身边》第18页开展合作游戏，启发幼儿自制记录表用实物或数字等记录游戏比分，增加游戏趣味性。 ★ 提醒幼儿每人每次只能下一个棋子、懂规则、不悔棋。
	爱的传递	多米诺骨牌（可用长方体积木、纸盒代替），直线形、"S"形、圆形、三角形、方形、螺旋形等骨牌排列图示	● 幼儿能有序摆放骨牌感知体验力的传动现象。 ● 指导幼儿将骨牌摆成行、列，骨牌之间留出大小一样的空隙，在骨牌倒下的时候观察并调整间距与摆放位置。 ★ 提醒幼儿摆棋要整齐、有耐心。引导幼儿感受团队精神。

续　表

区域名称	活动名称	活动准备	活动指导建议
语言区	压岁钱的传说	幼儿学习材料《爱在我身边》	● 理解故事《压岁钱的传说》,进一步感知压岁钱的寓意。 ● 指导幼儿阅读《爱在我身边》第7～8页,根据画面鼓励幼儿大胆讲述"压岁钱"的来历。 ★ 提醒幼儿要完整、流畅的语言表达。
	相亲相爱一家人	《逃家小兔》《我妈妈》《我爸爸》《爷爷一定有办法》等表现家人之间相互关爱的绘本,《游子吟》等寄托亲情的诗,幼儿和家人一起的照片,幼儿学习材料《爱在我身边》	● 幼儿阅读、讲述有关爱的绘本、诗歌、家庭照片等,激发幼儿爱家人的情感。 ● 指导幼儿选择最喜欢的一张照片,贴在《爱在我身边》第16页,进行简单的装饰,在分享交流环节讲给大家听。 ★ 提醒幼儿要爱护图书、不折角、不撕页、不乱涂。
	爱的花瓣	《爱心树》《七色花》《彩虹色的花》《灯孩儿》《老奶奶的开心房》《没有不方便》等关于爱心的绘本,用彩色卡纸自制的花,幼儿学习材料《爱在我身边》	● 幼儿自主阅读绘本,理解故事情节,愿意帮助他人,能够讲述、表征自己帮助别人的愿望。 ● 指导幼儿分配角色,结合故事情节发展,创编绘本小话剧。 ★ 培养幼儿自主阅读的习惯。
生活区	我会整理图书	图书若干、破损的图书、剪刀、胶水	1. 整齐的书架: ● 初步学习按图书的主要特征进行分类,并制作图书分类标记。 ● 指导幼儿根据书的材质、大小、内容等特征制作图书分类卡。 2. 图书管理员: ● 理解图书分类卡的意义,能按图书分类有序整理图书。 ● 指导幼儿仔细观察图书分类卡和图书的关系,培养幼儿有序收放图书的习惯。 3. 修补图书: ● 教师介绍操作材料,演示修补图书的方法和程序,幼儿尝试修补图书。 ★ 掌握修补图书的方法,懂得要爱护图书,知道保护图书的方法。

（●为核心目标指导,★为养成目标指导）

户外活动安排

活动名称	活动目标	活动准备	活动指导建议
放鞭炮	1. 学习并掌握走马灯队形的方法。 2. 能及时调整自己的位置与步伐。 3. 游戏中能自觉遵守游戏规则，体验合作游戏的快乐。	用彩纸卷成的鞭炮若干，宽阔平整的活动场地	● 将幼儿分成4～6个小组，引导幼儿探索小组成员"卷"成一个"鞭炮"的方法。小组成员要站成一横队，以排头幼儿为轴心，排尾幼儿带领全队按螺旋形围绕排头幼儿走，这样"鞭炮"会"卷"得又快又好。 ● 提醒幼儿注意对走路的节奏及空间位置的调控。各组幼儿"卷"成"鞭炮"后，由教师"点火"，幼儿发出"啪啪"声，一个接一个快速奔跑，四散离开。 ★ 提醒幼儿注意对走路的节奏及空间位置的调控，避免拥挤。
擦地板	1. 乐于探索踏物行走的方法。 2. 游戏中能自觉遵守游戏规则，体验合作游戏的快乐。 3. 不怕寒冷，坚持户外体育锻炼。	1. 抹布（旧毛巾）若干，栏杆、大型积木等障碍物。 2. 活动场地以木地板或平滑的瓷砖地面为宜，可以选择在走廊、大厅、多功能厅等开展活动。	● 单脚擦地板：幼儿一只脚踩住抹布，另一只脚蹬地向前移动。双人擦地板：一个幼儿双脚站在抹布上，另一个幼儿拉着他的双手慢慢向前移动。 ● 几个幼儿手拉手，每人的一只脚踩在抹布上，一起向前移动。 ★ 玩完后能把材料收拾规整。
送爱心	1. 掌握助跑跨跳的方法。 2. 尝试在平衡木上持物行走。 3. 体验小组合作竞赛获得的成功感。	拱门（山洞），平衡木（小桥），旧衣服，地板革（河流），轮胎，塑料方砖（城堡），皮筋（农田），塑料筐若干。	● 幼儿站成一路纵队，跟随老师一起练习平衡、爬、跨、走。幼儿听指令出发，钻过"山洞"，走过"小桥"，选择一件棉衣，跨跳过"河流"，滚过轮胎，绕过"城堡"，将棉衣送到"农田"。 ● 能够避让同伴，幼初步的自我保护意识。 ★ 提醒幼儿奔跑时注意安全。

（●为核心目标指导，★为养成目标指导）

第1周　放送新年的爱

环境创设▷

1. 在主题墙上张贴"福"字，布置"新年事多"主题墙，可将幼儿的表征作品或假期旅游的照片布置在墙饰上，供幼儿欣赏并自主交流，引导幼儿回忆过春节的场景。

2. 在活动室或走廊较高的位置悬挂幼儿自制的花灯和灯谜，利用过渡环节创设引导幼儿猜谜、欣赏。

3. 布置"快乐元宵节"主题墙，展示师幼共同搜集的元宵节资料和活动时拍摄的照片。

生活活动▷

1. 利用过渡环节，鼓励幼儿自由交流春节趣事，进一步加深对和家人在一起的亲密快乐的体会，引发幼儿把亲密情感迁移到班级大家庭中。

2. 开展春节大拜年活动，鼓励幼儿互相拜年、说祝福语，感受班级大家庭其乐融融的情感氛围。

3. 下午加点时请幼儿品尝自制的元宵，体验一起过节的快乐。

家长与社区教育▷

1. 请家长带幼儿参加一些有本地特色的民俗活动，如庙会、花灯会、秧歌会等；和幼儿交流元宵节的故事，一起收集灯谜，进行猜谜语活动。

2. 帮助幼儿学说祝福语，指导幼儿在特定的场合说适宜的祝福语。

3. 愿意和爸爸、妈妈做一些力所能及的家务劳动，有家庭责任感。

4. 提醒幼儿连续看电视的时间不超过 30 分钟。

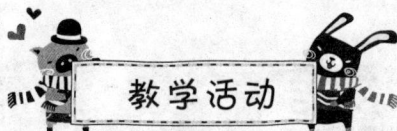

教学活动

活动一　好习惯体验日——生活中的礼节

【活动解读】

生活中的礼节包括：做客的礼节、待人接物的礼节、说话的礼节、观看表演的礼节等，而这些都与我们的生活息息相关。本次活动通过"生活中的礼节""懂礼节，作用大""联系生活说礼节"等环节教育幼儿礼貌待人，初步了解就餐、访友、交谈、聚会等场合的一般礼节，提高小朋友的交往能力。活动力求通过家庭的密切配合和共同努力，督促幼儿养成良好的生活礼节。

【活动流程】

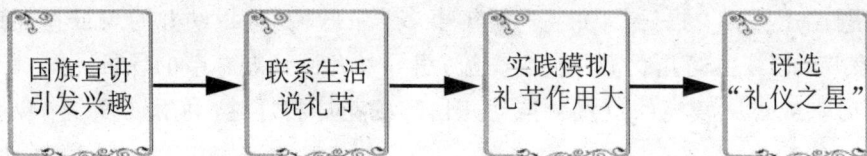

国旗宣讲 引发兴趣 → 联系生活 说礼节 → 实践模拟 礼节作用大 → 评选 "礼仪之星"

【活动目标】

1. 初步了解就餐、访友、交谈、聚会等场合的一般礼节。

2. 礼貌待人能用文明语言与人进行交往。

3. 培养幼儿的礼节意识，做懂礼貌重礼节的人。

【活动建议】

1. 国旗下宣讲"生活中的礼节"。

（1）教师宣讲：古人说，不学礼，无以立。什么是礼仪呢？简单地说，礼仪就是律己、敬人的一种行为规范，是表现在对他人尊重和理解的过程。学习礼节不仅可以让我们变得彬彬有礼，还能让我们收获更多的友谊呢。

（2）幼儿宣讲：有礼貌地问好、看电影的时候不吵闹、去小伙伴家做客不乱动东西都是生活中的礼节，我们要做懂礼貌重礼节的孩子。

（3）家长宣讲：时代在改变，如今的我们随着生活节奏的加快，很多繁重的礼节仪式已经被一再地简化，但这并不表示礼节已经不存在了，它其实已经深入我们的骨髓，体现在我们平时的举止行为中。文明礼仪无处不在，让我们从身边的一件件小事情做起，常常使用"请""你好""没关系"等一些有礼貌的日常用语。让每个人彼此之间都用诚恳、友好的态度待人；用热情、大方的举止处事；用善于宽容的方式对待他人……让我们的幼儿园、我们的生活更加和谐与美好！

2. 联系生活说礼节。

提问：生活中有哪些应注意的礼节？

（1）打电话时有哪些礼节？

（2）与别人交谈时有哪些礼节？

（3）观看演出时有哪些礼节？

（4）穿衣服出席场合有哪些礼节？

（5）与外国友人交往时有哪些礼节？

（6）敲门时有哪些礼节？

（7）给东西和接东西时有哪些礼节？

小结：在不同的场合有不同的礼节，在待人接物中注意遵循礼节，就会使对方感到愉快，产生好感，愿意与你交往；反之，就会使对方感到不快，甚至不想和你做朋友。

3. 实践模拟：懂礼节，作用大。

（1）幼儿与同伴自由组合、自选场景表演再现"生活中的礼仪"。

（2）讨论：为什么要讲礼仪？讲礼节有什么好处吗？

小结：讲礼节会增进相互间的友谊，受人欢迎。

4. 定期评选"礼仪之星"。

（1）师幼共同设计制作"礼仪之星"评比栏，讨论确立"礼仪之星"的评选办法与规则。

（2）活动延伸：引导幼儿定期评选"礼仪之星"，教育幼儿在日常生活中做一个讲礼貌、懂礼节的好孩子。

活动二 语言——福气糕

【教材分析】

《福气糕》讲述了福气猫不辞辛劳给千家万户送红包的故事，其中福气猫把"年糕"变成"福气糕"的戏剧性故事情节，可以使幼儿直观地感受到"最辛苦的人应该是最有福气的人"。"红包""年糕""鞠躬""拜年""鞭炮"等词语营造了喜庆祥和的新年氛围。春节期间，幼儿会收到红包，以在刚开学时开展此活动，便于幼儿联系生活实际，感受生活的美好和人与人之间的关爱。

【活动目标】

1. 理解福气猫把"年糕"变成"福气糕"的戏剧性故事情节，知道祝福的意义。

2. 能讲述故事中的祝福语并进行表演，会根据不同的情境说不同的祝福语。

3. 体验尊重劳动者和互相送祝福带来的快乐。

【活动重点】

理解福气猫把"年糕"变成"福气糕"的戏剧性故事情节，知道祝福的意义。

【活动难点】

能讲述故事中的祝福语并进行表演，会根据不同的情境说不同的祝福语。

【活动准备】

小猫手偶1个，《幼儿素质发展课程·多媒体教学资源包》课件1；幼儿学习材料《爱在我身边》《幼儿素质发展课程·语言》CD。

【活动过程】

1. 出示小猫手偶，组织幼儿谈话，激发幼儿参与活动的兴趣。

提问：这是谁？

小结：这是一只不同寻常的猫，它的名字叫作"福气猫"。

2. 完整讲述故事，通过提问帮助幼儿初步理解故事内容。

提问：过年的时候福气猫会做什么？它送的红包里装着什么？

年糕师傅的年糕是怎么变成福气糕的？

引导幼儿说一说："恭喜恭喜，新年福气"。

3. 结合课件再次完整讲述故事，引导幼儿围绕故事内容进行讨论。

提问：为什么福气猫觉得年糕师博应该得到最多的福气？买福气糕的人为什么要把钱装在红包里给年糕师傅？

进一步讨论：红包送完了，福气猫是怎样做的？

4. 组织幼儿结合生活经验进行交流，鼓励幼儿讲祝福的话语。

（1）提问：你喜欢故事里的谁？为什么？

小结：年糕师傅不辞辛苦为大家制作年糕，福气猫坚持为大家送红包。他们都是值得被喜欢和尊重的，应该拥有更多的福气。

（2）分享交流，鼓励幼儿根据不同的情境说不同的祝福语。

提问：过年的时候你说了哪些祝福的话？见到爸爸、妈妈你说了什么？见到叔叔、阿姨你说了什么？

（3）师幼互送祝福，提醒幼儿讲祝福的话时一定要注视对方，声音要响亮，态度要诚恳。

方法：师幼互相拱手问候，讲述"恭喜恭喜，新年健康""恭喜恭喜，新年快乐""恭喜恭喜，新年进步"等祝福的语言。

【活动延伸】

请幼儿阅读《爱在我身边》第1～3页，结合画面内容，自主讲述故事。

【附故事】

福气糕

有一只福气猫，过年的时候会给大家送红包。红包里有一句祝福的话："恭喜恭喜，新年福气！"收到红包的人，新的一年里会有很多很多的福气。福气猫知道大家都在等着自己，走了一家又一家。它把红包悄悄放在孩子的床头，把福气送给每一个孩子。福气猫走了一家又一家，红包送了一个又一个。天快亮时，福气猫来到年糕师傅家里。年糕师傅还在做年糕，一个晚上都没有休息，辛苦的年糕师傅应该有最多的福气。可是，红包已经送完了，福气猫只能不停地给年糕师傅鞠躬："恭喜恭喜，新年福气！"年糕师傅笑嘻嘻地端来年糕，请福气猫品尝。福气猫还在一个劲儿地鞠躬："恭喜恭喜，新年福气！"一不小心，福气猫的脸贴到年糕上，印上了一个笑嘻嘻的猫脸。"哈哈我的年糕变成福气糕了！"年糕师傅开心地说。于是，福气猫在每一块年糕上都印了自己的笑脸。它一边印，一边对着年糕说："恭喜恭喜！"现在每一块年糕都变成了福气糕。"噼里啪啦，噼里啪啦……"天亮了，家家户户都起来放鞭炮。年糕师傅去给大家送年糕。福气猫的笑脸印在年糕上，好像在对大家说："恭喜恭喜，新年福气！"买年糕的人都把钱放在红包里给年糕师傅。他收到了很多很多的红包。大家都说："最辛苦的人应该是最有福气的人。"从那以后，大家都把年糕叫作"福气糕"，把年糕师傅叫作"福气糕师傅"。

活动三　音乐——歌曲《闹花灯》

【教材分析】

《闹花灯》是一首2/4拍的歌曲，描绘了幼儿观灯、赏灯、闹花灯的情景。这首歌的歌词幽默诙谐，曲调欢快明朗，其中的锣鼓声增添了热烈喜庆的节日气氛。本次活动的重、难点是指导幼儿掌握"闹"字的下滑唱法和敲击出两种不同的鼓点节奏。活动中通过将难点前置，采用看图谱、担任锣鼓队员、对唱等形式，激发幼儿主动学习的欲望，引导幼儿进一步感受元宵节热闹喜庆的氛围。

【活动目标】

1. 学习"闹"字的下滑音唱法，掌握两种鼓点节奏的不同唱法。

2. 能用自然欢快的声音演唱歌曲,尝试用动作创造性地表现孙悟空的造型。

3. 感受元宵节热闹喜庆的氛围,表现歌曲幽默、风趣的特点。

【活动重点】

学习"闹"字的下滑音唱法,掌握两种鼓点节奏的不同唱法。

【活动难点】

能用自然欢快的声音演唱歌曲,尝试用动作创造性地表现孙悟空的造型。

【活动准备】

1. 请家长在元宵节期间带幼儿逛灯会,也可由教师提前组织幼儿观看有关灯会的录像和图片。

2. 《幼儿素质发展课程·音乐》CD,与歌曲《闹花灯》歌词内容相符的图谱。

【活动过程】

1. 组织幼儿谈话,引导幼儿回忆观灯时的情景。

提问:逛灯会时你看到了什么灯?观灯时你的心情是怎样的?

2. 难点前置,引导幼儿学习掌握"隆咚一咚锵"和"咚隆咚一咚锵"两种不同的鼓点节奏。

(1)提问:灯会上是怎样敲锣打鼓的?

(2)教师示范"隆咚一咚锵"和"咚隆咚一咚锵"两种不同的鼓点节奏,幼儿练习掌握。

提问:这两种鼓点节奏一样吗?有何不同?

小结并引导通过拍手、拍腿等动作提示,掌握弱起节奏。

3. 教师完整演唱歌曲,帮助幼儿理解歌词内容。

提问:哪些花灯来参加灯会了?(根据幼儿的回答出示相应的图谱。)

引导幼儿念歌词、数花灯,重点指导幼儿学唱"有龙灯,有凤灯,龙灯凤灯狮子灯"一句。

4. 教师再次完整演唱歌曲,引导幼儿进一步感知歌曲的旋律和不同的鼓点节奏。

(1)邀请幼儿担任锣鼓队员,在"数花灯"部分和"敲锣打鼓"部分自然加入,按节奏敲击锣鼓。

(2)教师重点示范唱"还有孙猴闹天宫",引导幼儿分析、学习"闹"字下滑音的唱法。

提问:"还有孙猴闹天宫"这句与平常的演唱有何不同?怎样唱"闹"字能更好地表现出幽默风趣的感觉?

指导幼儿学习"闹"字的下滑音唱法,鼓励幼儿唱"闹"字时创造性地做出孙悟空的造型,增强歌曲的趣味性。

5. 引导幼儿多形式完整演唱歌曲,感受歌曲幽默、风趣的特点。

(1)师幼共同完整演唱歌曲。

提问:这首歌曲给你什么样的感觉?应该用什么样的声音演唱?

(2)幼儿用自然欢快的声音完整演唱歌曲。

(3)幼儿采用分组对唱的形式完整演唱歌曲,体验合作演唱的乐趣。

(4)幼儿边唱歌曲边表演,重点启发幼儿在歌曲最后的"嗨"处创造性地摆出孙悟空的造型并停住不动,增强歌曲的趣味性。

【活动延伸】

在相关区域投放《闹花灯》CD和相应的道具,引导幼儿进行音乐表演。

【附教材】

闹花灯

1=E 2/4

选自《春夏秋冬歌曲集》

```
5    3 2 | 5    3 2 | 1 2  3 5 | 2    2 | 5    3 2 |
正月   十 五   闹花   灯  呀，  花灯

5    3 2 | 1 2  3 5 | 2    2 | 6 6  2 | 1 6  5 |
多得   数不   清  呀，  有龙  灯，  有凤 灯，

6 2  6 2 | 1 6  5 | 2 1  2 3 | 5    - | 3·2  3 5 |
龙灯  凤灯  狮子 灯，  隆咚  一咚  锵，    还有 孙猴

6  5 3 | 2   0 1 | 6 2  1 6 | 5    - | ×   0 ‖
闹天 宫，   咚 隆  咚一  咚  锵（念白）  嗨！
```

活动四 美术——花灯挂起来

【教材分析】

正月十五元宵节前后，人们会挂起象征团圆和红火的花灯，营造吉祥喜庆的氛围。大班幼儿对花灯既熟悉又好奇，对花灯的制作方法有浓厚的探究兴趣。本活动选择拼插灯片制作花灯的方法，简单易学，便于操作。幼儿只要将灯绳从灯芯中心穿过并在下端打结，再将灯穗用同样的方法固定在灯芯上，最后将灯片插到灯芯上，花灯便做好了。活动中，通过幼儿自主探究拆装花灯、教师示范制作花灯、幼儿合作制作花灯等方法，引导幼儿学习掌握制作花灯的方法，体验自制花灯的快乐。

【活动目标】

1. 探究花灯的制作方法，尝试合作制作花灯。

2. 能用多种方法剪出相同图案的灯片，掌握纸张拼插的技能。

3. 乐于拆装花灯，体验制作花灯的快乐。

【活动重点】

探究花灯的制作方法，尝试合作制作花灯。

【活动难点】

能用多种方法剪出相同图案的灯片，掌握纸张拼插的技能。

【活动准备】

1. 教师事先做好的简单的花灯每组1个，灯片可采用半圆形、三角形、正方形、长方形等不同造型。

2. 每组订书机1个、剪刀1把、夹子若干。

3. 幼儿每人彩色卡纸5张，硬卡纸做的圆形灯芯（中心打孔）2个、线绳1根、灯穗1个、铅笔1支。

【活动过程】

1. 组织幼儿谈话，激发幼儿自制花灯的兴趣。

提问：在灯会上，你看到了什么样的花灯？你喜欢哪种花灯？

2. 指导幼儿拆装、观察花灯，探究花灯的做法。

（1）请幼儿分组观察、拆装花灯,研究花灯的组成部件。

提问:花灯是怎么做出来的?制作花灯需要哪些组成部件?

花灯的组成部件:灯片4个,灯芯2个,灯绳1根,灯穗1个。

（2）讨论交流花灯的做法,师幼共同进行梳理。

提问:花灯是怎样做成的?

灯笼的制作方法:先将灯绳从灯芯中心穿过并在下端打结,再将灯穗用同样的方法固定在灯芯上,最后将灯片插到灯芯上,花灯就做好了。

（3）鼓励幼儿大胆尝试,学习做灯片的方法。

提问:灯片有什么特点?怎样才能做出一模一样的4个灯片?

启发幼儿借助铅笔、剪刀、夹子等在一张彩纸上尝试用不同方法做灯片。

（4）小结并梳理制作4个相同灯片的方法

"印画法":将彩纸平均分成4份,先在一份上画出灯片图案,剪下再在其他3份上分别描画图案,再逐一剪下。

"重叠法":将彩纸对折后,沿与折线垂直的中心线再次对折,在其中一面上画出灯片图案,用手捏紧彩纸剪下图案,4个灯片就可以一次做成。提示幼儿可以用订书机或夹子将纸固定后再剪下。另外,4层纸较厚提醒幼儿剪时要用力,要注意安全。

3. 请幼儿设计灯片,自制花灯。

（1）重点提醒用重叠法剪灯片的幼儿捏紧纸片、注意安全,可根据需要帮助幼儿订、夹纸片。

（2）提示幼儿同伴之间互相帮助,鼓励做得快的幼儿帮助未完成的同伴。

4. 播放背景音乐《喜洋洋》,请幼儿手提自制的花灯逛灯会。引导幼儿相互欣赏花灯,鼓励幼儿介绍自己制作的花灯。

【活动延伸】

请幼儿将花灯带回家,和家人一起欣赏。请家长准备一个适合幼儿的谜语,帮助幼儿学会说谜面并知道谜底。家长和幼儿一起将谜语制成卡片,挂在花灯下方第二天让幼儿带回幼儿园。

【附教材】

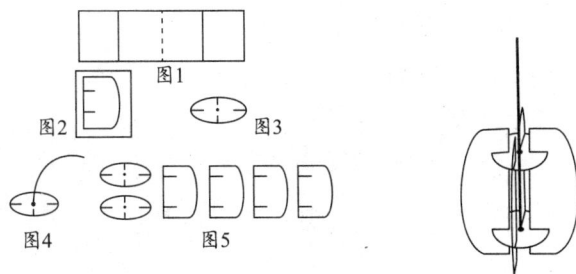

图1
图2
图3
图4
图5

1. 取长条纸对折再对折。（图1）

2. 在折好的纸上画出灯片形状并剪下,注意剪出两个插灯芯的开口。（图2）

3. 将灯芯沿线剪开,不要剪断,在中心点打孔。（图3）

4. 将线绳穿过灯芯中心在下端打结。（图4）

5. 将灯片开口插到灯芯开口上。（图5）

活动五 数学——分灯笼

【教材分析】

通过学习 2～5 的组成，幼儿已经对分与合有一定的认识。本次活动是学习 6 的组成，在幼儿原有对于数的组成的感知经验基础上，通过创设"分灯笼""翻灯笼"的游戏情境，引导幼儿尝试自主探索 6 的组成，进一步感知数的分合的有序性；通过教师的启发提问和幼儿的观察比较，帮助幼儿发现两个部分数之间的关系，引导幼儿在操作、观察、思考中进一步感知数的分合的有序，体验数学活动的有趣。

【活动目标】

1. 学习掌握 6 的组成，发现、理解两个部分数的互换关系，会书写 6。

2. 探索 6 的 5 种分合式，能清楚地在集体中表述自己的操作过程和发现。

3. 感知数的分合的有序，体验数学活动的有趣。

【活动重点】

学习掌握 6 的组成，发现、理解两个部分数的互换关系，会书写 6。

【活动难点】

探索 6 的 5 种分合式，能清楚地在集体中表述自己的操作过程和发现。

【活动准备】

1. 大图片 1 张：小兔店里有 6 个灯笼，小猴和小鹿到店里买灯笼。

2. 雪花片若干，一面为红色，一面为黄色的灯笼卡片幼儿每人 6 张，1～6 的数字卡片幼儿每人 1 套。

3. 记录单幼儿每人 1 张，幼儿学习材料《爱在我身边》。

【活动过程】

1. 师幼共同玩"碰球"游戏，复习 5 以内数的组成。

（1）教师出示数字卡片 5 问："我的 2 球碰几球？"幼儿回答："你的 2 球碰 3 球。"

（2）教师可逐步加快语速，提醒幼儿集中注意力，迅速做出回答。

2. 创设"小白兔分灯笼"的游戏情境，引导幼儿探索、学习 6 的组成。

（1）出示大图片，请幼儿观察、讨论。

提问：小白兔的店里有几个灯笼？小猴和小鹿同时来买灯笼，小白兔可以怎么分这 6 个灯笼呢？

（2）发放操作材料，指导幼儿帮助小白兔分灯笼。

（3）组织幼儿交流分灯笼的方法。

例如：小猴 3 个，小鹿 3 个。教师在集体面前呈现该方法，引导幼儿发现 6 个灯笼可以分成 3 个灯笼和 3 个灯笼。提问：6 个灯笼用数字几来表示？3 个灯笼用数字几来表示？用分合式怎样表示？

请幼儿摆出分合式：$\overset{6}{\underset{3\quad 3}{\wedge}}$ 引导幼儿正确读出"6 可以分成 3 和 3，3 和 3 合起来是 6。"

（4）鼓励幼儿说出其他不同的分法并摆出分合式。

$$\overset{6}{\underset{1\quad 5}{\wedge}} \qquad \overset{6}{\underset{2\quad 4}{\wedge}} \qquad \overset{6}{\underset{4\quad 2}{\wedge}} \qquad \overset{6}{\underset{5\quad 1}{\wedge}}$$

（5）引导幼儿发现 6 的分合式有 5 个。

3. 组织幼儿玩游戏"翻灯笼",引导幼儿感知数的分合的有序性。

（1）教师分灯笼卡片,引导幼儿观察、发现盘中灯笼卡片的数量及正反不同的颜色。

提问:盘中的灯笼是什么颜色的? 盘中有几张灯笼卡片?（请个别幼儿说一说）

（2）请幼儿取出红、黄两色的灯笼卡片,在桌子上排成一行,向上的面颜色要相同。请幼儿每次翻动一个灯笼,使其变成另一种颜色,数数每种颜色的灯笼各有几个,记录在记录单上。

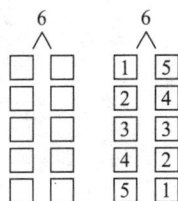

6		6	
□	□	1	5
□	□	2	4
□	□	3	3
□	□	4	2
□	□	5	1

（3）展示幼儿的记录单,请全体幼儿观察、比较,共同检查是否正确。

（4）梳理幼儿的记录单,有序记录6的分合方法。

4. 引导幼儿观察、比较记录单,初步感知两个部分数之间互补和互换的关系。

提问:在6的5种分合式中你发现了哪些秘密?

5. 引导幼儿观察6的特征,鼓励幼儿尝试书写6。

提问:数字6像什么? 可以用6表示什么?

教师示范书写,鼓励幼儿大胆尝试书写6。

【活动延伸】

请幼儿阅读《爱在我身边》第11页,看一看、分一分、做一做,进一步感知6的组成。

体育活动

走马灯

【教材分析】

大班幼儿已经掌握连续拍球、运球的技能,但合理地调节步幅绕障碍运球对他们来说具有一定的挑战性。本次活动中,以幼儿自制的走马灯作为运球的障碍物,激发幼儿参与体育游戏的兴趣;通过集体玩"走马灯真热闹"游戏和自选区域玩游戏,帮助幼儿提高合理调节步幅绕障碍运球的能力,发展动作的协调性,引导幼儿在游戏中感受欢庆节日的快乐。

【活动目标】

1. 学习合理地调节步幅绕障碍运球,尽量控住球、不掉球,发展身体的灵敏性、协调性。

2. 尝试根据材料自主布置场地,能选择区域进行游戏。

3. 知道走马灯是一种供玩赏的灯,在春节、元宵节等喜庆的日子里比较常见。

【活动重点】

学习合理地调节步幅绕障碍运球,尽量控住球、不掉球,发展身体的灵敏性、协调性。

【活动难点】

尝试根据材料自主布置场地,能选择区域进行游戏。

【活动准备】

1. 幼儿初步了解走马灯的玩法。

2. 篮球幼儿人手1个,用瓶、罐等自制的走马灯若干,海绵垫、拱门、大筐若干,欢快的、舒缓的音乐各1首。

【活动建议】

1. 师幼手抱篮球入场，随欢快的音乐做球操，进行热身。

（1）播放背景音乐，请幼儿手抱球在活动场地四散站立。

（2）引导幼儿结合篮球做上肢、颈部、腰部等部位的动作，进行热身。

2. 引导幼儿自由玩球，探索、创新球的多种玩法。

提问：你想玩哪些有关球的游戏？

幼儿自主探索、交流球的创新玩法：一人玩，如拍、传、滚、转等；合作玩，如抛接球、追球跑等。

3. 介绍游戏"走马灯真热闹"的玩法。

幼儿自主分成4～6个组，列纵队站好。游戏开始，每队第1个幼儿出发，运球绕过4～6个障碍（每队走马灯等障碍的距离、数量可有不同层次），再从场地两边抱球跑回。幼儿依次游戏，后1个幼儿须等前1个幼儿绕过4个障碍后，方可出发。

（1）组织幼儿讨论：怎样运球绕过障碍并尽量不掉球。

（2）幼儿自选队列游戏2～3次，玩后交流运球绕过障碍的好方法。教师可请个别幼儿示范。

4. 师幼共同布置场地，进行自选区域游戏。

（1）引导幼儿观察场地中材料的摆放位置及数量，鼓励幼儿自主、合理地布置区域活动场地。游戏区域设置如下：

绕障碍运球：幼儿按照"走马灯真热闹"的玩法进行游戏。

踢球进门：幼儿运球绕过障碍后，在射门点将球踢进拱门。

转身接球：幼儿两人一组比赛"转身接球"。

（2）提醒幼儿合理调整各区域的人数，游戏一段时间后，可与同伴协商交换区域活动。

5. 播放舒缓的音乐，幼儿自由进行放松活动，收拾活动材料，离开场地。

伴随舒缓的音乐旋律，请幼儿自己轻轻拍打身体各部位，进行全身放松活动，鼓励幼儿合作收拾好活动材料后，离开场地。

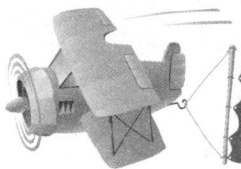

第 2 周　爱要大声说出来

环境创设

1. 创设"爱是什么"主题墙,张贴相关的绘画品、照片等,引导幼儿相互介绍,交流家人对自己的不同形式的爱。

2. 创设"我最佩服的人"新闻小看台,引导幼儿关注家人、幼儿园的保安、老师、伙房工作人员等,了解他们的不同工作职责。

3. 建立《我的家庭小档案》,请幼儿了解父母的职业、本领、喜好(爱吃的食物、喜欢的颜色、业余爱好等),用图画的形式记录下来,组织幼儿分享、交流,引导幼儿关心、了解家庭成员。

生活活动

1. 组织幼儿参与帮厨活动:一组负责打蛋、蛋液;二组负责择芹菜;三组负责把泡好的木耳撕成小块;四组负责择芸豆。午饭前,带领幼儿将加工好的美食送给幼儿园的工作人员品尝,如老师、保健医生、传达室爷爷,谢谢他们对自己的关心与爱护。

2. 开展"争做文明进餐的好孩子"活动,激励幼儿吃饭时保持安静、不说笑、细嚼慢咽。

3. 学做值日生工作,如照顾自然角的动植物、擦桌子、分发玩具、摆放餐具以及整理、叠放被褥、衣服等。

4. 开展"我会系鞋带"活动,学习自己系鞋带,帮助弟弟、妹妹系鞋带,提高自我服务和为他人服务的能力。

家长与社区教育

1. 请家长向幼儿介绍自己的工作,帮助幼儿了解爸爸、妈妈是怎样工作的,引导幼儿感受爸爸、妈妈工作的辛苦。

2. 邀请部分家长和幼儿一起开展烘焙、运动、小制作等活动,让幼儿感受与家人在一起的快乐。

3. 亲子共同制作"周末营养早餐食谱",全家一起养成健康的早餐习惯。引导幼儿感受家人之间的关心,体验用行动表达对家人的关爱的乐趣。

4. 开展"我是家务劳动小帮手"活动,请家长指导幼儿设计、制作"劳动小帮手记录卡",用符号、标志记录自己做家务的内容和心情。引导、鼓励幼儿在家中主动做力所能及的事情,体验爱与劳动的乐趣。

5. 倡议家长经常带幼儿去探望长辈,用自己的行动表达对长辈的爱。

教学活动

活动一　语言——看图讲述《醒来后的惊喜》

【教材分析】

看图讲述《醒来后的惊喜》共有 4 幅图片,主要表现了一个假日的早上,爸爸为给儿子一个惊喜,趁儿子熟睡时开车将他拉到大森林里,满足了儿子亲近自然的心愿。整个画面体现了爸爸对儿子浓浓的爱。大班幼儿语言表达能力差异比较明显,部分幼儿讲述非常困难。《醒来后的惊喜》的图片表现手法夸张、画面生动形象、想象幽默大胆、结局出乎意料,非常符合大班幼儿好奇心强、想象力丰富的特点,能够激发幼儿观察、思考、讲述的欲望。活动开展过程中,教师应细致分析每一幅图,给幼儿提供想象的空间。可将第 4 幅的背景去掉,让幼儿带着悬念大胆地想象、推测,真正做到以幼儿为主,充分发挥想象力和语言表达力,达到"以情促说,畅所欲言"的效果。

【活动目标】

1. 能够仔细看画面,观察人物动作、神态、表情等特征,猜测故事情节的发展。初步了解"惊喜"的故事主题。

2. 尝试用连贯的语言、恰当的词汇和动作表达对画面的理解,能大胆想象创编故事结尾。

3. 体验作品中爸爸对儿子无言的爱。

【活动重点】

能够仔细看画面,观察人物动作、神态、表情等特征,猜测故事情节的发展。初步了解"惊喜"的故事主题。

【活动难点】

尝试用连贯的语言、恰当的词汇和动作表达对画面的理解,能大胆想象创编故事结尾。

【活动准备】

1. 教师自制教学课件。幼儿学习材料《爱在我身边》《幼儿素质发展课程·语言》CD。

2. 请家长帮助幼儿回忆与爸爸在一起的趣事,请幼儿讨论自己最想去的地方。

【活动过程】

1. 出示图片,请幼儿观察图中人物的关系,引出讲述主题。

提问:什么样的事情会让人感到惊喜?

小结:生活中经常发生一些既令人感到惊讶和意想不到又让人觉得高兴的事就是"惊喜"。

2. 播放课件,引导幼儿仔细观察图片,帮助幼儿理解图意。

(1)出示图 1,帮助幼儿理解"轻手轻脚",请幼儿用动作模仿。

提问:假日的第一天早晨,儿子在干什么?谁走进来了?他们是怎样走进来的?

(2)出示图 2,请幼儿观察人物的动作,理解爸爸煞费苦心的做法。

提问:爸爸和叔叔在干什么?他们是怎样把儿子抬到汽车上的?为什么?

(3)请幼儿将图 1 和图 2 连起来讲述,鼓励幼儿将画面的细节表达出来。

(4)出示图 3,请幼儿仔细观察人物的表情和动作,合理想象人物的心理活动。

提问:这是什么地方?画面中有谁?他们的表情是怎样的?他们可能说些什么?爸爸和

警察是怎么做的？为什么？

鼓励幼儿合理猜想人物的对话和心理，独立、大胆地讲述画面内容。

3. 鼓励幼儿大胆创编故事结尾，体会爸爸对儿子深深的爱。

（1）出示去掉背景的图4，鼓励幼儿大胆想象，创编故事的结尾，讲述令儿子惊喜的事情。

提问：儿子醒来后的表情是怎样的？为什么他会有这样的表情？爸爸究竟把儿子抬到哪里了？为什么儿子会感到惊喜？

小组讨论，请个别幼儿讲述自己创编的结尾。小结小朋友们的想法大胆、浪漫、新奇，都是令人惊喜的。

（2）出示有背景的图4，引导幼儿感受故事情节营造的惊喜，进一步体会爸爸对儿子深深的爱。

提问：儿子醒来后有什么感觉？爸爸看到儿子惊喜的表情，心情会怎样？他俩可能会对对方说什么？

4. 引导幼儿尝试完整地讲述图片内容，感受故事中深沉的父爱。

（1）启发幼儿给4幅图片起名字。

（2）幼儿依据《爱在我身边》第12页，互相讲述故事，教师进行指导。

（3）请一两个幼儿在集体面前讲述，幼儿进行评价，教师进行点评，提升幼儿经验。

5. 请幼儿联系生活实际，表达自己对爸爸的爱。

提问：你为爸爸做过什么令他惊喜的事情？

小结：无论你为爸爸做的事情多么小，都是爱的表达，爸爸都会很高兴。

【附教材】

醒来后的惊喜

假日的第一天早晨，儿子还在睡梦中，爸爸和一个叔叔轻手轻脚地走进儿子的房间。爸爸要给儿子一个惊喜。

爸爸和叔叔轻轻地把儿子抬上汽车。

儿子睡得可真香，一直都没有醒。汽车行驶在马路上，路上的人好奇地看着他们。爸爸把手指放在嘴上，示意大家别吵醒儿子。指挥交通的警察也让大家保持安静。爸爸究竟要把儿子抬到哪儿呢？

爸爸把儿子抬到了森林里。太阳出来了，儿子醒来一看，吃惊极了！"咦，我是在梦中吗？"他看到了牛、绵羊、小鸟、小兔、小鹿……还以为自己在做梦呢。爸爸悄悄躲在树后，开心地笑了。

活动二 社会——爱是什么

【教材分析】

大班幼儿能够感受到周围的人对自己的关爱，但对爱的认识却比较片面。他们愿意说出自己被爱的感受，却不知道如何正确表达对家人的爱。本活动引导幼儿从多种角度感受同伴、亲人对自己的关爱，体会爱的不同表达方式，懂得被爱和爱别人都是一种幸福，帮助幼儿升华爱的情感、获得爱的经验，进而懂得怎样爱家人和身边的人。

【活动目标】

1. 知道爱是相互的，懂得孝敬长辈、宽容原谅、严格要求都是爱。

2. 敢于大胆表达对爱的理解，能用真诚、感人的语言表达自己的爱。

3. 感受被人爱的幸福,体会爱别人的快乐。

【活动重点】

知道爱是相互的,懂得孝敬长辈、宽容原谅、严格要求都是爱。

【活动难点】

敢于大胆表达对爱的理解,能用真诚、感人的语言表达自己的爱。

【活动准备】

1. 教师自制父母、老师向幼儿表达爱的视频,《让爱住我家》音乐。

2. 活动前请幼儿欣赏歌曲《让爱住我家》的视频。

3. 幼儿学习材料《爱在我身边》,《幼儿素质发展课程·多媒体教学资源包》课件2。

【活动过程】

1. 请幼儿欣赏歌曲《让爱住我家》,激发幼儿参与活动的兴趣。

提问:听了这首歌你有什么感觉?这首歌让你想到了什么?

小结:爱是温暖的,会让我们感动,也会让我们觉得幸福。

2. 播放课件,结合班级实例,组织幼儿讨论,知道爱是相互的、是多样的。

(1)请幼儿观看课件,感受亲人间的关爱,懂得孝敬长辈是一种爱。

提问:你找到爱了吗?课件中有谁对谁的爱?在家里,你的爸爸、妈妈是怎样孝敬爷爷、奶奶、姥姥、姥爷的?

小结:孝敬是中华民族的传统美德,孝敬长辈是一种爱。

(2)结合班级实例,帮助幼儿懂得宽容原谅也是爱。

提问:在幼儿园里(我们班里),你感受到谁对你的爱?

播放课件,请幼儿欣赏"莉莉的书被撕坏"的故事。

提问:如果你的新书被撕坏了,你会怎样做?你会原谅撕坏你书的小朋友吗?大家为什么更喜欢莉莉了?

小结:宽容原谅同样是爱,这种爱可以让人改掉缺点,还会让周围的人更加爱你。

(3)播放课件,请幼儿欣赏《鹰爸爸和小鹰》的故事,结合生活实际,引导幼儿懂得严格要求也是一种爱。

播放第1段视频,提问:鹰爸爸和小鹰在干什么?

播放第2段视频,提问:鹰爸爸是怎么做的?你认为这是一个怎样的爸爸?

播放第3段视频,提问:你还认为这是一个坏爸爸吗?鹰爸爸对小鹰的爱是什么样的爱?

请幼儿结合生活实际交流:在你的生活中,谁给过你这种严厉的爱?

小结:严厉也是爱,这种爱会让你成长,会让你步,需要你用心去体会。

3. 播放自制视频,引导幼儿感受身边人的爱,指导幼儿学习用真诚、感人的语言向所爱的人表达自己的爱。

(1)请幼儿观看视频,感受父母、老师向自己表达爱的幸福。

提问:看了视频,你有什么感觉?

(2)鼓励幼儿用真诚、感人的话语表达自己的爱,体会爱别人的快乐。

小结:爱是需要表达的,彼此间表达爱,会让双方都感动、幸福。

【活动延伸】

请幼儿自由阅读《爱在我身边》第13页,跟小伙伴交流藏在自己身边的爱。

活动三 音乐——歌曲《不再麻烦好妈妈》

【教材分析】

《不再麻烦好妈妈》是一首2/4拍的儿童歌曲,旋律欢快、流畅,歌词通俗易懂、真挚感人,道出了幼儿的心里话:不再麻烦妈妈。大班幼儿已有不麻烦他人的意识,并且具备一定的生活自理能力,能够在家为自己做力所能及的事。《不再麻烦好妈妈》这首歌的内容非常贴近大班幼儿的生活实际,能够激发幼儿的学习愿望和兴趣。本活动以亲情为主线,创设亲切、和谐的"爱妈妈"的情境氛围,从生活经验出发,启发幼儿表达个人情感,鼓励幼儿展现创造才能,引导幼儿体验美好、真挚的情感,帮助幼儿学会用声音和动作表现歌曲,从而体验到自己的事情自己做的自豪感及能对家人表达爱的快乐。

【活动目标】

1. 理解歌词内容,熟悉歌曲旋律和结构,能唱准附点四分音符的节奏。

2. 能用动作和好听的声音表现歌曲的情绪并尝试根据歌曲的结构仿编歌词。

3. 体验自我服务和关心父母的快乐。

【活动重点】

理解歌词内容,熟悉歌曲旋律和结构,能唱准附点四分音符的节奏。

【活动难点】

能用动作和好听的声音表现歌曲的情感并尝试根据歌曲的结构仿编歌词。

【活动准备】

1. 心形卡片,画笔。

2.《幼儿素质发展课程·音乐》CD,《幼儿素质发展课程·多媒体教学资源包》课件33。幼儿阅读过绘本《我妈妈》,会演唱歌曲《我的好妈妈》。

【活动建议】

1. 组织幼儿围坐成半圆,复习歌曲《我的好妈妈》,激发幼儿爱妈妈的美好情感。

2. 播放歌曲《不再麻烦好妈妈》,带领幼儿学唱歌曲。

(1)组织幼儿自由交流,初步尝试对妈妈表达自己的爱。

讨论:妈妈为我们的成长付出了很多,你想对妈妈说些什么呢?

(2)播放歌曲《不再麻烦好妈妈》,请幼儿欣赏,理解歌词内容并学唱歌曲。

提问:歌中小朋友对妈妈说了什么?她为什么要对妈妈说这些话?

重点引导幼儿理解"不再麻烦好妈妈"的含义,指导幼儿学唱歌曲第1、2句,初步感受附点四分音符的节奏。

(3)播放歌曲《不再麻烦好妈妈》的课件。

提问:小朋友自己做了哪些事?你会做这些事吗?

引导幼儿学唱歌曲中间部分,初步感知自己的事情自己做的自豪感。

(4)鼓励幼儿完整演唱歌曲,用动作和好听的声音表现歌曲的情绪。

请幼儿第1遍完整演唱,提醒幼儿唱准附点音符。

请幼儿第2遍完整演唱,启发幼儿创编动作表现歌曲内容。

提问:可以用什么动作表现对妈妈的爱?

3. 引导幼儿仿编歌词,用图画、符号等形式记录下来。

提问:除了歌曲里唱的事情,你还会做什么?

给每个幼儿一张心形卡片,请幼儿用简笔画或符号画出自己做过的事情。

请幼儿将自己创编的歌词大胆地唱出来，鼓励幼儿用动作增强歌曲的感染力。

小结：小朋友们已经长大了，能做很多的事情。爸爸、妈妈也会因为你们不再麻烦他们而感到高兴。

【活动延伸】

请幼儿将记录自己创编的歌词的心形卡片带回家，将歌曲唱给爸爸、妈妈听。

【附教材】

不再麻烦好妈妈

1=C 2/4

颂今 千红 词

3 4 3 2 | 1 1 7 6 | 5 5 2 3 | 1 - |

5 5 6 | 5 3 0 1 | 4. 3 | 2 0 | 5 5 1 | 5 3 0 1 |
妈 妈 妈妈 你 歇 会儿 吧， 自 己的 事儿 我

4. 3 | 2 0 | 3 4 3 2 | 1 1 | 3 4 3 2 | 1 1 |
会 做 了。 自己 穿衣服 呀， 自己 穿鞋袜 呀，

3 2 3 4 | 5 5 | 3 2 3 4 | 5 5 | 1 - | 5 - |
自己 叠被子 呀， 自己 梳头发 呀。 不 再

4 3 2 | 6 - | 5 4 0 3 | 2 3 | 1 - | 1 0 ‖
麻烦你 呀， 亲爱 的好 妈 妈。

活动四　美术——漫画：画爸爸

【教材分析】

肖像漫画，是一种以夸张的手法表现人物形象和特征的创作方式。大班幼儿多数已能够比较流畅地绘画人物形象，对于漫画创作却比较陌生。本次活动以幼儿熟悉的人物——爸爸为创作对象，引导幼儿在观察爸爸的表情的基础上，围绕爸爸的面部突出特征，用漫画的手法画爸爸的头像，体验漫画创作的乐趣，表达对爸爸的爱。本次活动的设计，在注重幼儿艺术审美与艺术感知获得的同时，兼顾幼儿内心体验的表达与情感的抒发，较好地实现了"让儿童的艺术充满活力与魅力"的教育目标活动。活动中，引导幼儿将同一人物的照片和漫画进行对比，帮助幼儿更加直观地感受漫画夸张的表现手法，指导幼儿运用这种手法为爸爸创作漫画头像。

【活动目标】

1. 了解漫画幽默、夸张的表现手法，学习用漫画的手法表现人物的主要特征。

2. 能用夸张、简单的线条画出爸爸常见的表情，表现出爸爸面部的显著特点。

3. 体验漫画创作的乐趣，加深对爸爸的了解，表达对爸爸的爱。画面幽默、诙谐。

【活动重点】

了解漫画幽默、夸张的表现手法，学习用漫画的手法表现人物的主要特征。

【活动难点】

能用夸张、简单的线条画出爸爸常见的表情，表现出爸爸面部的显著特点。

【活动准备】

1. 每个幼儿带一张自己爸爸的照片,教师自制课件(所有幼儿的爸爸的电子版照片,幼儿熟悉的人物的照片和漫画作品),彩笔,漫画作品范例,背景音乐,展板,幼儿学习材料:美术用纸第1页。

2. 活动前幼儿欣赏过《父与子》漫画,能说出自己和爸爸之间有趣的事情。

【活动过程】

1. 播放课件,引导幼儿了解爸爸的外貌特征。

(1)滚动播放爸爸们的照片,请幼儿说说爸爸的外貌特征。

提问:这是谁的爸爸?他长什么样?为什么会做出这种表情?

(2)鼓励幼儿大胆交流爸爸的外貌特征。

2. 引导幼儿观察、对比、分析,了解漫画的表现形式。

(1)出示名人的照片与漫画,帮助幼儿初步了解漫画夸张诙谐的特点。

以成龙和姚明为例,引导幼儿说出漫画中鼻子的变化和大笑时五官的变化。

提问:看到他们的画像你有什么感觉?你觉得画像和照片一样吗?哪些地方变化特别大?

(2)引导幼儿发现爸爸面部的显著特征,体会漫画与照片不同之处,进一步领会漫画夸张的手法。

小结:这些画像和真人是有区别的。画像中把人物脸部大的地方表现得更大,小的地方表现得更小。这种简单而夸张的绘画手法就是漫画。漫画让人感觉特别有趣,能给人们留下深刻的印象。

3. 请幼儿绘制爸爸的画像,鼓励幼儿大胆创作爸爸的漫画像,体验创作的乐趣。

(1)提出作画要求:仔细观察,抓住爸爸的显著特征,大胆创作。

(2)教师全面观察,了解幼儿的作画情况,有针对性地进行指导。重点鼓励幼儿大胆布局,突出漫画夸张的表现手法。

4. 组织幼儿交流,分享作品,表达对爸爸的爱。

(1)请幼儿自由欣赏,感受漫画诙谐有趣的风格。

(2)引导幼儿交流自己的创作感受,分享爸爸的趣事,表达对爸爸的爱。

(3)鼓励幼儿学习同伴作品的优点,感受不同的漫画风格。

活动五 数学——6的加减

【教材分析】

数的组成是加减运算的基础。本次活动,在引导幼儿复习6的组成的基础上,帮助幼儿理解总数6与各个部分数的关系。活动开展过程中,通过创设蕴含数量关系的生活情境及教师引领、小组学习、个别学习,引导幼儿进行操作、表述,帮助幼儿理解"两个数合起来,可以用加法表示""一个数分成两个数,可以用减法表示"。本次活动的设计,注重发展幼儿在数学活动中的语言表达能力,鼓励幼儿将自己的想法和做法、发现和疑惑、问题和解答用自己的语言表达出来。

【活动目标】

1. 学习6的加减,进一步理解"加""减"的意义。

2. 能够根据图中蕴含的数量关系列出相关的分合式和加减算式。

3. 体验用加减算式解决问题获得成功的乐趣。

【活动重点】

学习6的加减，进一步理解"加""减"的意义。

【活动难点】

能够根据图中蕴含的数量关系列出相关的分合式和加减算式。

【活动准备】

1. 圆点卡片幼儿每人6张（一面黑色，一面棕色），早餐记录单，糖果若干（数量多于幼儿人数的一半），蕴含数量关系的图卡。

2. 幼儿学习材料《爱在我身边》。

【活动建议】

1. 创设"分早餐"的游戏情境，操作卡片，带领幼儿复习6的组成。

（1）操作要求：幼儿将6张圆点卡片排成一排，向上的面颜色要一样，每次翻动一张卡片，使圆点变成另一种颜色，数数每种颜色圆点有几个，用符号和数字记录在"早餐记录单"上。分一次记一次，不要重复，也不要遗漏。最后，找出相似的答案，在"标记"栏做标志。

（2）教师与幼儿一同复习6的分合式，说一说左侧和右侧数字的变化。

2. 引导幼儿观察《爱在我身边》第14页的第1组图片，学习6的加减算式。

（1）根据图片，引导幼儿列出6的分合式。

提问：小朋友在帮妈妈做什么？这些碗有什么不同？各有几个？（引导幼儿说出：图中有1个大碗，5个小碗。）

你能根据碗的大小列出分合式吗？为什么这样列？

（2）根据分合式，推理6的加法算式，引导幼儿理解其意义，进一步感知加法的互换规律。

提问：你能根据这个分合式及图意写出两个加法算式吗？

1 + 5 = 6和5 + 1 = 6有何异同？算式中每个数字分别代表什么意思？

小结：这两个算式分别表示不同的意思，"1 + 5 = 6"，表示图中有1个大碗、5个小碗，合起来是6个碗；"5 + 1 = 6"，表示图中有5个小碗、1个大碗，合起来是6个碗。第1个算式先讲大碗后讲小碗，第2个算式先讲小碗后讲大碗。加法算式间将加号两边的数互换位置，总数不变。

（3）根据分合式，推理6的减法算式，引导幼儿理解其意义。

提问：你能根据这个分合式及图意写出两个减法算式吗？

6 - 1 = 5和6 - 5 = 1有何异同？你能根据这个分合式及图意，写出两个减法算式吗？算式中每一个数字分别代表什么意思？

小结：这两个算式分别表示不同的意思，"6 - 1 = 5"，表示图中有6个碗，已经洗了1个大碗，还有5个小碗没洗；"6 - 5 = 1"，表示图中有6个碗，已经洗了5个小碗，还有1个大碗没洗。第1个算式说明先洗了大碗，第2个算式说明先洗了小碗。

3. 引导幼儿观察《爱在我身边》第14页的第2、3组图片，学习6的其他加减算式（方法同上）。

4. 幼儿分组操作，加深学习6的加减运算。

第1组分糖果。6块糖果，装到两个袋子里，可以有多少种不同的装法？幼儿操作，把结果记录下来。

第2组：看图列算式，根据教师提供的图片列算式。

【附教材】

早餐记录单

6		6	标记

体育活动

小鸟大营救

【教材分析】

肩上挥臂投准的动作，既有对目标的预测，又要控制力度，还要动作准确，是身体协调性和力量的综合体现。大班幼儿投掷的动作已有一定基础，手臂的力量也有很大提高，只是欠缺规范性和准确度。"愤怒的小鸟"是一款深受大家喜欢的游戏，小鸟为了救回自己的蛋，奋不顾身地击倒小猪的堡垒。本次活动以这个有趣的游戏为背景，采用三关递进的方式，逐渐增大投准的难度，提高游戏趣味性；用有趣的口令提醒幼儿注意投掷的姿势，从而掌握动作要领。

【活动目标】

1. 学习肩上挥臂投准的动作技巧，根据远近、高低等因素找准目标。

2. 锻炼手臂力量，增强目测的能力和动作的准确性。

3. 萌发对投掷活动的兴趣，培养勇于尝试的精神。

【活动准备】

1. 沙包若干（数量多于幼儿人数的两倍），教师自制小猪图样的托盘12个、筐子6个，废旧大纸箱若干。

2. 教师自制课件：小鸟空中击打小猪的抛物线动态图。

【活动建议】

1. 创设"小鸟健身"的游戏情境导入热身活动，引发幼儿兴趣，为挥臂投准做准备。

（1）伴随背景音乐，幼儿列两路纵队，跟随教师进入活动场地，听教师口令散开，站成两个半圆。

（2）引导幼儿模仿小鸟的不同动作做健身操进行热身，重点活动肩部、肘部、腰部。

2. 组织幼儿玩游戏"小鸟大营救"，练习肩上挥臂投准，提示幼儿根据目标的远近、高低调整动作的幅度和力度

（1）出示活动材料，讲解动作要领并示范。

出示沙包，请幼儿探索肩上挥臂投掷的动作，可请个别幼儿介绍动作经验。

出示托盘，请幼儿探索肩上挥臂投准的动作。教师讲解动作要领并示范：投沙包时，手臂弯曲在肩上，身体后仰，两脚前后分开放，重心在后面的脚上，看准托盘，肩上挥臂，后面的脚用力蹬地，将沙包投向托盘。请幼儿徒手模仿做投掷动作。

（2）组织幼儿徒手练习投掷动作，教师个别指导。

请幼儿观察"小鸟空中击打小猪的抛物线动态图"，思考怎样能投出弧线。引导幼儿总结做出连贯动作的要领，帮助幼儿归纳为有趣的口令，请幼儿边说边做动作，提示幼儿同伴间互相学习。

（3）组织幼儿玩游戏"小鸟大营救"，激发幼儿对投掷活动的兴趣。

第1次游戏：以小组为单位，幼儿每人投一个沙包，投完站到队伍的后面。哪组幼儿投到托盘上的沙包多，并且投掷动作准确，哪组获胜。引导幼儿体验手臂和身体的动作到位才能让沙包在空中划出弧线。

第2次游戏：以小组为单位，将托盘摆成前后两排，投中远的积2分，投中近的积1分。引导幼儿感受挥臂力度、抛出的弧度与目标远近的关系。

第3次游戏：设置小猪堡垒，将托盘部分摆在近处的大纸箱上，部分摆在稍远处的大纸箱上，加大投准的难度。引导幼儿感受控制好挥臂的力度才能投中目标。

结合幼儿挥臂动作的规范情况、判断目标远近的情况及游戏时的安全规则问题进行评价。

3. 创设"小鸟庆胜利"的游戏情境，随音乐带领幼儿做放松活动。

第3周　爱心·使者在行动

环境创设

1. 布置"爱心使者"主题墙,引导幼儿了解身边的好人好事,运用照片、手工制作、徽章等形式记录在墙饰中;请幼儿将自己帮助别人的事情用绘画的形式表现出来,布置到墙饰中。

2. 创设"需要帮助的人"展板,设置生活中哪里不方便、社会为他们做了什么、我们怎样帮助他们3个板块,请幼儿搜集相关图片、资料,分类张贴在展板上。

3. 用PVC管或者干树枝制作"心愿树",请幼儿将自己帮助别人的美好心愿画在心形卡片上,用彩色毛线系到"心愿树"上。

生活活动

1. 结合日常生活活动中的小事,随机地对幼儿进行爱心、同情心教育,鼓励幼儿主动帮助遇到困难的同伴。

2. 开展"大带小"活动,组织幼儿分组到小班帮助弟弟、妹妹修补图书、整理玩具、清扫卫生等,做弟弟、妹妹的好榜样。

3. 在自然角饲养、种植幼儿喜爱的动植物,请幼儿轮流照料,引导幼儿体验付出爱心的喜悦。

4. 开展传递爱心活动:在散步环节中,请幼儿将自制的爱心公益宣传册发放给幼儿园其他班级的小伙伴。

家长与社区教育

1. 请家长帮助幼儿准备玩具和图书,带到幼儿参加"爱心义卖"活动。

2. 向家委会提出开展"周末家园公益活动"的倡议,带幼儿去福利院、敬老院等公益机构慰问或者演出。

3. 请家长协助幼儿搜集需要帮助的人的资料、照片等,做成画报。

4. 请家长引导幼儿找出生活中见到的几何形体和类似于正方体、长方体的物品,帮助幼儿记录。

5. 请家长带幼儿到公共场所认识盲道、无障碍通道及为残疾人准备的扶手座椅等,了解社会给残疾人提供的便利设施。

6. 建议家长给幼儿讲述以"关心别人""帮助人""献爱心"等为主题的新闻报道或事件。

教学活动

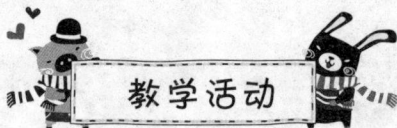

活动一　语言——诗歌《你别问，这是为了什么》

【教材分析】

诗歌《你别问，这是为了什么》，是一个叫刘倩倩的女孩 9 岁时创作的，结构巧妙、内容生动活泼。诗的前 4 小节写了小诗人所做的 4 件事情，末句用同一句话反复吟唱，丰富了诗句的含义；最后两小节，小诗人把答案告诉大家，描述了自己收到礼物后的想法和做法，表达出自己愿意帮助弱者的情感。大班幼儿语言有明显的发展，模仿能力有很大提高，能结合经验大胆地想象并将语言诗化。本活动旨在通过直观、生动的课件，引导幼儿理解、欣赏诗歌内容，感受诗歌所蕴含的关爱他人的情感。

【活动目标】

1. 理解诗歌中小作者的想法和做法，初步感受诗歌虚、实结合的写作特点。

2. 能有感情地朗诵诗歌，愿意用动作、表情表达诗歌中细腻而美好的情感。

3. 感受小作者的爱心，萌发愿意帮助弱者的愿望。

【活动重点】

理解诗歌中小作者的想法和做法，初步感受诗歌虚、实结合的写作特点。

【活动难点】

能有感情地朗诵诗歌，愿意用动作、表情表达诗歌中细腻而美好的情感。

【活动准备】

1.《幼儿素质发展课程·语言》CD，幼儿学习材料《爱在我身边》，《幼儿素质发展课程多媒体教学资源包》课件 4，教师自制课件《卖火柴的小女孩》的动画片段。

2. 幼儿提前了解《卖火柴的小女孩》故事内容。

【活动过程】

1. 组织谈话活动，引导幼儿回忆收到礼物时的心情。

提问：你收到过什么礼物？是谁送的？收到礼物时你的心情怎样？

2. 播放课件，呈现小诗人所做的 4 件事情，帮助幼儿理解诗歌前半部分的内容。

（1）请幼儿观看课件。

提问：你看到谁给小诗人送了礼物？分别送什么礼物？收到礼物后，她是怎样做的？

（2）逐一出示图片，引导幼儿较完整地说出自己看到和想到的内容。

出示图 1，提问：妈妈给了小诗人几块蛋糕？这么好吃的蛋糕她为什么要留下块？留下的蛋糕要做什么用？

出示图 2，提问：爸爸给了小诗人什么？她为什么要这么爱惜棉衣？

出示图 3，提问：哥哥给了小诗人什么？她选出一张什么样的？她会用它来干什么呢？

出示图 4，提问：晚上，小诗人的床头放着什么？她为什么要把这些东西放在床头？梦把什么带走了？梦会把这些东西带给谁呢？

3. 教师完整朗诵诗歌，请幼儿欣赏，重点理解诗歌后半部分中"梦境"的内容。

（1）教师示范朗诵，引导幼儿初步感受小诗人细腻而美好的情感。

提问：诗歌的名字叫什么？小诗人想不想让人知道自己做的这些事情？

（2）引导幼儿回忆故事《卖火柴的小女孩》,简单了解小女孩的生活状态及故事的写作者。

提问:小诗人把东西送给了谁?你听过《卖火柴的小女孩》这个故事吗?这个故事是谁写的?小诗人为什么要把东西送给卖火柴的小姐姐呢?

（3）播放动画片《卖火柴的小女孩》片段,引导幼儿感知小女孩的悲惨生活。

提问:你觉得卖火柴的小姐姐生活得怎样?

小结:小女孩很贫穷,没有吃的,没有穿的,怪不得小诗人要把那些东西送给她。

（4）请幼儿阅读《爱在我身边》第22～23页,引导幼儿完整说出诗歌中关爱卖火柴的小姐姐的内容。

启发幼儿交流:诗歌中小诗人把什么东西送了卖火柴的小姐姐?谁能完整地说一说这些东西分别是用来干什么的?

4. 通过集体朗诵和幼儿自主阅读,引导幼儿学习诗歌内容,鼓励幼儿有感情地朗诵诗歌。

（1）请幼儿观看自制课件,朗诵诗歌,重点提示个别遗忘的词和句子。

（2）请幼儿阅读《爱在我身边》第22～23页,用好听的声音完整朗诵诗歌。

（3）引导幼儿有感情地边表演边朗诵诗歌。

提问:你觉得小诗人是一个什么样的小朋友?

小结:小诗人是一个有爱心、有同情心、知道关心他人的好孩子。启发幼儿想一想小诗人做这些事情时心情是怎样的,引导幼儿带着爱和快乐的心情,加上动作朗诵诗歌。

【活动延伸】

出示山区孩子的图片,引发幼儿关爱他人的情感,鼓励幼儿仿编诗歌。

【附教材】

你别问,这是为了什么

妈妈给我两块蛋糕,
我悄悄留下了一块。
你别问,这是为了什么。

爸爸给我穿上棉衣,
我一定不把它弄破。
你别问,这是为了什么。

哥哥给我一盒卡片,
我选出最美丽的一张。
你别问,这是为了什么。

晚上,我把它们放在床头,
让梦儿赶快飞出我的被窝。
你别问,这是为了什么。

我要把蛋糕送给她吃,
要把棉衣给她去挡风雪,
再一块儿唱那最美丽的歌。

你想知道她是谁吗?
请问问安徒生爷爷
——她就是卖火柴的小姐姐。

活动二 社会——看不见的世界

【教材分析】

在生活中,对于盲人大班幼儿有的会投去好奇的目光,有的会说出同情的话语,也有的会在不经意间做出不礼貌的举止……引导幼儿关注盲人的需要,给予力所能及的帮助,接纳并尊重这些与自己不同的人,是非常必要的。本次活动通过体验和实践、互动和交流、观看视频和图片等方式,帮助幼儿了解盲人生活中的难处,引导幼儿以尊重、平等的态度对待盲人,引发幼儿对弱势群体的关注。本次活动的设计,鼓励幼儿观看、触摸、讲述,通过多种感官的参与,激发幼儿同理心,感受盲人不怕困难、坚忍不拔的品质,进而乐意用力所能及的方式关心、关爱盲人朋友。

【活动目标】

1. 知道盲人出行的不便和生活的不易,了解社会给予盲人的关怀和关注。

2. 大胆表达自己的体验和感受,乐意用力所能及的方式帮助盲人。

3. 萌发对盲人的尊重和关爱,愿意学习他们坚强乐观的品质。

【活动重点】

知道盲人出行的不便和生活的不易,了解社会给予盲人的关怀和关注。

【活动难点】

大胆表达自己的体验和感受,乐意用力所能及的方式帮助盲人。

【活动准备】

1. 眼罩若干,操作材料若干(牙刷、杯子、牙膏、托盘、筷子、碗、食物、衣服、书包、矿泉水、纸巾),教师自制课件:盲人从事不同工作的照片和事迹、表现盲人出行不易的视频和表现盲人刻苦学习技能的视频,幼儿学习材料《爱在我身边》。

2. 请家长与幼儿一同寻找生活中为盲人提供便利的设施,了解关于盲人的新闻报道。

3. 活动前组织幼儿开展蒙眼走路的实践活动,教师及时拍照并制成课件。

【活动过程】

1. 播放课件,呈现蒙眼走路实践活动的照片,引导幼儿初步了解盲人出行的不便。

(1)请幼儿尝试蒙眼走路、走楼梯,感受看不见的不便。

提问:蒙着眼睛走路,你有什么感觉?蒙着眼睛走楼梯和平常有什么不同?

小结:眼睛看不见真不舒服,走路很不方便。

(2)请幼儿观看视频,了解盲人出行的不便。

提问:这位盲人叔叔出门遇到了哪些困难?

小结:盲人出行实在不容易,随时会遇到危险。

2. 播放自制课件,请幼儿简单模仿盲人的行为,了解盲人生活不容易,学本领更艰难,激发幼儿敬佩之情。

(1)请幼儿分组体验盲人挤牙膏、夹食物、穿衣服、收拾包等行为,知道他们做事情不容易。

提问:蒙住眼睛做这些事情跟平常有什么不一样?

小结:眼睛看不见,做事情会遇到很多麻烦。

(2)请幼儿观看视频,知道盲人学习本领要更加努力,激发幼儿向盲人学习的意愿。

播放第 1 段视频,提问:盲人阿姨有什么本领?

播放第 2 段视频,提问:阿姨的本领是怎样练成的?

小结:盲人阿姨不怕困难,坚持到底,我们应该向她学习。

(3)组织幼儿交流课件内容,认识自尊、自强的盲人。

提问:生活中,盲人叔叔、阿姨还会哪些本领?

小结:盲人叔叔、阿姨有的会按摩,有的会调琴,有的会……他们虽然眼睛看不见,却靠自己的努力练就一身本领。

3. 指导幼儿阅读《爱在我身边》第 24 页,了解社会对盲人的关注,鼓励幼儿尝试用力所能及的方式帮助盲人。

提问:生活中有哪些为盲人提供方便的设施?

小结:盲道,有盲文的电梯按钮,安装有语音功能的红绿灯,导盲犬……这些都可以为盲人提供方便。小朋友一定要爱护为盲人提供方便的无障碍设施,要为盲人提供力所能及的帮助。

4. 幼儿两人一组,一个幼儿扮演盲人,另外一个幼儿帮助"盲人"走出教室,结束活动。

活动三 美术——欣赏《盲女》

【教材分析】

《盲女》是一幅表现乡村现实生活的油画,画面上,盲女和妹妹依在一起,平静地聆听妹妹对周围景物的描述。画家将盲女姐妹的流浪生活和周围的美丽景色进行对比,突出了盲女向往光明的平和心态。幼儿喜欢色彩明快的美术作品,本次美术欣赏活动,首先从内容和色彩上引起幼儿的兴趣,然后引导幼儿用心想象、感受作品中人物的经历和情感,进而激发幼儿对盲女的遭遇产生深切的同情。

【活动目标】

1. 欣赏名画《盲女》,尝试领会盲女用心感受周围景致的沉静、自然之美。

2. 能用完整、连贯的语言描述画面的内容。

3. 感受盲女坚强、乐观的心态,愿意关心、帮助生活中的盲人。

【活动重点】

欣赏名画《盲女》,尝试领会盲女用心感受周围景致的沉静、自然之美。

【活动难点】

能用完整、连贯的语言描述画面的内容。

【活动准备】

1. 班得扇的音乐《迷雾森林》,名画《盲女》,幼儿学习材料《爱在我身边》,画笔若干套,绘画纸幼儿每人 1 张,主题"爱在我身边"。

2. 幼儿有欣赏名画的经验。

【活动过程】

1. 出示名画《盲女》,播放音乐《迷雾森林》,引出活动主题。

2. 请幼儿欣赏《盲女》,感受作品的意境,体会人物的情感。

(1)请幼儿观察画面,了解画面中人物的关系。

提问:画面上的人是谁?你感觉她们的生活是怎样的?你是从哪儿看出来的?姐姐的眼睛怎么了?你是怎么发现的?她们为什么会来到这里?

小结:画中的小姐妹没有家,到处流浪。姐姐是盲人。她们来到这个美丽的乡村,停下来休息。

（2）引导幼儿观察人物的表情和神态,体验盲女用心感受周围景致的沉静、自然之美。

提问:画面上的小姐妹坐在这里干什么?盲人姐姐能感受到周围景色的美吗?你从哪里看出来的?小姐姐的心情是怎样的?

重点将盲女姐妹的流浪生活和周围美丽的景色进行对比,突出盲女向往光明的平和心态,引导幼儿感受盲女的坚强。

小结:盲人姐姐看不见,却想欣赏这美丽的景,妹妹就讲给她听。盲人姐姐用心地听着、感受着。

（3）请幼儿欣赏画面的色彩、布局,体验作品的和谐之美。

提问:画面上有哪些美丽的景色?分别是什么颜色的?这些色彩给你一种什么样的感觉?

引导幼儿从色彩、布局上欣赏作品。

3. 请幼儿当盲女姐姐组的眼睛,绘画"美丽的世界",激发幼儿帮助小姐妹的愿望。

提问:你想把什么美丽的景色说给盲女听?

请幼儿根据自己要讲述的内容即兴作画,教师巡回指导。

请幼儿自由结对,相互讲述画面上的景色。

【活动延伸】

在美工区投放沈冰山、王振东等残疾人画家的绘画作品,引导幼儿学习他们坚强的品质。请幼儿回家与家长一同阅读《爱在我身边》第25页,为家长描述《盲女》的画面内容。

【附教材】

盲女

《盲女》是英国画家约翰·埃·密莱(1829—1896 年)于1856年创作的油画作品,现藏于英国伯明翰市博物馆与美术陈列馆。

画面描绘的是雨过天晴的自然景色,景物比较开阔,色彩沁人心脾。画面前景是两个相拥而坐的女孩,其中一个是盲女,另一个更小的女孩紧紧依偎在盲女怀里,一边抬头观看天上的彩虹,一边讲解盲女无法看到的大自然的美景。

彩虹当空,原野一片金黄,空气湿润清新,远处有牛羊走动,近处有飞鸟起落。盲女什么都看不见,只能倾听小伙伴的讲解,连蝴蝶停歇在自己披肩上都毫无知觉。盲女用心倾听小伙伴的描述,身心已沉浸在丰富的想象之中,她似乎看到了天空中七彩的虹和身边翩翩飞舞的蝴蝶。

两个女孩脚上笨重的鞋子和身上打着补丁的粗布裙子反映了她们艰难的生活处境。盲女显然是个流浪儿,在她的膝间放着一把小手风琴,她的心声只能通过琴声来传递。

活动四　音乐——歌曲《让座》

【教材分析】

《让座》是一首2/4拍的叙事歌曲,旋律欢快活泼,采用念白和演唱相结合的形式,描述了公交车上大家相互让座的情景,令人耳目一新。本活动通过创设"乘公交车"的情境,引导幼儿理解歌词内容,鼓励幼儿创编让座的表演情节,激发幼儿关心他人、帮助他人的情感。

【活动目标】

1. 理解歌词内容,初步学唱歌曲,能唱准弱起小节。

2. 尝试根据生活经验大胆仿编歌词并分角色表演歌曲。

3. 产生关爱他人、争做好事的愿望。

【活动重点】

理解歌词内容,初步学唱歌曲,能唱准弱起小节。

【活动难点】

尝试根据生活经验大胆仿编歌词并分角色表演歌曲。

【活动准备】

1. 自制方向盘、红绿灯娃娃等道具,用小椅子布置公交车内的场景,《幼儿素质发展课程·音乐》CD,《幼儿素质发展课程·多媒体教学资源包》课件5。

2. 幼儿有乘坐公交车的经验。

【活动过程】

1. 带领幼儿玩"乘车"游戏,引导幼儿熟悉乐曲旋律。

教师扮演司机,请幼儿伴随音乐乘坐公交车,引导幼儿初步感受歌曲旋律。提醒幼儿有秩序地上车,不争抢。

2. 引导幼儿学唱歌曲,尝试分角色表演歌曲。

(1)请幼儿欣赏歌曲《让座》。

提问:公交车上发生了什么事?歌曲的旋律给你带来什么感受?

(2)请幼儿观看歌曲动画,引导幼儿按节奏学说歌词。

提问:歌曲里谁给谁让座?他们为什么让座?

(3)引导幼儿随音乐小声哼唱歌曲,进一步熟悉歌曲旋律。

(4)采用集体演唱、师幼对唱、分组演唱等方式,引导幼儿完整演唱歌曲2～3遍。

重点指导幼儿唱清楚歌词、唱准弱起小节,提示幼儿念白部分要说得清楚、响亮。

(5)创设"乘车"的情境,引导幼儿分角色进行表演唱。

幼儿自由分组表演,教师鼓励幼儿大胆想象,扮演不同的角色,丰富故事情节以更好地进行表演唱。例如:看到宝宝让座,妈妈会怎样做?车上其他的乘客会是什么表情和动作?引导幼儿感受做好事的自豪感。

3. 启发幼儿根据生活经验仿编歌词,进一步感受助人的快乐。

组织幼儿讨论:乘坐公共汽车时,还可以给什么人让座?他们有什么不方便?教师根据幼儿的描述整理歌词。例如,"有位奶奶上车来耶,弯着腰来走得慢耶。"请幼儿创造性地表演仿编的歌词。

【活动延伸】

引导幼儿在表演区续编歌曲内容表演,鼓励幼儿带小班、中班的弟弟和妹妹一起表演游戏,激发幼儿关爱他人的情感。

【附教材】

让 座

1=F 2/4

张振芸 词
祝萃鹰 曲

妈妈带我 乘汽车，乘呀乘汽车 呀，车上叔叔 让我 坐，让呀让我

坐。 有位阿 姨上车 来耶，手里 抱着

小娃 娃耶。我对阿姨把手招， 我的座位 让您坐， 我的

座 位 让您坐。 嘀嘀 嘀嘀。

活动五 数学——认识正方体、长方体

【教材分析】

平面图形只有长短、宽窄，而立体图形有长短、宽窄，还有高低、厚薄。立体图形的学习，需要幼儿运用多种感官在观察的基础上认识其特征，进而通过各种感官的综合感知认识几何形体。幼儿容易将平面图形和几何体相混淆。本次活动运用了"对比学习"的方法，即"平面图形与相应的几何体对比学习"，既加深了幼儿对平面图形的了解，又强化了幼儿对立体图形特征的认识；"正方体与长方体对比学习"，帮助幼儿发现它们之间的异同，加深对两种立体图形的认识。活动中，鼓励幼儿主动观察、亲手制作、直接操作，引导幼儿在比较、操作中具体、形象地感知、探索立体图形的特征。

【活动目标】

1. 认识正方体和长方体，初步了解正方体和长方体的主要特征：正方体有 6 个面，每个面是大小相同的正方形；长方体有 6 个面，6 个面的大小有所不同，两个相对的面大小相同。

2. 能观察、发现正方体和长方体的异同，正确辨别并说出生活中类似正方体和长方体的物体。

3. 初步感知平面图形与立体图形的不同与关系。

【活动重点】

认识正方体和长方体，初步了解正方体和长方体的主要特征。

【活动难点】

能观察、发现正方体和长方体的异同，正确辨别并说出生活中类似正方体和长方体的物体。

【活动准备】

1. 用硬纸绘制的正方体、长方体的展开图每组各 1 个，3 种以上的标志各若干，图形纸、线绳、小棍、纸条、剪刀等。

2. 幼儿学习材料《爱在我身边》，《幼儿素质发展课程·多媒体教学资源包》课件 6。

【活动过程】

1. 出示正方体、长方体的大型展开图,组织游戏"占格子",引导幼儿感知正方体、长方体有 6 个面。

玩法:幼儿手拉手围成大圆,边走边念儿歌:"我们小手拉小手,围着圆圈一起走。高人走,矮人走,找个格子快站好!"说完儿歌最后一句,每个幼儿占 1 个格子。

提问:一组平面图上站了几个小朋友?一组平面图有几个格子?它们分别是什么形状的?

小结:每组平面图由 6 个格子组成。有的平面图由 6 个正方形格子组成,有的平面图由 6 个长方形格子组成,有的平面图由 2 个正方形格子和 4 个长方形格子共同组成。

2. 指导幼儿分小组探索,找出每组平面图中形状和大小相同的格子。

玩法:给每组提供正方体和长方体平面图各 1 个,引导幼儿用既简单又准确的方法找出形状、大小相同的格子,贴上相同的标志。

(1)幼儿分组探索、测量,教师鼓励幼儿介绍本组的发现。

(2)教师与幼儿一起验证测量结果。

3. 游戏"变魔术",引导幼儿感知从平面图形到立体形体的变化过程,借助已有经验梳理正方体和长方体的主要特征。

(1)教师示范"变魔术",快速将正方体、长方体的平面图折成相应的正方体和长方体。

提问:老师是怎样将平面图折成立体的正方体和长方体?

(2)幼儿当"魔术师"小组合作,将本组的正方体、长方体的平面图折成几何体。

(3)请幼儿观察测量正方体时粘贴的标志,迁移"占格子"游戏的已有经验。

提问:正方体有几个面?分别是什么形状的?正方体每个面一样大吗?

小结:正方体有 6 个面,6 个面都是一样大的正方形。

(4)请幼儿观察测量长方体时粘贴的标志,迁移"占格子"游戏的已有经验。

提问:长方体有几个面?分别是什么形状的?长方体每个面一样大吗?为什么?哪些面一样大?

小结:长方体有 6 个面,6 个面的大小有所不同,相对的两个面大小相同。

(5)请幼儿将制作好的盒子按正方体和长方体分类,进一步感知长方体、正方体的特征。

4. 请幼儿在教室中寻找类似正方形或长方形的东西。

提问:我们的教室里、家里有哪些东西像正方体或长方体的?为什么?

幼儿寻找、交流,教师及时评价,帮助幼儿进一步加深对于"正方体和长方体"的感知。

【活动延伸】

请幼儿在活动区自主阅读《爱在我身边》第 27 页,丰富对正方体、长方体的认识。

体育活动

导盲犬小·Q

【教材分析】

发展动作的灵敏性、协调性、平衡性，是开展幼儿体育活动的重要任务。本次活动引导幼儿练习蒙眼通过锥形帽阵，要求幼儿注意力高度集中，有效控制自己的动作，对大班幼儿来说非常富有挑战性。活动开展过程中，通过创设"导盲犬帮助残疾人"的游戏情境，引导幼儿感受蒙眼活动的新奇与不易，培养幼儿互相信任、互相帮助的良好品质。

【活动目标】

1. 练习根据同伴的语言提示蒙眼通过"之"字形锥形帽阵。

2. 尝试用脚试探、感知地面的变化，提高运动过程中的方位感知力。

3. 愿意相信同伴，萌发勇敢和互相帮助的良好品质。

【活动重点】

练习根据同伴的语言提示蒙眼通过"之"字形锥形帽阵。

【活动难点】

尝试用脚试探、感知地面的变化，提高运动过程中的方位感知力。

【活动准备】

1. 20个锥形帽，眼罩若干（数量与幼儿人数相同），欢快的音乐。

2. 幼儿看过关于导盲犬的电影或者介绍，会唱一些表达感谢的歌曲。

【活动过程】

1. 带领幼儿热身，引导幼儿听口令做出相应的反应。

（1）带领幼儿随音乐热身，进行听觉和肢体动作的配合练习。

请幼儿根据教师指令做出与教师相同或相反的动作。

（2）幼儿两两结伴，一人扮演主人，一人扮演导盲犬"小Q"。"主人"发出指令，"小Q"做出行走、停止，向左一步、向上抬脚等相应动作。

要点："小Q"认真听指令，迅速做出反应；"主人"的指令要说得清晰，不能用动作提示。

2. 指导幼儿尝试用脚试探、感知路面，提高运动过程中的方位感知力和平衡能力。

（1）幼儿依次走过锥形帽阵，进行初次感受。

（2）幼儿戴上眼罩，尝试走过锥形帽阵，说说蒙眼走路的感受。

（3）幼儿两两合作，一人戴眼罩，一人不戴。戴眼罩的幼儿听不戴眼罩幼儿的语言提示，两人拉手走过锥形帽阵。

（4）增加难度，每个幼儿都戴上眼罩，尝试走过锥形帽阵。提醒幼儿用脚试探感知锥形帽的间距，从空隙中走过。

规则：行走时不能掀开眼罩偷看，若害怕可以暂时退出场地。

要点：用脚试探、感知地面的变化，及时调整步幅和行走方向。

3. 组织幼儿玩合作游戏"小Q带我出门"，引导幼儿根据同伴的语言提示顺利完成任务。

要求：幼儿两人一组，一人戴眼罩扮主人，一人不戴眼罩扮导盲犬"小Q"，互相配合完成任务。"主人"听"小 Q"的语言提示,"小 Q"不能用手碰触"主人"。

第 1 次游戏:"主人"从起点出发,自由行走,互相不碰撞,尝试找到一个锥形帽。

第 2 次游戏:"主人"从场地一边出发,穿过"之"字形锥形帽阵,到达场地另边,行走时不产生碰撞。

第 3 次游戏:"主人"和"小 Q"互换角色,"主人"排成队,依次穿过锥形帽阵。

要点:感受同伴间的信任,体验成功的快乐。

4. 鼓励幼儿演唱歌曲感谢"小 Q",进行放松练习。

幼儿自选歌曲,边唱边表演,表示对导盲犬的感谢,放松身体各个部位,结束活动。

主题二　船儿奥秘多

活动区活动

1. 船儿展览会
2. 水手摄影棚
3. 扬帆起航
4. 船儿翻翻乐
5. 小小潜水员
6. 小主播
7. 内务小高手

教育活动

1. 好习惯体验日：我的计划表
2. 船儿家族
3. 我喜欢的船
4. 西瓜船
5. 划船

户外体育活动

1. 跑旱船
2. 蛟龙出海

第 1 周　船儿家族成员多

教育活动

1. 造船厂
2. 我的小船去航行
3. 参观海军博物馆
4. 启航的小水兵
5. 玩具船去航行

船儿奥秘多

教育活动

1. 嘉年华计划制定
2. 嘉年华活动时间
3. 嘉年华队徽大征集
4. 加油啦啦操
5. 船艇嘉年华亲子运动会

第 2 周　我的小船去旅行

第 3 周　船艇嘉年华

户外体育活动

1. 螃蟹运沙球
2. 朋友船

活动区活动

1. 美丽的青岛港
2. 船艇展览馆
3. 创意装饰画：船
4. 航海棋
5. 船儿出航
6. 船儿成员大集合
7. 整装待发
8. 一一对应

活动区活动

1. 船艇嘉年华会
2. 小小向导员
3. 船舶加工坊
4. 大家来观察
5. 橡皮艇扶起来
6. 船儿的航行故事
7. 我是特种兵
8. 桌面游戏：9 只小猪旅行记

户外体育活动

1. 水手训练营
2. 方块翻翻乐

主题价值

青岛是一座美丽的海滨城市。一望无际的大海，军舰、游艇、货轮、游轮、小渔船……形态各异、用途广泛的船只随处可见。"军舰和我们平常的船有何不同？""军舰上面都有什么？""潜水艇为什么会潜入水中？""船儿是怎样在海中航行的？"……随着年龄的增长，大班孩子不再仅仅是关注船的外形，而是渴望探索更多关于船的奥秘。《指南》指出："支持幼儿在接触自然、生活事物和现象中积累有益的直接经验和感性认识。"为此，围绕青岛得天独厚的海洋资源以及大班孩子的兴趣需要，我们构建了《船儿奥秘多》这一主题，并先后设置了"船儿家族成员多""我的小船去航行""船艇嘉年华"3个次主题。通过实地参访、家长进课堂、科学探究等，引导幼儿认识各种各样的船，了解船的功能、分类及对人们生活的用途等；通过资料收集、自制船艇、实验操作等，支持幼儿探索发现有关"船的沉浮奥秘"及"让船跑得快的方法"，引发幼儿对于船儿航行奥秘的探究兴趣；通过"船艇嘉年华运动会"系列活动，如制订计划，设计标志，自制船舶展以及以海军训练营为主线的运动会比赛项目，拓展幼儿对船与海军的认知了解，萌发知海、爱海的情感。

主题目标

★ 愿意进行与船有关的实验，感受其神奇与奥秘，在游戏过程中萌发热爱大海的意识，愿意保护海洋环境，保护大海。

1. 积极参加各种体育锻炼，有一定耐力，能坚持到底。体验运动会项目的精彩刺激，激发幼儿胜不骄、败不馁的品质。

2. 能主动参与认识船、研究船的各项活动，积极为活动出谋划策，愿意为集体做事情并为集体的成绩感到高兴。外出参观时能够遵守规则和秩序，行为文明。

3. 能通过电视、网络、图书、报刊等多种途径收集船的相关信息，进一步了解船的主要特征与功能，并用自己的语言清楚表达对船的认识和喜爱。

4. 认识了解各种船的名称、外形、用途，感受船与人们生活的密切关系，实验、探索让船跑得快的方法，萌发对船的探究兴趣。

5. 能用观察、绘画、制作、表演、讲述等多种方式创造性地表现对船的认识，在发现、探索、体验中感受船的奥秘。

区域活动安排

区域名称	活动名称	活动准备	活动指导建议
结构区	帆船总动员	各种船的图片或模型,船的折纸步骤图。大型积木若干、各色雪花片、梅花积塑、饮料罐、纸杯、纸盒等搭建辅助材料	1. 船儿展览会: ● 幼儿能设计不同造型的展示台,用雪花片和其他材料运用拼插技法进行制作,并展示收集、制作的各种各样的船。 ● 指导幼儿用纸箱子做成有层次的展示台,再结合立体拼插的技法拼插出作品展示架,请幼儿将自己带来的船和制作的船在此展示。 2. 美丽的青岛港: ● 能选择不同材料组合搭建青岛港,展现码头、泊位及仓库等基础港口构造。 ● 引导幼儿运用立体搭建的方式打造立体港口,并用雪花片进行辅助的装饰。 3. 船艇嘉年华会: ● 参与设计自己的活动,并能动手布置游戏活动场地。 ● 指导幼儿能结合船艇嘉年华的主题搭建自己的船艇比赛港口,并加上漂亮的装饰。 ★ 知道玩具要分类整理,不乱扔玩具。
角色区	海洋科技馆	船的背景图、水手服、海盗道具、照相机、自制反光板、角色扮演的票据,导游挂牌	1. 水手摄影棚: ● 能结合角色区提供的道具服装为自己与同伴进行装扮,并摆造型合影。 ● 利用提供的服装道具,鼓励幼儿扮演摄影师,帮助顾客装扮成水手、海盗船长等,在摄影棚拍摄"水手"主题照片。 2. 船艇展览馆: ● 能在教师创设展览馆场景与游戏情境中,自主协商分工进行角色游戏。 ● 创设展览馆的情景,引导幼儿扮演售票员、讲解员,开展售票、参观、讲解展览馆的游戏情景。 3. 科学讲解员: ● 能根据"船艇嘉年华"主题向客人介绍海洋科技与海洋发明,带领其他小朋友尝试操作与海洋有关的玩具。 ● 提供各类海洋生物的图片以及科学性玩具,在游戏中指导幼儿为其他小朋友讲解,并带领小朋友游戏。 ★ 自觉使用礼貌用语,用较为准确的语言向同伴表述游戏规则及注意事项。
美工区	扬帆起航	各种船的图片或模型,船的折纸步骤图	● 能看折纸步骤图,自主探索折叠纸船,并运用辅助材料装饰船。 ● 提供折纸与步骤图,根据步骤提示进行操作,着重指导幼儿进行对边折、对角折的技能。 ★ 能将各种绘画用具分类整理取放。
	创意装饰画《船》	各种船的图片或模型、刮画纸、竹笔、颜料、喷壶、毛笔、卡纸、剪刀、胶水、双面胶、水彩笔、彩钻等	● 能根据提供的材料,自由组合搭配,呈现自己最喜欢的船的模样。 ● 教师为幼儿提供各种装饰材料,让幼儿可以通过绘画、剪贴等方法,自主进行装饰。 ★ 指导幼儿正确使用画笔,操作过程中注意材料的规范使用。
	船舶加工坊	立体大型纸箱船模型、各类贝壳、松果、大小不一的果冻壳、卫生纸筒、一次性纸杯、各类装饰材料	● 能运用区域中的材料进行多种方式的装饰,并尝试一种材料的多种用法。 ● 教师提供立体船只的模型,请幼儿借助各种装饰材料按照自己的想法进行装饰。 ★ 会正确整理美工学具,保持桌面整洁。
益智区	船儿翻翻乐	贴有各种船的翻牌、底板	● 能与同伴按规则游戏,培养幼儿的记忆力和思维反应能力。 ● 提示幼儿记住每次翻牌图案的位置,争取准确地翻到两张相同图案的牌。 ★ 能按规则游戏,不将材料弄乱。
	航海棋	贴有8个世界各地著名地标或景点图片的自制船舵状棋盘1个、不同造型的小船模型4个、8个世界各地著名地标或景点卡片4套、筛子1个	● 了解有关航海的知识,能按规则下"航海棋"。 ● 引导幼儿了解航海棋的游戏规则及玩法,在下棋过程中引导幼儿说出卡片的地点及名称,丰富船儿航行的相关知识。 ★ 爱惜学具,轻拿轻放,保管好游戏材料。

区域名称	活动名称	活动准备	活动指导建议
益智区	大家来观察	两张相同的船的图片若干套	● 能仔细观察两幅图片并发现其不同之处。 ● 提示幼儿仔细观察图片，通过对比，找出不同之处。提示幼儿注意细节，遵守游戏规则。 ★ 能安静地思考，不轻易放弃游戏。
科学区	小小潜水艇	玻璃鱼缸、水盆、水、大可乐瓶、玻璃小药瓶等	● 借助游戏了解潜水艇的科学原理，体验实验带来的成就感。 ● 组织幼儿尝试用饮料瓶、鱼缸等材料进行沉浮实验，丰富幼儿对潜水艇沉浮现象的了解。 ★ 能与同伴合作游戏，不争不抢，友好相处。
科学区	船儿出航	纸、锡箔纸、泡沫、木片、纸盒、塑料盒、水盆、皮筋、记录本等	● 尝试将船组合起来，能通过橡皮筋弹性的特点让船游动起来。 ● 教师准备船体和皮筋，引导幼儿通过观察步骤图片了解安装过程，并初步完成简单的安装。 ★ 能与同伴一起探索方法，有了自己的发现愿意大胆与同伴交流。
科学区	橡皮艇浮起来	橡皮泥、载重材料	● 大胆尝试让橡皮泥船浮在水面上的不同方法，能运用符号记录自己的实验过程与发现。 ● 教师为幼儿准备各种游戏材料，引导幼儿通过改变橡皮泥的外形特征让橡皮泥船浮起来，并将自己探究发现的橡皮泥船沉浮与载重的实验结果进行记录。 ★ 能与同伴一起实验，分享好方法。
语言区	小主播	收集各种船的新闻信息，制作话筒，布置"船儿新闻播报区"	● 能以"播音员"身份播报自己或同伴收集到的有关船的新闻，发展自身口语表达能力。 ● 家园合作搜集相关材料，练习用较为流畅的语言讲述自己了解的内容，开展新闻播报的游戏。
语言区	船儿成员大集合	儿童科普读物，问题收集卡片、图画纸、订书机、笔等	● 能自主阅读，从科普书中了解船的秘密，发现船的各种有趣的知识。 ● 搜集与船相关的图片以及书籍，请幼儿自由阅读，并与同伴相互交流。
语言区	船儿的航行故事	船有关的绘本故事书	● 了解绘本故事内容，能大胆表述自己的理解。 ● 引导幼儿认真阅读图书，了解故事内容，并能比较完整地将故事内容讲述给同伴。 ★ 提醒幼儿安静阅读，培养良好阅读习惯。
生活区	我是小海军	叠被子步骤图、小毯子、鞋带、旅游鞋、绳索	1. 内务小高手： ● 学会叠被子的方法，并尝试在游戏中进行练习。 ● 教师准备步骤图片，利用动作提示、儿歌提示的方式帮助幼儿理解与掌握方法。 2. 整装待发： ● 学习系鞋带的方法，并结合学具进行练习。 ● 提供系鞋带的步骤图，引导幼儿观察、尝试、练习系鞋带，知道两边的鞋孔交替进行，运用系蝴蝶结的方法系鞋带。 3. 我是特种兵： ● 幼儿能看图片学习海军结的打法。 ● 教师提供图片，仔细讲解方法，并在活动中进行个别化指导。 ★ 游戏过程中请小朋友相互帮助，共同掌握与练习。

（●为核心目标指导，★为养成目标指导）

活动名称	活动目标	活动准备	活动指导建议
蛟龙出海	1. 学习简单的舞龙游戏,发展幼儿动作的协调性。 2. 能自觉遵守游戏规则,尝试根据音乐的抑扬顿挫及鼓点节奏的快慢做相应的舞龙动作。 3. 培养合作意识,体验合作游戏的乐趣。	游戏指导板一个、大鼓一个、废旧材料制作的龙两条、绣球一个、"小手掌"若干,小粘贴若干	● 请幼儿分别扮演"龙头""绣球""擂鼓"的角色,"绣球"随音乐节奏在场地行走,"龙头"在后面跟好。 ● 提供"游戏指导板":幼儿共同讨论并观看视频总结游戏规则,以图文并茂的形式记录下幼儿讨论后制定的游戏的玩法,明确游戏规则。 ★ 游戏过程中注意安全,勇敢大胆进行游戏。
朋友船	1. 遵守游戏规则,发展大肌肉动作。 2. 感受与同伴合作的快乐,体验竞技的快乐。	用地垫铺长条作为"小河"	● 鼓励幼儿大胆尝试,自己探索使"朋友船"前进的方法。 ● 在小船开动的过程中,小屁股都不要离开另一个小朋友的脚背,以免小船"漏水"。 ★ 鼓励幼儿坚持完成游戏,遵守游戏规则,不怕困难,坚持到底。
方块翻翻乐	1. 在规定时间内,尽可能多地将方块翻出选择的颜色。 2. 发展幼儿肢体协调性及动作灵敏性。	六种颜色地垫拼成的彩色方块24个,黄、绿色背心各8个,大鼓一个	● 活动初期所有幼儿只翻一种颜色,在规定时间内全部翻完即可获胜。 ● 熟悉游戏后可分组进行,后期可分成3组以上,各自翻各自的颜色。 ★ 活动时注意安全,遵守游戏规则,有团队意识。

（●为核心目标指导,★为养成目标指导）

楼层混龄区域游戏联动

——一楼"海边嘉年华"活动安排

区域名称	活动名称	活动准备	指导策略
室内体育运动区"海边嘉年华"	海岛探险——海底捞贝	幼儿自制扇贝、蛤蜊、海虹、踏板、KT板	● 指导小班幼儿能保持平衡地踩在踏板上,尝试蹲在踏板上捞扇贝。 ● 加大踏板之间的距离,指导中班幼儿能以较快速度,按照规则进行捞贝。 ● 分成两队,指导大班幼儿能以相对的方向走踏板进行捞贝比赛。 ★ 指导幼儿在捞贝时互相关心、互相帮助。
	海岛探险——海底寻宝	桌子、不织布、手电筒、板凳、瑜伽垫、雪花片	● 指导小班幼儿能双膝着地,手脚并用从桌子底下爬过,并找出宝贝。 ● 指导中班幼儿匍匐爬过"隧道",并找出宝贝。 ● 指导大班幼儿进行分组竞赛,听指令自选合适的方式,爬过隧道,趟过小河寻找宝贝。 ★ 提醒幼儿在爬的过程中注意保持距离,以免造成伤害。
	海岛探险——爬礁石摘海虹	攀爬架、幼儿自制带曲别针的海虹、水草、丝带	● 指导小班幼儿找出海虹,区分大小,并尝试把它摘下来。 ● 指导中班幼儿用自己的方式尝试把它摘下来,并总结出摘海虹的窍门。 ● 指导大班幼儿两人比赛,一个摘海虹,一个挂海虹,看谁用的时间短。 ★ 提醒孩子在摘海虹时不拥挤,学会等待。
	海岛探险——喂海鸥	垃圾筐、报纸球、龙力球、圆片形KT板	● 指导小班幼儿练习投掷的动作。 ● 指导中班幼儿把报纸球、龙力球投到高低不同的筐子里,进行投准练习。 ● 增加投准距离,指导大班幼儿选用不同材料进行投准练习,总结出投准的窍门。 ★ 初步学习整理游戏材料。

区域名称	活动名称	活动准备	指导策略
室内文化礼仪体验区"海洋摄影轰趴馆"	海洋照相馆	海洋彩喷板子（把脸部抠出来，孩子们拍照用）：《小美人鱼和她的好朋友》《舞蹈美人鱼》《海底鲨鱼馆》《海底珊瑚群》《海洋动物》	● 指导小班幼儿能够自己选择喜欢的主题板，摆出自己喜欢的姿势，进行拍照。 ● 指导中班幼儿能够跟同伴合作摆出各种好看的姿势和造型，进行拍照。 ● 指导大班幼儿能够在合作的基础上带领小、中班幼儿一起进行拍照游戏。 ★ 提醒孩子们互相帮忙互相合作。
	海洋换装室	海滩的纱巾、各种花式的小墨镜、不同样式的太阳帽以及好看的发卡、边遮阳的太阳伞	● 指导小班幼儿能够自己选择喜欢的装饰物，能够寻求比自己大的哥哥、姐姐帮忙和自己一起进行打扮。 ● 指导中班幼儿主动尝试打扮自己，愿意跟同伴分享自己穿搭衣服的想法。 ● 指导大班幼儿能够主动帮助弟弟、妹妹来穿搭衣物，并且能将弄乱的物品摆放回原处。 ★ 引导鼓励幼儿，物品用完要放回原处。
室内情景游戏区"海洋度假村"	海边贝壳拼摆	各种彩色的贝壳	● 指导小班幼儿按特征（颜色、形状）分类并尝试拼摆贝壳。 ● 指导中班幼儿结合贝壳的颜色、形状进行创意拼摆。 ● 指导大班幼儿主动帮助中小班弟弟、妹妹，指导他们的活动，和他们一起进行贝壳创意画。 ★ 拼摆贝壳结束后，将贝壳整理到筐内。
	青岛大包店铺	蒸笼、2种碎纸团代表肉丸和菜丸、太空泥大虾、太空泥蘑菇、用白布缝制的饺子皮	● 指导小班幼儿尝试和哥哥、姐姐一起学习为客人准备食物。 ● 指导中班幼儿主动询问并按客人的需求提供食物。 ● 指导大班幼儿成为优秀的小摊摊主，能够大方对客人介绍自己制作的美食。 ★ 引导幼儿游戏时主动运用礼貌用语。
	美味海鲜锅店铺	各种海鲜皮：螃蟹壳、海螺壳、蛤蜊皮、扇贝皮；橡皮泥做的海胆、橡皮泥做的海参、不织布做的鱼和海带结等各种海鲜；蒸锅	● 指导小班幼儿利用海鲜贝壳进行简单的海鲜锅拼摆，和哥哥、姐姐一起学习买卖。 ● 指导中班幼儿能看菜单进行海鲜锅拼摆并大胆买卖。 ● 指导大班幼儿大方介绍自己制作的美食，并带领弟弟、妹妹一起游戏。 ★ 提醒幼儿游戏后整理玩具。
	王姐烧烤店铺	卡纸制作的烤炉；泡沫纸制作的海鲜串串；海星、鲳鱼、鱿鱼、螃蟹。泡沫纸制作的蔬菜：海带结、韭菜	● 指导小班幼儿帮哥哥、姐姐根据客人的需求拿取"串串"。 ● 指导中班幼儿按客人需求自己取拿"串串"并学习进行烤制。 ● 指导大班幼儿大方介绍自己制作美食，主动招揽客人并带领弟弟、妹妹一起游戏。 ★ 活动后提醒幼儿将玩具整理整齐。
室内竞技游戏区"海边钓鱼场"	小小钓鱼场	钓鱼池塘，鱼钩，鱼桶。各种各样彩色的鱼。碰铃、贝壳币、背景音乐	● 指导小班幼儿学习钓鱼，注意鱼钩不要靠近同伴身边，避免碰伤。 ● 指导中班幼儿能自主钓鱼，钓好的鱼能放进鱼篓中，并能听音乐到换购区换购贝壳币。 ● 指导大班幼儿能自主钓鱼，听到音乐能到换购区和售货员一起进行点数小鱼。 ★ 指导幼儿进入区域脚步轻轻，学会安安静静钓鱼，在钓鱼的过程中注意钓鱼钩，小心刮伤。
室内美术区"海贝手工坊"	扬帆起航	纸筒、吸管、瓶盖、颜料、画衣、双面胶、剪刀、白胶	● 指导小班幼儿用点画方法对作品进行装饰，保持画面整洁 ● 指导中班幼儿按照自己的意愿大胆运用辅助材料表现自己喜欢的作品。 ● 指导大班幼儿运用多种材料大胆制作小船，制作时仔细认真。 ★ 提醒幼儿活动时穿画衣，保持整洁。
	手套鱼	手套、棉花、颜料、皮筋	● 指导小班幼儿自由玩色，玩色时不混色。 ● 指导中班幼儿运用水粉、彩笔绘制不同造型的小鱼。 ● 指导大班幼儿选用多种材料大胆制作，创造出丰富多彩的小鱼形象。 ★ 提醒幼儿活动后自觉整理活动材料。

（●为核心目标指导，★为养成目标指导）

二、三楼混龄区域联动

——"我和海洋动物交朋友"活动安排

区域名称	活动名称	活动准备	指导策略
二楼区域游戏联动	贝壳艺术馆	自主选择筐子、扇贝壳、蛤蜊壳、海蛎子壳、海虹壳、钉螺壳、毛蛤蜊壳、墨汁、魔法玉米、彩色橡皮泥、花瓶模板、彩色纸盘子、卡通眼睛、松果、树枝、毛毛球、水粉、彩纸、卫生纸球等	● 指导大班幼儿利用贝壳、钉螺等制作海底小动物,并尝试利用搓、压扁的技能,用橡皮泥给盘子进行装饰。 ● 指导中班幼儿利用吹画制作树干,并用贝壳组合花朵。在此基础上用橡皮泥、魔法玉米、手指点画的方式进行装饰。 ● 指导小班幼儿利用撕贴的方式装饰大鲸鱼,中大班幼儿利用水粉绘画大鲸鱼的伙伴,大班幼儿用松果、树枝、贝壳等材料装饰海洋。 ★ 利用自主选择筐子选取材料,游戏结束后将没用的材料分类放回。不将橡皮泥颜色混合,游戏结束能将泥工板收好 ★ 水粉颜料、胶水不抹到桌子上,保持活动区整洁。
	前海沿海鲜大排档	布置海鲜大排档场景。厨师操作台、原料摆放台、厨师服务员服装、烤箱、菜品贴画、菜谱、各种海鲜食品、橡皮泥、贝壳等半成品辅助材料	● 指导中大班哥哥、姐姐带小班弟弟、妹妹一起游戏,比如:爸爸、妈妈和宝宝,全家一起在大排档餐厅用餐等。 ● 鼓励中大班的幼儿能根据游戏情况拓展游戏内容,比如:开展去其他游戏室送外卖、发优惠券、做广告等游戏情节。 ● 指导幼儿间协商角色,明确角色分工及角色职责,较形象地表现所扮演的角色,体验共同游戏的乐趣。 ★ 游戏中能够自觉使用礼貌用语,能较有秩序地收拾、摆放玩具及活动材料。
	人鱼表演馆	各种海洋动物、王子服饰、乐器、音乐故事、舞台背景、观众席	● 指导中大班角色模拟幼儿穿好演出服装,合作摆放道具,创建表演场地,做好演出前的准备。 ● 鼓励中大班幼儿主动邀请观众观看表演,与同伴分角色大胆在观众面前随音乐合作表演,增强自信。 ● 指导小观众认真观看"人鱼表演",不打扰演员演出。 ★ 指导幼儿演出后主动整理游戏材料,分类放放。
三楼区域游戏联动	海底世界	导游、接待、门票、刷卡机、导游旗、耳麦、旅游帽、接待人员绶带、喷绘的各种海洋馆	● 请中大班幼儿担任导游,并在参观游览过程中能够热情地接待游客,清晰介绍各个展览馆的主要内容,时刻关注自己游客的跟随情况。 ● 指导小班幼儿和哥哥、姐姐一起观光游览,做文明小游客。 ★ 指导幼儿爱惜展览馆里的所有物品,活动结束后能够将物品归类摆放整齐。
	创意美术馆	主体材料:陶泥、橡皮泥、太空泥 辅助材料:线绳、纽扣、瓶盖、松球、树枝、扭扭棒、红豆、黑豆、钢丝球…… 工具:泥塑工具、木盒、木板、藤筐、泥工板	● 指导小班幼儿会用搓、揉、压、使用模具等方式装饰泥船。 ● 指导中班幼儿会用盘条的方法堆砌立体的船,利用辅助材料与大班哥哥、姐姐共同做出船内部分。 ● 指导大班幼儿发挥自己的优势,根据船的大小和特点用泥创意地做出船内部分,并指导、帮助中小班幼儿的活动。 ★ 鼓励同伴间友好交往,活动结束后能够将物品归类摆放整齐,保持桌面整洁。
	创意表演馆	道具背景板、小号水草板、小号珊瑚板、小号小船的板子、鲨鱼衣服、天使鱼衣服、刺豚衣服、海星衣服、水母衣服、蛤蜊衣服以及各角色头饰等	● 指导小班幼儿有序进场,安静观看表演并愿意参与"游戏互动"。 ● 指导大班幼儿能主动摆放道具、创设表演情境,与中班幼儿创造性地开展游戏活动。 ● 指导中班幼儿尝试根据所模拟的角色,用不同的语气、动作进行表演,主动与小班的弟弟、妹妹进行互动。 ★ 能自觉遵守表演区规则,爱惜道具,互相帮助穿脱道具衣服。

（●为核心目标指导，★为养成目标指导）

室内外联动

——户外混龄游戏区域活动安排

区域名称	活动准备	指导策略（逐一再现各年龄班的指导策略）
蛟龙出海区域	游戏指导板一个、大鼓一个、废旧材料制作的龙两条、绣球一个、"小手掌"若干，小粘贴若干	● 指导大班幼儿担任"鼓手""绣球"的角色，能够根据游戏需要播鼓，并根据节奏舞绣球。 ● 指导中班幼儿担任"龙头"等角色，能够根据"绣球"的起伏，舞出龙头的特点。 ● 指导小班幼儿在哥哥、姐姐的带领下跟上龙头，不推不挤跟上龙身的节奏。 ★ 指导幼儿团结协作，能够大带小，大帮小。
海军训练营——钻爬区域	游戏指导板一个、桌子、椅子、瑜伽垫、钻爬障碍物	● 指导中大班幼儿：在桌椅、垫子上进行多种形式的钻爬、跳、跨等动作练习，锻炼体能，发展技能。 ● 指导小班幼儿：在桌椅垫子上进行手膝着地爬、平衡走的练习，能够按照顺序完成指定路线。 ★ 指导幼儿遵守游戏规则按照顺序进行活动，大带小团结合作。
竹竿舞区域	游戏指导板一个、竹竿2个、活动音乐、沙包若干	● 指导大班幼儿能够根据竹竿的节拍、音节的节奏开展"跳竹竿"活动并尝试新玩法。 ● 指导中班幼儿跟随大班的哥哥、姐姐学习掌握"跳竹竿"的方法，能顺利地跑过竹竿不被夹到。 ★ 指导幼儿养成共同合作，遵守规则秩序的良好习惯。
跑旱船区域	游戏指导板一个、自制旱船（呼啦圈、彩色绸布、装饰彩条、即时贴、针线等）	● 指导大班幼儿能够根据音乐自行创编动作表演，并带领中小班的小朋友给其他区域的小朋友送节目。 ● 指导中班幼儿掌握跑旱船的基本动作，自由尝试各种障碍跑。 ● 指导小班幼儿掌握跑旱船的基本动作，跟哥哥、姐姐练习各种跑法，体验游戏的快乐。 ★ 指导幼儿在表演的时候，能够大带小，团结合作完成任务。
海军训练营——云梯攀爬区	游戏指导板一个、布置海军训练营场景：高矮云梯、独木桥、地垫、攀爬架、竹竿、轮胎墙	● 指导大班幼儿能动作协调地攀爬攀登架、轮胎墙并脚不着地地过悬竿。 ● 指导中班幼儿能以匍匐、膝盖悬空等多种方式钻爬障碍。 ★ 指导幼儿有序游戏，能一个跟一个，云梯上知道不拥挤。
船舶加工坊	1. 游戏指导板一个。 2. 自然材料：各类贝壳、松果、大小不一的果冻壳、卫生纸筒、一次性纸杯。 3. 两艘大船模型、桅杆、帆。 4. 反穿衣、一次性手套、剪刀、胶水、双面胶、白胶、扭扭棒、麻绳、彩钉、动物眼睛、刮画笔、水彩笔、油画棒、水粉、毛笔、洗笔筒、橡皮泥。	● 指导小班幼儿利用区域内的多种材料，为船舶进行撕纸粘贴、贝壳上色等简单的装饰加工。 ● 指导中班幼儿可与大班的哥哥姐姐合作完成印染船帆、制作海底生物等装饰活动。 ● 指导大班幼儿完成较精细的作品，辅助小班弟弟、妹妹共同完成作品。 ★ 指导幼儿注意画面整洁，不将颜料乱甩，纸花乱丢，用完的物品及时放回原处。
翻翻乐区域	游戏指导板一个、彩色方块24个、黄、绿色背心各8个、大鼓一个	● 指导小班幼儿知道游戏玩法，明确自己的组别以及要翻的方块颜色。 ● 指导中班幼儿尝试和大班幼儿共同制定游戏规则，开展竞争游戏。 ● 指导大班幼儿自主制定游戏规则，协助小班幼儿的穿衣分组，带领弟弟、妹妹一起开展游戏 ★ 指导幼儿爱护玩具，游戏中不踢方块，不坐方块，游戏结束所有材料送回家。
滚筒咕噜噜区域	游戏指导板一个、大滚筒、平衡木、拱形门	● 指导小班幼儿练习在坡路上滚筒，体验上下坡玩滚筒时的不同感受，同时鼓励幼儿尝试在平衡木上玩滚筒，保持身体平衡。 ★ 指导幼儿玩滚筒后和老师一起将滚筒放回原位，活动时要一个跟着一个走，注意安全。
远洋造船厂区域	游戏指导板一个、炭烧积木、雪花片、梅花积木、纸盒砖、木板、搭建辅助材料（奶粉桶、薯片桶、易拉罐）、安全帽、塑料积木等	● 指导大班幼儿自主协商，根据搭建主题分工合作搬运搭建材料，探寻使大型积木连接更加牢固的方法，自主解决搭建过程中出现的问题。 ● 指导中班幼儿用雪花片或梅花积木拼插船的休闲设施，如座椅、花朵、双层花坛等。 ● 指导小班幼儿用雪花片拼插圆形的花坛，能将两片雪花片连接结实。 ★ 指导幼儿取放材料时注意归类，玩具材料轻拿轻放，避免磕碰。

（● 为核心目标指导，★ 为养成目标指导）

海洋特色主题室内外联动

——混龄区域游戏设计方案

（一楼）

一、主题名称

"海边真好玩"

二、主题目标

1. 练习向指定方向横着走，发展反应能力。

2. 感受绘本的乐趣，尝试用简短的语言清楚讲述画面内容。

3. 体验帮助别人的快乐，激发从自己做起，爱护大海的意识。

4. 知道蛤蜊的形状、花纹、大小以及它的生活习性，激发幼儿对蛤蜊探究兴趣。

5. 能大胆想象并表现水花的不同姿态，能随音乐节奏表现出用脚踏水花及水花抖动、溅开的动作。

6. 能运用多种形式再现"沙与水"的有趣，体验玩色的快乐。

三、楼层游戏区域设计

（一）海岛嘉年华——一楼走廊创设室内体育欢动区"海岛探险"

1. 海岛探险——海底捞贝

（1）材料投放

幼儿自制扇贝、蛤蜊、海虹、踏板、KT板。

（2）玩法建议

① 观察、认识海螺、扇贝、蛤蜊、海虹等贝壳类产品的颜色、特征等。

② 两人捞贝比较多少：小朋友按照先后顺序站在踏板上捞贝壳，看谁捞的多，并进行大多少小的比较，然后按照"××比××多、××比××少"进行完整表述，摸到多的小朋友要刮摸到少的小朋友的鼻子。

③ 捞海虹，"挂到礁石上"：幼儿用自己的方式尝试捞海虹、挂海虹的不同方法。【与下一个游戏循环、联动。】

2. 海岛探险——海底寻宝

（1）材料投放

桌子、不织布、手电筒、板凳、瑜伽垫、雪花片。

（2）玩法建议

① 小班幼儿能双膝着地，手脚并用从桌子底下爬过，并找出宝贝。

② 中班幼儿匍匐爬过"隧道"，并找出宝贝。

③ 大班幼儿进行分组竞赛，听指令自选合适的方式，爬过隧道，趟过小河寻找宝贝。

3. 海岛探险——喂海鸥

（1）材料投放

垃圾筐、报纸球、龙力球、圆片形KT板。

（2）玩法建议

① 练习投准。选自己能力范围内的海鸥进行"喂食"。

② 感知不同的材料，投准难度不同。尝试把用不同材料做成的"食物"喂海鸥。

③ 尝试用双腿屈膝向上跳，跑步行进跨跳等辅助动作，提高自己投掷的准确性。

4. 海岛探险——爬礁石摘海虹

（1）材料投放

攀爬架、幼儿自制带曲别针的海虹、水草、丝带。

（2）玩法建议

① 练习攀爬。能手脚并用地爬过攀爬架。

② 摘海虹，练习小肌肉动作。能耐心地把海虹从攀爬架上摘下来。

③ 鼓励幼儿两两比赛，一个摘海虹，一个挂海虹，看谁用的时间短。

（二）"海洋摄影轰趴馆"——小二班教室文化礼仪体验区

1. 海洋摄影轰趴馆——海洋照相馆

（1）材料投放

主题彩喷板子：《小美人鱼和她的好朋友》《舞蹈美人鱼》《海底鲨鱼馆》《海底珊瑚群》《海洋动物》。【将彩喷板的脸部抠出来，孩子们拍照】

（2）玩法建议

① 选择自己喜欢的海洋故事主题板，可以变成故事里的主人翁，模仿主人翁的动作来摆造型，可以摆自己喜欢的造型照相。

② 自主邀请同伴合作拍照，协商探讨不同的造型摆拍。

③ 游戏角色：摄影师和收银员，即请小朋友当摄影师，负责给来拍照的顾客照相；收银员负责向拍照的顾客收费。

2. 海洋摄影轰趴馆——海洋换衣间

（1）材料投放

纱巾、帽子、墨镜、太阳伞、发卡、各种长短的假发、各式各样的衣服。

（2）玩法建议

① 选择自己喜欢的服装和服饰来打扮自己，小班的幼儿可以寻找中大班的哥哥、姐姐帮忙。

② 结合照相馆中每个主题不同的彩喷板来打扮自己，比如：《小美人鱼》主题板，就可以给自己带上漂亮的假发，扮演小美人鱼。

③ 游戏角色：形象设计师——由"专业形象设计师"指导小朋友们的着装设计与穿搭。

（三）海洋度假村——一楼大厅

1. 海洋度假村——休闲区

（1）材料投放

海边休闲座椅，海边休闲小餐桌。

（2）玩法建议

① 幼儿可以坐在靠椅上度假，休闲，观察一下老师创设的区域里有哪些认识的海洋生物，跟周围小朋友交流，发展幼儿语言表达能力以及社会交往能力。

② 幼儿在海边美食街购买了食物后，可以坐在餐桌旁边欣赏海边美景边进食，进食结束后自己将食物垃圾收拾干净，游戏中养成良好的行为习惯。

2. 海洋度假村——贝壳拼摆

（1）材料投放

大海背景贴纸、各种彩色贝壳若干。

（2）玩法建议

幼儿坐在海边，进行贝壳拼摆。

① 分类拼摆：即根据颜色不同进行有规律拼摆。

② 造型设计：即利用贝壳自由设计、拼摆出不同形状、图案等。

3. 海洋度假村——青岛大包

（1）材料投放

蒸笼、2种碎纸团代表肉丸和菜丸、太空泥大虾、太空泥蘑菇、用白布缝制的饺子皮。

（2）玩法建议

① 按需取物：即幼儿根据"客人"需要，为"客人"制作包子。

② 练习点数：即根据客人需要，制作相应数量的包子。

③ 制作青岛大包：幼儿将"馅"放入"皮"中，抽取皮上的白线变成包子褶，制成青岛大包，培养幼儿动手能力。

4. 海洋度假村——美味海鲜锅

（1）材料投放

各种海鲜皮：螃蟹壳、海螺壳、蛤蜊皮、扇贝皮；橡皮泥做的海胆、海参、不织布做的鱼和海带结等各种海鲜；蒸锅。

（2）玩法建议

① 鼓励幼儿自己动手，运用半成品制作拼摆不同造型的海鲜锅。

② 在游戏中，指导小摊主与客人运用"请""您""您好""谢谢""再见"等文明用语对话，培养幼儿良好的行为习惯。

5. 海洋度假村——王姐烧烤

（1）材料投放：卡纸制作的烤炉；泡沫纸制作的海鲜串、蔬菜，如海星、鲳鱼、鱿鱼、螃蟹、海带结、韭菜等。

（2）玩法建议

① 幼儿根据客人需要，取出相应的烤串进行烤制，引导幼儿遵守游戏常规，友好地分配游戏角色。

② 爱护玩具，游戏后会整理场地并收拾玩具，培养幼儿的整理能力。

（四）小小钓鱼场——小一班教室游戏体验区

（1）材料投放

钓鱼池塘、鱼钩、鱼桶、各种各样彩色的鱼、碰铃、贝壳币、背景音乐。

（2）玩法建议

① 大中小幼儿自主进入钓鱼场，选择钓鱼椅做好。

② 幼儿将鱼桶放于钓鱼椅子旁边，自主调试钓鱼竿，听音乐安静钓鱼。

③ 钓鱼：幼儿带上鱼竿和小水桶，站立在池塘外钓鱼（利用吸铁石可与回形针相吸的原理），把钓上钩的小鱼放置在小水桶内。

④ 大班幼儿钓完6条鱼可换购1个贝壳，中班幼儿钓完5条鱼可换购1个贝壳，小班幼儿钓完4条鱼可换购1个贝壳。

（五）海贝手工坊——大三班教室活动区域

1. 海贝手工坊——扬帆起航

（1）材料投放

彩绳、彩色吸管、瓶盖、卫生纸筒。

（2）玩法建议

① 请幼儿观察各种材料，讨论交流：说一说，你想用哪些材料来装饰船。

② 幼儿自主选择独立制作或与同伴合作制作的形式再现船，教师提醒可以粘贴瓶盖时使用宽双面胶。

③ 中大班的小朋友在装饰船的时候，小班幼儿可以用手指点画的方式对整体画面进行装饰。

2. 海贝手工坊——手套鱼

（1）材料投放

手套、颜料、棉花、皮筋。

（2）玩法建议

① 请幼儿将手套带在手上，选择自己喜欢的颜色均匀地涂在手套上面。

② 将棉花塞进手套里面，塞棉花的时候注意提醒幼儿要把每个指头里面也塞进去棉花。

③ 用皮筋将手套扎紧，进行简单装饰，最后粘贴上眼睛，把制作好的手套鱼粘贴到展板。

海洋特色主题室内外联动
——混龄区域游戏设计方案

（二、三楼）

一、主题名称

我和海洋动物做朋友

二、主题目标

1. 通过开展"我和海洋动物做朋友"楼层社会性区域游戏，萌发对海洋动物的喜爱，喜欢研究海洋。

2. 在自由自主的游戏中，能与小伙伴一起商量分配自己的角色，初步学会解决关于角色、玩具方面的争端，初步学会协商、轮流、合作。

3. 游戏中能积极地根据游戏情节与同伴进行语言交流，生动地表现自己所扮演的任务角色，尝试拓展游戏情景，创造性地再现各个区域的社会生活。

三、楼层混龄游戏区域设计

（一）贝壳艺术馆——二楼中一班教室

1. 材料投放

自主选择筐子、扇贝壳、蛤蜊壳、海蛎子壳、海虹壳、钉螺壳、毛蛤蜊壳、墨汁、魔法玉米、彩色橡皮泥、花瓶模板、彩色纸盘子、卡通眼睛、范例作品、松果、树枝、毛毛球、水粉、彩纸、卫生纸球等。

2. 玩法建议

玩法：

（1）利用贝壳、钉螺等制作海底小动物，并尝试利用搓、压扁的技能，用橡皮泥给盘子进行装饰。

（2）利用吹画制作树干，并用贝壳组合花朵。在此基础上小班用橡皮泥、魔法玉米、手指点画的方式进行装饰。

（3）小班幼儿利用撕贴的方式装饰大鲸鱼，中大班幼儿利用水粉绘画大鲸鱼的伙伴，大班幼儿用松果、树枝、贝壳等材料装饰海洋。

（4）利用材料筐自主选取材料，游戏结束后将没用的材料分类放回。不将橡皮泥颜色混合，游戏结束能将泥工板收好。

建议：

（1）"大带小"：请哥哥、姐姐教给弟弟、妹妹游戏的玩法，基本掌握后，鼓励他们尝试参与中大班的游戏。

（2）加强区域之间的交流互动，让大班和中班的哥哥、姐姐带着弟弟、妹妹多多参与其他区角的游戏。

（3）游戏中教师利用"工作口号"和"工作奖励"方式激励幼儿认真游戏，做出好的游戏作品。

（二）海鲜大排档——二楼中二班教室

1. 材料投放

布置海鲜大排档场景。厨师操作台、原料摆放台、厨师服务员服装、烤箱、菜品贴画、菜谱、各种海鲜食品、橡皮泥、贝壳等半成品辅助材料。

2. 玩法建议

玩法：

（1）与小伙伴一起商量分配自己的角色，明确自己扮演角色的分工和职责。能较为逼真地反映厨师、服务员、客人等人员的工作情况。

（2）游戏中能积极地根据游戏情节进行语言交流，能根据游戏情境大胆地表述、生动地表现自己所扮演的任务角色，反映自己对现实生活的理解和认识。

（3）根据游戏情节的需要与其他游戏区域进行交往互动游戏。

建议：

（1）混龄游戏中，教师对大中小不同年龄的幼儿进行分层指导。

小班：能在哥哥、姐姐的带领下，扮演爸爸妈妈孩子的角色，在餐厅内点餐用餐。并能大胆地与其他小朋友交流，表达自己的愿望。

中班：能进行简单的分工，喜欢所扮角色，积极模仿厨师炒菜、服务员招待客人的行为。主动使用礼貌用语。

大班：能够根据游戏情节的发展，创造性地开展游戏。

（2）将自己真实生活经验与海鲜大排档游戏相结合，衍生出新的游戏情节，与其他游戏区域进行交往互动游戏。比如：与旅行社联系为游客提供团餐，与食品加工厂订购货物，与前海沿儿大舞台的小朋友联系到大排档进行表演，服务员可提供外卖服务等等。

（3）聘请一位大班幼儿担任大排档经理,为餐厅出谋划策,协商事宜,并带领参加海鲜大排档的孩子们一起游戏。

（三）海底世界——二楼中三班教室

1. 材料投放

各种海洋动物展馆的图片,自制旅游线路推荐册,刷卡机,导游旗,旅游帽,接待人员绶带、人鱼表演服装、音乐、舞台背景、观众席、门票、展馆印章图、呼啦圈、拱形门、沙包、耳麦。

2. 玩法建议

玩法:人鱼表演＋海豚表演

（1）由接待人员（佩戴绶带）向前来观光的顾客打招呼,并让游客按照参观价格购买门票。

（2）支付完成,由接待人员为游客分发旅游帽、展馆参观卡、门票,导游核查后方可带游客进入展馆参观,并欣赏人鱼表演和海豚表演。在旅游途中导游介绍各个展馆的内容,并在其他社会性区域中进行一系列的活动。

（3）演员们穿好演出服,观众坐在观众席中观看表演,海豚表演人员与游客握手并拍照留念。

（4）游客观光结束后,导游带领游客回到接待处将物品归还,之后可以自行选择其他区域游戏。

建议:

（1）由中大班幼儿带领小班的孩子作为观众或是游客在海底世界观光游览,并分配好角色进行。

（2）在参观过程中导游能够热情地接待游客,并在介绍展馆时注意声音响亮,时刻关注自己的游客跟随情况。

（3）在接待顾客时,引导幼儿学会使用礼貌用语,树立服务意识,懂得合作进行,并在游戏时注意说话的语气、态度、站姿和表情。

（4）活动结束后能够将物品归类摆放整齐,爱惜海底世界中的所有物品。

（5）幼儿穿好演出服装,合作将舞台、观众席、道具设计摆放好,等待演出开始。

（6）指导幼儿表演时注意表情、动作要到位,按照故事角色有秩序地上台进行表演,懂得与同伴合作进行。

（7）指导中大班幼儿带领小班幼儿在观看演出时遵守会场秩序,保持会场安静,不打扰演员演出。

（四）创意美术馆——二楼大一班教室

1. 材料投放

主体材料（陶泥、橡皮泥、太空泥）、辅助材料（线绳、纽扣、瓶盖、松球、树枝、扭扭棒、红豆、黑豆、钢丝球……）、工具（泥塑工具、木盒、木板、藤筐、泥工板）。

2. 玩法建议

玩法:

（1）陶泥立体船

① 搓橄榄球的形状,压扁后铺在报纸上（可从图册中选一艘自己喜欢的船图片作为参考）。

② 搓条。

③ 用钢针在条和椭圆形的边缘连接的地方刮上纹理。

④ 在纹理上刷泥浆。

⑤ 盘条，连接处压紧。

建议：

① 大班幼儿根据船体的特点和大小有创意地添加船内部分。

② 中班幼儿利用各种丰富的辅助材料与大班哥哥、姐姐共同做出船内部分。

③ 小班幼儿根据自己的能力探索各种工具的特性，在玩泥的基础上装饰船体。

（2）橡皮泥贴画

玩法：

① 找一个贴画底板（木盒、泥工板）。

② 确定要贴什么（可从图册中找自己喜爱的船或者渔民画）。

③ 用橡皮泥搓球后捏出形状压扁贴到底板上。

④ 寻找自己需要的辅助材料进行装饰。

建议：

① 大班哥哥、姐姐要带领中小班弟弟、妹妹一起参与到游戏中，并用流畅的语言向弟弟妹妹介绍船的构造。

② 游戏前可以参观、探索各种工具及材料的特点和用法。

③ 愿意与同伴协商，在活动中与同伴相互合作，相互帮助。

④ 指导不同年龄段幼儿根据自己的能力进行游戏，例如，大中班幼儿会用盘条的方法堆砌立体的船；小班幼儿会用搓、揉、压、使用模具的方式装饰泥船；大班幼儿能根据船的大小和特点用泥创意地做出船内部分；中班幼儿能利用辅助材料与大班哥哥、姐姐共同做出船内部分；小班幼儿能在玩泥的基础上，探索各种工具的特性，装饰船体。

⑤ 引导幼儿运用各种辅助材料和工具大胆想象、大胆创作。

（五）创意表演馆——三楼大二班教室

1. 材料投放

道具背景板、小号水草板、小号珊瑚板、小号小船的板子、鲨鱼衣服、天使鱼衣服、刺豚衣服、海星衣服、水母衣服、蛤蜊衣服以及各角色头饰、表演提示板等。

2. 玩法建议

玩法：

（1）首先熟悉剧本，了解故事内容，以及有哪些角色，喜欢自己的角色，并根据角色换上相应的衣服。

（2）其次分工拿道具板进行布置，如背景板放到最后面，小的植物板放在前面，中间留出上台的过道，方便表演。

（3）孩子们讨论研究角色出场顺序，并根据出场的顺序，按不同的角色，用不同的语气，大胆自信地表现出角色的不同，进行流畅完整的表演。

（4）在表演一遍后，换其他小朋友轮流扮演。

建议：

（1）在表演区游戏中，长时间游戏材料的不更换，致使幼儿渐渐失去了参与游戏的兴趣。所以根据幼儿兴趣和游戏需要，向幼儿提供半成品或一物多用的游戏材料，如将彩纸剪成彩条，粘贴到水母的衣服上，就像水母的许多条腿。让幼儿原有经验在表演游戏中得到不同程度的调动、丰富、建构和巩固。还可以添加上场音乐与舞蹈，让表演更加生动多彩。

（2）以游戏的形式多给胆小的幼儿尝试的机会，给予每一个孩子展示的机会，也为幼儿创造语言、交往提供机会。

（3）孩子们的台词，不能太局限于剧本中的一字一句，可以让孩子们创造性地创编对话，甚至创编角色和对话，让表演内容更加丰富。

（4）教师要在不干扰幼儿游戏的前提下，参与幼儿游戏，关注幼儿需要，并适时给予引导、支持，使孩子们突破原有思维，不断探索和尝试。

海洋特色主题室内外联动
—— 户外混龄区域游戏设计方案

一、主题名称

船儿奥秘多

二、主题目标

结合幼儿园的海洋课程研究，我们预设了"船儿奥秘多"为主题的户外混龄游戏活动，开设了蛟龙出海区、跑旱船区、海军训练营——钻爬区、竹竿舞区、海军训练营——云梯攀爬区、船舶加工坊、翻翻乐区域、远洋加工厂区域、滚筒咕噜噜等游戏区域，整合了健康、艺术、语言、科学、社会五大领域内容，打破幼儿年龄、班级界限，扩大幼儿之间的接触与交往，使幼儿在活动过程中，相互影响、共同提高与发展，同时满足幼儿多方面的需要，充分体现幼儿是活动的主人，目标如下：

1、在各区域联动游戏中发展走、跑、跳、平衡、钻爬、攀登等动作技能，有一定的耐力。

2、能够利用各种废旧材料和不同的美术表现形式来制作船、装饰船。

3、感受民间游戏的有趣，锻炼耐力及团队协作能力。

4、大胆参与混龄游戏活动，体验与同伴合作运动、挑战成功的快乐，发展自主选择、自主游戏和社会交往能力。

5、激发幼儿运动的兴趣，养成良好的运动习惯，分类收放活动材料并自主整理活动场地。

三、室内外联动——户外混龄游戏区域设计

（一）蛟龙出海区域

1. 材料投放

游戏指导板一个、大鼓一个、废旧材料制作的龙两条、绣球一个、"小手掌"若干，小粘贴若干。

2. 玩法

（1）规则制定：组织幼儿回忆讨论舞龙游戏的玩法，共同制定舞龙规则。

（2）角色分配：幼儿商讨角色分配，通过自荐和他荐的方法进行角色选择。

（3）大带小合作游戏：由能力稍强的幼儿先担任重要位置的角色，如"鼓手""龙头""绣球"的位置，"龙身"的位置由能力稍差的小班幼儿担任，从而使中大班的幼儿起到示范引导作用，并为能力稍差的幼儿进行服务、提供帮助。

听鼓声舞龙:幼儿需根据鼓手擂鼓的快慢、击鼓位置和声音大小,进行不同的舞龙动作。

(5)欣赏评价:每次活动结束,进行讨论评价环节,幼儿自评和他评,商讨策略,更好地进行下一次舞龙活动。

3. 建议

(1)提供"游戏指导板":幼儿共同讨论并观看视频,总结游戏规则,并创设"游戏指导板",以图文并茂的形式记录下幼儿讨论后制定的游戏的玩法,明确游戏规则。

(2)发挥混龄游戏优势,大带小、强带弱:充分发挥混龄游戏的优势,通过大带小、强带弱的方法,将"龙头""绣球""擂鼓"的角色交给年龄稍大、能力稍强的幼儿,进行同伴带动和学习,尊重幼儿的个性差异,让不同能力的幼儿找到适合自己的角色。

(3)创设游戏情景和任务——斗舞:为幼儿创设"蛟龙出海"的情景,引导舞龙队伍随着"鼓声"来进行舞龙,并根据观众的掌声大小来判断哪支舞龙队伍更加精彩,对获胜的队伍进行奖励,并根据幼儿活动情况适时增加或者降低难度,保证幼儿游戏热情。

(4)设置"观赏休息区":为幼儿创设观赏休息区,幼儿可自行选择舞龙或者欣赏舞龙,观众有"小手掌"来对舞龙队伍进行喝彩,并作为评判舞龙活动水平的标准之一。幼儿可在体力消耗较大时选择做观众,既能得到休息,又为幼儿之间的互相学习和欣赏提供了平台。

(二)远洋造船厂区域

1. 材料投放

游戏指导板一个、炭烧积木、雪花片、梅花积木、纸盒砖、木板、搭建辅助材料(奶粉桶、薯片桶、易拉罐)、安全帽、塑料积木等。

2. 玩法

(1)请中小班幼儿用雪花片拼插船上的装饰物。

(2)以大班幼儿为主,搬运搭建材料,搭建船身。主要以炭烧积木为主,搭建完轮廓后,用长条板盖在上面做甲板。

(3)用辅助材料搭建船舱部分,起初由教师指导幼儿搭建了主体船舱。后来孩子们熟悉搭建方法之后,他们开始自己动脑思考,充分利用各种辅助材料进行船舱的装饰搭建。每次游戏,幼儿的搭建都是不同的。

① 游戏初期,孩子们对于船舱的搭建还是以炭烧积木为主,但已经有了各种材料的运用。

② 游戏进行了一段时间后,孩子们对辅助材料的运用得心应手,他们有了更为细致的设计,根据现有的材料,设计了大炮、上下船的入口等。

③ 随着对游戏的熟练,孩子们不满足于单纯的搭建,他们设计了可以进入到船体的入口,这样船就更加逼真了,且可以与幼儿互动起来。

3. 建议

(1)搭建前期的计划。

① 在搭建前,要与孩子们讨论、观察、分析所搭建的船是由什么基本图形组成,以及可使用的材料是什么,让孩子在搭建时更有目的性、计划性。

② 和幼儿一起商讨制定搭建步骤计划,为顺利、合理的搭建做好前期准备

(2)活动材料的提供。

① 第一阶段:提供现有的大型炭烧积木、雪花片、积塑、木板、轮胎、彩色砖盒、安全帽、泥巴等。

② 第二阶段:根据幼儿初期搭建的实际需要,由幼儿讨论决定需要的辅助材料,教师请家

长一起帮助收集。我们提供了大纸箱、奶箱子、薯片桶、啤酒桶、奶粉桶、泥塑工具等。

③ 第三阶段：幼儿搭建完框架后，需要装饰细节，经过商讨，我们又提供了卡纸、泡沫板、水彩笔、胶带等。

（3）教师指导策略。

① 教师应作为幼儿活动的建议者，引导幼儿自主探索船的搭建方法。在让幼儿实际操作搭建材料之后，组织幼儿交流讨论搭建心得，从而帮助幼儿总结出新的搭建建议。

② 幼儿活动中，教师应以观察者的身份，观察幼儿在搭建过程中的表现，不过早干预幼儿活动，尊重幼儿的意见，鼓励幼儿自己动脑思考，解决搭建过程中出现的问题。

③ 每次活动后，教师应及时组织幼儿交流讨论，应做好幼儿活动支持者，针对幼儿提出的问题给予启发性、建设性的建议，并对幼儿提出的合理性要求予以支持，如提供辅助材料等。

（4）幼儿活动的习惯培养。

① 提示幼儿搬运搭建材料时轻拿轻放，大型材料要和同伴合作搬运。

② 搭建时注意避免碰撞，小心自己和同伴的手，学会提醒同伴注意安全。

③ 搭建高处材料时，注意脚下安全，必要时提醒幼儿请老师帮忙。

④ 提醒幼儿摆放拼插作品时注意避让，避免踩坏、碰坏其他作品。

⑤ 提供抹布和整理筐等，提醒幼儿随时将剩余材料和垃圾收拾整理好。

⑥ 游戏结束时，提醒幼儿将搭建材料分类整理好。

（三）跑旱船

1. 材料投放

自制旱船

2. 玩法

（1）让幼儿认识旱船，知道里外，能够正确地将旱船穿在身上。

模仿船的行驶，来回跑动。

（3）熟练掌握技巧的基础上，进行障碍跑。

以大带小的形式，排练一场跑旱船的节目，能跟随音乐表演，并为其他区的小朋友们送节目。

3. 建议

（1）可以播放民间跑旱船的录像，让幼儿欣赏了解，为游戏奠定基础。

（2）游戏时，幼儿可以模仿录像的动作，也要鼓励孩子们大胆创新动作。

（3）养成幼儿良好的习惯：收放材料、合作表演、以大带小等。

（四）船舶加工坊

1. 材料投放

各类贝壳、松果、大小不一的果冻壳、卫生纸筒、一次性纸杯；两艘大船模型、桅杆、帆；反穿衣、一次性手套、剪刀、胶水、双面胶、白胶、扭扭棒、麻绳、彩钉、动物眼睛、刮画笔、水彩笔、油画棒、水粉、毛笔、洗笔筒、橡皮泥。

2. 玩法

（1）小班幼儿：利用区域内的多种材料，为船舶进行简单的装饰加工，如撕纸粘贴、贝壳上色等。

（2）中班幼儿：可与大班的哥哥、姐姐合作完成装饰，如合作印染船帆、合作制作海底生物等。

（3）大班幼儿：完成较精细的作品,可辅助小班弟弟、妹妹共同完成作品。

3. 建议

（1）引导幼儿运用区域中的材料进行多种方式的装饰,发散幼儿思维,引导幼儿思考一种材料的多种用法。

（2）引导幼儿进行合作游戏。

（五）竹竿舞区域

1. 材料投放

两个竹竿、竹竿两头捆绑上便于抓握的宽胶带、沙包。

2. 玩法

（1）由两名幼儿分别双手抓住竹竿两头,根据节奏一二拍合并竹竿,三四拍张开竹竿,依次根据节奏做合、并的动作。

（2）玩法一：竹竿打开时快速地跑过去,避免被竹竿夹到,然后增加难度竹竿打开时拾起竹竿中间的沙包跑过竹竿,躲避竹竿的夹击,连续进行挑战。

（3）玩法二：竹竿合并时双脚打开,竹竿打开时幼儿的双脚合并站在竹竿中间,依次进行挑战。提升难度：2名以上幼儿共同根据竹竿的打开合并做出相同动作。

3. 建议

（1）帮助幼儿认真分析动作,循序渐进地组织游戏。

（2）指导幼儿根据音乐的节拍进行竹竿的打开与合并。（如《我是小海军》节拍较强的音乐伴奏）

（3）探索创新,挖掘竹竿舞的多种玩法。

（4）根据幼儿年龄特点,选择适宜幼儿的活动玩法。

（六）海军训练营——云梯攀爬区

1. 材料投放

独木桥：长木板、木墩；云梯高矮各2个；地垫若干；轮胎墙；松果、塑料筐、竹竿2根。

2. 玩法

幼儿自由选择游戏：《海军训练场》《炸敌堡》。

（1）《海军训练场》：小海军们一个一个排好队走过独木桥,爬上云梯、走过平衡木,高空跳入"大海"中,"穿越火线"——用自己的方法通过障碍后完成任务。

（2）《炸敌堡》：幼儿排好队一个一个爬过攀爬架,度过"悬崖"（竹竿架）,跑到敌人碉堡（轮胎墙）下,取得炸药包（松果）后爬上去,将炸药包投入指定地方,完成任务。（指导大班幼儿能双手抓杠悬空向前荡,手脚协调、安全地爬攀登架、轮胎墙及竹竿。）

3. 建议

在活动中不断设计、拓展游戏情景,比如穿越火线、炸敌堡等,通过增加游戏情境,激发幼儿参与的兴趣；通过增加障碍物增加游戏的难度,鼓励幼儿能用自己的方式来解决通过障碍物,增强幼儿的不断挑战的意识；通过区域之间的联动,将游戏分成了两大部分：第一部分《海军训练场》完成云梯攀爬和穿越火线的挑战,挑战成功后可以到第二部分《炸敌堡》游戏中,通过攀爬架,"悬崖",最终到达敌人的碉堡墙下拿出炸药包爬上敌人的碉堡安置炸药包并撤退。这些方法的运用让幼儿在玩的过程中富有一种使命感,大大激发了幼儿参与游戏的积极性。

（七）翻翻乐区域

1. 材料投放

彩色方块 24 个，黄、绿色背心各 8 个，大鼓一个。

2. 玩法

（1）幼儿自主分成两队，教师或大班幼儿检查各年龄段人数比例，调整好以后穿上对应颜色的队服。

每队自主选择要翻出的盒子颜色，选出后所有参赛人员站到盒子外面等待比赛。

听鼓声开始游戏。

（2）活动结束大家一起检验游戏结果，将掌声送给获胜一方。

3. 建议

活动初期最好先让小班幼儿做观众来观看游戏，看会了以后请小班幼儿单独游戏，所有幼儿只翻一种颜色，在规定时间内全部翻完即可获胜，待幼儿熟悉后，再加入中、大班进行混龄游戏。

（八）海军训练营——钻爬区域

1. 材料投放

桌子、椅子、瑜伽垫、钻爬障碍物。

2. 玩法

（1）小班幼儿：桌面→瑜伽垫→小椅子，能够按照顺序完整进行游戏，不触碰到游戏中设置的障碍物。

（2）中班幼儿：桌面→瑜伽垫→小椅子，可用手膝、匍匐、倒爬等多种形式进行钻爬。能够在情境中按照顺序完整进行游戏，不触碰到游戏中设置的障碍物，为舰艇输送能量珍珠，并在输送过程中保护珍珠不掉落。

3. 建议

（1）通过情景引导幼儿积极主动地投身于活动之中，体验到活动中的乐趣。

（2）引导幼儿在游戏中能够互帮互助，培养幼儿合作精神、集体意识及交往能力，同时培养幼儿不怕挫折的良好品质。

（3）引导幼儿不断拓展游戏情境，如将情境设计成小动物运输粮食，幼儿创作表现不同动物爬行的样子，可大胆选择自己喜欢的表现形式。

（4）教师鼓励幼儿的大胆想象，创编多种内容新颖、多样、别具一格的游戏内容。

（九）滚筒咕噜噜区域

1. 材料投放

大滚筒、障碍物、拱形门。

2. 玩法

（1）幼儿双手扶住滚筒扶杆中间，保持住滚筒的平衡用力向前推动，进行闯关活动，第一关走过平衡木，第二关绕过障碍物，第三关钻过拱形门，每一关挑战成功后即可在终点张贴胜利小海星一个。【注意：任意一关没有挑战成功必须从头开始游戏。】

（2）幼儿站在滚筒里面，滚筒后置，双手扶住滚筒扶杆中间，保持住滚筒的平衡用力拉滚筒，进行闯关活动，第一关走过平衡木，第二关绕过障碍物，第三关钻过拱形门，每一关挑战成功后即可在终点张贴胜利小海星一个。【注意：任意一关没有挑战成功必须从头开始游戏。】

3. 建议

（1）结合活动内容对幼儿进行安全教育，注重在活动中培养幼儿的平衡能力、协调能力。

（2）提升游戏的挑战性，设立障碍物，通过走、爬、钻等丰富活动，鼓励幼儿敢于挑战、不怕困难、不怕累，加强孩子的耐力锻炼。

第1周 船儿家族成员多

环境创设

1. 主题板：根据主题内容布置"船儿奥秘多"——船儿博览会单元墙饰，将幼儿收集的各种类型、功能的船只布置成展览的形式。

2. 收集各种船只的图片、图书、模型等，布置在班级环境中，丰富幼儿对船的外形、功能的初步了解。

3. 设置观赏台，将幼儿收集的船模型进行展览和分享。

生活活动

1. 值日生能主动为同伴分餐具，维持排队秩序，提醒幼儿正确擦手。

2. 能自觉遵守与同伴协商制定的游戏规则。

3. 能根据天气和活动量及时增减衣服，出汗了，随时喝水、休息。

4. 在日常生活中观察各种各样的船，了解船在生活当中的广泛运用。

家长与社区教育

1. 请家长协助幼儿收集各种船的书籍、图片、资料介绍。

2. 带幼儿坐一次船，体验坐船的感觉。

3. 收集船的模型带来幼儿园，布置展台供幼儿观察了解。

4. 带幼儿去海边观察船，并丰富幼儿有关船的基本知识。

 活动一　好习惯体验日——我的计划表

【活动解读】

幼儿时期是各种行为习惯形成的关键时期,从小培养幼儿做事有计划、有条理,对孩子终身的学习、工作、生活都是十分有益的。因此,本活动以谈话、讨论的形式让幼儿知道如何合理安排自己的活动,引导幼儿欣赏计划表的同时学习制定计划表的方法,并尝试以图表和文字形式表达自己的活动安排,培养有序做事和珍惜时间的意识。

【活动流程】

国旗宣讲
引发兴趣　→　丰富的
周末活动　→　我的计划表

【活动目标】

1. 知道如何合理安排自己的活动。

2. 尝试以图表和文字形式表达自己的活动安排。

3. 培养有序做事和珍惜时间的意识。

【活动建议】

1. 国旗下宣讲"我的计划表"。

(1) 教师宣讲:讲述绘本《我的一天》,教育幼儿从小养成做事有计划、有条理的好习惯。

(2) 幼儿宣讲:做事前想一想先做什么,后做什么,怎样做最好,提醒自己有计划地做事就能养成有计划性的好习惯。

(3) 家长宣讲:家长要做孩子的榜样,和孩子一起计划睡前活动安排、要阅读的绘本、每个周末的时光等,并和孩子一起按计划活动,使幼儿意识到计划与效果密切相关,久而久之,帮助幼儿养成做事有计划、有条理的好习惯。

2. 丰富的周末活动。

(1) 小组讨论:我的休息天。

提问:这个周末你想做些什么?和谁在一起?有哪些活动安排?先干什么?再干什么?

(2) 交流分享:说说"我的周末打算"。

3. 我的计划表。

(1) 出示教师的计划表:结合时钟,引导孩子观察教师的计划表,了解计划制定的方法。

提问:我是如何设计制定自己的周末计划的?计划表有几列?每一列都是什么内容?你觉着这样的安排好吗?为什么?

小结:引导幼儿明确要做的具体事情和每一件事的具体时间。

(2) 幼儿自主运用符号表征记录自己的周末计划。

(3) 交流分享:我的计划表,同伴间相互提建议,丰富完善计划制定。

(4) 活动延伸:家园合作,和孩子一起按计划开展周末活动,实践验证自己的计划制定并调整完善，培养幼儿有序做事和珍惜时间的意识。

活动二　数学——分类计数：船儿家族

【教材分析】

在我们的生活中到处充满了分类与数数：幼儿园男女孩的分类与数数、桌子与椅子的分类与数数、筷子碗的分类与数数、玩具的分类与数数……这些分类与数数给我们的生活带来许多便捷。在前一活动中，幼儿认识了许多不同功能的船，船到底有多少种？怎么分类？这些都成了孩子们活动后谈论的话题。为此，本活动从幼儿引发的问题入手，引导幼儿尝试用分类统计的方式，梳理船只的种类，深入增加对船的认知了解。

【活动目标】

1. 认识各种船，比较发现其外形与用途的异同。

2. 能按船的名称、外形、用途等特征进行分类与计数。

3. 体验参与数学活动的乐趣。

【活动重点】

认识各种船，比较发现其外形与用途的异同。

【活动难点】

能按船的名称、外形、用途等特征进行分类与计数。

【活动准备】

1. 幼儿和家长一起收集的各种各样的船的图片。

2. 船的分类统计表、笔。

【活动建议】

1. 谈话导入，激发幼儿参与活动的兴趣。

提问：小朋友们，你都认识哪些船？它们是什么样子的？有什么用途？

2. 提出问题，分类统计。

（1）出示多种船的图片，幼儿观察。

提问："图片上都有哪些船？""这些船有哪些相同和不同的地方？"

幼儿自由讲述，教师及时评价，加深幼儿对于船的名称、外形以及用途的了解。

（2）幼儿自主观察、自由讲述分类方法与原因。

讨论：如果让你将这些船按相同的特征进行分类，你会怎样分？为什么？

教师小结，拓展幼儿按名称、形状、用途……进行分类的经验。

（3）幼儿操作船的卡片，练习按船的不同特征进行分类，教师观察指导。

3. 小组操作，幼儿共同讨论，统计分类的方法。

（1）讨论：用什么方法统计分类更方便？【数字记录、符号表示等】

（2）教师与幼儿一起按船的种类进行分类并计数。

提问：这些船可以怎样分？每种船各用什么符号表示？每一类中的每一种船只各有多少？怎样用符号清楚记录？

（3）幼儿与同伴一起分组操作记录"船的分类与计数"，教师观察指导。

4. 交流分享：我的分类计数。

（1）提问：你们组是怎样分类的？统计结果是怎样的？

（2）展示幼儿的分类统计表，请个别幼儿进行介绍。

（3）教师小结并引导幼儿进行验证。

5. 活动延伸

今天我们统计分类了这么多的船艇,其实还有很多船的分类统计好方法,请大家回家后再找一找、看一看、查一查,还有哪些。

活动三 美术——绘画:我喜欢的船

【教材分析】

船载着人类经历了漫长而又伟大的航程,经历了无数次的尝试、失败,创造了一个又一个壮举。随着人类的发展和需求,船的外形结构及其功能已经呈现出很多的变化。大班幼儿喜欢探究各种各样的船,特别是船的造型、结构以及功能更是深深地吸引着孩子。本活动,围绕"我喜欢的船",通过观看、收集、研究船的图片,拓展幼儿对于船的结构与功能的了解;通过讨论交流,启发幼儿确立自己的绘画内容;通过经验拓展,引发幼儿对于多形式再现"船"的兴趣,并运用线条、形状、色彩等各种绘画方法大胆想象,再现"我喜欢的船",培养幼儿的想象与创造力。

【活动目标】

1. 学习按照先大后小、先简单后复杂的步骤绘画表现自己喜欢的船的主要特征。

2. 能运用线描、水粉、油画棒、撕纸等不同形式创造性地设计绘制自己喜欢的船,突出船的主体结构。

3. 体验不同美术形式作画的乐趣,激发幼儿对船的兴趣。

【活动重点】

学习按照先大后小、先简单后复杂的步骤绘画,表现自己喜欢的船的主要特征。

【活动难点】

能运用线描、水粉、油画棒、撕纸等不同形式创造性地设计绘制自己喜欢的船,突出船的主体结构。

【活动准备】

1. （经验）初步了解船的发展历程,通过科学活动和计算活动对各种船的外形和用途有一定的了解。

2. （物质）画纸、勾线笔、水彩笔、油画棒、水粉、彩纸、胶水等。

【活动建议】

1. 谈话导入,激发幼儿参与活动的兴趣。

（1）提问:谁知道最早的船儿是怎样的?（就是一根木头浮在水面上）

（2）出示西瓜船,引导幼儿观察。

提问:这是什么船?它是什么样子?它有什么用途?

除了西瓜船,你还知道哪些船?

（3）演示课件"各种各样的船",激发幼儿对于船的探究兴趣。（有的造船师傅在船上插上风帆,就成了帆船,还制作出了铁皮船、气垫船、快艇等。）

讨论:小朋友们,你最喜欢什么船?为什么?它是什么样子的?它有什么用途?

2. 探索感知各种美术材料,学习按照先大后小,先简单后复杂的步骤去绘画表现自己喜欢的船。

（1）感知、探索:看看桌子上都有哪些美术材料?都可以怎样用它们去表现自己喜欢的船？

（2）讨论：你喜欢哪种材料？画船或者制作船的时候应该按照什么顺序去完成呢？

小结：先画船体、再画船上部分、最后装饰——由大到小，由简单到复杂。

3. 创作与欣赏，体验不同美术形式作画的乐趣，激发幼儿对船的兴趣。

（1）幼儿自主选择创作材料：运用线描、水粉、油画棒、撕纸、泥塑等不同形式进行作画，教师巡视指导。（提示幼儿在美术创作的过程中注意垃圾装筐，物品分类摆放。）

（2）作品展示：创作完的幼儿陆续将作品装饰在教室"船儿家族成员多"主题板上，互相欣赏。

提问：谁来介绍一下你的船？你用了哪些新技能？

你最喜欢谁的船？为什么？

你想给哪艘船作品提个小建议，使它变得更美更有趣？

运用自评——互评——教师总结的方法，拓展幼儿绘画创作经验。

4. 活动延伸

（1）今天制作的船可以去科学区的水盆里游一游、玩一玩、改一改。

（2）美工区、泥塑区可以体验不一样的形式的"造船"。

【附范例】

活动四　语言——排图讲述：西瓜船

【教材分析】

排图讲述是一种创造性的讲述活动，是对孩子各方面素质发展的巩固和深化。"西瓜船"共有四幅图片，画面生动，内容有趣。活动中，运用"排""讲""编"的方法，通过仔细观察四幅图片，引导幼儿按照自己的理解和想象、任意排列，进行创造性地讲述及续编故事结尾，发展幼儿观察、理解、想象、推理、判断及语言表达能力。通过故事，告诉幼儿做事情前要注意安全，体验乐于助人的乐趣。

【活动目标】

1. 仔细观察图片内容，能用较为完整连贯的语言讲述图片内容。

2. 能根据故事的发展顺序，对图片内容进行大胆的想象并合理地为图片排序。

3. 体验互相合作的快乐，懂得同伴间应互相帮助。

【活动重点】

仔细观察图片内容，能用较为完整连贯的语言讲述图片内容。

【活动难点】

能根据故事的发展顺序,对图片内容进行大胆的想象并合理地为图片排序。

【活动准备】

1. 幼儿有看图讲述的经验。

2.《西瓜船》图片四张。

【活动建议】

1. 创设情境,导入活动。

有两只小老鼠,一只叫灰灰,一只叫吱吱。它们一起出去玩,却弄得浑身湿淋淋的回来,你们猜猜是怎么回事呢?

2. 幼儿自主尝试合作排图,尝试讲述故事内容,教师观察了解。

(1)幼儿两人一组,合作将4幅图片按自己的意愿进行排序。

提问:你们是怎么排列这四幅图片的?这4幅图片讲了一个什么样的故事?

(2)幼儿结合自己的排图讲述自己创编的故事。

3. 细致观察图片,引导幼儿按照事物发生的经过排图。

(1)出示图一,引导幼儿观察。

提问:发生了什么事情?为什么一只老鼠在西瓜船里?一只老鼠在小河里呢?

(2)无序地出示图二、图三、图四,引导幼儿观察。

提问:这三张图片,你认为哪张应排在第二幅?哪张应排在第三幅?哪张应排在最后?为什么要这样排?

(3)引导幼儿细致观察图二、图三和图四并进行排图讲述。

提问:看图二,它们的心情怎么样?从哪里看出它们遇到了危险?

看图三,为什么青蛙在推西瓜船?

看图四,青蛙为什么会坐在西瓜船里?这中间发生了什么事情?

重点引导幼儿大胆想象故事发展情节并清楚讲述。

4. 幼儿再次与同伴合作排图讲述图片故事。

(1)幼儿两两合作,自由创编讲述故事内容。

(2)请个别幼儿分享自己创编的排图故事。

5. 教师排图并完整讲述自己的故事,给幼儿以启发。

提问:你喜欢老师的讲述吗?为什么?老师讲的与你们讲的有何不同?

小结:排图讲述不仅要根据图片上事情发展的顺序进行图片排序,还要结合图片中事件的发生、人物的对话、心理的变化、情绪情感等进行完整的讲述,这样讲述的内容才会吸引他人。

6. 渗透安全教育——结合故事经验,学习自我保护的方法。

讨论:如果你是故事中的小老鼠,你会怎么办?

【附教材】

活动五　音乐——歌表演：划船

【教材分析】

本活动音乐选自经典英文儿歌 *Row Row Row Your Boat*。歌曲轻快活泼，旋律鲜明，节奏明确，非常适合幼儿演唱。再加上歌曲有三连音的节奏，更能体现出歌曲激流勇进的故事情节。大班幼儿音乐表现力进一步提高，能较准确地表现歌曲中的意思与情节。本活动以有趣的故事导入，通过扮演小矮人和大巨人，互相合作战胜巫婆，在划船游戏中感受乐曲带来的乐趣。

【活动目标】

1. 学唱歌曲，理解歌词，能找准重拍，唱准三连音节奏，做出不同的划船动作。

2. 能随音乐有节奏地创编划船的动作，感受音乐活泼、欢快的风格。

3. 体验帮助小矮人战胜困难后的喜悦。

【活动重点】

学唱歌曲，理解歌词，能找准重拍，唱准三连音节奏，做出不同的划船动作。

【活动难点】

能随音乐有节奏地创编划船的动作，感受音乐活泼、欢快的风格。

【活动准备】

1. 音乐《划船》。

2. 课件。

【活动建议】

1. 幼儿欣赏音乐，感受音乐活泼的旋律。

提问：这首歌曲给你怎么样的感觉？这首曲子里的大巨人和小矮人在干什么？

2. 教师完整清唱歌曲,请幼儿理解歌词内容。

提问:歌曲都唱了些什么?

3. 教师随伴奏完整演唱歌曲,引导幼儿大胆学唱。

提问:你最喜欢歌曲中的哪一句?你能用歌声唱出来吗?

4. 教师解决歌曲中的重音与三连音。

提问:歌曲中的强弱是一样的吗?哪里不一样?为什么这样表现?

有没有速度加快的地方?像是在做什么?

5. 幼儿完整演唱歌曲,教师随时指导。

6. 分析歌曲,启发幼儿大胆创编动作。

(1)提问:小矮人在干什么?他是怎么划船的?

(幼儿做动作。教师清唱歌曲,幼儿按节奏一起划。)

(2)提问:除了单浆划船还可以怎么划?还有什么动作?

(幼儿做划船动作。教师清唱歌曲,幼儿自主表现不同的划船动作。)

(幼儿做擦汗动作。教师清唱,幼儿按节奏做动作。)

(3)提问:小矮人还有一个朋友是谁?

大巨人长得什么样子?大巨人这么大、这么高走起路来是什么样子?

(4)幼儿倾听音乐,找出大巨人走路的音乐。

(教师清唱歌曲,幼儿随音乐站起来摆个大巨人的造型模仿巨人走路。)

提问:除了用脚,还可以用什么发出大巨人走路的声音?

(5)幼儿听着音乐拍出大巨人走出来时的脚步声。

7. 幼儿完整演唱歌曲并进行表演。

(1)请小朋友们来帮助大巨人和小矮人一起用劲地划船,边划边唱。

(2)幼儿分角色进行划船游戏。

玩法:每一艘船上坐四个人,每条小船请一个小船长。教师扮演巫婆,幼儿游戏。

【附故事】

小矮人与巫婆

在森林里面住着一群非常勤劳的小矮人,他们每天都要到大河的那一边去工作。太阳下山了,小矮人坐上四艘小船回家了。可是大河上面坐着一个老巫婆,这个老巫婆可坏了,每次看到小矮人,要不就变成一块石头,要不就变成一块木头,小矮人非常地害怕,可是不要紧,小矮人有一个朋友,是谁?这个大巨人非常地能干,每一次都会帮助小矮人用劲地划船,把小船划得像箭一样快,老巫婆追不上小船。最后大巨人和小矮人战胜了老巫婆。

〔改编自《白雪公主和七个小矮人》〕

【附乐曲】

ROW, ROW, ROW YOUR BOAT
划船歌

1 = C 2/4

Row, row, row your boat, gen-tly down the stream.
划, 划, 划 小 船, 小船儿 水 上 飘。

Mer-ri-ly, mer-ri-ly, mer-ri-ly, mer-ri-ly, life is a dream.
乐滋滋, 兴致高, 乐滋滋, 兴致高, 生活 多 美 妙。

体育活动

跑旱船

【教材分析】

大班幼儿动作的协调、灵活性有很大的发展，但力量和耐力及挑战性有待进一步提高。"跑旱船"是由传统体育游戏推小车演变而来的，对幼儿的力量及耐力有很好的锻炼，深受幼儿喜爱。本活动，通过组织幼儿开展"跑旱船"的游戏，锻炼幼儿腿和脚部的力量，发展幼儿的平衡能力。活动中，鼓励幼儿自主选择相应重量的沙袋，培养挑战自我的精神，引导幼儿在竞赛中感受与同伴共同游戏的乐趣，激发幼儿参加体育活动的兴趣。

【活动目标】

1. 能较熟练地掌握推小车的方法和动作要领，锻炼幼儿的力量和耐力。
2. 能根据自己的能力选择不同重量的沙袋，保持小车的平衡，按规则进行游戏。
3. 体验与同伴一起游戏的乐趣。

【活动重点】

能较熟练地掌握推小车的方法和动作要领，锻炼幼儿的力量和耐力。

【活动难点】

能根据自己的能力选择不同重量的沙袋，保持小车的平衡，按规则进行游戏。

【活动准备】

1. 小推车4辆，不同重量的沙袋（0.5千克、1千克、1.5千克等），数字卡片、小椅子4把。
2. 在平地上放置小椅子。

【活动建议】

1. 带领幼儿随音乐做走、跑,活动手腕、脚腕等动作,进行热身活动。

2. 鼓励幼儿探索、学习,掌握推小车的动作要领。

(1)示范讲解推小车的方法:手拿一根小竹竿,推着小车向前行,慢慢走,慢慢推,小车稳稳向前进。

(2)请幼儿分小组练习,探索保持平衡推小车的方法。

重点探索:手握住小车的什么位置,才能推动小车并且保持平衡、直线前行?

(3)针对幼儿出现的问题及时进行指导,鼓励幼儿在反复尝试中解决问题

3. 在掌握好重心和平衡的前提下,组织幼儿进行"小推车运沙袋"竞赛游戏。

(1)教师示范讲解游戏玩法与规则。

玩法:幼儿根据自己的能力选择沙袋,点数沙袋的数量并找出相应的数字卡插到小车上,将小车推到终点,绕过椅子将小车推回到起点,游戏完成。

(2)将幼儿分为4组进行竞赛游戏。

4. 伴随音乐,带领幼儿拍拍胳膊、腿,两人一组相互拉手进行放松活动。

第 2 周　我的小船去旅行

环境创设

1. 主题板：延续"船儿奥秘多"主题墙饰，并重点添加船儿航行实验记录表等。
2. 重新布置结构区海洋背景图、港口搭建步骤图等。
3. 图书区添置有关船的绘本故事类图书等。

生活活动

1. 收集各种船的科普书籍、图片、资料介绍。
2. 和幼儿一起用废旧材料动手制作船，并探讨如何让船跑起来。
3. 与海军博物馆联系，组织幼儿参观。
4. 邀请海军家长进课堂，介绍有关船、旗语方面的内容。
5. 带幼儿参观奥帆中心、港口等，了解不同功能的船与人们生活之间的联系。

家长与社区教育

1. 引导幼儿乐于与小朋友进行分享船的相关知识，能大方地将自己带来的书籍与他人分享。
2. 值日生能主动做好值日，课间十分钟时协助老师维持秩序，主动帮同伴整理餐具。
3. 知道看书的正确姿势，不在强光下看书。
4. 能根据天气和活动量，及时增减衣服，出汗时注意随时喝水、休息。

活动一 美术——小·制作:造船厂

【教材分析】

船是孩子们非常喜欢的交通工具。大班幼儿喜欢动手制作,能运用不同材料制作船,突出船的主要特征是本次活动的重点。活动中,以"造船厂"引发幼儿制作船只的兴趣,通过观看视频、小组合作的形式,运用组合、粘贴、装饰的方法,利用各自收集的废旧材料组合创作,再现他们喜爱的船;通过水中的实验操作,完善自己的船只制作。让幼儿在讨论、尝试与合作中感知船的基本构造,创造性再现并突出船的主要特征,体验合作制作的快乐及成功感。

【活动目标】

1. 知道用较大的泡沫或较大的盒子做船底,学习从下往上、由大到小的方法制作船。

2. 能运用大小不同的盒子以及半成品材料,创造性地组合制作出自己喜欢的船,突出船的主要特征。

3. 教育幼儿懂得面对出现的问题要积极思考、勇于克服。

【活动重点】

知道用较大的泡沫或较大的盒子做船底,学习从下往上、由大到小的方法制作船。

【活动难点】

能运用大小不同的盒子以及半成品材料,创造性地组合制作出喜欢的船,突出船的主要特征。

【活动准备】

1.(经验)以小组为单位提前制定"造船计划"。

2.(物质)牙膏盒、包装盒、纸箱、皱纹纸、瓶盖等各种废旧材料以及双面胶、剪刀、铅笔、胶枪等若干;水盆四个。

【活动建议】

1. 观察橡皮泥小船比赛视频,了解怎样才能让船更稳。

提问:用橡皮泥造船,怎样才能使制造的小船浮得最稳? 为什么?

小结:橡皮泥底越大,上面越轻,小船会浮得越稳。

2. 幼儿分组合作,制造自己喜欢的小船。

(1)交流分享:我喜欢的个性船。

提问:你想造一艘什么样的小船?你希望它有什么特点?造这艘小船需要什么材料?

(2)出示《我的造船计划》,幼儿分组按计划进行个性船的制作。

提问:制造小船需要哪些步骤?应注意些什么?

小结:制作小船"先整体再部分",即先制作船底,再制作船头和船尾,从下往上、由大到小,这样的船才更稳定,全都制作好再进行细节装饰。

(3)幼儿动手制作,教师巡回指导,帮助能力较弱的幼儿。(有使用胶枪的时候,老师给予帮助)

3. 下水实验,调整、改进、完善船体不足的地方。

（1）将小船放到水里测试，找出需要改进的地方。

提问：你的小船放到水里，有什么变化？侧翻是什么原因？怎么办？

小结：小船侧翻，是因为小船的一边过重导致向一边倾斜，所以可以将另一边装饰相同重量的材料，或减轻倾倒一侧的重量，使其保持平衡。

（2）演示、介绍"我的小船"。

提问：你的小船有哪些特点？你的小船还有哪些需要改进的地方？

4. 展览作品，小结结束。

（1）将改善后的小船再次下水实验，分享成功经验。

（2）评选"我最喜欢的小船"，说说喜欢的理由。

【附范例】

活动二 科学——小实验：我的小船去航行

【教材分析】

玩水是孩子们非常喜欢的一项游戏活动。前期孩子们运用多种材料制作了各种各样的小船，并进行了下水实验，"看，船怎么不能走了？""船为什么沉了？"……他们不了解为什么有的小船会长时间漂在水面，有的小船则迅速沉入水里。本活动源于幼儿，旨在帮助幼儿通过实验，了解有关船的浮沉，探索让船在水面行驶的方法；通过观察、比较、操作、验证、记录等方法，引导幼儿初步理解船儿航行的原理以及造成船儿上浮与下沉的原因，激发幼儿对船儿航行的探究兴趣。

【活动目标】

1. 寻找、发现让自己做的船漂浮在水面上以及行驶的方法。

2. 初步理解船航行的原理，能根据实际情况找出自制船的问题，并加以改正。

3. 喜欢动手实验，对船在水上行驶感兴趣。

【活动重点】

自主实验，探索发现让自己做的船漂浮在水面上以及行驶的方法。

【活动难点】

初步理解船航行的原理，能根据实际情况找出自制船的问题，并加以改正。

【活动准备】

幼儿自制船、装满水的大盆。

【活动建议】

1. 幼儿展示自制船，相互交流介绍。

（1）船模博览会：幼儿相互参观同伴制作的船。

（2）向同伴介绍自己制作船的名称和使用的材料。

2. 下水试验，用自己的办法使船向前航行。

（1）幼儿自由实验让小船前行的方法。

提问：怎样让你的小船跑起来？可以用什么方法？

小结：用扇子扇风，用手划水等。

（2）提问：小船为什么会沉？为什么跑不动？

3. 交流实验结果，找出问题。

（1）纸做的船下水后，泡水湿了，需要改进。

（2）水彩笔涂色的船，下水后掉颜色，需要改进。

（3）装有马达和电动螺旋桨的船，下水后容易短路，需要改进。

4. 幼儿分组，两两进行比赛。

提问：用相同的方法，看看谁的船儿跑得快？为什么？

用不同的方法，看看比赛结果有变化吗？为什么？

提醒幼儿将实验结果记录下来，找出让船跑得快的最合适的方法。

5. 活动延伸。

根据试验结果，改进自己的船，准备船模大赛。

活动三 社会——亲子活动：参观海军博物馆

【教材分析】

中国海军博物馆是全国三大军事博物馆之一，而落于我们青岛的海军博物馆是全国唯一的海军军事主题博物馆，可谓得天独厚的教育资源。随着课程的开展，孩子们对各种各样的军舰产生了好奇心，一个个小问号出现在他们的脑海中，"为什么军舰可以作战？""军舰与其他船只有哪些不同？""军舰有什么特殊的设备和功能？""为什么潜水艇可以潜入水下？""潜水艇怎样发现水面上的情况？"……本活动，通过实地参观，走进潜水艇、各种军舰内部，聆听海军叔叔讲解军舰的特殊构造与本领，与海军叔叔互动质疑等，拓展幼儿对于军舰的感知，感受中国海军力量的日益强大，激发幼儿热爱大海，关心大海，保护大海以及作为海边娃的自豪、骄傲之情。

【活动目标】

1. 参观海军博物馆，了解海军博物馆内军用船只的主要构造和功用。

2. 能结合自己的疑惑主动提问并将自己发现的新事物与同伴分享。

3. 感受中国海军的威武强大，激发幼儿热爱大海，关心大海，保护大海以及作为海边娃的自豪、骄傲之情。

【活动重点】

参观海军博物馆，了解海军博物馆内军用船只的主要构造和功用。

【活动难点】

能结合自己的疑惑主动提问并将自己发现的新事物与同伴分享。

【活动准备】

1. 提前联系海军博物馆。

2. 家长会，帮助家长了解本次活动的具体事宜，和孩子一起做好参观准备。

【活动建议】

1. 活动前的谈话,帮助幼儿和家长了解本次活动的具体安排以及安全与注意事项。

2. 徒步行进至目的地,家长看护好孩子,沿途注意跟好队伍。

3. 参观海军博物馆。

（1）以小组为单位,每组请一位海军为孩子们讲解。

（2）带领幼儿有序进行参观,提醒幼儿认真听讲解,家长也随时给孩子讲解船只设备、解答幼儿疑惑等。

（3）鼓励幼儿认真观察,发现问题,大胆提问。

（4）注意文明参观,保持船内卫生,不乱动船里的东西。

4. 交流探讨"威武的海上战舰",丰富战舰知识。

（1）谈话:"为什么军舰可以作战?""军舰与其他船只有哪些不同?""军舰有什么特殊的设备和功能?""为什么潜水艇可以潜入水下?""潜水艇怎样发现水面上的情况?"……引导幼儿畅谈对这些海上舰艇的了解和认识。

（2）与海军叔叔现场互动、答疑,进一步拓展幼儿对于军用船只的感知了解。

（3）请海军叔叔讲述两艘战舰的威武及光辉历史,感受中国海军力量的日益强大。

小结:青岛海军博物馆是全国唯一的海军军事主题博物馆,它宣传、展示了海军的历史和成就。通过参观,我们深深体会到人民海军的威武壮大,为我们小朋友作为海边娃而自豪和骄傲。

【活动延伸】

以绘画方式表征观后感。

活动四　音乐——歌曲《启航的小·水兵》

【教材分析】

歌曲《启航的小水兵》,用进行曲式的旋律、叙述式的歌词,描绘出自信、勇敢、威风凛凛的小水兵形象。附点节奏和念白是本歌曲的一大特点,也是歌曲的难点。活动中,教师运用"开炮瞄准"和"情景游戏"的方式帮助幼儿掌握节奏和念白;通过角色模拟,让幼儿扮演小海军表现歌曲的小英雄气概,体验自信、勇敢的情感,激发幼儿对小水兵的敬佩之情。

【活动目标】

1. 熟悉歌曲旋律,理解记忆歌词,唱准歌曲中附点和休止符以及念白节奏。

2. 能用好听和有气势的声音演唱歌曲,表现出歌曲小解放军的英雄气概。

3. 体会歌曲中小水兵的英勇和自豪的心情,萌发爱祖国的情感。

【活动重点】

熟悉歌曲旋律,理解记忆歌词,唱准歌曲中附点和休止符以及念白节奏。

【活动难点】

能用好听和有气势的声音演唱歌曲,表现出歌曲小解放军的英雄气概。

【活动准备】

1. 课前参观海军博物馆,丰富对水兵的认识了解。

2. 歌曲视频《启航的小水兵》、歌曲音乐、提示图。

3. 幼儿围坐半圆。

【活动建议】

1. 发声练习《问好歌》,从 1 = c ～ 1 = e,做好演唱准备。

2. 观看歌曲视频《启航的小水兵》,体会歌曲中学做解放军的自豪感,感受有气势的旋律特点。

提问:刚才看到的是谁啊?你是从哪里看出来的?你觉得他们是怎样的水兵?你是从哪里看出来的?

小结并请幼儿模仿水兵的动作,促使幼儿对水兵产生崇拜、向往的情感。

2. 初步欣赏歌曲,理解歌词内容,唱准歌曲中附点音符以及念白节奏。

(1)教师完整清唱歌曲,幼儿初步感知歌曲。

提问:歌曲中都唱到了什么?

(2)教师再次完整演唱歌曲,引导幼儿理解并记忆歌词。

提问:歌曲中都唱到了什么?

(3)教师根据幼儿的讲述出示相应的歌曲图片,并以歌词小结。

(4)伴随音乐旋律、按照歌曲节奏分句学说歌词。

(5)通过纠错法,唱准歌曲中附点节奏。

提问:歌曲中"蓝色的大海,蓝色的梦"的节奏与其他有何不同?歌曲中还有哪些节奏也是这样的?(引导幼儿重点练习附点节奏的歌词。)

(6)学唱念白节奏。

提问:歌曲什么地方最让你觉得神气?念白是怎么说的?它和歌曲有何不同?应该用什么样的声音、气势念白?

3. 学唱歌曲,引导幼儿大胆尝试根据歌词创编动作,表现"小水兵"的神气、威武。

(1)教师结合图片再次完整演唱歌曲,引导幼儿感受演唱小水兵的神气、威武。

提问:你听到这首歌曲有什么感觉?哪一句让你有这样的感觉?

(2)幼儿和老师一起随伴奏完整演唱歌曲。

(3)通过欣赏、模唱、重点练习、完整跟唱等方式进一步学唱歌曲。

(4)请幼儿根据自己的理解尝试用动作表现歌曲的内容和情感。

提问:为了让小水兵更加威武,我们可以在唱的时候加上动作,你想在哪句、加什么动作呢?

(5)请幼儿分组来演唱歌曲。

4. 小结并引导幼儿边唱边做小水兵的动作离开教室。

幼儿园养成教育课程（大班）

【附教材】

启航的小水兵

1=♭E 4/4

行进速度　坚定有力、自豪地

李　众　词
顾也夫　曲

3 3 2 1 5· | 3 1 3 5 - | 4· 3 2 2 2 | 1 5 1 3 2 - |

1.蓝色的大海　蓝色的风，穿上海魂衫　我是小水兵。
2.金色的太阳　金色的梦，戴上海军帽　我是小水兵。

3 3 2 1 5· | 1 1 2 3 - | 6 5 0 1 2 2 4 4 | 3· 2 1 - |

驾驶着超级　大军舰，寻找　海龙王的水晶宫。
巡逻在辽阔的大海上，迎着　十八级的风浪行。

（5 5 5 5 6 5 - | 6 6 6 7 6 - | 1 7 6 5 3 5 3 5 1 | 2 2 3 2 1 - ）‖

X X X X X· X | X X X X X - | X X X X X X X X X | X X X X X - |

（数板）站在甲板上，我举起望远镜，海欧飞来、鲸鱼列队，向我来致敬。
（数板）擦亮火箭筒，我时刻忙不停，开动火炮、发射鱼雷，巨浪轰轰轰。

&

1· 1 6 6 - | 5· 5 3 4 5 - | 4 4 3 2 2 2 | 5 1 1 2 3 - | 6 6 6 4 4 6 |

（唱）冲破海浪，驾着海风，追逐（那）海盗般我最英勇。启航的小水兵
（唱）全速前进，无比神勇，中国的巡洋舰它立新功。威武的小水兵

5· 3 5 - | 6· 5 4 3 5· 4 3 1 | 2 5 5 2 1 - | X X X X |

小　水兵，保卫祖国保卫海疆多呀多光荣。（喊）一二三四，
小　水兵，

X X X X 0 ‖ 6· 5 4 3 5· 4 3 1 | 2 5 5 2 1 - ‖ 6· 5 4 3 5· 4 3 1 |

一二三四。保卫祖国保卫海疆我是大英雄。保卫祖国保卫海疆
D.S.

X X X X | 2· 3 6 6 | 5 0 X X 0 | X X 0 X X X X | X 0 0 0 ‖

（喊）嘿嘿嘿嘿（唱）我是大英雄（喊）火炮　发射　轰轰轰轰　轰！

活动五　语言——绘本阅读《玩具船去航行》

【教材分析】

绘本《玩具船去航行》讲述了一个小男孩做了一艘小小的帆船，他们干什么都在一起。小帆船在经历过一段冒险后，最终又回到了小男孩身边，很好地阐明了每个人都应该珍惜自己所拥有的东西的故事。内容生动、感人，有一定的重复性。本活动，由引导幼儿分段欣赏，理解故事—整体欣赏，丰富感知—角色对话模仿，在欣赏、阅读、学说、模仿活动中，进一步加深幼儿对故事内容的理解，充分感受故事带来的美好体验。

【活动目标】

1. 阅读图书，了解故事主要情节，学说故事主要角色对话。
2. 仔细观察绘本画面，能用连贯完整的语言大胆讲述故事。
3. 喜欢阅读图书，懂得每个人应该珍惜自己拥有的东西。

【活动重点】

阅读图书，了解故事主要情节，学说故事主要角色对话。

296

【活动难点】

能仔细观察图片内容,用连贯完整的语言大胆讲述故事。

【活动准备】

绘本《玩具船去航行》、故事课件。

【活动建议】

1. 出示封面,引起幼儿兴趣,导入活动主题。

提问:封面上有什么?猜猜看,封面上的小男孩和他的玩具船会发生什么事呢?

2. 教师带领幼儿分步阅读绘本,了解故事主要内容。

(1)看图1,理解玩具船是小男孩辛辛苦苦做的。

提问:玩具船是谁做的?是用什么做的?怎么做的?

(2)看图2,引导幼儿感受小船羡慕大船能自由自在远航的心情。

提问:小男孩是怎样带着小船出去玩的?小船是怎样想的?

(3)看图3,了解小船不小心被风刮走了,开始了它的航行。

提问:发生了什么事?猜猜后面小船会发生什么事?

(4)看图4567,引导幼儿理解玩具船遇到了很多困难,感受它孤单、害怕、无助的失落之情。

提问:船在航行的过程中遇到了哪些困难?小船的心情是怎样的?

(5)看图8,理解玩具船是如何掌握航行的。

提问:玩具船遇到了谁?(渔船)它是怎样让玩具船起航回到了岸边?(学会掌握风向,学会航行)

(6)看图9,引导幼儿理解玩具船再也不会离开小男孩。

提问:回到小男孩身边,小船的心情是怎样的?为什么?

3. 完整讲述故事,引导幼儿理解每个人都应该珍惜自己拥有的东西。

(1)完整讲述故事,进一步感知理解故事。

提问:小船看到别的船在自由自在在航行,它是什么感觉呢?

当小船离开它的好朋友航行在大海上的时候,发生了什么事?它又是什么感觉呢?

小结:小玩具船因为没有朋友的陪伴感到孤单、害怕。

4. 学说并模仿故事中的对话。

提问:当小男孩发现船没有的时候怎么说的?当他发现船回来的时候又是怎么说的?两次的声音一样吗?

5. 活动延伸:

图书区投放绘本《玩具船去航行》,幼儿进一步阅读,鼓励幼儿用连贯的语言大胆讲述故事。

【附教材】

玩具船去航行

有一个小男孩,用一个罐头瓶、一个软木塞、一支黄铅笔和一些白布,做了一只玩具船。小男孩太爱这只船了,一刻也不愿与玩具船分开。他们在浴缸里一起玩耍。他们在床上一起睡觉。每天,他们一起到湖边玩,整个下午,小船在水上漂啊漂。小男孩用一根绳子牵着船,从来不放手。船儿觉得这样挺好。不过有时候,他看着大船在湖上来来去去,不由地想,像那样自由自在地来来去去,会是什么感觉呢?

有一天下午，湖上刮起了风掀起了浪，乌云笼罩着整个湖面。小男孩的妈妈赶来，把小男孩拉回了家。由于她拉得太急，小男孩手里的绳子掉了下去。于是，小玩具船随着波浪漂走了。小男孩大叫："哎呀！我的船！我的船！"可是没有用，已经来不及了。

狂风暴雨把小玩具船吹到了水深的地方。它在高高的巨浪间一起一落，浪花四溅。接着，嘎嚓嘎嚓开过来一艘绿里夹黑的拖轮。拖轮的舷边挂着一排旧轮胎，前面两个窗户看上去像一双疲惫的眼睛。当拖轮的尾流把小玩具船推开时，这双眼睛好像是在说"走开"！

小玩具船只顾着拼命稳住身子别沉下去，几乎没看到一艘大渡船又开过来了。渡船上挂着两面旗子，还有一个红色大烟囱，汽笛大吼大嚷着："走开"！幸亏来了一阵风，把小玩具船从渡船的去路上及时吹开了。

不一会儿，后面又飞快地开来一艘快艇。艇身扁平，尖利闪光，它的马达在尖叫："走开！"然后呼呼地开了过去，带起一股风，吹得小玩具船的帆簌簌抖动。小玩具船觉得自己又渺小又害怕。

这时，迎面又驶来了一大队急急忙忙回家避雨的帆船。小玩具船靠近一艘大帆船。它的船身是白色的，船帆也是白色的。两只船并排冲过滔滔的巨浪。小玩具船觉得有点了不起。可是那白帆船在它旁边又高又大，把水溅到了它身上，警告它说："走开！"小玩具船的船身，几乎装满了水，船帆湿漉漉的，看着都快要沉下去了。它多么想念小男孩啊！

在黄澄澄的月亮下，小玩具船漂流了一整夜，又孤单，又害怕。

一大清早，忽然传来"噗噗、噗噗"的声音。是一艘不那么凶神恶煞的渔船停在湖当中。它油漆剥落，船身的凹痕说明，它尝够了在湖上给推推搡搡的滋味。

这渔船看到了小玩具船，开始小心地围着它转。这样一来，了不起的事情发生了。小玩具船也同时转过了身，它的帆遇上了顺风。在渔船旁边，小玩具船很快就航行起来了。这是真正的航行。小玩具船觉得自己有了力量！"我在前进！"它对着风喊叫着。它觉得一切都太棒了，简直没注意到渔船已经开走。它也没有注意到面前的石岸和不远处沙滩上的那张黄椅子。它连小男孩也没有注意到。直到小男孩大叫："哎呀！我的船！我的船！"小玩具船激动地挥动它的风帆。小男孩也挥手回答它。

那天晚上，他们在浴缸里一起玩耍。他们在床上一起睡觉。第二天他们又一起上湖边去。小男孩用绳子牵着小玩具船，不时地放开它。小玩具船总是会漂回来。它知道自己想要到什么地方去。

〔参见：湖北美术出版社 2009 年版《玩具船去航行》，〔美〕兰德尔·德·塞弗／文
〔美〕罗伦·隆／图）

体育活动

螃蟹运沙球

【教材分析】

《指南》指出："应利用多种活动发展幼儿身体的平衡能力和协调能力。""螃蟹运沙球"以"我是小螃蟹"的游戏情境，帮助幼儿练习并掌握"夹球侧身走"的动作技能，这对于大班幼儿

而言具有一定的挑战性。活动中,通过创设游戏情境、自主尝试、合作游戏的方法,鼓励幼儿尝试用身体各个部位运球,探究最快、最稳的运球方法,发展身体协调性,调动幼儿参与游戏的兴趣,激发他们的竞争意识,体验合作游戏的快乐。

【活动目标】

1. 学习掌握侧身走的动作要领,锻炼身体的协调性。

2. 尝试用身体各部位夹球侧行,探索最快、最稳的运球方法。

3. 体验合作、竞技的快乐。

【活动重点】

学习、掌握、练习侧身走的动作,锻炼身体的协调性。

【活动难点】

尝试用身体各部位夹球侧行,探索最快、最稳的运球方法。

【活动准备】

报纸球若干,器械筐子 4 个,螃蟹胸饰幼儿每人 1 个,伴奏音乐。

【活动建议】

1. 创设游戏情景"我是小螃蟹",带幼儿进行热身,激发幼儿活动兴趣。引导幼儿模仿螃蟹侧身走、跑的动作,开展上肢、下肢的热身活动。

2. 出示报纸团,启发幼儿探索运球的方法。

(1)幼儿自主尝试运报纸球的方法。

提问:可以怎么运报纸球?怎样才能运得又快又多?

(2)讲解、组织幼儿讨论,制定运报纸球的规则。

小结:不能用手拿球,可以将球夹在腋下、夹在双腿间、夹在双脚间、夹在颈下,按规定路线运沙球。

(3)幼儿每人一个报纸球,自由练习夹球行进。

3. 提出合作运球的要求,增加挑战性,增强幼儿间的合作。

(1)提问:两个螃蟹宝宝一起合作运球,怎么运?

(2)请幼儿互相讨论,制定新的游戏规则。

规则:不能用手拿球,两人合作夹球,按规定路线运球。

身体要保持侧行。如掉到地上,必须回到原点重新开始。

(3)幼儿两人一组,模仿小螃蟹自由探索合作运球的方法,练习侧身夹球走。

教师观察幼儿的合作情况,及时针对幼儿的运球方法给予肯定与指导。

4. 将全体幼儿分成两队,进行"螃蟹运沙球"比赛,体验竞争、合作的乐趣。

第 1 次游戏:游戏中违反规则的幼儿停运 1 次。(加强幼儿的规则意识。)

第 2 次游戏:计时比赛,在规定时间内运球数量多的队获胜。

5. 带领幼儿随音乐做放松活动,请幼儿相互捶腿,充分放松腿部肌肉。

第3周　船艇嘉年华

环境创设

1. 主题板：延续"船儿奥秘多"主题墙饰，并重点添加船艇嘉年华计划制定表、图标设计等。

2. 角色区创设船艇展览馆，设置售票、展厅、纪念品三部分区域。音乐表演区添置手持花穗、歌曲音乐等，供幼儿表演。

3. 将幼儿制作的队徽标志及嘉年华计划表布置在语言区的嘉年华新闻发布版面里，进行展览及交流分享。

生活活动

1. 给幼儿丰富关于嘉年华的相关生活经验，了解嘉年华的含义。

2. 和孩子一起制作一个表盘，供幼儿操作认识钟表。

3. 邀请家长志愿者参与我们的运动会。

4. 有条件的家长可带幼儿去参加适宜的社区嘉年华活动，感受嘉年华的快乐气氛。

家长与社区教育

1. 鼓励幼儿自己的事情自己做，能主动热心地帮助同伴。

2. 能正确地握笔，注意书写姿势。

3. 有一定的时间观念，知道要珍惜时间，做事情不拖沓。

4. 户外活动时能注意劳逸结合，出汗了知道休息，及时补充水分。

教学活动

活动一 社会、语言——嘉年华计划制定

【教材分析】

随着"船儿奥秘多"主题活动的进行,幼儿不仅对船有了更全面深入的了解,更对海军产生了敬佩和向往。本周我们将开展以海军训练营为主线的"船艇嘉年华运动会"系列活动,为此孩子们动手制作了很多的船,都想比比谁的船行驶的时间最长,行驶得最快。本次"嘉年华"活动,让孩子们从"比赛内容""比赛场地""比赛规则"等几方面,通过自主交流、表决统计等设计制定"嘉年华计划"并运用符号进行表征,培养幼儿做事的计划性。

【活动目标】

1. 幼儿大胆预测活动中可能出现的问题并根据问题制定规则。

2. 尝试运用绘画表征的方式表现制定运动会的活动计划,详细表征参赛的时间、地点、比赛的内容等信息。

3. 培养幼儿做事的计划性,激发他们参与嘉年华运动会的欲望和激情。

【活动重点】

幼儿大胆预测活动中可能出现的问题并根据问题制定规则。

【活动难点】

尝试运用绘画表征的方式表现制定运动会的活动计划,详细表征参赛的时间、地点、比赛的内容等信息。

【活动准备】

运动会计划记录表、水彩笔。

【活动建议】

1. 以嘉年华运动会,激发幼儿的活动兴趣。

2. 幼儿讨论,帮助幼儿了解嘉年华活动的内容。

(1)提问:你们这次运动会想在哪里举行?运动会中要进行哪些内容?

(2)归纳小组意见,表决确立最终的运动会游戏项目。

提问:你想开展哪些运动内容?为什么?

3. 讨论交流,共同制定"船艇嘉年华运动会"的活动规则。

提问:我们需要为这些内容做哪些准备?在运动会过程中我们需要注意什么?

4. 绘制自己的运动会计划。

(1)提出要求:请你在表格中,把你想到的需要准备的东西,用符号的形式分类记录。

(2)幼儿表征记录,教师巡回指导。

4. 分享交流各自的活动计划,整理归纳记录结果。

(1)小组交流各自记录的内容。

(2)个别分享:请个别幼儿给大家介绍计划表内容,其余幼儿做补充。

(3)小结并丰富幼儿的计划制订。

5. 活动延伸:请幼儿和家长一起按照记录表上的内容做相应的准备。

【附表格】

嘉年华亲子运动会计划表

制定者：

在哪里进行？	
运动会要进行那些内容？	
需要为这些内容准备什么？	
我们和爸爸妈妈还应该做哪些准备？	
运动会过程中都需要注意什么？	

活动二　数学——嘉年华活动时间：认识整点、半点

【教材分析】

大班幼儿对时间具有一定的敏感度，喜欢问时间，喜欢摆弄钟表，能够理解时间与日常活动之间的关系，也具备根据时间作息的意识，但对认知钟表上显示的具体时间比较吃力。本次活动注重激发幼儿自主探索、学习的兴趣，引导幼儿收集、观察生活中的钟表，感知钟表的结构；鼓励幼儿通过充分操作和实践理解整点和半点的含义，通过玩"看谁拨得准"游戏学会认读整点和半点；在"说说做做"游戏中，启发幼儿关注时间与生活的关系，引发幼儿关注时间的主动性，帮助幼儿逐步形成按时作息的良好习惯。

【活动目标】

1. 知道分针走一圈、时针走一格是 1 小时。

2. 能说出钟表表盘的结构，会看整点和半点。

3. 知道什么时间该做什么事情，能够按时作息，懂得珍惜时间。

【活动重点】

知道分针走一圈、时针走一格是 1 小时。

【活动难点】

能说出钟表表盘的结构，会看整点和半点。

【活动准备】

1. 适合幼儿集体观看的大时钟 1 个。

2. 请幼儿每人准备一个钟表(表盘结构完整,有数字、时针、分针,且分针和时针可以同步调整)。

【活动建议】

1. 请幼儿相互交流钟表,引发活动兴趣。

2. 引导幼儿感知钟表表盘的结构。

提问:大家的钟表各式各样,谁能找到它们相同的地方?

小结:钟表都有时针和分针,时针跑得慢,分针跑得快;表盘上都有数字,从1到12,顺时针排列。

3. 请幼儿自由探索钟表表针间的关系,了解时针、分针的运动规律。

提问:表针怎样转? 分针转一圈,时针走多远?

小结:时针、分针都是顺时针转动,分针转一圈,时针走一格,就是1小时。

4. 指导幼儿校准钟表,在操作中理解整点的特点。

(1)拨动大时钟,转到某个整点,请幼儿说出时间。

鼓励幼儿大胆表述,及时予以肯定或纠正,反复认读1~12的整点,直到幼儿理解整点的特点:整点时,分针指着12,时针指着几,就是几点钟。

引导幼儿重点认识12点:时针、分针都指在12上。

(2)组织幼儿玩"看谁拨得准"游戏,培养思维的敏捷性,在多次实践中巩固对整点的认识。

说出整点时间,请幼儿拨出相应时间,又准又快的获胜。

(3)鼓励幼儿尝试用身体动作表示整点。

引导幼儿以左手为时针、右手为分针来表示时间,进一步感知整点的特点:分针指着12,时针指着几,就是几点钟的特点。

5. 指导幼儿校准钟表,在操作中理解半点的特点。

(1)请幼儿先猜测半点时指针的位置,再通过操作进行检验。

提问:一点半时,时针会指向哪里? 分针会指向哪里? 为什么? 两点半呢? 三点半呢?

引导幼儿观察钟表并在操作中感知:分针走一圈是一个整点,走半圈就是半点,所以分针指着6时就是半点。

(2)鼓励幼儿尝试拨出1点半至12点半,重点认识12点半。

引导幼儿发现小窍门:认识半点时,先找出分针指向6,再比较时针两边数的大小,较小的一个数是几就是几点半(12点半除外)。例如:分针指向6时,时针在1和2中间,1比2小,这就是一点半。

(3)请幼儿分组玩"看谁拨得准"游戏,在游戏和相互学习中巩固对半点的认识。

幼儿轮流操作,拨出1~12的半点,其他幼儿快速拨出相应时间,同伴间相互验证。

6. 组织幼儿玩"说说做做"游戏,引导幼儿围绕"嘉年华活动时间表",操作表盘,拓展幼儿对于时间的感知。

(1)嘉年华活动具体时间安排

8:00前入园准备—8:30运动会场地布置—9:00嘉年华正式开始—10:00中场休息—

10:30再次游戏—11:00嘉年华结束。

(2)幼儿操作表盘,运用表盘或数字时间以及简单的画面表征记录"嘉年华活动时间表"。

【活动延伸】

1. 提供"钟表记录卡",幼儿结合表盘和数字时间设计制定自己的"一日生活作息"。

2. 提供操作表盘,幼儿在区域中开展游戏"我说时间你来拨",进一步加深对于整点、半点的学习。

活动三　美术——绘画:嘉年华徽标大征集

【教材分析】

简洁明了的 LOGO 里蕴含着大量的信息。大班幼儿虽然在生活中也能接触过各种各样的 LOGO,但很少关注 LOGO 的意义。为此,活动前通过家长有意识地引导孩子寻找、发现生活中的 LOGO,在哪些地方需要使用 LOGO?LOGO 有什么作用?使用了 LOGO 带来怎样的便利?等,同时运用照片的形式将自己感兴趣的 LOGO 记录下来。本活动,在幼儿对于 LOGO 积累一定经验的基础上,重点引导幼儿尝试用明快的色彩、形象鲜明的图案,大胆为自己的嘉年华运动队设计队徽的 LOGO,鼓励幼儿大胆想象,激发幼儿的团队意识。

【活动目标】

1. 了解 LOGO 的意义与作用,能运用绘画的形式设计所在队队徽的 LOGO。

2. 比较发现 LOGO 的设计特点,能根据所在运动员代表队绘制凸显队名、口号的队徽 LOGO,画面主题明确,色彩鲜明。

3. 体验我为运动队设计队徽 LOGO 的自豪感,激发幼儿的团队意识。

【活动重点】

了解 LOGO 的意义与作用,能运用绘画的形式设计所在队队徽的 LOGO。

【活动难点】

比较发现 LOGO 的设计特点,能根据所在运动员代表队绘制凸显队名、口号的队徽 LOGO,画面主题明确,色彩鲜明。

【活动准备】

1.(经验)和同伴一起商讨运动员代表队的名称及口号(队名最好与船有关)。

2.(物质)画纸、水彩笔。

【活动建议】

1. 谈话"我们的队名",引发孩子的活动兴趣。

提问:你们的队名叫什么?口号是什么?为什么要起这个名字?

2. 教师出示一个会标的 LOGO,幼儿观察、了解 LOGO 的含义及作用。

提问:这是什么?徽标是做什么用的?徽标上面有什么?猜猜看这个徽标代表着什么意思?

3. 小组合作,构思徽标。

提问:你想为你们所在运动员代表队设计什么徽标?上面画什么?代表了什么意思?

小结:徽标是代表事物特征的记号。它以单纯、简单、易识别的物像、图形、文字符号作为直观语言,除标示什么、代替什么之外,还具有表达意义、情感和指令行为等作用。

4. 创设情境"嘉年华徽标征集大赛",鼓励"设计师"以小组为单位根据队伍名称、口号,设计自己队伍的徽标。

(1)提出绘画要求:徽标要凸显队名、口号或对比赛的期盼;徽标的设计要简洁、形象突出、色彩鲜艳。

(2)幼儿创作、设计所在队伍的徽标,教师巡回指导。

5. 展览幼儿设计的徽标,分享交流,相互提建议。

(1)分组展览幼儿作品,请大家集体选拔入围作品。

提问：你最喜欢哪一个徽标？为什么？

（2）以举手表决的形式,选拔、确定各队最终的徽标。

6. 活动延伸

请各组将各队最终的徽标放大在 8K 图画纸上,以此作品作为各队的队徽。

活动四 音乐——舞蹈:加油啦啦操

【教材分析】

啦啦操是专门为运动员加油的一种健身操形式的律动舞蹈,起源于美国的 NBA 篮球赛,音乐欢快富有动感、节奏鲜明,其动作富有活力和韵律感。结合这一特点本活动特选取了旋律明快、富有动感的歌曲《加油加油》为背景音乐,通过教师动作引领与幼儿自主创编相结合的方式,引导幼儿与同伴一起跳啦啦操,体验与同伴一起舞蹈的快乐。

【活动目标】

1. 感受乐曲欢快动感的旋律,学习掌握啦啦操的动作要领并能随音乐一起舞蹈。

2. 尝试根据音乐大胆创编啦啦操的律动动作并随音乐有节奏地展现舞蹈。

3. 体验同伴间相互学习、一起舞蹈的快乐。

【活动重点】

感受乐曲欢快动感的旋律,学习掌握啦啦操的动作要领并能随音乐一起舞蹈。

【活动难点】

尝试根据音乐大胆创编啦啦操的律动动作并随音乐有节奏地展现舞蹈。

【活动准备】

1.（经验)提前欣赏"啦啦操"视频,丰富幼儿对于啦啦操的感知经验。

2. 音乐《加油加油》、花穗道具。

【活动建议】

1. 回顾感知,引出"啦啦操"的加油方式。

提问：你见过哪些加油方式？我们的运动会即将开始,你想如何给你的队友加油？跳啦啦操需做哪些准备？

2. 欣赏音乐《加油歌》,感受乐曲的欢快气氛。

提问：听了这首音乐,你有怎样的感觉？

小结：节奏欢快的歌曲让人情不自禁想要跟着一起跳动起来。

3. 学习"加油啦啦操",激发幼儿大胆表演的兴趣。

（1）幼儿听音乐,自主设计啦啦操的舞蹈动作。

提问：你想设计哪些啦啦操的动作？

（2）个别幼儿示范,引导幼儿相互学习。

（3）教师总结：将幼儿动作进一步规范,并将动作画成示意图。

（4）教师随音乐完整表演"加油啦啦操",丰富幼儿的感知。

（5）小组练习：幼儿持花穗分组练习"加油啦啦操"。

（6）分组展示：幼儿分组随音乐完整舞蹈"加油啦啦操"。

【活动延伸】

1. 音乐区投放花穗、音乐、舞蹈动作示意图,幼儿进一步练习。

2. 在船艇嘉年华运动会上进行展示,为自己的队伍加油!

活动五　半日活动——船艇嘉年华运动会

【教材分析】

一周来围绕着"船艇嘉年华运动会"，孩子们先后开展了"制订计划""制作船艇""设计徽标""加油啦啦操"等一系列活动，满怀激情地为我们的"船艇嘉年华运动会"做着充分的准备。本活动，以"海军训练营"为主线，以"半日活动的方式"设计了两大游戏环节，一是幼儿通过参加四项体能挑战游戏完成任务单，最终获得海军徽章；二是开展航行比赛。活动中，还将发挥家长资源，请家长作为志愿者，裁决孩子们的比赛成绩，共同参与我们的"船艇嘉年华运动会"，体验亲子共同游戏的快乐，培养幼儿敢于尝试、勇于挑战、坚持到底、互帮互助的团队意识和比赛竞争意识。

【活动目标】

1. 积极参加各项体育比赛活动，有一定耐力，能坚持到底。

2. 能主动遵守规则并认真完成所有项目的比赛。

3. 有一定的集体荣誉感，体验亲子运动会的快乐。

【活动重点】

积极参加各项体育比赛活动，有一定耐力，能坚持到底。

【活动难点】

能主动遵守规则并认真完成所有项目的比赛。

【活动准备】

场地布置、运动会音乐、邀请家长志愿者、任务卡、奖状、队牌等。

【活动建议】

1. 主持人开场致辞。

春天是生命的摇篮，春天是我们放飞的期盼，春天播撒希望的种子，春天里扬起欢乐的风帆！今天，我们即将举行"船艇嘉年华运动会"，我们的口号是："船播梦想，艇爱运动，自信勇敢，扬帆起航！"下面有请运动员闪亮登场！

2. 运动员按队伍顺序依次入场：幼儿手举队徽，喊出自己队的口号。

3. 园长致辞。

4. 介绍比赛规则，开始项目比赛。

（1）活动规则：每班分为四个队伍，分别到场地内四个比赛项目逐一参加游戏项目，在获得家长志愿者在幼儿的对应游戏任务卡上的盖章后转场到下一比赛场地，直到全部项目结束。

（2）具体活动内容与玩法。

游戏一"方块翻翻乐"：三个班幼儿每班同时派 2 名队员进行比赛，规定时间内，翻出自己队伍颜色最多的队伍获胜。

游戏二"翻山越岭"：三队幼儿分别对应好器械，以接力的形式攀爬过器械，最先完成的队伍获胜。

游戏三"海上托运"：幼儿分成三队，接力用球拍托球跑，将小球运送到对面筐子里。最先完成的队伍获胜。

游戏四"匍匐前进"：三队幼儿分别对应地垫，用匍匐爬的姿势爬过障碍地垫，最先完成的队伍获胜。

（3）幼儿分组逐一开展四个项目的游戏比赛，教师与家长志愿者及时评价与指导。

5. 两轮比赛中场休息,喝水,如厕。

6. 船艇航行比赛。

7. 颁奖仪式。

(1)幼儿列队站好,请家长志愿者给运动员颁奖状。

(2)合影留念,比赛结束。

水手训练营

【教材分析】

水手训练营是我们嘉年华系列活动的体能训练,希望孩子们能借助这个游戏情景激发幼儿不怕困难、勇往直前的品质。为了能够凸显出水手训练营的独特,我们选取了竹梯这一运动器械,将竹梯与其他器械组合,发展幼儿进行平衡、钻、攀登、跳跃、悬垂等技能。活动中,通过创设"水手训练营"的游戏情境,引导幼儿大胆尝试、自主探究梯子的多种玩法,练习掌握手脚并用攀爬梯子的动作,充分体验完成任务的自信以及玩梯子的乐趣。

【活动目标】

1. 练习在梯子上攀爬的动作,掌握手脚交替向上爬的动作技能。

2. 自主探索梯子立放、侧放时不同的玩法。

3. 体验爬到高处的自信及玩梯子的乐趣。

【活动重点】

练习在梯子上攀爬的动作,掌握手脚交替向上爬的动作技能。

【活动难点】

自主探索梯子立放、侧放时不同的玩法。

【活动准备】

1. 梯子若干,小椅子4把或轮胎4个,电影《加勒比海盗》主题音乐或《大海啊,故乡》音乐。

2. 场地布置:从左至右依次平放梯子、在两把小椅子或轮胎中间架梯子靠墙固定,共两组。

【活动建议】

1. 创设"水手跳滑稽舞"的游戏情景,带领幼儿进行热身,重点活动手臂、腿部及腰、颈的肌肉和关节。

2. 引导幼儿自主探索梯子的不同玩法,重点练习攀爬梯子的动作。

(1)请"水手"们观察用梯子布置好的活动场地,交流、讨论梯子的不同玩法。

提问:怎样越过这些障碍?

小结并鼓励幼儿大胆地说出自己的想法。例如:走梯子、钻梯子、跨梯子、爬梯子等。

(2)请幼儿将竹梯平放、侧放。幼儿自主尝试、探究梯子不一样的通过方式,教师观察并及时指导。

（3）组织幼儿交流并示范探究梯子的不同玩法。

（4）教师示范讲解爬梯子的动作要领。

动作要领：攀爬梯子时要手脚交替，注意手脚的顺序，手要抓住梯子，脚要踩实，眼睛交替看向上方、前方和下方。

3. 创设"水手训练营"的游戏情境，引导幼儿综合练习上下爬梯子、过梯子桥、钻梯子等动作。

（1）引导幼儿交流、讨论，根据"水手"工作设计"水手训练课程"，自主搭建"训练场地"。

（2）组织游戏"水手训练营"，以接力赛的形式请幼儿鱼贯练习，进一步熟练掌握攀爬的动作。

教师注意保护幼儿安全，重点关注胆小或动作不规范的幼儿，对敢于挑战的幼儿及时肯定。

4. 创设"水手训练成果展示"的情境，增加游戏难度，鼓励幼儿突破自我。

5. 创设"快乐水手"的情境，带领幼儿跟随音乐做划船、游泳，晒太阳等动作进行放松。

主题三　春天来到了

主题网

教学活动

1. 好习惯体验日：整理小书包
2. 民族风光美
3. 7 的组成
4. 柳树姑娘
5. 我眼中的春天

活动区活动

1. 花艺店
2. 春天的风铃
3. 春天的公园
4. 春天的歌
5. 花儿朵朵开
6. 我会叠被子

户外体育活动

1. 种树忙
2. 护小树

第 1 周　踏青小分队

春天来到了

教学活动

1. 小蝌蚪找妈妈
2. 动物本领大
3. 7 的加减
4. 狮王进行曲
5. 手形动物画

教学活动

1. 小房子
2. 垃圾要分类
3. 认识正方体、长方体
4. 家
5. 机器人

第 2 周　动物保护大联盟

第 3 周　环保小卫士

户外体育活动

1. 勇过鳄鱼湖
2. 聪明的小动物

活动区活动

1. 动物主题餐厅
2. 动物创意大世界
3. 野生动物园
4. 动物狂欢节
5. 手影动物
6. 我帮同伴叠被子

活动区活动

1. 环保用品专卖店
2. 废旧物品大变身
3. "绿色"居住区
4. "绿色魅力"服装表演
5. 污水变清了
6. 整理被褥大比拼

户外体育活动

1. 纸板玩法
2. 好玩的"大鞋"

主题价值

大自然是人们赖以生存的家园，人们应尊重自然、珍惜自然。大班幼儿对自然界中的常见现象已有初步的观察和探究兴趣，知道动植物与大自然之间的简单联系，对动植物的生长过程及变化有浓厚的兴趣，喜欢聆听动物故事、讨论关于动物的话题。本主题的开展选在万物复苏、生机勃勃的阳春三月，春季里动植物的变化、蓬勃的生机及人们播种、踏青的激动与喜悦，无不让幼儿感到欣喜。活动中，教师与家长一起带领幼儿走进大自然，通过寻找、观察、记录、表征、分享、交流等形式，引导幼儿发现春天自然界的变化；通过踏青、荡秋千、放风筝等活动，启发幼儿体验传统民俗的丰富多彩；通过动听的故事、诗歌、歌曲，引导幼儿感受一草一木的美；鼓励幼儿在探究动植物世界的过程中学会观察，学会发现问题、思考问题、解决问题，了解自然生物与人类的依存关系，激发幼儿对大自然的热爱、对美的欣赏与感受、对环境保护的关注，帮助幼儿形成热爱、关心、保护大自然的情感。

主题目标

★ 知道春天是传染病多发季节，能主动多喝白开水，不贪喝饮料，讲卫生，具有初步的自我保护意识。

1. 感知并适应春天的季节变化，能根据气温和运动量的变化调整自己的活动，及时增减衣物，有预防传染病的意识；积极参与郊游、远足等活动，能连续行走 1.5 km 以上，户外活动时能注意安全，提高身体的协调性、灵敏性。

2. 能通过看电视、听广播、读书等方法获取相关的信息，能用比较完整、清晰的语言与他人交流自己探索大自然的过程与方法，能清楚地表达自己对大自然、对春天中动植物的感知。

3. 积极参与春天里的民俗活动，感受与同伴、家人一起活动的快乐；建立初步的环保意识，知道节约资源，自觉遵守环保规则，用自己的实际行动保护周围环境，萌发热爱动植物、热爱大自然的情感。

4. 知道环境对动植物及人类的重要意义，乐意参与探究春天的活动，能发现动植物随着气候、环境变化而发生的改变，丰富对动物的认识，主动探索自己感兴趣的问题，对探究动物的秘密产生浓厚的兴趣和愿望。

5. 体验、感受大自然的美，尝试运用绘画、制作、演唱、演奏等方式创造性地表现自己对大自然的感知与热爱。

区域活动安排

区域名称	活动名称	活动准备	活动指导建议
角色区	花艺店	仿真花、草若干，形状不同的瓶子、盒子等器皿，花篮、花束的照片，包装纸，黏土、彩色卡纸、皱纹纸、海绵纸等制作花朵的材料	● 能与同伴协商创设"小小花艺店"，自主分配角色开展插花、买卖的游戏。 ● 提醒"售货员"与"顾客"沟通，问清楚"顾客"的需求，然后向"插花师"反馈。 ★ 提醒幼儿与同伴协商分工，能够使用礼貌用语与同伴进行游戏。
	动物主题餐厅	餐厅门头"动物主题餐厅"，不同动物头饰及空白头饰，厨房，餐厅用具	● 能与同伴协商布置动物主题餐厅，自主分配角色开展餐厅游戏。 ● 提醒幼儿根据动物顾客的饮食特点制作美食、提供服务。 ★ 提醒幼儿玩完玩具后按物品分类收放整齐。
	环保用品专卖店	利用废旧材料制作的手提袋、花瓶等物品，收集的环保袋、便携式餐具、手帕等物品，自制环保用品专卖店"门头"，绘制宣传海报等	● 能与同伴协商分配角色、创编宣传语，并能利用废旧材料制作宣传海报等。 ● 鼓励幼儿创造性地利用多种方式宣传"商品"，吸引顾客，热情、有效地向顾客推销环保用品。 ★ 提醒幼儿对待顾客的态度要热情、周到，礼貌待客。
美工区	春天的风铃	彩纸、树枝、细麻绳、树叶、野果、野花等，折叠纸风铃的步骤图	● 学习看图折叠纸风铃，能运用自然材料穿线、组合、装饰，创造性地制作春天的风铃。 ● 鼓励幼儿根据自己的兴趣选择小铃铛、树叶、树枝等自然材料制作与众不同的风铃。 ★ 提醒幼儿游戏时注意桌面、地面的整洁，游戏后将垃圾清理干净。
	动物创意大世界	报纸、纸箱、木块、木棍、彩色布头、直筒等废旧材料，剪刀、胶枪、双面胶、透明胶等制作工具	● 幼儿能尝试用不同的材料进行创意制作，表现自己喜欢的动物。 ● 指导幼儿在创作的过程中能够运用粘贴、剪、拼装等技能设计制作不同的动物形象。 ★ 提醒幼儿使用剪刀时注意安全，不要剪到手，不要将剪刀尖指向别人。
	废旧物品大变身	用大型纸盒、篮子等制作的"百宝箱"（放置多种安全、卫生的废旧物品），彩笔、剪刀等，彩纸、橡皮泥、黏合剂、绑带等辅助材料	● 能运用多种制作方法，使用各种辅助材料制作手提袋、服装、服饰、沙锤、动物形象等生活用品或装饰品。 ● 提示幼儿在制作时体现实用、美观、有创意等特点。 ★ 指导幼儿活动结束后将物品收放整齐，桌面干净整洁。
结构区	春天的公园	大型积木若干，插塑积木若干，雪花片等辅助材料，公园景观或建筑物的图片	● 幼儿能够自主分工协作搭积木，运用连接、架空、延伸等技能创造性地展现公园里的景观或建筑物。 ● 启发幼儿用雪花片等辅助材料表现公园里的人物、景物。 ★ 指导幼儿与同伴协商分工，合作搭建，不争不抢。
	野生动物园	动物园的图片或照片，各种动物的图片，各种插塑积木、木质积木，雪花片、大、小盒子等辅助材料	● 幼儿能自主选择搭建材料，运用垒高、围拢、穿插等建构技能，完成野生动物园的主题创作。 ● 引导幼儿结合动物的不同特点合作搭建不同风格的动物场馆，运用雪花片或插塑积木拼插各种动物，摆放到动物场馆中。 ★ 引导幼儿在搭建过程中分工合作，协商进行。
	"绿色"居住区	大型积木若干，纸筒、饮料瓶、奶粉罐等辅助材料若干，现代化居住小区、立体停车场、地下多层停车场、太阳能装置等的图片	● 能运用多层架空的技能搭建立体停车场，尝试运用不同的方式及辅助材料表现小区的绿化。 ● 指导幼儿大胆选用积木、纸筒等材料，运用多种方式搭建现代化居民小区。 ★ 提醒幼儿活动结束后将积木分类整理好，物归原处。
音乐区	春天的歌	《幼儿素质发展课程·音乐》CD，教师自制《歌唱春天》《小篱笆》《柳树姑娘》等歌曲的图谱，柳条、纱巾等装饰品，打击乐器若干	● 能根据三拍子音乐的节奏特点选择合适的乐器，会看图谱与同伴合作演奏《柳树姑娘》《小篱笆》等歌曲。 ● 引导幼儿根据节奏图谱，自主分配乐器合作演奏，鼓励幼儿轮流担任指挥，尝试创编新的节奏型，创造性地表现乐曲。 ★ 鼓励幼儿创造性表现歌曲内容，协商轮流表演。

区域名称	活动名称	活动准备	活动指导建议
音乐区	动物狂欢节	圣·桑的《动物狂欢节》选段，乌龟、天鹅、袋鼠、狮子等动物的头饰及装饰物	● 幼儿能发挥想象，自由创造乌龟、天鹅、狮子等动物的动态，随音乐节奏即兴表演。 ● 建议幼儿制作节目单，选择自己喜欢的动物形象进行装扮，分组根据音乐的不同顺序自由表演。 ★ 指导幼儿大胆表现，与同伴合作有秩序地进行表演。
	"绿色魅力"服装表演	幼儿感兴趣的、适合服装表演的背景音乐，幼儿在美工区用废旧物品制作的服装、服饰	● 能根据自己的喜好和身材，选择用合适的废旧物品自制服饰，自主装扮。 ● 指导幼儿利用废旧物品制作服装、饰品，伴随音乐大胆进行服装表演。 ★ 鼓励幼儿大胆表现，与同伴协商表演方式，合作进行表演。
科学区	花儿朵朵开	不同材质的纸若干，油画棒，剪刀，鱼缸或水盆	● 能用不同材质的纸自制花朵，观察花在水中开放的过程，了解纸的吸水性。 ● 指导幼儿剪出不同形状的花，给花蕊和花瓣涂色，将花瓣（涂色的花瓣向内）折向中心，形成花苞，将花朵轻轻放入水中，耐心观察花苞在水中慢慢开放的过程。 ★ 指导幼儿在使用剪刀时注意安全，活动结束后将桌面、地面打扫干净。
	手影动物	幼儿学习材料《我爱大自然》，幕布、手电筒	● 阅读《我爱大自然》第20页，尝试变出图中的手影动物，在游戏中感知光和影子的关系。 ● 指导幼儿变换光源位置，探索光照方向、距离与手影动物姿态的关系。 ★ 鼓励幼儿与同伴合作，创造性地变出手影动物，并将物品整理摆放。
	污水变清了	炭粒、小石子儿、杂草、黄泥、滤布各适量，透明塑料杯若干，用透明矿泉水瓶制作的过滤瓶若干（制作方法见《我爱大自然》第28～29页）。幼儿学习材料《我爱大自然》，教师自备介绍污水处理方式的视频或图书、资料	● 能利用沉淀、过滤等方法净化污水，观察发现不同方法、不同过滤介质效果的不同。 ● 鼓励幼儿用自己的方法记录实验结果，和同伴交流、讨论自己的实验预设、实验过程及在实验中的发现。 ★ 引导幼儿在实验过程中体验污水处理的不易，增强节约用水、珍惜水资源的意识。
生活区	我会叠被子	叠被子的步骤图，实物被子，床或桌子一张	● 能看懂步骤图，学会叠被子的方法，提高幼儿自我服务的意识。 ● 指导幼儿会根据步骤图运用重叠、折叠等方法在桌子上或床上将被子整齐地叠好，并将床铺整理整齐。 ★ 鼓励幼儿遇到问题能够自己解决，增强自主解决问题的能力。
	我帮同伴叠被子	幼儿被子若干，床铺若干	● 能帮助同伴叠被子整理床铺，提高幼儿为他人服务的意识。 ● 指导幼儿帮助同伴将同伴的被子叠整齐，并能帮助同伴将床铺整理整齐。 ★ 鼓励幼儿互帮互助，助人为乐，得到帮助的幼儿能够用礼貌用语对同伴进行感谢。
	整理被褥大比拼	床或桌子与幼儿人数相同，计时器，记录表，裁判员一名，"生活小能手"奖状	● 能遵守比赛规则，会计时，记录比赛过程和结果，提高幼儿竞赛意识和整理被褥的技能。 ● 鼓励幼儿轮流担任裁判，比赛的幼儿在规定的床铺或桌子上进行叠被子比拼，时间到了由裁判在记录表中记录参赛选手的被褥折叠、整理情况，整理最好的为获胜者，颁发"生活小能手"奖状。 ★ 提醒幼儿遵守比赛规则，一切听从裁判员的安排。

（●为核心目标指导，★为养成目标指导）

户外活动安排

活动名称	活动目标	活动准备	活动指导建议
护小树	能快速反应,敏捷地将小树扶住	木棍、竹竿或纸棒扎成的小树若干(数量为幼儿人数的一半)	● 将幼儿平均分成两组,站成内外两圈,内圈幼儿手扶小树站立,外面幼儿边走边念儿歌:"小树小树,大家爱护。"念到"护"字时,内圈幼儿松开扶小树的手,外圈幼儿迅速扶住小树,不让其倒地。 ● 如果扶住了,两组幼儿交换位置,重新开始游戏;如果没扶住,则不换人,游戏再次开始。 ★ 提醒幼儿要遵守游戏规则,必须念到"护"字时才能开始松手。
聪明的小动物	练习在一定范围内快速四散跑、跳,能灵活躲闪同伴的追逐	老虎头饰1个,在场地上画一个大圈做小动物的家,在距离大圈比较远的地方画一个小圈做老虎的家	● 教师可扮成不同的动物妈妈,如:兔子、山羊等,鼓励幼儿用动作模仿不同的动物,练习跑、跳、爬等不同的动作。 ● 老虎说完"我就吃掉它"后,小动物才能逃跑。 ★ 游戏中能保护同伴,保护自己,提示幼儿遵守游戏规则。
好玩的"大鞋"	与同伴合作,同穿一双"大鞋"参与游戏,发展平衡能力、协调能力	用废旧木板、塑胶地垫、旧轮胎等自制的"大鞋",每双"大鞋"可供2～3各幼儿同时穿	● 幼儿自由组合,2～3人一组,同穿一双"大鞋"进行游戏和比赛。 ● 比赛过程中如果大鞋掉了或是脚从大鞋中脱离,要重新穿上再继续比赛。 ★ 游戏中提醒幼儿注意安全,与同伴协调合作游戏。

(●为核心目标指导,★为养成目标指导)

第1周 踏青小分队

环境创设

1. 创设"春天的秘密"主题墙,请幼儿将自己制订的春游计划和春游后的表征作品以及自己收集的种植步骤展示在主题墙上。

2. 教师与幼儿一起用皱纹纸制作立体的柳条、桃花、梨花、迎春花、小燕子等装扮教室,体现春天的气息。

生活活动

1. 提醒幼儿注意春季的自我保护,加强对春季传染病的预防,日常生活中培养幼儿勤洗手、打喷嚏用手或手帕遮挡等良好生活习惯。

2. 生活活动中播放关于春天的古诗、歌曲,引导幼儿欣赏,感受春季的美好。

3. 利用散步环节引导幼儿观察、发现幼儿园中植物的生长变化。

家长与社区教育

1. 请家长利用周末带幼儿去踏青,引导幼儿观察花草树木、小动物的变化及田地里人们的耕种活动,用拍照或绘画的方式记录、表征。

2. 建议家长购买或与幼儿一起制作风筝,带幼儿到户外放风筝,引导幼儿体验在春天里活动的快乐。

3. 请家长与幼儿一起探讨花生等农作物种植、管理的方法,一起种植大豆、花生等植物,指导幼儿观察、记录植物的生长变化,激发幼儿种植兴趣。

4. 建议家长利用清明节带幼儿去祭拜先烈,让幼儿接受优秀传统教育。

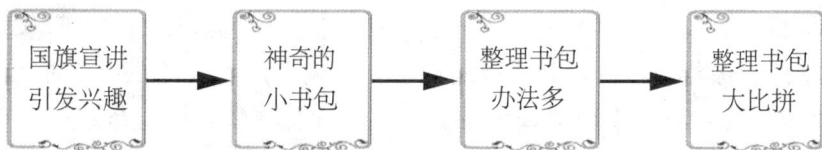

【活动解读】

现在的幼儿都是家中的"小皇帝",从小爸妈惯着,爷爷奶奶宠着,养成了一种依赖的性格,不会、甚至不愿整理自己的各种用品。大班幼儿即将升入小学,为了使幼儿养成自我服务的意识,提高幼儿自主整理物品的能力,为升入小学做准备,本活动围绕"整理小书包",通过"神奇的小书包""整理书包办法多""整理书包大比拼"等活动环节,让幼儿了解书包的款式和功能,交流讨论自己整理书包的好办法,并组织幼儿在小竞赛中激发幼儿自主整理的兴趣,培养整齐有序地整理文具、书本的好习惯。

【活动流程】

国旗宣讲
引发兴趣 → 神奇的
小书包 → 整理书包
办法多 → 整理书包
大比拼

【活动目标】

1. 了解书包的结构和各部分的用途,学习整理小书包。

2. 了解整理小书包的多种方法,尝试按学习用品的名称、功能等特征分类整理小书包。

3. 培养有序整理文具、书本的好习惯。

【活动建议】

1. 国旗下宣讲"整理小书包"。

(1)教师宣讲:玩具撒满床铺,书本到处乱丢……这看上去只是生活中的小问题,但却为我们的学习、生活带来很多麻烦。小朋友们应从小养成整理、收纳自己物品的好习惯。

(2)幼儿宣讲:马上要上小学了,可不能再像以前丢三落四了,学习整理书包一定会帮助我们管理好自己的这些物品。从现在开始,出门前就要自己准备出门的物品并整齐地摆放到书包的各个位置,做一个整洁有序的好孩子。

(3)家长宣讲:父母的一言一行对孩子的影响较大,而且这种影响往往是潜移默化的,在收拾整理东西方面也不例外。要求孩子的鞋子摆放整齐,首先自己的鞋子不要脱了乱扔;要求孩子把柜子和抽屉里的东西放好,首先自己要把物品摆放得整整齐齐;要求孩子把用过的东西及时归原,首先自己要做出表率。快要上小学了,整理书包是一项很重要的习惯养成,我们家长要带领孩子整理好自己的每样物品,将来上学一定会避免出现丢三落四的现象了。

2. 神奇的小书包。

(1)收集各种各样的小书包,展示书包展。

(2)小组互相欣赏各种各样的小书包。

(3)交流分享书包的特征与用途,感受书包的神奇。

3. 整理书包办法多。

（1）幼儿尝试整理书包。

（2）讨论自己整理书包的办法。

（3）分析探讨整理书包小妙招。

4. 整理书包大比拼。

（1）整理书包小竞赛：比比谁整理的书包又快又整齐。

（2）介绍自己的整理心得。

（3）给小伙伴提建议，使其整理书包时更快更整齐。

（4）运用小妙招再次整理自己的小书包。

活动二　科学——民族风光美

【教材分析】

我国地域广阔，民族众多，56 个少数民族分布大江南北，也正是因为地域性的差异，使每个民族都赋予了独特的地理风貌和风土人情。其中青藏高原、蒙古大草原、桂林山水等景区就是驰名中外的少数民族地区的自然风景。本活动以"旅游"为线，以"歌"为媒，带领幼儿在唱唱、跳跳、玩玩中感受藏族、蒙古族、壮族等民族不同的风土人情，在"做客"的过程中感受当地风景的独特，引发幼儿对不同少数民族风景及人文的探究热情。同时帮助幼儿直观形象地理解词汇：雪山连绵、一望无际、静美如画，激发幼儿热爱祖国大好河山的情感。

【活动目标】

1. 欣赏、了解藏族、蒙古族、壮族地区著名的自然风光及风土人情。学习词汇：雪山连绵、一望无际、静美如画。

2. 乐于与同伴交流、分享自己了解的少数民族地区的自然风光及民俗文化。

3. 感受祖国风光的美丽，欣赏、尊重各民族的多元文化。

【活动重点】

欣赏、了解藏族、蒙古族、壮族地区著名的自然风光及风土人情。学习词汇：雪山连绵、一望无际、静美如画。

【活动难点】

乐于与同伴交流、分享自己了解的少数民族地区的自然风光及民俗文化。

【活动准备】

1. 物质准备：有关青藏高原、蒙古大草原、桂林山水等风景的视频和图片；音乐《天路》《赛马》《山歌好比春江水》。

2. 经验准备：幼儿的旅游经验、对少数民族地区自然风光和风土人情有关资料的收集和了解。

【活动过程】

1. 创设"藏区游"的情境，初步感受藏族的风土人情。

（1）幼儿随教师乘坐"青藏铁路"去拉萨，播放图片，引导幼儿欣赏"窗外"的风景，初步感受青藏高原的自然风光。

（2）由配课教师扮演藏族同胞，送上哈达，邀请幼儿一起跳锅庄舞，初步感受藏族人民的热情和能歌善舞的文化。

（3）交流讨论对青藏高原的了解。

提问：青藏高原的风景有什么特点？哪里给你留下了最深刻的印象？

小结：青藏高原的蓝天白云，雪山连绵，布达拉宫壮观雄伟，珠穆朗玛峰为世界第一高峰。

2. 播放视频"青藏铁路是怎样建成的"，引导幼儿加深对青藏高原的了解，知道青藏铁路修建的不易及其对藏族人民的重大意义。

提问：通过这个视频你了解到了哪些信息？青藏铁路的修建遇到了什么困难？你想对工人叔叔说些什么？

小结：青藏高原是世界上海拔最高的地方，非常寒冷，空气稀薄，人们随时会因为缺氧而危及生命。工人叔叔们用毅力和智慧克服了种种困难，终于将青藏铁路修建完成，他们是祖国的骄傲！

3. 播放课件，引导幼儿了解蒙古族地区的辽阔景色及风土人情。

（1）在欢呼声的音乐中，引发幼儿猜想，引出"那达慕"大会。

引导幼儿"听，人们在干什么？发生了什么事情？"随即出示图片"摔跤"引导幼儿观察，引发幼儿对蒙古族人民的活动的探究。

（2）播放视频"那达慕大会"，幼儿分组交流，教师梳理提升。

提问：蒙古大草原有哪些美丽的景色？蒙古族同胞喜爱哪些运动？

小结：蒙古大草原一望无际，牛羊成群，万马奔腾。那达慕大会是人们的传统节日，有骑马、摔跤、射箭三项竞技项目。

（3）出示弓箭、马杆、五彩项圈等道具，播放《赛马》曲，幼儿参加"那达慕"大会，感受蒙古族人民活动的有趣。

4. 出示"对山歌邀请函"，展示桂林山水的景色，体验壮族地区风景及文化。

（1）通过 PPT 出示邀请函，引发幼儿对壮族风情的探究兴趣。

提问："谁发来的邀请函？你知道她是哪个民族的吗？你从哪里看出来的？"引导幼儿进行自由表达。

（2）播放桂林山水的视频，引导幼儿观看、讲述和分享。

幼儿自由讲述分享，老师进行提升小结："桂林山水甲天下"，桂林的山形态各异，漓江的水又清又静，江上倒影，静美如画。

（3）欣赏"对山歌"，感受壮族民俗文化的有趣。

播放刘三姐和二郎哥对山歌的经典片段，引导幼儿了解对山歌是通过一问一答的形式来唱歌，开头要拖长腔"喊山"，以引起别人注意。

（4）幼儿学唱对山歌，体验对山歌的有趣。

请男孩和女孩站在两个"山头"，隔着漓江水进行对山歌活动。

鼓励幼儿进行歌词创编，让幼儿在欣赏和创造的过程中，进一步加深对壮族风情的理解。

幼儿随教师边唱山歌、边划船参加"对山歌"活动，离开教室。

活动三 数学——7 的组成

【教材分析】

7 的组成是 10 以内数的分与合的一部分，通过把几个物体分成两部分的活动，帮助幼儿认识、掌握数的组成。掌握这一内容，是理解加减法意义的前提。大班幼儿已学习过 2～6 的组成，对于组成的含义及组成中的互补、互换关系已有初步的理解。本次活动创设"美猴王"的游戏情境，为幼儿提供自由操作的机会，引导幼儿根据 7 只小猴的不同特点探索 7 的分合方法，进一步探索互补、互换规律，激发幼儿主动学习的兴趣，提高幼儿观察、思考、归纳的能力。

【活动目标】

1. 学习 7 的组成，掌握 7 的 6 种分合方法。

2. 能寻找并理解 7 的组成中的互换和互补规律。

3. 感受数学活动的乐趣。

【活动重点】

学习 7 的组成，掌握 7 的 6 种分合式。

【活动难点】

能寻找并理解 7 的组成中的互换和互补规律。

【活动准备】

小猴卡片 7 张，1～7 的数字卡片幼儿每人 2 套，铅笔、记录纸幼儿每人 1 份，教师自制 7 以内数的分合题卡。

【活动过程】

1. 设置游戏情境，引导幼儿复习 6 以内数的组成。

（1）教师扮美猴王，邀请幼儿上花果山，激发幼儿活动兴趣。

（2）带领幼儿玩"拍手"游戏："美猴王"先拍手，次数为 2～6 次；幼儿两人一组，分别拍手，两个幼儿拍手的次数合起来是"美猴王"拍手的次数。拍对的幼儿可进入花果山。

2. 出示小猴卡片，请幼儿自由探索 7 的分合方法，帮助 7 只小猴登上花果山。

（1）"美猴王"变出 7 只小猴，请幼儿点数，提醒幼儿观察 7 只小猴的特点。

引导语：这 7 只小猴要分成两组上花果山，请你仔细观察 7 只小猴有什么特点，根据它们的不同之处将小猴分成两组。

（2）请幼儿根据自己的观察自主操作，将 7 只小猴分成两组。

（3）请个别幼儿演示自己的分组方法并说明理由。

提问：你把这 7 只小猴分成了几个和几个？为什么要这样分？

（4）请幼儿再次操作小猴卡片为小猴分组，同时用数字卡摆出相应的 7 的分合式。

3. 引导幼儿运用数的组成的互换、互补规律探索 7 的所有分合式。

（1）摆出部分 7 的分合式，请幼儿根据互换规律摆出其他的分合式。例如：教师摆出 7 可以分成 6 和 1，幼儿就摆出 7 可以分成 1 和 6……直到把所有分合式都摆出来。

（2）请幼儿对比观察所有 7 的分合式，进一步理解互换规律。

（3）将 7 的组成的所有分合式按顺序摆出，引导幼儿发现互补的规律。

（4）引导幼儿运用互换、互补的规律用数字卡摆出 7 的所有分合式。

4. 组织幼儿玩游戏，帮助幼儿进一步巩固 7 的组成。

（1）师幼一起玩"凑齐数字 7"游戏：教师举起数字"4"的卡片说"我变 4"，幼儿就举数字"3"说"我变 3"。

（2）可根据幼儿的掌握情况集体或个别游戏。

活动四 音乐——歌曲《柳树姑娘》

【教材分析】

《柳树姑娘》是一首三拍子的羽调式歌曲,曲调优美、舒展,歌词运用拟人化的手法,便于幼儿理解、学唱。本次活动在带领幼儿观察柳枝随风摇摆的优美姿态的基础上,引导幼儿用优美的声音表现柳树姑娘拖着长长的辫子的样子,启发幼儿用轻快活泼的声音表现柳树姑娘高兴地在池塘洗头发的情景。为帮助大班幼儿在集体歌唱活动中建立默契感,体验合作演唱的快乐,活动中还设计了加入衬词合作演唱的方法,通过看图、看指挥的方式指导幼儿练习合唱,体验与教师、同伴合作演唱的快乐。

【活动目标】

1. 理解歌词内容,唱出句首的重音,感受三拍子歌曲的优美旋律。

2. 能用连贯、优美、活泼、轻快的歌声表现歌曲的不同情绪,尝试用唱衬词的方法合作演唱歌曲。

3. 体验与老师、同伴合作演唱的快乐。

【活动重点】

唱出句首的重音,感受三拍子歌曲的优美旋律。

【活动难点】

能用连贯、优美、活泼、轻快的歌声表现歌曲的不同情感,尝试用唱衬词的方法合作演唱歌曲。

【活动准备】

1. 活动前带幼儿到院子里或小河边观察柳树,引导幼儿想象拟人化的柳树姑娘形象,启发幼儿用动作表现柳枝随风飘摇的优美姿态。

2. 教师自制表现歌曲意境的图片。

【活动过程】

1. 难点前置,引导幼儿练习"1 - 3 | 1·3 1 6 | 6 - - | 5 6 6 0 ‖"。

2. 范唱歌曲,引导幼儿熟悉歌曲旋律,理解歌词内容。

(1)教师弹奏《柳树姑娘》的旋律,在句首的重音处以琴声暗示,帮助幼儿感受句首重音。

提问:这首优美的曲子是几拍子的?

引导幼儿了解这首歌曲是三拍子的,尝试拍出三拍子节奏"强—弱—弱"变化。

(2)有感情地范唱歌曲,帮助幼儿理解歌词内容。

提问:你觉得柳树姑娘美吗?你是从哪里听出来的?柳树姑娘在池塘边做了什么事?

(3)教师再次范唱歌曲,鼓励幼儿小声跟唱。

3. 引导幼儿演唱歌曲,表现歌曲不同的情感变化。

(1)指导幼儿随音乐伴奏完整演唱歌曲。

提问:你觉得哪里唱得比较好、哪里还有困难呢?

根据演唱情况指导幼儿有重点地练习。

(2)组织幼儿分组演唱,学习用连贯优美、活泼轻快两种演唱方法唱出歌曲的情绪变化。

提问:歌曲前4句表现柳树姑娘拖着长长的辫子随风轻轻摆动,我们应该怎么唱?后面几句表现柳树姑娘高兴地在池塘里洗头发,我们的演唱要有什么变化?

(3)请幼儿演唱歌曲,引导幼儿用声音和动作表现柳树姑娘优美的姿态。

4. 鼓励幼儿学习加衬词演唱歌曲,体验合作演唱的快乐。

（1）幼儿演唱歌曲,教师扮春风加衬词演唱,引导幼儿倾听。

提问:你觉得这样唱好听吗？老师是用什么歌词和大家一起演唱的？老师是怎样唱的？

（2）教师演唱歌曲,请幼儿加衬词演唱,提示幼儿前4句在每句最后一个字后唱"啦啦啦",从第5句开始全体合唱。

（3）教师指挥,幼儿分组加衬词演唱歌曲,提醒幼儿倾听别人的歌声,注意与同伴配合,体验合作歌唱的快乐。

【附教材】

柳树姑娘

罗晓航 词
夏晓红 曲

活动五　半日活动——我眼中的春天

【教材分析】

春天是美丽的季节。春季的大自然充满美好与神奇:燕子啁啾鸣叫,小草悄悄钻出地面,杨柳抽出嫩芽,桃花、梨花争相开放,田野里多了播种与踏青的人们……大班幼儿善于观察、善于思考,对周围发生变化的事物充满好奇。本次活动以带领幼儿春游的形式开展,让幼儿自己去寻找、观察、发现春天人们在干什么、动植物有哪些变化等,引导幼儿亲身体验春天里万物的变化,感受大自然的美丽、神奇。

【活动目标】

1. 学习制订计划的简单方法,初步感知春天的特征并用连贯的语言讲述。

2. 主动观察、探究,能小组协商、合作制订春游计划并用符号记录、语言交流等方式表达自己对春天的认识。

3. 乐于参与春游活动,感知春天大自然的变化及美丽。

【活动重点】

学习制订计划的简单方法,初步感知春天的特征并用连贯的语言讲述。

【活动难点】

小组协商、合作制订春游计划,能用符号记录、语言交流等方式表达自己对春天的认识。

【活动准备】

1. 提前与家长沟通,请家长协助幼儿做好春游的准备,可邀请家长参加活动。

2. 幼儿自带背包、水、放记录表的夹子、纸、笔等,有条件的幼儿可以带上风筝、数码相机。

【活动过程】

1. 引导幼儿制订、交流春游计划。

(1)组织幼儿讨论春游的任务与注意事项。

① 引导幼儿明确春游的观察任务,如观察天气的变化、动植物的变化、人们服饰与活动的变化等。

② 请幼儿讨论、梳理春游注意事项。例如:路上要注意安全,不能打打闹闹;要听从老师的指挥,不能掉队;要爱护花草树木;要穿舒适的鞋子,记得准备太阳帽、水等。

(2)幼儿小组合作讨论、制订春游计划,教师及时指导。

(3)请幼儿以小组为单位交流春游计划。

2. 组织幼儿到公园或田野春游,引导幼儿感知春天的特征。

(1)可采用集中与分散相结合的方式引导幼儿观察。例如:组织幼儿集中观察柳树、小草的变化以及人们劳作、穿衣等方面的变化;分散活动时,鼓励幼儿自由观察并记录自己的发现,体验、感受春天的美好。提示幼儿在教师的视线范围内活动,以保证幼儿的安全。

(2)请幼儿与教师或家长一起放风筝,引导幼儿探讨让风筝飞得高的方法,体验春天给小朋友带来的快乐。

3. 组织幼儿交流各自的观察记录,进一步感知春天的变化和美好。

(1)展示幼儿的观察记录,请幼儿相互看一看、说一说自己的收获。

(2)将幼儿记录的春天的特征按类别统计在记录表中,可分为天气的变化、动物的变化、植物的变化、人们服饰与活动的变化,引导幼儿从整体上感知春天的特征。

(3)组织小组讲述,指导幼儿完整、连贯地描述自己看到的春天的变化。例如:看到了什么?有什么变化?

(4)组织集体讲述,鼓励幼儿说一说自己春游时的心情。

【附】

春游计划表

第____小组 时间:_____年___月___日

计划观察的内容	
需要准备的物品	
安全小提示	

体育活动

种树忙

【教材分析】

大班阶段,幼儿正处于下肢大肌肉群发育和成熟的时期,适宜的下肢运动可以帮助幼儿提高腿部肌肉的力量,满足幼儿身体发展的需要。本次活动结合春天主题,创设"玩纸棍""种树忙"的游戏情境,带领幼儿开展具有一定挑战性的行进跳、连续跳、跨跳等锻炼下肢的运动,让幼儿在游戏中发展体能、增强身体的平衡能力,体验挑战带来的快乐,培养幼儿的自信心。

【活动目标】

1. 练习行进跳、连续跨跳及保持平衡的动作,进一步掌握动作要领。

2. 能与同伴共同探索纸棍的多种玩法并按规则开展游戏。

3. 体验与同伴合作进行竞赛游戏的快乐。

【活动重点】

练习行进跳、连续跨跳及保持平衡的动作,进一步掌握动作要领。

【活动难点】

能与同伴共同探索纸棍的多种玩法并按规则开展游戏。

【活动准备】

1. 纸棍幼儿人手1根,小树苗(可制作树的模型代替)。

2. 游戏场地布置:在场地的一端横着摆放一排小椅子,椅子上放置与幼儿人数相同的易拉罐,罐内装上适量的沙。

【活动过程】

1. 带领幼儿玩纸棍,做准备活动。

(1)教师以"猴王"身份带"小猴"练习本领,指导幼儿手持纸棍做向上伸展、弯腰、扩胸等运动。

(2)请幼儿探索纸棍的多种玩法,教师巡回观察,请个别有创意的幼儿演示自己的玩法。

2. 组织幼儿利用纸棍练习行进跳、连续跨跳、保持平衡的动作。

(1)行进跳:请幼儿把纸棍隔相同的距离依次摆放在地上,练习双脚行进跳和单脚行进跳的动作。

(2)连续跨跳:请幼儿把纸棍连接在一起,摆出具有一定宽度的"小河",练习连续跨跳的动作。

(3)保持平衡:请幼儿把纸棍连接在一起,摆出细长、弯曲的"独木桥",练习保持平衡的动作。

3. 组织幼儿玩"种树忙"游戏,帮助幼儿熟练掌握连续跨跳、行进跳、平衡等技能。

(1)布置游戏场地,创设游戏情境。

(2)介绍游戏玩法:幼儿扮小猴,分成人数相等的4组。游戏开始,"小猴"齐声说:"东山坡,西山坡,山坡上面小树多,快把树苗种山坡。"说完,每组排头的"小猴"扛着"树苗"跳过"山沟",走过"独木桥",跨过"小河",跑到指定"山坡",把小树苗种到易拉罐里,再原路返回,拍下一个幼儿的手,下一个幼儿出发。游戏依次进行。

（3）组织幼儿玩游戏,提醒幼儿注意安全,可根据情况游戏2～3遍。

4. 创设"小树林"情境,带领幼儿进行放松活动。

请幼儿一个跟着一个绕树走,深呼吸、抖肩活动腿等,放松身体。

【场地布置图】

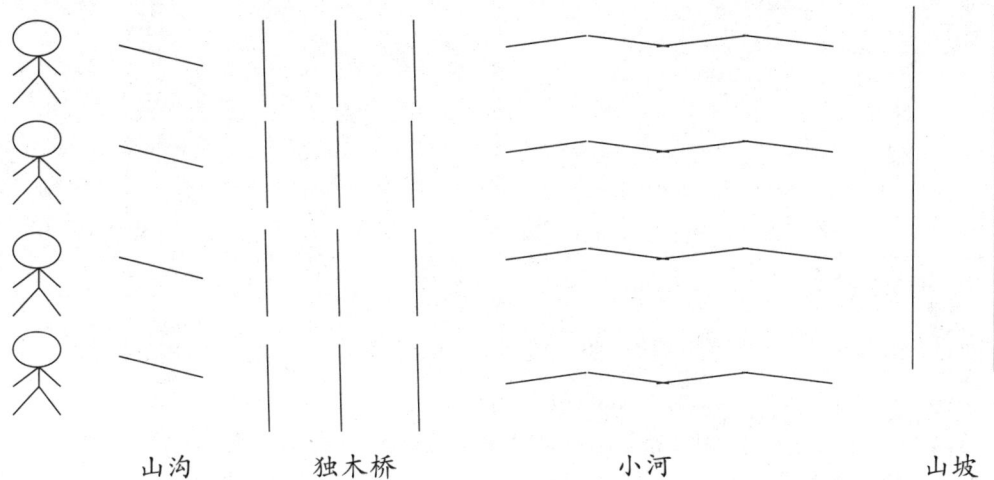

山沟　　　独木桥　　　　　小河　　　　山坡

第2周 动物保护大联盟

环境创设

1. 创设"饲养角",指导幼儿喂养、照顾幼儿园、班级饲养角的鱼、鸡、鸭、兔、昆虫等,观察、了解它们的生活习性,激发幼儿爱护小动物的情感。

2. 与幼儿一起用绘画、折纸、粘贴、废旧材料制作等形式创设"动物保护大联盟"主题墙,室内装饰和摆设以动物形象、森林情境为主。

3. 创设"动物的本领"专栏,引导幼儿分享、交流各自搜集的关于动物本领的资料。例如:动物是怎样睡觉的? 动物怎样保护自己?

生活活动

1. 开展"我和小动物交朋友"的活动,引导幼儿给小动物喂食,耐心照顾小动物,对小动物有爱心。

2. 生活中注意引导幼儿观察周围环境,随时发现有关动物的信息,鼓励幼儿大方地与同伴交流自己的发现。

3. 在加餐环节引导幼儿品尝、交流不同奶制品的味道,说说人与动物的关系。

家长与社区教育

1. 请家长帮助幼儿搜集有关动物的资料带到幼儿园与小朋友分享、交流。

2. 建议家长在家指导幼儿饲养鱼、小乌龟等小动物,也可让幼儿带到幼儿园与同伴一起照顾,学习做观察记录。

3. 请家长帮助幼儿查阅有关动物的资料(上网、提供相应的书籍等),和幼儿一起收看《动物世界》《人与自然》等专题电视节目。

4. 提醒家长利用休息日带幼儿到动物园参观,认识一些常见的动物,给幼儿讲讲动物的名称、外形特征和生活习性。

教学活动

活动一 语言——故事《小蝌蚪找妈妈》

【教材分析】

《小蝌蚪找妈妈》是一个流传已久的经典故事,讲述了小蝌蚪找妈妈的经历,介绍了小蝌蚪变青蛙的生长过程,情节生动、有趣。多数幼儿对故事情节已有大概了解,但故事中小蝌蚪找妈妈的急切心情及动物妈妈们给予小蝌蚪的帮助和安慰,幼儿并没有深切的感受和体验,故事中角色之间的对话,幼儿也不是很明晰。活动中教师应关注幼儿已有经验、挖掘故事深层价值,科学分析、准确定位活动的重难点。通过谈话和完整讲述的方式,唤起幼儿对故事的回忆;通过图示、给动画片配音等方法,调动幼儿学习兴趣、帮助幼儿进一步理解故事中角色的特点和重点段落的角色对话,培养幼儿对故事的鉴赏能力,促进幼儿语言表达能力的发展。

【活动目标】

1. 理解故事内容、熟悉故事中的角色对话,了解蝌蚪变成青蛙的生长过程;学习"先……又……又……最后……"的句式,学习词语"又宽又大、一蹦一跳"。

2. 感受故事中小蝌蚪寻找妈妈的急切心情和动物妈妈们对小蝌蚪的关爱,能用恰当的情感和语气复述角色对话,懂得对长辈要有礼貌。

3. 体验与同伴合作给动画片配音的快乐。

【活动重点】

熟悉故事中的角色对话,学习"先……又……又……最后……"的句式,学习词语"又宽又大、一蹦一跳"。

【活动难点】

用恰当的情感和语气复述角色对话。

【活动准备】

幼儿学习材料《我爱大自然》,《幼儿素质发展课程·多媒体教学资源包》课件11,《幼儿素质发展课程·语言》CD,小蝌蚪变青蛙的视频,动画片视频和配音道具,故事角色板和小标志若干。

【活动过程】

1. 引导幼儿谈论春天的变化,结合已有经验说说青蛙的生长过程。

(1)请幼儿说说春天的基本特征,感受大自然的变化。

提问:现在是什么季节?春天来了,我们的周围会有哪些变化?

(2)播放课件第1幅画面,引发幼儿对故事《小蝌蚪找妈妈》的回忆。

提问:这是哪里?你在春天的小池塘里看到了什么?黑色的点点是什么呢?小蝌蚪的妈妈是谁?为什么小蝌蚪和青蛙一点儿都不像?

2. 播放课件,教师有感情地完整讲述故事,帮助幼儿熟悉故事中的角色对话,了解故事中的角色顺序。

(1)提问:小蝌蚪先后问了哪些动物妈妈?小蝌蚪是怎样问鸭妈妈的?用了哪几个好听的词?动物妈妈们是怎样告诉小蝌蚪的?

（2）绘制过程图,总结青蛙的特征,帮助幼儿记住角色顺序,引导幼儿懂得要尊重长辈、要有礼貌。

3. 教师再次完整讲述故事,加深幼儿对于故事的感知,进一步了解小蝌蚪变青蛙的生长过程。

（1）提问:谁是小蝌蚪的妈妈?青蛙长什么样?小蝌蚪是怎样变成青蛙的?

（2）播放小蝌蚪变青蛙的视频,引导幼儿进一步了解小蝌蚪的生长过程。

提问:小蝌蚪长成小青蛙后,每天做什么?

4. 创设给动画片配音的情境,引导幼儿尝试有感情地复述角色对话。

（1）播放无声动画和配音视频,引发幼儿给故事配音的愿望。

（2）与幼儿一起分析故事角色的特点,引导幼儿用恰当的语气表现小蝌蚪的心情变化和动物妈妈们的和蔼可亲。

提问:小蝌蚪找不到妈妈时的心情是怎样的?说话的语气应该怎样?动物妈妈们看到小蝌蚪找不到妈妈,会用怎样的语气和小蝌蚪讲话?

5. 请幼儿自选角色板,粘贴角色小标志,与同伴合作,用生动的语言给动画片配音。

【活动延伸】
鼓励幼儿在美工区制作表演服装、道具,在表演区合作排演《小蝌蚪找妈妈》童话剧。

【附教材】

小蝌蚪找妈妈

春天来了,天气越来越暖和,池塘里的冰融化了,岸边的柳树长出了绿色的叶子,在泥洞里睡了一个冬天的青蛙也醒来了。它从泥洞里慢慢地爬出来,扑通一声跳进池塘里,在水草叶上产下很多黑黑的、圆圆的卵。春风吹着,太阳照着,池塘里的水越来越暖和。青蛙妈妈产下的卵慢慢地活动起来,变成一群大脑袋、长尾巴的蝌蚪。它们在水里游来游去,非常快乐。

有一天,鸭妈妈带着孩子们来到池塘边。小蝌蚪们看见小鸭子跟着妈妈在水里玩耍,就想起自己的妈妈来。“我们的妈妈在哪里呢?”它们你问我、我问你,可谁也不知道妈妈在哪里。小蝌蚪们游到鸭妈妈身边,问道:“鸭妈妈,鸭妈妈,您见过我们的妈妈吗?请您告诉我们,它长什么样呀?”

鸭妈妈回答说:“看见过。你们的妈妈头顶上有两只大眼睛,嘴巴宽宽的。你们自己去找吧。”

“谢谢您,鸭妈妈!”小小蝌蚪们高高兴兴地向前游去。

一条大鱼游过来,它的头顶上有两只大眼睛,嘴巴宽宽的。小蝌蚪们想,一定是妈妈来了,赶紧追上去喊:“妈妈!妈妈!”

大鱼笑着说:“我不是你们的妈妈。我是小鱼的妈妈。你们的妈妈有4条腿,快到前面去找吧。”

“谢谢您!鱼妈妈!”小蝌蚪们又向前游去。

一只乌龟游过来。小蝌蚪们看见它有4条腿,心想,这回一定是妈妈来了。它们追上去喊:“妈妈!妈妈!”

乌龟笑着说:“我不是你们的妈妈。我是小乌龟的妈妈。你们的妈妈肚皮是白的,快到前面去找吧。”

“谢谢您!乌龟妈妈!”小蝌蚪们再次向前游去。

一只大白鹅“嘎嘎”地叫着游过来。小蝌蚪们看见大白鹅的白肚皮,高兴地想:这回可真的找到妈妈了。它们追上去,大声地喊:“妈妈!妈妈!”

大白鹅笑着说："你们认错了。我不是你们的妈妈。我是小鹅的妈妈。你们的妈妈穿着绿衣服,唱起歌来'呱呱呱'的,快到前面去找吧。"

"谢谢您!鹅妈妈!"小蝌蚪继续向前游去。

这时候,青蛙妈妈游过来。它追上小蝌蚪们,说："娃娃、娃娃,好娃娃,妈妈来了。"

小蝌蚪们朝着青蛙妈妈瞧了又瞧:两只大眼睛,嘴巴宽宽的,四条腿,白肚皮,绿衣裳,唱起歌来呱呱呱……可是,它怎么跟我们一点儿也不像呢?它们奇怪地问:"为什么我们一点儿也不像您呢?"

青蛙妈妈笑着说："你们还小呢!等你们长大了,就像妈妈了。"小蝌蚪们听了,高兴地在水里翻起跟头来,还大声地喊:"啊,我们找到妈妈啦!"

日子一天一天过去,小蝌蚪们渐渐长大。它们先长出两条后腿,再长出两条前腿,小尾巴也不见了。现在,小蝌蚪变成小青蛙了!

"呱呱呱,呱呱呱!"小青蛙们跟着妈妈跳到岸上,跳到田地里,整天忙着吃害虫,帮助农民伯伯保护庄稼。

活动二 科学——动物本领大

【教材分析】

大班幼儿对动物充满喜爱和好奇,渴望了解动物更多的秘密。动物有保护自己的特殊本领,这些本领给人类许多启发。本次活动顺应幼儿的探索需求,帮助幼儿归纳已有经验,与幼儿共同观察、寻找生活中的仿生现象,了解人类可以从动物的某些特征中获得启发,进行发明创造,感受"仿生"给人类生活带来的方便和精彩,激发幼儿对科学的兴趣和向往。

【活动目标】

1. 知道动物会用保护色、盔甲、断肢硬刺等保护自己,了解仿生学的含义。

2. 能与同伴交流、分享动物自我保护的本领,根据动物的本领大胆猜想与之相关的发明。

3. 对动物保护自己的奇特方法感到好奇,感受仿生学给人们生活带来的便利。

【活动重点】

知道动物会用保护色、盔甲、断肢硬刺等保护自己,

【活动难点】

能与同伴交流、分享动物自我保护的本领,根据动物的本领大胆猜想与之相关的发明。

【活动准备】

1. 请幼儿与家长一起进行"动物的自我保护本领"调查,了解常见动物自我保护的方法,用图画、剪报、简单文字、符号等方式记录在调查表中。

2. 幼儿学习材料《我爱大自然》,《幼儿素质发展课程·多媒体教学资源包》课件10。

【活动过程】

1. 请幼儿交流调查表,了解动物自我保护的本领。

(1)幼儿互相交流调查表,和好朋友说一说自己知道什么动物、遇到危险时会用什么方法保护自己。

(2)组织集体交流,根据幼儿的介绍出示相应的图片,用简笔画、简单文字记录动物保护自己的方法。

2. 引导幼儿自自主阅读《我爱大自然》第13页,了解动物保护自己的方法。

提问：图片中有哪些动物？它们怎样保护自己？

小结：在大自然中，无论是生活在水里的动物还是生活在陆地上的动物，无论是凶猛的大型动物还是温顺的小动物，都有保护自己的本领。不同的动物有不同的本领，有的动物有保护色，有的动物可以断肢再生，有的动物有坚硬的壳……这些本领和动物身上特殊的构造有有关。

3. 结合课件和《我爱大自然》，引导幼儿感受仿生学给人们带来的方便。

（1）播放起重机的画面，引导幼儿猜测这是根据什么动物（长颈鹿）设计的，请幼儿说明自己的理由。

（2）播放蝴蝶和青蛙的画面，鼓励幼儿大胆想象，说说根据这两种动物的本领可以发明什么。

小结：人们根据青蛙游泳的姿势发明了蛙泳；从蝴蝶的保护色这个本领中得到启发，发明了迷彩服。迷彩服的颜色和野外的环境很相像，就像蝴蝶躲在花丛中很难被发现一样。

（3）请幼儿阅读《我爱大自然》第14～15页，将动物的特殊本领与相应的发明连线，鼓励幼儿说明自己的理由。

小结：看到小鸟飞翔，人们发明了飞机；模仿蝙蝠的超声波，人们发明了雷达；受野猪不会中毒的启发，人们发明了长鼻式防毒面具。这种模仿生物系统的结构、功能进行发明的技术就叫"仿生学"。我们的生活离不开动物，动物给我们很多的启发，让我们过得更好、更快乐！

4. 组织谈话活动，帮助幼儿树立爱护动物、保护环境的意识。

小结：动物和人类共同生活在地球上，应该和平相处。我们不应该伤害动物朋友，要保护好动物生存的环境，这样我们才能从动物身上受到更多的启发，发明更多有用的东西。

【附】

动物特殊本领调查记录表

动物名称	特殊本领

活动三　数学——7 的加减

【教材分析】

通过对 2～6 的加减的学习，幼儿对数的加、减的含义已有基本的感知，对加减中互换、互补的规律有了更多的经验。本活动的开展以幼儿已有经验为基础，遵循幼儿的学习特点，创设"快乐的鸟儿"的情境，引导幼儿自主观察、发现探索，进一步理解 7 的组成，感受数的分合的过程，理解数的组成的意义，进而学习 7 的加减运算。

【活动目标】

1. 运用 7 的组成推理并列算式，学习 7 的加减运算。

2. 探索、发现互换、互补规律，灵活进行加减运算并根据算式正确编出 7 的加减应用题。

3. 主动参与活动，养成求异创新的思维品质。

【活动重点】

运用 7 的组成推理并列算式,学习 7 的加减运算。

【活动难点】

探索、发现互换、互补规律,灵活进行加减运算。

【活动准备】

1. 7 的组成、加减算式的图片或课件(7 只鸟:1 只先来,6 只后来;2 只黑色,5 只黄色;3 只在树上,4 只在天上)。

2. 7 的组成、加减算式中所需的数字和符号幼儿人手 1 套。

【活动过程】

1. 组织幼儿玩"拍手"和"填数"游戏,复习 7 的组成。

(1)拍手游戏:幼儿边拍手边说出 7 的分合式。例如:7 可以分成 1 和 6,1 和 6 合起来就是 7。

(2)填数游戏:在 7 的组成式的空白框里填上合适的数。

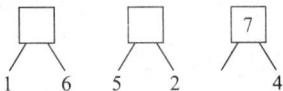

$$
\begin{array}{ccc}
\boxed{} & \boxed{} & \boxed{7} \\
1 \quad 6 & 5 \quad 2 & 4
\end{array}
$$

2. 引导幼儿观察图片,发现数的关系,学习 7 的加减法。

(1)请幼儿描述鸟儿飞来的顺序并列算式,先列加法算式,再列减法算式。

提问:树上有 1 只小鸟,后来又飞来 6 只小鸟,树上一共有几只小鸟?你是怎么知道的?

请幼儿列出算式 $1 + 6 = 7$,说出数字、符号分别代表什么。

提问:如果先飞来 6 只小鸟,又飞来 1 只小鸟,怎么列算式?

列出算式 $6 + 1 = 7$。引导幼儿发现:加号两边的数互换位置,总数不变。

引导幼儿运用 7 的组成进行推理,列出 7 的第一组减法算式。例如:因为 7 可以分成 1 和 6,1 和 6 合起来是 7,所以 $7 - 1 = 6$、$7 - 6 = 1$。

(2)启发幼儿用分合式 $\overset{7}{\underset{2\quad 5}{\wedge}}$ 表示小鸟的不同颜色(2 只黑的,5 只黄的),用分合式 $\overset{7}{\underset{3\quad 4}{\wedge}}$ 表示小鸟的不同位置(3 只在树上,4 只在天上),列出 7 的其他加减法算式。

例如:根据 $\overset{7}{\underset{2\quad 5}{\wedge}}$ 列出 $2 + 5 = 7$、$5 + 2 = 7$、$7 - 2 = 5$、$7 - 5 = 2$,根据 $\overset{7}{\underset{3\quad 4}{\wedge}}$ 列出 $3 + 4 = 7$、$4 + 3 = 7$、$7 - 3 = 4$、$7 - 4 = 3$。

请幼儿说出算式中的数字和符号分别代表什么。

3. 鼓励幼儿根据 7 的加减算式,用自己感兴趣的事物创编应用题。

例如:根据 $7 - 2 = 5$,编出:我们班有 7 个球,借给小班 2 个球,我们班还剩下几个球?

引导幼儿创编主题新颖的应用题,发展幼儿求异创新的思维品质。

4. 利用快问快答的形式,帮助幼儿反复练习 7 的加减运算,提高幼儿快速、准确反应的能力。

例如:教师说出"$3 + 4$",幼儿快速答出"$3 + 4 = 7$"。也可由幼儿问,教师答,或幼儿互相问答。

5. 引导幼儿阅读《我爱大自然》第 31~32 页,继续练习 7 的组成和加减。

活动四　音乐——打击乐《狮王进行曲》

【教材分析】

管弦乐《狮王进行曲》是法国作曲家圣·桑的管弦乐与钢琴组曲《动物狂欢节》的第一段。《狮王进行曲》的引子部分，由弱转强的和弦颤奏，渲染了狮王出场前令人紧张不安的气氛；紧接着是一组快速下行的音阶，出现了军号的嘀嗒声，这是王公贵族出场的信号；随后，狮王在威武的进行曲声中登场了，沉重有力的顿音，浑厚低沉的旋律，呈现了百兽之王威风凛凛的步伐和神态。

随着年龄的增长，大班幼儿对音乐的感受能力、表现能力有所增强，在教师引导下能够感受音乐的旋律、结构以及音乐形象等特点。为了体现大班幼儿主动学习的特点，帮助幼儿更加深刻地感受乐曲，本次活动安排了两课时，巧妙运用课件演示、动作表现、游戏体验、配器讨论、乐器演奏等形式，帮助幼儿更形象地感知、表现音乐。活动实施过程中，应重视幼儿在音乐活动中的体验和感悟，帮助幼儿提升音乐鉴赏能力。

第 1 课时：音乐欣赏

【活动目标】

1. 感受乐曲三段体的结构及顿音、跳音的旋律变化，理解音乐中狮王和小动物的鲜明形象。
2. 能根据音乐变化有节奏地用不同动作表现狮王与小动物之间的趣事。
3. 养成专心倾听音乐的习惯，愿意和同伴合作用动作表现对音乐的感受。

【活动重点】

感受乐曲三段体的结构及顿音、跳音的旋律变化，理解音乐中狮王和小动物的鲜明形象。

【活动难点】

能根据音乐变化有节奏地用不同动作表现狮王与小动物之间的趣事。

【活动准备】

狮王的头饰 1 个，《幼儿素质发展课程·音乐》CD，《幼儿素质发展课程·多媒体教学资源包》课件 12。

【活动过程】

1. 请幼儿倾听音乐，想象狮王的形象。

（1）播放课件，呈现大森林画面，请幼儿说一说森林里有哪些小动物。

（2）请幼儿倾听音乐，随音乐自由表现自己在音乐中听到的动物的形象。

（3）以乐曲的引子部分为背景音乐，引出狮王。

启发幼儿想象：在一片茂密的大森林里，小动物们紧急集合起来，因为它们要迎接一位尊贵的客人。

2. 请幼儿完整欣赏音乐，初步感受音乐三段体的结构及顿音、跳音的旋律变化。

（1）完整播放音乐，引导幼儿初步感受顿音、跳音的节奏特点。

提问：你觉得这位尊贵的客人会是谁？为什么？

小结：低沉的、一顿一顿的音乐让我们想到凶猛、强壮的动物。

（2）播放课件，呈现威风的狮王形象，请幼儿边看画面边听音乐，进一步完整感知音乐结构和狮王形象。

提问：谁来了？这是一只什么样的大狮子？这首音乐有几段？（三段旋律节奏有变化，是不一样的。)

(3)教师配乐讲述,引导幼儿理解音乐表现的情节:狮子大王来巡视森林,大摇大摆地一步步走来,看到森林里秩序很好,很高兴,像歌唱一样的吼叫起来,小动物们和大王一起跳起了欢快的舞蹈。

3. 请幼儿分段欣赏音乐,尝试根据音乐变化,用不同动作有节奏地表现狮王和小动物的趣事。

(1)引导幼儿结合课件欣赏乐曲第一段,随音乐表现狮王神气十足、大摇大摆走路的样子。

提问:大狮子在干什么?狮王走路时是什么样的?

请幼儿随音乐有节奏地表现狮王走路的威风形象,提示幼儿一顿一顿、有力地走。

(2)引导幼儿结合课件欣赏乐曲第二段,学一学大狮子吼叫。

提问:狮王为什么吼叫?它是怎样吼叫的?它吼叫了几次?

请幼儿随音乐有节奏地表现狮王吼叫时仰头、摇头、抖动身子的样子。

(3)引导幼儿结合课件欣赏乐曲第三段,自由表现狮王与小动物共舞的情景。

提问:狮王和小动物跳舞的音乐跟前面的音乐有什么不同?(引导幼儿感受乐曲节奏与情感的变化)你想变成什么小动物来为狮王表演?(引导幼儿随音乐合拍地表现动物们跳舞的情景)

4. 完整播放乐曲,请幼儿边欣赏边用动作表现音乐,感受狮王和小动物音乐形象的不同。

(1)请幼儿完整欣赏乐曲,进一步感受狮王与小动物鲜明的音乐形象。

(2)教师戴头饰扮演狮王,与幼儿互动表演,鼓励幼儿随音乐变化有节奏地大胆表现小动物的动作。

(3)请幼儿分角色完整表现音乐1～2遍,提示幼儿动作要有力,表情要夸张、形象。

第2课时:打击乐

【活动目标】

1. 进一步欣赏《狮王进行曲》,尝试根据狮王吼叫、走路等音乐形象设计打击乐器的配器演奏方案。

2. 边听音乐边看指挥演奏乐器,能表现音乐的旋律特点。

3. 体验与同伴共同演奏的快乐。

【活动重点】

进一步欣赏《狮王进行曲》,尝试根据狮王吼叫、走路等音乐形象设计打击乐器的配器演奏方案。

【活动难点】

边听音乐边看指挥演奏乐器,能表现音乐的旋律特点。

【活动准备】

大纸1张,记号笔,大鼓、吊钹各1个,铃鼓、串铃、碰铃、木鱼分别放在幼儿的座椅下面。

【活动过程】

1. 播放《狮王进行曲》,唤起幼儿已有经验。

(1)播放音乐引子部分。提问:这首曲子叫什么?乐曲讲了一个什么样的故事?

(2)完整播放音乐,鼓励幼儿边欣赏边用动作表现节奏。

2. 出示打击乐器,引导幼儿根据音乐形象讨论配器方案,用相应的符号记录在大纸上。

(1)出示大鼓、铃鼓、串铃、碰铃、木鱼、吊钹,请幼儿观察。

(2)引导幼儿分段欣赏音乐,讨论用什么样的节奏、什么样的乐器、什么样的演奏方法来表现每部分的音乐形象,帮助幼儿用符号记录下来。

例如:狮王走路的声音很重,可以用大鼓一下一下地慢奏,这种很沉重的声音可以用"*"表示。

（3）出示记录的完整图谱,引导幼儿边看图边完整欣赏音乐,进一步讨论配器方案及演奏节奏是否合适。

3. 引导幼儿与同伴合作演奏乐曲。

（1）教师哼唱旋律,全体幼儿看图谱,用乐器慢速演奏1～2遍。教师用右手在图谱上指示进度,用左手指挥幼儿演奏。

（2）教师指挥,幼儿看指挥随音乐用乐器演奏乐曲。

（3）请幼儿尝试当指挥,在更换"小指挥"时,可同时更换演奏大鼓和吊钹的幼儿,其他幼儿也可以自由交换乐器。

【附教材】

狮王进行曲

1=C 2/4

[法]圣·桑斯 曲

【配器方案建议】

号角的声音很响,可以用6种乐器一起演奏,这种很响的声音可用"X"表示。

狮王走路的声音很重,可以用大鼓一下一下地慢奏,这种很沉重的声音可以用"★"表示。

狮子吼叫的声音嘶哑、刺耳,可以用吊钹、铃鼓、串铃一起演奏,先用3种乐器一起强奏一下,然后猛烈地持续摇动铃鼓和串铃,这种声音可用"/~~~~~~~~~~"表示。

小动物走路的声音轻,可用木鱼或碰铃一下一下地快奏,这种声音可用"·"来表示。

活动五 美术——手形动物画

【教材分析】

大班幼儿对于手的认知已经比较完整,对手形的变化也深感好奇,经常会在游戏时运用到简单的手形。但是,他们关注的仅仅是手的外在形态,缺乏在此基础上展开想象、进行创作的意识。本次活动,通过让幼儿观察小手的变化,引导幼儿学习用观察加想象的方法作画,体会简单、变化的手形带来的丰富联想与无穷乐趣。本次活动设置视频激趣、游戏探究、创作表现、交流分享等环节,引导幼儿主动学习手形画画的作画方法,鼓励幼儿创造性地表现有情节的、千姿百态的、富有情感色彩的手形动物形象,提高幼儿的艺术想象力和创造能力,引导幼儿体验合作交流的乐趣。

【活动目标】

1. 变换手形,画出轮廓线,在此基础上想象、添画成不同的动物。

2. 展开想象,运用增加、删改、变换方向等方法对手形的轮廓进行再创作,能用简单的语言讲述自己创编的手形动物画故事。

3. 大胆想象,体验用手形画创编故事的乐趣。

【活动重点】

变换手形,画出轮廓线,在此基础上想象、添画成不同的动物。

【活动难点】

展开想象,运用增加、删改、变换方向等方法对手形的轮廓进行再创作,能用简单的语言讲述自己创编的手形动物画故事。

【活动准备】

教师自备手影的视频,幼儿学习材料·美术用纸第8页,彩笔、炫彩棒等。

【活动过程】

1. 播放手影视频,引导幼儿感受手形的变化,激发幼儿对手形变化的兴趣。

(1)提问:视频中分别用手变出了什么?你的小手可以变出什么?你能变出动物吗?你是怎样变的?

(2)引导幼儿自由探索手形动物的多种变法。

2. 创设"我的小手变动物"游戏情境,帮助幼儿掌握手形画的作画步骤及方法。

(1)提问:怎样将手形动物留在纸上?(引导幼儿尝试探索手形画的作画方法)

(2)帮助幼儿梳理手形画的基本作画步骤。

第1步:在纸上描出手形的轮廓;第2步:在手形轮廓图上进行添画;第3步:运用学过的线条和花纹进行装饰。

(3)通过师幼共同示范,引导幼儿感知不同手形变成不同动物画的过程,启发幼儿运用增加、删改等方法对手形的轮廓进行再创作。

提问：这个手形像什么动物？用到了手的哪一部分？将手怎样摆放在纸上，画出的轮廓更清楚？

（4）将师幼共同创作的手形画编成故事进行讲述，激发幼儿制作手形动物故事书的愿望。

3. 幼儿绘画，教师巡回指导，启发幼儿运用手形创造出有情节的画面。

（1）鼓励幼儿根据自己创编的故事变化手形作画，大胆想象。

（2）指导幼儿用笔沿手的边缘描画外形，在此基础上想象添画、装饰。

4. 展示幼儿作品，请幼儿交流绘画感受。

（1）鼓励幼儿介绍自己的手形动物画故事，说说小手变成了什么动物，是怎么变出来的。

（2）将幼儿的作品装订成《有趣的手形动物画故事》图书，鼓励幼儿在活动区和同伴互相讲述。

体育活动

勇过鳄鱼湖

【教材分析】

大班幼儿活泼好动，动作的协调性有所增强，喜欢尝试新奇、富有挑战性的动作、玩法。跳跃是大班幼儿较喜欢做的动作，助跑跨跳过一定障碍物能使他们获得自信心。本活动通过自主尝试、同伴模仿、游戏练习等方法，合理利用长短宽窄不同的器械材料，指导幼儿练习助跑跨跳的动作，帮助幼儿提高动作的协调性、灵敏性，引导幼儿在自主、有趣的体育活动中体验成功的快乐，促进幼儿身体综合素质的提高。

【活动目标】

1. 掌握助跑跨跳的动作要领，发展腿部力量。

2. 能运用多种方法尝试跳过小河，提高动作的协调性、灵敏性。

3. 体验勇过"鳄鱼湖"的快乐。

【活动重点】

掌握助跑跨跳的动作要领，发展腿部力量。

【活动难点】

能运用多种方法尝试跳过小河，提高动作的协调性、灵敏性。

【活动准备】

1. 鱼头饰两个，木板、泡沫垫若干。

2. 场地布置：在场地中间用两根橡皮筋拉出一条小河，最宽的地方 80 cm，最窄的地方为 50 cm，也可根据幼儿的实际情况调整。

【活动过程】

1. 带领幼儿做转动手腕和脚腕、转体、弯腰、跳跃等动作，重点进行跳跃运动的练习，为游戏开展做准备。

2. 设置游戏情境，引导幼儿探索跨过小河的方法。

教师扮演"羚羊妈妈",带领幼儿过"小河"而不碰到橡皮筋。

（1）游戏,遇到"小河",启发幼儿尝试如何跳过小河。

（2）请个别幼儿演示跳"小河"的方法,肯定幼儿双脚跳、跨等动作。

（3）提问:小河变宽了,你还可以过去吗?怎样过去?如何跨得更远?

提高难度,请幼儿再次尝试跨跳小河。

（4）请成功跳过小河的幼儿示范助跑跨跳动作。

3. 教师示范,指导幼儿练习,掌握助跑跨跳的动作要领。

（1）教师示范、讲解助跑跨跳动作的要领:助跑时要有一定的距离;跨时一条腿在后,脚用力蹬地,另外一条腿抬起向前伸,再自然落下。

（2）提供各种材料,请幼儿自由选择不同宽度、不同高度的材料,进一步练习助跑跨跳动作,教师观察并及时指导。

（3）再次集中讲解动作。

4. 组织幼儿玩游戏"勇过鳄鱼湖",帮助幼儿熟练掌握助跑跨跳动作。

（1）介绍游戏玩法。

游戏玩法:教师扮演鳄鱼,趴在"湖"里,幼儿扮演小羚羊,站成一路纵队。"小羚羊"集体念儿歌"鳄鱼鳄鱼别神气,羚羊勇敢不怕你,拼命跨过鳄鱼湖,高高兴兴做游戏",念完儿歌后,"小羚羊"助跑跨跳过"鳄鱼湖",若跳不过去,就被湖里的鳄鱼吃掉,"小羚羊"在一旁休息。

（2）教师和幼儿一起玩游戏,体验勇闯鳄鱼湖的惊险和愉快。

教师扮演鳄鱼,为减少等待,增加练习的密度,第1遍游戏结束后,可由两个幼儿扮演鳄鱼。

5. 放松活动,带领幼儿随舒缓的音乐做放松腿部的动作,如轻揉拍打腿部。

【附场地布置图】

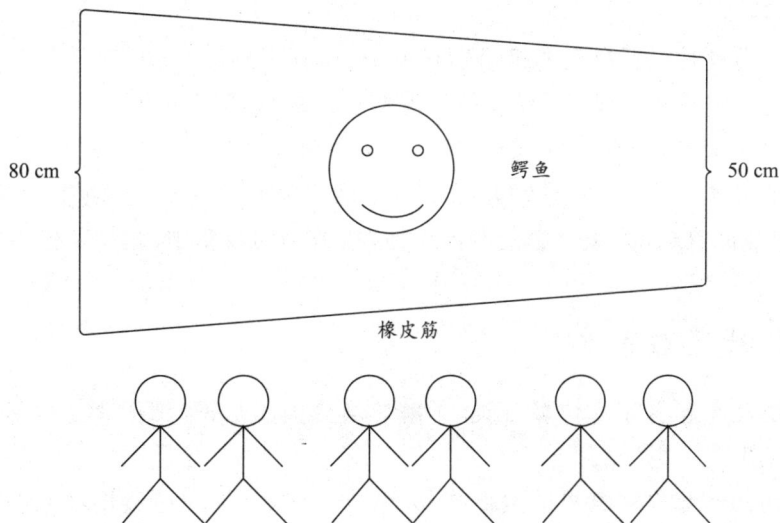

第 3 周　环保小·卫士

环境创设▶

1. 师幼共同设计"我是环保小卫士"主题墙,引导幼儿用绘画、制作、照片等方式表达自己对环保的理解,展示、交流自己及家人的环保行为。

2. 创设"废品大变身""机器人集合"展示区,展示幼儿用废旧物品制作的手工作品。

3. 创设"环保行为榜",幼儿随时用绘画或拍照的形式记录自己的环保行为创设在"环保行为榜"上展示、交流。

4. 创设"每日空气质量报告"专栏,引导幼儿关注每天的空气质量,记录在专栏中。

5. 师幼一起在班级、幼儿园设置废旧电池回收箱,鼓励并提示教师、家长科学回收废旧电池。

生活活动▶

1. 指导幼儿用餐时根据自己的饭量适量取饭,做到不剩饭、不浪费。

2. 提示幼儿关注班级及幼儿园的环境,保持自己周围环境的卫生;鼓励幼儿提醒家人、同伴注意环保,向家人、同伴宣传环保知识,纠正他人不环保的行为。

3. 班级投放分类垃圾箱,引导幼儿在日常生活中随时将垃圾分类;提示幼儿关注班级或幼儿园的废旧电池回收箱,收集家里的废旧电池,投放到回收箱中,集中交给有关部门处理。

家长与社区教育▶

1. 家长和幼儿一起将家庭垃圾分类,了解垃圾分类的知识,制作废电池回收箱,逐渐养成垃圾分类的好习惯。

2. 家长与幼儿一起收集家里的废旧物品,共同商讨、交流这些废旧物品的用途,在家里进行手工制作,将废旧物品再利用。

3. 请家长提醒幼儿,在小区、公园、商场等公共场所注意践行环保要求。

4. 通过宣传栏、幼儿自制环保海报等方式向家长做环保宣传,提示家长从自身做起,从日常行为细节做起,为幼儿树立良好的榜样,同时鼓励、支持、引导幼儿的环保行为。

教学活动

活动一 语言——故事《小·房子》

【教材分析】

绘本《小房子》是美国作家维吉尼亚·李·伯顿创作于 1942 年的作品,描绘了一座会呼吸、有情感的小房子,图画明媚、恬静,细节丰富,内涵深刻。本书从小房子的角度讲述了城市化进程给自然环境带来的巨大变化及消极影响,传达出热爱自然环境的理念,使幼儿领略到自然的美好。活动中,通过倾听故事、观察画面,以对比的方式引导幼儿感受小房子周围环境的变化,体会身处变化中的小房子的感受,鼓励幼儿用自己的语言表达出来。

【活动目标】

1. 初步理解故事内容,了解城市化进程给小房子周围环境带来的变化和造成的影响。

2. 能清楚讲述小房子周围发生的各种事件与周围环境变化之间的关系。

3. 体会身处变化中的小房子的心情,感受并珍惜环境的自然之美。

【活动重点】

了解城市化进程给小房子周围环境带来的变化和造成的影响。

【活动难点】

能清楚讲述小房子周围发生的各种事件与周围环境变化之间的关系。

【活动准备】

教师自制课件,呈现绘本《小房子》的插图。

【活动过程】

1. 播放课件,引导幼儿对比小房子前、后的不同,激发幼儿听故事的兴趣。

(1)播放课件,呈现绘本《小房子》第 3 页,引导幼儿观察。

提问:小房子的心情怎样?它为什么这么开心?

(2)播放课件,呈现绘本《小房子》第 31 页小房子孤独、难过的画面。

提问:现在的小房子心情怎样?为什么会这样呢?

2. 引导幼儿完整欣赏故事,理解小房子周围发生的变化及产生的结果。

提问:小房子为什么这么不开心?

引导幼儿理解小房子因为周围环境的变坏,所以产生不开心的情绪。

3. 指导幼儿分段阅读绘本,了解并讲出小房子周围的具体变化。

(1)播放课件,引导幼儿集体阅读绘本《小房子》第 1～13 页,重点阅读第 1、7、9、11、13 页,感受乡村自然风光的美好。

提问:很久以前,小房子是建在哪里的?能够看到什么?为什么它感觉每天都不一样?

看到这样的田园风光,你有什么感觉?

重点引导幼儿感受、讲述乡村风光和生活的细节,体验小房子生活在乡村时的美好心情。

(2)播放课件,引导幼儿集体阅读绘本《小房子》第 13 页之后的部分,感受城市化进程及其对环境的影响。

呈现绘本第 15 页并提问:发生了什么?现在的田园有什么变化?小房子的心情怎样?它

可能会说什么？

呈现绘本第17页并提问：小房子周围又发生了什么变化？田园有什么变化？你喜欢这样的田园吗？

呈现绘本第18～19页并提问：小房子现在的心情怎样？它的周围又发生了什么变化？小房子为什么不开心？

呈现绘本第30～31页并提问：现在的小房子在哪里？为什么快要看不见了？原来的田园风光为什么消失了？

为什么小房子感觉现在的每一天都一样？

呈现绘本第32～33页并提问：小房子怎么了？为什么会这样？

引导幼儿总结：人们的活动改变了小房子周围的自然环境。

4. 再次完整讲述故事《小房子》，引导幼儿交流、讨论，进一步感受自然环境的美好。

提问：你喜欢住在什么时候的小房子里？为什么？你有什么办法帮助小房子？

启发幼儿大胆说出改善小房子周围环境的方法。

【活动延伸】

请幼儿在阅读区阅读绘本《小房子》，和同伴讲述、交流小房子周围环境变化的细节和小房子情绪的变化。

【附教材】

小房子

很久以前，在离城市很远的乡下有一座小房子。这座小房子盖得非常好，很坚固，也很漂亮。小房子坐落在山冈上，非常开心地看着四周的乡村、田园。

春天到来时，白天一天天变长，太阳光也暖和起来。小房子看着草地慢慢变绿，看着树枝抽出嫩绿的芽儿，看着苹果树开出一树的花儿，看着孩子们在小溪里玩耍……

烈日炎炎的夏天，它看着大树、小树换上绿叶衣裳，看着白色的雏菊铺满山冈，看着盛开的鲜花把花园装点得欣欣向荣，看着孩子们在池塘里游泳……

到了秋天，白天一天天变短，夜晚越来越冷。它看着第一场霜把树叶染成黄色、橙色、红色，看着人们收割庄稼、采摘苹果，看着孩子们在学校里念书……

接着是冬天，白天更短了，夜晚更长了，皑皑白雪覆盖着乡村、田园。它看着孩子们溜冰、打雪仗。

有一天，小房子惊讶地看到，从弯弯的乡间小路上跑来一辆没有马拉的大车，很快又跑来更多这种车……马拉的大车越来越少见了。不久，来了一群测绘员，在小房子前面绘制了一条路线。接着，一辆蒸汽铲车开来了，在铺满雏菊的山冈上挖出一条路来；然后，一些卡车开来了，在路上卸下很多大石头、小石头；再后来，开来一些卡车卸下很多沙子、沥青；最后，来了一辆蒸汽压路机，把大石头、小石头、沙子、沥青都压平了……一条宽阔的公路修好了！

不久，公路上新添了有轨电车，整个白天和大半个晚上，它们在小房子面前穿梭。路过的每个人都行色匆匆，看上去十分忙碌。接着，一辆高架列车开始在小房子头顶上开来开去。空气中到处是烟尘，噪音也非常大，震得小房子直发抖。很快，小房子的脚下又有了地下列车，它看不到，却能感觉到。

人们移动得越来越快，没有人注意到小房子，他们总是匆匆经过，根本顾不上看它一眼。后来，他们拆掉小房子周围的住宅楼和公寓楼，开始挖大坑、建高楼，这边建起一栋25层的，那边建起一栋35层的……现在，小房子已经分不清春、夏、秋、冬，因为周围的一切看上去总是一个模样。它只能在正午时分见一小会儿太阳，星星和月亮也根本见不到了，因为夜晚城市的灯光实在太亮了。

小房子不喜欢住在城里。夜里,它经常梦见乡下,梦见开满雏菊的田野,梦见苹果树在月光中舞蹈。小房子很孤独、很难过……

〔(美)维吉尼亚·李·伯伯顿著,阿甲译〕

活动二 科学——垃圾要分类

【教材分析】

生活中每天都会产生垃圾,垃圾处理不当就会对环境造成严重污染。合理地对生活垃圾进行分类,有效利用废旧物品,实现资源的循环利用,是保护环境、充分利用资源的有效途径,也是每个公民保护环境应尽的义务。本活动设计讨论交流、实践操作等环节,引导幼儿区分可回收垃圾与不可回收垃圾,明确垃圾分类的意义,帮助幼儿树立垃圾分类的意识,进而逐渐养成对日常生活垃圾进行分类的良好习惯,激发幼儿保护环境的责任感和使命感。

【活动目标】

1. 了解垃圾与人们生活的关系,知道乱扔垃圾会污染环境、危害健康。

2. 尝试按照可回收与不可回收的标准对垃圾进行分类。

3. 树立垃圾分类投放的意识,养成恰当处理生活垃圾的良好习惯。

【活动重点】

知道乱扔垃圾会污染环境、危害健康。

【活动难点】

尝试按照可回收与不可回收的标准对垃圾进行分类。

【活动准备】

1. 请家长带领幼儿调查生活中会产生哪些垃圾,用绘画的方式把每一种垃圾记录在纸上,用于分类操作。

2. 《幼儿素质发展课程·多媒体教学资源包》课件13,幼儿学习材料《我爱大自然》,水彩笔,贴好分类标志的两个垃圾箱。

3. 利用废旧物品制作的工艺品等。

【活动过程】

1. 播放课件,引导幼儿结合已有经验讨论垃圾与人们生活的关系。

提问:生活中我们会扔掉哪些垃圾?如果我们周围都是垃圾,生活会变得怎么样?应该怎样处理垃圾?

2. 结合分类标志,引导幼儿了解可回收垃圾与不可回收垃圾。

(1)出示分类垃圾筒的图片,引导幼儿观察可回收垃圾与不可回收垃圾的标志。

提问:这个垃圾箱上的标志是什么样子的?它代表什么意思?这个垃圾箱是用来装什么样的垃圾的?

(2)引导幼儿集体讨论、辨别,为垃圾分类。

播放课件,呈现菜叶、剩饭、废旧报纸、包装盒等常见垃圾,引导幼儿讨论哪些垃圾是可以回收利用的、哪些垃圾是不可以回收利用的。

小结:垃圾并不都是废物,有的还能够重新利用。例如:废纸可以加工成纸浆生产再生纸,碎玻璃经过加工可以再做成玻璃瓶、玻璃杯。像纸张、可乐瓶、玻璃这类可以再利用的垃圾叫作"可回收垃圾"，像腐败的菜叶这类在自然条件下易分解的垃圾属于"不可回收垃圾"。

（3）引导幼儿阅读《我爱大自然》第22页，给图中的垃圾分类，与相应的垃圾箱连线。

（4）请幼儿把自己调查中绘画的垃圾图片，投放到相应的垃圾箱中。

3. 请幼儿讨论废旧电池的处理方法。

出示用过的电池，请幼儿结合自己的生活经验说一说废旧电池应该扔到什么地方。

小结：旧电池对环境的污染更加严重，它不易腐烂，还会释放出有毒的物质污染土壤，影响花、草、树木、蔬菜、庄稼生长。人吃了被污染的蔬菜，还会损害健康。废旧电池是有毒、有害的垃圾，不能乱扔，要送到专门回收电池的地方。

4. 布置"变废为宝展览会"，请幼儿欣赏废旧物品制作的工艺品，激发幼儿废物再利用的热情。

【延伸活动】

鼓励幼儿和家长一起在家中设置分类垃圾箱，做好家中垃圾的分类投放工作。

活动三　数学——认识正方体、长方体

【教材分析】

平面图形只有长短、宽窄，而立体图形有长短、宽窄，还有高低（厚薄）。立体图形的学习，需要幼儿运用多种感官在观察的基础上认识其特征，进而通过各种感官、综合感知认识几何形体。大班幼儿虽然对于平面图形有一定的感知经验，但对平面图形和几何形体容易混淆。本活动采用"对比学习"的方法，首先，将平面图形与相应的几何形体进行对比；其次，将正方体与长方体进行对比，帮助幼儿发现它们之间的异同，既加深了幼儿对平面图形的了解，又强化了幼儿对立体图形特征的认识。活动中，鼓励幼儿主动观察、亲手制作、直接操作，让幼儿在比较、操作中形象感知、探索发现正方体、长方体的特征。

【活动目标】

1. 了解正方体和长方体的主要特征，知道正方体有6个面，6个面是大小相同的正方形；长方体有6个面，6个面的大小有所不同，两个相对的面大小相同。

2. 能自主观察、比较、操作、发现正方体和长方体的异同并熟练辨别生活中类似正方体和长方体的物体。

3. 初步感知平面图形与立体图形的不同与关系。

【活动重点】

正方体有6个面，6个面是大小相同的正方形；长方体有6个面，6个面的大小有所不同，两个相对的面大小相同。

【活动难点】

能自主观察、比较、操作、发现正方体和长方体的异同并熟练辨别生活中类似正方体和长方体的物体。

【活动准备】

1. 用硬纸绘制的正方体、长方体的展开图每组各1个，3种以上的标志各若干，图形纸、线绳、小棍、纸条、剪刀等。

2. 幼儿学习材料《爱在我身边》，《幼儿素质发展课程·多媒体教学资源包》课件6。

【活动过程】

1. 组织幼儿玩"占格子"游戏，激发幼儿参与活动的兴趣，引导幼儿感知正方体、长方体

有 6 个面。

出示正方体、长方体的大型展开图,介绍"占格子"游戏的玩法。

玩法:幼儿手拉手围成大圆,边走边念儿歌:"我们小手拉小手,围着圈圈一起走。高人走,矮人走,找个格子快站好!"说完儿歌最后一句,每个幼儿占 1 个格子。

游戏后提问:一组平面图上站了几个小朋友?一组平面图有几个格子?它们分别是什么形状的?

引导幼儿发现:每组平面图都是由 6 个格子组成,有的平面图由正方形格子组成,有的平面图由长方形格子组成,有的平面图由正方形格子和长方形格子共同组成。

2. 指导幼儿分小组探索,找出每组平面图中形状和大小相同的格子。

(1)给每组提供正方体和长方体平面图各 1 个,引导幼儿用既简单又准确的方法找出形状、大小相同的格子,贴上相同的标志。

(2)幼儿分组探索、测量,教师鼓励幼儿介绍本组的发现。

(3)教师与幼儿一起验证测量结果。

3. 指导幼儿"变魔术",引导幼儿感知从平面图形到立体形体的变化过程,借助已有经验梳理正方体和长方体的主要特征。

(1)教师示范"变魔术",快速将正方体、长方体的平面图折成几何体,引导幼儿观察、说出是怎么变成的。

(2)幼儿小组合作,将本组的正方体、长方体的平面图折成几何体。

(3)请幼儿观察测量正方体时粘贴的标志,迁移"占格子"游戏的已有经验。

提问:正方体有几个面?分别是什么形状的?正方体每个面一样大吗?为什么?

小结:正方体有 6 个面,6 个面是大小相同的正方形。

(4)请幼儿观察测量长方体时粘贴的标志,迁移"占格子"游戏的已有经验。

提问:长方体有几个面?分别是什么形状的?

引导幼儿讨论:长方体每个面一样大吗?为什么?请幼儿找出一样大的两个面的位置。(前面和后面、上面和下面、左面和右面的两个面一样大。)

小结:长方体有 6 个面,6 个面的大小有所不同,相对的两个面大小相同。

(5)请幼儿将制作好的盒子按正方体和长方体分类,进一步感知长方体、正方体的特征。

引导幼儿发现:判断盒子是否是正方体、长方体,与盒子的大小、颜色无关。

4. 请幼儿在教室中寻找类似正方形或长方形的东西。鼓励幼儿结合日常生活想一想、说一说生活中还有什么东西像正方体或长方体。

【活动延伸】

请幼儿在活动区自主阅读《爱在我身边》第 27 页,丰富对正方体、长方体的认识。

活动四 音乐——歌曲《家》

【教材分析】

蔚蓝的大海、茂密的森林……美丽的地球是动物和人类赖以生存的美好家园。歌曲《家》以优美的旋律和歌词呈现了一幅动物、人与自然和谐相处的画面。本次活动引导幼儿在理解、感受歌曲意境及学习演唱歌曲的过程中自然表达对家和大自然的热爱,激发幼儿保护环境、爱护美好家园的情感。

【活动目标】

1. 会演唱歌曲,掌握三拍子的节奏特点,能唱准延长音和休止符。

2. 能用声音、动作、表情等表现自己对歌曲的理解和感受。

3. 理解动植物与环境的依存关系,萌发爱护大自然的情感。

【活动重点】

会演唱歌曲,掌握三拍子的节奏特点,能唱准延长音和休止符。

【活动难点】

能用声音、动作、表情等表现自己对歌曲的理解和感受。

【活动准备】

1. 歌曲《家》的图谱(用形象的符号表示出延长音和休止符,如～、0)。

2. 活动前开展"我爱我家"的活动,丰富幼儿对"家"的认识。

3. 教师结合歌词内容自制课件,活动室的椅子摆成半圆形。

4. 《幼儿素质发展课程·音乐》CD。

【活动过程】

1. 带领幼儿演唱歌曲《我爱我的小动物》,进行发音练习,指导幼儿唱准空拍。

2. 播放课件,呈现鱼儿、小鸟的形象,创设"小动物找不到家着急、难过"的情境,引导幼儿感受家的重要,引发幼儿同情心和参与活动的兴趣。

3. 教师示范唱歌曲,引导幼儿欣赏,理解歌词内容,感受歌曲节奏特点。

(1)教师清唱歌曲第 1 段,根据歌词内容提问,帮助幼儿熟悉歌词。

提问:鱼儿的家在哪里? 大海是什么样的? 小鸟的家在哪里? 树林是什么样的? 鱼儿、小鸟生活在这样美丽的家里,心情怎样?

(2)出示图谱,引导幼儿重点感受延长音和休止符,可运用动作提示帮助幼儿感受、掌握,启发幼儿用点头、拍腿等方式辅助演唱。

(3)带领幼儿演唱歌曲第 1 段,提示幼儿唱准歌词,准确演唱延长音和休止符。

(4)播放课件,请幼儿说出"太阳"和"我们"的家在哪里,鼓励幼儿尝试将歌词配上旋律唱出来,自由探索、学习歌曲第 2 段。

提问:太阳的家在哪里? 我们的家在哪里?

4. 鼓励幼儿变换形式演唱歌曲,尝试用声音、动作等表现歌曲美好的意境及对自然环境的热爱。

引导幼儿讨论:生活在这么美丽的地球上,你的心情是什么样的? 为什么?

5. 引导幼儿结合自己的生活经验大胆创编歌词。

引导语:你还知道谁的家在什么地方? 请你编成歌词唱出来,让更多的人来爱护他们的家。

【附教材】

家

1 = C 3/4

（ 1 1 5 3 | 4 4 3 2 | 5 6 5 3 4 2 | 1 - - ）|

5 1 5 3 - 1 1 | 2·3 4 6 | 5 - - | 5 1 5 3 - 1 1 |
蓝 色 的 大 海 是 鱼 儿 的 家， 密 密 的 树 林 是
高 高 的 蓝 天 是 太 阳 的 家， 美 丽 的 地 球 是

2·3 4 3 | 2 - - | 1 3 3 3 | 2 5 5 5 | 3 1 2 3 4 5 | 6 - - |
小 鸟 的 家， 嗨 啦…… 嗨 啦…… 啊……
我 们 的 家，

1 1 5 3 | 4 4 3 2 | 5 6 5 3 4 2 | 1 - - | 0 5 1 0 0 :|
小 朋 友 呀 去 玩 耍， 可 别 破 坏 它 们 的 家 啦 啦。

活动五 半日活动——机器人

【教材分析】

日常生活中会产生纸盒、小瓶、小桶、瓶盖、蛋壳等废旧物品，这些废旧物品有一定的回收和利用价值，直接扔掉，不仅浪费，还会对环境造成危害。本活动指导幼儿利用不同废弃物的特点，制作出不同形态和构造的机器人，帮助幼儿认识到有些废旧材料是可以再利用的。活动中引导幼儿观察影视作品中的机器人及制作好的机器人，直观感知机器人的外形特征，在观察的基础上自主创意、自由结对、合作制作，发展幼儿的想象力和创造力，培养动手、动脑能力，进一步增强环保意识。

【活动目标】

1. 了解机器人的基本结构，能够运用各种废旧物品表现机器人的主要结构和特征。

2. 探索运用各种废旧物品制作机器人的方法，大胆构思不同形态、功能的机器人，创造性地进行制作。

3. 积极主动地创作，切身体验废旧物品的利用价值。

【活动重点】

了解机器人的基本结构，能够运用各种废旧物品表现机器人的主要结构和特征。

【活动难点】

探索运用各种废旧物品制作机器人的方法，大胆构思不同形态、功能的机器人，创造性地进行制作。

【活动准备】

1. 活动前请幼儿和家长一起观看有关机器人的电影、视频，了解机器人的名称、外形特点、主要功能等。

2. 幼儿学习材料《我爱大自然》，教师自制课件（主要展示变形金刚、机器人瓦力等幼儿较为熟知的机器人形象），使用废旧材料制作的机器人范例。

3. 材质、大小不同的包装盒,纸筒、塑料瓶、瓶盖、光盘、纸张等废旧材料,乳胶、蓝丁胶、双面胶等黏合剂,剪刀、画笔等。

【活动过程】

1. 播放课件,呈现常见的几种机器人形象,引导幼儿观察机器人的外形特征。

提问:你认识这些机器人吗?它们的外形有什么特点?你还认识什么机器人?它的外形是什么样的?有什么本领?

小结:影视剧中、生活中有很多不同的机器人,它们的本领、作用不同,外形也会不同。例如:探索机器人会有履带、探测仪,流水线机器人有不同造型的机械臂,陪伴机器人最接近人的外形。

2. 出示机器人范例,引导幼儿观察它们的构造特点、所用材料、制作方法。

提问:这些机器人是用什么做的?你觉得它们会有什么本领?为什么?

重点引导幼儿发现这些机器人都是用废旧物品制作的,帮助幼儿了解制作机器人使用的主要材料以及重点表现了机器人的哪些部分等。

3. 鼓励、支持幼儿自主设计、制作机器人。

（1）请幼儿观察提供的各种废旧物品。

（2）引导幼儿交流、讨论,初步形成设计方案,自由结对组成制作小组。

提问:你想制作什么样的机器人?会用到哪些废旧物品?你想邀请谁（或:谁想和他）一起制作?

（3）小组交流,制订计划,完善设计方案。

（4）幼儿分组制作,教师巡回指导,随时提供帮助和支持。

4. 组织幼儿交流、分享:夸夸我的机器人。

请每组派一个幼儿,向大家介绍自己小组制作的机器人的名称、所用的材料、本领等。

【活动延伸】

引导幼儿阅读《我爱大自然》第27页,继续在美工区制作机器人。

体育活动

纸板玩法多

【教材分析】

纸板是日常生活中常见的废旧物品,除了造型、回收再利用之外,通过幼儿的主动探索和发现,纸板还能变成很好的活动器械。例如:连接成"小路"走一走,变成"飞盘"抛一抛,搭成"漫水石桥"跳一跳等。让幼儿在自主、自由、快乐的游戏中练习平衡、跨跳、双脚连续跳、抛掷等基本动作,既提高肢体运动协调能力,又能从中体验到探索和发现的乐趣。

【活动目标】

1. 自主探索废旧纸板的不同玩法,练习跨跳、双脚连续跳、平衡、抛接等基本动作,增强动作灵活性。

2. 根据纸板的大小、形状、厚薄创造性地尝试一物多玩。

3. 感受动手、动脑发现废旧物品游戏功能的快乐,体验与同伴合作游戏的乐趣。

【活动重点】

练习跨跳、双脚连续跳、平衡、抛接等基本动作。

【活动难点】

根据纸板的大小、形状、厚薄创造性地尝试一物多玩。

【活动准备】

不同大小、形状、厚薄的纸板若干,活动所需的背景音乐。

【活动过程】

1. 创设"风吹小树叶"的游戏情境,带领幼儿做热身运动。

教师扮风,幼儿扮树叶,"树叶"根据"风"的大小、方向、形式等做出不同的动作。

2. 引导、鼓励幼儿自由探索纸板的不同玩法。

请幼儿自主选择不同形状的纸板,自由玩耍,看谁的玩法多,比一比谁能发现不一样的玩法。

教师巡回观察、指导,及时发现、表扬有创意的幼儿,启发、引导幼儿积极发现不同的玩法,指导幼儿不断改进、提升玩法。

3. 组织幼儿交流、分享各自发现的玩法。

(1)请个别幼儿示范,分享自己的玩法,鼓励幼儿为自己的玩法命名,如抛接飞盘、纸板小路、纸板小桥、青蛙跳荷叶等。

(2)鼓励幼儿试一试同伴分享的玩法。

(3)请幼儿分散尝试同伴介绍的不同玩法,鼓励幼儿合作玩纸板。

4. 组织幼儿玩游戏"小青蛙练本领"。

(1)请幼儿集体合作布置活动场地,用纸板在"河面"上铺设"荷叶"。

(2)教师扮青蛙妈妈,带"小青蛙"采用双脚立定跳远的方式,鱼贯跳过每片"荷叶"。

(3)可引导幼儿铺设"荷叶"间距不同的两条"通道",供不同运动水平的幼儿自主选择。

5. 创设"小青蛙戏水"的游戏情境,带领幼儿随音乐放松身体各部位。

主题四 我是小书迷

主题网

教育活动
1. 好习惯体验日：节能减排
2. 有趣的图书
3. 参观书店
4. 匹诺曹愿做真孩子
5. 制作小书签

活动区活动
1. 快乐的农场
2. 活字印刷
3. 绘本小剧场
4. 创意立体画
5. 小主播
6. 学习使用筷子

户外体育活动
1. 聪明的小公鸡
2. 智力大闯关

第1周　图书中的发现

我是小书迷

教育活动
1. 母鸡萝丝去散步
2. 萝丝漫步曲
3. 智斗小狐狸
4. 萝丝散步新传
5. 分类整理

教育活动
1. 制定图书节计划
2. 有趣的翻翻书
3. 我创编的绘本故事书
4. 小熊的蜂蜜店
5. 图书节嘉年华

第2周　图书真有趣

第3周　我们的图书节

户外体育活动
1. 母鸡萝丝历险记
2. 炒豆子

活动区活动
1. 磨坊场景
2. 故事拼拼乐
3. 童话剧团
4. 漂亮的书签
5. 小书迷图书馆
6. 夹纸花

活动区活动
1. 美丽的池塘
2. 大家来观察
3. 成长小剧场
4. 图书诊所
5. 我是故事王
6. 看谁夹得多

户外体育活动
1. 小猴摘桃子
2. 袋鼠跳

主题价值

读书妙处无穷，书香熏染人生。书的种类丰富多样，按特征分：有立体的，有镂空的，有能发出声音的，有能散发香味的，还有撕不坏的……按内容分：有科普类的、益智类的、故事类的、绘画类的……书中动听的故事、漂亮的图画、有趣的游戏、丰富多彩的知识，都深深地吸引着孩子，让孩子们陶醉。书不仅可以让孩子们从中学到许多的知识和本领、发展幼儿的阅读、观察、讲述、艺术再现等能力，还可以培养孩子们良好的学习与生活习惯。让书成为孩子们的朋友，让孩子们在书的海洋里快乐遨游。

主题活动《我是小书迷》设置了"图书中的发现""图书真有趣""我们的图书节"三个子主题，以"和书交朋友"为主线，通过走进图书馆、创设图书展、级部图书共读、班级图书漂流以及经典绘本诵读、创意绘本制作等活动，让孩子们了解书的来历、接触优秀的儿童文学作品、感知不同种类图书的奥秘，激发幼儿对于书的探究兴趣，使得孩子乐读、爱读、会读，养成良好的阅读习惯。

主题目标

★ 主动保护眼睛，不在光线过强或过暗的地方看书。连续看电视等不超过 30 分钟。

1. 练习并掌握平衡、钻、攀爬的基本动作，培养幼儿敢于挑战困难、勇敢坚强的优秀品质。

2. 能跟随老师、家长有序参观图书馆、图书展等，遵守参观规则，安静阅读；喜欢阅读图书，乐意向同伴介绍自己喜欢的图书。

3. 学会观察书中的人、景、物等，能清楚、有条理地讲述画面内容；能大胆猜测、创编故事情节的发展，感受绘本故事情理之中、意料之外的戏剧效果。

4. 了解图书的组成结构，学习正确的阅读方法；喜欢探究书中的奥秘，能在操作活动中感受斜坡的高度、坡面的光滑度与汽车下滑速度的关系；主动参与图书节的筹备活动，能运用符号表征的方式制定图书节的活动计划与规则。

5. 学习将物品按多个特征进行归类，并运用符号进行表征记录；初步感知生活中的容积守恒现象，能排除形状、数量等因素的干扰，感受容积的不变性；积极参加讨论和交流，能大胆提出问题或发表不同意见。

6. 欣赏不同种类的书签，能结合书签的主要构造与特点，大胆创作与设计；感受绘本中图案、色彩、画面的美，能运用绘画、线描、泥工等多种形式大胆创作"母鸡萝丝去散步"的绘本故事；感受舞蹈欢快的心情，体验跳双人集体舞的快乐。能在舞蹈中与同伴协调、配合做动作；大胆表现并通过表情、动作、节奏等再现绘本故事的主要情节。

区域活动安排

区域名称	活动名称	活动准备	活动指导建议
结构区	母鸡萝丝去散步	大型积木若干,纸杯,奶粉桶,易拉罐、自制纸筒砖瓦、纸砖等搭建辅助材料,雪花片、梅花胶粒、编织小物件、天后宫实景图片	1. 磨坊场景: ● 观察磨坊的图片,能创造性运用搭建材料再现磨坊的主要特征。 ● 指导幼儿利用大型积木运用围拢、垒高、穿插等方法与奶粉桶、易拉罐、纸杯等辅助材料组合再现磨坊。 2. 池塘场景: ● 仔细观察池塘的场景图,能与同伴合作,形象再现。 ● 指导幼儿用大型积木,纸砖等运用围拢、垒高等方法搭建池塘;与美工区互动,将绘画、制作的荷叶、小鱼等投放于池塘中,丰富池塘的搭建。 3. 农场场景: ● 能运用多种拼插与搭建材料,创造性地拼插搭建母鸡萝丝去散步的各个场景。 ● 指导幼儿学习方形插、一字插相结合的方法运用雪花片、梅花胶粒等拼插母鸡,运用各种木质积木与易拉罐等辅助材料相结合搭建磨坊、池塘等场景。 ★ 提醒幼儿玩完玩具后分类整理,物归原处,能与同伴协商合作游戏。
益智区	活字印刷	活字印刷玩具、刷子、宣纸、墨汁	● 知道毕昇发明了活字印刷术,了解活字印刷的作用及印刷术的演变。 ● 指导幼儿用刷子在刻好的活字板上刷墨汁,并进行印刷,鼓励幼儿尝试用已有的字句摆出不同的句子进行印刷。 ★ 提醒幼儿在观看表演时能够遵守会场秩序,遵守会场规则,文明观看。
	故事拼拼乐	将各种绘本故事内容的图片剪成不同形状,拼板	● 能注意观察图片细节以及图片的形状,正确拼摆。 ● 对比找出两张相同图片中的 5 处细微不同处,限定时间内找到多者胜。 ★ 游戏结束后能将材料物归原处。
	大家来观察	绘本故事内容图片若干(两两一对,画面中有不同之处),摆板	● 幼儿能将两两一对的绘本故事图片做比较并迅速找出图片中的不同之处。 ● 提示幼儿在查找过程中注意仔细观察画面内容,将不同之处找出后迅速做好标记;鼓励幼儿和同伴开展竞赛游戏,看看谁找得快而准,谁就获胜。 ★ 提醒幼儿遵守游戏规则,训练幼儿观察能力和迅速反应能力。
表演区	童话剧团	《母鸡萝丝去散步》中的角色手偶、头饰以及场景道具等	● 能模仿《母鸡萝丝去散步》故事中的角色动作、语气、表情等进行表演,体验表演游戏的乐趣。 ● 引导幼儿与同伴合作摆放道具布置表演场地,自选手偶或头饰的形式进行表演,鼓励幼儿邀请小伙伴观看表演。 ★ 同伴间相互合作、协商,演出结束后能将道具、服装整理好,物归原处。
	绘本小剧场	"图书"主题下幼儿收集的各种易于进行表演的故事绘本以及围绕绘本师幼共同制作的头饰与场景道具	● 能与同伴协商确定表演主题,并根据绘本内容进行装扮与表演。 ● 引导幼儿结合自己对于绘本角色的理解轮流扮演角色进行表演,鼓励幼儿间相互评价、相互学习,教师给予拍照或者录像支持。 ★ 同伴间遇到矛盾会互相协商解决,学会谦让,合作游戏。
	创意小剧场	自制绘本图书;结合自制绘本制作的头饰、体饰等;森林、花园等表演道具以及画纸、画笔等制作工具	● 幼儿能结合自制绘本,创编故事内容与角色对话并进行表演。 ● 指导幼儿首先与同伴一起确立表演的自制图书并根据自制图书寻找头饰进行装扮,然后结合图书中的情景摆放道具布置表演场地与同伴一起分角色表演。活动中鼓励幼儿拓展表演内容,结合新编故事制作表演头饰。
美工区	创意立体画	卡纸、双面胶、范例、小石头、毛根、各种材质的装饰品、相册纸、泥工工具、泥工板等	● 学会运用粘、画、剪等方法,表现动物的主要特征。 ● 教师引导幼儿和小伙伴合作制作,将绘本上的内容再现。 ★ 制作过程中注意桌面、衣服干净,穿上围裙进行制作。

区域名称	活动名称	活动准备	活动指导建议
美工区	漂亮的书签	风干的树叶、彩色卡纸、黑白色卡纸，油画棒、水彩笔、压花机等	● 比较发现书签间的异同并自主设计自己喜欢的书签。 ● 引导幼儿欣赏丰富多样的书签，感受和发现书签的不同材料、形状、图案的美，鼓励幼儿设计、绘制"花系列""人物系列""动物系列"的主题套系书签。 ★ 能安静地制作，不打扰别人，保持桌面整洁。
	图书诊所	幼儿自己绘画的各种修补工具的图片、订书机、胶水、双面胶、透明胶带、剪刀、画笔、各种颜色的纸张、修补图书的方法步骤图	● 幼儿能运用双面胶、剪刀等工具修补图书。 ● 指导幼儿找出有问题书籍的破损位置，引导幼儿根据破损情况运用双面胶或胶带等合适的解决方法修补图书。 ★ 能随时发现班级中的破损书籍，将修补好的图书分类放回原处供幼儿阅读。
语言区	小主播	每位幼儿从家里带一本自己喜欢的书摆在图书角，麦克、播音室背景灯	● 幼儿能模仿小主播，以新闻播报的形式向同伴介绍自己阅读的图书。 ● 引导幼儿摆放道具，创建播音室，结合图书的书名、主要内容以及自己的阅读体会进行介绍。 ★ 养成安静倾听的好习惯。
	小书迷图书馆	各类书籍，包括绘本书、科学类书、数字的书、童话、儿歌等	● 幼儿能自选图书，仔细观察并安静阅读。 ● 引导幼儿结合新投放的 5 本《幼儿智力大世界》，包括蔬菜类、动物类、交通工具类、形状类、色彩类进行阅读，鼓励幼儿将自己的阅读发现与同伴分享。 ★ 能够按照封面上的标志将图书"送回自己的家"，且一次只拿一本。
	我是故事王	收集各种绘本书籍，自制图书、制作话筒，布置阅读区"成长书店"	● 积极参与"故事大王"活动，能口齿清楚地在同伴面前生动讲述故事。 ● 创设"故事大王大舞台"，引导幼儿轮流讲述故事，相互评价并推选出自己心目中的"故事大王"。 ★ 自主收放活动场地，将道具有序放回。
生活区	筷子小高手	各种颜色、材料、长短、粗细等不同的筷子；盛有玻璃球的方形鱼缸、纸花球、豆子、木筷子、不锈钢筷子、象牙筷子、炸油条的长筷子、幼儿每人 1 双筷子；每组一份塑料块、纸团、玻璃球	1. 学习使用筷子： ● 幼儿学习并初步掌握筷子的使用方法。 ● 幼儿人手 1 双筷子，教师示范讲解使用筷子的方法：将筷子放在右手的大拇指和中指中间，食指抵住一根筷子，中指放置两根筷子中间，无名指抵住另一根筷子，小拇指放在无名指下面做夹、合练习，鼓励幼儿自主练习。 ★ 鼓励幼儿做事有耐心，遇到困难能自己解决。 2. 夹纸花： ● 正确使用筷子，并运用筷子夹取不同的物品。 ● 指导幼儿用右手拿一双筷子，按讲解的方法学拿筷子，练习用筷子夹小纸团、小玩具、豆子等，老师巡回指导，帮助有困难的孩子。 3. 看谁夹的多： ● 熟练使用筷子，积极参与竞赛游戏。 ● 引导幼儿两人一组在规定时间内比一比哪一组夹的多，鼓励幼儿大胆挑战，分层次夹取不同材料。 ★ 筷子不要指到别人的脸上，以免划伤，不能拿着筷子跑，以免伤到别人和自己，不把筷子含在嘴里，以免戳伤喉咙。

（●为核心目标指导，★为养成目标指导）

户外活动安排

活动名称	活动目标	活动准备	活动指导建议
智力大闯关	1. 练习跨过、绕过障碍物的技能。 2. 能在比赛的状态下冷静思考,正确运算。 3. 积极参与游戏活动,体验与同伴合作、竞争的愉悦。	跳绳2根、小椅子6把、布置森林活动场地	● 为幼儿准备两条绳子做"小河"使用。每组6把小椅子。根据幼儿的实际情况出题,以便保持幼儿游戏的积极性。游戏前带幼儿练习跨过小河的技能,可根据实际情况调整小河的宽度。 ● 课前可进行运算比赛,让幼儿适应比赛运算的气氛。 ★ 尝试加快速度,教师观察指导,提醒幼儿注意安全。
炒豆子	1. 有节奏地边念儿歌边玩游戏。 2. 灵活、协调地运用上肢合作翻转身体。 3. 在游戏中体验合作的快乐。	宽阔平整的活动场地	● 幼儿找好自己的好朋友,面对面站好,一边说儿歌一边向里外晃手,儿歌结束一块翻转身体成背对背,重复儿歌翻身成正面。 ● 念儿歌时,两人摆臂的节奏应与儿歌节奏一致。念到"翻"的时候要迅速翻身,翻身时两个幼儿拉着的手不能分开。 ★ 遵守游戏规则,帮助还未理解游戏玩法的幼儿一起完成游戏。引导幼儿探索双人合作的其他玩法。
袋鼠跳	1. 练习身体在袋子中行进跳的技能。 2. 能自主探索袋子的多种玩法。 3. 游戏中注意安全,有初步的自我保护意识。	平整、宽阔的场地,跳跳袋幼儿每人1个	● 幼儿将布袋撑开,跳进去,并提拉袋口,双脚向前跳。提示幼儿动作要领:预备时双脚并拢,双腿微曲,双手拎着口袋;起跳时双脚用力蹬地,向前方跃出;落地时脚后跟先着地,屈膝缓冲,然后继续向前跳。 ● 组织幼儿自由尝试袋鼠跳,启发幼儿探索、发现口袋拎到什么高度最适合跳跃以及在跳跃中如何保持身体的平衡。 ★ 遵守游戏规则,鼓励幼儿合作进行,互相协商。

（●为核心目标指导,★为养成目标指导）

第1周 图书中的发现

环境创设

1. 创设"图书中的发现"交流版块，通过绘画、文字、符号、剪贴等形式制作，供幼儿相互讨论、交流。

2. 创设班级阅读区，创设"小书迷"图书馆，投放主题下绘本图书、为每位幼儿制作的图书借阅卡，设立借阅墙。

3. 创设班级大环境，以"小书迷"为班级环境创设主线，为幼儿提供舒适、愉快的阅读环境。

生活活动

1. 制定图书阅读时间，培养幼儿养成随时、随手阅读图书的好习惯，知道看书的正确姿势，不在强光、弱光下阅读。

2. 能自己爱护图书，知道图书破损及时修补，看书时能保持安静。

3. 将自己在图书中发现有趣的事情与同伴分享。

家长与社区教育

1. 请家长和幼儿共同搜集不同种类、材质的图书，带到幼儿园与同伴分享。

2. 请家长积极参与幼儿园组织的亲子阅读活动，陪伴孩子养成阅读的好习惯。

3. 愿意参与班级组织的亲子社会实践活动，与幼儿一同了解图书馆的作用以及买书的过程。

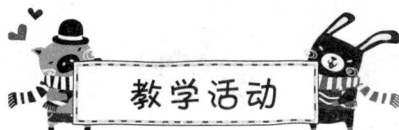

教学活动

活动一 好习惯体验日——节能减排

【活动解读】

资源短缺、环境污染已成为世界各国面临的重要课题之一。"我们只有一个地球""地球是我们共同的家园",随着这些口号的提出,人类环保意识正在觉醒,环保教育迫在眉睫。节能减排,人人有责。《纲要》指出,大班的幼儿已经有意识地关注自己身边的事物,而且,对于身边发生的问题有一定的主见,能够善于观察、创新。因此,注重他们自身已有的生活经验是很重要的。本次活动通过观察、交流、操作、组合、尝试,鼓励他们从不同角度去思考、解决"节能减排"问题,大胆想象,勇于创新。活动前,师幼广泛地收集有关的资料并深入研究;活动中,发挥家长教育作用,运用亲子教育模式,共同完成亲子"节能减排"调查表,培养幼儿对大自然的热爱,体会节约能源、减少污染给地球带来的好处。

【活动流程】

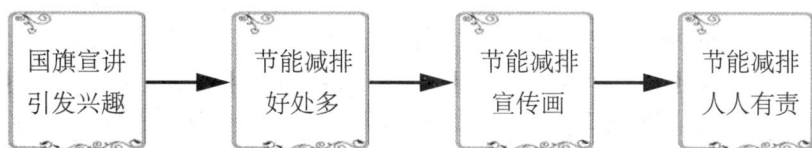

| 国旗宣讲 引发兴趣 | → | 节能减排 好处多 | → | 节能减排 宣传画 | → | 节能减排 人人有责 |

【活动目标】

1. 初步了解"节能减排"的重要作用,能与同伴交流自己对于"节能减排"的认识。

2. 能从不同角度去思考、寻找"节能减排"的方法,大胆想象,勇于创新。

3. 激发幼儿从日常生活的小事做起,做个模范的节能减排小公民。

【活动建议】

1. 国旗下宣讲"节能减排"。

（1）教师宣讲:地球只有一个,它是我们共同的家园。地球上的水、天然气、石油、煤、各种矿石等都是有限的资源,如果我们不懂得节约这些有限的资源,它们终有竭尽的一天。为了我们共同的家园,势在必行地是节能减排,保护我们共同的家园。

（2）幼儿宣讲:从我做起、从小事做起,不浪费画纸、卫生纸,洗手时节约用水,不浪费,做一个节约环保的好宝宝。

（3）家长宣讲:家长要做孩子的榜样,生活中有意识地引导幼儿节约水、节约电、不浪费粮食等;带领孩子外出时,短距离的尽量步行,以减少汽车尾气的排放,培养幼儿节约能源的环保意识。

2. 节能减排好处多。

（1）谈话引出:保护环境,人人有责。

提问:环境污染是如何造成的? 环境污染有哪些危害?

（2）分享交流:节能减排调查表。

提问:为什么要节能减排? 节能减排有哪些好处? 在日常生活中应如何做到节能环保?

（3）观看视频,拓展了解节能减排的意义。

3. 绘制"节能减排"宣传画。

（1）幼儿结合自己的感知经验，绘制"节能减排"宣传画。

（2）交流分享各自的宣传画。

4. 环保宣传——节能减排，人人有责。

（1）园内宣传：向弟弟、妹妹、老师、阿姨、叔叔们宣传节能减排的意义。

（2）向爸爸、妈妈及社区居民宣传节能减排

活动二 科学——有趣的图书

【教材分析】

市面上的图书丰富多样，冲击着孩子们的视觉与触觉。对于各种各样的图书，孩子们很感兴趣，经常谈论有关"自己家里面又增添了什么样的新图书""又发现了什么造型奇特的图书"……的话题，说的绘声绘色，由此设计了本次活动"有趣的图书"。通过家园共建"班级图书馆"，收集投放"各种各样的图书"，采用图片观察和实物探究的方法，引导幼儿了解图书的结构与种类，知道图书的名称，发现图书间的异同等，在游戏和体验中感知了解图书，激发幼儿对图书的探究兴趣。

【活动目标】

1. 初步了解图书的组成结构，感知图书种类的多样性。

2. 观察发现图书间的异同，能听指令有序寻找页码。

3. 培养幼儿逐页阅读，轻翻轻放，爱惜图书。

【活动重点】

初步了解图书的组成结构，感知图书种类的多样性。

【活动难点】

观察发现图书间的异同，能听指令有序寻找页码。

【活动准备】

1. 幼儿自带喜欢的图书一本，教师准备一本有目录的大书。

2. 师生共同收集不同种类的书等。

【活动过程】

1. 谈话导入活动，了解图书的分类。

提问：谁愿意把自己带来的书介绍给大家？说一说你带来的图书是什么样子的？叫什么名字？

小结：有可以发出声音会讲故事的书，有撕不坏的布书，有故事书、童话书，还有图画是立体的书，原来图书的种类有这么多。

2. 请幼儿观察图书，了解图书的组成部分。

（1）教师请幼儿自由翻阅图书，说说自己的发现。

提问：书里面你都发现什么秘密了？

（2）教师根据幼儿的发现进行总结。

① 认识封面和封底。

讨论：封面和封底上的内容是一样的吗？你觉得封面和封底都有什么作用？

小结：封面和封底是用来保护图书里的内容的，同时也会告诉我们一些关于这本书中故事

内容的信息,从封面上我们可以知道这本书大概讲的是一个关于谁的故事,封底上可以告诉我们这本书的价格、发行部等信息。

② 了解目录的作用。

提问:目录的作用是什么?

小结:目录可以帮助我们很快地找到要看的内容,也可以知道书的具体内容。

③ 观察页码,知道页码的作用。

提问:这些数字代表什么?

小结:这些数字就是书的页码,我们可以书中下方的页码,了解到这本书大概都多少页,通过目录中提示的故事页码,我们可以清楚地知道不同的故事具体都在哪一页。

3. 游戏:我最快。

游戏规则:教师报页码,幼儿找对应的故事;教师报故事序号,幼儿找页码,邻座的小朋友之间互相检查。

4. 集体讨论正确阅读的方法。

提问:怎样看书才是正确的?

小结:阅读图书时要一页一页地翻;身体要坐正,不能躺在床上看书;不在强光或弱光下看书;眼睛与书要保持一定的距离;文字和图书对应起来阅读。

5. 幼儿自由结伴,讲述自己书中的故事,并与同伴交换图书。教师提醒幼儿正确的看书方法。

教师参与幼儿的讲述中去,并注意倾听。引导幼儿表达自己的情感,并给予肯定和评价。

6. 请幼儿和家长合作,制作"我的书",将故事画成连环画,装订好,画上封面,写上自己的名字,带到幼儿园和你的好朋友互相分享交流。

活动三 社会——参观书店

【教材分析】

最近我们开展了图书的活动,很多孩子都在讨论自己的书是从哪里买到的,有的孩子说:"我的书是妈妈在当当网上买的。"有的说:"我的书是从新华书店买来的。""新华书店是干什么的?那里是什么样子?"孩子们的对话让我们有感而发,新华书店就在我们江苏路幼儿园附近,为什么不充分利用这一优质资源带孩子们实地参观,让他去亲自感知书店的特征、布局以及买书的流程呢?由此生成了本次活动。旨在通过走进新华书店,参观感知、探访询问、购买体验等,帮助幼儿了解书店,知道其功能与布局,引发幼儿对于图书的阅读兴趣,培养幼儿爱读、乐读的良好习惯。

【活动目标】

1. 知道书店的名称、功能,初步了解新华书店的图书布局和购买图书的流程。

2. 发现书店与其他商店的不同,能用符号表征、记录自己参观书店的发现并与爸爸妈妈分享、交流。

3. 礼貌待人,安静参观,激发幼儿爱读、乐读的好习惯。

【活动重点】

知道书店的名称、功能,初步了解新华书店的图书布局和购买图书的流程。

【活动难点】

发现书店与其他商店的不同,能用符号表征、记录自己参观书店的发现并与爸爸妈妈分享、交流。

【活动准备】

1 提前与书店联系,确定参观的时间与具体事宜,取得书店的支持。

2. 向家长介绍参观书店的具体活动安排、活动意图、目的及注意事项。

3. 家长为每位幼儿准备好购书的零钱。

【活动过程】

1. 谈话引出,激发幼儿参观书店的兴趣。

今天老师要带大家去参观一个地方,它卖的东西和百货商店、玩具店、食品店都不同,你们猜是什么地方?

2. 参观前的讨论,帮助幼儿了解参观书店的目的与要求。

提问:书店是做什么的? 里面都有哪些不同种类的图书? 书店内是如何布局的?

鼓励幼儿带着这些问题有目的地参观书店。

讨论:进入书店要注意什么?

小结:书店内要保持安静,不要打闹与大声喧哗;仔细观察,遇到问题及时向工作人员进行询问,获取答案;礼貌待人,有序购买图书,不插队;参观过程中,不离开家长,注意保护自己。

请幼儿带着问题在家长的带领下围绕"书店的布局、功能、环境、氛围"等自行参观书店,并随时做记录。

分享交流:我的书店发现。

提问:今天参观的书店叫什么名字? 标志牌的作用是什么? 书店里面有几层? 每层有何不同?

书店和商店一样吗? 有何不同? 在这里给你一种怎样的感觉?

书店里哪些地方专门摆放幼儿阅读的图书?

5. 购书体验,帮助幼儿了解购书的流程与注意事项。

(1)提问:买书的顺序是怎样的? 你怎么知道价格? 怎么买书?

(2)小结:先挑选自己喜欢的图书,再翻看图书背面了解图书的价格,然后准备好零钱到付款处排队等候,购买图书时要有礼貌。

(3)幼儿和家长一起挑选图书,有序购买。

6. 和家长一起到儿童阅读区,一起分享自己购买的图书。

活动四 音乐——音乐游戏:匹诺曹愿做真孩子

【教材分析】

《木偶奇遇记》是一本孩子们非常喜欢的绘本故事。书中用风趣幽默的语言、生动有趣的故事情节,让孩子们懂得了"只要善良就会有心,只要诚实鼻子不会变长,只要勇敢面对困难,木头也会变成小男孩"的道理。本活动以《匹诺曹愿做真孩子》为游戏音乐,通过音乐欣赏、情景模拟、猜拳游戏等让幼儿在与同伴的合作游戏中,运用故事中的情节有节奏表现韵律动作,再现匹诺曹变成真孩子的愉快心情。

【活动目标】

1. 初步熟悉音乐的结构,知道游戏的玩法,能有规律地做拍手、长鼻子、驴耳朵等动作。

2. 借助歌词、舞蹈动作、图片等的提示,感知 A 段动作的顺序及重复、交替的规律,能在双圈上运用规律做动作。

3. 关注与舞伴的空间位置,注意保持双圈的队形。

【活动重点】

初步熟悉音乐的结构,知道游戏的玩法,能有规律地做拍手、长鼻子、驴耳朵等动作。

【活动难点】

借助歌词、舞蹈动作、图片等的提示,感知 A 段动作的顺序及重复、交替的规律,能在双圈上运用规律做动作

【活动准备】

课前听过《木偶奇遇记》的故事;钢琴、黑板、图谱;音乐《匹诺曹愿做真孩子》;地上沿着圆贴好标记点;椅子摆成马蹄形。

【活动过程】

1. 情境导入,引起幼儿兴趣。

提问:大家都听过《木偶奇遇记》吧,里面的匹诺曹因为说谎、不听话,结果怎么样了? 长出了什么?(长出了长鼻子和驴耳朵)谁来用动作做长鼻子的样子? 驴耳朵可以怎么做?

小结并引发幼儿的活动兴趣:今天带来的这首音乐,说的也是匹诺曹的故事,请你们听听看,匹诺曹说了些什么。

2. 教师示范表演唱,引导幼儿观察教师的舞蹈动作,初步感知歌曲旋律及歌词。

提问:刚才匹诺曹愿做什么? 不愿长什么? 不愿有什么?

他做了什么动作呢?(出示图谱,引导幼儿重点感知动作 ab ab 模式)

还有什么动作?(带幼儿理清所有动作顺序)

3. 教师再次播放音乐,幼儿跟着音乐完整做出 A、B 两段的动作。

4. 引导幼儿站双圈和同伴游戏。

幼儿熟悉了舞蹈动作后,教师引导幼儿站双圈和同伴面对面跳舞,并鼓励幼儿做出与别人不同的长鼻子和驴耳朵的动作。

5. 教师引导幼儿通过"包剪锤"的比试游戏,实现匹诺曹变成真孩子的愿望。

提问:两个好朋友之间谁能先变成真孩子呢? 他们可以用什么方式决出胜负呢?(包剪锤)在什么时候我们可以做这个动作呢?(清唱)

小结:平局的人相互抱一抱;输的人现在可以变成小仙女,帮赢的人把长鼻子轻轻点回去,把驴耳朵变没有。

【附教材】

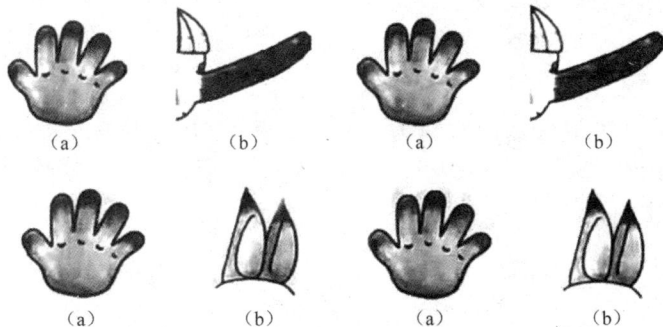

(a)　　　　(b)　　　　(a)　　　　(b)

(a)　　　　(b)　　　　(a)　　　　(b)

【游戏玩法】

A 段音乐

第一段

（1）～（2）小节：在胸前做四下拍手的动作。

（3）～（4）小节：做四下长鼻子的动作。如双手摆成六的造型放在鼻子前面。

（5）～（6）小节：重复做（1）～（2）小节动作。

（7）～（8）小节：重复做（3）～（4）小节动作。

第二段：

（1）～（2）小节：在胸前做四下拍手的动作。

（3）～（4）小节：做四下长驴耳朵的动作。如：双手摆成四的造型贴在两个耳朵上面。

（5）～（6）小节：重复做（1）～（2）小节动作。

（7）～（8）小节：重复做（3）～（4）小节动作。

B 段音乐

（9）～（12）小节：与同伴手拉手一前一后交替舞动。

（13）～（16）小节：原地踏步，双手与耳朵并齐，转手腕。

（17）～（18）小节：在胸前做四下拍手的动作。

（19）～（20）小节：两臂平行胸前，翻转手臂。

在最后歌词"一次"处：一人跳舞时右手做"耶"的造型，与同伴跳舞时可与同伴玩"石头剪刀布"的游戏。

活动五 美术——制作：小书签

【教材分析】

书签是一种很好的记页码方式。书签取材广泛、画面随意、色彩鲜艳、形状多样，集中了绘画、裁剪、拼贴、手工制作等方法，具有一定的美感。活动前在和孩子们的谈话中了解到，很多孩子不知道书签是什么，更不了解书签的作用。活动中，通过欣赏各种各样的书签，帮助幼儿了解书签的结构、材质、功能、画面等，丰富幼儿对于书签的感知；通过多种材料的自主尝试与探索，鼓励幼儿创造性地设计绘制自己喜欢的小书签，体验制作书签的快乐，激发幼儿阅读图书的兴趣。

【活动目标】

1. 知道书签不仅是一种很好的记页码方式，更是一种实用与审美相结合的袖珍工艺品，能设计一张自己喜欢的书签。

2. 能创造性地运用多种材料，自主探索，想象并大胆设计、制作书签。

3. 喜欢欣赏丰富多样的书签，感受和发现书签的不同材料、形状、图案的美。

【活动重点】

知道书签不仅是一种很好的记页码方式更是一种实用与审美相结合的袖珍工艺品，能设计一张自己喜欢的书签。

【活动难点】

能创造性地运用多种材料，自主探索，想象并大胆设计、制作书签。

【活动准备】

各种手工书签图片若干；彩纸、剪刀、胶水、画笔等多种制作书签的材料与工具若干。

【活动过程】

教师出示书签图片，引导幼儿观察书签的外形并了解书签的作用。

（1）提问：小朋友，猜猜我手里拿的是什么？书签有什么作用？

（2）小结：书签是我们的好朋友，它可以用来做标记，帮助我们更快地找到看书的页码，为我们节省时间。

（3）讨论：你见过什么样子的书签？书签上面有什么？

你还见过哪些书签？它是怎样的？

2. 欣赏不同材料、形状、图案的书签，引导幼儿找一找、看一看，说一说自己的感受。

提问：你还看到了哪些新的书签？你喜欢这些书签吗？为什么？

小结：书签不仅有形状各异的外形还有丰富多彩的图案，如山水、人物、动物以及一切表现美的事物等。

3. 介绍操作材料，幼儿设计并制作书签，教师巡回指导。

（1）探索制作方法，构思书签画面。

提问：你想设计一个什么形状的书签？书签上绘制什么图案？画在什么位置？

（2）幼儿制作，教师巡回指导，鼓励幼儿作品构思新颖，有新意。

4. 举行幼儿书签作品展，幼儿互相讲评。

提问：你最喜欢哪一个书签？为什么？

5. 请幼儿选择自己喜欢的图书，并将自己的书签放到书中，体验书签带来的方便。

体育活动

聪明的小公鸡

【教材分析】

大班幼儿已能熟练掌握奔跑、跳跃、保持平衡等基本动作的要领，身体的协调性、灵活性也有很大的提高。但是，幼儿的动作发展水平存在个体差异，走平衡木的水平参差不齐，在奔跑、追逐时身体的灵活性也不一样。在有趣的游戏情境中练习单腿站立和躲闪跑的技能，提高幼儿个体的平衡能力和协调能力，是大班下学期幼儿动作发展的重要目标。本次活动创设"小公鸡金鸡独立练本领"的情境，指导幼儿练习单腿平衡站立，通过玩"狐狸与小公鸡"游戏，引导幼儿练习快速反应躲闪跑，在玩耍中提高幼儿身体的灵活性、发展平衡能力。

【活动目标】

1. 练习单脚站立，发展平衡能力和躲闪跑的能力。

2. 积极参与活动，学习小公鸡的机智、灵活，养成勇敢的品质。

3. 体验坚持单腿站立和机智、灵活躲避狐狸的乐趣。

【活动重点】

练习单脚站立，发展平衡能力和躲闪跑的能力。

【活动难点】

体验坚持单腿站立和机智、灵活躲避狐狸的乐趣。

【活动准备】

1.（经验）活动前观看小公鸡的视频，了解小公鸡的动作，以及小公鸡经历过哪些困难。

2.（物质）准备大公鸡、狐狸头饰各一个。

3.（环境）宽阔平整的圆形或方形场地,场地四周画几个小圆圈作为小公鸡的家。

【活动过程】

1. 创设"小公鸡锻炼"的情境,带领幼儿热身,引发幼儿活动兴趣。

师幼分别以大公鸡、小公鸡的身份进入场地开展热身活动,练习直线跑、曲线跑、侧身跑、转身跑以及伸展、单脚站立的动作。

2. 创设"小公鸡练本领"游戏情境,引导幼儿练习单脚站立,掌握动作要领。

（1）鼓励幼儿自由练习金鸡独立动作,探索单脚长时间站立并保持平稳的方法。

讨论:金鸡独立是什么样的?

动作要点:一条站立,另一条腿屈膝,两腿紧贴。

小结:单脚站立时,一条腿屈膝离地,可用上肢动作辅助保持平衡,想要站的时间长,就要找好平衡点并坚持住。

（2）延长站立时间,加大平衡站立的难度,提高幼儿的平衡技能。

3. 组织幼儿玩"狐狸和小公鸡"游戏,巩固单腿站立的动作,练习躲闪跑。

（1）开展第 1 遍游戏,引导幼儿熟悉玩法、规则,练习直线躲闪跑。

玩法及规则:"大公鸡"和"小公鸡"在草地上捉虫,边捉虫边念儿歌"我们都是小公鸡,每天早上喔喔啼。喔喔喔!喔喔喔!"当听到"狐狸来了"的指令时,迅速跑回家里躲避。被"狐狸"捉住的幼儿暂停游戏一次。

游戏后讨论:怎样才能不被捉住?狐狸就在你的对面怎么跑?

小结:遇到追逐者要快速反应进行躲闪,可迅速改变方向。

（2）开展第 2、3 遍游戏,鼓励幼儿延长单脚站立的时间,通过改变"狐狸"抓捕方向,提高游戏难度。

根据幼儿被抓的情况现场演练,现固躲闪跑的技能。

（3）开展第 4 遍游戏,通过增加"狐狸"的数量,提高儿躲闪跑的难度。

讨论:"狐狸"多了,怎样跑更安全?

提示幼儿听到指令后,快速观察并做出反应,迅速跑回家中。

4. 创设"小公鸡吃虫子"的情景,引导幼儿进行放松活动。

带领幼儿放松胳膊、腰、腿等部位,对幼儿的自我挑战行为进行肯定和鼓励。

第 2 周　图书真有趣

环境创设▶

1. 请幼儿合作布置主题板"图书真有趣"，展示幼儿制作的书签、我喜欢的一本书的绘画作品等，鼓励幼儿大胆创作，发挥想象。

2. 创设图书借阅室，幼儿根据书店里借阅室小提示设计绘画出相应的提示内容，张贴在阅读区，引导幼儿游戏时遵守规则，提高规则意识。

3. 表演区投放《母鸡萝丝去散步》的表演道具，引导幼儿用表演的形式再现故事情节，提高幼儿参与活动的兴趣。

生活活动▶

1. 能根据天气和活动量及时增减衣服，出汗了，随时喝水、休息。
2. 能自觉遵守与同伴协商制定的游戏规则。
3. 值日生能主动为同伴分餐具，维持排队秩序，提醒幼儿正确擦手。
4. 搜集已损坏的图书，能根据图书破损情况，选择适宜的工具进行修补。

家长与社区教育▶

1. 鼓励父母在家中，为幼儿创设浓厚的阅读氛围。

2. 在亲子阅读的基础上，家长和孩子共同制作亲子阅读卡，并向同伴推荐一本自己喜欢的书，感受分享阅读的快乐。

3. 带幼儿去参观书店，了解在书店看书、购书的一些基本常识。

教学活动

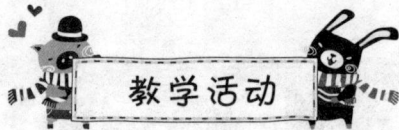

活动一　语言——绘本《母鸡萝丝去散步》

【教材分析】

《母鸡萝丝去散步》主要讲述了母鸡萝丝在农场里散步时和一只狐狸之间发生的故事：呆若木鸡的萝丝迈着大步神闲气定在农场里散步，张牙舞爪的狐狸悄悄跟在萝丝的后面且丑态百出。情节曲折、画面精美、笑点不断。本活动，以绘本《母鸡萝丝去散步》为载体，通过绘本欣赏、情境体验、情节猜测等教学策略，让幼儿在观察中展开想象、大胆猜测、自由讲述，丰富幼儿的语言、开拓幼儿的思维、体验故事情节的曲折与幽默，从而进一步产生阅读图书的兴趣。

【活动目标】

1. 学习观察农场的场景、物品及角色动态和表情，了解母鸡和狐狸各自的特点，丰富字词：绕、翻、钻，昂首挺胸、贼头贼脑。

2. 大胆猜测、讲述故事情节，尝试模拟再现母鸡和狐狸间有趣的互动，感受其情理之中意料之外的戏剧效果。

3. 体验绘本阅读的乐趣，乐意大胆表达、分享自己的阅读体验，明白心急办不成事的道理。

【活动重点】

学习观察农场的场景、物品及角色动态和表情，了解母鸡和狐狸各自的特点，丰富字词：绕、翻、穿，昂首挺胸、贼头贼脑。

【活动难点】

大胆猜测、讲述故事情节，尝试模拟再现母鸡和狐狸间有趣的互动，感受其情理之中意料之外的戏剧效果。

【活动准备】

轻快的音乐、课件《母鸡萝丝去散步》（仅有池塘、草堆、磨坊、篱笆场景中母鸡在前，狐狸在后的画面）、《母鸡萝丝去散步》绘本若干。

【活动过程】

1. 出示封面，自由猜想，激发幼儿阅读绘本的兴趣。

提问：画面上有谁？你觉着这是在哪里？在这里会发生些什么事情呢？

2. 演示课件《母鸡萝丝去散步》，分片段引导幼儿观察图片，自主猜测、讲述故事情节。

（1）结合课件，引导幼儿逐一仔细观察图片，大胆猜测、讲述故事情节。

提问：母鸡萝丝都去哪里散步了？（绕过池塘、翻过草堆、经过磨坊、钻过篱笆）

谁一直偷偷地跟在母鸡的后面？它是怎样想的？

母鸡和狐狸之间都发生了哪些有趣的事情？结果又是怎样的？

（2）以问题引发幼儿进一步阅读绘本的兴趣。

"狐狸和母鸡之间到底发生了什么事情？最终结果又是怎样的呢？"让我们一起来完整阅读。

3. 师幼共读图书，进一步感知理解绘本故事。

（1）幼儿两人一本，自主阅读绘本故事，了解故事发展情节。

提问：母鸡都到哪里去散步了？在那里她和狐狸都发生了哪些事情？结果是怎样的呢？

（2）请个别幼儿结合绘本，完整讲述故事《母鸡萝丝去散步》。

（3）教师完整讲述绘本故事，加深幼儿对于绘本的感知，丰富词：昂首挺胸、贼头贼脑。

4. 分组情景模拟《母鸡萝丝去散步》，再现母鸡和狐狸间有趣的互动。

5. 集体讨论，激发幼儿再阅读的兴趣。

提问：母鸡散步时，狐狸始终跟在后面，你觉着母鸡知道吗？为什么？

你觉着它是一只怎样的狐狸？为什么？

小结：帮助幼儿了解心急办不成事的道理。

【附教材】

母鸡萝丝去散步

文·图　佩特·哈群斯

![活动二] **活动二　音乐——欣赏《母鸡萝丝去散步》**

【教材分析】

《母鸡萝丝去散步》情节跌宕起伏、妙趣横生，为更好地帮助幼儿欣赏绘本，阅读理解绘本，结合大班幼儿的年龄特点，我们创造性地运用绘本，创编了本次音乐欣赏活动。本活动音乐共分为三段：第一段旋律欢快，表现了母鸡萝丝悠闲散步的情景；第二段选自歌曲《欢沁》，这是一首由琵琶和笛子演奏的乐曲，旋律灵动、跳跃，特别适合表现狐狸狡猾而又小心翼翼的感觉；中间还特意添加了一些音乐特效，突出狐狸追赶母鸡时发生的"倒霉事"，增添幽默的气息。活动中，通过故事回顾、猜想再现、完整欣赏、分段欣赏、情景模拟等多种形式引导幼儿在感受音乐的同时，随旋律变化运用动作、表情、神态等创造性地再现母鸡萝丝和狐狸间的有趣故事，拓展幼儿对于绘本的感知，培养幼儿对音乐的感受和表现能力。

【活动目标】

1. 欣赏、感受不同风格的音乐，能将音乐与故事《母鸡萝丝去散步》相结合，再现故事主要情节。

2. 能随音乐的旋律变化大胆想象，运用动作、表情等形象再现故事中母鸡与狐狸的角色特点和有趣情节。

3. 喜欢参加欣赏活动，愿意把自己对于音乐的感受与同伴分享。

【活动重点】

欣赏、感受不同风格的音乐,能将音乐与故事《母鸡萝丝去散步》相结合,再现故事主要情节。

【活动难点】

能随音乐的旋律变化大胆想象,运用动作、表情等形象再现故事中母鸡与狐狸的角色特点和有趣情节。

【活动准备】

1.（物质）课件、背景音乐。

2.（环境）幼儿坐半圆

【活动过程】

1. 随音乐自主表现散步的情景,引发幼儿的活动兴趣。

提问:你会用什么动作去散步? 散步的时候都看到了什么?

教师与幼儿随音乐自主再现散步的情景,入场。

2. 出示绘本《母鸡萝丝去散步》,回顾对故事的感知。

（1）出示绘本封面,引导幼儿观察。

提问:这本书的名字叫什么? 母鸡散步的时候都发生什么事情?

（2）回顾绘本内容,为欣赏音乐打下基础。

提问:故事什么地方让你觉得可笑? 狐狸都遇到了那些倒霉的事情?

你觉得母鸡散步时的心情是怎样的? 你认为这是一只怎样的狐狸? 如果你是狐狸,你会怎样做?

3. 完整欣赏音乐,引导幼儿初步感知音乐。

（1）完整欣赏音乐,引导幼儿初步随音乐猜想绘本故事。

提问:听一听音乐的旋律有何不同? 分别讲述了《母鸡萝丝去散步》中的哪些故事情节?

（2）再次完整欣赏音乐1～3段,引导幼儿感受音乐的旋律变化与结构特点。

提问:乐曲分几段? 每一段各是怎样的?

幼儿自由讲述,教师小结并引导幼儿再次完整欣赏三段体的音乐。

4. 分段欣赏,引导幼儿结合故事情节进一步感知、理解音乐。

（1）欣赏第一段音乐,猜想故事角色。

提问:你觉得这段音乐是怎样的? 讲的是谁的故事? 为什么?

小结:第一段音乐欢快、自由、快乐、悠闲,很像故事里悠闲自得的散步的母鸡。

幼儿随音乐模仿母鸡悠闲自得地散步的情景。

（2）欣赏第二段音乐,猜想故事情节。

提问:第二段的音乐又是怎样的? 它和第一段有何不同? 你觉得它所表现的是故事中的哪些情节?

小结:第二段音乐中有笛子的声音和琵琶的声音,像是在讲述"狐狸悄悄跟在母鸡的后面一直打着坏主意"

幼儿随音乐自主表现狐狸悄悄地跟在母鸡的后面打着坏主意的情景。

（3）欣赏音乐第三段,感受音乐的诙谐幽默。

提问:这段音乐你觉着它要讲述的是什么事情? 你是从哪儿听出第三段是讲述狐狸倒霉的?

幼儿随音乐自主表现"狐狸倒霉"的情景。

5. 情景模拟,引导幼儿模仿母鸡与狐狸,随音乐旋律变化创编动作,表现故事《母鸡萝丝去散步》的情景。

（1）提问:母鸡要到哪里散步?狐狸会遇见什么倒霉的事情?（引导幼儿任选一个故事情境）

（2）男女分组,轮流扮演母鸡和狐狸,共同随音乐运用动作、表情等再现绘本故事中的某一情境。

（3）个别展示,及时评价,鼓励幼儿随音乐的旋律变化大胆表现母鸡和狐狸的不同动作、表情、眼神等。

6. 活动延伸。

（1）绘本扉页,引发幼儿进一步再现的欲望。

提问:这本书的扉页还有很多空白的地方,想一想母鸡萝丝还会到哪里去散步呢?在那里又会和狐狸发生哪些有趣的事情?

启发幼儿运用绘画、符号记录的形式再现新版故事"母鸡萝丝去散步";音乐区幼儿结合创编内容进一步表现。

（2）教师、幼儿在情境中离开场地。"母鸡们,咱们继续去散步吧。"

活动三 科学——智斗小狐狸

【教材分析】

科学活动"智斗小狐狸"来源于绘本故事《母鸡萝丝去散步》的最后一个片段:"当狐狸越过栅栏扑向母鸡萝丝时,不小心扑落到小车内,小车在山坡上一路下滑,最后撞翻蜂窝被蜜蜂蜇了满头包。"小车为什么会从山坡上滑下来?怎样会让小车越滑越快?不一样的坡度,小车滑的速度都是一样的吗?……带着这些问题,设计了本次活动。活动中,通过引导幼儿搭建不同坡度、材质的跑道,实验、探究相同小车在不同斜坡、材质上下滑速度的快慢,运用猜测、验证、总结等方法,感知速度与坡度、材质间的关系,将绘本故事和科学实验有机结合,寓教于乐,激发幼儿对于科学实验的探究兴趣。

【活动目标】

1. 初步感知斜坡的高度以及坡面的光滑度与汽车下滑速度间的关系。

2. 能运用猜测、验证、总结等方法,感知速度与坡度、材质间的关系,并运用符号进行记录。

3. 喜爱科学活动,对身边的科学现象感兴趣。

【活动重点】

初步感知斜坡的高度以及坡面的光滑度与汽车下滑速度间的关系。

【活动难点】

能运用猜测、验证、总结等方法,感知速度与坡度、材质间的关系并运用符号进行记录。

【活动准备】

大型积木若干、一面斜坡滑道、毛巾、泡沫纸、小车、活动课件。

【活动过程】

1. 出示绘本故事《母鸡萝丝去散步》最后一个场景:越过栅栏的故事图片,回顾故事,引出科学实验。

提问:母鸡萝丝和狐狸间发生了什么事儿?结果怎样?为什么会这样?

2. 幼儿自主搭建滑道,实验、探究相同小车在不同坡度上下滑速度的快慢,感知坡度与速度的关系。

实验一:小车在同一材质、不同坡度的滑道上的滑行

（1）方法与要求:每组提供同一大小、款式的小车3辆、同一长度的木板3块,幼儿自主搭建不同坡度的滑道,在没有助力的情况下,3名幼儿将3辆小车在3个不同斜坡的最高点同时松手,实验、验证"坡度和速度"之间的关系。

（2）猜测:你觉得哪个坡度的小车会滑的快?（幼儿自由猜想并记录）

（3）交流分享:猜测的结果和我们实验的结果相同吗?哪里不同?

小车在同一质地、不同坡度的滑道上滑下,速度一样吗?哪个最快?哪个最慢?

（4）小结:同一质地的滑道上,斜坡的坡度越平缓,车子滑落的速度就越慢;反之,坡度越陡,小车滑落的速度就越快。

实验二:小车在同一坡度、不同材质的滑道上的滑行(方法相同;同时:猜测—验证—分享交流)

（1）方法与要求:每组提供三个坡度相同质地不同"光滑的、毛巾的、泡沫纸"的滑道,幼儿实验、验证"质地与速度"之间的关系。

（2）猜测:你觉得哪个质地滑道上的小车会滑的快?（幼儿自由猜想并记录）

（3）交流分享:猜测的结果和我们实验的结果相同吗?哪里不同?

小车在同一坡度、不同质地的滑道上滑下,速度一样吗?哪个最快?哪个最慢?

（4）小结:同一坡度的滑道上,质地越光滑,滑行速度越快;反之,质地越粗糙,滑行则越慢。

3. 播放课件《生活中的斜坡滑车》,引导幼儿发现身边的科学。

提问:生活中还发现了哪些有关滑道的秘密?运用"坡度和速度""质地与速度"的规律,能帮助我们解决生活中哪些问题?（请幼儿举例说明）

"母鸡萝丝非常聪明,它会运用身边的科学方法帮助自己解决难题并且保护了自己,找一找书中母鸡萝丝还用了哪些科学方法来保护了自己?"

4. 活动延伸:

将《母鸡萝丝去散步》投放在区角中,幼儿进一步探究绘本中"科学现象"的兴趣。

活动四　美术——萝丝散步新传

【教材分析】

故事《母鸡萝丝去散步》中,主人公母鸡萝丝悠闲自得地走过农场、池塘……狐狸则一直想吃掉萝丝,但最终都未得逞！故事线索清晰,又留有很大的再创作余地。母鸡萝丝还会去哪里散步?和狐狸之间还会发生哪些有趣的事情呢?本活动旨在让幼儿运用绘画的形式,自主创编故事情节、创作再现《萝丝散步新传》。活动中,通过欣赏、观察、评析等环节,让幼儿发现、感受、运用有规律的装饰、暖色调的柔和;通过故事创编、绘画创作、同伴互学等引导幼儿自由发挥与想象,形象再现自己的故事情景,体验创编故事的快乐,激发幼儿绘本阅读的兴趣。

【活动目标】

1. 了解绘本中线描装饰的特点,学习有规律的线描图案排列方法,知道暖色及其寓意。

2. 能大胆创编母鸡萝丝散步的场景,并尝试运用有规律的线描图案以及暖色调装饰画面。

3. 感受绘本带来的诙谐乐趣,激发幼儿的想象力及对美术创作的兴趣。

【活动重点】

了解绘本中线描装饰的特点,学习有规律的线描图案排列方法,知道暖色及其寓意。

【活动难点】

能大胆创编母鸡萝丝散步的场景,并尝试运用有规律的线描图案以及暖色调装饰画面。

【活动准备】

PPT《母鸡萝丝去散步》、母鸡萝丝图卡、8开画纸、记号笔、水彩笔、冷暖色系色块、一段轻柔的音乐。

【活动过程】

1. 出示母鸡萝丝图卡,回忆故事情节,感受绘本带来的诙谐乐趣。

提问:在一个晴朗的午后,母鸡萝丝去农场散步时发生了哪些有趣的事?(结合课件展示)

2. 再次欣赏绘本,了解绘本中线描的装饰特点,知道暖色及其寓意。

提问:《母鸡萝丝去散步》的画面与我们平常看到的画面有何不同?画面中有哪些有规律的图案装饰?

主要运用了哪些颜色?这些颜色给你一种怎样的感觉?

出示冷暖色系色块:哪些颜色同样给一种很温暖的感觉?《母鸡萝丝去散步》的画面中为什么运用了大量的暖色?

小结:这些给人以温暖感觉的颜色叫暖色,绘本中大量暖色的运用好像在告诉我们"这不是一个悲剧,一定有一个美好的结局"。

3. 幼儿大胆创编母鸡萝丝散步以及和狐狸间的趣事,并尝试运用有规律的线描图案以及暖色调装饰画面。

(1)提问:除了农场,母鸡萝丝还会到哪里去散步?在那里又会和狐狸发生哪些有趣的事呢?

(2)提出绘画要求:大胆想象、创编、绘画再现母鸡萝丝散步以及和狐狸间的趣事。

运用有规律的线描图案排列方式以及暖色调装饰画面,再现诙谐趣闻。

(3)播放轻音乐,鼓励幼儿自主创作,教师适时指导。

4. 观赏评析,再次感受绘本带来的诙谐乐趣,激发幼儿的想象力及对美术创作的兴趣。

(1)同伴间自主交流:我的母鸡萝丝趣事。

(2)展示作品,集体评价。

提问:你最喜欢哪幅作品?为什么?你想给哪幅作品提个小建议使它变得更美?

活动延伸:幼儿在美工区进一步绘画自己创编的《萝丝散步新传》,装订成册,制作图书《萝丝散步新传》。

活动五 数学——分类整理

【教材分析】

"分类整理"是数学活动中的一个重要内容,在日常生活中也经常要运用。比如:超市里物品的摆放,图书馆里图书的摆放,家中整理房间等都要运用到有关的分类知识。活动中,创设整理礼物的游戏情境,让孩子们通过主动探索、尝试操作,在玩、试、想、做中不断发现问题,解决问题,学习有条理地收拾、整理物品。将枯燥、逻辑性较强的数学知识变得生动、浅显易懂,并能融入孩子们感兴趣的操作活动中去,发展幼儿的合作、协商、操作能力,让幼儿充分体验到数学在日常生活中的重要性和有趣性。

【活动目标】

1. 学习有条理地收拾、整理物品,能将物品按名称、用途等特征进行归类。

2. 比较、发现物品间的异同,能清楚表述并根据自己的分类设计分类标记。

3. 培养幼儿养成良好的整理习惯。

【活动重点】

学习有条理地收拾、整理物品,能将物品按名称、用途等特征进行归类。

【活动难点】

比较、发现物品间的异同,能清楚表述并根据自己的分类设计分类标记。

【活动准备】

1. 提前阅读绘本《整理生活》、幼儿有按标记或用途分类的基础;

2. 实物 10 种:薯片、饼干、果冻、儿童上衣、裤子、围巾、帽子、小汽车、油泥、万花筒(数量从 4~10 不等);大小相同的塑料篓 10 只、塑料袋 10 只、纸箱 3 只;黑色水彩笔(同幼儿数)、白纸若干张。

【活动过程】

1. 阅读绘本《整理生活》,初步了解分类整理的方法。

提问:你在书里发现了什么有趣的事? 主人公是怎样整理物品的?

2 创设情境"整理礼物",引导幼儿自主尝试将物品按特征整理、收放。

(1)各种物品散放在桌上。

提问:都有哪些礼物? 怎样才能将这些杂乱的礼物整理整齐呢? 你有什么好方法?

提出要求:这里有许多篓子,把相同的东西放进一个篓子里,要摆放整齐。

(2)幼儿自主分类、整理礼物。

提问:你是怎样整理礼物的? 每个篓子里放的各是什么礼物?

3. 进一步操作实践,加深幼儿对于按特征归类的学习。

(1)操作一:按用途分类

提问:我们要把礼物装进三个纸箱去,看一看可以把哪几种礼物放进一个箱子里? 为什么?

幼儿尝试按这些礼物的用途(吃、穿、玩)分别装箱。

(2)操作二:按材质分类

提问:这些礼物的材质都是一样的吗? 怎样能将不同材质的礼物清楚地收放整齐?

幼儿尝试按材质分类。

(3)操作三:按特征分类收放

方法:提供三个塑料袋,幼儿间相互协商,将所有礼物按特征分类收放。

4. 为礼物设计标记:

提问:这三箱礼物要运到幼儿园,怎样让弟弟、妹妹能清楚地分辨出箱子里装的礼物?

幼儿自己设计与制作分类标记。

5. 结束活动:将礼物送上去往幼儿园的汽车。

体育活动

母鸡萝丝历险记

【教材分析】

大班幼儿已能熟练掌握奔跑、跳跃、保持平衡等基本动作的要领,身体的协调性、灵活性也有很大提高。但是幼儿的动作发展水平存在个体差异,走平衡木的水平参差不齐,在奔跑、追逐时身体的灵活性也不一样。在有趣的游戏情境中练习平衡前进和躲闪跑的技能,提高幼儿个体的平衡能力和协调能力,是大班下学期幼儿动作发展的重要目标。本次活动创设"母鸡萝丝健身操""母鸡萝丝历险记"等游戏情境,重点指导幼儿掌握平衡走过小桥、侧身钻、躲闪跑的技能,通过自主探索、互换角色等方法,激发幼儿游戏兴趣,发展幼儿身体的灵活性和协调性。

【活动目标】

1. 练习侧身钻、平衡前进、躲闪跑等动作并掌握动作要领,提高身体的协调性和灵活性。

2. 尝试根据材料自主布置场地,能动作灵活地通过障碍。

3. 大胆尝试、敢于挑战,懂得不怕困难才能取得胜利。

【活动重点】

练习侧身钻、平衡前进、躲闪跑等动作并掌握动作要领,提高身体的协调性和灵活性。

【活动难点】

尝试根据材料自主布置场地,能动作灵活地通过障碍。

【活动准备】

1. (经验)活动前阅读绘本《母鸡萝丝去散步》,模仿母鸡萝丝的动作。

2. (物质)准备海绵垫、拱形门、独木桥若干。

【活动过程】

1. 创设"母鸡萝丝健身操"的游戏情境导入热身活动,引发幼儿兴趣。

(1)伴随背景音乐,幼儿列两路纵队进入活动场地,听口令散开站成两个半圆。

(2)引导幼儿模仿母鸡萝丝的不同动作做健身操进行热身。

2. 组织幼儿玩"母鸡萝丝练本领"的游戏,师幼共同布置场地。

(1)讨论:母鸡萝丝在森林里都会经历哪些危险?如:过小河(平衡前进)、钻山洞(侧身钻)、躲过狐狸的追击(躲闪跑)。

(2)引导幼儿观察场地中材料的摆放位置及数量,鼓励幼儿自主、合理地布置活动场景。

(3)组织幼儿玩游戏"母鸡萝丝练本领",幼儿自主探索、交流过小河(平衡前进)、钻山洞(侧身钻)、躲过狐狸的追击(躲闪跑)的动作,引导幼儿总结动作要领,提示幼儿同伴间互相学习。

3. 创设"母鸡萝丝历险记"的游戏情境,指导幼儿在游戏中练习侧身钻、平衡前进、躲闪跑等动作。

(1)幼儿分成3组,分别通过3条不同的路线,分别是侧身钻、平衡前进、躲闪跑的动作。

(2)教师重点观察幼儿侧身钻、平衡前进、躲闪跑的动作完成情况,发现问题及时进行指导和帮助。

（3）鼓励幼儿大胆尝试通过不同的路线的方法和动作。

4. 播放舒缓的音乐，幼儿自由进行放松活动，收拾活动材料后离开场地。

（1）伴随舒缓的音乐旋律，请幼儿自己轻轻拍打身体各部位，进行全身放松活动。

（2）鼓励幼儿合作收拾好活动材料后离开场地。

【附场地布置】

平衡木　　　　　拱形门　　　　　躲闪跑

第 3 周　我们的图书节

环境创设

1. 引导幼儿共同讨论、创设"我们的图书节"主题墙,鼓励幼儿将自己的想法通过符号、图片、绘画等形式记录下来张贴到主题墙上。

2. 设置"有趣的翻翻书"主题区域,了解图书的完整结构后,创编一本完整的故事绘本,并将作品布置在班级墙饰中,体验创作的乐趣。

生活活动

1. 引导幼儿整理图书区中的各类图书,练习按书的大小、种类分类做标记并整齐摆放。

2. 鼓励幼儿在生活中尝试、学会使用常用的小工具,体验自己动手的乐趣。

3. 知道爱护物品,引导幼儿物品损坏能够想办法修补和赔偿。

家长与社区教育

1. 请家长带幼儿到书店进行买卖书籍的社会实践活动,丰富幼儿的社会实践经验,为图书节中买卖图书储备经验。

2. 请家长协助幼儿收集可以制作图书的材料,与幼儿一起动手制作独一无二的自制图书。

3. 请家长与孩子一起在家中阅读绘本书籍,并鼓励幼儿用自己的语言将故事完整连贯地讲述出来,喜欢与家人分享交流。

教学活动

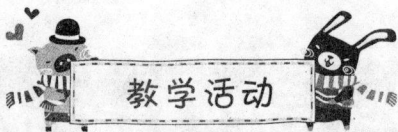

活动一 科学——制订图书节计划

【教材分析】

随着"我是小书迷"主题活动的进行，幼儿不仅对书有了更全面深入的了解，而且对书的种类以及书本的内容有了更深的探究愿望。大班幼儿已有制订计划的经验，本次活动围绕"图书跳蚤市场"结合"图书节的活动内容、具体组织方式、家长的参与配合、活动的注意事项"等，引导幼儿通过小组协商、符号表征的形式合作制订"图书节嘉年华活动计划"，体验图书节嘉年华活动给幼儿带来的快乐。

【活动目标】

1. 知道图书嘉年华活动的具体活动安排，尝试制定活动计划和具体活动规则。

2. 小组协商讨论确定活动内容，尝试运用绘画、符号表征的方式有序再现图书节的活动计划。

3. 喜欢与人分享自己的活动设计，体验与同伴一起参与嘉年华活动计划制订带来的快乐。

【活动重点】

知道图书嘉年华活动的具体活动安排，尝试制定活动计划和具体活动规则。

【活动难点】

小组协商讨论确定活动内容，尝试运用绘画、符号表征的方式有序再现图书节的活动计划。

【活动准备】

图书节计划记录表、水彩笔。

【活动过程】

1. 谈话导入，引起幼儿兴趣。

提问：小朋友，你知道"跳蚤市场"是干什么的吗？

小结：跳蚤市场即二手货市场，就是将家中不用的东西拿出与别人置换、买卖。

2. 交流分享，帮助幼儿进一步了解"图书跳蚤市场"的具体事宜。

提问：如何开展我们的图书跳蚤市场？要准备什么样的图书？如何置换、买卖？有什么具体要求？

重点引导幼儿围绕"图书跳蚤市场的场地安排、具体活动内容、图书的投放以及置换与买卖规则"等展开讨论。

3. 师幼共同讨论，确定"图书嘉年华"活动内容。

提问："图书嘉年华"除了创建"图书跳蚤市场"还要开展哪些活动？需做哪些准备？

"图书嘉年华"中人员如何安排？每位人员的具体工作又是什么？

如何让更多的人了解并参与我们的"图书嘉年华"活动？有哪些具体安排？

如何保障我们的"图书嘉年华"的顺利开展？应注意哪些事项？制定哪些规则？

"图书嘉年华"活动中，爸爸妈妈一起做哪些准备？

小结：帮助幼儿了解"图书嘉年华"的具体活动安排、前期准备、人员分工、活动规则等内容,为计划制订奠定基础。

4. 出示图书节计划记录表,小组合作,绘制自己的图书嘉年华活动计划。

提出要求:

(1)用绘画或符号表征方式具体再现"图书嘉年华"活动的内容与安排。

(2)用数字或符号记录每一个活动内容的顺序,注意上下间距,清晰再现。

鼓励幼儿小组协商共同绘制"活动计划",教师巡回指导。

5. 交流分享,整理归纳计划制定。

(1)小组交流:引导幼儿小组内自主评价,相互补充与完善。

(2)个别交流:展示各小组制定的活动计划,请每组推选一名幼儿介绍各自的活动计划。

(3)小结:围绕符号运用的适宜性、计划制定的条理性、活动内容的丰富性以及小组成员间的合作等方面进行评价,拓展幼儿对于计划制定的感知,加深幼儿对于"图书嘉年华"的感知。

【活动延伸】

请幼儿和家长一起按照记录表上的内容做相应的准备。

活动二 美术——制作:有趣的翻翻书

【教材分析】

翻翻书是采用画中画的设计,书内有可以动手翻开的画面(或者叫图画卡片),让幼儿进行翻看、探索、猜测、触摸的一种图书。自制翻翻书对于大班幼儿而言不仅具有一定的难度和挑战性,同时也深深地吸引着孩子想去探索与尝试。本活动结合幼儿已有的绘画与阅读经验,通过"图书赏析"帮助幼儿了解图书的组成部分与基本构造;通过"观察、分析与比较"帮助幼儿了解翻翻书的制作方法与要求;通过"自主创作"鼓励幼儿运用大胆想象,绘画再现自己喜欢的翻翻书……让幼儿在观察与探索、尝试与实践、分析与总结中了解图书整体与局部的关系,体验创作的乐趣。

【活动目标】

1. 知道翻翻书的结构特点与绘制特点,学习制作翻翻书。

2. 了解整体与局部的关系,能充分发挥想象力对图形进行大胆添画。

3. 对制作翻翻书感兴趣,体验创作的乐趣。

【活动重点】

知道翻翻书的结构特点,学习运用折、剪、贴、画的美术形式制作翻翻书。

【活动难点】

了解整体与局部的关系,能充分发挥想象力对图形进行大胆添画。

【活动准备】

1. 教师自制翻翻书一本、空白的翻翻书一本。

2. 幼儿操作材料人手一份、记号笔。

【活动过程】

1. 出示画有长方形的一页翻翻书,导入激趣。

幼儿猜想:今天老师带来了一本有趣的翻翻书,我们先来看看这是什么形状?请你们猜猜老师会用这个长方形画什么。

2. 教师展示自制的翻翻书,激发幼儿制作的欲望。

（1）幼儿逐页欣赏，感受翻翻书"由局部变整体"的特点。

提问：看看里面到底画了什么？你发现翻翻书有什么秘密？

（2）小结：图书主要是由封面、标题、目录、页码、画面等组成。翻翻书的特点是：上面不变，下面变，上面的图案是不能添画的。

3. 示范翻翻书的制作方法，个别幼儿尝试操作。

（1）出示三角形的翻翻书，引导幼儿观察、感知。

提问：老师用长方形变出了四种不同的图形，你们看老师还给你们带来了一个新的图形，这是什么？

你能用三角形变出什么来？

鼓励幼儿想象并请个别幼儿上来添画，幼儿添画时，教师注意及时提醒不能添画在共有的部分上。

（2）出示翻翻书的制作步骤，引导幼儿发现与总结。

提问：你发现了翻翻书是怎样一步一步产生的？

小结：先想象圆形可变成什么——再逐一进行添画——最后进行色彩装饰。

4. 幼儿自制翻翻书。

（1）教师提出制作要求：老师给每位小朋友都准备了一本不一样的翻翻书，请你也来变一变，每一页都要变出不一样的东西，已有的图形上不能进行添画（可根据幼儿的能力添画 2～4 种）

（2）幼儿自主添画，制作翻翻书，教师巡回指导。

5. 交流展示幼儿作品。

请个别幼儿在集体面前介绍自己的翻翻书，教师总结。

活动三　语言——我创编的绘本故事书

【教材分析】

每当休闲时间，孩子们在一起讨论最多的话题就是"今天发生的快乐事情"，由此结合孩子们的兴趣以及对于图书的已有经验，发挥家长的教育资源，请家长和孩子一起选用自己喜欢的图书制作方式，如"遮挡、折叠、连环画"等绘制了"快乐的一天"故事书。本活动通过教师示范、同伴分享、交流讨论等形式，引导幼儿围绕自己制作的故事书"快乐的一天"，用完整、连贯富有感情的语言清晰有条理地讲述自己创编的故事，提高幼儿的语言表达力和自信心，体验与同伴分享交流的乐趣。

【活动目标】

1. 能用清楚、连贯的语言说出自己创编绘本的名称及主要内容。

2. 思路清晰，能围绕时间、地点、人物、事件完整并有条理地讲述自己创编的故事内容，发展幼儿的语言表达能力。

3. 树立在同伴面前讲述图书的自信，体验与同伴分享交流的乐趣。

【活动重点】

能用清楚、连贯的语言说出自己创编绘本的名称及主要内容。

【活动难点】

思路清晰，能围绕时间、地点、人物、事件完整并有条理地讲述自己创编的故事内容，发展幼儿的语言表达能力。

【活动准备】

提前与家长一起绘制图书《快乐的一天》、教师自制的折叠绘本书《快乐的一天》。

【活动过程】

1. 出示教师自制的图书,引发幼儿活动的兴趣。

提问:小朋友们,你们看看老师制作的这本图书与你平时看的绘本书一样吗?有何不同?你自制的是什么样的图书?

2. 教师讲述自己创编的故事书,引导幼儿有序讲述自己创编的故事内容。

提问:老师是怎样讲述自己创编的故事书的?

小结:我们在讲述的时候要先将故事的名称介绍给听故事的人,之后再将故事内容用完整、连贯、生动、富有感情的语言讲述出来,才能让听故事的人觉得你的故事内容好听。

3. 讲述自己创编的故事,培养讲述的自信,提高语言表达能力。

(1)同伴间相互讲述自己创编的绘本书,教师巡回倾听指导。

(2)请个别幼儿分享一下自己创编的故事情节。

提问:他讲的故事名字叫什么?讲了一个什么事?你喜欢他讲的故事吗?为什么?

小结并鼓励幼儿自信大方地讲述故事,激发幼儿再讲述的兴趣。

【活动延伸】

将幼儿创编制作好的绘本图书投放在图书阅览室中,区角活动时其他幼儿可以互相借阅。

活动四 数学——小熊的蜂蜜店

【教材分析】

不停地把液体从一个杯子倒进另一个杯子,是很多幼儿经常干的事,这其中蕴含着他们对于液体容积变化的观察。大班下学期的幼儿已有数量守恒、长度守恒的经验,形成了初步的守恒概念。本次活动以游戏"小熊开蜂蜜店"贯穿始终,通过观察、讨论、操作等方式,启发幼儿运用可逆推理、恒等性推理等思维方式,尝试探究容积的守恒,形成初步的容积守恒概念,同时帮助幼儿养成有条理摆放物品、不贪食、尊重事实的行为习惯和思维方式。

【活动目标】

1. 初步感知生活中的容积守恒现象,能排除形状、大小、颜色等因素的干扰感受容积的不变性。

2. 能大胆尝试并运用多种感官探究容积守恒问题。

3. 积极参加讨论和交流,能大胆提出问题或发表不同意见。

【活动重点】

初步感知生活中的容积守恒现象,能排除形状、大小、颜色等因素的干扰感受容积的不变性。

【活动难点】

能大胆尝试并运用多种感官探究容积守恒问题。

【活动准备】

1. 经验:幼儿对量杯的外形及用途有一定的认识。

2. 教具:课件"小熊蜂蜜店"(售货架上摆满各种形状、大小、颜色的瓶装蜂蜜)类似蜂蜜的安全、卫生的液体,粗细不同的透明杯子3个,大号的透明杯子2个,小号的透明杯子2个,鹅卵石1块。

3. 学具：大小或形状不同的透明杯子幼儿每人 2 个，小号透明杯子幼儿每人 1 个，量杯每桌至少 2 个，抹布若干。

【活动过程】

1. 播放课件，创设"小熊开蜂蜜店"的游戏情境，激发幼儿参与活动、进行探究的兴趣。

提问：小熊的蜂蜜店里卖的蜂蜜都是一样的吗？有何不同？

2. 创设"小熊想要喝到更多蜂蜜"的游戏情境，引导幼儿操作实验，学习用量的方法比较容积的多少，初步感知容积的守恒。

（1）出示两个粗细、高矮不同的杯子，杯内盛有同样量的蜂蜜，请幼儿观察。

提问：贪吃的小熊想要喝更多的蜂蜜，这两杯蜂蜜它会选哪一杯？为什么？

（2）根据幼儿的不同意见引发讨论：怎么才能知道这两杯蜂蜜哪杯多？哪杯少？

（3）操作实验：量一量两杯蜂蜜的多少。

出示两个同样的小杯子，请幼儿观察、感知它们一样大小，请两个幼儿分别把两杯蜂蜜倒进小杯子（提醒操作的幼儿不要把蜂蜜洒到杯子外面），比较验证高瓶子和矮瓶子内的蜂蜜一样多。

提问：通过实验，你发现高瓶子和矮瓶子内的蜂蜜哪个多？哪个少？还是一样多？

如果你是贪吃的小熊该选哪一杯蜂蜜？为什么？你是怎么知道两杯蜂蜜是一样多的？

小结：虽然瓶子的高矮不同，但瓶子内的蜂蜜是一样多的。比较两个杯子中蜂蜜的多少，不能看其高矮要通过量一量的方法获取真正的答案。

3. 创设"能干的小熊分装蜂蜜"的情境，指导幼儿分组操作实验，进一步感知容积守恒。

引导幼儿自主选择喜欢的方式进行容积守恒实验。

（1）实验 1：给不同大小、形状的杯子装入同样多的蜂蜜。

引导幼儿运用"猜测——验证——总结"的方式，比较验证不同大小、形状杯子内蜂蜜的多少。

验证方法：将蜂蜜分别导入大小、形状不同的杯子内，然后再逐一倒入量杯内，比较、验证、发现蜂蜜的多少。

交流、讨论：哪个杯子里的蜂蜜多？哪个杯子里的蜂蜜少？你是如何验证的？

同样一杯蜂蜜，倒入大小或者形状不同的杯子，看起来有什么变化？蜂蜜的多少变了没有？

小结：同样多的蜂蜜，倒入两个不同大小的杯子，蜂蜜还是一样多的。

（2）实验 2：蜂蜜的多少有变化吗？

【用一个小杯子往两个同样的大杯子中各倒入两小杯蜂蜜，请幼儿观察。】

提问：这两个大杯子中的蜂蜜一样多吗？为什么？

小结：同样的杯子中，液体的液面高度一样，液体的量就一样多。

【在其中一个杯子中放入一块鹅卵石，请幼儿观察。】

提问：现在两个杯子里的蜂蜜发生了什么变化？蜂蜜还是一样多吗？为什么？

小结：一样多的两杯蜂蜜，在其中一杯里放入鹅卵石，液面高度会变高，但蜂蜜的多少并没有变化。

4. 创设"小熊整理蜂蜜杯"的情境，引导幼儿比较、感知同样的杯子中液面高度与水量多少的关系。

（1）出示 3 个粗细不同的杯子，用同一个小杯子往 3 个杯子中倒入同样多的蜂蜜，请幼儿观察。

提问:3 个杯子里的蜂蜜一样多吗?为什么?装了同样多的蜂蜜,为什么 3 个杯子的液面高度不一样?

小结:一样多的蜂蜜倒入粗细不同的杯子,液面高度看上去不同,是因为杯子的粗细不同。

(2)请幼儿按照液面高度给 3 个杯子排序。

5. 创设"能干的小熊收拾整理蜂蜜店"的情境,指导幼儿收拾、整理好实验工具和材料,清理活动场地。

【活动延伸】

区域中投放相应的实验材料,幼儿进一步操作感知。

活动五 综合——图书节嘉年华

【教材分析】

嘉年华俗称中国的"庙会",是辅以各种文化艺术活动形式的公众娱乐盛会。"图书节嘉年华"围绕图书阅览、绘本表演、图书置换等内容,创设了"图书表演吧""图书博览会""图书跳蚤市场"三个版块,以混班的方式让孩子们在丰富多彩的图书节活动中表演——阅览——置换,全方位参与,体验参与活动的快乐,培养幼儿乐读、爱读、会读,养成良好的阅读习惯。

【活动目标】

1. 了解图书节的不同活动,能自主选择并有序参与"图书节嘉年华"的各项活动。

2. 大胆、自信,敢于在集体面前表现自己,能主动与同伴分享自己的活动体验。

3. 喜欢参与图书节活动,体验"图书嘉年华"节日的快乐。

【活动重点】

了解图书节的不同活动,能自主选择并有序参与"图书节嘉年华"的各项活动。

【活动难点】

大胆、自信,敢于在集体面前表现自己,能主动与同伴分享自己的活动体验。

【活动准备】

1. 制作嘉年华帽子,作为活动入场凭证。

2. 每班负责一个活动区域并各自制作相应的嘉年华横幅或海报;各个活动的规则示意图。

3. 家园共同收集各种类型的图书,创建图书博览会。

4. 排练诗歌、散文朗诵。

【活动过程】

1. 音乐响起,幼儿按班级区域站好队,做好活动准备。

小朋友们,今天是我们的"图书节嘉年华",你们开心吗?下面我宣布,大班级部"图书节嘉年华"现在开始!

2. 教师介绍活动区域的分布和活动规则,幼儿自选区域。

(1)教师介绍活动区域分布。

(2)交流讨论,帮助幼儿了解各个活动场地的活动规则。

提问:小朋友们,活动的时候我们还需要注意哪些问题呢?

出示各区域规则制定图,请各班幼儿代表介绍本班负责的区域活动规则。

"图书博览会":要求爱惜图书,不折、不撕、不丢图书。

"图书跳蚤市场":可以用自己的玩具或小物品置换自己喜欢的图书,要求遵守置换规则。

"图书表演吧":要求观众能安静、认真地观看,做一个文明的小观众。

（3）幼儿自选区域进行活动,教师巡回指导,提醒幼儿活动时遵守活动规则,文明参与。

3. 活动结束后,按照事先安排把照片整合至大三班处,做好实录和总结的撰写。

【活动区域具体安排】

活动一	图书表演吧	负责班级:大一班
地点	操场南面	
活动二	图书博览会	负责班级:大二班
地点	操场北面	
活动三	图书跳蚤市场	负责班级:大三班
地点	操场东面	

体育活动

小猴摘桃子

【教材分析】

《西游记》是孩子们非常感兴趣的经典故事,特别是其中的孙悟空更是七十二变无所不能。本活动,以"孙悟空"为主角,生成并创编了游戏"小猴摘桃"。活动中,围绕"孙悟空"分别创设了"小猴练本领""花果山蟠桃盛会""孙悟空七十二变"的游戏情境,通过自主探索、分组挑战等形式,鼓励幼儿练习并掌握平衡走过悬空梯子、双手抓杠悬挂和攀爬翻越攀登架的动作技能,激发幼儿的游戏兴趣,发展幼儿身体的灵活性和协调性,养成大胆尝试、敢于挑战、不怕困难、坚持完成任务的意志品质。

【活动目标】

1. 练习并掌握平衡走过悬空梯子、双手抓杠悬挂和攀爬翻越攀登架的动作技能。

2. 大胆尝试、敢于挑战,能动作灵活地通过障碍,坚持完成"摘桃"任务,提高身体的协调性和灵活性。

3. 体验与同伴共同完成"摘桃"任务的乐趣,懂得不怕困难才能取得成功。

【活动重点】

练习并掌握平衡走过悬空梯子、双手抓杠悬挂和攀爬翻越攀登架的动作技能。

【活动难点】

大胆尝试、敢于挑战,能动作灵活地通过障碍,坚持完成"摘桃"任务,提高身体的协调性和灵活性。

【活动准备】

1. 轮胎若干;竹梯子2个;攀登梯、攀登架各1个;攀爬垫1套;拱门2个;筐子3个;"金箍棒"若干;红、黄、绿分组标志若干;背景音乐。

2. 欣赏故事《西游记》。

3. 布置"花果山"(黑板1块上面粘有若干小桃子的卡片)、3条"摘桃"的小路(竹梯路、攀登梯路、攀登架路)活动场景。

【活动过程】

1. 创设"小猴练本领"游戏情境,带领幼儿做热身运动。

重点引导幼儿进行上、下肢的准备活动。

（1）手拿"金箍棒"围圈跑,做眺望、侧身走、跑步助跳、跳起用棒打地等动作。

（2）听指令快速做出反应,进行上肢、下肢及全身动作练习。

2. 创设"花果山蟠桃盛会"的游戏情境,组织幼儿玩"小猴摘桃"游戏。

（1）幼儿自主练习、探索通过3条不同"摘桃"道路的方法,练习平衡走过悬空梯子、双手抓杠悬挂和攀爬翻越攀登架的动作技能。

（2）幼儿分三组开展游戏《小猴摘桃》,鼓励幼儿敢于挑战、大胆尝试。

玩法:幼儿分三组,每队第一名幼儿快跑至障碍道路,结合道路特点运用"平衡走过悬空梯子、双手抓杠悬挂和攀爬翻越攀登架"的方法通过障碍至"花果山"摘取1个桃子,然后直线迅速跑回并将桃子放回各队筐子中,最先完成队获胜。

第1遍游戏:幼儿结合各自的特点选择障碍道路,分成三组开展竞赛游戏,重点指导幼儿按规则游戏并注意安全。

第2遍游戏:小组交换"摘桃"道路进行比赛,鼓励幼儿大胆尝试不同的通过障碍道路的方法和动作。

第3遍游戏:再次交换"摘桃"道路进行比赛,表扬坚持到底、敢于挑战、大胆尝试的幼儿,激发幼儿再次游戏的愿望。

3. 创设"孙悟空七十二变"的游戏情境,带领幼儿进行放松活动,请幼儿间相互捶打四肢,在愉快的情绪中结束游戏活动。

【附场地布置图】

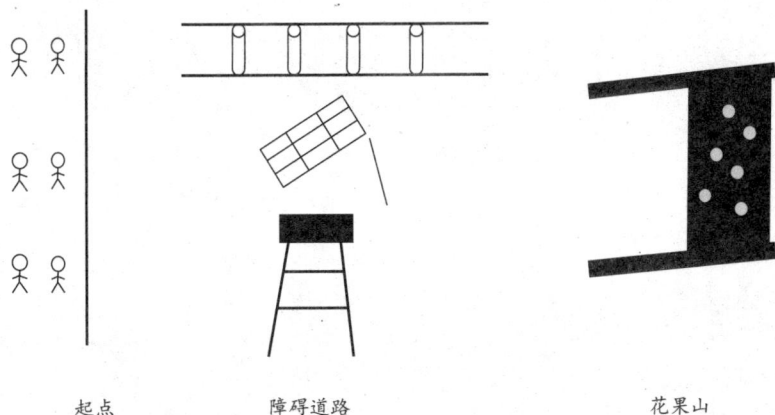

起点　　　　　　障碍道路　　　　　　花果山

主题五　欢乐的日子

教学活动

1. 好习惯体验日：课间十分钟
2. 快乐的小公主
3. 8 的组成
4. 杂技表演
5. 美丽的花儿送给你

活动区活动

1. 建造节日舞台
2. 好玩的刺绣
3. "诚实在我身边"信息报
4. 合力穿弯管
5. 杂技表演
6. 快乐的小屋

户外体育活动

1. 快乐跳跳跳
2. 同伴合作欢乐多

第 1 周　齐心协力做准备

我的节日我做主

教学活动

1. 天上有星
2. 文明小观众
3. 8 的加减
4. 快乐的小蜜蜂
5. 我会变魔术

教学活动

1. 大熊的拥抱节
2. 大家一起过端午
3. 二等分、四等分
4. 快乐的六一
5. 有趣的泼墨画

第 2 周　我的主场我来秀

第 3 周　欢乐聚会乐趣多

户外体育活动

1. 勇敢的小魔仙
2. 节日气球乐翻天

活动区活动

1. 搭建六一游乐场
2. 麻布刺绣
3. 我设计的六一海报
4. 分糖果
5. 我的六一我来秀
6. 快乐的小公主

活动区活动

1. 赛龙舟
2. 美丽的刺绣品
3. 节日彩球
4. 六一翻翻乐
5. 美丽的大舞台
6. 六一图书大集

户外体育活动

1. 争当红旗手
2. 音符大闯关

主题价值

大班幼儿自主性增强，大多能与同伴合作、友好、自主地游戏，能够在团体中获得归属感、自尊感和安全感。但是，他们的能力与社会经验不足，生活中常常出现推卸责任、不愿合作与分享、不愿表现与表达等现象。本主题活动通过"齐心协力做准备"帮助幼儿懂得给予、分享、诚实、弥补等在交往过程中的重要性，感受小伙伴在一起的美好；通过"我的主场我来秀"激发幼儿的自主性、创造性，感受与同伴、老师一起设计、筹备活动的乐趣；通过"欢乐聚会乐趣多"引导幼儿体验在端午节、六一节等节日活动中自由表达、自信展示的成功感。

主题活动开展过程中，选择幼儿生活中有意义的事情，通过播放视频、现场模拟等情景再现的方式，引导幼儿学习如何看待自己、对待他人，感受与同伴合作、分享的好处，体会和同伴在一起的快乐。同时，以六一儿童节为契机，充分放手，让幼儿设计、筹备庆祝活动，引导幼儿学会合作与分享，感受和好朋友在一起的欢乐，养成健康向上的心理品质，为今后的发展奠定良好的基础。

主题目标

★ 做错事情能勇敢承认，不推卸责任，初步懂得合作、分享、给予等在同伴交往中的重要性。

1. 能情绪愉快地参与节日庆祝活动；掌握穿跳袋行进跳及钻、从高处往下跳、与同伴配合抛接沙包等技能，遵守游戏规则，克服困难，坚持游戏。

2. 喜欢学说绕口令，能大胆地在节日活动中展示、表演；积极参与计划、筹备节日活动，能有序、连贯、清楚地与同伴交流节日活动中好玩的事情。

3. 积极参与节日庆祝活动的计划、筹备工作，能与同伴分工合作，遇到困难尝试克服、解决。

4. 感受端午节、六一儿童节的节日氛围，了解节日的由来和不同的庆祝方式，发现生活中许多问题可以用数学的方法进行解决。

5. 能用牛奶画、演唱、舞蹈等形式表现节日的愿望及快乐的心情。

区域活动安排

区域名称	活动名称	活动准备	活动指导建议
结构区	建造节日舞台	大型积木、雪花片、饮料瓶、薯片筒,不同舞台的背景图片	● 幼儿能够与同伴协商合作,利用不同的搭建材料搭建出自己喜欢的节日舞台。 ● 指导幼儿用积木及不同类型的拼插材料运用垒高、围拢、环形插、立体插等方法搭建、拼插节日舞台。 ★ 指导幼儿合作拼插,不争抢玩具。
	搭建六一游乐场	木质积木和塑料积木、易拉罐、奶粉桶、奶粉筒等废旧材料,游乐场的近景、远景图片	● 观察游乐场图片,能主动与同伴合作选用合适的材料利用围拢、斜坡、转弯、穿插等技能搭建游乐场。 ● 鼓励幼儿用雪花片拼插立体人物,表现游乐场里的小朋友,丰富到搭建作品中。 ★ 指导幼儿分工合作,共同完成作品。
	赛龙舟	大型积木、雪花片、梅花胶粒、易拉罐、奶粉桶等废旧材料,赛龙舟的图片	● 能运用穿插、围拢等方法将积木拼摆成不同龙舟的造型,并能与其他废旧材料相结合表现赛龙舟的热闹场景。 ● 指导幼儿借用雪花片、梅花胶粒等辅助材料拼插出龙舟中的立体人物,表现人们庆祝节日的欢快氛围。 ★ 指导幼儿将拼摆材料放回原处,摆放整齐。
生活区	刺绣	麻袋、白布、花绷、记号笔、彩笔、针、剪刀、各种颜色的毛线,各种刺绣作品、刺绣步骤图	1. 好玩的刺绣 ● 学会看步骤图进行刺绣,掌握基本的十字绣、平行绣等刺绣方法,绣出自己喜欢的作品。 ● 指导幼儿在白布上运用十字、平行等方法进行刺绣,用记号笔将图案画出,用花绷把布撑住,绣出简单图案。 2. 麻布刺绣 ● 学习掌握刺绣的方法,尝试在麻布上绣出自己喜欢的刺绣作品。 ● 指导幼儿根据刺绣作品将需要刺绣的图案画在麻布上,并运用不同颜色的线在麻布上进行刺绣,绣出不同的图案。 3. 美丽的刺绣品 ● 能与同伴合作设计自己喜欢的图案,并运用学过的刺绣方法绣出美丽的刺绣品。 ● 指导幼儿将需要刺绣的图案用彩笔设计出来,并根据图案的颜色选择相应颜色的毛线在麻布或白布上进行刺绣,并将作品展示。 ★ 指导幼儿在使用针线时注意安全,不要扎到手,同伴合作时注意针尖不要冲向同伴。
美工区	"诚实在我身边"信息报	8开的白纸、水彩笔、胶水	● 能够用较连贯的语言交流自己搜集到的爸爸、妈妈、老师以及社会生活中有关诚实的故事,知道大家都喜欢诚实的行为。 ● 指导幼儿分工合作进行制作,鼓励幼儿向伙伴进行介绍,强化幼儿的行为。 ★ 指导幼儿将用过的材料放回原处,不乱扔。
	我设计的六一海报	8开的白纸、水彩笔、剪刀、彩色纸	● 能够协商确定出海报的内容和形式,分工合作,共同完成制作。 ● 指导幼儿按照特长分工合作,如有的构图、有的涂色、有的装饰,知道海报要有标题、时间、地点、组织者等,采用图文并茂的形式进行表征。 ★ 指导幼儿使用剪刀时注意安全,不要剪到手,不要将剪刀尖指向别人。
	节日的彩球	半圆形彩色纸若干、双面胶、胶水	● 尝试用圆锥体组合的方法制作彩球,与同伴分工合作,协商装饰六一舞台。 ● 鼓励幼儿交流、讨论组合方法,合作粘贴彩球。重点指导幼儿掌握圆锥体的制作方法,提醒幼儿仔细粘贴。 ★ 指导幼儿协商合作,共同游戏。
益智区	合力穿弯管	弯管玩具、螺帽、长铁丝、毛线、小手电筒、沙子、实验记录纸、笔、组装图纸	● 幼儿与同伴合作组装弯管,按照图纸拼装弯管,尝试用不同材料穿弯管,体验合作完成任务的快乐。 ● 指导幼儿利用不同的弯头创造性地拼摆、组合弯管,用提供的材料逐一进行试验,看哪些材料能够穿过弯管,在记录纸上把试验结果记下来。 ★ 指导幼儿活动结束后将材料放回原处。

续　表

区域名称	活动名称	活动准备	活动指导建议
益智区	分糖果	水果糖及两种颜色的套圈若干、操作板1块、骰子1个	● 巩固9以内数的加减运算，会进行简单记录。 ● 指导幼儿两人各选一种颜色的套圈，轮流掷筛子，根据筛子上的点数往操作板上的格子中放糖果，谁先将一个格子盛满9块糖果便可用圈套住。鼓励幼儿记录每次放糖果的数量，圈好后列出算式。 ★ 指导幼儿遵守游戏规则，共同游戏，合作协商。
	六一翻翻乐	彩旗、彩球、糖果、图书、扑克牌、10个格子的棋盘1张	● 能根据扑克牌的画面快速正确地找出相同图案的扑克牌，并与同伴自由制定游戏规则，自主进行翻牌游戏。 ● 指导幼儿两人一组游戏，一个幼儿将一套扑克牌正面朝上摆放在棋盘上，另一套扑克牌拿在手中；另一个幼儿看图片记住位置，然后将扑克牌翻转，背面朝上摆放好。 ★ 指导幼儿合作游戏，不争抢。
音乐区	杂技表演	音乐、图谱、打击乐若干	● 能随音乐完整演奏乐曲，感受与同伴合作演奏的成功与快乐。 ● 鼓励幼儿轮流担任指挥，根据图谱选择乐器看指挥进行演奏。 ★ 指导幼儿表演时与同伴协商，轮流表演。
	我的六一我来秀	自制演出服、话筒等道具、音乐、乐器	● 乐于在集体面前表现，大胆展示六一活动中将要表演的节目。 ● 鼓励幼儿大胆表现，自主协商分配角色，担任主持人、演员、观众，选择适合自己的演出服表演节目。 ★ 指导幼儿表演结束后将道具摆回原处。
	美丽的大舞台	自制服装、头饰、围巾、红绸、乐器等表演道具	● 自选服饰和道具，与同伴协商合作，进行唱歌、舞蹈等舞台表演。 ● 指导幼儿结合六一开展舞台演出活动，自主编排节目、自主分配角色、自主布置舞台、自主选择音乐、自主进行装扮。 ★ 指导幼儿合作表演，并将道具摆回原处。
语言区	快乐的小屋	幼儿学习材料《欢乐的日子》	● 了解快乐小屋的内涵，愿意帮助别人，喜欢把自己的快乐带给别人。 ● 鼓励幼儿用连贯完整的语言有感情地讲述故事内容，注意语气、语调。 ★ 指导幼儿爱护图书，不争抢。
	快乐的小公主	幼儿自制小公主的头饰、小动物的头饰、服装等道具、故事场景	● 能与同伴协商分配角色，乐于参与表演，体验活动带来的快乐。 ● 指导幼儿自主选择头饰分角色讲述故事，提醒幼儿注意表情、动作、语气、语调的运用。 ★ 指导幼儿活动结束后能将道具放回原处。
	六一图书大集	幼儿自制借书卡、布置图书站台、自己喜欢的两本书	● 能运用绘画、剪贴等方式自制借书卡，并能利用借书卡有序地到图书站台借阅图书。 ● 指导幼儿在借书卡制作上要有图书名称、图书主人的名字和借书人填写名字的区域。 ★ 指导幼儿将借书卡放到固定位置。

（●为核心目标指导，★为养成目标指导）

户外活动安排

活动名称	活动目标	活动准备	活动指导建议
同伴合作欢乐多	能够与同伴配合抛接沙包,练习抛物投准的技能。	沙包若干、筐子若干	● 幼儿两人一组,一人为抛沙包者,一人为接沙包者,两人相隔一定距离面对面站立。抛的幼儿每人有10个沙包,接的幼儿在规定的线上左右移动接沙包,当口哨响起时开始抛接沙包,哪组接到的沙包最多哪组获胜。 ● 在场地中相距3 m画两条平行线,投沙包者和接沙包者均不能过线,抛沙包者动作要标准,不标准的或是离开规定线的沙包数作废。 ★ 游戏中遵守游戏规则,听清指令。
节日气球乐翻天	尝试用身体各个部位玩气球,不让气球落下,提高动作的协调性和灵活性。	气球若干、音乐	● 幼儿自主玩气球,自由探索气球的多种玩法。 ● 捉气球、踩气球时注意安全,避免互相碰撞或被气球炸伤。 ★ 游戏过程中能够保护自己,保护同伴。
音符大闯关	1. 锻炼跳、跨、跑及平衡能力,体验系列体育游戏的快乐。 2. 乐于参与运动,能与同伴协商配合,遵守游戏规则。	贴有不同音符标志的可乐瓶若干、背景音乐、在幼儿身上粘贴不同音符的标志	● 请幼儿自主摆放4个活动区的可乐瓶,布置运动场地。单脚跳过可乐瓶,双脚并拢跳过可乐瓶,跨越可乐瓶,跑步绕过可乐瓶。 ● 幼儿必须要通过单脚跳、双脚并拢跳、跨、跑四种方式越过可乐瓶,动作不标准或挑战失败者要重新开始。 ★ 游戏中提醒幼儿遵守游戏规则,与同伴合作游戏。

(●为核心目标指导,★为养成目标指导)

第 1 周　齐心协力做准备

环境创设

1. 幼儿园创设"诚信教育"长廊，布置"讲文明、懂礼貌、说真话"的好宝宝专栏，张贴古今中外名人诚信小故事等。

2. 在一日生活中观察幼儿讲信用、会合作的表现，引导幼儿记录在"能量卡"上，肯定幼儿的正向表现。

3. 创设"握手桥""悄悄话"专栏，鼓励幼儿把一日生活中错误的行为画下来，大胆地在集体面前介绍，营造勇于说真话的环境。

生活活动

1. 生活中善于发现幼儿的情绪变化，倾听并了解幼儿的想法与感受；引导幼儿与同伴发生矛盾时想办法解决；游戏中多用商量的口吻与同伴沟通。

2. 鼓励幼儿餐后自由讲述身边关于"诚实、合作、分享"等的故事，体验小伙伴在一起的快乐与美好。

3. 利用午睡环节给幼儿讲述《诚实的孩子》《狼来了》《晏子杀猪》等诚实守信、合作共享的小故事，让幼儿懂得诚实、合作等品质的重要性。

家长与社区教育

1. 提醒家长发现幼儿说谎时不要过于严厉地批评，可用换位体验、暗示等方式巧妙地帮助幼儿纠正错误。

2. 建议家长根据幼儿在家的实际表现，在《幼儿成长档案》中记录幼儿关于诚信、友善、给予、合作等方面的良好表现并念给幼儿听。

3. 请家长鼓励幼儿说一说和好朋友之间发生的好玩的事情，引导幼儿发现和好朋友在一起的美好。

活动一 好习惯体验日——课间十分钟

【活动解读】

课间十分钟是小学生活的重要环节。课间十分钟可以开展哪些活动？如何有效安排课间十分钟？课间十分钟还应注意些什么？……带着这些问题，针对大班幼儿的兴趣与需要，我们开展了"课间十分钟"的半日体验活动。活动中，通过"国旗宣讲""实地参访""自制计划""模拟体验"，使幼儿初步熟悉小学生活，了解小学生课间十分钟的活动内容，激发幼儿向往小学生活，渴望成为一名小学生的欲望。

【活动流程】

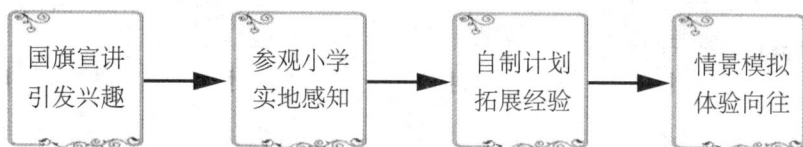

国旗宣讲 引发兴趣 → 参观小学 实地感知 → 自制计划 拓展经验 → 情景模拟 体验向往

【活动目标】

1. 初步熟悉小学生活，了解小学生课间十分钟的活动内容。

2. 尝试合理安排自己的课间活动，并在与同伴、小学生的互动中大胆表达。

3. 向往小学生活，渴望成为一名小学生。

【活动建议】

1. 国旗下宣讲"做一名小学生"，引发兴趣。

（1）教师宣讲：邀请小学生向小朋友介绍自己的小学生活，包括学校的学习与生活、行为规则等，激发幼儿对"上小学"的憧憬。

（2）幼儿宣讲：小朋友们，很快我们就要上小学、成为一名光荣的小学生了。做一名小学生每天要早睡早起、按时上学不迟到，上课要认真听讲，回家认真完成作业，会自己整理好自己的学习用品。

（3）教师家长宣讲：小学生每节课都是四十五分钟，学校里会有铃声或音乐提醒大家上课和下课；每上完一节课就有十分钟的休息时间，这就是课间十分钟。小朋友们要学会合理安排自己的课间十分钟。

2. 参观小学，实地感知。

（1）和老师一起参观小学，观察感知学校与幼儿园的不同。

（2）观摩小学生的课间十分钟活动，丰富幼儿的感知经验。

3. 自制计划，拓展经验。

（1）自主讨论：小学生在课间十分钟会做哪些事情？他们是如何安排课件十分钟活动的？如果你是一名小学生，你会如何安排自己的课间十分钟？

（2）幼儿运用符号表征、记录自己的"课间十分钟计划"。

小结：课间十分钟是小学生如厕、喝水、换课本和游戏的时间，只有合理安排自己的课间十分钟，才会让自己的活动充实而有趣。

4. 情景模拟，体验、向往小学生活。

（1）幼儿亲身体验"十分钟"的长短，发现并判断课间十分钟里适宜的活动。

（2）情景模拟"有趣的课间十分钟"：当铃声响起时，幼儿变成小学生按计划开展"课间十分钟活动"。

（3）活动延伸：将课间十分钟与幼儿的一日生活相结合，为幼儿入小学做准备。

活动二 语言——故事《快乐的小公主》

【教材分析】

现阶段很多幼儿娇惯、任性，经常因为不愿与同伴分享发生矛盾，而导致不快乐。《快乐的小公主》是一个情节有趣、人物形象鲜明突出的童话故事。故事中小公主不知道快乐是什么，后来小老鼠让小公主明白了，快乐并不是拥有很多玩具和漂亮的衣服，而是有朋友的关心与陪伴。本次活动通过课件演示、情感迁移等教学策略，引导幼儿了解小公主由不快乐到快乐的心理转变过程，感受快乐就在身边，懂得付出、分享、给予也是一种快乐。鼓励幼儿在生活中积极寻找快乐，形成健康的心理品质。

【活动目标】

1. 理解故事内容，了解小公主由不快乐到快乐的心理转变过程，知道给予也是一种快乐。

2. 积极展开对故事情节的想象与讨论，能用语言、动作表达自己的感受。

3. 乐于寻找生活中的快乐，喜欢把快乐的心情传递给周围的人。

【活动重点】

理解故事内容，了解小公主由不快乐到快乐的心理转变过程，知道给予也是一种快乐。

【活动难点】

积极展开对故事情节的想象与讨论，能用语言、动作表达自己的感受。

【活动准备】

1. 教师用幼儿与同伴游戏时开心的照片自制"好朋友在一起"课件，轻音乐。

2. 幼儿学习材料《欢乐的日子》,《幼儿素质发展课程·语言》CD、《幼儿素质发展课程·多媒体教学资源包》课件 25。

【活动过程】

1. 出示小公主不开心的图片，请幼儿猜测小公主烦恼的原因。

提问：小公主的心情是怎样的？猜一猜，小公主为什么不开心？

2. 引导幼儿完整欣赏故事，知道给予也是一种快乐。

提问：水晶宫殿和七彩房子，小公主喜欢哪一个？为什么？

小公主为什么会把贵重的金手镯、金耳环送给小老鼠当呼啦圈玩？她是怎样的一位小公主？

小结：金手镯、金耳环是珍贵的东西，可小公主觉得只拥有这些东西而没有朋友是不快乐的，所以她把金手镯、金耳环送给小老鼠玩儿。她拥有了朋友，也找到了快乐。原来，给予也是一种快乐。

3. 结合课件分段讲述故事，引导幼儿进一步感知理解故事，了解小公主由不快乐到快乐的心理转变过程。

（1）播放课件，呈现第 1 幅图片，讲述故事第 1 段。

提问：小公主为什么不快乐？你能想办法让小公主快乐吗？

小结：小公主有水晶宫殿，有漂亮的裙子，有一屋子的七彩宝石，但她没有朋友，所以不快乐。

（2）播放课件，呈现第②、③幅图片，讲述故事第2～8段。

提问：小公主送给小老鼠金手镯，它们会当成什么？它们会怎么玩？

（3）继续播放课件，讲述故事至结尾。

提问：小老鼠的心情是怎样的？看到小老鼠那么高兴，小公主的心情是怎样的？她把自己的好东西送给了别人，为什么还这么开心？

小结：朋友间应该互相关怀和分享，朋友快乐了，自己也会很快乐。

4. 组织幼儿交流、讨论，探讨能让自己变快乐的方法。

（1）提问：你有不开心的时候吗？你为什么不开心？不开心的时候，用什么方法能让自己快乐起来？

小结：每个人都会有不开心的时候，经常不开心对身体有害，所以我们要想办法让自己快乐起来。

（2）播放《好朋友在一起》课件，引导幼儿说一说照片中自己在干什么、为什么？

这么快乐，了解有很多方法可以使自己快乐，鼓励幼儿传递快乐。

【活动延伸】

1. 生活中注意观察幼儿的情绪变化，指导幼儿学会调整自己的情绪，保持快乐的心情。

2. 请幼儿阅读《欢乐的日子》第1～4页，将故事讲给家人听。

【附教材】

快乐的小公主

小公主住在一座水晶砌成的宫殿里。她有许多镶着小星星的裙子，还有一屋子的七彩宝石。可是，小公主不知道什么是"快乐"。因为她很孤单，没有朋友。

一天，小公主觉得闷极了，就大声说："哪怕有一只小老鼠和我一起玩也好呀！"咦，小公主刚说完，真的跑来一只小老鼠，还穿着蓝格格背带裤呢。

"小公主，我带你去玩！"小老鼠笑嘻嘻地拉着小公主踏进一座彩色的小房子里。

小房子里有好多穿背带裤的小老鼠，全都笑眯眯的。

小公主说："你们好！你们愿意做我的朋友吗？"

"愿意！"小老鼠们喊得又整齐又响亮。

小公主真开心，摘下一个金手镯送给小老鼠们。

"一个呼啦圈！"一只小老鼠快活地喊。小老鼠把金手镯套在身上，像呼啦圈一样转起来。

"我也要玩！我也要玩！"小老鼠们抢了起来。

小公主马上把另一只手镯也摘下来，又摘了两只大耳环、一条金项链。摘下这些沉甸甸的东西，小公主觉得轻松极了："全部送给你们好啦。"

小老鼠们玩着美丽的呼啦圈，快活地大喊大叫，还唱着古怪的歌。

忽然，小老鼠们全部停下来，一下子钻进另一个房间去了。一会儿，它们抬出一个大大的呼啦圈儿。

"这是真正的呼啦圈，转起来呼呼响呢，我们太小了，转不动，送给你吧！"小老鼠们说。

粉红色的呼啦圈在小公主的腰上旋转着，缀着小星星的大裙摆也飞舞起来。

小老鼠们围着小公主又跳又唱："嘟嘟嘟，嘟嘟嘟，我们是快乐的小老鼠。我们有个好朋友，她是一位小公主。"

小公主终于明白了什么是快乐！快乐不在水晶房子中,不在七彩宝石里,快乐在好朋友的关怀中,快乐在好朋友的微笑里。

〔选自:青岛出版社 2019 年版《幼儿素质发展课程教师用书》〕

活动三　数学——8 的组成

【教材分析】

大班幼儿已经学过 2～7 的组成,对数的组成的含义有一定的理解,对组成中互补、互换的关系也有初步的认识。《指南》中明确提出:"利用生活和游戏中的实际情境,引导幼儿理解数的概念;通过实物操作,引导幼儿理解数与数之间的关系。"本次活动为幼儿提供了充分操作的机会,在"种青菜"的游戏情境中激发幼儿自主学习的兴趣,通过自己的探索和操作获取 8 的组成的经验,总结出 8 的 7 种分合式。活动中鼓励幼儿学用结合,用所学的数学知识解决"领奖品"游戏中的实际问题。

【活动目标】

1. 学习 8 的组成,掌握 8 的 7 种分合方法。

2. 能够有序地进行 8 的组成的游戏活动,理解数的组成中互换、互补的规律并运用规律推出 8 的分合式。

3. 愿意参与数学活动,感受数学活动带来的乐趣。

【活动重点】

学习 8 的组成,掌握 8 的 7 种分合式。

【活动难点】

能够有序地进行 8 的组成的游戏活动,理解数的组成中互换、互补的规律,能运用规律推出 8 的分合式。

【活动准备】

1. 幼儿每人 8 张青菜的图片、1 张菜地的图片,分合式图卡;1～8 的数字卡片幼儿每人 2 套,礼品图片若干,练习纸、笔。

2. 幼儿学习材料《劳动真光荣》。

【活动过程】

1. 组织幼儿玩拍手游戏,复习 7 的组成。

幼儿两人一组玩游戏,一人先拍手 1～6 下,另一人再拍手,两人拍手的次数合起来为 7 下。游戏由两人轮流开始。

2. 创设"到种植园种青菜"的游戏情境,请幼儿操作图片,自主探索 8 的组成。

(1)讲解游戏玩法:将 8 棵青菜分别种在菜地里栅栏的两边,看看有几种种法,用分合式图卡和数字卡记录结果。

(2)幼儿自由操作,自主探索 8 的组成,拼摆出 8 的分合式。

(3)幼儿互相交流各自的探索结果。

3. 引导幼儿运用数的组成的互换、互补规律,探索 8 的所有分合式。

(1)教师呈现其中几个分合式,请幼儿根据互换规律摆出其他的分合式。

例如:教师摆出 8 可以分成 7 和 1,幼儿就摆出 8 可以分成 1 和 7;教师摆出 8 可以分成 6 和 2,幼儿就摆出 8 可以分成 2 和 6。

（2）呈现所有的分合式，引导幼儿对比观察，进一步理解互换规律。

（3）将 8 的组成的所有分合式按顺序摆出来，引导幼儿发现互补的规律：左边的数字从上往下依次多 1，右边的数字从上往下依次少 1。

4. 出示礼品图片，请幼儿玩"领奖品"游戏，巩固 8 的组成。

请幼儿随意挑选两份奖品，要求两份奖品上的数字合起来是 8。

5. 请幼儿阅读《劳动真光荣》第 10 页，巩固 8 的组成。

指导幼儿自主阅读《劳动真光荣》第 10 页，按要求写出 8 的分合式，巩固 8 的组成。

活动四 音乐——打击乐《杂技表演》

【教材分析】

本活动选用《巡逻兵进行曲》作为打击乐的音乐。该乐曲是一首用管乐器演奏的进行曲，坚定有力、欢快活泼。杂技，是无声的表现人体造型技巧的表演艺术，是幼儿喜闻乐见的。本活动将幼儿喜欢的杂技与进行曲相结合，以"杂技表演"为主线，通过图谱中杂技演员的不同动作，帮助幼儿理解乐曲的节奏，提高幼儿对音乐的感受力、表现力；通过乐器演奏，帮助幼儿获得器乐演奏的一般知识和技能，发展幼儿的节奏感和对音色、曲式结构的敏感性，培养幼儿基本的合作意识和合作能力。

【活动目标】

1. 感受乐曲结构，学习节奏型"×× ｜ ×× ｜ ×× ｜ ×0 ｜""×× ｜ ×0 ｜""××× ｜ ××× ｜ ××× ｜"

2. 能根据图谱用身体动作表现音乐并与同伴合作进行演奏。

3. 喜欢打击乐活动，能够控制自己的情绪，积极、愉快地参与活动。

【活动重点】

感受乐曲结构，学习节奏型"×× ｜ ×× ｜ ×× ｜ ×0 ｜""×× ｜ ×0 ｜""××× ｜ ××× ｜ ××× ｜"

【活动难点】

能根据图谱用身体动作表现音乐，能与同伴合作进行演奏。

【活动准备】

1. 音乐图谱 1 张、节奏型 3 张，铃鼓、碰铃、圆舞板等打击乐器若干。

2. 《幼儿素质发展课程·音乐》CD。

3. 活动前请幼儿欣赏杂技表演的视频。

【活动过程】

1. 请幼儿欣赏乐曲，感受乐曲欢快、活泼的音乐风格及三段体的结构特点。

（1）请幼儿欣赏乐曲，感受乐曲坚定有力的音乐风格。

提问：听了乐曲你有什么感受？你感觉乐曲中的人在干什么？

（2）请幼儿结合杂技表演再次欣赏音乐，初步感受乐曲的结构。

提问：杂技演员在表演什么节目？这首音乐共有几段？

2. 出示图谱，引导幼儿进一步欣赏乐曲，准确地拍出节奏。

（1）请幼儿分段欣赏乐曲，运用杂技表演的情节，引导幼儿探索乐曲中 3 种不同节奏型的打击方法。

A 乐段：节奏型"×× ｜ ×× ｜ ×× ｜ ×0 ｜"，对应图谱"抛接球"。

请幼儿探索节奏型的打击方法，能说出共有几个乐句。

B 乐段：节奏型"×× ｜ ×0 ｜ ×× ｜ ×0 ｜"，对应图谱"转呼啦圈"。

C 乐段：节奏型"××× ｜ ××× ｜ ××× ｜ ××× ｜"，对应图谱"顶酒杯"。

（2）引导幼儿探索 3 种杂技表演分别可以用什么身体动作进行表现。

（3）请幼儿完整欣赏乐曲，分组创编每种杂技表演的身体动作，集体进行练习，熟练掌握 A、B、C 段的 3 个节奏型。

（4）指导幼儿学习根据指挥动作随音乐进行演奏。

3. 引导幼儿探索配器方案，尝试使用乐器合作进行演奏。

（1）出示 3 种打击乐器，请幼儿讨论每种杂技表演可以用什么乐器伴奏，鼓励幼儿说明理由。

（2）教师当指挥，请幼儿看图谱分组进行打击乐器演奏，重点指导幼儿与同伴的演奏保持协调。

（3）请幼儿交换乐器演奏，交换时幼儿交换位置，乐器不动位置。

（4）请幼儿当指挥，完整演奏乐曲。

【附教材】

杂技表演

[美]弗兰克·米查姆　曲

活动五 美术——制作:美丽的花儿送给你

【教材分析】

本次活动通过指导幼儿制作不同的花送给诚实的孩子"宋金",引导幼儿表达自己对诚实小朋友的喜爱之情。活动开展过程中,为幼儿提供多种制作花的材料、工具及"制作步骤图",引导幼儿自己看图进行探索学习,鼓励幼儿自由选择材料,结合在生活中对花的认识进行创意表现,培养幼儿的动手能力及创造性。

【活动目标】

1. 了解花的特征,学习用剪、折、卷、画、粘贴等方法制作菊花、桃花等不同的花。

2. 大胆想象,合理地使用一次性杯子、毛线等废旧物品和辅助材料进行造型,制作出"一盆花"。

3. 喜欢诚实的人,体验制作成功的快乐。

【活动重点】

了解花的特征,学习用剪、折、卷、画、粘贴等方法制作菊花、桃花等不同的花。

【活动难点】

大胆想象,合理地使用一次性杯子、毛线等废旧物品和辅助材料进行造型,制作出"一盆花"。

【活动准备】

1. 幼儿提前搜集不同花的图片,制作步骤图。

2. 一次性杯子、毛线、皱纹纸、吸管、小树枝、彩色纸等废旧物品及辅助材料,剪刀、胶水等。

【活动过程】

1. 讲述故事《手捧空花盆的孩子》,引出活动内容。

提问:宋金为什么没有种出花来?国王为什么选宋金当国王?你想怎样表扬宋金?

2. 师幼共同交流"我认识的花",了解不同的花的特征。

(1)请幼儿展示自己收集到的花的图片,向同伴介绍花的名称、颜色、形状。

(2)出示菊花、向日葵、樱花等不同颜色、形状的花的图片,请幼儿观察,说一说这些花的名称及颜色、花瓣、叶子等的特点,进一步丰富对花的认识。

3. 出示制作步骤图,指导幼儿学习制作花的方法。

(1)引导幼儿观察制作步骤图,提出自己不明白的地方,请幼儿相互解答。

制作方法:将剪开的部分放射状撑开,剪成喜欢的形状当花瓣,插入吸管或木棍做茎,将用彩色纸做成的叶子粘贴到茎上。

(2)重点组织幼儿讨论:还可以制作什么样的花?用什么材料做?你想制作几支?

4. 鼓励幼儿自由选择材料,创造性地制作花。

介绍操作材料,鼓励幼儿大胆想象,可制作毛线菊花、皱纹纸桃花、树枝梅花等不同材料、不同造型的花。

5. 活动延伸。

带领幼儿布置"美丽的花园",请幼儿相互欣赏,向"宋金"介绍自己的花,对"宋金"说一句心里话,鼓励幼儿向诚实的孩子学习。

【附故事】

手捧空花盆的孩子

从前有一个国王，年纪很大了，想选一个诚实的孩子作为继承人。国王吩咐大臣给全国的每个孩子发一些花种子。他宣布：谁能用这些种子培育出最美丽的花，谁就是未来的国王。有个叫宋金的孩子，领到种子后种在花盆里，天天浇水，盼着种子能长出芽、抽出枝、开出最美丽的花朵！可是，日子一天一天地过去，种子一点发芽的迹象也没有。宋金多着急啊！他换了一个花盆，又换了一些土，重新把种子种下去，浇水、施肥用心地栽培。宋金天天看啊看，种子就是不发芽。国王规定的看花的日子到了。这一天，许许多多的孩子拥上街头，手里捧着盛开的鲜花，有红的，有黄的，有白的，一盆盆都很美丽，一下子还真说不出谁的花最美丽。国王从孩子们面前走过，看着一盆盆美丽的鲜花，脸上没有一丝高兴的表情。国王走呀走呀，一直皱着眉头，一句话也不说。忽然，他看见一个手里捧着空花盆的孩子。瞧，那孩子一直低着头，看起来难过极了。大家都种出了美丽的花，可他却什么也没种出来。这个孩子就是宋金。国王走到宋金面前，和蔼地问他："孩子，你怎么捧着一个空花盆？"宋金哭了起来，抽泣着说："我把种子种在花盆里，用心地浇水、施肥，可种子就是不发芽，我只好捧着空花盆来了。"国王听完宋金的话，高兴地笑了。他拉着宋金的手说："找到了，找到了，你就是我要找的继承人！你是诚实的孩子，我要让你做未来的国王。"其他孩子奇怪地问国王："为什么要选他？"国王笑着说："我发给你们的花种子都是煮熟了的，这样的种子怎么可能发芽、抽枝、开花呢？"

体育活动

快乐跳跳跳

【教材分析】

单纯的双脚行进跳的动作大班幼儿已经掌握得很好，但站在跳袋中双脚行进跳，并且要保持身体的平衡，这对他们来说有一定的难度。结合大班幼儿现有的运动发展水平和喜欢挑战的心理特点，本次活动创设"小袋鼠学本领"的情境，运用既有趣味性又有挑战性的游戏，引导幼儿在自由、宽松、愉快的氛围中掌握在跳袋中双脚行进跳的动作要领，鼓励幼儿勇敢挑战，锻炼自己的勇气，培养勇敢、坚强的意志品质，体验和老师、小朋友一起游戏的快乐。

【活动目标】

1. 掌握站在跳袋中行进跳的动作要领。

2. 能套着跳袋跳过不同宽度和高度的障碍。

3. 喜欢参与体育游戏，敢于挑战困难，感受同伴一起游戏的快乐与成功。

【活动重点】

掌握站在跳袋中行进跳的动作要领。

【活动难点】

能套着跳袋跳过不同宽度和高度的障碍。

【活动准备】

跳袋若干(大号、中号两种,幼儿可根据身高自由选择)、标志物 2 个、起点线,热身及放松的音乐各 1 首。

【活动过程】

1. 创设情境,导入活动,为开展游戏做准备。

(1)创设"小袋鼠练本领"的情境,带领幼儿随音乐做热身活动。

(2)请幼儿四散做热身操,重点活动上肢、下肢,练习跳跃的动作。

2. 组织幼儿玩游戏,掌握套跳袋行进跳的动作要领,挑战跳过不同宽度和高度的障碍。

(1)引导幼儿自由探索套跳袋跳的方法,掌握套跳袋原地跳的动作要领。

小结:双手拎紧跳袋,双脚并拢,双腿弯曲,双脚用力蹬地起跳。

(2)教师示范动作,幼儿尝试跳跃,重点指导幼儿练习套跳袋行进跳的动作。

3. 组织幼儿玩游戏,挑战套跳袋跳过不同宽度和高度的障碍。

游戏 1:"小袋鼠绕障碍",根据人数将幼儿分成 2～3 队,请幼儿套跳袋行进跳,绕过障碍回到起点。重点引导幼儿练习快速行进跳的方法。

游戏 2:"小袋鼠过小河",幼儿随音乐套跳袋行进跳,跳过 40 cm 宽的小河,不能掉到小河里。重点指导幼儿跳过小河前要停顿,准备好再起跳。

游戏 3:"小袋鼠练跳高",教师侧躺在地上,将一条腿抬起,确定为幼儿可跳过的高度,鼓励幼儿自主选择跳过山峰(教师的身体)。重点指导幼儿跳时屈膝,用力蹬地向前跳,鼓励幼儿勇敢挑战高峰。

游戏 4:"大老鹰抓小袋鼠",教师扮演大老鹰,幼儿套跳袋迅速躲避"大老鹰"的抓捕。重点引导幼儿迅速反应,调整自己跳跃的方向。

4. 引导幼儿进行放松活动,体验与同伴共同游戏的快乐。

带领幼儿伴随舒缓的音乐进行放松活动,与同伴互相捶腿,放松肌肉,缓解疲劳。

【附场地布置图】

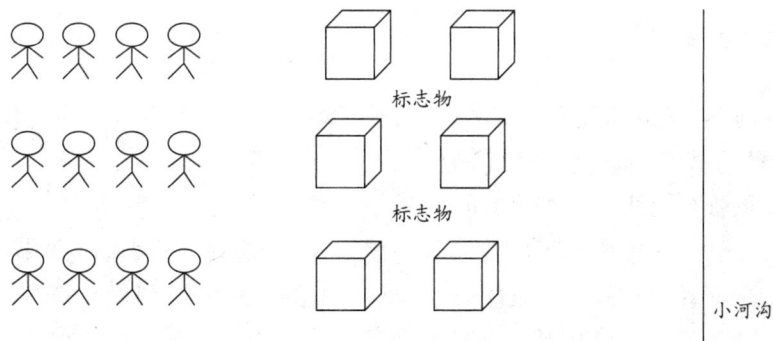

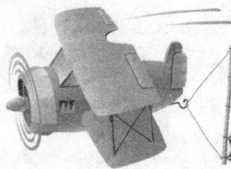

第 2 周　我的主场我来秀

环境创设

1. 创设"我的六一愿望"专栏，鼓励幼儿画出自己的六一愿望。

2. 师幼共同收集全世界儿童庆祝六一绘画的宣传海报的图片等，设计、制作自己的《六一活动海报》，鼓励幼儿将活动内容介绍给弟弟、妹妹和家长。

生活活动

1. 餐后散步时带幼儿熟悉幼儿园，以便游园活动时顺利找到游戏场地。

2. 利用过渡环节或离园时间请幼儿在集体面前展示自己的才艺，培养幼儿的艺术情操，帮助幼儿树立自信心。

3. 播放全世界小朋友庆祝六一儿童节的视频，引导幼儿了解其他国家的小朋友如何过六一，感受六一儿童节带来的快乐。

家长与社区教育

1. 发放调查问卷，了解幼儿需求。例如：六一活动你想玩什么游戏？你最想和谁一起玩？引导幼儿用绘画的方式表达，家长协助记录。

2. 鼓励家长积极参与水枪大战、宝贝厨房、小小足球赛等六一活动。

3. 请家长鼓励幼儿在家中练习歌曲、舞蹈、绕口令等，增强幼儿表演的兴趣和自信心。

4. 提醒幼儿注意观察美发店的发型设计、舞台的服装设计等，积累经验。

5. 建议家长利用日常生活用品引导幼儿在玩中练习数的分解组成。例如：10个大枣分给爸爸、妈妈、自己，有几种分法？怎么分？

教学活动

活动一 语言——绕口令《天上有星》

【教材分析】

绕口令语言精练,有韵律,有节奏,且趣味性强。经常说绕口令,能够提高幼儿的语言表达能力和思维的敏捷性、灵活性、准确性。绕口令《天上有星》中的近似音"星""鹰""灯""钉",对于正处在语言发展关键期的幼儿来说,既有趣味性,又有挑战性。本次活动通过看图说字、组内合作排序、组间竞赛说字等形式,引导幼儿念准"星""鹰""灯""钉"的字音;通过分类排放图片,引导幼儿联系生活说出关于"星""鹰""灯""钉"的短句;通过欣赏老师说绕口令及用乐器打击节奏的形式,帮助幼儿感受绕口令的节奏,激发幼儿说绕口令的兴趣。

【活动目标】

1. 学说绕口令,能念准"星""鹰""灯""钉"4个后鼻音。

2. 尝试准确、清晰、快速地说出绕口令的内容。

3. 乐于在集体面前表现,体验与同伴合作说绕口令的乐趣。

【活动重点】

学说绕口令,能念准"星""鹰""灯""钉"4个后鼻音。

【活动难点】

尝试准确、清晰、快速地说出绕口令的内容。

【活动准备】

1. 提前将幼儿分为4人一组,每组1套操作图片;响板幼儿每人1个。

2. 幼儿学习材料《欢乐的日子》。

【活动过程】

1. 组织游戏,激发幼儿活动兴趣。

(1)以小组为单位,幼儿每人拿一张画有"鹰""星""灯""钉"的图片,用1个字说出图片上的东西,指导幼儿念准"星""鹰""灯""钉"4个字的音。

(2)同组幼儿相互交换图片,举起图片大声说自己拿到的是什么。

(3)组内合作排序:请幼儿把4张图片排成一队,说一说排列顺序。鼓励幼儿按不同的顺序排并大声说出来,看哪个组说得清楚、说得快。

2. 借助图片指导幼儿学说绕口令《天上有星》。

(1)引导幼儿阅读《欢乐的日子》第12页,将星、鹰、灯、钉4幅图片与天、树、桌、门4幅图片一一对应。

提问:哪里有星?哪里有鹰?哪里有灯?哪里有钉?

引导幼儿学说绕口令:天上有星,树上有鹰,桌上有灯,门上有钉。

(2)小组之间进行比赛,组内的4个幼儿一人说一句绕口令,商量好谁说第几句,看看哪个组说得最清楚、最快。

(3)请幼儿再次阅读《欢乐的日子》第12页。

提问:什么拔钉?什么关灯?什么赶鹰?什么遮星?

引导幼儿学说:钳拔钉,手关灯,枪赶鹰,云遮星。

（4）组织集体练习后,鼓励幼儿进行自我展示。

3. 教师示范朗诵,帮助幼儿了解绕口令的特点。

（1）教师示范朗诵绕口令,引导幼儿感受绕口令的节奏。

（2）教师介绍绕口令的特点:把一些绕口的词快速地、有节奏地说出来。

提问:怎样才能说得不错、不断并且又快又清楚?

4. 出示响板,激发幼儿兴趣,鼓励幼儿合作练习、大胆展示。

指导幼儿用响板打击节奏练习说绕口令,增加说的乐趣;鼓励幼儿逐渐加快速度,增加说的难度;激发男、女小朋友比赛的愿望和热情。

【附教材】

天上有星

天上有星,树上有鹰,

桌上有灯,门上有钉。

钳拔钉,手关灯,

枪赶鹰,云遮星。

活动二 社会——文明小观众

【教材分析】

大班幼儿对于生活中的文明行为有初步的辨识和认知,只是自我约束力不够在实践中还是不能很好地控制自己的行为。本次活动借助六一儿童节看演出的契机,帮助幼儿将已有的零散经验进行梳理、整合,以"做管理员"的游戏情境,引导幼儿为六一演出会场制定文明公约,鼓励幼儿将规则内化为自己的行为,树立做文明观众的意识。

【活动目标】

1. 知道在公共场所看演出要遵守秩序,不能大声喧哗,学做文明小观众。

2. 能够辨别看演出时不正确的行为并根据实际需要设计合理的文明观众条约。

3. 体验做文明小观众的重要性,树立做文明观众的意识。

【活动重点】

知道在公共场所看演出要遵守秩序,不能大声喧哗,学做文明小观众。

【活动难点】

能够辨别看演出时不正确的行为并根据实际需要设计合理的文明观众条约。

【活动准备】

1. 幼儿有去电影院、话剧院看演出的经验。

2. 教师自备课件、视频《不按秩序进场》,绘画纸、笔。

【活动过程】

1. 请幼儿观看《不按秩序进场》视频,感受文明行为在生活中的重要性。

提问:你觉得这个人做得对吗? 为什么?

小结:一个人在公共场所中的不文明行为,会给他人带来不便。

2. 请幼儿观看课件,了解在公共场所的不文明行为。

（1）梳理在公共场所看演出所见到的不文明行为。

提问:你在公共场所见到过什么样的不文明行为? 你觉得应该怎样做?

（2）了解生活中不文明的行为,学做文明小观众。

播放视频1:看电影的时候大声笑。

提问:这种行为文明吗?打电话可以吗?大声谈论可以吗?为什么?

小结:看演出的时候不要发出声音影响别人。

播放视频2:不对号入座。

提问:视频中谁的行为是对的?为什么?

小结:看演出要按照自己手中的票上的序号就座,一人一个座位。

播放视频3:演出结束后,地上有垃圾。

提问:这个人的行为对吗?你会怎样告诉他?

小结:应该收拾好垃圾,保证公共场所干净、整洁。

3. 引导幼儿为六一演出会场制定"文明小观众公约"。

（1）请幼儿分组为六一演出会场制定"文明小观众公约"。

（2）分享、交流:请每个小组选一个代表交流自己小组的建议。

（3）教师帮助梳理提升,幼儿共同制定"文明小观众公约"。

4. 请幼儿将公约张贴到会场中,向同伴进行宣传,鼓励大家做文明小观众。

活动三 数学——8的加减

【教材分析】

幼儿学过2～7的组成和加减之后,对加法和减法的含义有了一定的感知和理解,逐步了解了组成和加减运算中的互补、互换规律。8的组成是8的加减运算的基础,本次活动通过创设"分糖豆"的游戏情境,引导幼儿通过自主探究,根据8的组成逐步推导出8的加减算式,激发幼儿自主学习的积极性;通过创设"一元面点屋"的游戏情境,鼓励幼儿运用8的加减解决生活中的实际问题,使幼儿深切感知数学在生活中的应用。

【活动目标】

1. 知道8的加减算式可以表示关于8的数量变化,进一步了解加减的实际意义。

2. 能根据8的组成推导出8的加减算式,能准确地摆出算式。

3. 能运用简单的推理方法解决问题,感知数学在生活中的应用。

【活动重点】

知道8的加减算式可以表示关于8的数量变化,进一步了解加减的实际意义。

【活动难点】

能根据8的组成推导出8的加减算式,能准确地摆出算式。

【活动准备】

1. 铅笔幼儿每人1支,加减算式卡、1～8的数字卡幼儿每人2套,8的分合式图卡幼儿每人1套,带盖的小桶(小桶中下部用卡纸隔成两部分,桶底一半是黄色,一半是红色)幼儿每人1个,用太空泥团的糖豆幼儿每人8颗。

2. 布置"一元面点屋"场景,幼儿学习材料《劳动真光荣》。

【活动过程】

1. 组织幼儿玩游戏"分糖豆",引导幼儿根据8的组成自主探索8的加减算式。

（1）讲解游戏玩法,请幼儿根据"糖豆"的位置记录游戏结果。

玩法:将8颗"糖豆"放进小桶里,轻轻摇晃,打开桶盖,看看黄色格子里、红色格子里分别有几颗"糖豆"，用分合式图卡和数字卡进行记录。

（2）引导幼儿描述游戏结果，运用8的组成推出相应的加减法算式。

提问：黄格子里有几颗"糖豆"？红格子里呢？怎样摆出加法算式？请幼儿根据自己的游戏结果和8的组成快速摆出两个加法算式，说一说这两个算式有什么联系，巩固对加法交换律的认识。

提问：怎样摆出减法算式？

请幼儿根据自己的游戏结果和8的组成快速摆出两个减法算式，分辨两个算式的特点，巩固对减法中减数和差的互补规律的认识。

（3）请幼儿继续玩游戏，将自己的游戏结果用加减算式卡记录下来。

2. 教师出示8以内的算式题卡，幼儿看算式报得数，看谁说得又对又快。

3. 组织幼儿玩游戏"一元面点屋"，巩固8的加减运算，感知数学在生活中的应用。

玩法：给每个幼儿发8元"钱"，面点屋里的食品均为1元一个。

（1）第1遍游戏：请幼儿购买两种商品，两种商品的总价钱合起来是8元。例如：3个包子和5个小饼，6个小蛋糕和2个小面包。

（2）第2遍游戏：请幼儿购买一种商品，交钱时说出应找的钱数才能离开商店。例如：买了7块饼干，应找回1元钱。

4. 请幼儿阅读《劳动真光荣》第20页，巩固8的加减运算。

鼓励幼儿同伴之间互相交流填写的结果，发现问题及时讨论、纠正。

【活动延伸】

请家长在生活中随机引导幼儿进行8以内数的加减运算。

活动四　音乐——舞蹈：快乐的小蜜蜂

【教材分析】

本次活动选择世界名曲《匈牙利舞曲第五号》作为集体舞的音乐，乐曲第1部分旋律欢快，就像小蜜蜂飞到花园里，附点音符和十六分音符轻巧、灵动；第2部分渐慢，就像小蜜蜂在花瓣上轻轻跳舞，切分音和十六分音符使速度对比鲜明；第3部分更加欢快，描绘了蜜蜂和好朋友花儿在花园里跳舞的情景。大班幼儿积累了一定的舞蹈动作语汇，四肢的协调性逐步完善，空间知觉得到发展，对音乐的感受力、表现力、理解力逐步增强，在集体舞中通过自己的身体动作与环境展开积极的交往和联系，不仅可以让幼儿与他人产生共鸣，而且可以获得集体的归属感。

【活动目标】

1. 学习蜜蜂采蜜时侧身踏步的动作，初步掌握侧身向圆内、圆外以及换朋友的队形变化。

2. 自由表现小蜜蜂采蜜和与花儿游戏的快乐心情，有节奏、有表情地随音乐表现蜜蜂采蜜、游戏的情景。

3. 感受乐曲欢快的特点，创编蜜蜂飞舞和与花儿嬉戏的动作，体验与伙伴跳集体舞的乐趣。

【活动重点】

学习蜜蜂采蜜时侧身踏步的动作，初步掌握侧身向圆内、圆外以及换朋友的队形变化。

【活动难点】

自由表现小蜜蜂采蜜和与花儿游戏的快乐心情，有节奏、有表情地随音乐表现蜜蜂采蜜、游戏的情景。

【活动准备】

红色、黄色手托花若干,课件,《幼儿素质发展课程·音乐》CD。

【活动过程】

1. 出示课件,熟悉乐曲旋律,感受乐曲欢快的特点。

提问:是谁来了? 小蜜蜂在干什么? 谁还记得这首舞曲的名字是什么? 它分为几段? 你觉得每一段小蜜蜂都在干什么?

小结:这首舞曲叫《匈牙利舞曲第五号》,分成了三段,像是小蜜蜂分别在找花、采蜜、分享。

2. 创设“蜜蜂采蜜”的游戏情境,引导幼儿学习、创编舞蹈动作。

(1)创设情境“小蜜蜂找花”,引导幼儿自由创编蜜蜂飞舞的动作。

提问:我们都是快乐的小蜜蜂,我们一起找一朵小花吧? 你想用什么动作呢?

(2)鼓励幼儿跟着音乐用自己喜欢的动作创造性地表现蜜蜂飞舞的动作,引导幼儿向同伴学习。

(3)教师提炼固定动作,幼儿跟着教师哼唱的节奏飞舞。

(4)幼儿跟音乐做第一段“找花”的舞蹈动作。

3. 创设情境“小蜜蜂采蜜”,重点引导幼儿学习侧身向圆内、圆外采蜜的动作和步伐。

(1)出示课件,引导幼儿观察小蜜蜂采蜜时的变化。

提问:小蜜蜂是怎样去采蜜的? 有什么变化? 怎样才能变成这样呢? 那我们一起去找一找花心吧。

(2)教师示范动作,结合儿歌“采花蜜,送回家”引导幼儿学习手位的变化。

提问:我是怎样做的? 我的手是怎样的? 头是怎样的? 采完花蜜小蜜蜂要回家了,这时我的动作有什么不一样?

结合儿歌“采花蜜,送回家”带领幼儿练习手位的变化。

(3)教师示范动作,结合儿歌“点点,采花蜜;点点,送回家”引导幼儿学习踏步走和侧身向圆内、圆外的动作,帮助幼儿克服学习难点,鼓励幼儿表现出小蜜蜂的轻巧和神气。

提问:要去采蜜了,我们的小脚要怎样呢? 小蜜蜂要怎样靠近花心才能不伤害到它呢? 我们一起去采花蜜吧。

结合儿歌“点点,采花蜜;点点,送回家”带领幼儿练习踏步走和侧身向圆内、圆外的动作。

(4)结合儿歌“点点,采花蜜;点点,送回家”将两组动作完整练习。

快乐的小蜜蜂,我们一起去采花蜜吧。

4. 鼓励幼儿创编蜜蜂和花儿做游戏的动作。

(1)出示课件,感受采到花蜜后高兴的心情。

提问:哇,我们采到这么多的花蜜,你们高兴吗? 你用动作来表现你的心情?

教师和幼儿一起交流幼儿创编的动作,鼓励幼儿自主地、有创造性地进行表现。

(2)出示图谱,幼儿站成双圈。

提问:图上是怎么站的? 方向是向哪边? 你们来试一试站成这样的队形。

(3)教师完整示范双圈舞的动作,幼儿观察。

提问:你们看明白了吗? 我们在换朋友的时候做了什么动作?

(4)引导幼儿根据手环的提示掌握换朋友的队形变化。提问:我们采到这么多的花蜜开心吗? 希望把我们开心的事情分享给其他的小伙伴,那我们接下来就要交换朋友啦。

（5）幼儿在双圈的位置上随音乐跳第三段。

5. 组织幼儿跳集体舞,体验合作舞蹈的乐趣。

（1）请幼儿跟随慢音乐完整跳 1 遍,纠正幼儿动作。

根据幼儿舞蹈情况提出要求:动作要和别人不一样,眼睛要看着好朋友,动作要优美、有节奏,要表现出花儿和蜜蜂相亲相爱的情景。

（2）请幼儿随快音乐跳 1 遍,感受音乐节奏的变化。

小蜜蜂的花蜜不多了,我们再去采更多的花蜜吧。

（3）请幼儿随音乐和两个朋友连续舞蹈 2 遍。

6. 肯定幼儿是一群聪明能干、勤劳快乐的小蜜蜂,激发幼儿对舞蹈的热爱。

小蜜蜂今天采到这么多的花蜜,我们一起回家和爸爸、妈妈一起分享甜甜的花蜜吧。

【附教材】

匈 牙 利 舞 曲

$1 = {}^{b}B$ $\frac{2}{4}$

Allegretto

布拉姆斯 曲

【动作建议】

全体幼儿左手戴手腕花(女孩红色,男孩黄色)。

第 1 部分:

每 4 小节一个动作,幼儿创编 3～4 个蜜蜂飞舞的动作组成舞蹈。

第 2 部分:

1～4 小节:面向圆上顺时针站,戴腕花的手高举,不戴腕花的手指向圆心,圈内侧的脚尖点两下,向圈内跨跳变小圆。

5～8 小节:身体不动向外看,不戴腕花的手高举,圈外侧的脚尖点两下,向圈外跨跳变大圆。

9～16小节:动作同上。

第3部分:

1～6小节:两人面对面创编蜜蜂飞舞的动作。

7～10小节:两人面对面站,两脚走步,双手自拍两下、对拍两下。

11～14小节:男孩打开戴腕花的手指向下一个朋友,一拍一走换朋友,女孩原地拍手欢迎新朋友到来。

活动五 美术——制作:我会变魔术

【教材分析】

幼儿对魔术表演非常感兴趣,会用专注的眼神去探究其中的秘密,观看之后还会饶有兴致地谈论。本次活动从幼儿的兴趣点出发,以魔术为主线,通过"会动的兔子耳朵"和"有趣的纸环"两个魔术,使师幼之间、幼幼之间、幼儿与材料之间充分互动,鼓励幼儿通过观察、猜测等方法寻找魔术中的秘密,让幼儿明白,魔术师并不神秘,只要开动脑筋找出其中的秘密,自己也能成为小小的魔术师,从而激发幼儿参与魔术表演的兴趣。

【活动目标】

1. 掌握魔术"会动耳朵的兔子"和"有趣的纸环"的要领,会变这两个魔术。

2. 主动探索魔术"会动耳朵的兔子"和"有趣的纸环"的奥秘。

3. 感受魔术的神奇和变魔术的快乐,乐于在六一活动中表演魔术。

【活动重点】

掌握魔术"会动耳朵的兔子"和"有趣的纸环"的要领,会变这两个魔术。

【活动难点】

主动探索魔术"会动耳朵的兔子"和"有趣的纸环"的奥秘。

【活动准备】

1. 两张扑克牌,幼儿学习材料《欢乐的日子》。

2. 幼儿每人红色的纸2张、纸圈2个(其中一个扭一圈后粘在一起,参考活动建议后附)、剪刀1把,垃圾筐每桌1个。

【活动过程】

1. 请幼儿观看魔术表演,引发幼儿思考。

(1)引导幼儿回忆看过的魔术表演,引出主题。

提问:你看过魔术表演吗?你看过什么样的魔术表演?看魔术表演时你有什么感受?

(2)请幼儿阅读《欢乐的日子》第14页,欣赏魔术"变脸扑克"。教师一手拿张扑克牌,两张扑克牌正面相对,告诉幼儿自己吹口气就可以让扑克牌变成背面相对。魔术揭秘:用大拇指和食指同时夹住两张扑克牌,用一句话转移幼儿的注意力,迅速将两张扑克牌交换过来,幼儿再看的时候,扑克牌已经变成反面相对了。

小结:变魔术时动作一定要快,不能拖拖拉拉,否则会被人发现的。

2. 指导幼儿学习变魔术"会动耳朵的小兔子",探索小兔子耳朵会动的奥秘。

(1)教师以魔术师的口吻边讲述边变魔术:这是一张彩纸,我要把它变成一只小兔子,猜猜这是小兔子的什么?(边说边撕出兔子的耳朵。)两只耳朵要一样长,把中间的部分撕掉。这只小兔子听我的话,我让它动哪只耳朵,它就动哪只耳朵,你信不信?(边说边故作神秘地假装将线穿进兔子耳朵里,拉出来,拽一拽。)小兔子的耳朵怎么样了?(兔子的耳朵动了,用同样的方法拉另一只耳朵。）

（2）启发鼓励幼儿讨论：老师拉线的时候你看到线了吗？小兔子的耳朵为什么会弯下来呀？你发现了什么秘密？

（3）请幼儿尝试变魔术，提示幼儿将撕下的纸片放到垃圾筐中。

提问：你的小兔子耳朵会动吗？

魔术揭秘：兔子两只耳朵中间的纸没有全部撕掉，用拇指拉动中间的纸片，兔子耳朵便会动，其他手指放在前面做掩护，拉线的动作其实是魔术里的假象。

小结：原来变魔术时秘密是要藏起来的，不能被别人发现。

（4）请幼儿再次尝试操作，教师指导。

3. 请幼儿探索魔术"有趣的纸环"的奥秘，了解纸环魔术的要领。

（1）教师以魔术师的口吻介绍魔术：瞧，这是一个纸圈，在中间画一条线，如果沿着这条线从中间将圈全部剪开，这个纸圈会发生什么变化呢？它会变成几个圈？教师边讲述边表演纸圈魔术：先剪开一个口子，再沿线全部剪开，最终变成一个大圈，展示给幼儿看。

提问：我是从中间剪开的呀，为什么不是两个圈而是一个大圈？

（2）请幼儿动手操作，将手中的两个纸圈分别剪开，教师巡回指导。

提问：你发现了什么秘密？

魔术揭秘：两个纸圈，一个是直接首尾相接粘在一起的，一个是扭一圈后首尾相接粘在一起的。直接粘成的纸圈，剪开后是两个纸圈；扭一圈后粘成的纸圈，剪开后是一个大纸圈。

4. 操作新的纸圈魔术，进一步激发幼儿探究魔术的兴趣。

出示扭成"8"的纸圈，剪成两个套在一起的圈，引发幼儿猜想。

【活动延伸】

鼓励幼儿在区域活动中自主装扮成魔术师的样子，表演自己会变的魔术。

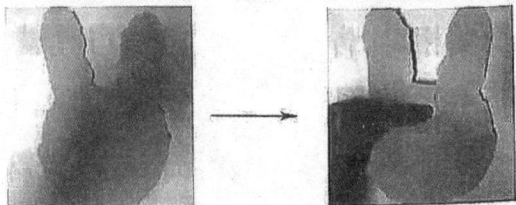

魔术：会动耳朵的兔子

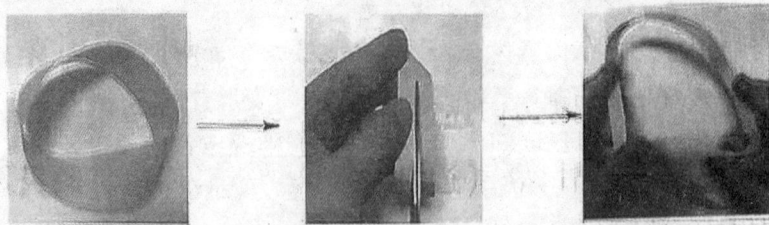

魔术：有趣的指环

体育活动

勇敢的小魔仙

【教材分析】

《巴拉拉小魔仙》是幼儿特别喜欢的一部动画片,充满了正能量的引领。大班幼儿已经有钻和从高处向下跳的相关经验,但大部分幼儿在动作的协调、连贯及要领掌握方面尚有一定的困难。本次活动以"小魔仙解救魔仙堡女王"的情境为主线,分别创设"小魔仙做运动""小魔仙练本领""小魔仙救女王"等游戏情境,引导幼儿在自由愉快的氛围中玩耍、尝试、探索、总结,逐步掌握正面钻、侧身钻、从不同高度往下跳的技能,感受不断挑战的乐趣。

【活动目标】

1. 练习钻及双脚从高处往下跳的动作,掌握基本动作要领。

2. 能协调、灵活地钻过山洞,会双脚轻轻地从高处往下跳。

3. 不怕困难,勇于挑战自我,体验帮助别人的快乐及自豪感。

【活动重点】

练习钻及双脚从高处往下跳的动作,掌握基本动作要领。

【活动难点】

能协调、灵活地钻过山洞,会双脚轻轻地从高处往下跳。

【活动准备】

背景音乐,拱门、高低凳、地垫、拼图等。

【活动过程】

1. 以"小魔仙做运动"情境导入主题,带领幼儿进行热身。

（1）请幼儿随音乐做热身活动,重点活动腰部和腿部。

（2）拓展练习:前后、左右移动重心,感受重心移动时身体的平衡,为钻山洞做铺垫。

2. 通过"小魔仙学本领"游戏,引导幼儿探索钻及从高处跳下的动作。

（1）请幼儿讨论、尝试钻过"山洞"的方法,重点引导幼儿体验钻"山洞"时重心的移动。

小结:低头、弯腰、伸腿钻。

（2）降低"山洞"高度,引导幼儿探索钻过矮"山洞"的方法。

根据幼儿表现进行指导,规范动作要领。例如:提醒幼儿钻山洞时手不要触地,钻过山洞再起身。

（3）请幼儿讨论、尝试从高处跳下的方法,重点引导幼儿探索轻巧落地的方法。

请个别幼儿进行示范,教师提升从高处往下跳的动作要领。

小结:从高处往下跳时,双脚并拢站稳,摆臂、屈膝、轻轻落地。

3. 创设"解救女王"的游戏情境,引导幼儿体验勇于挑战、获得成功的快乐。

（1）第1次游戏:"寻找密码",巩固钻和双脚同时从高处往下跳的动作。

规则:前面的"小魔仙"钻过"魔洞"后,后面的才可以出发;一人只能拿一片拼图,小组合作拼图,算出正确密码。

重点观察幼儿起跳不稳、落地沉重的原因,进行个别指导。

（2）第2次游戏："解救女王"，体验帮助别人的快乐及自豪。

增加山洞密度、降低高度，提高游戏难度。提问：山洞多，有高也有矮，钻的时候要注意什么？

4. 游戏结束，创设"小魔仙欢庆"的情境，引导幼儿相互捶背、敲腿，放松身体。

【附场地布置图】

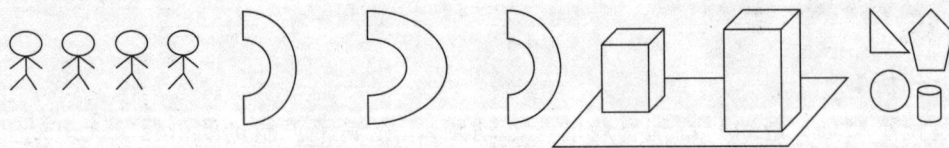

| 小魔仙 | 矮山洞（魔洞） | 高山洞 | 矮山洞 | 矮凳 | 地垫 | 高凳 | 拼图 |

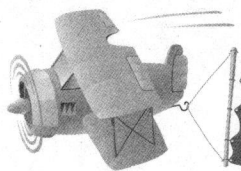

第3周 欢乐聚会乐趣多

环境创设 ▶

1. 创设"快快乐乐过六一"主题环境,投放彩纸及半成品材料,引导幼儿制作拉花、彩旗、彩球等布置活动室,营造热闹、欢快的节日氛围。

2. 与幼儿一起创设"六一的愿望"主题专栏,提供幼儿喜欢的礼物图片和表达愿望的图片资料,供幼儿开展游戏及讲述活动。

3. 收集世界各地和祖国各民族儿童的图片,引导幼儿交流,分享认知经验,了解六一是全世界儿童的节日。

生活活动 ▶

1. 鼓励幼儿互相交流节日愿望,帮助幼儿制订实现愿望的计划,支持幼儿实现自己的节日愿望。

2. 开展"精彩瞬间"谈话活动,引导幼儿与同伴分享节日的喜悦之情。

3. 提醒幼儿做事情不要拖延,要按计划完成任务,与同伴合作做好小组或者班级的事情。

家长与社区教育 ▶

1. 请家长支持、鼓励幼儿大胆参与幼儿园的各项活动,帮助幼儿搜集材料做好准备,和幼儿共同度过愉快的六一儿童节。

2. 结合端午节,请家长与幼儿一起包粽子、做香囊、插艾草,感受中国传统文化的魅力。

3. 邀请家长参与幼儿园开展的亲子节庆活动,与幼儿共同度过快乐的节日。

教学活动

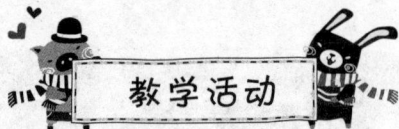

活动一 语言——《大熊的拥抱节》

【教材分析】

《大熊的拥抱节》是一篇富有童趣、令人感动的儿童文学作品，以森林城的小动物举行"拥抱节"为线索，描绘了大熊"快乐——伤心——感动"的情感发展变化。故事形象鲜明、语句生动、情节耐人寻味。大班幼儿语言表达能力和体验感受能力明显提高，不但能生动、有感情地叙述事情，还能够根据故事情节变化描述角色的心理活动、表达自己的想法。本次活动指导幼儿欣赏、理解故事内容，体验大熊的心理变化；鼓励幼儿分析他人的心理，设身处地为他人着想，理解拥抱的意义；引导幼儿感受与同伴友好相处的重要，懂得同伴之间要相互宽容，从而发展幼儿的社会情感并形成良好的心理品质。

【活动目标】

1. 理解故事内容，感受大熊孤独、难过和快乐、感动的情绪变化。丰富词汇：孤单、拥抱。

2. 大胆猜想故事情节，用完整、流畅的语言讲述自己的想法，学说故事中的角色对话。

3. 懂得同伴间要友好相处，体验宽容带来的感动与幸福。

【活动重点】

理解故事内容，感受大熊孤独、难过和快乐、感动的情绪变化。丰富词汇：孤单、拥抱。

【活动难点】

大胆猜想故事情节，用完整、流畅的语言讲述自己的想法，学说故事中的角色对话。

【活动准备】

1. 幼儿有拥抱的经验。

2. 心形卡片、彩笔，故事的图片。

3. 幼儿学习材料《欢乐的日子》，《幼儿素质发展课程·语言》CD，《幼儿素质发展课程·多媒体教学资源包》课件26。

【活动过程】

（1）出示大熊的图片，引导幼儿猜测大熊哭的原因。

提问：森林城里都有谁来参加拥抱节了？大熊为什么哭了？

（2）结合课件讲述故事第1~8自然段，引导幼儿初步感受大熊的情感变化。

提问：大熊的愿望实现了吗？为什么？在这么幸福、快乐的节日里，大熊一个朋友也没有拥抱到，它有什么感受？看到大熊哭了你有什么感觉？

（3）启发幼儿迁移生活经验，体会小动物们的心情，为原谅大熊做好铺垫。

提问：如果别人对你不够友好，你会怎样对待他？

（4）组织幼儿讨论、绘画，与同伴分享自己的想法，感受朋友之间应相互宽容、相互珍惜。

提问：你有什么好办法能帮助大熊得到拥抱？请幼儿把自己的想法在心形卡片上画下来。

（5）结合课件讲述故事第9~17自然段，进一步引导幼儿感受朋友间互相宽容、相互珍惜的情谊。

提问：大熊得到拥抱了吗？你觉得大熊此时的心情是怎样的？为什么它的眼泪越流越多？大熊为什么感动？大熊两次流泪，你喜欢哪一次？为什么？

3. 请幼儿阅读《欢乐的日子》第22～26页,教师完整讲述故事,鼓励幼儿学说故事中的角色对话,进一步感受大熊的情感变化,体验宽容带来的感动与幸福。

4. 引导幼儿回忆自己生活中犯过的错误,知道要勇于承认,懂得当别人犯错误时,要给别人改正错误的机会。

提问:生活中,当你犯了错误时,你会怎样做以取得别人的原谅?当别人犯了错误时,你是否会原谅别人?鼓励幼儿互相拥抱,感受伙伴之间深深的情谊。

【附教材】

大熊的拥抱节

今天是森林城的拥抱节,和谁拥抱就表示愿意和谁做朋友。清晨,大熊早早就出了门。它给自己定了一个目标,要和100个朋友拥抱! 远远地,大熊看见袋鼠哥哥,连忙张开双臂:"袋鼠哥哥,你好! 我们拥抱吧?"袋鼠哥哥支吾着说:"嗯,我很忙。"说着,就跑了。大熊尴尬地放下手臂,安慰自己说:"没关系,还有好多拥抱的机会呢。"呀,前面一蹦一跳过来的不是漂亮的兔妹妹吗? 大熊赶紧张开双臂:"亲爱的兔妹妹,你好! 我们拥抱吧?"兔妹妹停也不停,哼着歌儿过去了。大熊愣了一下,生气地甩了甩手,说:"哼,真没礼貌!"大熊再往前走,看见了红狐狸。大熊张开双臂说:"红狐狸弟弟,你好! 我们拥抱吧?"红狐狸却绕了过去,连个招呼也没打。

天快黑了,大熊没有拥抱到一个朋友,心里难过极了。"昨天,我把兔妹妹的萝卜全拔光了。我还老是揪袋鼠哥哥和红狐狸的尾巴。"想到这里,大熊的眼泪一滴一滴落下来。这时,小动物们手牵着手走过来,看见孤零零的大熊,都愣住了。大熊赶紧站起来,捂着脸跑回家了。

"我今天没有拥抱大熊。"兔妹妹说。

"大熊看上去很伤心呢!"袋鼠哥哥说。

小动物你看看我,我看看你,都往大熊家走去。

天黑了,大熊晚饭也没吃,独自躺在床上想心事。

"笃笃笃!"是谁敲门?

大熊慢吞吞地走过去开门。门一开,大熊惊呆了! 小动物们在门前排起了长长的队伍,一个个张开双臂,说:"大熊,祝你拥抱节快乐! 我愿意做你的朋友!"大家一个接一个地拥抱了大熊。大熊的眼泪越来越多,比刚才没人拥抱它时还要多。"对不起!"大熊对所有的好朋友说。月亮的银光柔柔地洒在森林城,洒在互相拥抱着的小动物们身上。这真是个令人难忘的拥抱节呀!

〔选自:青岛出版社2019年版《幼儿素质发展课程教师用书》〕

活动二 半日活动——大家一起过端午

【教材分析】

端午节是我国的传统节日,与春节、清明节、中秋节并称中国民间的四大节日。包粽子、赛龙舟、插艾草、挂香囊、系彩绳……这些端午节的民间习俗生动有趣,对大班幼儿充满吸引力,让他们跃跃欲试。本次活动通过一系列的实践体验活动,让幼儿亲自参与丰富多彩的节庆习俗活动,了解、感受端午节的文化内涵;鼓励幼儿自主搜集端午节的信息和资料、交流端午节的认知经验、玩端午节的游戏、品端午节的美食,体验与同伴一起过端午的快乐,将中国传统文化根植于幼儿的内心,激发幼儿热爱祖国传统文化的情感。

【活动目标】

1. 知道农历五月初五是端午节，了解端午节是中国的重要传统节日。

2. 能用多种方式搜集关于端午节的信息、资料，积极与同伴交流端午节的来历和有关习俗。

3. 积极参与做香囊、做龙舟、赛龙舟、包粽子等活动，了解端午节的民间习俗，感受端午节的文化内涵。

【活动重点】

知道农历五月初五是端午节，了解端午节是中国的重要传统节日。能用多种方式搜集关于端午节的资料，积极与同伴交流端午节的来历和习俗。

【活动难点】

能与同伴分工合作，协商确定六一联欢会的节目单及邀请函、环境布置等内容。

【活动准备】

1. 请幼儿事先调查、了解端午节的来历和民俗，完成调查表；邀请家长志愿者参与活动。

2. 制作香囊的材料：艾草、正方形布、橡皮筋、红绳；制作龙舟的材料：纸箱、旧杂志、彩带、环保袋、胶棒、水彩笔等；包粽子的材料：粽叶、糯米、大枣等。

3. 幼儿学习材料《欢乐的日子》，《幼儿素质发展课程·多媒体教学资源包》课件 27。

【活动过程】

1. 组织幼儿交流《端午节调查表》，了解端午节的由来和习俗。

（1）请幼儿讲述端午节的由来，知道农历五月初五是端午节，端午节是汉族人民纪念伟大的爱国主义诗人屈原的传统节日。

（2）组织幼儿分享、交流端午节的民俗。请幼儿阅读《欢乐的日子》第30～31页，了解端午节有包粽子、赛龙舟、插艾草、挂香囊、系彩绳等习俗。

（3）请幼儿观看课件，进一步了解各地端午节的民俗活动，激发幼儿参与端午节活动的愿望。

2. 引导幼儿自由结伴，分组开展制作艾草香囊、制作龙舟、包粽子、编端午彩绳等活动，邀请家长志愿者共同参与。

（1）制作艾草香囊：将艾草叶从艾草上摘下来，放在正方形的布上，然后将正方形布的4个角相交，用橡皮筋扎紧，最后在橡皮筋处绑上红绳，挂在脖子上，可将香囊送给同伴、家长、老师。

（2）制作龙舟：用纸箱制作龙舟舟身，用旧杂志、彩带、环保袋等制作龙头、龙尾，拼接并装饰龙舟。

（3）编端午彩绳：家长志愿者协助幼儿编彩绳、系彩绳。

（4）包粽子：家长志愿者协助幼儿用粽叶将泡好的米和枣包住，然后用绳子捆好。提醒幼儿米不要放太多，要用粽叶把米包紧。

3. 组织幼儿分组玩"赛龙舟"游戏，感受同伴共同努力获得成功的自豪感和成就感。

4. 将包好的粽子煮熟，大家一起品尝，感受粽子特有的香气和味道，体验亲子制作、品尝美食带来的快乐。

【附教材】

端午节调查表

端午节的任务	端午节就要到了，请你问一问、查一查、找一找、画一画关于端午节的故事，讲给大家听
端午节的由来	
端午节的习俗	
端午节的问题	

活动三 数学——二等分、四等分

【教材分析】

等分是生活中常见的数学活动,在平日分点心、分玩具、分学习用品等活动中幼儿已有所接触。等分的数学活动探索性、操作性较强,能满足幼儿在生活实践中运用数学经验解决问题的好奇心和求知欲。本活动创设"两只狗熊"和"小熊请客"的故事情境,选用幼儿熟悉的物品,如圆饼干、方蛋糕等,启发幼儿通过观察、操作、比较,自主探索将不同形状物体和实物进行二等分、四等分的方法,发展幼儿的数学思维,调动幼儿参与活动的积极性,促使幼儿主动获得运用数学解决问题的认知经验。

【活动目标】

1. 理解二等分、四等分的含义,知道等分后每份都是一样大的,知道部分小于整体、整体大于部分。

2. 能够自主探索,找出生活中二等分、四等分的分割方法并尝试操作。

3. 愿意与同伴分享、交流自己的发现,积极运用等分的方式解决生活中的问题。

【活动重点】

理解二等分、四等分的含义,知道等分后每份都是一样大的,知道部分小于整体、整体大于部分。

【活动难点】

能够自主探索,找出生活中二等分、四等分的分割方法并尝试操作。

【活动准备】

1. 圆形卡纸饼干每组 1 块,正方形卡纸蛋糕每组 1 块,剪刀,二等分、四等分的拼图图形几套,比萨、西瓜、面包等的图片。

2. 教师自制《两只狗熊》的故事课件和"小熊请客"的背景图片(画面有两只小熊、小兔、小狗,围坐在桌子旁边,桌子上有正方形的生日蛋糕和切蛋糕的刀子)。

【活动过程】

1. 结合课件讲述《两只狗熊》的故事片段,引导幼儿探索等分圆形"饼干"的方法,在实践操作中学习、理解二等分的含义。

(1)提问:请你帮助大黑和小黑想想办法,怎样才能把饼干分成一样大小的两份?

(2)出示卡纸饼干,请幼儿尝试圆形"饼干"二等分的方法。

(3)请幼儿与同伴分享、交流把圆形"饼干"二等分的方法。

小结:把一个物品分成大小相等的几份,这种方法叫"等分"。分成相等的几份就叫几等分,把饼干分成大小相等的 2 份叫"二等分"。

2. 出示"小熊请客"的背景图片,请幼儿尝试将卡纸蛋糕进行四等分,探索正方形四等分的方法。

(1)创设"小熊家来客人"的情境,引导幼儿帮助小熊将蛋糕平均分成 4 份。

提问:小狗和小兔来大黑、小黑家做客了,熊妈妈为孩子们做了一个正方形的巧克力蛋糕,你能帮它们把蛋糕分成相等的 4 份吗?

(2)请幼儿自主尝试,用不同的方法将正方形卡纸蛋糕进行四等分。

(3)请幼儿交流、分享将"蛋糕"分成相等的 4 份的方法。

小结:用十字形分割、平行线分割的方法可以将正方形四等分。

3. 组织幼儿玩"找朋友"游戏，了解等分后整体与部分的关系。

把圆形、正方形、长方形等几何图形等分成2份或4份，一份在幼儿手中，其他的在黑板上，引导幼儿根据自己手中图形的颜色和形状，找到相应图形拼成完整的几何图形，比较等分后的一份图形与原来图形的大小，感受部分与整体的关系。

4. 引导幼儿观察比萨、西瓜、面包等的图片，说说生活中的物品还可以用什么方法进行等分，引导幼儿学会用等分的方法解决生活中的问题。

【附教材】

两只狗熊

熊妈妈有两个孩子，一个叫大黑，一个叫小黑，都长得挺胖。有一天，熊妈妈在给小熊们做饼干。香喷喷的大饼干做好了。可是，妈妈只烤了1块饼干，两只狗熊怎么吃呢？大黑怕小黑多吃，小黑也怕大黑多吃，这可不好办呀！大黑说："咱们分着吃，要分得公平，我的不能比你的小。"小黑说："对，要分得公平，你的不能比我的大。"可是，怎么分才公平呢……

活动四 音乐——歌曲《快乐的六一》

【教材分析】

"六一"是属于孩子们的节日，在这个快乐的节日里，欢歌笑语是必不可少的。《快乐的六一》是一首活泼欢快、旋律鲜明、歌词简单易懂的歌曲，适于大班幼儿演唱和表现。本活动指导幼儿运用不同的演唱形式表现歌曲，理解歌词所表达的情感；引导幼儿运用歌声和动作表现快乐的心情，掌握附点音符和后十六分音的节奏特点；鼓励幼儿创编合适的动作，自信、大方地表演歌曲，感受"六一"欢快的节日氛围，体验与同伴共同表演的幸福和美好。

【活动目标】

1. 理解歌词所表达的内容，掌握附点音符和后十六分音的节奏特点。

2. 用自然、好听的声音演唱歌曲，能创编合适的动作表现歌曲欢快的情绪特点。

3. 大方自信地与同伴合作表演歌曲，体验与同伴一起欢度"六一"的愉快心情，感受节日的快乐气氛。

【活动重点】

理解歌词所表达的内容，掌握附点音符和后十六分音的节奏特点。

【活动难点】

用自然、好听的声音演唱歌曲，能创编合适的动作表现歌曲欢快的情感特点。

【活动准备】

歌曲《庆祝六一》的图谱，《幼儿素质发展课程·音乐》CD。

【活动过程】

1. 与幼儿共同讨论"六一"的相关内容，激发幼儿学唱歌曲的兴趣。

提问：六月一日是什么节日？是谁的节日？你想怎样度过自己的节日？

2. 请幼儿欣赏歌曲，感受音乐的节奏、情感特点并理解歌词内容

（1）请幼儿欣赏歌曲，感受欢快、流畅的情感特点。

提问：歌曲的名字叫什么？听完这首歌曲你有什么感觉？

（2）教师完整清唱歌曲，引导幼儿理解歌词内容。

提问：你从歌曲里听到了什么？歌词描述的是一种什么样的情景？

3. 指导幼儿看图谱按节奏学说歌词,尝试演唱歌曲,唱准空拍和切分节奏。

（1）出示图谱,引导幼儿随音乐节奏尝试说出歌词。

（2）指导幼儿随音乐伴奏分句学唱歌曲。

（3）鼓励幼儿完整演唱歌曲,讨论用什么样的情感演唱能表达出歌曲的特点。

（4）请幼儿像小小歌唱家一样完整演唱歌曲,提醒幼儿唱准附点音符和后十六分音的节奏。

4. 引导幼儿根据歌词内容创编动作,表现歌曲欢快的情感。

提问:可以给歌曲配上什么动作进行表演?

5. 组织幼儿以男孩女孩唱、小组唱、齐唱等形式进行表演唱,鼓励幼儿表现出欢度六一的快乐心情。

【附教材】

庆祝六一

周致中 作词
王履三 作曲
Vicky Yang 谱

活动五 美术——水墨画:有趣的泼墨画

【教材分析】

泼墨画千变万化、趣味无限,既有传统的文化韵味,又有宽泛的创作空间。利用泼墨画的美术形式开展活动,不但能让幼儿感受到水墨画自由写意的美,而且能激发幼儿创作的愿望。墨泼在纸上慢慢散开,形成各种图案,如飘逸的长发、弥散的烟雾、变幻的云彩……给幼儿提供了广阔的想象空间。本次活动引导幼儿自由想象、大胆尝试,运用泼墨画的形式进行美术创作,让每一位幼儿的想法得以实现,让每一个与众不同的创作得到尊重,既让幼儿感受到泼墨画的艺术特点与美感,又让幼儿体验到泼墨画多变的形象带来的乐趣。

【活动目标】

1. 初步了解、感受泼墨画的艺术特点与美感。

2. 大胆尝试运用泼墨画的技法作画,能在泼墨造型的基础上富有创意地进行添画。

3. 体验泼墨画画面的多变,感受泼墨画独特的韵味。

【活动重点】

初步了解、感受泼墨画的艺术特点与美感。

【活动难点】

大胆尝试运用泼墨画的技法作画,能在泼墨造型的基础上富有创意地进行添画。

【活动准备】

1. 幼儿欣赏过多种抽象美术作品,了解画面中的图案和表达的含义。

2. 墨滴管、宣纸、水彩笔、晾宣纸的小衣架,张大千《春水归舟》作品图片,古筝曲《高山流水》。

3. 幼儿学习材料•美术用纸第 7 页。

【活动过程】

1. 组织幼儿玩"泼墨"的游戏,激发幼儿活动兴趣。

教师随意进行泼墨添画创作,引导幼儿大胆想象并在轻松愉快的游戏中,引发幼儿尝试作画的愿望。

提问:泼在纸上的墨像什么? 给这种画起名字,可以叫什么?

小结:这种将墨泼洒在宣纸上自然而成的作品,或者根据墨渍的自然外形及墨色进行简单、巧妙地添画而成的作品,叫作"泼墨画"。

2. 帮助幼儿了解作画步骤,感受水墨变化的趣味性。

（1）鼓励幼儿探索泼墨画的作画方法:将墨滴到画纸上,随意晃动,变化出不同的造型轮廓。

（2）请幼儿从不同角度观察自然而成的泼墨作品,大胆想象不同的图案。

（3）启发幼儿根据泼墨造型用水彩笔进行想象添画,完成一幅生动的泼墨画。

（4）结合幼儿作品,教师与幼儿一同梳理作画步骤。

泼墨:将墨滴在纸上随意晃动;想象:从不同的角度观察墨渍的形状像什么;添画:在想象的基础上把画面中缺少的部分用水彩笔添画出来。

3. 欣赏大师作品,激发幼儿创作灵感。

引导幼儿欣赏张大千作品《春水归舟》,感受泼彩与泼墨混合的效果,了解并说出画面的哪些地方适合泼墨、哪些适合添画,体验泼墨创作的独特魅力。

4. 请幼儿尝试创作泼墨画。

（1）播放古筝曲《高山流水》,请幼儿伴随音乐自由作画。教师提醒幼儿泼墨添画时注意的问题:取适量的墨,不宜太多,也不能太少;墨是流动的,添画时注意保持画面整洁;要结合自然的造型大胆想象,进行添画。

（2）教师巡回指导,帮助幼儿掌握泼墨的技巧,使画面既有整体的美又有各自不同的创意。

5. 用小衣架固定、展示幼儿作品,请幼儿相互欣赏、评价。

（1）引导幼儿从泼墨造型、添画创意、画面艺术 3 个方面欣赏、评价同伴的作品。

（2）还可以请幼儿把自己创作的作品编成一段小故事讲给大家听。

体育活动

争当红旗手

【教材分析】

梯子、轮胎、长条凳、跨栏等体育器械,具有一定的挑战性和趣味性,大班幼儿喜欢运用这些器械开展游戏,并且乐于接受挑战。本活动以争当红旗手为游戏内容,引导幼儿在游戏中练习攀爬梯子的动作,融入平衡、跨跳等动作技能,通过自主练习、尝试挑战、竞赛计时 3 个步骤,循序渐进地提高游戏难度、加大活动强度,激发幼儿参与活动的兴趣,引导幼儿体验积极探索、勇敢尝试、挑战自我、团队合作的成功感。

【活动目标】

1. 掌握攀爬、保持身体平衡的动作要领,能在实际活动中灵活运用。

2. 能利用梯子开展游戏,提高动作的平衡性和协调性,有自我保护意识。

3. 体验克服困难、勇于挑战的成功感。

【活动重点】

掌握攀爬、保持身体平衡的动作要领,能在实际活动中灵活运用。

【活动难点】

能利用梯子开展游戏,提高动作的平衡性和协调性,有自我保护意识。

【活动准备】

1. 高低不同的梯子、长条凳、轮胎、跨栏各 4 个,自制彩旗和红旗奖章若干,"六一运动会"的背景图片。

2. 场地布置,如下图所示:

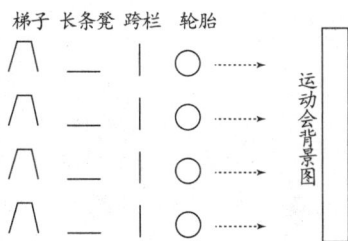

【活动过程】

1. 引导幼儿模仿各种体育运动的代表动作进行热身,如游泳、打乒乓、扔铅球等,活动身体各部位。

2. 出示"六一运动会"的背景图片,提出"争当红旗手"的游戏主题,指导幼儿按规则进行游戏,练习攀爬梯子的技能。

(1)介绍游戏玩法:"六一运动会"需要许多彩旗布置场地,请幼儿"争当小旗手",挑战不同高度的梯子,越过不同的障碍物,将彩旗插到"运动场"上。最先完成任务的小组获得"红旗手"的称号,每人获得一枚红旗奖章。

(2)介绍游戏规则:要成为"红旗手"需要克服很多困难,首先要攀爬到梯子的不同高度获得彩旗(最高处两面彩旗、中间处一面彩旗),然后要走过独木桥(长条凳)、跳过山涧(跨栏），还要运送轮胎，才能将彩旗插到"运动场"上。

3. 幼儿自主开展游戏，教师巡回指导，提醒幼儿注意安全。

（1）第 1 遍游戏：幼儿自主练习攀爬梯子，教师观察，指导幼儿手脚协调地爬梯子，掌握攀爬的动作要领。

（2）第 2 遍游戏：幼儿摘彩旗，穿越障碍完成任务，教师提醒幼儿遵守游戏规则并注意安全，鼓励幼儿大胆尝试。

（3）第 3 遍游戏：加大游戏难度，分组进行比赛，评选出"红旗手"。

4. 带领幼儿抖抖手腕、脚腕，同伴间相互捶捶背等，放松身体各部位。

主题六　我要上小学了

教育活动
1. 好习惯体验日：有魔法的一分钟
2. 上课
3. 好担心
4. 9 的组成和加减法
5. 上学歌
6. 我们上学去

活动区活动
1. 漂亮的教室
2. 快乐小学
3. 去小学
4. 学画路线图
5. 小小辩论会
6. 上学歌
7. 文具本领大

户外体育活动
1. 上学去
2. 老狼老狼几点了

第 1 周　走进小学

我要上小学了

教育活动
1. 我会整理书包
2. 上学路上
3. 10 的组成和加减法
4. 铅笔盒进行曲
5. 我的笔筒

教育活动
1. 毕业诗
2. 蜘蛛和糖果
3. 老师老师您真好
4. 最美的老师
5. 毕业典礼

第 2 周　学做小学生

第 3 周　再见了,老师

户外体育活动
1. 聪明的小公鸡
2. 沙包掷准

活动区活动
1. 美丽的幼儿园
2. 文具用品店
3. 美好纪念册
4. 毕业照
5. 铅笔盒进行曲
6. 故事表演《上课》
7. 我会整理书包啦
8. 一一对应

活动区活动
1. 我心中的小学
2. 我是小学生
3. 送给好朋友的礼物
4. 老师老师您真好
5. 看谁算得快
6. 我长大的故事
7. 小能手大比拼

户外体育活动
1. 移位接力
2. 抛接沙包快乐多

主题价值

幼儿即将离开相处 3 年的老师、小伙伴，成为一个光荣的小学生。此时，幼儿既有成长的自豪和喜悦，也有离别的不舍和伤感；既有对小学生活的憧憬和渴望，也有担忧和焦虑。

本主题设置"走进小学""学做小学生""再见了，老师" 3 个次主题，帮助幼儿初步了解小学生活，尝试从心理、习惯、能力等方面做好入学的准备，以积极健康的心态迎接小学生活，激发幼儿对小学的憧憬；引导幼儿回味幼儿园生活的点点滴滴，感知并表达对老师和幼儿园的爱，学习以恰当的方式珍藏友谊和爱，为幼儿一生留下美好回忆。

日前，社会上"幼小衔接"班的热度持续不减，主要原因在于家长希望幼儿提前掌握拼音、计算等知识，以使上小学后考取较高分数。因此，本主题活动开展过程中，教师不仅要关注幼儿学习兴趣、学习品质与生活自理能力的发展，还要引导家长正确理解幼小衔接的真正目标，帮助家长完成从注重幼儿知识掌握到注重幼儿兴趣与品质、习惯与能力的养成的转变。可根据班级幼儿的入学情况，提前联系相关学校，充分发掘学校资源，共同做好幼小衔接家教指导工作。

主题目标

★ 会收拾整理自己的学习用品，能按照类别、大小、使用顺序等整理学习用品，养成每天按时睡觉、起床的好习惯。

1. 积极适应新的作息时间和不同的环境；能双手悬吊 20 秒左右，单手将沙包向前投掷 5m 左右；在单脚平衡站立、躲闪跑等活动中，动作协调灵敏，敢于挑战自我。

2. 对小学生活好奇和向往，尝试从心理、习惯、能力等方面做好升入小学的准备；积极参与策划筹备毕业典礼，能与同伴分工合作，能够用多种形式自信地展示自己；尝试用多种方式表达对教师、幼儿园的爱，能够珍惜和大家相处的时间。

3. 能专注阅读幼儿园毕业、上小学等方面的图书，愿意与同伴、教师交流关于毕业和上小学的话题，能清楚表达自己的观点。

5. 能运用数的互补与互换规律自主探究、学习 10 以内数的加减运算；建立初步的统计概念，大胆推理与预测，能运用统计图表解决生活中的实际问题，感知统计给生活带来的便利。

6. 能用想象画、吹塑纸板画、歌唱、朗诵等形式表达自己对即将离园、升入小学的心情与愿望。

区域活动安排

区域名称	活动名称	活动准备	活动指导建议
结构区	我是小小建筑师	大型木头积木、插塑玩具及各种辅助材料、小学图片	1. 漂亮的教室: ● 能用立体拼插的方法,拼插教室的外轮廓,并做简单的装饰。 ● 教师为幼儿提供图片范例,运用十字拼插和累加的方式拼插出长方体作为教室,并请幼儿根据自己的想象拼插出教室里的其他物品。 2. 美丽的幼儿园: ● 能利用各种辅助材料拼插幼儿园的桌子、椅子等物品,装饰美丽的幼儿园。 ● 教师请幼儿自由发挥想象,用小的木质积木、饮乐多瓶子和雪花片等材料拼出幼儿园的小椅子和桌子。 3. 我心中的小学: ● 能在搭建幼儿园的基础上,通过成品的组合搭建成自己喜欢的小学。 ● 借助搭建中西式建筑的已有经验,设计、搭建出自己心中向往的小学的教学楼、操场等学习场所。 ★ 知道玩具要分类整理,不乱扔玩具。
角色区	未来小学	小学教室装饰、桌椅、黑板、课本、文具、书包	1. 快乐小学: ● 初步了解小学与幼儿园的不同,能扮演角色模拟再现小学生活。 ● 与同伴协商轮流扮演教师与学生,模仿角色的语气、动作开展教师课堂教学以及学生上课、课间活动等游戏内容。 2. 文具用品店: ● 知道文具用品店内的货物名称,售货员与小顾客能根据各种文具的标价有礼貌地进行买卖游戏,感知数学在生活中的运用。 ● 引导幼儿模仿文具店售货员的角色开展摆货、铺货、促销等买卖游戏,丰富文具用品店的活动。 3. 我是小学生: ● 知道什么是课程表以及课程表的正确使用方法。 ● 能与同伴一起学看课程表,并根据课程表准备好接下来要用的学习物品。 ★ 自觉使用礼貌用语,进行小学游戏的交流。
美工区	去上学	正面、侧面、背面等不同角度的学生上学的图片,不同图案的书包	● 学习人物的正面、侧面、背面的画法,并能添加上图画场景。 ● 引导幼儿学习运用人物动作再现小学生的学校生活,并结合画面添画活动场景,丰富再现小学生在学校里的活动场景。 ★ 能将各种绘画用具分类整理取放。
	美好纪念册	以往毕业班的纪念册、幼儿照片、记录纸、订书机、小夹子	● 学习制作毕业纪念册,掌握贴、装订、排版等制作方法。 ● 引导幼儿用自己曾经在幼儿园的相片,在相册纸上运用粘贴、绘画等方式设计、制作毕业纪念册,留住对老师、好朋友的美好记忆。 ★ 指导幼儿正确使用白胶,粘贴画面整洁。
	送给好朋友的礼物	纸张、纸盒、毛球、瓶盖等材料	● 能创造性地运用多种材料装饰、制作"送给朋友的礼物"。 ● 引导幼儿结合好朋友的喜好选择毛球、瓶盖、纸盒等多种材料制作小物件,表达对同伴的祝福。 ★ 会正确整理美工学具,保持桌面整洁。
益智区	学画路线图	幼儿园街景图、幼儿学习材料包	● 知道自己家到幼儿园路线中的主要场景,能运用符号、图画等清楚绘制自己家到儿园的路线图。 ● 引导幼儿先在白纸上画上幼儿园和自己的家,然后运用符号、图画等记录沿途路过的商店、街道等场景,再现幼儿园和自己家的路线。 ★ 能按规则游戏,不将材料弄乱。
	毕业照	放大的幼儿毕业照相片、幼儿学习材料包	● 能在游戏中按照性别、服饰等方式进行分类计数。 ● 引导幼儿仔细观察毕业照上同伴的服饰、性别等异同,用按群计数、辨别左右等数学经验分类统计毕业照上的总人数、男孩数、女孩数以及某一同伴在毕业照中的具体方位等。 ★ 爱惜学具,轻拿轻放。

区域名称	活动名称	活动准备	活动指导建议
益智区	看谁算得快	10以内的扑克牌、记录表若干	● 知道扑克游戏的玩法，能熟练掌握10以内的加减运算。 ● 引导运用扑克牌两两相加等于10的游戏规则，熟练地进行10以内数的加减运算。 ★ 能安静地思考，不轻易放弃游戏
音乐区	上学歌	歌曲图片、音乐伴奏	● 能随音乐用欢快的声音、舒展大方的动作表演唱歌曲《上学歌》，表现上学的愉快心情。 ● 教师在活动区中粘贴《上学歌》的歌谱，引导幼儿选用合适的声音演唱歌曲；鼓励幼儿选择自己喜欢的道具自主装扮并音乐表演唱。 ★ 能与同伴一起用好听的声音演唱，协商自己的装扮内容。
	铅笔盒进行曲	歌曲图片，伴奏乐器	● 能根据音乐的节奏、旋律、速度有节奏地演奏乐器。 ● 提供节奏图谱、打击乐器以及音乐，引导幼儿轮流扮演小指挥与同伴一起分奏和齐奏。 ★ 能与同伴协商扮演的角色，游戏中体验与同伴合作的快乐。
	老师老师您真好	歌曲图片，伴奏乐器	● 能用好听的声音演唱《老师老师您真好》，并随音乐自主表现。 ● 引导幼儿结合歌曲图谱以及服装道具，尝试与同伴分角色用合唱和轮唱的方式演唱歌曲，表现自己对老师的不舍之情。 ★ 能与同伴一起用好听的声音演唱，协商自己的装扮内容。
语言区	小小辩论会	问题卡片、计时器	● 能针对上学的疑惑（如：上学带不带水壶、上课想去厕所怎么办）展开辩论，并大胆、清楚地表达自己的观点。 ● 引导幼儿与老师一起设计制作问题卡片，通过剪子包袱锤、轮流等方式确定抽签人，抽取问题卡片，根据观点分成两组展开辩论。
	故事表演《上课》	小山羊、小喜鹊、八哥、小鹩哥、小乌鸦图片头饰、桌子、椅子、黑板、故事中的认读卡片等表演道具	● 熟练掌握故事内容及对话，能模仿角色的声音、动作、语气分角色进行表演。 ● 引导幼儿分工合作表演故事，模仿小山羊尖嗓子、小喜鹊细而快、小鹩哥清脆悦耳、小乌鸦粗哑嗓等不同的声音、语气，表现八哥、小山羊、小喜鹊、小鹩哥和小乌鸦的角色特点和情绪变化。
	我长大的故事	幼儿园期间生活、学习的相片	● 能主动向同伴讲述自己在幼儿园的点滴生活，体验长大的快乐。 ● 引导幼儿结合在园生活的相片和相册以及从家中带来的相片等，与同伴讲述自己的成长变化。 ★ 提醒幼儿遵守游戏的语言规则，不随意打断别人讲话。
生活区	我是小学生	整理文具的步骤图、书包、文具	1. 文具本领大： ● 认识各种各样的文具，知道其用途并学习正确使用文具。 ● 引导幼儿运用摸一摸、试一试、学一学的方法练习使用文具，了解这些文具的名称与使用方法。 2. 我会整理书包啦： ● 掌握正确整理书包的技能，能有序、按类别整理整齐。 ● 指导幼儿了解书包每一个口袋的作用，能将学习物品分类、有序进行整理收拾。 3. 小能手大比拼： ● 能熟练地整理学习物品，将物品摆放在正确的位置。 ● 请幼儿与同伴进行收拾整理书包比赛，胜利者获得"小能手称号"。 ★ 整理收拾过程中请小朋友监督和帮助小朋友掌握与练习。

（●为核心目标指导，★为养成目标指导）

户外活动安排

活动名称	活动目标	活动准备	活动指导建议
老狼老狼几点了	1. 练习直线追逐跑和躲闪跑，熟练掌握直线追逐跑、躲闪跑的动作。 2. 能够听指令、看信号做出迅速、正确的反应并找准自己家的方向。 3. 勇敢、大胆、积极地参与体育活动，体会直线追逐跑、躲闪跑的乐趣。	老狼头饰一个、其他小动物头饰若干。	● 一名幼儿扮演老狼，其他幼儿扮演其他小动物。老狼背对小动物们，小动物们问："老狼老狼几点了？"当老狼说："12点"的时候开始抓小动物。 ● 被老狼抓住的小动物就要在狼窝等候。游戏过程中根据幼儿活动量大小调整游戏强度，如幼儿轮流扮演老狼、暂停游戏时间或增加"老狼"吃饭、喝水情节等。 ★ 游戏过程中注意安全，勇敢大胆进行游戏。
沙包掷准	1. 练习投准的技能，并能在不同游戏情景中不断加强练习。 2. 学会稳中求进，体验共同游戏的快乐。 3. 喜欢参加体育游戏，体验与同伴一起游戏的快乐。	沙包若干、呼啦圈3～4个、游戏布景。	● 将幼儿分成4组，站在起跑处等候，听到开始后，每组第一个成员出发，跑到呼啦圈中，拿起沙包向动物身上投掷，然后返回起点，下一名幼儿出发。 ● 每队人数必须一样，投掷时注意保持投掷动作的正确，教师可通过调整呼啦圈的位置提高游戏难度。 ★ 鼓励幼儿坚持完成游戏，遵守游戏规则，不怕困难，坚持到底。
抛接沙包快乐多	1. 能够与同伴配合抛接沙包，练习抛物投准技能。 2. 喜欢与同伴游戏，体验民间体育游戏的快乐。	沙包若干、筐子若干。	● 准备安全、平整的场地，将幼儿分成4组在起点等候。听到开始后每组2位幼儿同时出发，到达游戏场地后，一名幼儿拿起沙包投掷，另一名幼儿拿着筐子接沙包，接到后两人方可返回起点。 ● 可根据幼儿的实际情况调整抛接沙包的间隔。在规定的时间内，哪组幼儿全部接完沙包最先回到起点为胜利。 ★ 活动时注意安全，遵守游戏规则，有团队意识。

（●为核心目标指导，★为养成目标指导）

第1周　走进·小学

环境创设

1. 师幼共同创设"问答墙",将幼儿关于小学的疑惑分类进行统计,以便利贴的形式进行展示。

2. 将征集到的答案贴在问题旁边,问题与答案可分别用不同颜色、形状的便利贴加以区分,可引导幼儿开展最满意答案的投票、计票活动。

3. 创设"小学、幼儿园对对碰"主题墙,设置环境对比、作息时间对比等板块,帮助幼儿发现、梳理小学与幼儿园的异同,熟悉未来的小学生活。

生活活动

1. 每天布置小任务,鼓励幼儿用符号、图示等方式记录任务,重视对幼儿在完成任务过程中的坚持、努力、克服困难等良好品质的培养。

2. 引导幼儿在穿衣、盥洗、喝水等活动中尝试使用计时器,记录用时长短,初步尝试分析原因、总结方法,不断提高效率。

3. 开展"整洁橱柜"观摩、交流活动,对幼儿的尝试和努力给予肯定。

4. 鼓励幼儿相互学习整理橱柜的好方法,学会按类别、大小、使用频率等方式进行分类整理,引导儿感受整理带来的便捷和快乐。

家长与社区教育

1. 建议家长为幼儿设置学习区域,准备学习用品,如书橱、书桌、台灯等,尽可能让幼儿参与到学习区域的布置。

2. 学习用品的选择中,尊重幼儿的合理建议,可引导幼儿从美观、性价比、实用性、节俭等角度进行选择。

3. 请家长带领幼儿与邻居、亲戚家小学生交流关于学校的新鲜事,激发幼儿做小学生的愿望。

4. 及时与幼儿沟通,消除关于入学的恐惧与焦虑。

5. 组织家教沙龙"幼小衔接之我见",帮助家长缓解焦虑情绪,引导家长树立正确的幼小衔接观念。

教学活动

活动一　好习惯体验日——有魔法的一分钟

【活动解读】

当与孩子们聊起时间的重要性时,他们通常会说:"一寸光阴一寸金,寸金难买寸光阴。"但是在日常生活中,家长们又常常会反映孩子没有时间观念,做事拖拖沓沓。显然,孩子们说的和做的存在一定差距。本次活动通过"国旗宣讲""体验感知""绘画创作""快乐游戏"的方式,引导幼儿感知时间长短,尝试在有限的时间里为同伴做最有意义的事情。学会珍惜时间,养成做事情不拖沓的好习惯。

【活动流程】

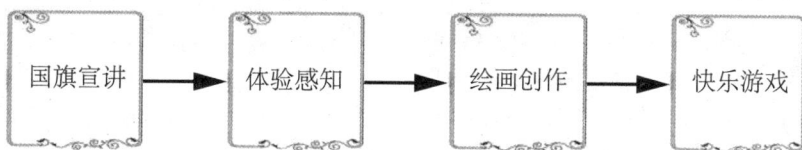

国旗宣讲　→　体验感知　→　绘画创作　→　快乐游戏

【活动目标】

1. 体验一分钟的魔力,知道一分钟很短,但可以做很多有意义的事。

2. 尝试在一分钟里做一件能让别人快乐的小事。

3. 愿意珍惜时间,养成做事情不拖沓的好习惯。

【活动建议】

1. 国旗下宣讲。

(1)教师宣讲:还记得故事《等明天》吗?小猴子做事拖沓,永远都是"等明天",结果什么事情也没完成。小朋友们马上要上小学了,要学会珍惜时间不浪费,养成做事不拖沓的好习惯。

(2)幼儿宣讲:别看一分钟很短,但是却能做很多事情,如:一分钟能写很多的数字,跳很多个绳,还能拍很多次球……所以我们要珍惜每一分钟。

(3)家长宣讲:家长要做孩子的榜样,做事不拖沓,同时教育孩子吃饭或者做作业时不玩玩具、不看电视、不乱讲话,改掉分心的毛病,学会珍惜时间。

2. 体验感知:一分钟有多长。

(1)讨论交流:在你印象中,一分钟有多长?你觉得在一分钟里可以做什么事情?

(2)一分钟体验:教师计时一分钟,幼儿自主做事情并计数,感知一分钟时间长短。

提问:你在一分钟里都做了多少事情?

总结:一分钟原来可以做很多有意义的事情,跳绳、拍球、写名字等等。

3. 绘画创作"一分钟能为同伴干什么"。

(1)讨论交流:在一分钟里面,你可以为同伴做什么事情?

(2)绘画再现一分钟能为同伴做的事情。

4. 快乐游戏:魔法一分钟。

(1)提问:在这一分钟里面,你想为同伴做什么事情?

(2)变魔法:打开计时器,幼儿在一分钟里再现为同伴做的事。

(3)相互分享:我在一分钟内为同伴做的事情。

小结:别看一分钟很短,但是却能做很多事情,我们要珍惜时间。

活动二　科学——故事《上课》

【教材分析】

《上课》是一个充满童趣的儿童故事,讲述了小山羊、小喜鹊、小公鸡、小鹌鹑、小乌鸦上课不认真听讲的事。大班幼儿能够理解认真倾听的重要性,对学校、老师、学生间的关系也有初步的了解,故事具有语言生动、对话多的特点,将"专心听讲才能学到本领"的道理蕴含在轻松、诙谐的语言中,既能激发幼儿模仿表演的愿望,又具有潜移默化的教育作用。本次活动设计了欣赏故事、模仿对话、角色扮演等环节,引导幼儿理解故事角色的心理变化,感知不同角色的个性特点,在看一看、学一学、说一说、试一试的过程中,自然而然地理解"专心听讲才能学到本领"的道理。

【活动目标】

1. 理解故事内容,知道小动物们只得 20 分的原因。

2. 能用表情、动作、对话表现小动物上课的过程。

3. 懂得"专心听讲才能学到本领"的道理。

【活动重点】

理解故事内容,知道小动物们只得 20 分的原因。

【活动难点】

懂得"专心听讲才能学到本领"的道理。

【活动准备】

《幼儿素质发展课程·多媒体教学资源包》课件 29,《幼儿素质发展课程·语言》CD。

【活动建议】

1. 播放课件,引发幼儿活动兴趣。

提问:这是在哪儿?画面中都有谁?它们在做什么?

2. 分段讲述故事,帮助幼儿初步理解故事内容。

(1)讲述故事第 1 段,引导幼儿了解故事发生的背景。

提问:为什么大家要整整齐齐、不吵也不闹地坐好?

小结:上课是一件很有意义的事情,安静坐好就是告诉老师"我准备好学习新本领啦"。

(2)讲述故事第 2、3 段,引导幼儿了解八哥老师的要求。

提问:八哥老师在上课前提出了什么要求?学生们是怎样回答的?

(3)讲述故事第 4、5 段,引导幼儿了解学生们在课堂上的表现。

提问:上课的时候它们在干什么?你认为它们能学会吗?为什么?

(4)讲述故事第 6~8 段,引导幼儿懂得专心听讲才能学到本领的道理。

提问:学生们每人得了多少分?为什么?怎样才能得到 100 分?

小结:专心听讲才能学到本领。

3. 播放课件完整讲述故事,引导幼儿在看看、听听中进一步理解故事内容。

提问:为什么大家都在笑?考试的时候,学生们知道自己念错了吗?为什么?

小结:学生们以为自己会念了,结果 5 个词只会念一个。不认真听讲,不仅学不好本领,而且是一件挺丢脸的事情呢。

4. 指导幼儿分组扮演不同角色,尝试表演故事。

鼓励幼儿通过声音、神态、语气的变化,创造性地表现角色的特点。

【附教材】

上课

大树林里办起一所动物学校。丁零零,丁零零,上课的铃声响了,树林里欢腾起来。小山羊、小喜鹊、小公鸡、小乌鸦、小鹌鹑一起高高兴兴地来到大树下,在草地上坐得整整齐齐的,不吵也不闹。

八哥老师来上课了,说:"小朋友们,上课要专心,心里不能想着吃、想着玩儿。眼睛要向黑板看,耳朵要听着老师讲,嘴里要跟着念。大家听明白了没有?"听——明——白——了!"学生们齐声回答。"能做到吗?""能——做——到!"

八哥老师笑着点点头,转身在黑板上端端正正写了5个词:妈妈、姑姑、哥哥、姐姐、娃娃。写完后,八哥老师说:"这节课,希望大家把这5个词学会,要念得一点儿也不错。能做到吗?""能!"学生们大声回答。

八哥老师开始带着大家念词语,刚念了一会儿,学生们就不专心了。小山羊想去吃草,小喜鹊在看麻雀打架,小公鸡和小乌鸦看着在树上赛跑的松鼠,小鹌鹑想出去拍皮球。

八哥老师又教了几遍,问道:"小朋友们,会念了吗?""会!""好,会念的站起来!"大家"唰"地全站了起来。

八哥老师高兴地说:"好,都会念了,我来考考你们。"

八哥老师请小山羊念。小山羊尖着嗓子念起来:"妈妈,妈妈,妈妈,妈妈,妈妈!"念得大家笑了起来。八哥老师请小喜鹊念。小喜鹊点点头,神气地念起来:"姐姐,姐姐,姐姐,姐姐,姐姐!"大家一听,笑得更厉害了。八哥老师请小公鸡念。小公鸡一伸脖子,大声念起来:"哥哥,哥哥,哥哥,哥哥,哥哥!"大家笑得肚子都痛了。八哥老师请小鹌鹑念。小鹌鹑伸伸头,翘翘尾巴,念道:"姑姑,姑姑,姑姑,姑姑,姑姑!"连正在旁边玩儿的小猫听了都笑弯了腰。八哥老师请小乌鸦念。小乌鸦生怕老师听不清楚,扯着粗嗓门直叫:"娃娃,娃娃,娃娃,娃娃,娃娃!"这下连八哥老师也忍不住地笑了起来。八哥老师叹了口气说:"上课不专心,一节课只学会了一个词,每人20分,不及格。"

一直到现在,山羊、喜鹊、公鸡、乌鸦、鹌鹑都只会说一个词,山羊只认识"妈妈",喜鹊只认识"姐姐",公鸡只认识"哥哥",鹌鹑只认识"姑姑",乌鸦只认识"娃娃"。唉,谁叫它们上课不专心呢!

〔选自:青岛出版社 2019 年版《幼儿素质发展课程教师用书》〕

活动三 社会——好担心

【教材分析】

《好担心》是一个简单又具有童趣的故事,描述了大班幼儿豆豆和莉莉对上小学的担心和忧虑。大班幼儿面临上小学的变化,心中不免会有担心,这些担心不解决将影响幼儿的情绪,影响幼儿成为小学生的自信和自豪。本次活动借助故事中主人公豆豆和莉莉的对话,着重引发幼儿对"没什么大不了""上学是一件值得期待的事情"的情感认同,帮助幼儿尝试用讨论、咨询等方式化解担忧,掌握应对"变化"的策略,对做小学生产生积极心态。

【活动目标】

1. 知道自己即将上小学,初步了解小学与幼儿园的不同,萌发参观小学的愿望。
2. 理解故事中豆豆和莉莉担心的事情,能用讨论、咨询等方式化解心中的担忧。

3. 坦然面对生活中的变化,对上小学形成积极的心态。

【活动重点】

理解故事中豆豆和莉莉担心的事情,能用讨论、咨询等方式化解心中的担忧。

【活动难点】

知道自己即将上小学,初步了解小学与幼儿园的不同,萌发参观小学的愿望。

【活动准备】

1. 幼儿学习材料《我要上小学了》,《幼儿素质发展课程·语言》CD。

2. 幼儿入学所担心的问题表征图（根据内容进行分类）。

【活动建议】

1. 出示人物形象豆豆和莉莉,引发幼儿活动兴趣。

2. 讲述故事第1部分,引导幼儿了解豆豆和莉莉的担心。

提问:豆豆和莉莉担心什么?

3. 出示表征图,组织幼儿与同伴交流自己担心的事情。

提问:马上要上小学了,你担心的事情是什么?

小结:要上小学了,大家心里都会有些担心。

4. 引导幼儿梳理化解担忧的方法和策略。

（1）讲述故事第2部分,用故事中的事例给幼儿解决问题的启发。

提问:豆豆和莉莉为什么不担心了?

小结:去学校看一看,跟好朋友做伴,就不那么担心了。

（2）请幼儿分组讨论,在表征图上添加化解担忧的方法。

5. 鼓励幼儿集体讨论上小学要做的准备,激发幼儿成为小学生的自豪感。

集体讨论:要上小学了,需要做哪些准备?

小结:看一看小学什么样子、会自己整理书包、学会记作业等都是我们该做好的上学准备,大家也可以看一看《我要上小学了》第22~23页的《问答游戏》,试着答一答、练一练,相信大家都会成为合格的小学生。

【附教材】

好担心

豆豆和莉莉快上小学了,这是一件多么让人高兴的事情呀!小学会是什么样子的呢?他俩有一点儿担心。

"上小学要起得很早吗?"豆豆担心地问,"要是迟到了,老师会把我关在外面吗?"豆豆担心的问题,莉莉也想不出答案。

莉莉还有另外的担心:"到了小学,怎么上厕所呢?"

"我知道,小学不像幼儿园,不是每个班都有厕所。还有,男孩子要上男孩子的厕所,女孩子要上女孩子的厕所。"豆豆好像知道小学里的很多事儿。

"唉!小学里没有好玩的玩具!我们能自己带玩具去上学吗?"一想到玩具,就觉得还是幼儿园好。

"小学没有好玩的玩具,可我们会有很多书啊!"莉莉说,"小学生的书包里有很多很多书,还有铅笔盒,我特别喜欢。"

"我也喜欢小书包,妈妈已经给我买好了。"豆豆得意地说。

"我爸爸也给我买好了。我的书包特别漂亮。"莉莉更得意。

"我的漂亮!"豆豆着急地说。

"我的更漂亮!"莉莉不高兴地说。

"我的漂亮!"

"我的更漂亮!"

豆豆和莉莉争吵起来。

"小学的老师不会喜欢我们这样的。"莉莉担心地说。

"是啊,要是我们小学的老师是个男的,很凶很凶,怎么办? 我们一吵嘴,他会瞪着眼睛训我们的!"豆豆有点儿害怕地说。

第二天,豆豆很早就起床了,吃过早饭妈妈送他去上学。妈妈也很不放心,一路上不停地嘱咐豆豆,要注意这个、注意那个。到了小学门口,豆豆一眼就看到了莉莉和她的爸爸。

"莉莉!""豆豆!"两个好朋友高兴地喊起来。

和好朋友一起上学,他俩不那么担心了。豆豆和莉莉看到门口的老师有女的也有男的,每一个老师都笑眯眯的,他俩更不担心了。

豆豆和莉莉手拉着手走进学校。豆豆妈妈和莉莉爸爸说:"放学时,我们会来接你们。"两个好朋友回过头来,挥挥手说:"别担心! 别担心!"

〔选自:青岛出版社 2019 年版《幼儿素质发展课程教师用书》〕

活动四 数学——9 的组成和加减法

【教材分析】

数的组成是加减运算的基础。大班幼儿在前期已经掌握了 8 以内数的组成与加减,发现了其中的简单规律。本次活动通过创设"海底总动员"游戏情境,引导幼儿结合互换、互补规律自主探索 9 的组成的分合式,在此基础上进行推理,学习 9 的加减运算,在动手操作中练习、巩固对 9 的组成和加减运算的理解。活动中,教师应注重启发幼儿在游戏中发现规律并自主探索,有效促进幼儿思维逻辑性和敏捷性的发展。

【活动目标】

1. 学习 9 的组成,知道 9 的 8 种分合式,理解互换、互补规律,初步掌握 9 的加减运算。

2. 尝试运用 9 的组成进行推理,自主探索 9 的加减法并列出算式。

3. 积极参与操作活动,发展思维的逻辑性和敏捷性。

【活动重点】

学习 9 的组成的 8 种分合式,理解互换、互补规律,初步掌握 9 的加减运算。

【活动难点】

尝试运用 9 的组成进行推理,自主探索 9 的加减法并列出算式。

【活动准备】

1. 贴有 1～9 的数字的乒乓球,1～10 的数字大卡片 1 套,1～10 的数字小卡片幼儿每人1 套。

2. "海底总动员"的图片,教师自制海底世界的课件。

3. 幼儿学习资料《我家住在大海边》。

【活动建议】

1. 组织幼儿玩"碰球"游戏,复习 8 的组成及加减运算,进一步理解互换、互补规律。

(1)出示贴有数字的乒乓球,提出游戏要求:小朋友们说的数字和乒乓球上的数字合起来是 8。

（2）在游戏的基础上，引导幼儿运用数字卡片摆出 8 的分合式，说出分合式互换、互补的规律。

（3）引导幼儿在观察 8 的分合式的基础上说出 8 的加减法算式。

2. 创设"海底总动员"游戏情境，引导幼儿根据数的组成的互换、互补规律，自主探索出 9 的分合式。（可参考《我家住在大海边》第 11～13 页，如下图。）

（1）请你仔细观察图片，按照互换、互补的规律感知 9 的不同分合方法。

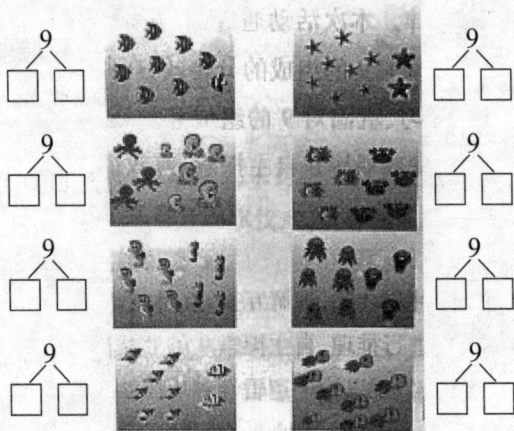

（2）引导幼儿根据图片内容用数字卡片整理出 9 的分合式。

3. 指导幼儿结合 9 的分合式自主探索 9 的加减算式，加深幼儿对于组成和加减间关系的理解。

（1）提问：你能根据 9 的分合式列出 9 的加减算式吗？

（2）指导幼儿运用交换规律操作数字卡片摆算式，探索 9 的加减法算式，请个别幼儿展示自己摆出的 9 的加减法算式。

例如：

$$1+8=9 \quad 9-1=8$$
$$8+1=9 \quad 9-8=1$$

小结：9 的加减法算式跟 9 的分合式有一样的互换、互补规律，"分是减、合是加"，根据数的组成就能知道数的加减运算。

4. 请幼儿阅读《我家住在大海边》第 12～13 页，按照要求连一连、涂一涂，巩固 9 的加减法运算。

5. 出示 9 的加法和减法的图片，请幼儿观察并快速说出答案。

6. 运用快问快答的形式，帮助幼儿反复练习 9 的加减运算，提高幼儿快速反应的能力。例如：教师出题"4 + 5 = ？"，幼儿快速作答"4 + 5 = 9"；或由个别幼儿出题，全体幼儿快速作答。

7. 出示海底世界的图片,将幼儿分为 4 人一组,结合图片创编加减法应用题巩固加减法的运算。

每组由一个幼儿结合海底世界图片编题,组内其他幼儿用数字卡片摆出算式,看谁算得又快又准确。

活动五 音乐——歌曲《上学歌》

【教材分析】

《上学歌》是一首2/4拍的歌曲,节奏平稳,旋律流畅,词曲结合紧密,歌词通俗易懂,形象、生动地描绘出幼儿第一次背上书包高高兴兴去上学的情景。大班幼儿对上学的情景并不陌生,内心也充满期待。本次活动应充分激发、调动幼儿情绪,引导幼儿自然表达内心的情感,能运用疑惑、快乐的心情演唱,表达一、二段歌曲不同的情感,在演唱和创造性表现中体验背着书包去上学的自豪感。

【活动目标】

1. 理解歌词内容,学习演唱歌曲,感受歌曲欢快、活泼的情感。

2. 能运用疑惑、快乐的心情演唱,表达一、二段歌曲不同的情感,尝试根据歌词创编动作进行表演唱。

3. 体验即将成为小学生的自豪、喜悦之情。

【活动重点】

理解歌词内容,学习演唱歌曲,感受歌曲欢快、活泼的情感。

【活动难点】

理解歌词内容,能用声音表现出上学的快乐和自豪,尝试根据歌词创编动作进行表演唱。

【活动准备】

《幼儿素质发展课程·音乐》CD,《幼儿素质发展课程·多媒体教学资源包》课件28。

【活动建议】

1. 请幼儿欣赏歌曲《上学歌》,感受歌曲欢快、活泼的特点和明朗的节奏。

(1)播放歌曲,鼓励幼儿跟随音乐曲调和节奏用身体动作自由表现对歌曲的理解,初步感知音乐的情感和节奏。

(2)清唱歌曲,请幼儿欣赏,帮助幼儿初步理解歌词内容。

提问:歌词中唱了些什么?

2. 播放课件,引导幼儿理解并学习歌词。

(1)播放课件,引导幼儿理解歌词内容。

提问:上学路上,小朋友看到了什么?听到了什么?小朋友想做什么样的小学生?

(2)引导幼儿用自己的方式表现音乐的节奏(如点头、拍手、拍肩等),跟随音乐有节奏地说歌词。

如: $\underline{×\ ×\ ×\ ×}\ |\ ×\ —\ |\ \underline{×\ ×\ ×\ ×}\ |\ ×\ —\ |$
太阳 当空 照,　　　花儿 对我 笑,

3. 指导幼儿学唱歌曲,体验歌曲的特点和做小学生的自豪感。

(1)请幼儿跟唱歌曲:以听为主,小声哼唱,一边听一边自然地演唱。

(2)引导幼儿完整演唱歌曲,提示幼儿用声音和表情表现自豪、喜悦的心情。

提问:小朋友上学路上的心情是怎样的?用什么样的声音表现暖暖的阳光和阵阵花香?

（3）引导幼儿用充满朝气的、舒展的声音演唱"太阳当空照，花儿对我笑"；请幼儿模拟表现小鸟问好，启发幼儿用轻快、跳跃的声音演唱"小鸟说早早早"；鼓励幼儿用坚实、饱满的声音演唱"爱学习、爱劳动，长大要为祖国立功劳"，表现出自己好好学习的决心。

4. 启发幼儿根据歌词内容创编动作演唱歌曲，进一步体验做小学生的自豪感。

（1）引导幼儿根据歌词内容和音乐的情感逐句创编动作，通过肢体语言表现歌曲。

提示幼儿动作要舒展大方、情绪要饱满投入，注意眼神和表情的表现，鼓励幼儿同伴间相互学习。

（2）启发幼儿跟同伴合作，分角色演唱歌曲。

幼儿 4 人一组，分别扮演太阳、花、小鸟、小朋友，分角色演唱相应乐句。例如：扮演太阳的幼儿边演唱第一句"太阳当空照"边做出相应动作。

【附教材】

上学歌

1=C 2/4

1 2 3 1	5 -	6 6 i 6	5 -	6 6 i

太阳 当 空 照，　　花儿 对 我 笑，　　小鸟 说
我 去 上 学 校，　　天天 不 迟 到，　　爱 学 习

5 6 3	5 3 2 3	1 6 2 3	1 - ‖

早 早 早，你 为 什 么 背 上 小 书 包。
爱 劳 动，长 大 要 为 祖 国 立 功 劳。

活动六 美术——绘画：我们上学去

【教材分析】

通过前期参观小学、演唱《上学歌》等活动，幼儿对上学已有初步的经验，萌发了对上学的愿望和热情并通过多种途径进行表达、表现。美术活动"我们上学去"，以人物画的形式，表现了小朋友背着书包从四面八方高高兴兴去学校的快乐场景，对进一步加深幼儿对学校生活的接纳和向往、表达幼儿快乐情感具有促进作用。大班幼儿对人物正面画比较熟悉，而对侧面画、背面画接触较少。本次活动通过照片展示、动作表现等方式，帮助幼儿掌握侧面画、背面画的绘画方式、方法，鼓励幼儿共同完成"我们上学去"的环境创设。

【活动目标】

1. 学习掌握侧面画、背面画的绘画方式、方法。

2. 想象并画出自己背着书包上学的快乐场景，表达对小学的向往和盼望上学的心情。

3. 感受上学的快乐，萌发背着书包上学的愿望。

【活动重点】

学习掌握侧面画、背面画的绘画方式、方法。

【活动难点】

想象并画出自己背着书包上学的快乐场景，表达对小学的向往和盼望上学的心情。

【活动准备】

1. 布置"去上学"主题墙，张贴辖区内小学校门的照片。

2. 学生背着书包上学的图片多幅（含左向侧面人物图、右向侧面人物图、背面人物图、手拉手的多个人物互动图等），《幼儿素质发展课程·音乐》CD。

【活动建议】

1. 出示学生背着书包上学的图片,激发幼儿活动兴趣。

2. 引导幼儿观察图片,了解正面、侧面、背面人物的不同特点。

(1)请幼儿观察图片中的人物形象,发现正面、侧面、背面人物的不同之处。

提问:侧面、正面、背面的学生哪里不一样?

小结:人物的五官、四肢以及书包的位置、形状都不一样。

(2)请幼儿合作表现结伴上学的情形,发现同伴间互动时的动作特点。

提问:图片中两个小伙伴的动作是什么?

他们的身体是朝向哪里?图片中有没有遮挡关系?

3. 引导幼儿绘画,合作布置环境。

(1)引导幼儿结合环境创设版面进行想象、构思,梳理绘画思路。

提问:你想跟哪些小朋友一起上学?上学路上你们会做什么事?

(2)播放歌曲《上学歌》,营造绘画氛围。

(3)请幼儿自由作画,教师巡回指导。

鼓励能力强的幼儿画出跟同伴结伴上学的情景。

(4)鼓励幼儿将作品布置到主题墙适宜位置,共同创设环境"我们上学去"。

体育活动

上学去

【教材分析】

大班幼儿动作协调性明显增强,大多能够熟练掌握平衡、钻、攀爬等动作。本次活动创设山区孩子克服困难去上学的情境,通过钻过山洞、走过悬空梯子、翻越悬空梯子、保持悬垂等动作,引导幼儿掌握钻、平衡、悬挂、攀登的动作要领。活动开展过程中,通过自主探索、分组挑战等方法,激发幼儿游戏兴趣,指导幼儿巩固练习重点动作,发展幼儿身体的灵活性和协调性,锻炼幼儿敢于挑战、不怕困难、坚持努力的意志品质。

【活动目标】

1. 学习侧身钻、翻越悬空梯子、平衡前进等动作技能,提高身体的协调性和灵活性。

2. 大胆尝试、敢于挑战,能动作灵活地通过障碍。

3. 体验与同伴共同挑战艰险环境的乐趣。

【活动重点】

学习侧身钻、翻越悬空梯子、平衡前进等动作技能,提高身体的协调性和灵活性。

【活动难点】

大胆尝试、敢于挑战,能动作灵活地通过障碍。

【活动准备】

1. 轮胎若干,梯子2个,高凳5个,攀爬垫1套,拱门2个,红、黄、绿分组标志若干,黑板1块,活动音乐1组。

2. 活动前帮助幼儿了解"贵州山区孩子的艰难求学路"。

3. 场地准备：布置学校和 3 条通向学校的小路。

【活动建议】

1. 带领幼儿玩"登山"游戏进行热身，重点做好上、下肢的准备活动。

（1）带领幼儿做瞭望、跑步上山、侧身过山路、跑步跳过河沟等动作。

（2）提示幼儿听游戏语言提示，根据指令变化做出快速反应，进行上肢、下肢等动作练习。

2. 创设"山区孩子上学去"的情境，指导幼儿学习侧身钻、平衡走、翻越悬空梯子的动作要领。

（1）引导幼儿探索通过 3 种不同的上学路的方法。

提问：刚才你用了什么方法和动作通过小路？还可以用什么方法？

梳理侧身钻、平衡走、翻越悬空梯子的动作要领，引导幼儿掌握动作要领，大胆尝试不同的动作。

（2）引导幼儿开展第 1 遍游戏，提醒幼儿遵守游戏规则。

玩法：从起点出发，侧身钻过拱桥，然后伸出双手走平衡木，下平衡木后翻越梯子，最后返回起点，与同伴击掌，下一个幼儿出发。

幼儿玩游戏，教师重点观察幼儿动作完成情况，发现幼儿在做侧身钻、平衡走、翻越悬空梯子等动作中出现的问题，及时给予帮助和指导。

（3）鼓励幼儿开展第 2、第 3 遍游戏。

鼓励幼儿交换道路，提醒幼儿注意动作要领，提高游戏速度。

3. 创设"放学路上"情境，带领幼儿进行放松活动。

启发幼儿想象放学路上的发现，如蝴蝶飞舞、树影婆娑、湖水微澜、夕阳沉落等，尝试用身体动作创造性地进行表现，着重引导幼儿放松手臂和腿部肌肉，在愉快的情绪中结束游戏。

第2周　学做小学生

环境创设

1. 创设"我要上小学"统计版块,设置"学校名称""学校位置""我了解的学校信息""我的同学"等栏目,促使幼儿多渠道搜集信息,增加对小学的熟悉度。例如:我会有哪些新同学?我的新教室在哪儿?

2. 创设我要上小学板块,让幼儿根据自己的理解画出自己上小学的情景,大胆表现自己想要上小学的欲望。

生活活动

1. 引导幼儿预估整理玩具、床铺等所用的时间,活动后对比用时长短,建立时间观念,养成做事不拖拉的良好习惯。

2. 组织"我的小书包"整理心得交流活动,鼓励幼儿相互学习整理书包的好方法,能够按类别、大小、使用顺序等分类整理,引导幼儿感知整理带来的便捷和快乐。

3. 经常布置小任务,请幼儿用自己的方式记录并完成任务。

4. 睡前播放《小猴上学》《王冕读书》等故事,引导幼儿理解合理利用时间认真好学的道理。

家长与社区教育

1. 请家长带幼儿一起选购文具,提前设定需购买的文具种类及价格区间,购置时尊重幼儿的合理建议,引导幼儿从美观、性价比、实用度、节俭等角度选择购买适宜的文具。

2. 建议家长带幼儿到辖区内的学校参观,熟悉上学路线,认识路线中的主建筑物,熟悉校园环境和设施。

3. 邀请学校教师对家长进行家教指导,分析提前掌握小学知识对幼儿学习态度、学习习惯的影响。

教学活动

活动一　科学——我会整理书包

【教材分析】

书包形状各异,鲜艳的色彩、充满童趣的图案深受幼儿喜爱。书包该由谁来整理?该怎样整理?在生活中,不少幼儿的书包是由成人帮忙整理的,对于如何整理书包,大班幼儿的经验比较零散,常常出现把学习用品、生活用品随便塞到书包中的现象。本次活动旨在让幼儿懂得整理书包是自己的事情,应由自己完成,引导幼儿在观察书包结构、讨论物品归放位置、观看视频、尝试整理、快乐游戏的过程中,学会合理使用、整理书包。

【活动目标】

1. 了解书包的构造及各部分的功能,知道各种物品应分类放置在书包中。

2. 会按书包的不同结构合理放置书本、文具盒、水壶、跳绳、纸巾等物品。

3. 懂得整理书包是自己的事情,养成独立做事的好习惯。

【活动重点】

了解书包的构造及各部分的功能,知道各种物品应分类放置在书包中。

【活动难点】

会按书包的不同结构合理放置书本、文具盒、水壶、跳绳、纸巾等物品。

【活动准备】

1. 请家长协助幼儿准备书包、水壶、文具盒、跳绳、毽子、幼儿用书、本子等;给幼儿每人一个小筐,盛放上述物品。

2. 课程表,视频(一个小学生很长时间找不到本子),两张照片(一张是幼儿站一边,妈妈在给他整理书包;另一张是幼儿自己整理书包),幼儿学习材料《我要上小学了》。

3. 活动前引导幼儿学会看课程表。

【活动建议】

1. 引导幼儿了解不同形状的书包及其功能。

(1)请组内幼儿相互介绍自己的书包,感知书包的多种多样。

(2)引导幼儿观察书包的内部结构,了解物品放置的适宜位置。

组织幼儿讨论:书包的里层和小口袋放什么物品更合适?

小结:书包内部大多有两层,可以放文具盒、书、本子等学习用品。书包外侧还有一些小口袋,可以分类放置纸巾、水壶、跳绳等小物品,这样取起来很方便。

2. 播放视频,引导幼儿学习分类整理、放置物品。

(1)讨论:这个小学生为什么找了很长时间才找到生字本?

(2)请幼儿将小筐中的物品分类,自由整理书包,介绍自己的整理方法。

(3)教师和幼儿一起梳理整理书包的方法。

(4)请幼儿根据以上步骤再次整理书包,引导幼儿记住各类物品存放的位置。

(5)组织幼儿玩"看谁找得快"游戏,引导幼儿体验分类整理书包、查找物品的方便,感受成功的喜悦。

小结:分类放置物品,找起来会很快、很方便。

3. 出示两张照片,帮助幼儿理解自己整理书包的意义。

引导幼儿讨论:应该由谁来整理书包?为什么?

小结:整理书包是自己的事情,应该自己完成。自己整理的物品,放在什么位置记得更清楚,找起来更方便。

4. 请幼儿背一背小书包,尝试调整书包的背带,知道书包带的长短要合适,两条带子要一样长,这样书包背起来更舒服。

5. 活动延伸:请幼儿阅读《我要上小学了》第16页,边说儿歌边尝试整理书包。

活动二　社会——上学路上

【教材分析】

幼儿已有参观小学的经验,大多已经了解自己所要就读的小学的位置,但对上学路线的认识模糊不清,对上学路上可能遇到的状况及处理方式经验零散。本次活动通过设计上学路线图、交流讨论上学路上应注意的问题、观看视频等方式,引导幼儿明确自己的上学路线,学习处理上学路上遇到的状况,增强幼儿在交通安全、社会公德、时间观念等方面的自我管理意识,激发幼儿上学的愿望。

【活动目标】

1. 熟悉自己上学的主要路线,知道途中的明显建筑物或标志。

2. 能用简单的标志、符号绘制自己的上学路线图并与同伴交流;能预想到上学路上可能发生的事情,尝试找到解决的方法。

3. 在交流中形成自我保护、自我管理的意识,树立自己上学的自信心。

【活动重点】

熟悉自己上学的主要路线,知道途中的明显建筑物或标志。

【活动难点】

能用简单的标志、符号绘制自己的上学路线图并与同伴交流。

【活动准备】

1. (经验)请家长事先带领幼儿熟悉上学的路线,丰富幼儿的感性经验。

2. (物质)教师自制课件(场景截图组成的转盘游戏,过马路、乘坐公交车或私家车等相关视频,遇见陌生人、在小商店闲逛、和小伙伴结伴上学、妈妈帮忙背书包等图片),绘制路线图的纸、笔,上学路线图的范例2张,幼儿学习材料《我要上小学了》。

【活动建议】

1. 组织幼儿交流、分享自己的上学路线,了解路线图的作用。

提问:你要上哪所学校?你是怎样上学的?从你家到学校会路过哪儿?大家上学的路线一样吗?

2. 引导幼儿设计并交流上学路线图,深化幼儿对上学路线的认识。

(1)指导幼儿尝试用标志、符号绘制上学路线图,了解上学路线图的制作方式。提示幼儿画建筑物时,标志要清楚、明显。

(2)组织幼儿展示作品,鼓励幼儿大胆、连贯地讲述自己的上学路线。

小结:标志清楚的路线图不仅能帮助自己记住上学路线,也能让大家看明白。

3. 利用课件"转盘游戏",引导幼儿交流、讨论上学路上应注意的问题。

(1)播放视频"过马路",组织幼儿讨论、交流上学路上的交通安全。

提问：过马路时应该注意什么？

小结：过马路时要走斑马线，红灯亮了等一等，即使绿灯亮起来，也要左右看看，确认没有车再走。

（2）播放视频"在车上"，引导幼儿了解应遵守的公共道德。

提问：乘坐公共汽车（私家车、地铁）时应注意什么？

小结：乘坐交通工具时，要跟好成人，主动遵守公共规则，做讲文明的小学生。

（3）出示小学生在商店闲逛的图片，提示幼儿进行自我管理、增强保护意识。

提问：他的做法对吗？为什么？

小结：在上学的路上，不仅要学会约束、管理自己，更要学会保护自己。

4. 鼓励幼儿针对"上学路上"的问题向同伴和教师提问。

5. 活动延伸：请幼儿阅读《我要上小学了》第20～21页，尝试绘制上学路线图。

活动三　数学——10 的组成和加减

【教材分析】

数的组成和加减是数概念教育中的一个重要内容。新《纲要》提出"引导幼儿从生活和游戏中感知事物的数量关系"，还要"关注幼儿探索、操作、问题解决和合作的能力"。大班幼儿已经学习过 9 以内数的组成和加减，对于互补、互换关系已经有一定的经验。本次活动引导幼儿在前期经验的基础上直接推理出 10 的 9 种分合式及加减算式，通过"翻瓶盖""购买礼物""捉鱼"等游戏，引导幼儿在玩中练习 10 以内数的组成和加减，学习运用数学知识解决实际生活中的问题。

【活动目标】

1. 自主学习 10 的组成及 10 以内数的加减运算，能较熟练说出 10 的 9 种分合方法与加减算式。

2. 能根据数的互补与互换规律推理 10 的组成与加减并运用这一数学经验进行买卖游戏。

3. 感受用数学知识解决生活问题的乐趣，锻炼思维的灵活性和发散性。

【活动重点】

自主学习 10 的组成及 10 以内数的加减运算，能较熟练说出 10 的 9 种分合方法与加减算式。

【活动难点】

能根据数的互补与互换规律推理 10 的组成与加减并运用这一数学经验进行买卖游戏。

【活动准备】

1. 瓶盖幼儿每人 10 个，写有 10 以内数的算式的鹅卵石。

2. 创设"礼物超市"场景，购物筐，标明价钱的节日小礼物。

3. 幼儿学习材料《欢乐的日子》。

【活动建议】

1. 组织幼儿玩"拍手歌"游戏，复习 9 以内数的组成及加减。

2. 引导幼儿玩"翻瓶盖"游戏，自主探索 10 的 9 种分合式并根据分合式列出加减算式。

（1）组织幼儿玩"翻瓶盖"游戏，自主探索 10 的分合方法并将每次瓶盖正面与反面的数量进行记录。

提问:每次翻瓶盖的结果是怎样的?你发现了 10 的哪些分合方法?

(2)教师和幼儿一起利用互补、互换规律归纳、总结 10 的 9 种分合方法。

(3)引导幼儿根据分合式推理出 10 的加减算式,鼓励幼儿说说相似的两个算式有什么联系。

3. 组织幼儿玩游戏,感受用数学知识解决生活问题的乐趣。

(1)游戏 1:"购买六一节日礼物",复习巩固 10 的 9 种分合方法。

请幼儿用 10 元钱购买两种礼物,要求买到的商品的价格合起来正好是 10 元。

(2)游戏 2:"捉鱼",进一步巩固 10 以内数的加减运算。

玩法:教师扮演鳄鱼,幼儿扮演小鱼。播放音乐,"小鱼"在"大海"里游玩,音乐停止后,"小鱼"迅速找到一块得数是 10 的鹅卵石站好,"鳄鱼"在鹅卵石间来回穿梭,检查幼儿是否站对。(可请幼儿扮演鳄鱼,多次游戏。)

【活动延伸】

引导幼儿阅读《欢乐的日子》第 20～21 页,根据图示进行 10 以内数的加减运算。

活动四 音乐——音乐欣赏《铅笔盒进行曲》

【教材分析】

《铅笔盒进行曲》为 ABA 三段体结构,旋律清晰,节奏明快。第 1 段为 2 / 4 拍,纯四度音程和谐跳跃,附点音符轻快俏皮,呈现出铅笔轻盈欢快的舞姿;第 2 段为 4 / 4 拍,节奏稳健,旋律活泼,呈现出橡皮厚重的身姿和快乐的心情。乐曲具有典型的进行曲风格,情绪欢快,表现出文具们快乐起舞的情景。铅笔盒与文具,是目前大班幼儿比较感兴趣的内容,通过前期的活动幼儿对于铅笔、橡皮等文具的特点和使用方法已有一定的了解,有利于活动的开展。本次活动通过倾听乐曲、课件直观感受乐曲、游戏自然表现乐曲等环节,引导幼儿理解乐曲所表达的内容,感受乐曲的特点,在欣赏和表现中获得快乐体验。

【活动目标】

1. 欣赏音乐的旋律,感知乐曲 ABA 的三段体结构。

2. 能根据音乐的节奏、旋律、速度用相应的动作表现不同的音乐形象。

3. 感受乐曲的欢快情感,在欣赏和表现中获得快乐体验。

【活动重点】

感受音乐的旋律,感知乐曲 ABA 的三段体结构。

【活动难点】

能根据音乐的节奏、旋律、速度用相应的动作表现不同的音乐形象。

【活动准备】

《幼儿素质发展课程·音乐》CD,《幼儿素质发展课程·多媒体教学资源包》课件 30,幼儿学习资料《我要上小学了》。

【活动建议】

1. 请幼儿完整欣赏乐曲,感受乐曲欢快的情感。

提问:听了这首音乐,你的心情怎样?你想到了什么?

2. 讲述音乐故事,引导幼儿分段欣赏乐曲,感知乐曲 ABA 的曲式结构,理解乐曲所表达的内容。

教师导语:有一天,明明睡着了,做了一个很美丽的梦。

A 段：铅笔在纸上欢快地跳舞，画出各种图案和线条。

B 段：小橡皮出来了，轻轻地跟在铅笔的后面，将铅笔留下的痕迹擦掉。

第 2 个 A 段：铅笔和橡皮在一起快乐地游戏。

教师导语：闹钟响了，明明醒来，发现铅笔盒还是好好地躺在书桌上。

3. 播放课件，请幼儿边看课件边欣赏音乐，进一步理解乐曲内容、感受乐曲旋律。

第 1 遍欣赏：着重引导幼儿感受乐曲的快乐氛围。

第 2 遍欣赏：着重引导幼儿根据音乐节奏、旋律、速度，用手势模拟角色动作。

第 3 遍欣赏：组织幼儿分组扮演音乐角色，用相应动作表现音乐。

4. 活动延伸：引导幼儿阅读《我要上小学了》第 15 页，鼓励幼儿根据音乐节奏、旋律、速度与同伴合作创编动作表现音乐。

【附教材】

铅笔盒进行曲

活动五　美术——制作：我的笔筒

【教材分析】

笔筒在中国有着悠久的历史，造型、材质多种多样，兼具装饰性和实用性。笔筒在日常生活中随处可见，幼儿对其并不陌生。大班幼儿具备一定的动手制作能力，对使用废旧材料制作物品有较丰富的经验，但制作笔筒，对即将升入小学的幼儿具有不同的意义。本次活动旨在引导幼儿感受笔筒的文化内涵、了解笔筒的样式，指导幼儿运用纸筒、纸盒等废旧材料，通过剪贴、绘画等形式，制作实用、美观的笔筒。活动中，鼓励幼儿互相交换、赠送自制的笔筒，从而赋予笔筒祝福同伴、表达情谊的意义。

【活动目标】

1. 综合运用折、剪、贴、包装等方法用牙膏盒等废旧材料制作笔筒。

2. 能根据废旧材料的材质、形状大胆地进行创意造型并装饰。

3. 通过制作、赠送笔筒，表达对同伴的祝福和情谊。

【活动重点】

综合运用折、剪、贴、包装等方法用牙膏盒等废旧材料制作笔筒。

【活动难点】

能根据废旧材料的材质、形状大胆地进行创意造型并装饰。

【活动准备】

1. 自制笔筒的范例,牙膏盒、薯片筒,彩纸、彩泥、花布、笔、橡皮筋、剪刀、胶水等材料。

2.《幼儿素质发展课程·多媒体教学资源包》课件 31。

【活动建议】

1. 组织谈话活动,引发幼儿制作兴趣。

提问:笔筒有什么用处？笔筒的筒身多高合适？筒底有什么作用？你还见过什么样的笔筒？

小结:笔筒由筒身和筒底构成,可以放笔和尺子等文具,所以筒底要牢固。笔筒有不同的形状和材质,在笔筒上装饰花纹可以更漂亮。

2. 播放课件,引导幼儿了解笔筒的历史和种类。

3. 出示不同材质、造型的笔筒,鼓励幼儿探索不同造型笔筒的制作方法。

(1)请幼儿自选笔筒进行观察,初步探索笔筒的制作材料。

提问:你最喜欢哪一个笔筒？它用了哪些材料？

(2)组织幼儿讨论,探究笔筒的多种制作方法。

提问:用什么方法来制作筒底？还可以用哪些材料进行装饰？

(3)播放课件,引导幼儿了解牙膏盒笔筒的制作步骤。

4. 提出制作要求,鼓励幼儿创意制作。

(1)提示幼儿根据材料的形状进行创作,筒底部分要做结实,使用剪刀时注意安全。

(2)提醒幼儿遇到困难可以寻求同伴的帮助,制作过程中想一句祝福同伴的话。

5. 请幼儿制作笔筒,教师巡回指导。

6. 请幼儿说说自己的作品,表达对同伴的祝福。

提问:你做了一个什么样的笔筒？你打算送给谁？送笔筒的时候,你想怎样祝福他？

7. 活动延伸:鼓励幼儿相互赠送笔筒,表达离别的祝福。

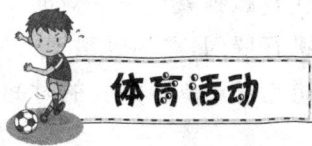

体育活动

聪明的小公鸡

【教材分析】

大班幼儿已能熟练掌握奔跑、跳跃、保持平衡等基本动作的要领,身体的协调性、灵活性也有很大的提高。但是,幼儿的动作发展水平存在个体差异,走平衡木的水平参差不齐,在奔跑、追逐时身体的灵活性也各有不同。在有趣的游戏情境中练习单腿站立和躲闪跑的技能,提高幼儿个体的平衡能力和协调能力,是大班下学期幼儿动作发展的重要目标。本次活动创设"小公鸡金鸡独立练本领"的情境,指导幼儿练习单腿平衡站立,通过玩"狐狸与小公鸡"游戏,引导幼儿练习快速反应躲闪跑,在玩耍中提高幼儿身体的灵活性、发展平衡能力。

【活动目标】

1. 练习单脚站立,发展平衡能力。

2. 能遵守游戏规则,机智应对、灵活躲闪,提高身体动作的灵活性。

3. 体验坚持单脚站立和机智、灵活躲避狐狸的乐趣。

【活动重点】

体验坚持单脚站立和机智、灵活躲避狐狸的乐趣。

【活动难点】

练习单脚站立,发展平衡能力。

【活动准备】

1. 在场地上贴一条红线代表小公鸡的家,狐狸的头饰2～3个,音乐。

2. 活动前帮助幼儿了解狐狸与公鸡的特点,学习儿歌。

【活动建议】

1. 创设"小公鸡锻炼"的情境,带领幼儿热身,引发幼儿活动兴趣。

师幼分别以大公鸡、小公鸡的身份进入场地开展热身活动,练习直线跑、曲线跑、侧身跑、转身跑以及伸展、单腿站立等动作。

2. 创设"小公鸡练本领"游戏情境,引导幼儿练习单脚站立,掌握动作要领。

（1）鼓励幼儿自由练习金鸡独立动作,探索单脚长时间站立并保持平稳的方法。

讨论:金鸡独立是什么样的?

动作要点:一条腿站立,另一条腿屈膝,两腿紧贴。

小结:单脚站立时,一条腿屈膝离地,可用上肢动作辅助保持平衡,想要站的时间长,就要找好平衡点并坚持住。

（2）延长站立时间,加大平衡站立的难度,提高幼儿的平衡技能。

3. 组织幼儿玩"狐狸和小公鸡"游戏,巩固单腿站立的动作,练习躲闪跑。

（1）开展第1遍游戏,引导幼儿熟悉玩法、规则,练习直线躲闪跑。

玩法及规则:"大公鸡"和"小公鸡"在草地上捉虫,边捉虫边念儿歌:"我们都是小公鸡,每天早上喔喔啼。喔喔喔!喔喔喔!"当听到"狐狸来了"的指令时,迅速跑回家里躲避。被"狐狸"捉住的幼儿暂停游戏一次。

游戏后讨论:怎样才能不被捉住?狐狸就在你的对面怎么跑?

小结:遇到追逐者要快速反应进行躲闪,可迅速改变方向。

（2）开展第2、3遍游戏,鼓励幼儿延长单腿站立的时间,通过改变"狐狸"抓捕方向,提高游戏难度。

根据幼儿被抓的情况现场演练,巩固躲闪跑的技能。

（3）开展第4遍游戏,通过增加"狐狸"的数量,提高幼儿躲闪跑的难度。

讨论:"狐狸"多了,怎样跑更安全?

提示幼儿听到指令后,快速观察并做出反应,迅速跑回家中。

4. 创设"小公鸡吃虫子"的情境,引导幼儿进行放松活动。

带领幼儿放松胳膊、腰、腿等部位,对幼儿的自我挑战行为进行肯定和鼓励。

第3周 再见了，老师

环境创设

1. 在活动室醒目的位置设立毕业离园倒计时牌，随着毕业离园时间的临近，引导幼儿每天关注还有几天毕业离园，营造毕业离园前的惜别氛围。

2. 师幼共同布置"把回忆留住"主题墙，展示幼儿创作的《最美的老师》《我为老师画个像》等作品。

3. 创设班级"收藏角"，将幼儿的收藏盒放在其中，引导幼儿相互交流收藏的物品及收藏的原因。

生活活动

1. 利用过渡环节播放《毕业诗》《友谊地久天长》《老师再见了》等歌曲、诗歌、故事，营造浓浓师幼情。

2. 利用点名环节开展"祝福送给 ×××"活动。

3. 利用餐前、饭后的时间开展"教师的祝福"活动，使每一个幼儿懂得教师对自己的爱与期望。

家长与社区教育

1. 邀请家长参加幼儿园举办的家长学校活动，听一听小学老师的介绍，为幼儿入学做好物质、心理两方面的准备；提醒家长积极参加幼儿毕业典礼活动。

2. 请家长为幼儿准备一本通讯录（也可自制），和幼儿一起设计好封面，写上姓名、电话号码、家庭住址等。

3. 可帮幼儿准备几张照片，让幼儿送给自己的好朋友。

教学活动

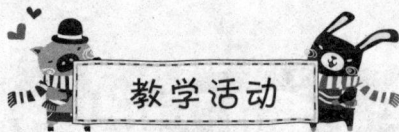

活动一　语言——诗歌《毕业诗》

【教材分析】

《毕业诗》是一首感情真挚的儿童诗,以生动浅显的语言表达了幼儿对美好往事的回忆以及对小学生活的向往和信心。诗歌第1段表达了幼儿即将升入小学的欣喜和期盼,第2段表达了幼儿对自己成长的自豪,第3段表达了幼儿对教师的感激之情。本次活动从引导幼儿回忆成长的足迹入手,帮助幼儿分段理解诗歌内容,感知自己的点滴进步离不开教师的辛勤劳动;鼓励幼儿大胆用声音的抑扬、缓急变化分段朗诵诗歌,在充分体验诗歌感情的基础上,发自内心地表达出对老师的爱和感谢。

【活动目标】

1. 学习朗诵诗歌,回忆在园生活的点滴,了解自己的成长变化。

2. 尝试用声音的抑扬、缓急变化表现诗歌情感。

3. 感受诗歌中所表达的对老师的感激之情和成长的自豪感。

【活动重点】

学习朗诵诗歌,回忆在园生活的点滴,了解自己的成长变化。

【活动难点】

感受诗歌中所表达的对老师的感激之情和成长的自豪感。

【活动准备】

布置“成长的足迹”展台:幼儿小班时的衣服、鞋袜及美术作品、早操照片等能体现幼儿成长的事物,《幼儿素质发展课程·多媒体教学资源包》课件32。

【活动建议】

1. 请幼儿参观“成长的足迹”展台,在对比中真切地感受到自己的成长。

(1)鼓励幼儿间相互交流,说说自己最大的变化和进步。

(2)教师小结幼儿成长的变化,表达为幼儿即将成为小学生而高兴的心情。

2. 教师朗诵诗歌,引导幼儿初步理解诗歌内容,体验对老师的感激和即将成为学生的喜悦之情。

(1)组织幼儿交流倾听诗歌后的感受。

提问:诗歌里说了哪些事?你的心情是怎样的?

(2)根据幼儿的回答,教师及时以诗歌小结。

3. 结合课件,帮助幼儿理解诗歌内容,进一步感受对老师的感激之情。

(1)教师朗诵诗歌第1段,引导幼儿学说诗歌。

提问:诗歌中的“我”最后一次站在幼儿园里,心情是怎样的?再过几天他要做什么事?他的心情又是怎样的?

(2)鼓励幼儿尝试用自豪的语气,朗诵诗歌第1段。

(3)教师用深情、自豪的语气,朗诵诗歌第2段,逐句分析诗歌表达的感情。

提问:诗歌中“我”都说了什么?这段诗歌让你想起了什么?你想对老师说什么?

(4)鼓励幼儿尝试用感恩的语气,朗诵诗歌第2段。

（5）引导幼儿学习诗歌第 3 段,感受与老师道别时依依不舍的心情。

提问:小朋友就要离开幼儿园了,是怎么对老师说的?听到这些,你心里有什么感受?

（6）鼓励幼儿尝试用依依不舍的心情朗诵诗歌第 3 段。

4. 请幼儿阅读《我要上小学了》第 24～25 页,尝试完整朗诵诗歌,指导幼儿用声音和动作有感情地表现诗歌。

5. 活动延伸:组织幼儿谈话;就要离开幼儿园了,该怎样向帮助过自己的人表达感谢?

【附教材】

毕业诗

今天是我最后一次站在这里,

和老师、小朋友在一起,

我是多么欢喜。

再过几天

我就要进小学,

做个一年级小学生,

坐在明亮的教室里,

读书、写字,多神气!

亲爱的老师、阿姨,

我有很多话想说给您听。

三年前我第一次到这里,

玩具扔满地,还要发脾气。

今天站在这里的还是我

脸上再没有泥,

手帕、袜子自己洗,

会唱歌、跳舞

画画、讲故事,

还懂得了很多道理。

亲爱的老师、阿姨,

我从心里感谢您。

再见吧,老师!

再见吧,阿姨!

以后我一定来看您,

向您汇报我的学习成绩。

活动二 数学——蜘蛛和糖果店

【教材分析】

大班幼儿虽有过统计的经验,也能借助图片和点数较为精准地计算,但对于概率比较陌生。本节活动以“蜘蛛和糖果店”为游戏主线,运用故事引导、对比观察、记录操作的方式围绕“咪咪、冬冬、洋洋、菲菲、小明买糖”等情境,让幼儿通过帮助小蜘蛛猜测和最后大家一起整理买糖果的数量,来初步理解与掌握概率和统计的内容,从而感知概率的获得方法及其与统计之间的内在联系,在预测与推理中感知概率、建立统计的概念。

【活动目标】

1. 幼儿能大胆进行推理与预测，初步感知概率、建立统计的概念。

2. 初步了解统计图表在生活中的应用，感知统计给生活带来的便利。

3. 愿意探索生活中事物之间的关系，体会数学活动的乐趣。

【活动重点】

幼儿能大胆进行推理与预测，初步感知概率、建立统计的概念。

【活动难点】

初步了解统计图表在生活中的应用，感知统计给生活带来的便利。

【活动准备】

自制 PPT，人手一张统计表，铅笔。

【活动建议】

1. 情景激趣，引发幼儿听故事的兴趣。

（1）看图片谈话引出内容。

提问：这儿有一家商店，有没有你喜欢的商品啊？说说你喜欢什么？

这么多的糖，这是一家什么店呢？都有什么？

（2）设立悬念，引起幼儿听故事的兴趣。

提问：糖果店里 还有个朋友呢，是谁？蜘蛛在糖果店会发生什么有趣的事儿呢？

2. 根据故事线索大胆进行推理，预测不同人物喜欢的糖，感知概率、统计的概念。

（1）教师讲故事，引出问题。

提问：你们相信蜘蛛的话吗？为什么？看看蜘蛛到底有没有这么大的本领。

（2）咪咪买糖——认识记录表，了解记录表的功能。

提问：你们觉得蜘蛛猜得对不对？说说理由好吗？

这张记录表你看懂了吗？是什么意思？咪咪来过几次？买过什么糖？

我们看看咪咪到底选了什么糖？蜘蛛猜得对不对？

蜘蛛猜对了吗？蜘蛛根据这个记录表猜对了，这会是巧合吗？

（3）冬冬买糖——学习分析记录表，根据记录内容进行推理预测。

提问：冬冬来过几次糖果店？买过什么糖？那买了几次巧克力？几次棒棒糖？

我们一起来看看这张记录表。第一次买的是巧克力，第二次买的是棒棒糖，第三次、第四次买的是巧克力。这是为什么呢？

这次冬冬来会买什么糖呢？为什么？

小结：喜欢吃的糖果一定会连着买。

验证预测结果：来听听小蜘蛛是怎么说的呢？让我们看看冬冬是买的巧克力吗？哇，小蜘蛛这次又猜对了，真厉害啊！

（4）洋洋买糖——进一步学习推理，分析记录表上客人买糖情况的变化，猜测客人可能喜欢吃的糖。

提问：他来过几次？一起告诉我几次？买过几种糖啊？第一次买的是棒棒糖，第二次买的是巧克力，第三次买的是 QQ 糖，第四次和第五次买的是跳跳糖。

仔细观察这个记录表，猜猜这次洋洋会买什么呢？为什么呀？还有其他理由吗？

来看看小蜘蛛是怎么猜的？什么糖？

验证预测结果：是这样的吗？听洋洋说话。真厉害，小蜘蛛都猜对了。你们也很棒，帮助我们把他喜欢吃的糖果都猜对了。

小结：用什么办法把洋洋喜欢吃的糖猜出来？离现在最近的两种连续买的糖就是客人喜欢的。

要观察和多了解客人，把客人来买过糖的次数和买的名称记录下来，经过统计我们就能猜测出这个客人可能会喜欢吃什么糖。

（5）菲菲买糖——学习按规律预测。

提问：她来过几次？买过几种糖？这次她会选棉花糖还是果冻？

仔细观察一下记录表，它有什么规律呢？

蜘蛛会为她选什么呢？

验证：原来两样她都喜欢吃的，那你们平时有没有遇到过几样东西都喜欢吃的时候，你会轮流买着吃吗？小结：菲菲是这两样好吃的轮流买着吃的。

（6）小明买糖——知道无论什么事情都有意外。

提问：他会买什么？都同意是 QQ 糖吗？我也觉得他会买 QQ 糖。有没有人不同意？谁来说说理由。

看小明买的什么糖？

验证：啊？他为什么买薄荷糖啊。为什么他每次都买 QQ 糖，今天买了薄荷糖，怎么回事呀？

小结：孩子们，有时候就是这样，我们觉得很有可能的结果也会发生想不到的意外！

3. 幼儿点数统计，进一步掌握统计的方法。

（1）出示统计表，学习统计方法。

提问：能看懂这张糖果销售记录吗？能不能从这张表上看出哪种糖果最受欢迎呢？

星期一后面的有几种糖果？是什么意思？

小结：这张表格告诉我们每天卖出的糖果品种。

（2）教师讲解统计要求，幼儿进行统计。

示范如何记录：第一种是什么糖？一周卖出了多少，找一找，数一数。在它的数量里写上数字。

（3）幼儿统计，教师巡回指导。

（4）验证统计结果。

提问：好了吗？我们一起来看看第二种是什么糖？一共卖出了几份？

小结：一排一排数，就不会漏掉。

提问：哪种糖果是最受欢迎的？为什么？数字最大说明了什么？

4. 小结延伸，感受统计给生活带来的便利。

（1）教师小结：平常生活中我们也可以用这样的方法去观察和了解身边的一些事情，用统计的方法猜出什么东西是最受欢迎的。

（2）了解其他统计表格形式。

生活中经常用到的统计图表形式多样，出示几种常见统计图：扇形统计图、折线统计图、条形统计图。

（3）延伸——学以致用。

出示班级区角活动统计表，统计一周内最受欢迎的活动区。

活动三 音乐——歌曲《老师老师您真好》

【教材分析】

《老师老师您真好》是一首 3/4 拍的两段体歌曲，A 段曲调优美深情，B 段曲调悠扬流畅，层层深入地表达了幼儿对教师依恋和不舍的情感。本次活动通过照片引导幼儿回忆与教师共同度过的快乐时光，激发幼儿依依不舍的情感；通过倾听教师有感情的范唱，引发幼儿情感共鸣，帮助幼儿准确地理解歌曲所表达的情感、内容；通过演唱歌曲，鼓励幼儿用深情的声音、动作表现 AB 两段歌曲的特点，进一步引发幼儿对教师的感激之情，抒发心中对教师的留恋。

【活动目标】

1. 初步学唱歌曲，理解老师为小朋友的辛勤付出。

2. 能用声音、表情、动作表现歌曲 AB 两段的不同情感。

3. 萌发对老师的感激和留恋之情，体会歌曲所表达的意境。

【活动重点】

能用声音、表情、动作表现歌曲 AB 两段的不同情感。

【活动难点】

能用声音、表情、动作表现歌曲 AB 两段的不同情感。

【活动准备】

1. 老师和小朋友的照片：给午睡的孩子盖被子，教孩子唱歌、画画，和孩子快乐游戏等。

2.《幼儿素质发展课程·音乐》CD。

【活动建议】

1. 播放幼儿在园生活的照片，引出活动主题。

提问：刚入园时，老师是怎么照顾小朋友的？小朋友们一起玩哪些游戏？

2. 请幼儿欣赏歌曲，感受音乐的节拍、情感及旋律的变化。

提问：前后两段音乐带给你什么不同的感受？

3. 结合图片指导幼儿学唱第 1 段歌曲，体验歌曲中小朋友对老师的感激之情。

（1）教师清唱 A 段歌曲，引导幼儿用歌词中的话描述老师对小朋友的爱。

提问：为什么说老师真好？听了这段歌词你想起了哪些事情？

（2）出示与歌词相符的照片，帮助幼儿理解、记忆歌词。

（3）引导幼儿尝试用深情的声音、动作表现歌曲。

4. 鼓励幼儿学唱 B 段歌曲，体验歌曲中小朋友对老师依依不舍的情感。

（1）教师清唱 B 段歌曲，引导幼儿体会歌曲中的情感。

提问：歌曲里唱了什么？即将成为小学生，你的心情是怎样的？要离开老师了，你的心情又是怎样的？

（2）引导幼儿用连贯的声音学唱 B 段歌曲，表达对老师的留恋。

5. 引导幼儿用多种形式学唱歌曲，表达对老师的感激。

（1）运用领唱、轮唱等不同方式组织幼儿演唱歌曲。

（2）鼓励幼儿大胆运用不同的声音、动作表现歌曲的情感变化，从而表达对老师的感激之情。

老师老师您真好

1=F 3/4

龚之华 张友珊 词
王履三 曲

活动四 美术——版画:最美的老师

【教材分析】

吹塑纸版画是一种独特的绘画形式,以幼儿园常见的吹塑纸和卡纸为基本材料,用毛笔或水粉笔将颜色涂到吹塑纸制成的模板上,再将画纸仔细地覆盖在模板上,轻压画纸,片刻后揭开,晾干。版画制版、拓印的过程是幼儿非常好奇的,如何让幼儿掌握制版、拓印的方法是本次活动的重难点。活动中引导幼儿欣赏作品、观察吹塑制版画制作方法,鼓励幼儿大胆为喜爱的教师制作版画,感受师幼间的情谊,体验制版、拓印的快乐。

【活动目标】

1. 学习吹塑纸版画的制作技能,了解制版、上色、拓印的制作顺序。

2. 能用适宜的力度在吹塑纸上刻画出教师最美的动态。

3. 激发对教师的感恩之情。

【活动准备】

1. 活动前请幼儿欣赏版画作品,了解吹塑纸版画的材料、制作过程及表现效果。

2. 画纸及与画纸同样大小的吹塑纸,铅笔、毛笔或水粉笔,心形边框。

3. 吹塑纸版画作品 1 幅,制作步骤图,幼儿学习材料·操作材料⑧。

4. 教师跳舞、讲故事、唱歌、和幼儿游戏等生活照片。

【活动重点】

学习吹塑纸版画的制作技能,了解制版、上色、拓印的制作顺序。

【活动难点】

能用适宜的力度在吹塑纸上刻画出教师最美的动态。

【活动建议】

1. 组织幼儿欣赏吹塑纸版画作品,激发幼儿制作吹塑纸版画的兴趣。

提问:照片上都有谁? 他们在干什么? 老师做什么事情的时候最美? 为什么?

这幅作品与以往的绘画作品有什么不同?

2. 鼓励幼儿尝试制作吹塑纸版画,了解吹塑纸版画的独特魅力。

(1)教师示范制版,用铅笔在吹塑纸上刻画老师的样子。

引导幼儿观察吹塑纸上的痕迹与底板纸上图案的关联,让幼儿在尝试中了解下笔太重或太轻都会影响版画效果,知道笔痕越粗,拓印后的图案越明显。

(2)请幼儿尝试上色,用毛笔或水粉笔将颜色涂到吹塑纸制成的模板上,提示幼儿涂色要满。

(3)教师示范拓印:将画纸仔细地覆盖在模板上,轻压画纸,片刻后揭开,晾干。

提醒幼儿注意:用力要均匀,不轻也不重,套色印时可用小夹子将画纸和模板固定在一起,避免卡纸移位。

(4)请幼儿欣赏单色、套色等不同的吹塑纸版画范例,感受其艺术魅力。

3. 引导幼儿参考制作步骤图制作吹塑纸版画,教师巡回指导。

指导绘画速度快、能力强的幼儿尝试多色叠加套印,或拓印制作多幅图片;指导能力弱的幼儿大胆绘画,制版线条清晰。

4. 鼓励幼儿欣赏作品,从人物形态、画面色彩、清晰度等方面进行评价。

(1)将幼儿作品张贴到心形画框中,制作"最美的老师",同伴间相互评价作品。

(2)请幼儿大胆介绍自己的作品,说出喜欢老师的原因,引导幼儿表达依依惜别之情。

活动五 半日活动——毕业典礼

【教材分析】

毕业典礼是神圣而庄严的时刻,大班幼儿的毕业典礼,标志着幼儿在幼儿园的生活即将结束。前期,幼儿已经协商合作,设计了毕业典礼的活动内容,展演准备也在紧锣密鼓地进行着。此时,他们的心情尤为激动。本次活动邀请家长来园参观幼儿的作品,让幼儿接受来自教师、家长和同伴的祝福,鼓励幼儿用稚拙的表演表达对幼儿园、老师、同伴的感谢及留恋,引导幼儿体验毕业的自豪感,激发幼儿对进入小学的向往。

【活动目标】

1. 了解毕业典礼中说心里话、大家的祝福、才艺展示、合影留念等活动的内容及意义。

2. 积极参与毕业典礼活动,能用多种形式自信地展示自己的成长。

3. 体验毕业的自豪感,感受大家对自己的爱和友谊。

【活动重点】

了解毕业典礼中说心里话、大家的祝福、才艺展示、合影留念等活动的内容及意义。

【活动难点】

了解毕业典礼说中心里话、大家的祝福、才艺展示、合影留念等活动的内容及意义。

【活动准备】

1. 挑选 3 年来自己最满意的作品,准备送给弟弟、妹妹的礼物。

2. 师幼共同讨论毕业典礼准备工作的流程和分工,按分工开展展板布置、解说、发言邀请、排练节目等工作。

3. 幼儿园为幼儿准备毕业证、小礼物、鲜花。

【活动建议】

1. 组织家长参观幼儿作品展,幼儿当解说员,向家长介绍作品的内容。

2. 在"真诚的祝福"环节中引导幼儿感受大家对自己的真心呵护。

(1)请爸爸、妈妈表达内心的感受,感知爸爸、妈妈对自己成长的关注。

(2)老师表达对幼儿的祝福和留恋,幼儿感受老师对自己的爱。

(3)园长、老师表达对幼儿的祝福,向幼儿颁发毕业证、小礼物。

3. 在"说说我的心里话"环节中,幼儿表达对老师的感谢及对弟弟、妹妹的祝福。

(1)幼儿代表向培养自己的幼儿园、老师表示感谢。

(2)向老师献鲜花,表达对老师的感激。

(3)诗朗诵《老师我想对你说》,集体演唱《老师老师您真好》。

(4)向幼儿园的弟弟、妹妹赠送小礼物留念。

4. 幼儿个人或小组表演节目,进一步感受自己长大的快乐。

5. 与幼儿园的老师、小朋友及园内美好景物拍照留念、一一道别。

移位接棒

【教材分析】

移位接棒是训练快速反应能力的合作游戏,最少 3 人为一组,可依次增加人数,人数越多,游戏难度越大。大班幼儿快速反应能力有很大的提高,但在合作游戏中要做到快速反应还有一定的困难。本次活动设置幼儿自由玩棒、探索 3 人移位接棒、增加人数或口令加大难度接棒等环节,层层深入开展游戏,提高幼儿快速反应能力,增强幼儿团结合作的意识。游戏中,教师可根据班级幼儿的实际情况适当调整活动的层次。

【活动目标】

1. 探索学习 3 人、4 人合作移位接棒的方法。

2. 能与同伴合作游戏,发展快速移位接棒的反应能力。

3. 相互交流接好棒的技巧,体验获得成功的自豪感。

【活动重点】

探索学习 3 人、4 人合作移位接棒的方法

【活动难点】

发展快速移位接棒的反应能力,体验获得成功的自豪感。

【活动准备】

纸棒幼儿人手1根。

【活动建议】

1. 带领幼儿持纸棒进入场地,做热身运动。

教师和幼儿一起做棒操,做下蹲、体转、腹背、跳跃等运动。

（1）请幼儿自由玩棒类游戏,交流玩的方法。

（2）鼓励幼儿3人合作玩棒类游戏,交流合作玩的方法。

2. 引导幼儿3人一组,探索移位接棒的玩法。

（1）幼儿自由探索,教师巡回指导,鼓励幼儿发现成功的方法。

提问:3人一组玩"移位接棒"游戏时,可以用什么方法与其他小朋友合作移位接到纸棒?

（2）集中交流小组合作好方法,可请一组或几组幼儿示范移位接棒的方法。

师幼共同小结移位接棒的要领:3人站成环形,一起喊口令"1、2、3",看准前一个幼儿棒的位置,喊完口令松开自己的棒,接前一个幼儿的棒,脚要迅速跟上,3个人之间距离要适宜,不宜过大。

（4）请幼儿用同伴分享的好方法再次体验移位接棒。

3. 增加小组人数或口令,加大游戏难度,继续游戏。

鼓励幼儿探索4人一组移位接棒,自由组合玩3人、4人、5人一组移位接棒,教师可不断加快口令的速度,提高幼儿游戏兴趣及快速反应的能力。

4. 结束游戏,听音乐做韵律活动,进行放松、整理。

评价汇总

以幼儿园管理者为主体的评估

幼儿发展评估方案

指导思想

根据幼儿年龄特点及《3～6岁儿童学习与发展指南》精神,有效落实以"幼儿发展为本"的教育理念,关注每一个幼儿的全面发展、持续发展和终身发展,遵循"尊重幼儿的个体差异、追随幼儿的活动兴趣、满足幼儿的发展需要"的原则,结合《指南》和《刚要》提出的"珍视幼儿生活和游戏的独特价值"以及"游戏是幼儿的基本活动"的教育理念,将评价贯穿课程实施的全过程。以幼儿园的园本课程为蓝本,突显园本课程的专向性,本着"立足过程,促进发展"的评价理念,以幼儿良好习惯的养成及幼儿的游戏活动为主要评价内容,设置了以管理者为主体的幼儿发展评价方案,通过对幼儿习惯和游戏过程的观察、解读与评价,体现游戏在课程中的重要地位,有效促进幼儿和谐且富有个性的发展和园本课程的健康良性发展。

评估对象

市南区江苏路幼儿园小、中、大班幼儿。

评估人员

业务助理、教研组长、各级部组长。

评估方式

业务助理及教研室成员带领级部组长到班级观察每位幼儿行为表现。

评估具体安排

1. 班级测评由班级教师根据现场测评和平时观察相结合,对每位幼儿进行全面测评,形成班级幼儿发展评估小结。

2. 教研室抽测:由级部组长和班主任组成测评小组,对小、中、大班幼儿进行行为表现的观察测评。根据教研室测评标准进行,最终形成级部幼儿发展评估报告。

关于评估的几点说明

1. 幼儿发展评估是课程实施的常规工作,希望每位教师能够认真做好评估工作,对评估结果进行分析,为下一步课程实施提供依据。

2. 测评小组要采用客观公正的态度进行测评,给孩子一个宽松的环境,全面分析幼儿的发展状况,对班级的发展评估有一个正确的评价,也为教研室制定下学期的教育教学重点提供真实有效的依据。

3. 幼儿发展状况评价过程采用自然观察、情景观察、谈话、作品分析、白描相册、查阅资料等方式,全面考察各年龄段幼儿的发展情况,以更好地为幼儿教育、幼儿发展服务。

4. 各年级组形成幼儿发展评价报告。

5. 幼儿发展水平测评资料归档。

评估内容

（一）《幼儿园养成教育课程》幼儿良好习惯评价表

标准\班级	小班	中班	大班	总分
	1. 知道注意安静倾听他人讲话，养成耐心倾听的良好习惯。 2. 简单理解语态的变化，并能关注对方的面部表情、眼神和体态的变化。 3. 喜欢观察身边常见的事物。初步学习观察的方法：会运用多种感官观察事物。 4. 在成人提醒下，能将玩具、图片放回原处。 5. 在成人的帮助下能穿脱衣服和鞋袜。	1. 初步能注意安静倾听他人讲话，养成耐心倾听的良好习惯。 2. 初步理解语态，并能关注对方的面部表情、眼神和体态的变化。 3. 能够按顺序观察事物。能积极思考、尝试对观察的事物进行简单的记录和分析。 4. 能自己整理自己的物品。 5. 能自己穿脱衣服、鞋袜，尝试自己扣纽扣、拉拉链。	1. 能注意安静倾听他人讲话，养成耐心倾听的良好习惯。 2. 理解语态，并能关注对方的面部表情、眼神和体态的变化。 3. 能够按顺序细致、全面地观察事物。积极思考，能对观察到的事物进行记录和分析。 4. 能按类别整理好自己的物品。 5. 能根据冷热增减衣服，学习自己系鞋带。	
大一班				
大二班				
中一班				
中二班				
小一班				
小二班				
小三班				
备注	此次评估是在幼儿正常教学活动中，运用自然观察的方式进行。请老师们根据对孩子活动的观察，结合评估标准进行量化，为下一步更好地开展教学活动提供依据。评估的满分为100分。层次为，优秀：100～90；良好：89～80；一般：79～70。			

（二）《幼儿园养成教育课程》楼层区域游戏评价表

青岛海洋特色主题"寻踪海边建筑的足迹"

创设情境	评估领域	评估内容	评估小结
级部联动户外搭建	健康 社会 科学 语言 艺术 习惯	1. 幼儿积极投入游戏，能在观察和感受的基础上，搭建或拼插体现建筑或事物的典型特征。 2. 在搭建过程中，学习、运用和巩固数、量、形、比例、对称等相关概念，发展空间知觉。 3. 根据自己的想象设计、创造出新的作品，发展想象力和创造力。 4. 在搭建活动中会与同伴进行协商、合作与分享。 5. 游戏结束后，会对建构材料进行分类整理。 "级部联动户外搭建"包含以下游戏区域内容： 1. 花石楼 　能根据花石楼的整体进行分组搭建，合理利用不同的材料表现出6个不同造型楼体的特征。 2. 信号山 　使用适宜的材料，运用垒高和错空搭建的方法搭建信号山不同高矮的底柱部分，保持牢固性，能层次分明。 3. 跨海大桥 　能将搭建材料合理利用，运用叠摞、穿插等方法搭建出高低起伏不同的桥面，注意桥面交叉和衔接。 4. 栈桥 　能用双层十字交叉拼插的方法拼插回澜阁墙体，分颜色、分层次拼插路灯和海面船只。 5. 小青岛 　能根据小青岛的外形特点运用院子里的物品进行想象搭建；会使用逐层递减垒高的方法搭建"塔形"。 6. 海上皇宫 　能用平衡木、方形木墩搭建出稳固的堤坝底座。 　掌握窗户的正确搭建步骤：先里后外，并能根据整体来调节每个窗户的高低。 《幼儿园养成教育课程》注重对习惯的培养，习惯评价标准： 1. 游戏中文明有礼，学会谦让，注意安全。 2. 游戏材料轻拿轻放，归类收放。 3. 活动中遵守游戏秩序，会与同伴进行协商、合作与分享。	

中国传统文化主题"琴·棋·书·画"

创设情境	评估领域	评估内容	评估小结

级部区域游戏联动	健康
	社会
	科学
	语言
	艺术
	习惯
		1. 幼儿积极投入游戏,体现自主、自发,不断丰富游戏情节,具有一定的想象力和创造力。
		2. 能轻松愉快地参加游戏,有明确的角色意识和职责,乐于交往,情感丰富。
		3. 幼儿的合作意识和交往能力在游戏中有较好的体现。
		4. 能运用已有经验尝试解决游戏中出现的问题。
		5. 幼儿游戏中能够自觉使用礼貌用语,能较有秩序地收拾、摆放玩具及活动材料。
		"级部区域游戏联动"包含以下内容:
		1. 棋类空间
		  能熟练认识各个棋子,并会摆棋和走棋,熟悉各个棋子的走法。能看懂棋谱,初步学习象棋和围棋的下法,能进行简单的对弈。
		2. 梦西游
		  幼儿能结合剧本内容进行表演,能将台词背过,表演时注意表情和语气。
		3. 画西游
		  幼儿能在西游故事的基础上自己加以想象和创造,进行故事创编并进行绘画,并能大胆讲述西游故事。
		4. 梨园小舍
		  能与同伴相互协商演出的顺序、演出的位置、演出队形,随音乐自主创编动作进行表演。表演京剧《卖水》,并根据音乐播放的内容变化京剧服饰与道具。
		5. 民间手工坊
		  (1) 通过幼儿探索与尝试,改变泥块原有的特性,能使用辅助材料丰富作品,捏出自己喜欢的物品形象。
		  (2) 会运用多种辅助材料进行剪、折、裁、拼、包、揉、贴等方法创作戏曲人物、民间面具。
		  (3) 能看懂折纸示意图,剪出自己喜欢的花纹。会用衬底的方法让自己的剪纸手工作品花瓶变得更美观。
		6. 京剧服装加工厂
		  了解京剧服饰以及各种配饰的装饰特点。能用多种形式,如画、贴、折等,运用不同的材料装饰制作京剧服饰。
		《幼儿园养成教育课程》注重对习惯的培养,习惯评价标准:
		1. 游戏中礼貌用语的使用。
		2. 物品的归类摆放。
		3. 遵守游戏秩序,不随意打扰他人游戏。
		4. 爱护区域玩具,能和伙伴协商进行游戏。
		5. 能将剪下的废纸放在废纸箱,保持桌面地面干净。	

青岛海洋特色主题《船儿奥秘多》

创设情境	评估领域	评估内容	评估小结

级部联动户外
搭建
	健康
	社会
	科学
	语言
	艺术
	习惯
		1. 能专心地按照自己制定的活动区计划进行活动,有始有终地完成一件事情。
		2. 能积极投入到各个游戏中,在活动中,能做到自己的事情自己做,大班幼儿能主动帮助小弟弟、小妹妹。
		3. 能与同伴合作、商讨、交流,运用多种辅助材料搭建、进行表征。
		4. 游戏中能自觉遵守游戏规则,有集体荣誉感,并有序开展游戏。
		5. 游戏中能大胆想象,并能随音乐节奏进行大胆表演。
		"混龄联动户外游戏"包含以下游戏区域内容:
		蛟龙出海区域
		    大班幼儿担任"鼓手""绣球"的角色,能够根据游戏需要擂鼓,并结合节奏舞绣球,舞龙时小班幼儿能在哥哥、姐姐的带领下跟上龙头,做到团结协作。
		海军训练营——钻爬区域
		    中大班幼儿能在桌椅、垫子上进行多种形式的钻爬、跳、跨等动作,小班幼儿能在桌椅、垫子上进行手膝着地爬、平衡走,并能够按照顺序完成指定路线。
		竹竿舞区域
		    大班幼儿能够根据竹竿的节拍、音节的节奏开展"跳竹竿"活动,并能尝试新玩法。中班幼儿能跟随大班的哥哥、姐姐学习掌握"跳竹竿"的方法,并能顺利地跑过竹竿不被夹到。
		跑旱船区域
		    大班幼儿能够根据音乐自行创编动作表演,并带领中小班的小朋友给其他区域的小朋友送节目。中小班幼儿能掌握跑旱船的基本动作,自由尝试各种障碍跑。
		海军训练营——云梯攀爬区
		    大班幼儿能动作协调地攀爬攀登架、轮胎墙,并脚不着地地过悬竿。中班幼儿以匍匐、膝盖悬空等多种方式钻爬障碍。
		船舶加工坊
		    中班幼儿能与大班的哥哥、姐姐合作完成印染船帆、制作海底生物等装饰活动。大班幼儿能完成较精细的作品,并能辅助小班弟弟、妹妹共同完成作品。
		翻翻乐区域
		    小班幼儿知道游戏玩法,明确自己的组别以及要翻的方块颜色。中班幼儿尝试和大班幼儿共同制定游戏规则,开展竞争游戏。大班幼儿能自主制定游戏规则,协助小班幼儿的穿衣分组,并带领弟弟、妹妹一起开展游戏
		远洋造船厂区域
		    大班幼儿能自主协商,根据搭建主题分工合作搬运搭建材料,探寻使大型积木连接更加牢固的方法,自主解决搭建过程中出现的问题。中班幼儿能用雪花片或梅花积木拼插船的休闲设施,小班幼儿能用雪花片拼插圆形的花坛,并能将两片雪花片连接结实。	

创设情境	评估领域	评估内容	评估小结
级部联动户外搭建	健康 社会 科学 语言 艺术 习惯	"混龄联动室内游戏"包含以下游戏区域内容： 海边嘉年华 　　大班幼儿能自由自选喜欢的游戏，进行有序的练习，中班幼儿能在各个情境中，掌握平衡、攀爬、匍匐前进的动作要领，小班幼儿能进行准确投掷，身体协调。 海洋摄影轰趴馆 　　大班幼儿能够在合作的基础上带领小、中班幼儿一起进行拍照游戏。中小班幼儿能够跟同伴合作，选择喜欢的主题板，穿上好看的衣服，摆出自己喜欢的姿势，进行拍照。 海洋度假村 　　中大班哥哥、姐姐能带小班弟弟、妹妹一起游戏，制作美食，并能根据游戏情况拓展游戏内容，中小班幼儿能选择各种付款方式，购买自己喜欢的美食。 海边钓鱼场 　　小班幼儿钓鱼，注意鱼钩不要靠近同伴身边，避免碰伤。中班幼儿能自主钓鱼，钓好的鱼能放进鱼篓中，并能听音乐到换购区换取贝壳币。大班幼儿能自主钓鱼，听到音乐能到换购区和售货员一起进行点数小鱼。 海贝手工坊 　　大班幼儿能利用贝壳、钉螺等贝壳制作海底小动物，并尝试利用搓、压扁的技能，用橡皮泥给盘子进行装饰。中班幼儿利用吹画，制作树干，并用贝壳组合花朵。小班幼儿能利用撕贴的方式装饰大鲸鱼。 《幼儿园养成教育课程》注重对习惯的培养，习惯评价标准： 　　游戏中遵守游戏秩序，幼儿们团结协作，能够大带小，大帮小，注意安全。 　　游戏中幼儿注意画面整洁，不将颜料乱甩、纸花乱丢，并将用完的物品及时放回原处。 　　活动中幼儿取放材料时，能做到轻拿轻放，避免磕碰。	

评估小结

班级	优势	不足	建议
小一班			
小二班			
小三班			
中一班			
中二班			
中三班			
大一班			
大二班			
大三班			
对《幼儿园养成教育课程》的实施建议			

以幼儿园教师为主体的评估

（一）《幼儿园养成教育课程》主题反思

班级：_____   时间：_____

主题名称		负责教师	
主题说明			
主题目标			
主题活动设计			
主题实施亮点			
不足及修改建议			

（二）《幼儿园养成教育课程》活动反思

时间：_____   班级：_____

主题名称		活动名称	
幼儿活动表现			
教师反思			
下一步活动设想			

（三）《幼儿园养成教育课程》"特色主题"楼层区域游戏观察记录与反思

楼层		观察区域	
观察对象		观察时间	
观察情况记录			
评价与分析			
教师介入与策略			
效果与反思			
幼儿园养成教育课程			

（四）《幼儿园养成教育课程》个别幼儿作品评价与分析表

作者		评价方式	
评价时间		作品名称	
作品照片			
原有发展水平			
作品解读 （活动意图、思想感受、联想想象……）			
作品分析 （结合活动目标在原有水平基础上的提高或不足、活动过程的投入、创作方式、★好习惯……）			
改进建议 （幼儿作品、教师教育策略）			

（五）《幼儿园养成教育课程》小组幼儿作品评价与分析表

作品名称		作者	
评价方式		评价时间	-
活动背景			
照片			
作品分析 普遍性问题 （★好习惯）			
我的思考			

（六）《幼儿园养成教育课程》班级幼儿作品整体评价与分析表

作品名称		作者	
评价方式		评价时间	

作品照片	
活动目标	
活动分析	
幼儿发展规律	
作品过程性评价 （生活经验、思想感情、材料和技巧的运用、创造力、想象力、★好习惯……）	
作品效果评价 （目标的达成、构图、色彩运用、主题……）	
活动反思 （幼儿作品教师教育策略课程实施调整）	

（七）《幼儿园养成教育课程》幼儿游戏观察记录表——生活体验区

观察时间：_____　班级：_____　观察内容：_____

观察方法：_____　记录人：_____

项目	幼儿游戏水平		项目	教师指导	
	游戏水平描述	备注		游戏水平描述	备注
生活技能	● 能根据生活情景进行表达，生活技能欠缺。 ● 愿意根据生活情景及投放的材料进行生活技能的练习。 ● 能综合运用手、嘴等感官，灵活运用多种辅助材料进行生活技能的表达及练习。		材料投放	● 材料包括生活情景道具、桌面操作材料、生活技能提示板等。 ● 能够科学合理地规整材料，方便幼儿游戏时取出。 ● 能为幼儿游戏提供必要的示范、提示、欣赏、分享等支持，能引发幼儿与之互动。	
主题目的性	● 无目的，无主题。 ● 目的不明确，易附和他人。 ● 能随生活情景表现，倡会出现变化。 ● 有较强的自主性、计划性。		对幼儿的观察	● 能关注到幼儿的生活技能、材料使用、交流合作。 ● 能以耐心观察与耐心等待为前提，让介入更适宜。 ● 能关注生活区、区域联动，能够引导幼儿根据投放的材料，自由组合、搭配操作，在操作中和操作后能有效与角色区等其他区域联动。	
情绪专注力	● 注意水平低，情绪欠佳。 ● 一般情绪状态，注意力易分散。 ● 能保持愉快的心情进行游戏。 ● 情绪积极、专注，持续游戏时间长。		对幼儿的指导	● 指导方式方法适宜，能有效地帮助幼儿确定生活游戏主题等内容。 ● 能把握时机介入游戏，并采用适宜的方法引导幼儿自主解决。 ● 能帮助幼儿螺旋式提升生活技能。	
持续时间	● 不能坚持10分钟。 ● 10～20分钟。 ● 能认真玩儿20～30分钟。 ● 坚持玩到游戏结束。		对幼儿的评价	● 评价具有针对性，能关注幼儿的个体差异，具有支持与引领作用。 ● 能及时地进行表演活动的反思，能根据观察反思，对生活区各项工作进行不断调整。	
社会性发展	● 能发现问题，解决问题，能创造性地使用材料解决问题。 ● 能尊重他人的意见，与同伴协商、分工、合作、分享、谦让。 ● 能建立适当的游戏规则，注意爱惜自己和他人制作的游戏道具。 ● 乐于分享游戏经验，能对活动结果进行反思与评价。				

分析与反思：

分析与反思：

（八）《幼儿园养成教育课程》幼儿游戏观察记录表——拼插建构区

观察时间：_____ 班级：_____ 观察内容：_____ 观察方法：_____ 记录人：_____

幼儿游戏水平

项目	游戏水平描述	备注
建构技能	● 能掌握并灵活运用平铺、垒高、架空、围拢等技能。 ● 能注意平衡、对称和造型的装饰。 ● 能运用多种辅助材料搭建主题场景。	
主题目的性	● 无目的，无主题。 ● 目的不明确，易附和他人。 ● 能确定建构主题，但会出现变化。 ● 有较强建构的自主性、计划性。	
情绪专注力	● 注意水平低、情绪欠佳。 ● 一般情绪状态，注意力易分散。 ● 能保持愉快的心情进行搭建。 ● 情绪积极、专注、持续时间长。	
社会性发展	● 能发现问题、解决问题，能创造性地使用材料解决问题。 ● 能尊重他人的意见，与同伴协商、分工、合作、分享、谦让。 ● 能建立适当的游戏规则，注意保护好自己和他人的作品。	
认知与审美	● 能对建构材料的大小、形状等特性正确认知，能对其进行比较、分类、观察和尝试。 ● 能获得运用空间、距离、方向、守恒等有关科学和数学等的概念。 ● 作品能表现出对称、平衡艺术形式。 ● 作品能表现出美感。	

分析与反思：

教师指导

项目	游戏水平描述	备注
材料投放	● 材料包括积木、插塑等专门的建构材料，且数量充足。 ● 能够投放种类丰富、适合建构且卫生的废旧物品材料。 ● 能够科学合理地规整材料，方便幼儿游戏时取放。 ● 能为幼儿游戏提供必要的示范、提示、欣赏、分享等支持，能引发幼儿与之互动。	
对幼儿的观察	● 能关注到幼儿的建构技能、材料使用、交流合作等。 ● 能以耐心观察等待为前提，让小孩更适宜。	
对幼儿的指导	● 指导方式方法是否适宜，以便能有效地帮助幼儿确定建构游戏主题和内容。 ● 能把握时机介入游戏，并采用适宜的方法引导幼儿自主解决。 ● 能帮助幼儿螺旋式提升建构技能。	
对幼儿的评价	● 评价具有针对性，能关注幼儿的个体差异，具有支持与引领作用。	
反思与调整	● 能及时地进行搭建活动的反思，能根据观察及反思，对搭建各项工作进行不断调整。	

分析与反思：

（九）《幼儿园养成教育课程》幼儿游戏观察记录表——角色扮演区

观察时间：_____ 班级：_____ 观察内容：_____ 观察方法：_____ 记录人：_____

幼儿游戏水平			教师指导		
项目	游戏水平描述	备注	项目	游戏水平描述	备注
兴趣和参与度	● 幼儿是否对活动充满兴趣。 ● 幼儿是否能够专注地投入游戏。 ● 幼儿在游戏中持续时间的长短。 ● 游戏中主题的稳定性如何。		材料投放	● 主体材料是否承载着当前的教育目标，能否为幼儿的当前发展区域提供支持。 ● 材料的数量、种类、配置等是否满足当前角色游戏活动的需要。 ● 能否随幼儿的游戏需要和经验提升而不断变化，投放新的材料。 ● 是否注重幼儿操作材料的良好常规和习惯的培养。	
活动的自主性、目的性、计划性	● 幼儿在游戏中是否能自主地确定游戏主题、选择材料与同伴等。 ● 幼儿在游戏中是否有较明确的目的性。 ● 幼儿的游戏是否有一定的计划性。对造型是先做后想，还是边做边想，或先想好了再做。 ● 游戏情节的稳定性是否丰富。		对幼儿的观察	● 能否关注到幼儿的材料使用、交流合作、角色互动等。 ● 能否以耐心观察与等待为前提，让介入更适宜。	
认知发展	● 幼儿在游戏中是否能运用恰当的语言与人交流。 ● 幼儿是否能创造性使用游戏材料。 ● 幼儿是否能很好地迁移已有的生活经验。		对幼儿的指导	● 指导方式方法是否适宜，以便能有效地帮助幼儿完成角色游戏主题和内容。 ● 能否把握时机介入游戏，并采用适宜的方法引导幼儿自主解决。	
社会性发展	● 幼儿在群体游戏中的位置和作用如何，更多指别人还是跟从别人。 ● 幼儿相互间是否有必要的交流与合作，更多主动与人沟通还是被动沟通。 ● 幼儿是否能合理地分配和使用玩具和材料。 ● 是否会采用协商的办法处理玩伴关系。 ● 能否从平行游戏过渡到合作游戏。		对幼儿的评价	● 评价具有针对性，能关注幼儿的个体差异，具有支持与引领作用。	
幼儿的角色意识	● 幼儿的角色意识如何。 ● 幼儿游戏动机出自自物的诱惑、同伴间的模仿还是角色、情节。 ● 幼儿游戏行为仅仅指向自物还是指向其他角色进行表征。 ● 是否使用替代物进行表征。		反思与调整	● 能及时地进行角色活动的反思，能根据观察及反思，对角色游戏各项工作进行不断调整。	
分析与反思：			分析与反思：		

（十）《幼儿园养成教育课程》幼儿游戏观察记录表——科学益智区

观察时间：＿＿＿＿＿　　班级：＿＿＿＿＿　　观察内容：＿＿＿＿＿　　观察方法：＿＿＿＿＿　　记录人：＿＿＿＿＿

幼儿游戏水平

项目	游戏水平描述	备注
游戏技能	● 能在游戏中按照物体的特征从事物的角度进行分类。 ● 能按照物体的特征进行有规律的排序。 ● 能按规则进行棋类等益智类游戏活动，促进思维能力的发展。	
主题目的性	● 无规则意识，任意游戏。 ● 目的不明确，易附和他人。 ● 能在游戏中发现问题，但解决问题有困难。 ● 有较强的自主性、计划性。	
情绪专注力	● 注意水平低，情绪欠佳。 ● 一般情绪状态，注意力易分散。 ● 能保持愉快的情绪进行游戏。 ● 情绪积极、专注、持续时间长。	
社会性发展	● 能发现问题、解决问题，能在游戏中和同伴共同商讨解决问题的方法。 ● 能够有意识地与同伴交流，合作游戏。 ● 能遵循游戏规则，有明确的规则意识。	
认知与审美	● 能对周围环境中的数量、形象、时间和空间等感兴趣。 ● 有好奇心和求知欲。 ● 能积极主动地进行活动，对周围事物的数量关系进行探索，体验探索成功的成就感。 ● 喜欢参加数学活动和游戏，体验数学活动的乐趣。	

分析与反思：

教师指导

项目	游戏水平描述	备注
材料投放	● 投放具有趣味性和可操作性的材料。 ● 能够投放种类丰富、与生活密切相关且能使幼儿获得操作经验的材料。 ● 能够科学合理地规划和调整材料，方便幼儿游戏时取放。 ● 能为幼儿游戏提供必要的示范、提示、欣赏、分享等支持，能引发幼儿与之互动。	
对幼儿的观察	● 能关注到幼儿对益智区游戏的探索能力、解决问题、交流合作等。 ● 能以耐心观察与耐心等待为前提，让介入更适宜。	
对幼儿的指导	● 指导方式方法是否适宜，以便能有效地帮助幼儿解决游戏中出现的难以解决的问题。 ● 能把握时机介入游戏，并采用适宜的方法引导幼儿自主解决。 ● 能帮助幼儿提升探索能力。	
对幼儿的评价	● 评价具有针对性，能关注幼儿的个体差异，具有支持与引领作用。	
反思与调整	● 能及时地进行益智游戏的反思，能根据观察及反思，对益智区玩具进行不断调整。	

分析与反思：

（十一）《幼儿园养成教育课程》幼儿游戏观察记录表——语言阅读区

观察时间：_____ 班级：_____ 观察内容：_____ 观察方法：_____ 记录人：_____

幼儿游戏水平

项目	游戏水平描述	备注
语言技能	● 能听懂日常会话，会使用常见的礼貌用语。 ● 能看图片讲述简单的故事。 ● 能创造性地进行表演。 ● 别人对自己说话时能注意倾听。	
主题目的性	● 无目的，无主题。 ● 目的不明确，易附和他人。 ● 能确定游戏目的，但会出现变化。 ● 有较强的自主性、计划性。	
情绪专注力	● 注意水平低，情绪欠佳。 ● 一般情绪状态，注意力易分散。 ● 能保持愉快的心情进行游戏。 ● 情绪积极、专注，持续时间长。	
社会性发展	● 能运用礼貌用语和同伴进行交流。 ● 能和同伴同进行创造性的表演故事或者绘本，能轮流进行表演。	
材料使用	● 不会用或简单重复。 ● 常规玩法正确熟练。 ● 材料运用充分，玩法多样、复杂。	

分析与反思：

教师指导

项目	游戏水平描述	备注
材料投放	● 投放和主题相关的绘本或其他书籍。 ● 能够投放种类丰富可以操作讲述的操作材料。	
对幼儿的观察	● 能关注到幼儿的语言技能、材料使用、交流合作等。 ● 能以耐心观察为前提，让介入更适宜。	
对幼儿的指导	● 指导方式方法是否适宜，定智力游戏时能把握时机介入游戏，并采用适宜的方法引导幼儿自主解决。 ● 能帮助幼儿螺旋式提升智力技能。	
对幼儿的评价	● 评价具有针对性，能关注幼儿的个体差异，具有支持与引领作用。	
反思与调整	● 能及时地进行语言活动的反思，能根据观察及反思，对材料投放进行不断调整。	

分析与反思：

470

(十二)《幼儿园养成教育课程》幼儿游戏观察记录表——美工制作区

观察时间：_____　班级：_____　观察内容：_____　观察方法：_____　记录人：_____

幼儿游戏水平

项目	游戏水平描述	备注
兴趣	● 积极主动参与并选择。 ● 比较被动，目的性强。	
主题目的性	● 无目的性，无主题。 ● 目的不明确，易附和他人。 ● 能确定绘画主题，但会出现变化。 ● 有目的地持续玩。	
整体表现力	● 有目的用色并目较丰富。 ● 绘画造型形象较逼真。 ● 能借助工具做出简单物体。 ● 构思较独特。	
品质	● 能自觉遵守规则。 ● 共同使用材料，能与人合作。 ● 独自操作，不与人交流。 ● 对操作感兴趣，无目的地随意摆弄，需要成人提醒。	
游戏材料使用	● 按表演需要使用。 ● 创造性地使用。 ● 自己为表演游戏制作玩具。	
持续时间	● 不能坚持10分钟。 ● 10～20分钟。 ● 能认真玩儿20～30分钟。 ● 坚持玩到游戏结束。	

分析与反思：

教师指导

项目	游戏水平描述	备注
材料投放	● 材料丰富，且数量充足。 ● 能够投放适宜的低结构、半成品材料供幼儿使用。 ● 能够科学合理地规整材料，方便幼儿游戏时取放。 ● 能为幼儿游戏提供必要的示范、提示、欣赏、分享等支持，能引发幼儿与之互动。	
对幼儿的观察	● 能关注到幼儿的手工技能、材料使用、交流合作等。 ● 能以耐心观察与前提，让介入更适宜。	
对幼儿的指导	● 指导方式方法是否适宜，以便能有效地帮助幼儿持续游戏。 ● 能把握时机介入游戏，并采用适宜的方法引导幼儿自主解决。 ● 能帮助幼儿螺旋式提升美术技能。	
对幼儿的评价	● 评价具有针对性，能关注幼儿的个体差异，具有支持与引领作用。	
反思与调整	● 能及时地进行美术活动的反思，能根据观察及反思，对美术工作动的各项工作进行不断调整。	

分析与反思：

（十三）《幼儿园养成教育课程》幼儿游戏观察记录表——户外游戏区

观察时间：_____ 班级：_____ 观察内容：_____ 观察方法：_____ 记录人：_____

项目	幼儿游戏水平		
	游戏水平描述	备注	
体育技能	● 具有一定的平衡能力、动作协调、灵敏地进行钻、爬、跨、跳。 ● 具有一定的力量和耐力，能坚持游戏。 ● 能正确运用体育器械，具有自我保护意识，动作协调、掌握一定的运动技能。		
主题目的性	● 无目的，无主题。 ● 目的不明确，易附和他人。 ● 能确定游戏主题，但会出现变化。 ● 有较强的游戏的自主性、计划性。		
情绪专注力	● 注意水平低，情绪欠佳。 ● 一般情绪状态，注意力易分散。 ● 能保持愉快的心情进行游戏。 ● 情绪积极、专注，游戏持续时间长。		
社会性发展	● 能发现问题，解决问题，能创造性地使用材料解决问题。 ● 能尊重他人的意见，与同伴协商、分工、合作、分享、谦让。 ● 能建立适当的游戏规则，按照规则进行游戏。		
认知与创新	● 能创造性地运用体育器械及材料，积极创新玩法，未支持自己或同伴的游戏。 ● 能大胆探索，积极创新玩法。 ● 不断丰富游戏情节，具有一定的想象力和创造力。		

分析与反思：

项目	教师指导	
	游戏水平描述	备注
环境创设及材料投放	● 提供足够的体育器械和自制体育玩具，满足幼儿游戏的需要。 ● 材料丰富多样，具有层次性、开放性，有利于发展幼儿的想象力和创造力，能支持幼儿游戏活动的开展。 ● 游戏环境符合本班幼儿年龄特点、兴趣与需要，并保证有创造性游戏的持续开展。 ● 创设有利于引发幼儿多种经验和支持幼儿之间互动的游戏环境。	
对幼儿的观察	● 能关注到幼儿的体育技能、材料使用，交流合作等。 ● 能以耐心观察与倾听为前提，让介入更适宜。	
对幼儿的指导	● 指导方式方法是否适宜，以便能有效地帮助幼儿确定体育游戏主题和内容。 ● 根据幼儿游戏水质、提出不同目标要求，加强个别辅导，实施因材施教。 ● 教师的指导具有引导性和启发性，支持游戏的进展，游戏过程体现教育整合的思想，帮助幼儿获得有益的经验。	
对幼儿的评价	● 评价具有针对性，能关注幼儿的个体差异，具有支持与引领作用。	
反思与调整	● 能及时地进行户外活动的反思，能根据观察及反思，对户外活动各项工作进行不断调整。	

分析与反思：

（十四）《幼儿园养成教育课程》幼儿游戏观察记录表——音乐表现区

观察时间：_____　班级：_____　观察内容：_____　观察方法：_____　记录人：_____

项目	幼儿游戏水平		项目	教师指导	
	游戏水平描述	备注		游戏水平描述	备注
表演技能	● 能随音乐有节奏、有情景地表演歌曲、舞蹈。 ● 能注意根据各区或者舞蹈适当地装扮自己，随音乐选择合适的演奏乐器。 ● 能运用多种辅助材料装饰主题场景。		材料投放	● 材料包括伴奏音乐、表演头饰、演奏乐器、表演服装。 ● 活动区联动，能够投放种类丰富、适合幼儿自由组合、搭配的废旧材料、服装装饰，然后送给表演区。 ● 能够科学合理地规整材料，方便幼儿游戏时取放。 ● 能为幼儿游戏提供必要的示范、提示、欣赏、分享等支持，能引发幼儿与之互动。	
主题目的性	● 无目的，无主题。 ● 目的不明确，易附和他人。 ● 能随音乐表现，但会出现变化。 ● 有较强的自主性、计划性。		对幼儿的观察	● 能关注到幼儿的表演技能、材料使用、交流合作等。 ● 能以耐心观察为前提，让介入更适宜。	
情绪专注力	● 注意水平低，情绪欠佳。 ● 一般情绪状态，注意力易分散。 ● 能保持愉快的心情进行表演。 ● 情绪积极、专注，持续时间长。		对幼儿的指导	● 指导方式方法是否适宜，以便能有效地帮助幼儿确定表演游戏主题和内容。 ● 能把握时机介入游戏，并采用适宜的方法引导幼儿自主解决。 ● 能帮助幼儿螺旋式提升表演技能。	
社会性发展	● 能发现问题，解决问题，能创造性地使用材料解决问题。 ● 能尊重他人的意见，与同伴协商、分工、合作、分享、谦让。 ● 能建立适当的游戏规则，注意爱惜自己和他人制作的游戏道具。		对幼儿的评价	● 评价具有针对性，能关注幼儿的个体差异，具有支持与引领作用。	
认知与审美	● 能用好听的声音、正确的节奏感、优美协调的舞姿表现歌曲。 ● 能感知别人声音，学会赞扬别人。 ● 在演奏乐器时，能注意倾听别人的演奏，并用合适的力度进行演奏。		反思与调整	● 能及时地进行表演活动的反思，能根据观察及反思对表演各项工作进行不断调整。	
分析与反思：			分析与反思：		

473

（十五）《幼儿园养成教育课程》大班幼儿阶段性发展评价反思与分析表（上学期期中）

班级：_____　　　　　　　　　　　班级人数：_____

领域	项目	评价指标	评价总汇			反思与分析
			很好	较好	加油	
健康	身体素质	能在斜坡、荡桥和间隔物上较平稳地行走，会连续跳绳，半分钟能跳 35 个以上。				
	适应能力	能较快地融入新的人际关系，换新环境较少出现身体不适。				
	习惯养成	有良好的睡眠习惯，会整理自己的床铺，能根据天气的冷暖变化增减衣服。				
语言	倾听	能控制自己的言行，不打乱别人讲话，不嘲笑、不起哄。				
	表达	能清楚连贯地将自己的所见所闻进行表达，能用符号、图像进行表征，并有自己的创意。				
	阅读	掌握正确的阅读方法，保持图书整洁，看懂图书的内容并为同伴讲述。				
社会	人际交往	活动时能与同伴分工合作，遇到困难能一起克服；与别人看法不同时，敢于坚持自己的意见并说出理由。				
	社会适应	能协商解决活动中同伴间的纠纷，会评价自己和他人，能与同伴建立友好的关系。				
	认知能力	能用比较、分类、排序、测量、推理等简单方法解决生活和游戏中的问题。				
科学	数学	能通过实物操作进行数的组成和加减计算，理解"加、减法"的含义。能区分左右，会看整点和半点，在日历上找出相应的日期。				
	自然科学	能用调查记录的方式搜集关于家电的信息，了解小家电的名称、用途，愿意与同伴分享自己的电动玩具。				
艺术	音乐	能用律动或简单的舞蹈动作表现自己的情感或自然情景。				
	美术	能用废旧或自然材料制作玩具、手工艺品，积极参与班级的环境布置。				
	创造表现	能自编自演故事，并为表演选择和搭配简单的服饰或布景。				

（十六）《幼儿园养成教育课程》大班幼儿阶段性发展评价反思与分析表（下学期期中）

班级：_____   班级人数：_____

领域	项目	评价指标	评价总汇			反思与分析
			很好	较好	加油	
健康	动作协调	在侧身钻、翻越悬空梯子、平衡前进、顶沙包、走小路、沙包掷准等活动中，动作协调、灵活；能与同伴合作快速移位接棒。				
	适应能力	尝试逐步适应小学的作息时间。				
	生活自理	会整理书包、橱柜，能将书本、文具、水壶等物品分类放在书包的适宜位置。				
语言	表达	能用声音的抑扬、缓急变化表现诗歌的情感；表达愿意与同伴讨论关于上小学、告别幼儿园的话题，能清楚表达自己的观点。				
	阅读	喜欢阅读关于学做小学生、幼儿园毕业方面的书，理解学做小学生、幼儿园毕业方面的图书内容。				
	书面表达	会正确书写自己的名字。				
社会	人际交往	参观学校时，愿意向学校的老师、哥哥、姐姐请教问题；积极参与毕业典礼活动。				
	社会适应	了解毕业典礼的意义，能较合理地安排离园前的活动计划；对小学生活有好奇和向往。				
	关心尊重他人	体验毕业离园时依依惜别的感情和对幼儿园、老师的感激之情。				
科学	喜欢探究	喜欢探索不同钟表调时间的方式，能拆装多种式样的笔。				
	生活中的数学	在生活中感知时间的珍贵，建立时间观念，会看整点和半点。				
	数量关系	在"关于小学的问题统计""一字一师"等活动中，能进行简单的数据统计和对比。				
艺术	感受美的事物	理解《上学歌》《铅笔盒进行曲》《中国少年先锋队队歌》《老师老师您真好》等艺术作品所表达的情感，能用声调、语气、动作表达自己对作品的理解。				
	表现与创造	能用多种工具、材料及不同表现手法创造性地表达自己对上学的喜悦和对离别的不舍。				

以幼儿园家长为主体的评估

（一）家长课程审议小组评价表

亲爱的家长朋友：

　　课程是幼儿园教育质量的生命线。为了更好地建设我园的园本课程，我园成功申报了省级课题《养成教育课程的开发与应用》，课程不断建构、完善，课程的实施开始彰显特色。家庭是园本课程建设的重要资源，真诚地请您为我们的课程留下宝贵的建议，让我们共同携手，为孩子的良好发展尽一份心力！

班级		姓名	
您对课程理念和教育宗旨的评价			
您对课程目标的评价			
您对课程内容的评价			
您对课程实施的评价			
您对课程评价的评价			

（二）"特色主题"楼层联动区域游戏家长评价表

我园的《幼儿园养成教育课程》依据孩子的发展需要，从幼儿的兴趣、需要和已有经验开展课程构建与实施。教师们密切关注孩子，把握孩子的兴趣点，逐步生成和推进我们的园本课程，构建了具有园本特色的"蓝色海洋课程"和"传统文化课程"。随着主题活动的不断深入，老师们根据幼儿兴趣和需要，不断调整、丰富区域内容，使区域活动与课程的主题活动相互渗透、相互融合，使区域活动真正促进主题活动的深入发展。为了资源的共享和社会性区域设置内容的广泛性，我们开展了楼层联动区域游戏（所谓联动区域游戏是指在班级主题区域活动相对稳定的同时，让同龄儿童通过同龄班级间设置的区域，开展正规与非正规、组织与非组织、群体与个体间广泛的、多层次的、多通道的互动，从而促进幼儿社会性及人格的健康和谐发展。）我们给幼儿创造了更多的活动空间，同时联动中师师之间、师幼之间、幼幼之间发生着千丝万缕的联系，各班的区域活动有效地联动起来，让孩子们在游戏中充分地释放自我、展现自我、提升自我！请家长和孩子们一起来体验游戏的快乐，并对孩子的游戏做一下观察评价吧！

幼儿楼层区域游戏观察评价

兴趣	幼儿对参与的楼层区域游戏活动兴趣高	☆☆☆	能自主选择区域进行游戏	☆☆☆
社会交往	能与同伴交流与合作	☆☆☆	能倾听和接受别人的意见，不能接受时会说明理由，能帮助解决其他小朋友之间的冲突	☆☆☆
	能按自己的想法进行游戏，大班幼儿能主动发起活动或在活动中出主意、想办法	☆☆☆	乐于分享游戏经验，能对活动结果进行反思与评价	☆☆☆
	能主动与客人或长辈交往并能与大家分享快乐、有趣的事	☆☆☆	有自己的好朋友，也喜欢结交新朋友，能向别人请教和分享游戏	☆☆☆
意志品质	对参与的游戏有好的专注度与投入度	☆☆☆	了解游戏规则，能按规则约束自己的行为	☆☆☆
	有良好的秩序性，不在楼层中乱窜	☆☆☆	能有始有终地完成某项游戏	☆☆☆
学习品质	能将已有经验迁移到游戏中	☆☆☆	有解决困难和问题的能力	☆☆☆
	游戏时有一定计划性	☆☆☆	会正确操作材料，探究玩法，获得经验	☆☆☆

感谢家长的参与，请为幼儿园的海洋主题课程的生成与实施提出意见和建议：

（三）《幼儿园养成教育课程》——"我能做好"家长评价表（上学期）

班级：_____　　　　　　　　　　　　　　　　　　　　　　　　姓名：_____

领域	标准	评价
健康	● 积极参加体育活动，学会做新操，会听口令有节奏地进行队列练习，并学习左右分队走	☆（　）▷（　）！（　）
	★ 能为自己和他人做一些力所能及的事情，愿意保持自身仪表和生活环境的整洁	☆（　）▷（　）！（　）
社会	● 有自己的好朋友，也喜欢结交新朋友，能邀请小朋友到家里玩，感受有朋友一起玩的快乐。 ● 能主动与同伴互动，共同制定并自觉遵守班级游戏和活动规则	☆（　）▷（　）！（　）
	★ 知道乘车时应排队上车、需要打卡或投币、前门上车、后门下车，给需要的人让座等必要的规则和基本礼仪	☆（　）▷（　）！（　）
科学	● 认识单数、双数，知道 10 以内数的相邻数	☆（　）▷（　）！（　）
	● 熟练掌握 10 以内数的形成，并能结合日常生活将数字运用到生活中	☆（　）▷（　）！（　）
	★ 熟练掌握 10 以内数的形成，并能结合日常生活将数字运用到生活中	☆（　）▷（　）！（　）
语言	● 能熟练朗诵诗歌《我是大班儿童》并创编动作进行表演。 ● 理解故事内容《其实我很喜欢你》，知道与同伴交往时敢于把自己的想法告诉对方	☆（　）▷（　）！（　）
	★ 能注意倾听成人或同伴讲话，愿意向同伴表达自己的真实感受	☆（　）▷（　）！（　）
艺术	● 能有表情地演唱歌曲《不再麻烦好妈妈》，并能创编动作进行表演	☆（　）▷（　）！（　）
	● 能通过添画、替换、变形等把名字变成各种有趣的造型	☆（　）▷（　）！（　）
	★ 知道将水彩笔等辅助材料随时整理好，放回到原处	☆（　）▷（　）！（　）

☆ 我很棒　　　　　▷ 还不错　　　　　！ 加油！

（四）海洋特色主题——"寻踪海边建筑的足迹"家长评价表（上学期）

班级：_____　　　　　　　　　　　　　　　　　　　　　　　　姓名：_____

领域	标准	评价
健康	● 具有一定的力量和耐力，能主动参加体育活动。掌握正确的肩上挥臂投掷方法	☆（　）▷（　）！（　）
	★ 知道根据气候变化增减衣服，外出游玩时注意自我保护	☆（　）▷（　）！（　）
社会	走进海边建筑，观察其不同的构造与外形特征，并分享自己的发现。喜欢参加亲子外出实践活动，能以小组的形式记录、统计自己的发现	☆（　）▷（　）！（　）
	★ 观察、发现小青岛的主要外形特征，知道小青岛的作用	☆（　）▷（　）！（　）
科学	能分工合作进行统计，学会在表格上记录统计结果，并按得票高低进行排序。学会简单的测量方法，并运用多种测量工具测量幼儿园、家的楼高和墙的厚度	☆（　）▷（　）！（　）
	★ 亲近自然，喜欢探究，感受青岛建筑的多样化	☆（　）▷（　）！（　）

领域	标准	评价
语言	● 能清晰地表述自己认识的老建筑及对其喜欢的原因	☆（　　　）▷（　　　）！（　　　）
	★ 喜欢与同伴分享交流各自收集的有关海上建筑的信息，能完整连贯地用自己的语言讲述海上建筑的特殊本领，如小青岛和跨海大桥	☆（　　　）▷（　　　）！（　　　）
艺术	● 能有感情地演唱歌曲《欢迎来我家》，并结合歌曲自主创编动作进行表演	☆（　　　）▷（　　　）！（　　　）
	喜欢幼儿园，尝试绘画写生幼儿园。 会用多种废旧材料制作立体建筑，并进行简单的装饰	☆（　　　）▷（　　　）！（　　　）

☆ 我很棒　　　　　▷ 还不错　　　　　！ 加油！

（五）《幼儿园养成教育课程》——"丰收的秋天"家长评价表（上学期）

班级：_____　　　　　　　　　　　　　　　　　　　姓名：_____

领域	标准	评价
健康	● 学习钻与助跑动作，并能跨跳不少于 50 cm 的平行线，并能掌握攀爬、跳的动作	☆（　　　）▷（　　　）！（　　　）
	★ 知道根据气候变化增减衣服，外出游玩时注意自我保护	☆（　　　）▷（　　　）！（　　　）
社会	● 感知秋天的美，能够使用图像符号大胆地表达自己的秋游计划	☆（　　　）▷（　　　）！（　　　）
	★ 知道秋天是丰收的季节，说说秋天丰收的食物，培养爱劳动的习惯	☆（　　　）▷（　　　）！（　　　）
科学	● 学习数字 3，掌握正确的书写方式 ● 学习 2、3 的加法与减法，理解加法、减法的含义，知道加是增多，减是少了	☆（　　　）▷（　　　）！（　　　）
	★ 大胆说一说自己对种子的认识，了解种子靠风、水、动物皮毛、鸟类粪便等途径传播并能进行简单分类	☆（　　　）▷（　　　）！（　　　）
语言	● 感受散文诗《美丽的秋天》的优美意境，理解故事《梨子小提琴》并能简单复述故事。愿意将自己会的谜语与家长分享	☆（　　　）▷（　　　）！（　　　）
	★ 能较清楚连贯地用自己的语言将所见所闻的事情表达出来	☆（　　　）▷（　　　）！（　　　）
艺术	● 能用优美、连贯的声音演唱《秋天多么美》，能随音乐表现《拔根芦苇花》的节奏，能在新疆风格的音乐下表现舞蹈《葡萄丰收》	☆（　　　）▷（　　　）！（　　　）
	★ 喜欢水墨画，能正确运用毛笔的中锋、侧锋，浓墨、淡墨画出葡萄。认真观察，能正确地画出菊花优美的外形特征，作画时保持桌面、画面以及服饰的整洁	☆（　　　）▷（　　　）！（　　　）

☆ 我很棒　　　　　▷ 还不错　　　　　！ 加油！

（六）《幼儿园养成教育课程》——"身边的科学"家长评价表（上学期）

班级：_____　　　　　　　　　　　　　　　　　　　姓名：_____

领域	标准	评价
健康	● 能用多种纸质材料制作体育运动器械，发展身体动作的协调性、灵活性和快速反应能力。	☆（　　　）▷（　　　）！（　　　）
	★ 知道牙齿健康的重要性，学会保持口腔清洁的方法。	☆（　　　）▷（　　　）！（　　　）

领域	标准	评价		
社会	● 了解常见交通工具的主要特征、用途,初步养成认真、细致的操作习惯,懂得绿色出行及遵守基本的交通规则	☆（　）▷（　）!（　）		
	★ 在日常生活中能主动使用礼貌用语,当妨碍别人或给别人带来麻烦时会说"对不起",当别人赔礼道歉时,会说"没关系"	☆（　）▷（　）!（　）		
科学	● 感知影子、转动等物质和现象的秘密,知道水三态变化的过程 ● 对"+""-""="有了初步的认知,简单了解"加""减"的含义	☆（　）▷（　）!（　）		
	★ 喜欢提问,将自己的新发现用符号记录,乐于与同伴分享,对事情有浓厚的好奇和探索的欲望	☆（　）▷（　）!（　）		
语言	● 理解故事《小水滴旅行记》,并能用自己的语言完整讲述故事内容	☆（　）▷（　）!（　）		
	★ 懂得动脑筋,热心帮助别人大家都能获得快乐的道理	☆（　）▷（　）!（　）		
艺术	● 能有表情地演唱歌曲《山谷回音真好听》,唱出"原声"和"回声"的强弱变化 ● 能运用多种材料制作"彩色陀螺",感知、发现陀螺转动时色彩和图案的奇妙变幻	☆（　）▷（　）!（　）		
	★ 知道将制作时使用的工具收放好,垃圾扔到垃圾桶内,保持桌面整洁	☆（　）▷（　）!（　）		

☆ 我很棒　　　　▷ 还不错　　　　! 加油!

（七）中国传统文化主题——"琴·棋·书·画"家长评价表（上学期）

班级：＿＿＿＿＿　　　　　　　　　　　　　　　　姓名：＿＿＿＿＿

领域	标准	评价		
健康	● 学习"跳皮筋""鲤鱼跳龙门""打猫尾"等民间游戏的玩法与规则	☆（　）▷（　）!（　）		
	★ 知道根据气候变化增减衣服,外出游玩时注意自我保护	☆（　）▷（　）!（　）		
社会	● 能有礼貌地参加本主题下的亲子进课堂活动,主动与客人打招呼,并认真听讲	☆（　）▷（　）!（　）		
	★ 能够在下棋的游戏中遵守观棋不语、同伴间相互礼让、谦虚待人、棋具掉落地上主动捡起	☆（　）▷（　）!（　）		
科学	● 知道京剧是中国的国粹,感知京剧人物,行当、动作、唱腔等特点,萌发对京剧艺术的探究兴趣 ● 在卖早餐的游戏环境中学习5的组成及加减法,口头编出应用题,感受数学活动的乐趣	☆（　）▷（　）!（　）		
	★ 游戏结束后规范收拾学具、摆好桌椅等	☆（　）▷（　）!（　）		
语言	● 初步感受中国传统文学形式,理解古诗的主要含义,感受它的意境美和韵律美	☆（　）▷（　）!（　）		
	● 学习京剧故事《三岔口》,知道故事中人物角色以及人物关系,对中国传统文化感兴趣	☆（　）▷（　）!（　）		
艺术	● 感受中国传统水墨画的独特绘画方式,掌握绘画方法与步骤,体验成功带来的自豪感,萌发对传统文化的喜爱	☆（　）▷（　）!（　）		
	● 感受和体验京歌中的京腔特点,能用洪亮的声音演明歌曲,尝试用夸张的表情和体态动作表现歌曲内容	☆（　）▷（　）!（　）		

☆ 我很棒　　　　▷ 还不错　　　　! 加油!

（八）《幼儿园养成教育课程》——"拥抱冬天"家长评价表（上学期）

班级：_____ 　　　　　　　　　　　　　　　　　　　姓名：_____

领域	标准	评价
健康	● 掌握侧面钻及双脚从高处向下跳的动作要领,提高动作的灵敏性、协调性	☆（　　）⚑（　　）!（　　）
	★ 专心吃饭,懂得吃"热乎乎"的食物对身体好	☆（　　）⚑（　　）!（　　）
社会	● 尝试采访交警、环卫工人等在寒风中工作的人;能说出寒风中仍在工作的人的辛苦	☆（　　）⚑（　　）!（　　）
	★ 能与同伴友好快乐游戏,有一定的规则意识	☆（　　）⚑（　　）!（　　）
科学	● 初步了解球体和圆柱体的主要特征;认识日历中不同符号的意义,学习看日历的方法,能迅速找出日历中的具体日期 ● 了解动物冬眠、迁徙、换毛、储存食物等几种动物过冬方式	☆（　　）⚑（　　）!（　　）
	★ 通过制作班级生日册,萌发关爱身边人的情感	☆（　　）⚑（　　）!（　　）
语言	● 理解散文诗所描述的冬天的主要特征,感受散文诗充满童趣的意境 ● 安静倾听故事《雪孩子》,理解故事内容,能记住故事中的重要情节	☆（　　）⚑（　　）!（　　）
	★ 感知故事中的雪孩子可爱、善良、勇敢、乐于助人、舍己救人这一角色,并体验其美好的情感	☆（　　）⚑（　　）!（　　）
艺术	● 用歌声表达对雪花的赞美之情;注意休止符的正确唱法,能边唱边做相应的动作 ● 学习用搓、压等技能表现某一季节的典型图案	☆（　　）⚑（　　）!（　　）
	★ 活动后能主动将使用的材料整理好,放回到原处	☆（　　）⚑（　　）!（　　）

☆ 我很棒　　　　⚑ 还不错　　　　! 加油!

（九）《幼儿园养成教育课程》——"爱在我身边"家长评价表（下学期）

班级：_____ 　　　　　　　　　　　　　　　　　　　姓名：_____

领域	标准	评价
健康	● 能掌握肩上挥臂投准的动作技巧,并能根据远近、高低等因素找准目标	☆（　　）⚑（　　）!（　　）
	★ 能在吃饭时保持安静不说笑,细嚼慢咽	☆（　　）⚑（　　）!（　　）
社会	● 懂得孝敬长辈、宽容原谅、严格要求都是爱,敢于用真诚、感人的语言表达自己的爱 ● 主动参与筹备感恩活动,在集体面前大胆自信地表演节目,会用多种方式表达对妈妈的爱	☆（　　）⚑（　　）!（　　）
	★ 乐意用力所能及的方式帮助盲人,主动表达自己的体验和感受	☆（　　）⚑（　　）!（　　）
科学	● 能列出6的5种不同分合式,初步感知两个部分数的互换关系 ● 能观察、发现正方体和长方体的异同,正确辨别并说出生活中类似正方体和长方体的物体	☆（　　）⚑（　　）!（　　）
	★ 能主动用符号、标志记录自己帮助成人劳动的内容与心情	☆（　　）⚑（　　）!（　　）

领域	标准	评价
语言	● 尝试用连贯的语言表达对《醒来后的惊喜》画面的理解，能大胆想象创编故事结尾 ● 理解故事内容《福气糕》，并进行表演，会根据不同的情境说不同的祝福语	☆（　）▷（　）!（　）
语言	★ 经常与长辈聊天，把自己学到的本领和身边的事情告诉长辈	☆（　）▷（　）!（　）
艺术	● 能有表情地演唱歌曲《不再麻烦好妈妈》，并能创编动作进行表演 ● 能用夸张、简单的线条画出《我爸爸》常见的表情，表现出爸爸面部的显著特点	☆（　）▷（　）!（　）
艺术	★ 能结合生活中的经验，利用学过的歌曲进行大胆仿编	☆（　）▷（　）!（　）

☆ 我很棒　　　　　▷ 还不错　　　　　! 加油!

（十）海洋特色主题——"船儿奥秘多"家长评价表（下学期）

班级：_____　　　　　　　　　　　　　　　　　　　姓名：_____

领域	标准	评价
健康	● 掌握在梯子上攀爬的动作，能手脚协调、交替地向上爬	☆（　）▷（　）!（　）
健康	★ 喜欢参与运动会项目，激发幼儿胜不骄、败不馁的品质	☆（　）▷（　）!（　）
社会	● 在参观海军博物馆之前，能大胆预测活动中可能出现的问题并根据问题制定规则 ● 喜欢参加亲子外出实践活动，并能以小组的形式记录、统计自己的发现	☆（　）▷（　）!（　）
社会	★ 能安全、有序地参与喜欢的运动竞赛活动，遵守游戏规则	☆（　）▷（　）!（　）
科学	● 认识不同种类的船，了解船的名称、用途及主要外形特征 ● 能按船的名称、外形、用途等特征进行分类与计数	☆（　）▷（　）!（　）
科学	★ 建立一日生活的时间观念，体验到数学在实际活动中应用的快乐	☆（　）▷（　）!（　）
语言	● 能根据故事《西瓜船》的发展顺序，对图片内容进行大胆的想象并合理地为图片排序	☆（　）▷（　）!（　）
语言	★ 喜欢与同伴分享交流各自收集的有关船的信息，能完整连贯地用自己的语言，讲述船的特殊本领	☆（　）▷（　）!（　）
艺术	● 能运用线描、水粉、油画棒、撕纸等不同形式创造性地设计绘制自己喜欢的船 ● 能随歌曲《划船》的音乐，有节奏地创编划船的动作	☆（　）▷（　）!（　）
艺术	★ 为运动队设计队徽 LOGO 而萌发自豪感，激发幼儿的团队意识	☆（　）▷（　）!（　）

☆ 我很棒　　　　　▷ 还不错　　　　　! 加油!

（十一）《幼儿园养成教育课程》——"我爱大自然"家长评价表（下学期）

班级：＿＿＿＿＿＿＿　　　　　　　　　　　　　　　　　　　　　　姓名：＿＿＿＿＿＿＿

领域	标准	评价
健康	● 掌握助跑跨跳的动作要领，身体协调性、灵敏性增强	☆（　　）▷（　　）！（　　）
	★ 知道根据气候变化增减衣服，外出游玩时注意自我保护	☆（　　）▷（　　）！（　　）
社会	● 自觉遵守垃圾入桶、垃圾分类、爱护花草等环保行为规范，能主动向家人、朋友宣传环保知识	☆（　　）▷（　　）！（　　）
	★ 积极参与春天里的民俗活动，感受与同伴、家人一起活动的快乐	☆（　　）▷（　　）！（　　）
科学	● 知道汽车、塑料制品、纸质品等的用途及其给环境带来的危害，能爱护环境 ● 能运用7的加减法解决生活中的实际问题	☆（　　）▷（　　）！（　　）
	★ 能与同伴交流、分享动物自我保护的本领，喜欢小动物、激发爱护小动物的情感	☆（　　）▷（　　）！（　　）
语言	● 有表情地朗诵自己喜欢的诗歌《春天的秘密》，并用流畅的语言大胆、清楚地表达自己对春天的感知	☆（　　）▷（　　）！（　　）
	★ 能较清楚连贯地用自己的语言将所观察到的春天的秘密表达出来	☆（　　）▷（　　）！（　　）
艺术	● 能用连贯、优美、活泼、轻快的歌声，表现歌曲《柳树姑娘》的不同情感 ● 能运用增加、删改、变换方向等方法对手形的轮廓进行再创作，制作手形动物画	☆（　　）▷（　　）！（　　）
	★ 喜欢运用手形来制作动物画，作画时保持桌面、画面以及服饰的整洁	☆（　　）▷（　　）！（　　）

☆ 我很棒　　　　　　▷ 还不错　　　　　　！ 加油！

（十二）《幼儿园养成教育课程》——"我是小书迷"主题活动实施家长评价表（下学期）

班级：＿＿＿＿＿＿＿　　　　　　　　　　　　　　　　　　　　　　姓名：＿＿＿＿＿＿＿

领域	标准	评价
健康	● 掌握平衡、钻、攀爬的基本动作，动作协调、灵活	☆（　　）▷（　　）！（　　）
	★ 敢于挑战困难，能勇敢坚强地克服困难，感受成功的快乐	☆（　　）▷（　　）！（　　）
社会	● 能跟随老师、家长有序参观图书馆、图书展等，遵守参观规则	☆（　　）▷（　　）！（　　）
	★ 喜欢去图书馆阅读图书，并乐意向同伴介绍自己喜欢的图书	☆（　　）▷（　　）！（　　）
科学	● 学习将物品按多个特征进行归类，并运用符号进行表征记录 ● 感知生活中的容积守恒现象，能排除形状、数量等因素的干扰，感受容积的不变性	☆（　　）▷（　　）！（　　）
	★ 积极参加讨论和交流，能大胆提出问题或发表不同意见	☆（　　）▷（　　）！（　　）
语言	● 能大胆猜测、创编故事情节的发展，感受绘本故事《母鸡萝丝去散步》情理之中、意料之外的戏剧效果	☆（　　）▷（　　）！（　　）
	★ 在同伴分享自己的发现时，能认真倾听	☆（　　）▷（　　）！（　　）

领域	标准	评价
艺术	● 欣赏不同种类的书签,能结合书签的主要构造与特点,大胆创作与设计 ● 在欣赏音乐活动时,能充分感受理解音乐、创编音乐故事	☆（　）▷（　）!（　）
	★ 喜欢欣赏不同风格的音乐,能将故事与音乐配对,大胆表现并通过表情、动作、节奏等再现绘本故事的主要情节	☆（　）▷（　）!（　）

☆ 我很棒　　　　▷ 还不错　　　　! 加油!

（十三）中国传统文化主题——"欢乐的日子"家长评价表（下学期）

班级：＿＿＿＿　　　　　　　　　　　　　　　　　　　姓名：＿＿＿＿

领域	标准	评价
健康	● 掌握穿跳袋行进跳及钻、从高处往下跳、与同伴配合抛接沙包等技能	☆（　）▷（　）!（　）
	★ 能遵守游戏规则,克服困难,坚持游戏	☆（　）▷（　）!（　）
社会	● 积极参与计划、筹备节日活动,能有序、连贯、清楚地与同伴交流节日活动中好玩的事情 ● 知道做错事情不仅要勇敢承认,还要想办法弥补,学会用安慰、赔偿、送礼物、修补等方法获得他人的原谅	☆（　）▷（　）!（　）
	★ 初步具备勇于承担过失的责任心。	☆（　）▷（　）!（　）
科学	● 能够有序地进行 8 的组成的游戏活动,理解数的组成中互换、互补的规律并运用规律推出 8 的分合式	☆（　）▷（　）!（　）
	★ 游戏结束后规范收拾学具、摆好桌椅等	☆（　）▷（　）!（　）
语言	● 积极展开对故事《快乐的小公主》情节的想象与讨论,能用语言、动作表达自己的感受	☆（　）▷（　）!（　）
	★ 懂得同伴间要友好相处,体验宽容带来的感动与幸福	☆（　）▷（　）!（　）
艺术	● 大胆尝试运用泼墨画的技法作画,并能在泼墨造型的基础上富有创意地进行添画 ● 用自然、好听的声音演唱歌曲《快乐的六一》	☆（　）▷（　）!（　）
	★ 大方自信地与同伴合作表演歌曲,体验与同伴一起欢度六一的愉快心情,感受节日的快乐气氛	☆（　）▷（　）!（　）

☆ 我很棒　　　　▷ 还不错　　　　! 加油!

（十四）《幼儿园养成教育课程》——"我上小学了"家长评价表（下学期）

班级：＿＿＿＿　　　　　　　　　　　　　　　　　　　姓名：＿＿＿＿

领域	标准	评价
健康	● 掌握双手悬吊、保持 20 秒左右的动作	☆（　）▷（　）!（　）
	★ 动作协调灵敏,敢于挑战自我	☆（　）▷（　）!（　）
社会	● 对小学生活好奇和向往,尝试从心理、习惯、自理能力等方面做好升入小学的准备 ● 能与同伴分工合作,能够用多种形式自信地展示自己	☆（　）▷（　）!（　）
	★ 尝试用多种方式表达对教师、幼儿园的爱,能够珍惜和大家相处的时间	☆（　）▷（　）!（　）

领域	标准	评价
科学	● 能按类别、大小、使用顺序等整理学习用品和小书包 ● 对钟表感兴趣,认识整点和半点,懂得珍惜时间	☆（　）▷（　）!（　）
	★ 愿意探索生活中事物之间的关系,体会数学活动的乐趣	☆（　）▷（　）!（　）
语言	● 能专注阅读上小学、幼儿园毕业等方面的图书 ● 尝试用声音的抑扬、缓急变化表现诗歌《毕业诗》的情感	☆（　）▷（　）!（　）
	★ 愿意与同伴、教师交流关于小学和毕业的话题,能清楚表达自己的观点	☆（　）▷（　）!（　）
艺术	● 能运用疑惑、快乐的心情演唱《上学歌》,并能表达出一、二段歌曲不同的情感 ● 能想象并画出自己背着书包上学的快乐场景,表达对小学的向往和盼望上学的心情	☆（　）▷（　）!（　）
	★ 喜欢运用音乐表达,即将成为小学生的自豪、喜悦之情	☆（　）▷（　）!（　）

☆　我很棒　　　　　▷　还不错　　　　　!　加油!

（十五）《幼儿园养成教育课程》家长日常观察评价表（大班上学期）

1. 在家中的情景观察：

· 和孩子一起玩搭建游戏时：向爸爸妈妈介绍搭建的主题和内容，与爸爸妈妈一起协商，一起准备多种搭建材料。能用拼插、连接、垒高等方法搭建青岛海边建筑。

· 和孩子一起玩搭建游戏时：观察孩子能否自主探索搭建方法，遇到问题能否动脑筋想办法解决或主动寻求帮助，了解孩子的搭建水平和搭建需求。

评价：☆ ☆ ☆

2. 日常观察：

· 能在成人的帮助下，做徒步参观活动计划，自己收拾整理所需物品。

· 参观活动中不乱扔垃圾，保护海边环境，自觉做一个文明小公民。

· 愿意向大家介绍自己所认识的建筑的种类、构造和特点，并尝试用各种形式进行表征。

评价：☆ ☆ ☆

3. 轶事记录：

亲爱的爸爸妈妈，孩子在家里曾经做过哪些令人难忘的事？有哪些明显的变化和进步？您对孩子有什么期望和鼓励？请记录。

在这里，让我们一起分享孩子成长的点点滴滴。

（十六）《幼儿园养成教育课程》家长日常观察评价表（大班下学期）

1. 在家中的情景观察：

• 和孩子一起看绘本图书时：能向爸爸妈妈介绍绘本图书的内容，与爸爸妈妈一起协商，合作共同将绘本内容进行创造性的表演。能用夸张的表情，丰富的肢体动作未进行表达。

• 和孩子一起表演时：观察孩子能否创造性地进行表演，流畅地进行对话，在遇到问题时能否动脑筋想办法解决或主动寻求帮助，了解孩子的语言表达水平。

评价：☆ ☆ ☆

2. 日常观察：

• 能在成人的帮助下，做徒步参观活动计划，自己收拾整理所需物品。

• 参观图书馆活动中不乱扔垃圾，保护图书，自觉做一个文明小公民。

• 愿意向大家介绍自己所认识的小船种类、构造和特点，并尝试用各种形式进行表征。

评价：☆ ☆ ☆

3. 轶事记录：

亲爱的爸爸妈妈，孩子在家里曾经做过哪些令人难忘的事？有哪些明显的变化和进步？您对孩子有什么期望和鼓励？请记录在这里，让我们一起分享孩子成长的点点滴滴。

以幼儿园幼儿为主体的评估

（一）《幼儿园养成教育课程》——"我能做好"幼儿发展自评、互评表（上学期）

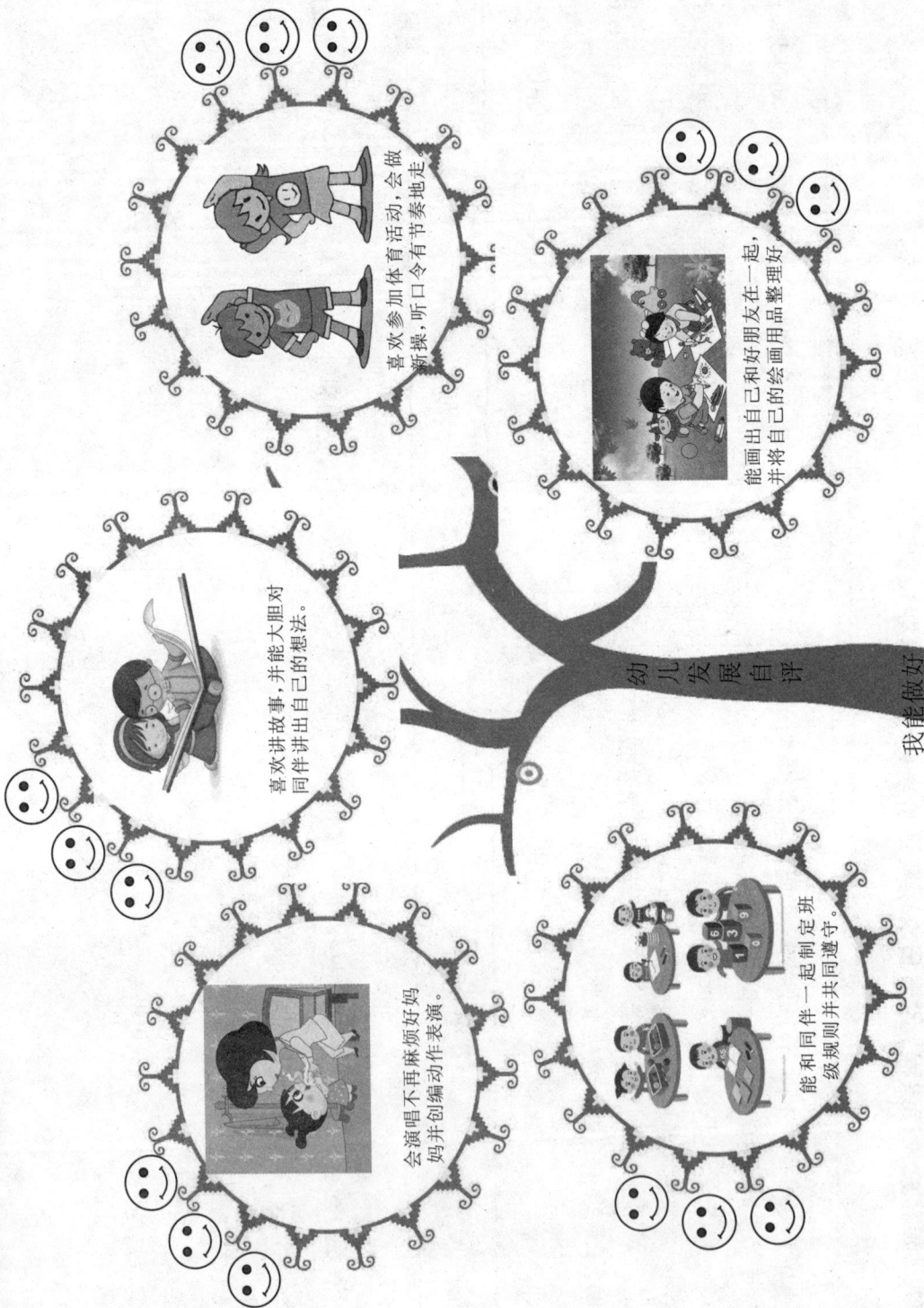

喜欢参加体育活动，会做新操，听口令有节奏地走。

能画出自己和好朋友在一起，并将自己的绘画用品整理好。

喜欢讲故事，并能大胆对同伴讲出自己的想法。

幼儿发展自评

我能做好

会演唱不再麻烦好妈妈并能创编动作表演。

能和同伴一起制定班级规则并共同遵守。

（二）青岛海洋特色主题"寻踪海边建筑的足迹"幼儿发展自评、互评表（上学期）

喜欢用多种材料制作灯塔。

说说我的幼儿园。

说一说海边美丽的建筑吧。

幼儿发展自评

寻踪海边建筑的足迹

能边唱边表演歌曲"数高楼"。

我们青岛有哪些海上建筑？
海上建筑有哪些本领？

（三）《幼儿园养成教育课程》——"丰收的秋天"幼儿发展自评、互评表（上学期）

能说出在秋天中发现的秘密。

能正确写出数字3，理解加减法。

喜欢参加体育活动，并能保护自己。

幼儿发展自评

丰收的秋天

能用好听的声音演唱《秋天多么美》。

能用毛笔画出《葡萄熟了》。

（四）《幼儿园养成教育课程》——"身边的科学"幼儿发展自评、互评表（上学期）

喜欢参加体育活动，运用不同的体育器械

能运用不同材料制作出彩色陀螺，并能将垃圾、工具收放好

能用自己的语言连贯完整地讲述故事《小猴的出租车》

会演唱歌曲《山谷回音真好听》并创编动作表演

能对人使用礼貌用语，遵守交通规则，绿色出行。

幼儿发展自评

身边的科学

（五）中国传统文化主题——"琴·棋·书·画"幼儿发展自评、互评表（上学期）

喜欢和朋友一起跳皮筋吗？
跳皮筋时应该注意什么？

能了解《西游记》的人物及故事，能有表情地演唱歌曲《一个师傅仨徒弟》。

喜欢水墨画，能运用墨彩表现水墨画"梅花"。

幼儿发展自评

说说京剧有哪些角色，他们的服装你喜欢吗？

这是什么棋？讲一讲楚河汉界的故事给朋友听一听吧！

琴棋书画

（六）《幼儿园养成教育课程》——"拥抱冬天"幼儿发展自评、互评表（上学期）

不怕寒冷，坚持冬季体育锻炼

会运用三等分的折法，运用折剪的方法制作雪花。

能说出小动物们的几种过冬方式。

幼儿发展自评

拥抱冬天

尝试采访在寒风中工作的人，能说出他们的辛苦。

安静倾听故事《雪孩子》，能记住故事中的重要情节。

（七）《幼儿园养成教育课程》——"爱在我身边" 幼儿发展自评、互评表（下学期）

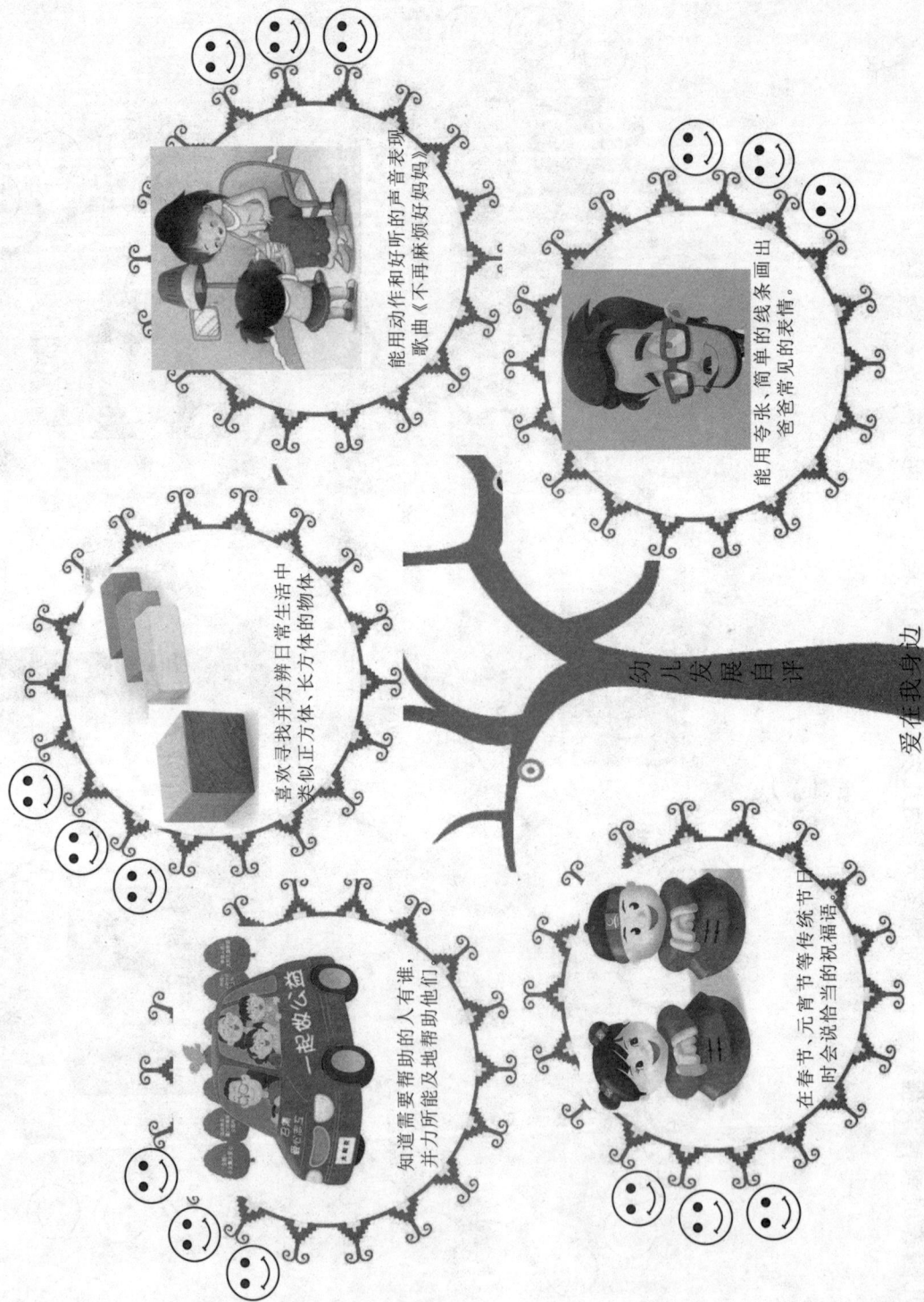

幼儿发展自评

能用动作和好听的声音表现歌曲《不再麻烦好妈妈》

能用夸张、简单的线条画出爸爸常见的表情。

喜欢寻找并分辨日常生活中类似正方体、长方体的物体

知道需要帮助的人有谁，并力所能及地帮助他们。

在春节、元宵节等传统节日时会说恰当的祝福语。

爱在我身边

（八）青岛海洋特色主题"船儿奥秘多"幼儿发展自评、互评表（下学期）

能用塑料盒等辅助材料制作小船。

能自主阅读关于船的绘本或图书。

喜欢实验、探索船跑得快的方法。

知道船的主要特征与功能。

认识各种各样的船。

幼儿发展自评

船儿奥秘多

（九）《幼儿园养成教育课程》——"我爱大自然"幼儿发展自评、互评表（下学期）

演唱《柳树姑娘》，并能用不同歌声表现歌曲的不同情感。

运用手形添画的方法，绘画各种小动物。

幼儿发展自评

我爱大自然

建立初步的环保意识，知道节约资源。

能清楚地表达自己对大自然对春天中动植物的感知。

能根据气温和运动量的变化调整自己的活动，反时增减衣物。

（十）《幼儿园养成教育课程》——"我是小书迷"幼儿发展自评、互评表（下学期）

能运用各种材料制作小书签。

在活动中学习有条理地收书、整理图书等物品。

能运用符号表征的方式制定图书节的活动计划与规则

能大胆猜测、创编故事《母鸡萝丝去散步》中的情节发展

能跟随老师、家长有序参观图书馆、图书展。

母鸡萝丝去散步
文·图 佩特·哈群斯

幼儿发展自评

我是小书迷

（十一）中国传统文化主题——"欢乐的日子"幼儿发展自评、互评表（下学期）

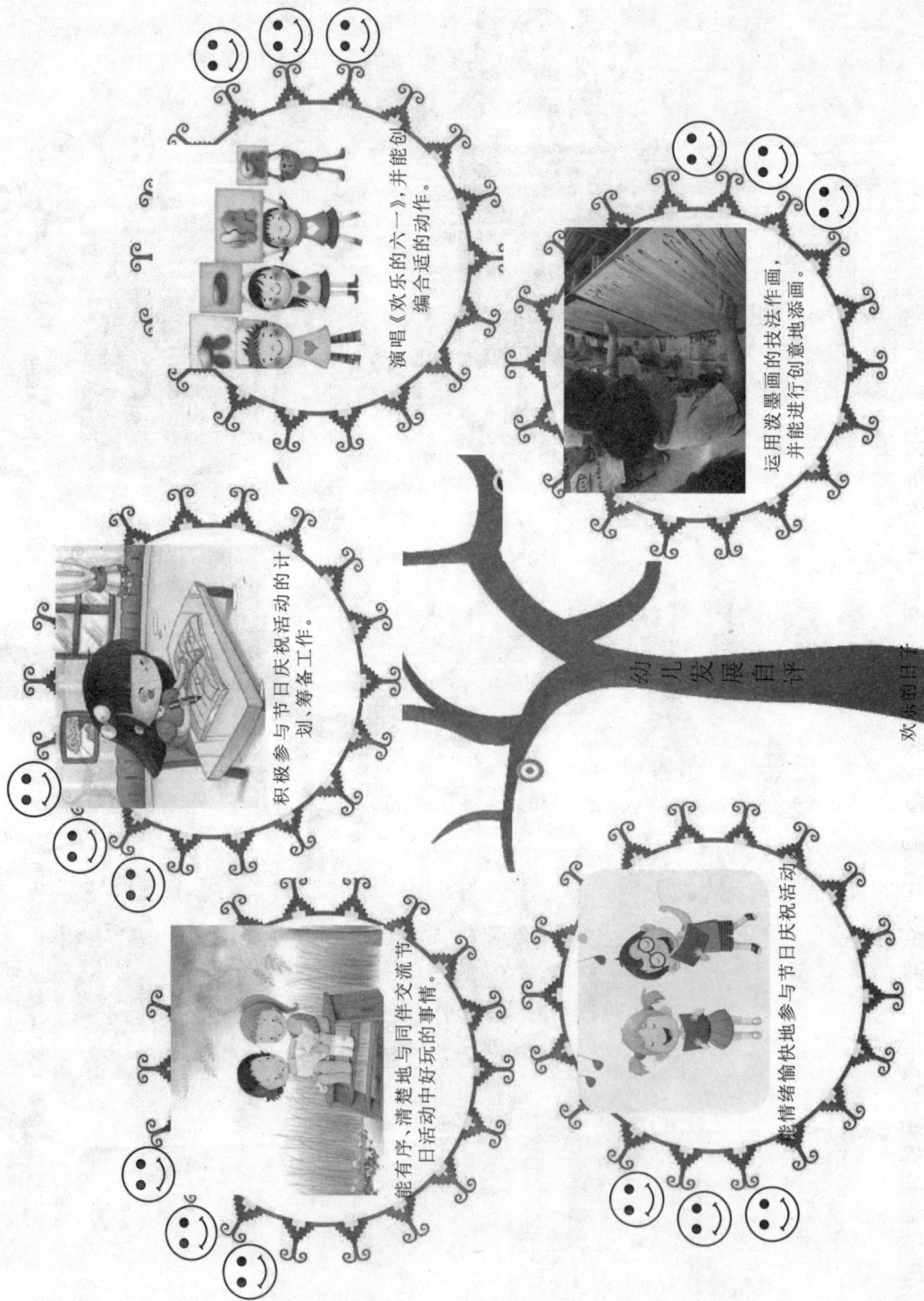

幼儿发展自评

欢乐的日子

演唱《欢乐的六一》，并能创编合适的动作。

运用彩墨画的技法作画，并能进行创意地添画。

积极参与节日庆祝活动的计划、筹备工作。

能有序、清楚地与同伴交流节日活动中好玩的事情。

能情绪愉快地参与节日庆祝活动

（十二）《幼儿园养成教育课程》——"我上小学了"幼儿发展自评、互评表（下学期）

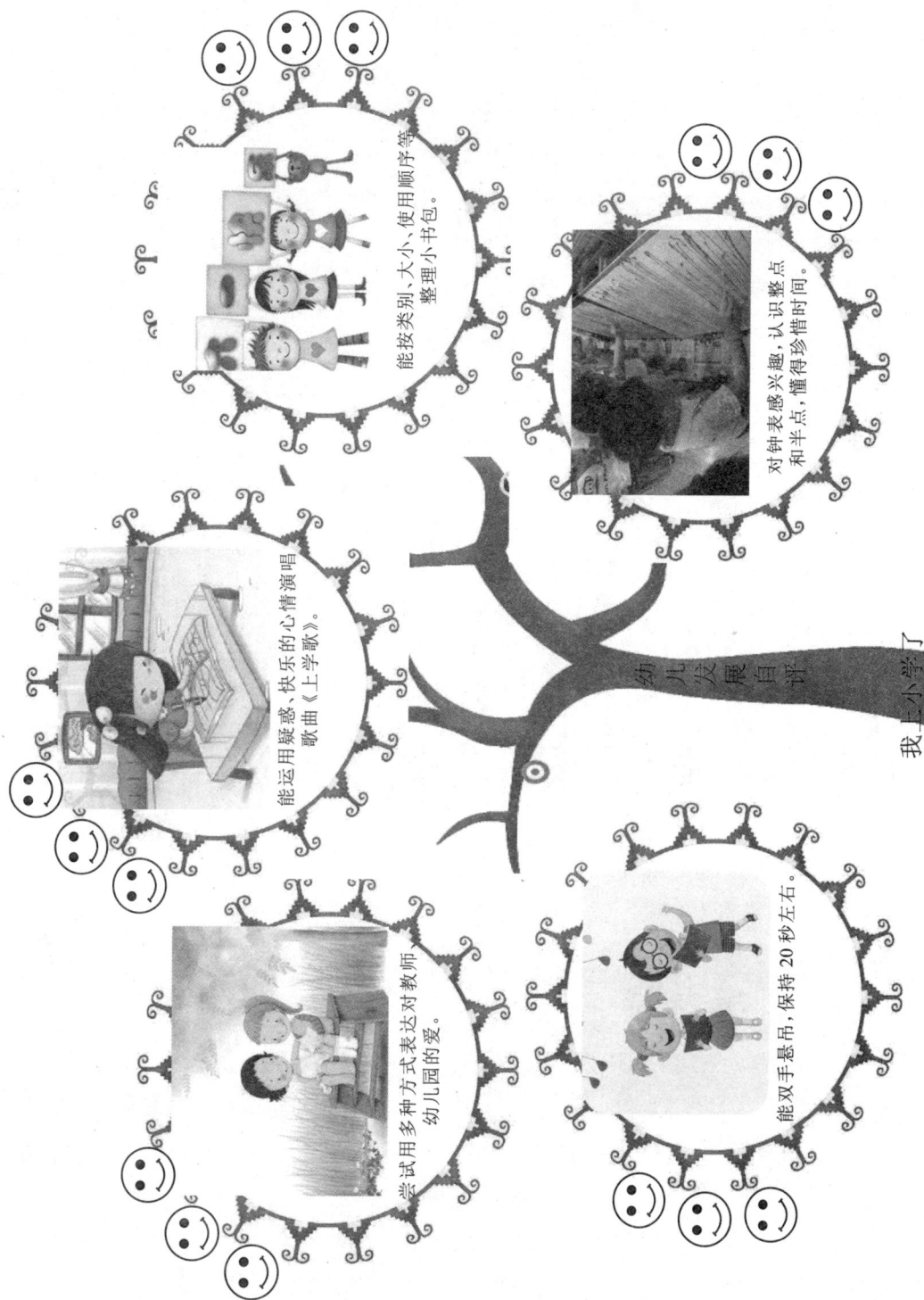

幼儿发展自评

我上小学了

能按类别、大小、使用顺序等整理小书包。

对钟表感兴趣，认识整点和半点，懂得珍惜时间。

能运用疑惑、快乐的心情演唱歌曲《上学歌》。

尝试用多种方式表达对教师、幼儿园的爱。

能双手悬吊，保持 20 秒左右。